青浦

年鉴2022

QINGPU NIANJIAN

《青浦年鉴》编纂委员会 编

上海社会科学院出版社
SHANGHAI ACADEMY OF SOCIAL SCIENCES PRESS

图书在版编目(CIP)数据

青浦年鉴. 2022 /《青浦年鉴》编纂委员会编. —
上海:上海社会科学院出版社,2022
ISBN 978-7-5520-4035-7

Ⅰ. ①青…　Ⅱ. ①青…　Ⅲ. ①青浦区—2022—年鉴
Ⅳ. ①Z525.13

中国版本图书馆 CIP 数据核字(2022)第 242956 号

青浦年鉴(2022)

编　　者:《青浦年鉴》编纂委员会
责任编辑:蓝　天
装帧设计:王　茵
出版发行:上海社会科学院出版社
　　　　　上海顺昌路 622 号　邮编 200025
　　　　　电话总机 021-63315947　销售热线 021-53063735
　　　　　http://www.sassp.cn　E-mail:sassp@sassp.cn
印　　刷:上海信老印刷厂
开　　本:890 毫米×1240 毫米　1/16
印　　张:27
插　　页:32
字　　数:1167 千字
版　　次:2022 年 12 月第 1 版　2022 年 12 月第 1 次印刷

ISBN 978-7-5520-4035-7/Z·079　　定价:220.00 元

《青浦年鉴》编纂委员会

主任委员	张权权			
常务副主任委员	张　彦			
副主任委员	潘慧敏	徐卫华		
委　　员	（按姓氏笔画为序）			
	马　臣	王　炜	车小庆	田惠敏
	乐俊青	朱丽芳	危建国	许卫民
	苏备备	吴志强	吴建平	吴建英
	汪　华	沈备云	沈　豪	张卫兴
	张跃才	张　静	陈　海	陈　程
	陈　瑜	陈露露	范国强	金华军
	周慧娜	孟　娟	柏海峰	费凤英
	姚　峰	莫少文	夏亚刚	钱　玲
	钱　斌	高　群	唐金龙	陶　磊
	黄　文	黄励峰	黄海忠	盛　斌
	崔卫琪	蒋晓敏	喻晓东	焦红心
	谢　华	蔡　军	蔡学锋	谭　洁
	潘　俊	潘桢栋		
编辑部主任	徐卫华			

《青浦年鉴 2022》编辑人员

主　　编	徐卫华			
副 主 编	郭　华	赵冬英		
执行主编	陈松青			
编　　辑	（按姓氏笔画为序）			
	王卫红	李晓静	吴言荻	陈松青
	赵　峰	赵冬英	胡浩川	姜依霖

国家会展中心（上海）（区融媒体中心供稿）

1
2

1 夏阳湖（区融媒体中心供稿）

2 环城水系公园之上善广场（区融媒体中心供稿）

1 环城水系公园之水城门（区融媒体中心供稿）

2 漕盈路百联富绅中心（区融媒体中心供稿）

3 青浦工业园区沁园湖商务区（区融媒体中心供稿）

1 万达茂（区融媒体中心供稿）

2 位于朱家角镇张马村的寻梦源（区融媒体中心供稿）

3 长三角生态绿色一体化发展示范区规划展示馆（区融媒体中心供稿）

4 淀山湖防洪大堤及湖滨生态工程（区融媒体中心供稿）

1 | 2 | 3
4

青西郊野公园（区融媒体中心供稿）

1

2

1 1月28日，青溪公园知道书院暨青浦名人馆开院仪式举行（区融媒体中心供稿）

2 4月28日，上海古镇文旅业态提升工作推进会召开，市文化旅游局与青浦区人民政府签约战略合作协议（区融媒体中心供稿）

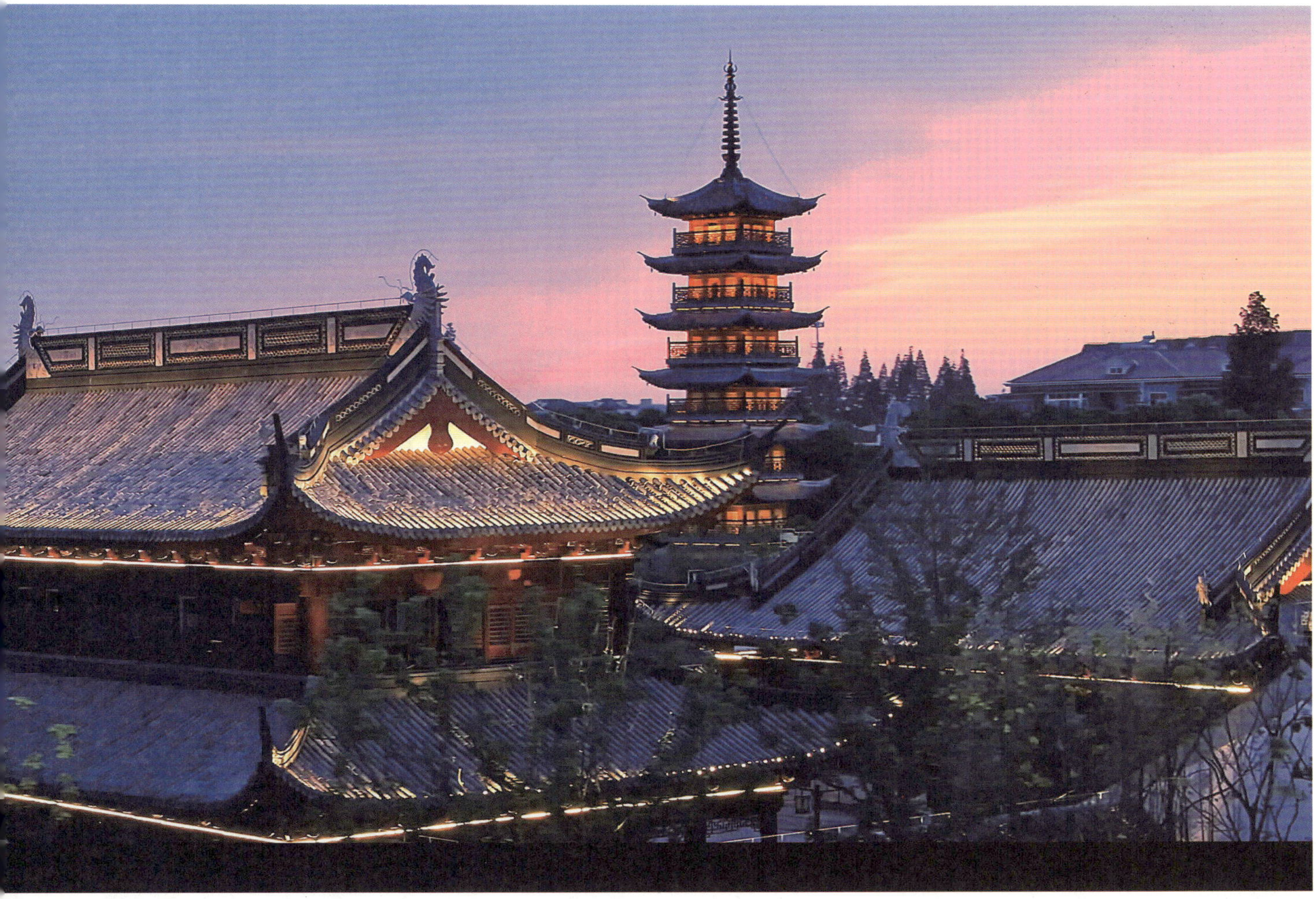

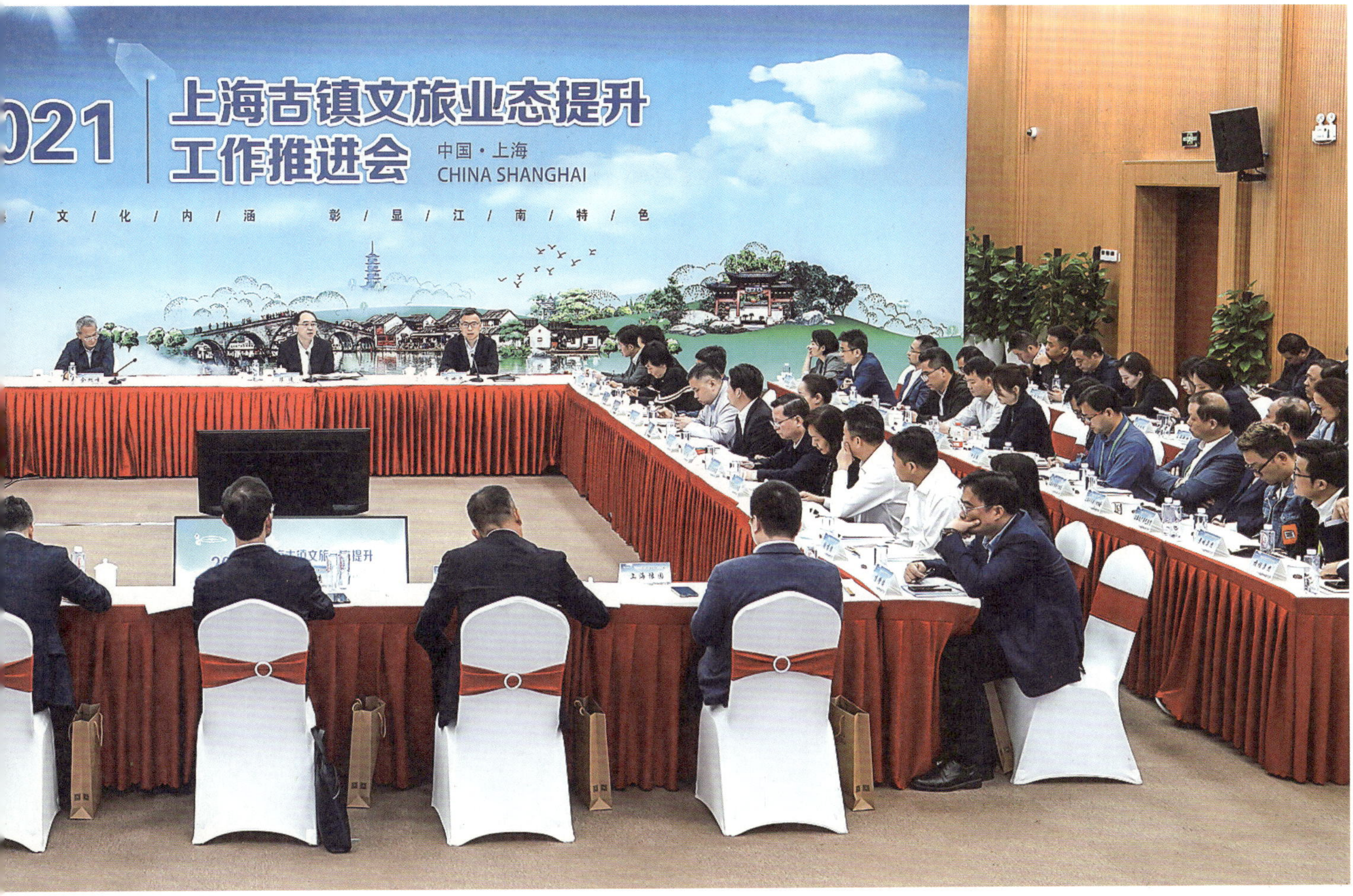
021
上海古镇文旅业态提升
工作推进会
中国·上海
CHINA SHANGHAI
文 / 化 / 内 / 涵
彰 / 显 / 江 / 南 / 特 / 色

THANK YOU

15th
Zhujiajiao Jiangnan Water Village Music Festival
当代艺术

1	2	
3		5
4		6

1 10 月 1—2 日，曲水园举办评弹演出庆祝国庆（区融媒体中心供稿）

2 10 月 5—7 日，第十五届朱家角江南水乡音乐节举办（区融媒体中心供稿）

3 10 月 17 日，民歌上海·2021 年上海市民文化节江南民歌大赛展演在朱家角镇举行（区文化旅游局供稿）

4 10 月 23 日，“红色百年·家风流芳”青浦区第十八届家庭文化节暨深化全国文明城区创建主题活动在世界你好美术馆举行（区融媒体中心供稿）

5 11 月 25 日，上海市民文化节“博阅和韵青溪经典之夜”在青溪园知道书院举行（区文化旅游局供稿）

6 12 月 31 日，“民耀新城”——2022 青浦区“放歌淀山湖”青年歌手迎新音乐会在区文化馆文化剧场举行（区文化旅游局供稿）

朱家角古镇景区（区融媒体中心供稿）

1

2 | 3

1 8 月 25 日，金泽镇莲湖村入选第三批全国乡村旅游重点村名单（区融媒体中心供稿）

2 位于金泽镇池新村的水乡客厅青浦区江南圩田项目（区融媒体中心供稿）

3 位于金泽镇莲湖村的乡村民宿——“乡里宿”（区融媒体中心供稿）

1	3
2	4
	5

1 5月20日，青浦区与长三角投资（上海）有限公司举行西岑科创中心开发建设指挥部揭牌及合资公司组建暨合作框架协议签约仪式（区融媒体中心供稿）

2 6月1日，虹桥国际会展产业园揭牌启动仪式在西虹桥商务区举行（西虹桥商务区供稿）

3 6月26日，由同济大学发展研究院和新华社中国金融信息中心主办的第九届中国产业园区持续发展论坛在徐泾镇举行（区融媒体中心供稿）

4 9月23日，2021年长三角生态绿色一体化发展示范区开发者大会在江苏省苏州市吴江区举行。中共青浦区委书记徐建在会上作题为《打造“高颜值、最江南、创新核”枢纽门户，共创一体化示范区新奇迹》的主题发言（区融媒体中心供稿）

5 10月12日，“‘数’联长三角 ‘智’造大健康”——青浦生物医药产业发展大会在青浦工业园区举行（区融媒体中心供稿）

第九届中国产业园区持续发展论坛
双重冲击下园区新发展
七元平衡的创新家园
商
产
休
流
医
学

跨域一体 创新共建
长三角生态绿色一体化发展示范区
开发者大会

“数”联长三角“智”造大健康
青浦区生物医药产业发展大会
刘平
媒体席

上海青浦西虹桥商务区与境外国际组织和企业签约仪式
第四届中国国际进口博览会溢出效应论坛

第四届中国国际进口博览会
第四届中国国际进口博览会
青浦西虹桥商务区采购首单项目签约仪式
上海交易团

1	
2	4
3	

1 11月1日，第四届中国国际进口博览会溢出效应论坛在西虹桥商务区举行（西虹桥商务区供稿）

2 11月5日，云嘟（上海）科技有限公司与参展商行云物流商贸（香港）有限公司签署7亿美元采购意向订单，为第四届中国国际进口博览会上海交易团“首单”（区融媒体中心供稿）

3 11月，第四届中国国际进口博览会举办期间，进博会吉祥物“进宝”首支裸眼3D视频在“首位SHOWAY”商业一期创新奥特莱斯天际巨屏展示（区融媒体中心供稿）

4 11月5—10日，第四届中国国际进口博览会在国家会展中心（上海）举行。127个国家、地区和国际组织参会，2900多家企业参加企业展（区融媒体中心供稿）

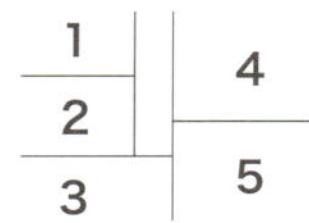

1 2月26日，首张长三角生态绿色一体化发展示范区跨区域“上海市海外人才居住证”在青浦颁发（区人社局供稿）

2 5月29日，青浦现代农业园区“学党史，体农情”六一亲子主题活动举行，亲子家庭在现场体验插秧（青浦现代农业园区供稿）

3 6月5日，“百年薪火传递·绿色长三角行”上海市第五届新能源汽车定向赛举行（区体育局供稿）

4 6月20日，“为爱出发”——2021上海青年爱情节启动仪式暨“青浦传奇”青浦新城专场交友活动在青溪园知道书院举行（区融媒体中心供稿）

5 6月27日，庆祝中国共产党成立100周年——百城联动、百首原唱、百万同跳大型排舞展演活动在青浦举行（区融媒体中心供稿）

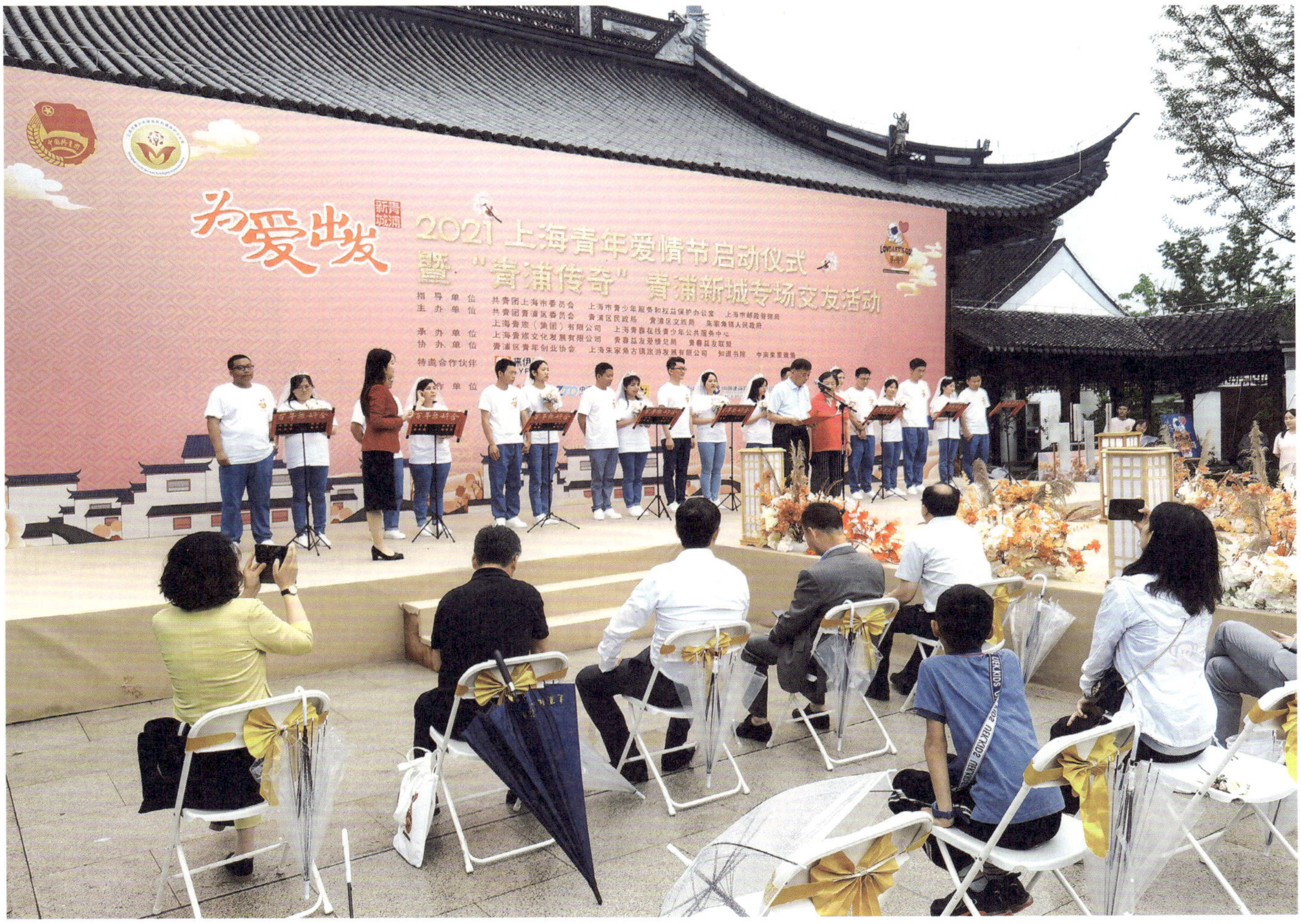

吾悦广场
Carrefour

上海市儿童医院
长三角一体化发展示范区医学中心
签约仪式
2021年7月29日
签约席

开业了!
全场商品
8.8

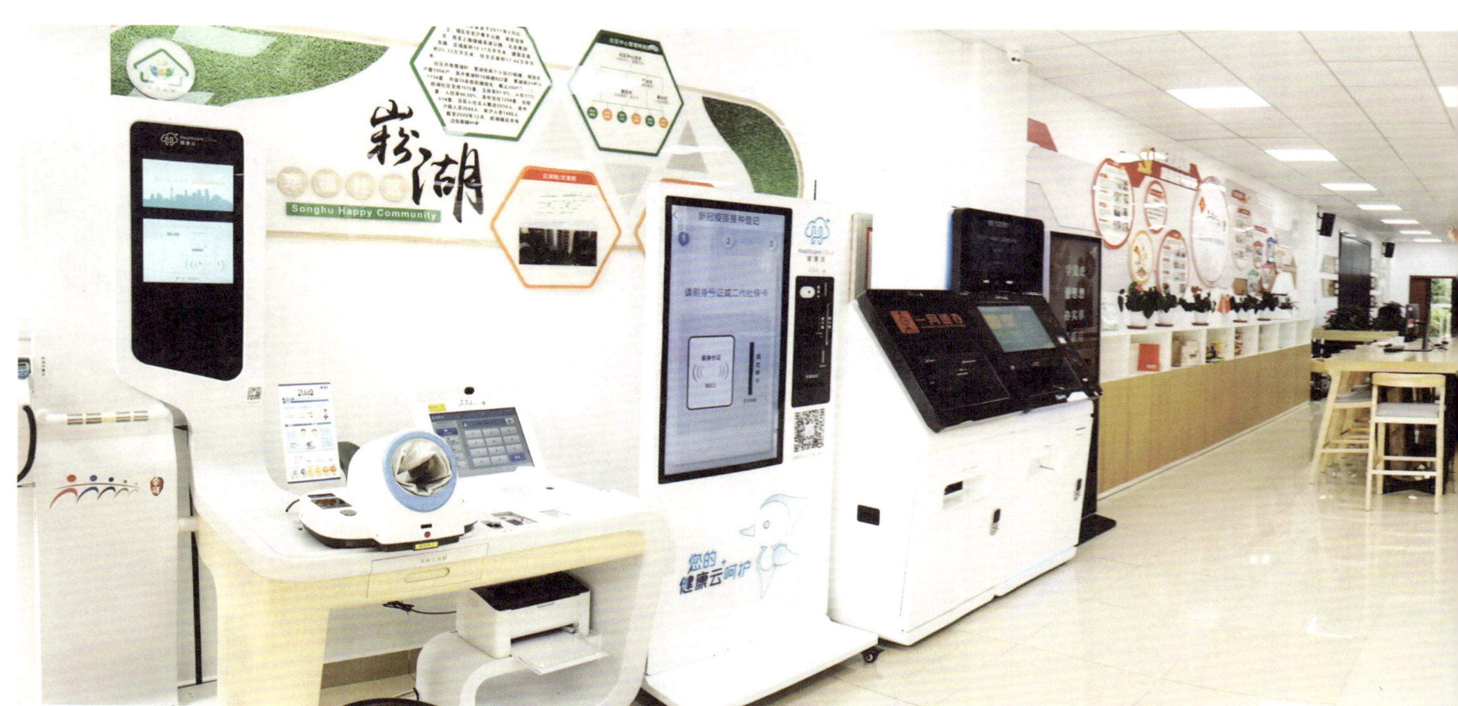
淞湖
Songhu Happy Community
您的
健康云呵护

1 4 ⑤
2 3
6

1 7月29日，上海市儿童医院长三角一体化发展示范区医学中心签约仪式在青浦区举行（区融媒体中心供稿）
2 9月27日，上海市农民体育健身系列活动美丽乡村田野定向赛举行（区体育局供稿）
3 9月18日，青浦区首家智慧超市在城中东路56号开业（区融媒体中心供稿）
4 10月1日，“国旗下成长”——青浦青少年庆祝中华人民共和国成立72周年升旗仪式在青浦博物馆举行（区融媒体中心供稿）
5 12月25日，长三角生态绿色一体化发展示范区7路定制旅游专线开通运营（区融媒体中心供稿）
6 赵巷镇崧湖社区中心（区委社会治理推进办供稿）

1 4月15日，“百年党史砺初心，崭新征程续荣光”——“新时代青浦奋斗奖”表彰活动在国家会展中心（上海）举行（区融媒体中心供稿）

2 6月28日，青浦区红色党史巴士启动仪式举行，“红色党史巴士”揭幕发车（区融媒体中心供稿）

3 6月29日，“百年奋进初心路·抢拼实善新征程”青浦区庆祝中国共产党成立100周年文艺演出在金泽镇社区文化活动中心举行（区融媒体中心供稿）

4 7月2日，青浦区庆祝中国共产党成立100周年座谈会召开（区融媒体中心供稿）

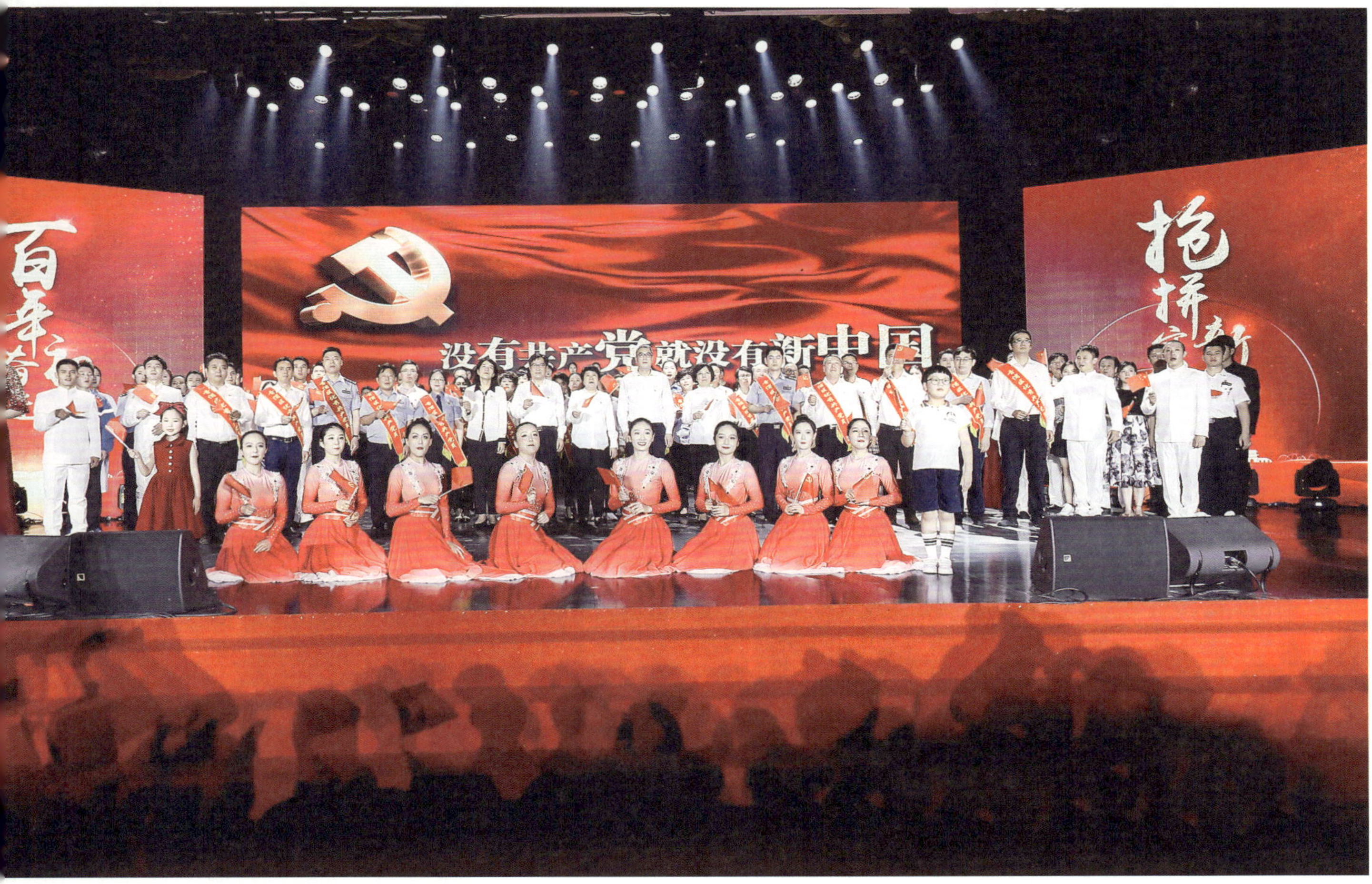
没有共产党就没有新中国

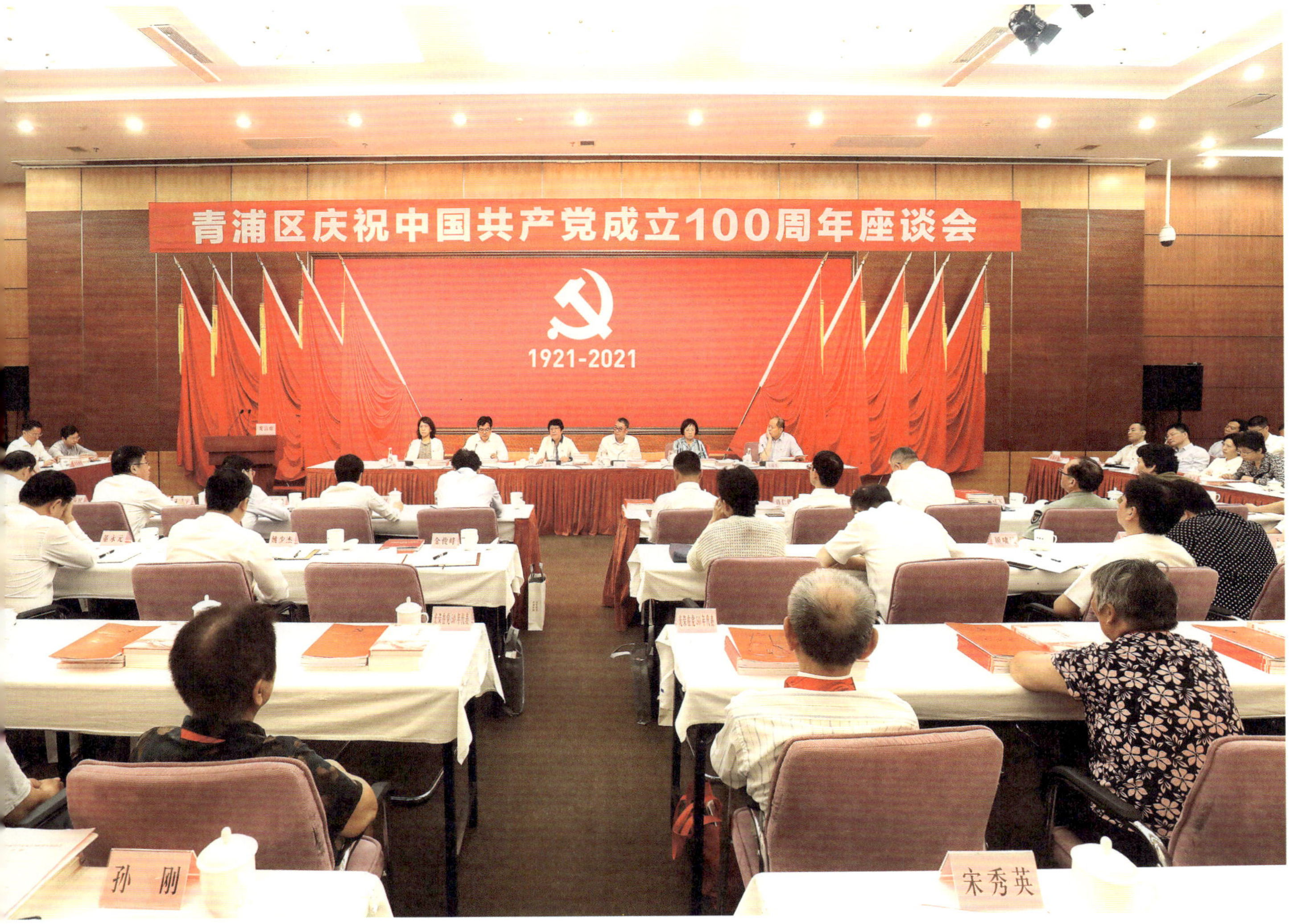
青浦区庆祝中国共产党成立100周年座谈会
1921-2021
孙 刚
宋秀英

2021 青浦便览

QINGPU BIANLAN

人口状况

户籍人口数
51.61万人
其中：非农业人口
39.74万人

常住人口数
129.27万人
其中：外来常住人口数
77.67万人

地区生产总值(GDP)

增长6.1%

1194.01亿元
1317.25亿元

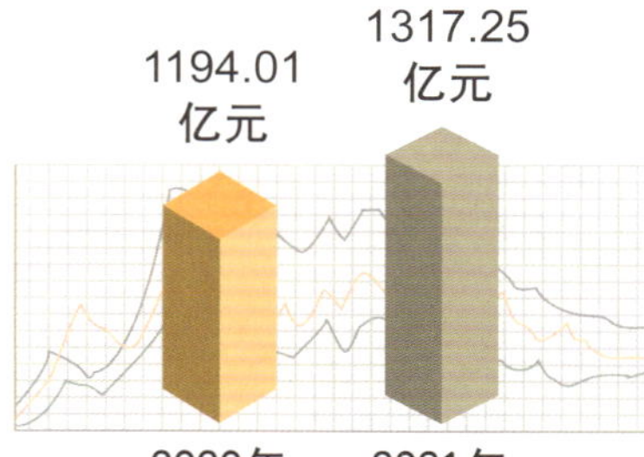

2020年 2021年

地区生产总值结构

第二产业
455.14亿元
占比34.5%

第一产业
8.70亿元
占比0.7%

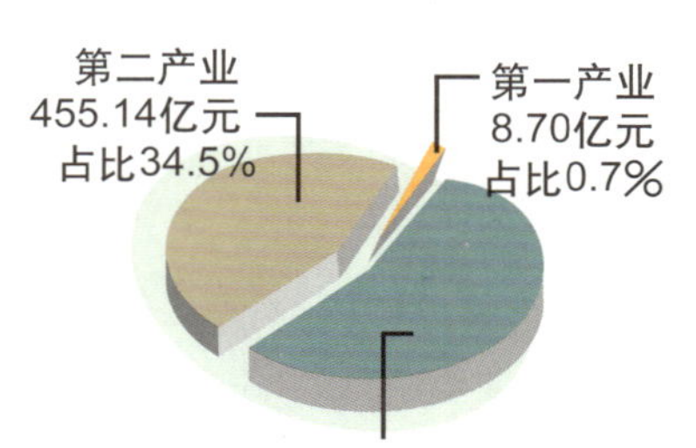

第三产业853.41亿元 占比64.8%

工业总产值

增长11.7%

2020年 2021年

农业总产值

增长3.3%

2020年 2021年

财政收入

增长11.2%

2020年
583.09亿元

2021年
648.25亿元

合同外资额

增长41.0%

19.81亿美元
27.93亿美元

2020年 2021年

社会消费品零售总额

增长10.6%

2020年
519.08亿元

2021年
574.34亿元

全社会固定资产投资总额

增长4.5%

2020年 598.55亿元

2021年 625.41亿元

城乡居民人均可支配收入

增长9.2%

53744元
58688元

2020年 2021年

年末城乡居民储蓄余额

增长10.5%

2020年 2021年

编辑说明

一、《青浦年鉴》是中共青浦区委、青浦区人民政府主办的年度综合性地方文献，为各级党政机关、有关部门和社会各界人士及中外投资者了解青浦提供较全面、系统的信息资料，并为今后的编史修志工作做好资料积累。

二、《青浦年鉴(2022)》坚持以马克思列宁主义、毛泽东思想、邓小平理论、"三个代表"重要思想、科学发展观、习近平新时代中国特色社会主义思想为指导，全面记载2021年度青浦区自然、政治、经济、文化、社会、生态文明建设等方面的基本情况。

三、《青浦年鉴(2022)》框架主要按类目、分目、条目3个层次设计，以条目为主要载体。全书共设32个类目，依次为特载、专记、大事记、概貌、中共上海市青浦区委员会、上海市青浦区人民代表大会、上海市青浦区人民政府、政协上海市青浦区委员会、纪检·监察、民主党派·工商联、群众团体、法治·军事、农业·农村、工业·建筑业、商贸·服务业、快递物流·会展、旅游业、金融、民营经济·开发区、综合经济管理、长三角生态绿色一体化发展示范区·新城建设、环境·水务、城乡建设与管理、公用事业、住房保障和房屋管理、科技·信息化、教育、文化·媒体、卫生·体育、人力资源·社会保障、民政、镇·街道。卷首安排反映2021年青浦区重大活动等照片、2021年青浦区主要经济指标示例图及青浦区行政区划图。卷末设荣誉榜、重要文件目录、统计资料和索引。

四、《青浦年鉴(2022)》所刊数据，除国家统计部门正式公布的外，均由区内各相关单位提供。内容中如有个别数据与统计部门不一致的，应以统计部门正式公布的数据为准。

五、全书中出现的青浦区各相关单位全称，在书中"概貌"类目下《区领导班子成员和区级机构负责人名录》中基本覆盖，且括注简称，在其前后如出现，一般用简称；如无特殊情况，则其对应的上级单位也用简称。全书中专业术语，首次出现时用全称，随文括注简称，此后再出现时一般用简称。

六、《青浦年鉴(2022)》收录内容时限为2021年1月1日至12月31日。个别内容为反映其发生、发展的全过程作适当的上溯。

七、《青浦年鉴(2022)》中之"上年"，即为2020年；之"年末""至年底"，即为2021年年底。

八、《青浦年鉴(2022)》中之"市"或有个别特殊地方之"本市"，即指上海市。

目录

政协上海市青浦区委员会

纪检·监察

民主党派·工商联

群众团体

法治·军事

农业·农村

工业·建筑业

商贸·服务业

快递物流·会展

旅游业

金 融

环境・水务

城乡建设与管理

公用事业

住房保障和房屋管理

科技·信息化

人力资源·社会保障

民 政

镇·街道

荣誉榜

重要文件目录

统计资料

索 引

TEZAI
特 载

◎ 编辑　胡浩川

奋进新征程　展现新担当　为建设社会主义现代化国际大都市的枢纽门户而不懈奋斗

上海市青浦区人民代表大会常务委员会工作报告

上海市青浦区人民政府工作报告 ／ 政协上海市青浦区第五届委员会常务委员会工作报告

奋进新征程 展现新担当
为建设社会主义现代化国际大都市的枢纽门户而不懈奋斗

中共上海市青浦区第六次代表大会

(2021 年 11 月 22 日)

中共上海市青浦区委书记 徐 建

各位代表、同志们:

我代表中共上海市青浦区第五届委员会向大会作报告。请各位代表审议,并请列席人员提出意见。

中国共产党上海市青浦区第六次代表大会,是在"两个一百年"奋斗目标(指党的十八大报告重申的奋斗目标。第一个一百年,到中国共产党成立 100 年时全面建成小康社会的目标一定能实现;第二个一百年,到新中国成立 100 年时中华民族伟大复兴的梦想一定能实现)历史交汇的关键节点,召开的一次十分重要的大会。

大会的主要任务是:坚持以习近平新时代中国特色社会主义思想为指导,总结过去五年的奋斗经验,明确未来五年的奋进方向,团结动员全区党员、干部群众弘扬伟大建党精神,勇担国家战略使命,为加快建设社会主义现代化国际大都市的枢纽门户而不懈奋斗!

一、奋力实现全面跨越式高质量发展的五年

区第五次党代会以来,我们坚持以习近平新时代中国特色社会主义思想为指引,坚决贯彻落实中央、市委各项决策部署,统筹推进"五位一体"(即经济建设、政治建设、文化建设、社会建设和生态文明建设五位一体)总体布局,协调推进"四个全面"(即全面建设社会主义现代化国家、全面深化改革、全面依法治国、全面从严治党)战略布局,紧紧围绕"新青浦、新生活"的奋斗主题,推动全面跨越式高质量发展,解决了一批过去想解决而没有解决的问题,办成了一批过去想办而没有办成的大事,成功创建全国文明城区、国家生态文明建设示范区,圆满完成区第五次党代会确定的各项目标任务,把青浦发展推上了新的历史高度。

(一)学习贯彻落实习近平新时代中国特色社会主义思想取得显著成效

始终坚持旗帜鲜明讲政治,切实增强"四个意识"(即政治意识、大局意识、核心意识、看齐意识),坚定"四个自信"(即道路自信、理论自信、制度自信、文化自信),坚决做到"两个维护"(即坚决维护习近平总书记在党中央和全党的核心地位,坚决维护党中央权威和集中统一领导),在思想上政治上行动上同以习近平同志为核心的党中央保持高度一致,坚定不移用习近平新时代中国特色社会主义思想武装头脑、指导实践、推动工作。全面贯彻习近平总书记在庆祝中国共产党成立 100 周年大会上的重要讲话、考察上海重要讲话和在浦东开发开放 30 周年庆祝大会上重要讲话精神,深入开展"两学一做"(即学党章党规、学系列讲话,做合格党员)学习教育、"不忘初心、牢记使命"主题教育、"四史"(即党史、新中国史、改革开放史、社会主义发展史)学习教育和党史学习教育,切实把学习成效转化为全区上下砥砺拼搏、开拓奋进的思想自觉、政治自觉、行动自觉。全力推动重大战略任务在青浦落地生根、开花结果。圆满完成四届中国国际进口博览会服务保障任务,进一步放大展会溢出效应。积极推动长三角生态绿色一体化发展示范区建设进入加速期,形成一批制度创新成果。聚焦虹桥国际开放枢纽建设,深化青东联动发展,国际化中央商务区初具雏形。全面启动青浦新城建设,制定行动方案,确立了"高颜值、最江南、创新核"的发展意象。在服务落实重大战略任务的实践中,形成全面跨越式高质量发展战略体系,深化"一城两翼"("一城"即青浦新城,是上海推动长三角更高质量一体化发展的综合性节点城市,引领示范长三角协同创新、绿色发展、文化传承的生态宜居之城;"东翼"即徐泾、华新、赵巷、重固、白鹤五镇,将以打造国际一流的现代服务业集聚区为目标;"西翼"即青西三镇,将重点打造宜居宜业宜游的长三角一体化协同创新区)战略布局,铸就"抢拼实善"奋斗精神,推动青浦从"上海之源"走向了"上海之门"。

(二)经济发展的质量和效益持续提升

主要经济指标增速位居郊区前列，综合经济实力显著增强。过去五年，地区生产总值年均增长 6%，2020 年完成 1194 亿元；一般公共预算收入年均增长 11%，2020 年实现 583 亿元；全社会固定资产投资累计完成 2675 亿元，合同外资累计 58 亿美元。“三大两高一特色”（即大物流、大会展、大商贸，高端信息技术、高端智能制造，特色文旅健康产业）主导产业加快发展，第三产业比重大幅提升。营商环境持续优化，一大批行业龙头落户，上市企业增至 29 家，获得认定的民营企业总部达到 25 家。形成了快递物流、绿色金融、软件信息等 3 个千亿级产业集群和会展商贸、北斗导航、新材料、人工智能等一批百亿级产业平台。农业基础地位不断夯实，现代农业发展取得积极成效。

（三）城市功能和核心竞争力大幅跃升

围绕城市化主线，布局完善了一大批重大城市功能载体。崧泽高架西延伸、盈港路等重大工程全线贯通，轨道交通 17 号线开通运营并启动西延伸项目建设，元荡路、复兴路等一批跨省断头路顺利打通，群众出行条件显著改善。区应急联动中心、体育文化中心、档案馆等重大设施建成启用。绿地全球贸易港、山姆会员店、万达茂等一批商业综合体建成开业，进一步集聚了上海乃至长三角的人流和商机。“一网通办”“一网统管”从无到有、构建运行，大数据资源平台、5G 网络等新基建加快布局，“智慧青浦”建设取得明显进展。立足超大城市战略空间的定位，积极推进乡村振兴，形成了新型城镇化和乡村振兴战略“双轮驱动”“点片面”（即注重协同推进新型城镇化战略和乡村振兴战略，并根据各村的特点，采取点上示范、集中连片、面上整体打造等不同的振兴模式）分类推进的振兴模式，成功创建莲湖村、张马村等 8 个市级乡村振兴示范村。

（四）群众的获得感幸福感安全感迈上更高台阶

践行人民城市重要理念，用心用情为民造福，人民生活水平显著提升。实施积极的就业政策，城乡居民收入增速高于经济增速。持续深化教育综合改革，引进了世外、平和、协和、兰生复旦等一批优质教育资源。公共卫生服务体系不断健全，建成长三角（上海）智慧互联网医院，完善社区公共卫生服务网络，加快推进复旦妇产科医院青浦分院建设。扎实推进城中村改造、养老托幼服务等一批民心工程，统筹推进“三美丽”（即美丽街区、美丽家园、美丽乡村）建设，精心打造环城水系公园、青西郊野公园，为群众增添了“生活秀带”。完善社会保障体系，全面落实医疗保险、帮困救助等工作，新增养老床位 4500 余张，累计动迁安置居民 2700 余户，公共租赁房供应 1470 余套。创新推进新时代幸福社区建设，社区治理现代化水平全面提升。扎实推进扫黑除恶专项斗争、市域社会治理现代化试点、政法队伍教育整顿，法治青浦、平安青浦建设取得明显成效。开展信访积案化解攻坚，解决了一批历史遗留问题。全面加强退役军人服务保障。对口帮扶 5 个贫困县全部摘帽。

（五）文化软实力建设结出丰硕成果

始终把文化建设作为提升城市软实力的重要工程，大力弘扬上海城市精神和城市品格，全面打响“上海之门”城市品牌，深入塑造“上善之城”文明形象。成功举办庆祝中国共产党成立 100 周年、新中国成立 70 周年暨撤县建区 20 周年等主题活动。实施文化发展三年行动计划，积极挖掘历史文化、红色文化、海派文化、江南文化内涵，崧泽遗址入选中国“百年百大考古发现”，青龙镇遗址列为全国重点文物保护单位。成立江南文化研究院，建成青溪知道书院、水城门等一批富有文化记忆的“网红打卡地”。举办“环意”长三角自行车公开赛、世界华人龙舟邀请赛等重大赛事，奥运金牌实现“零”的突破。

（六）生态文明建设迈出重大步伐

深入贯彻落实“绿水青山就是金山银山”重要理念，积极推进碳达峰碳中和工作。坚决打赢蓝天、碧水、净土保卫战，空气质量优良率五年上升 17 个百分点，国考、市考断面水质持续稳定达标，劣Ⅴ类水体全面消除，水质优良率持续提升，成功创建全国水生态文明城市，重点建设用地安全利用率实现 100%，绿化覆盖率达 43%。推进重点能耗行业结构调整优化，万元 GDP 能耗下降 26%。统筹推进公共安全、生态环境和农村人居环境“三大整治”，持续开展“五违四必”（“五违”即违法用地、违法建筑、违法经营、违法排污、违法居住，“四必”即安全隐患必须消除、违法无证建筑必须拆除、脏乱现象必须整治、违法经营必须取缔）综合治理，拆除违法建筑 1680 余万平方米，城乡环境更加优美，生态环境质量保持全市前列。荣获 2019 年度“全国农村人居环境整治激励县”称号。

（七）疫情防控取得重大战略成果

面对突如其来的新冠肺炎疫情，坚持人民至上、生命至上，团结带领全区党员、干部群众和社会各方力量，打响疫情防控的人民战争、总体战、阻击战，在全市率先实现动态清零，率先复工复产，率先恢复经济社会发展，生动诠释了伟大抗疫精神。4 批 22 名同志白衣为甲、逆行出征，驰援武汉金银潭医院，数以万计的医护人员、公安干警、下沉干部、社区工作者和志愿者日夜坚守在机场、隔离点、流调现场、高速道口等防疫一线，广大企业家、热心市民积极主动提供宝贵支持。统筹疫情防控和经济社会发展，扎实做好“六稳”（即稳就业、稳金融、稳外贸、稳外资、稳投资、稳预期）工作，全面落实“六保”（即保居民就业、保基本民生、保市场主体、保粮食能源安全、保产业链供应链稳定、保基层运转）任务，实施“青惠十七条”（即《关于抗击新冠肺炎疫情支持企业健康发展的十七条意见》），成为全市首个实现经济正增长的地区。进入常态化疫情防控阶段，紧盯入城口、落脚点、流动中、就业岗、学校门、监测哨，加强全链条闭环管理。扎实有序推进疫苗接种，累计接种 224 万剂次，努力构筑全社会免疫屏障。

（八）党的建设质量和水平不断提高

落实新时代党的建设总要求，充分发挥党委总揽全局、协调各方的领导核心作用，党的政治领导力、思想引领力、群众组织力、社会号召力显著增强。加强制度机制创新，强化党建统领，完善重大事项请示报告制度，牵头出台示范区党建“1+2”文件（即青浦、吴江、嘉善三地共同出台的党建引领示范区建设文件，包括《关于以组织体系建设为重点推进长三角生态绿色一体化发展示范区党建高质量创新发展的意见》《关于在长三角生态绿色一体化发展示范区进行党建系统集成创新的实施意见》以及《关于在长三角生态绿色一体化发展示范区先行启动区推进“城镇圈”党建工作的实施意见》),在全市率先开展“三个责任制”(即意识形态工作、党建工作和党风廉政建设责任制)述职评议,健全“四责协同”(即党委主体责任、纪委监督责任、党委书记第一责任和班子成员“一岗双责”的责任协同)制度体系,形成了“上善先锋行”等一批党建品牌。落实新时代党的组织路线,全面抓好城市基层党建,做实机关、企事业单位、“两新”组织(即新经济组织和新社会组织)等领域党的建设。深化机构改革,完善街镇管理体制,为基层减负、增能、赋权。加强高素质专业化干部队伍培养,在实战中锻炼出了一批“想干事、能干事、干成事、不出事”的干部。出台“青峰”人才政策(包含“1+5+X”政策。“1”为《关于推动人才高质量发展服务长三角生态绿色一体化发展示范区建设的若干意见》;“5”为涉及人才发展的五项重点政策;“X”为教育、卫生、文旅、体育等领域的专项政策),大力吸引和集聚海内外人才,人才占从业人员比重达48%。深入推进全面从严治党,坚决落实中央八项规定精神,反腐败斗争取得压倒性胜利并全面巩固,五年内完成区委直属党组织和各村居巡察全覆盖。践行全过程人民民主重大理念,召开区人大工作会议、区委政协工作会议,支持人大、政协依法依章履职。完善大统战工作格局,爱国统一战线不断发展壮大。深入推进群团改革,工会、共青团、妇联等人民团体的桥梁纽带作用进一步发挥。军政军民团结持续巩固,党管武装工作进一步加强。

成绩来之不易,征途充满艰辛。这些成绩的取得,是习近平总书记、党中央掌舵领航和市委坚强领导的结果,是全区两千八百多个党组织、四万九千多名党员和一百二十七万青浦人民拼搏奋进的结果,同样也离不开历届区领导班子的接续奋斗,离不开各民主党派、社会各界、驻青单位和部队的大力支持。在此,我代表中共青浦区第五届委员会,向所有关心、支持和参与青浦改革发展的同志们、朋友们表示衷心的感谢!

回顾五年的奋斗之路,我们深刻体会到:

(一)必须坚持党的全面领导

办好中国的事情,关键在党。要始终紧密团结在以习近平同志为核心的党中央周围,不断提高政治判断力、政治领悟力、政治执行力,坚决贯彻落实中央、市委各项决策部署,发挥好区委总揽全局、协调各方的领导核心作用,切实凝聚起推动青浦全面现代化建设的强大合力。

(二)必须坚持以人民为中心的发展思想

江山就是人民,人民就是江山。要始终坚持人民至上,坚持人民主体地位,坚持共同富裕方向,自觉践行“人民城市人民建,人民城市为人民”重要理念,把最好的资源留给人民,把依靠人民、造福人民、植根人民化为切实行动,激发全区人民创新创业创造的伟力、共建共治共享的动力。

(三)必须坚持完整、准确、全面贯彻新发展理念

新发展理念是现代化建设的指导原则。要始终以高质量发展为导向,立足新发展阶段、贯彻新发展理念、融入新发展格局,切实转变发展方式,全面提高资源配置能力,实现更高质量、更有效率、更加公平、更可持续、更为安全的发展。

(四)必须坚持抓好干部队伍建设。

干事创业,关键在人,关键在干部。要始终加强干部队伍建设,教育引导全区各级干部弘扬伟大建党精神,发扬“抢拼实善”新时代青浦奋斗精神,涵养“功成不必在我、攻坚必定有我”的格局境界,奋力开创全面现代化建设的新局面。

(五)必须坚持弘扬上海城市精神品格

上海城市精神和城市品格是习近平总书记亲自提炼概括的,是上海城市发展的基因和灵魂。要始终坚持加强城市软实力建设,全方位展现“海纳百川、追求卓越、开明睿智、大气谦和”的城市精神和“开放、创新、包容”的城市品格,为青浦未来发展提供强大的精神滋养和内生动力。

同志们,五年跨越,为青浦开启全面现代化建设新征程奠定了坚实基础,同时我们也清醒地看到,前进的道路上还面临着不少难关和挑战:一是对标中心城区和长三角城市群,青浦在集聚创新要素、提高资源利用效率方面还存在一定的差距,城市能级和核心竞争力有待进一步提升;二是对标群众对美好生活的向往,区域发展不平衡的问题仍然存在,乡村振兴内生动力还有不足,公共服务能级有待进一步提升;三是对标“一流城市要有一流治理”的要求,城市治理还存在短板,科学化、精细化、智能化水平有待进一步提升;四是对标服务国家战略的需要,干部创新意识、格局视野还有不足,高素质干部和专业化人才的总量、结构有待进一步提升。对此,我们必须直面问题、克难攻坚,全力以赴补短板、强弱项、破瓶颈,在全面现代化建设的新征程上奋力夺取新的更大胜利。

二、乘势而上开启全面现代化建设新征程

未来五年,是青浦在实现全面跨越式高质量发展的基础上,乘势而上开启全面建设社会主义现代化新征程的关键时期。当前,世界百年未有之大变局和新冠肺炎疫情全球大流行交织影响,中华民族伟大复兴进入了不可逆转的历史进程,以国内大循环为主体、国内国际双循环相互促进的新发展格局正加速构建。从长三角来看,一体化发展向纵深推进,示范区建设进入加速期,习近平总书记赋予了长三角“要率先形成新发展格局、勇当我国科技和产业创新的开路先锋、加快打造改革开放新高地”的重大使命。从上海来看,正加快建设具有世界影响力的社会主义现代化国际大都市,全面推进“三大任务、一大平台”(三大任务”即增设上海自贸试验区新片区,在上交所设立科创板并试点注册制,推动长三角更高质量一体化发展;“一大平台”即中国国际进口博览会),积极打造“大循环的中心节点和双循环的战略链接”,更好代表国家参与国际合作与竞争。从青浦来看,五年间,习近平总书记两次来到青浦,亲自出席第一、第二届“进博会”开幕式,并连续四届发表重要讲话,宣布长三角一体化发展上升为国家战略,赋予上海和青浦引领长三角一体化发展和示范区建设的重任。市委对青浦发展高度重视,李强书记数十次来青指导工作,提出了一系列工作要求,明确了青浦发展的战略路径,在“中心辐射、两翼齐飞、新城发力、南北转型”的市域空间新格局中,赋予了青浦重大使命。当前,我们同时承载“进博会”、长三角一体化发展、虹桥国际开放枢纽、新城建设等重大战略任务,在示范区三地、虹桥核心四区、五个新城“三条跑道”上比学赶超，机遇千载难逢。面向未来，我们有无比的自信，在“上海之门”和长三角地理中心的基础上，进一步走向长三角战略重心和功能核心，在全面现代化新征程中奋力开创新局面、创造新奇迹。

今后五年工作的指导思想是：坚持马克思列宁主义、毛泽东思想、邓小平理论、“三个代表”重要思想、科学发展观，全面贯彻习近平新时代中国特色社会主义思想，深入贯彻党的十九大和十九届二中、三中、四中、五中、六中全会精神，深入贯彻落实习近平总书记在庆祝中国共产党成立100周年大会上的重要讲话、考察上海重要讲话和在浦东开发开放30周年庆祝大会上重要讲话精神，坚持系统观念，统筹推进“五位一体”总体布局，协调推进“四个全面”战略布局，立足新发展阶段、贯彻新发展理念、服务新发展格局，坚持以人民为中心，践行人民城市重要理念，以重大战略任务为根本牵引，推进新时代“一城两翼”战略布局，大力提升城市核心竞争力和软实力，加快打造新时代幸福青浦和现代化枢纽门户。

今后五年的奋斗目标是：社会主义现代化国际大都市的枢纽门户建设迈出坚实步伐，彰显人民城市温度的新时代幸福青浦建设取得重大进展，面向未来的高能级城市加快崛起，创新驱动的高质量发展突破跃升，幸福美好的高品质生活广泛享有，数字赋能的高效能治理形成框架，全面完成“十四五”规划各项目标任务，努力成为完整、准确、全面贯彻新发展理念的示范窗口和实践样板。

城市核心功能全面增强。全球资源配置、科技创新策源、高端产业引领、开放枢纽门户功能建设取得实质性进展，引领示范区、面向长三角的聚流和辐射能力显著提升，经济、生活、治理数字化“三位一体”的数字城市建设取得重大突破，成为上海乃至长三角经济发展的重要增长极和动力源，“上海之门、国际枢纽”城市品牌效应不断凸显。

经济发展质量显著提升。综合经济实力进一步增强，单位产出效率明显提升，经济结构更加优化，现代化经济体系建设取得重大进展。力争地区生产总值、区级一般公共预算收入年均增长8%左右，规模以上工业总产值累计超过10000亿元，全社会固定资产投资累计超过4000亿元，社会消费品零售总额累计超过3500亿元，实现全社会研发经费投入、“千百亿”产业集群数、民营经济总部数、高层次人才和高学历创新创业人才总量“四个翻一番”。

幸福美好生活广泛享有。城乡居民人均可支配收入增幅不低于地区生产总值增幅，社会保障体系更加完善，数字化、多样化、高品质、个性化公共服务供给更加丰富便利，新建一批高能级公共服务设施，教育事业发展和人力资源开发主要指标达到长三角先进水平，平均期望寿命继续保持世界先进水平，城市吸引力和宜居度显著提升。

上善之城形象更加巩固。民主法治建设迈上新台阶，社会主义核心价值观深入人心，全国文明城区创建成果持续巩固，市民文明素质和城市文明程度全面提升，新时代青浦奋斗精神进一步弘扬，人民精神文化生活更加丰富，城市文化创造力、传播力、影响力显著增强。

区域治理效能充分彰显。党建引领的制度机制更加成熟完善，区域治理的科学化、精细化、智能化水平大幅提升，“一网通办”“一网统管”高效运转，行政效能不断提升，城市安全韧性显著增强。社会治理水平持续提升，基层和社区活力进一步激发，法治青浦建设取得新进展，平安青浦建设达到更高水平。

三、加快建设社会主义现代化国际大都市的枢纽门户

今后五年，是青浦开启全面现代化建设新征程的关键五年，是践行人民城市重要理念、推动“五个人人”（即“人人都有人生出彩机会、人人都能有序参与治理、人人都能享有品质生活、人人都能切实感受温度、人人都能拥有归属认同”）美好愿景转化为生动图景的关键五年。我们必须胸怀“两个大局”（即中华民族伟大复兴的战略全局、世界百年未有之大变局），心系“国之大者”，立足“四个放在”（即把上海未来发展放在中央对上海发展的战略定位上，放在经济全球化的大背景下，放在全国发展的大格局中，放在国家对长江三角洲区域发展的总体部署中来思考和谋划），积极服务新发展格局，奋力建设新时代幸福青浦和现代化枢纽门户。

（一）坚持把握重大战略机遇，打造功能引领、战略赋能的现代化枢纽门户

紧紧围绕中央、市委交给青浦的“进博会”、长三角一体化发展、虹桥国际开放枢纽、新城建设等重大战略任务，充分发挥主阵地、桥头堡、核心区的独特优势，以城市数字化转型为战略牵引，促进城市功能全面提升，把青浦建设成为引领一体化发展的示范区、辐射长三角城市群的枢纽地，推动重大战略任务的“种子”结出更多丰硕的“果实”。

加快推进功能完备的青浦新城建设。对标独立的综合性节点城市定位，聚焦江南文化风韵、创新创业活力、人居生活品质等切入点，优化完善城市功能，凸显“高颜值、最江南、创新核”的发展意象。坚持产城融合、水城融合，打造高品质的中央商务区，加快建设综合交通枢纽、上达城市公园等重大项目，统筹推进产业创新园区、城市更新实践区、未来新城样板区建设，形成“一核三片”（一核即以三线换乘的综合交通枢纽为核心，打造一个城市中央商务区，三片即城市更新实践区、未来新城样板区、数字产业创新区三个人民城市示范点）的空间布局。完善创新研发、会展商贸、旅游休闲等具有竞争力的产业体系。深入推进立体化交通网络布局，加快实施外青松公路隧道、青浦大道、318国道拓宽等重大工程。积极推进重点片区规划落地，优化新城开发模式，着力把青浦新城打造成为一座富有区域竞争力、全球吸引力和时代生命力，江南古韵和现代文明交相辉映的未来城市。

加快推进国际会展之都和虹桥动力核建设。持续用好“进博会”和虹桥国际开放枢纽建设战略机遇，大力发展会展经济和商贸经济，打造国际化中央商务区、国际贸易中心新平台、民营企业总部集聚区。精心做好“进博会”主场服务，保障展会“越办越好”，全面放大溢出带动效应，打响“进博会”永久举办地的金字招牌。做好“大会展”“泛会展”文章，做强会展核心产业链，引进培育功能性、专业化贸易平台，建设全国快递行业转型发展示范区和商贸服务型物流枢纽，打造联动长三角、服务全国、辐射亚太的进出口商品集散地。加快实施轨交2号线和13号线西延伸、山周公路北延伸等重大工程，提升交通通达能力。发挥西虹桥商务区引领作

用，健全完善工作统筹、招商协同、要素联动等机制，整体打造成为新时代青浦的开放龙头。

*加快推进世界著名湖区和环淀山湖创新绿核建设。*紧紧抓住示范区先行启动区建设机遇，积极参与一体化制度创新，强化改革系统集成，加快重点项目、重点任务推进，提高示范区建设的显示度。聚焦“一厅三片”（即水乡客厅、青浦西岑科创中心、吴江高铁科创新城、嘉善祥符荡创新中心）集中示范，推动“水乡客厅”建设，加快华为研发中心、西岑科创中心建设，推进“蓝色珠链”创新产业走廊建设，打造科创新高地。进一步凸显长三角绿色金融产业园的集聚效应，更好服务实体经济。加快实施轨交17号线西延伸、沪苏嘉城际线、沪苏湖高铁练塘站等重大交通基础工程。持续推进淀山湖、元荡岸线贯通和生态品质提升，整体打造绿色和创新经济发展的新引擎、生态圈和价值链。

*加快推进长三角数字干线建设。*主动顺应数字时代的新趋势，以长三角数字干线建设为战略牵引，引导全社会广泛参与，推动经济、生活、治理全面数字化转型，打造数字发展新高地。坚持把数字经济作为推动高质量发展的新动能，依托上海东西发展轴上数字信息产业集聚的优势，整合区域数字产业平台，向东加强与上海张江科学城的联动，向西加强与吴江、嘉善等长三角城市的对接，集聚形成万亿级的数字经济带。以数字化引领高品质生活，积极创建数字健康城区，推进数字商圈、社区智慧物流等“生活新基建”，打造智能便捷的数字化服务体系。强化数字赋能，提升治理水平，推动“一网通办”“一网统管”双向融合、相互协同，深化跨区域通办，构建一体化的治理格局。

*加快推进新时代“一城两翼”建设。*坚定不移实施区域发展新模式，形成资源统筹、功能互补、特色鲜明的发展格局。青东五镇深入推动联动发展，赵巷镇大力发展软件信息和商业商贸核心产业，打造时尚品质城镇；徐泾镇全面承载“进博会”和虹桥国际中央商务区核心功能，打造会展“首位镇”；华新镇聚力建设“长三角数字物流港”，打造“通达华新”枢纽城镇；重固镇积极推进幸福城、数字港和乡创谷建设，打造精致人文的新型城镇化示范镇；白鹤镇加快区域整体转型，打造互融互通新型门户城镇。青西三镇深入推动协同发展，朱家角镇立足“水乡名镇、宜居角里”定位，促进江南文化基底和现代都市元素相互交融；练塘镇抢抓高铁站点建设等机遇，凸显示范区的重要战略腹地作用；金泽镇突出科创和生态特质，建设长三角重要节点和魅力典范城镇。青中三街道按照新城发力的总体要求，深入推进产城融合、城乡融合，加快提升经济治理、城市治理、社会治理水平，全面打响“融合夏阳”“美丽盈浦”“善治香花”品牌。

（二）坚持紧抓发展第一要务，打造创新驱动、活力迸发的现代化枢纽门户

坚持创新在现代化建设全局中的核心地位，在“三大两高一特色”主导产业基础上，积极推动产业升级迭代，大力发展“五型经济”（即创新型经济、服务型经济、开放型经济、总部型经济、流量型经济），构建以现代服务业为主体、先进制造业为支撑、现代农业为基础的产业体系，更好地服务和融入新发展格局。

*大力推动先进制造业做大做强。*以“3+6”新型产业体系（即集成电路、生物医药、人工智能三大先导产业和电子信息、生命健康、汽车、高端装备、先进材料、时尚消费品六大重点产业）为重点，坚持“高端、数字、融合、集群、品牌”的发展方针，壮大新材料、新能源、新装备等产业，大力塑造核心产业优势。借势国家战略，集聚长三角创新要素，面向集成电路、人工智能、生物医药等先导产业，加强前瞻研究和平台搭建。走好“专精特新”发展之路，实施重点产业集群倍增计划，引进和培育一批行业龙头、独角兽企业和“隐形冠军”（即在国内或国际市场上占据绝大部分份额，但社会知名度低的中小企业）。全面梳理盘整产业用地，推进低效用地调整转型，促进土地、厂房、楼宇等资源的集约高效利用。积极推进产业社区、开放式园区建设，推动工业园区争创国家级经济技术开发区。

*大力推动现代服务业聚变升级。*以提升区域综合服务功能和推动产业转型升级为重点，进一步发挥服务业对经济增长的带动作用。聚焦高端会展、商业商贸、特色文旅等领域，培育一批具有青浦特色的现代服务业品牌。充分发挥消费对经济发展的基础性作用，完善现代流通体系，优化商业综合体布局，加快形成万商云集的消费供给，推动首发经济、夜间经济、品牌经济和免退税经济发展，努力建设长三角消费中心城市。积极推进特色金融、智慧物流、软件服务等生产性服务业，促进人力资源、法律、会计审计、检验检测认证等专业服务不断壮大。着力发展休闲体育、智慧养老等生活性服务业。

*大力推动现代都市农业提质增效。*以农业现代化示范区创建为抓手，深化农业供给侧结构性改革，全面推动农业技术现代化、种养模式集中化、生产经营品牌化。面向长三角整合资源，加快培育新型农业经营主体，打响特色农产品品牌。着眼上海超大城市的天然优势，面向人民群众日益增长的美好生活需求，推出更多高附加值的绿色优质农产品，持续提升“淀湖源味”品牌价值，推动白鹤草莓、练塘茭白、青浦薄稻米等地理标志保护产品和地方名品走出青浦、走向全国。更加重视农业招商，吸引优质农业项目主体，提供更多样化的农文体旅消费产品，推动一二三产融合发展。积极发展数字农业，争创农业农村数字化转型示范。

*大力推动改革创新系统集成。*坚定不移深化改革和扩大高水平开放，推进重点领域关键环节的改革系统集成。深化政务服务“一网通办”和行政审批制度改革，创新市场监管体系，优化区域营商环境。深化国资国企改革，健全市场化经营机制，完善资产监管体系，优化国资布局结构，增强国有企业的竞争力、创新力、控制力、影响力、抗风险能力。进一步优化招商引资和亲商安商稳商工作机制，增强优势产业吸引力和集聚度。推动经济小区增强活力、提升能级。更好发挥示范区一体化制度创新试验田作用，深入推进投融资、财税等重点领域改革，努力把青浦打造成为长三角最具制度竞争力的地区。

（三）坚持人民城市重要理念，打造幸福美好、共同富裕的现代化枢纽门户

始终把人民对美好生活的向往作为奋斗目标，深入贯彻以人民为中心的发展思想和人民城市重要理念，紧扣推动共同富裕和人的全面发展，提升各类服务的精准性、充分性和均衡性，促进改革发展成果更多更公平惠及人民群众。

优化高品质的公共服务供给。以提升质量和效益为目标，优化公共服务设施布局，促进教育、卫生、养老等基本公共服务从“保基本”到“提质量”的转变。推动教育优质均衡发展，加快复旦大学创新学院、高等职业学校等项目落地，持续提升紧密型学区化、集团化办学水平，办好每一所家门口的学校，创建全国义务教育优质均衡发展区。全面落实“双减”（即减轻义务教育阶段学生作业负担和校外培训负担）工作，深化新时代教育评价改革，加强思想政治和师德师风建设，持续深入开展制度、作风、管理“强基行动”。提高卫生健康服务水平，持续优化医疗卫生资源配置，加快建设中山医院青浦院区、儿童医院长三角示范区医学中心、区公共卫生中心，构建现代化公共卫生应急管理体系。落实积极应对人口老龄化国家战略，优化养老资源布局，深化医养结合模式，推进养老服务增能增效。

推进全覆盖的幸福社区建设。以推进社区治理体系和治理能力现代化为主线，全面推进新时代青浦幸福社区建设，打造安全、美丽、和谐的幸福家园和温暖港湾。完善社区治理结构，健全社区治理体系，推动更多资源、力量向基层倾斜，建设人人有责、人人尽责、人人享有的社会治理共同体。持续推进城中村改造、城市更新、老旧小区改造、加装电梯等实事项目，把工作做到群众心坎上。深化线上“幸福云”和线下“社区中心”两大枢纽平台建设，完善社区运行机制。推进社区党组织领导下的居委会、业委会、物业服务企业“三驾马车”协同运转，开展“放心物业”创建。

完善多层次的社会保障体系。健全覆盖全民、统筹城乡、公平统一、保障基本、可持续的多层次社会保障体系。推动实现更高质量和更加充分的就业，加大对长期失业青年、退役军人、残疾人和农村富余劳动力等重点群体就业的精准帮扶，支持女性平等就业，通过支持新业态新模式发展促进灵活就业、带动扩大就业。完善住房保障体系，增加租赁住房供应，扎实推进动迁安置房建设。持续推进城乡居保扩覆和灵活就业人员参保，落实失业、工伤、生育和医疗等各类保险制度。推进社会救助政策创新，加大突发性、紧迫性临时民生兜底保障。

深化融合型的全面乡村振兴。坚持新型城镇化和乡村振兴战略“双轮驱动”，促进城乡全面融合、共同繁荣。实施乡村建设行动，优化乡村发展空间布局，推进农民相对集中居住，增加公共服务供给，持续开展美丽乡村创建活动，塑造与大都市相辉映的美丽乡村风貌。加强和创新乡村治理，提高乡村善治水平。深化农村集体产权制度改革，发展壮大新型农村集体经济。在乡村振兴示范建设中因地制宜培育民宿经济、文化创意等新产业，积极拓展农民增收渠道。

（四）坚持探索城市治理新路，打造治理高效、安全韧性的现代化枢纽门户

把握城市生命体征，以数字赋能为牵引，加快打造智慧城市、韧性城市、海绵城市，筑牢城市运行安全堤坝，不断推动城市治理科学化、精细化、智能化。

提升城市精细管理水平。依托城市运行“一网统管”平台，运用大数据、云计算、人工智能等先进技术，努力把“神经元系统”全覆盖，加快建设“城市大脑”。强化科技赋能，推动数据归集应用、系统集成开发、资源高效配置、功能综合运用，做到“高效处置一件事”。持续实施城市管理精细化行动计划，以绣花般的细心、耐心、卓越心推进城市管理。深化街镇综合执法管理体制改革，提高基层执法效能。推进架空线入地、地下综合管廊等市政基础设施建设。落实“三大整治”（公共安全整治、生态环境综合整治及人居环境整治）常态化机制，深化“美丽街区”工作，持续巩固无违街镇建设成果，进一步优化保洁养护一体化机制，营造整洁有序的城市面貌。

推进全面依法治区工作。坚持依法治区、依法执政、依法行政共同推进，法治青浦、法治政府、法治社会一体建设，使法治成为青浦核心竞争力的重要标志。加快转变政府职能，规范行政决策程序，推进法治政府示范区创建。深化司法责任制综合配套改革，严格规范公正文明执法，提高司法公信力。深化法治社会建设，积极推进“八五”普法，使社会主义法治观念更加深入人心。推动基层立法联系点更好发挥作用。注重法治人才队伍建设，不断提升干部运用法治思维和法治方式解决问题的能力。

建设更高水平平安青浦。坚持总体国家安全观，统筹发展和安全，把经济金融、网络、生物、食品药品等领域安全放在突出位置，加强重点领域安全防范化解。深化市域社会治理现代化，健全扫黑除恶长效机制，增强社会治安防控体系建设，不断提升社会治理能力和水平。坚持和发展新时代“枫桥经验”，健全分层递进、衔接配套的矛盾多元化解机制，打造“家门口”的信访服务体系。完善网络综合治理体系，落实网络意识形态工作责任制，全面提升网络内容治理水平，促进多元主体参与网络协同治理，提高管网治网能力。

守牢城市运行安全底线。强化安全韧性适应理念，积极有效应对重大公共卫生事件、突发自然灾害等各领域风险。完善有机衔接、纵向贯通的三级应急管理机制，提高风险防控和应急处置能力。持续抓好常态化疫情防控，坚持主动防控、科学防控、精准防控、综合防控，严格落实各项防疫措施，筑牢“外防输入、内防反弹”的坚实屏障。加快打造海绵城市，提高城市防洪排涝能力。加强城市供电、供水等城市能源和物资保障，优化能源设施布局，建立市场调节和应急储备多元结合的物资保障格局。严格落实安全生产责任，深入开展公共安全综合整治，着力消除管理盲区和安全隐患。

（五）坚持弘扬城市精神品格，打造江南新韵、兼容并蓄的现代化枢纽门户

以社会主义核心价值观引领文化建设，大力弘扬上海城市精神和城市品格，推动历史文化、红色文化、海派文化、江南文化在交相辉映中激发创造活力，努力建设长三角江南文化示范区。

全面打响“最江南”文化品牌。彰显“古今融合、江南风韵、红色铸魂、国潮魅力”的文化内核，将“最江南”的文化符号、艺术形式、居住场景融入城乡空间塑造的各个领域。用好“吴根越角”文化典型的优势，着力把水乡客厅、江南新天地、大观园等打造成为江南文化样板间、休闲旅游首选地，加强文化研究交流，全面提升江南文化的价值认同。进一步挖掘青龙镇、崧泽文化、福泉山遗址等历史文化价值，建设"上海之源"古文化走廊，体现"三十里水路看六千年历史"。用好陈云纪念馆等红色阵地资源，打造最佳课堂和生动教材，传承红色基因，赓续红色血脉。

健全完善公共文化服务体系。做好国家、市级重大文化项目落地和配套，深化长三角区域合作，建立政府、社会和市场多元化供给体系，丰富群众文化活动。提升博物馆、文化馆、体育馆等公共文化设施的服务能级，完善影剧院、美术馆、科技馆等设施布局。创新各级公共文化体育配送内容与模式，促进流动文化服务和网上文化服务发展。引进培育一批重大节展赛事活动，提升淀山湖文化旅游购物节、朱家角水乡音乐节等品牌活动能级。

积极推动文化产业繁荣发展。落实中华优秀传统文化传承发展工程，打造具有青浦特色的文艺精品。优化现代文化创意产业体系，加强新兴技术的应用，促进"文化＋旅游＋体育"深度融合，扶持培养一批领军企业，吸引集聚一批名家、名流、名作。积极引进艺术品交易平台，培育发展艺术品展示、交易、鉴定和开发等新业态。深化国家全域旅游示范区建设，构建完善文旅发展空间格局，实施以朱家角5A景区创建为代表的A级景区创建提升工程，打造世界级水乡古镇文化休闲区。

持续提升青浦城市文明程度。坚持把社会主义核心价值观融入全民教育全过程，深入开展爱国主义、理想信念、思想道德教育，深化中国特色社会主义和中国梦宣传教育，引导干部群众坚定道路自信、理论自信、制度自信、文化自信。结合文明城区巩固、新时代文明实践中心建设，弘扬城市文明新风，营造全社会崇德向善的浓厚氛围。积极开展家庭文明建设活动，注重家庭家教家风建设，引导未成年人从小崇尚和践行美德。广泛开展志愿服务行动，凝聚向上、向善、向美力量。深化"诚信青浦"建设，全面提高社会诚信意识。

（六）坚持人与自然和谐共生，打造生态宜居、绿色低碳的现代化枢纽门户

深入贯彻习近平生态文明思想，践行"绿水青山就是金山银山"重要理念，以降碳为重点战略方向，推动减污降碳协同增效，坚持生态优先、绿色发展，着力把生态优势转化为发展优势，把生态环境转化为宜居环境，探索形成生态友好型高质量发展的新模式。

持续深化环境治理。打好蓝天、碧水、净土保卫战，全面落实"河长制""湖长制""林长制"，使生态绿色成为青浦发展的厚重底色、鲜明亮色和美丽成色。以太浦河、元荡、淀山湖为重点，全面加强水系保护和治理，着力改善水生态环境质量，地表水优于Ⅲ类水体比例达到70%以上。持续开展大气环境治理，深入推动重点排放源和重点企业综合治理，加强道路扬尘污染治理。全面保护和改善土壤环境质量，实施土壤分类管控，提高土壤污染治理修复水平。强化示范区联保共治，推进落实生态环境管理"三统一"（即标准统一、监测统一、执法统一）制度机制。加强行政执法、刑事司法衔接，始终对环境污染问题"零容忍"。

持续加强生态建设。以打造公园城市为目标，完善蓝绿相间的人居环境生态系统。加快产业转型和结构调整，依托生态资源禀赋，积极发展生态环境友好型产业。深入推进环城水系公园和生态廊道建设，因地制宜开展"一镇一园"建设，完善由郊野公园、城市公园、地区公园、社区公园为主体，口袋公园为补充的公园体系。积极推动生态市政建设，以减量化、资源化、无害化为目标，推动生活垃圾分类提质增效，努力打造宜业宜商宜游的宜居城市典范。

持续推进"双碳"（即碳达峰和碳中和）工作。坚决贯彻落实中央和市委关于"双碳"工作重大决策部署，制定实施碳达峰行动方案，全力实现"双碳"目标。大力推动生态循环工业园区建设，加快能源结构优化调整，构建绿色低碳产业体系，推行绿色产品消费观念，积极创建国家级绿色产业园区。着力提升全社会低碳意识，加强各领域、各行业节能降碳工作，更加自觉地推进绿色发展、循环发展、低碳发展。

四、以党的建设新成效为奋进新征程提供坚强政治保证

深入贯彻新时代党的建设总要求，大力弘扬伟大建党精神，赓续红色血脉、扛起时代担当，发挥把方向、管大局、作决策、保落实的作用，以高质量党建引领现代化建设，凝聚起推动改革发展的强大合力。

（一）始终做到旗帜鲜明讲政治

坚持把政治建设摆在首位，把学思践悟习近平新时代中国特色社会主义思想作为贯穿始终的鲜明主题和突出主线，把贯彻落实中央和市委的决策部署作为最大的政治，引导全区党员干部切实增强"四个意识"，坚定"四个自信"，坚决做到"两个维护"，不断提高政治判断力、政治领悟力、政治执行力。巩固深化"不忘初心、牢记使命"主题教育成果，持续推进党史学习教育，不断拓展"我为群众办实事"实践活动成效。加强思想政治引领，牢牢掌握意识形态工作领导权，全面压实工作责任，教育引导广大群众听党话、跟党走，凝聚全社会团结奋斗的共同思想基础。

（二）健全完善党建引领制度机制

坚持制度治党、依规治党，健全完善党委统一领导、各方齐抓共管、全社会共同参与的工作格局，确保党在全区各种组织中发挥领导作用。建立健全区委对重大工作的领导机制，强化议事协调机构职能作用，完善推动中央、市委重大决策部署落实机制，严格落实重大事项请示报告制度。健全用党的创新理论武装头脑、教育人民的工作体系，加强和改进党委（党组）理论中心组学习，推动理想信念教育常态化、制度化。

（三）大力推进基层党建高质量创新发展

以提升组织力为重点，增强党组织政治功能和组织功能，积极探索基层党建高质量发展新路。严密党的组织体系，不断扩大党的组织和工作的有效覆盖，推动各领域基层党建工作全面提升。聚焦国家战略平台，提升党建工作效能，全面发挥党组织战斗堡垒作用和党员先锋模范作用。深入落实中央、市委关于基层治理改革的意见，深化街镇管理体制改革，确保基层治理权责匹配。持续加强党支部标准化规范化建设，提高党员队伍建设质量。

（四）努力锻造高素质专业化干部队伍

落实新时代好干部标准，把"干"的指向和"选"的风向统一起来，注重在服务重大战略和推进重点攻坚中考察干部，发挥好各层次干部作用，大力选拔任用充满激情、富于创造、勇于担当的优秀干部。加强年轻干部的思想淬炼、政治历练、实践锻炼、专业训练，着力提高“七种能力”（即政治能力、调查研究能力、科学决策能力、改革攻坚能力、应急处突能力、群众工作能力、抓落实能力）。强化基层骨干队伍建设，选优配强村居党组织书记，加强村居后备干部培养。开展新时代基层干部培训，持续打响“示范区大课堂”等特色品牌。坚持严管和厚爱结合、激励和约束并重，优化完善综合考核评价体系，做到能者上、优者奖、庸者下、劣者汰，全面激发干事创业的精气神。

（五）深入实施人才强区战略

坚持党管人才，落实长三角人才发展规划，聚焦重点产业、重点区域、重点领域，加大高层次人才、创新创业人才的引进力度，打响“青峰”人才品牌。大力发扬企业家精神和工匠精神，集聚一批创新开拓的企业家人才队伍，培养一批面向一线的工程服务人才和专业技能人才。健全人才综合服务体系，优化人才安居、就医就学、创业扶持等政策，探索海外引才方式，构建更加灵活有效的人才评价体系，深化科技创新激励机制改革，打造长三角人才港。

（六）全面营造风清气正的政治生态

坚持全面从严治党，坚定不移推进党风廉政建设和反腐败斗争。强化执纪监督，综合运用“四种形态”（即经常开展批评和自我批评、约谈函询，让“红红脸、出出汗”成为常态；党纪轻处分、组织调整成为违纪处理的大多数；党纪重处分、重大职务调整的成为少数；严重违纪涉嫌违法立案的成为极少数），严查重点领域、关键环节和群众身边腐败问题，一体推进不敢腐、不能腐、不想腐，不断巩固发展反腐败斗争压倒性胜利。深化“四责协同”机制，突出加强对“一把手”和领导班子的监督，完善权力运行和监督制约机制。落实中央八项规定精神，持续纠“四风”树新风，推动干部深入基层、深入一线，始终保持与人民群众的血肉联系。推进巡视巡察上下联动，保持政治巡察的权威性、震慑力。常态化抓好警示教育，引导党员干部严明政治纪律和政治规矩，筑牢拒腐防变的思想防线，永葆共产党人的清廉本色。

同志们，建设社会主义现代化国际大都市的枢纽门户，必须充分调动一切积极因素，团结一切可以团结的力量。坚持和完善人民代表大会制度，贯彻全过程人民民主重大理念，支持人大及其常委会依法行使职权，保障代表依法履职，扩大人民有序政治参与，推动新时代人大工作高质量发展。坚持和完善中国共产党领导的多党合作和政治协商制度，发挥政协专门协商机构作用，推动政协协商与基层协商有效衔接，提高政治协商、民主监督、参政议政水平，更好凝聚共识。完善大统战工作格局，巩固和发展最广泛的爱国统一战线，汇聚现代化建设的强大合力。用好老干部重要资源，更好发挥工会、共青团、妇联等人民团体和群众组织作用。坚持党管武装，加强国防动员体系建设，巩固军政军民团结的良好氛围。

各位代表、同志们，新征程催人奋进，新担当舍我其谁。中央和市委的殷殷重托、人民群众的热切期盼、全面现代化建设的时代号角，激励和召唤着我们弘扬伟大建党精神，走好新的赶考之路。让我们紧密团结在以习近平同志为核心的党中央周围，全面贯彻习近平新时代中国特色社会主义思想，勇于担当、善于作为，埋头苦干、勇毅前行，为建设社会主义现代化国际大都市的枢纽门户而不懈奋斗！

各位代表、同志们，我们坚信，在中央、市委的坚强领导下，在全区上下的共同努力下，今天绘就的宏伟蓝图必将化为明天的美好现实，我们也必将在新征程上赢得新的胜利和荣光，以不负人民、无愧时代的优异答卷迎接党的二十大胜利召开！

上海市青浦区人民代表大会常务委员会工作报告

上海市青浦区第五届人民代表大会第七次会议

（2021 年 1 月 20 日）

上海市青浦区人大常委会主任　朱明福

各位代表：

我受青浦区第五届人民代表大会常务委员会的委托，向大会报告工作，请予审议，并请列席会议的同志提出意见。

一、2020 年工作回顾

2020 年，区人大常委会（以下简称“常委会”）坚持以习近平新时代中国特色社会主义思想为指导，贯彻落实党的十九大和十九届二中、三中、四中、五中全会精神，全面落实十一届市委、五届区委历次全会精神，在中共青浦区委的坚强领导下，紧紧围绕全区工作大局，积极履行宪法和法律赋予的职责，充分发挥人民代表大会制度优势，为推进本区社会主义民主政治建设，加快实现青浦全面跨越式高质量发展，作出了人大应有的贡献。

一年来，举行常委会会议 7 次，听取和审议“一府两院”（指人民法院、人民检察院）专项工作报告 11 项，形成常委会审议意见 11 份，依法就有关重大事项作出决议决定 7 项；任免本区国家机关工作人员 41 人次；对 3 名区政府组成部门主要负责人和 1 名区检察院副检察长开展了履职评议。对《上海市生活垃圾管理条例》等 7 部法律法规实施情况开展了执法检查和调研。召开常委会主任会议 20 次，主任会议成员集体调研“一府两院”重点工作 5 项，组织代表听取“一府两院”专项工作报告 7 项，各专门委员会、工作委员会开展监督调研工作 24 项。

（一）服务中心大局，切实保障区域重大发展战略贯彻实施

常委会贯彻落实区委决策部署，坚持立足全局谋划推进人大工作。

*立足承接进博溢出效应，促进青东联动发展。*常委会开展专题调研，推动区政府把持续承接放大进博溢出效应与推动青东联动发展统一起来，加快平台载体建设，打造国际中央商务区和高水平开放枢纽。常委会依法作出同意重固镇、白鹤镇国土空间总体规划决议。常委会主任会议成员集体调研青东联动发展，建议进一步明确青东地区在全区“一城两翼”战略布局中的功能定位，支持青东各镇围绕贸易经济、数字经济、会展经济，因地制宜错位发展。

*立足加快青浦新城建设，促进青中融合发展。*按照“产城融合、职住平衡、生态宜居、交通便利”的要求，与市人大联动调研青浦新城建设，积极呼吁市级层面加大对青浦新城建设的支持力度，助力青中地区大力发展智能制造和服务经济，打造独立的综合性城市和示范区主城区。

*立足生态绿色一体化发展示范区建设，促进青西协同发展。*专题调研示范区专项建设和青西地区协同发展，支持青西地区打造世界著名湖区和生态价值高地。深化青浦、吴江、嘉善三地人大合作机制，开展示范区饮用水水源保护协同立法、区域交通基础设施建设运营管理一体化和古镇文化旅游协同发展调研。以长三角“一河三湖”（指太浦河、汾湖、淀山湖、元荡）联保共治为切入点，形成水环境保护青吴嘉三地人大共同建议，积极向示范区及三地政府建言献策。

（二）助力高质量发展，有效推进重点工作落实

常委会坚持围绕中心、主动作为、依法履职，助力全区经济持续高质量发展。

*推进疫情防控工作。*贯彻落实市人大有关疫情防控的决定，常委会领导带队深入基层社区明察暗访 240 多次，督促落实各项防控措施。专题听取“一府两院”疫情防控专项报告，围绕严防境外疫情输入、构建常态化疫情防控机制、完善医疗保障和应急管理体系、助推复工复产复市复学等建言献策。第一时间向广大代表发出助力疫情防控倡议，全区 700 余名全国、市、区、镇四级人大代表以实际行动践行责任担当。按照区复工复产工作部署要求，开展复工复产综合检查，累计检查督导企业、合作社、建设工地、商业综合体、中小

园区、办公楼宇等215处，收集反映诉求建议78条。区人大机关党员、干部积极响应区委“双守双共”（即守护家园、守望相助、共筑防线、共抗疫情）号召，踊跃参加区级战疫支援队，主动参与盈浦街道社区战疫、夏阳街道隔离点值守等防控志愿活动。

推进“十四五”规划编制。常委会学习贯彻习近平总书记关于“十四五”规划编制工作的重要指示精神，把“十三五”规划执行和“十四五”规划编制作为年度重点监督工作予以挂图作战、列表推进。及时启动“十四五”规划编制专题调研，积极促进调研成果转化运用。听取审议“十四五”规划和二〇三五年远景目标纲要（草案）编制情况专项报告，围绕“十三五”规划目标任务落实和“十四五”规划纲要编制中的重大问题建言献策。组织市、区、镇三级人大代表大讨论活动，充分发挥代表主体作用，广泛收集人大代表和人民群众意见建议200多条，进一步夯实了“十四五”规划编制的民意基础。

推进经济持续发展。高度关注《上海市优化营商环境条例》的实施工作，推动区政府制定“青浦惠企17条”，助推商事制度改革和海外人才政策先行先试，促进“高效办成一件事”。听取审议区政府关于实施乡村振兴战略推进产业兴旺情况的报告，围绕供给侧结构性改革、农业政策供给等积极建言，推动构建现代农业产业体系和农村一二三产业融合发展。依法加强对国民经济和社会发展计划编制、执行情况的审查和监督。

推进生态文明建设。将监督检查《上海市生活垃圾管理条例》执行情况与办理代表议案有机结合，推动条例有效实施。听取审议2020年本区环境质量和环境保护目标完成情况的报告，推进强化执法监管工作机制，切实解决环保突出问题。与市人大联动检查野生动物保护法和土壤防治法实施情况，推动全区禁猎野生动物、加快构建土壤防治工作体系。听取审议区法院环境资源审判工作，推进区法院进一步强化“三合一”归口审判功效，推动区政府加快生态环境标准体系建设，不断增强环境资源保护合力。

推进预算审计和国有资产管理。依法开展对预算编制、执行、调整、决算的全过程审查监督，支持区政府更好发挥财政政策作用，提高财政资金使用效益。审议区政府国有资产管理综合工作报告和行政事业性国有资产管理专项报告，督促区政府加快厘清权属关系、理顺管理体制，确保全面准确掌握全区国有资产“家底”。注重发挥审计作用，关注审计查出问题整改的措施和力度，提出强化审计闭环管理、加强审计基础建设等意见建议，促进审计整改取得新成效。积极助推全区预算绩效管理工作，完成预算联网监督系统建设，发挥预算联网监督实时预警功能，为人大代表开展政府预算和部门预算审查提供保障。

（三）坚持人民至上，持续推进民生福祉改善

常委会按照“六稳”“六保”要求，持续推动就业、教育、医疗、养老、文化等各项社会保障和公共服务工作。

高度重视促进就业工作。深入开展专题调研，从本区产业发展、劳动力资源市场等实际情况出发，认真分析促进就业工作面临的困难挑战，从强政策“领”就业、优服务“稳”就业、抓培训“增”就业、助农民“保”就业等四个方面提出意见建议。专题调研本区就业和社会保障“十四五”规划编制工作，建议区政府加强就业趋势研判，以科学的规划来全面指导“十四五”稳就业促就业工作。组织代表集中视察长三角人力资源市场，积极推动就业环境改善。

积极回应“老小旧远”问题。围绕推进老年人日间照料中心建设运营和长护险工作，组织人大代表和区政府职能部门面对面交流，推动出台社区养老设施日常运营补贴政策，完善长护险评估工作机制。听取审议中医药发展情况专项报告，建议进一步明晰中医药事业特别是区中医院的发展定位，全面提升中医药人才专业能力，加强政策扶持保障，不断夯实新时代中医药事业传承和发展的基础。调研全区0－3岁儿童早期教育发展工作，提出健全托育服务体系、加强早教托育市场监管等建议。组织代表听取本区“美丽家园”三年行动计划落实情况报告，推进老旧住房改造、加装电梯等民生工作，让发展成果惠及更多群众。调研村居文化活动室运行情况，助力打造基层文化阵地。组织代表听取科普工作报告，推动在全社会积极营造讲科学、爱科学、学科学、用科学的良好氛围。

全力助推基层社会治理。大力推动在金泽镇人大设立市人大基层立法联系点，制定支持和保障立法联系点建设的实施意见。积极参与上海市地方立法工作，完成《上海市公共文化服务保障与促进条例》等4部法律法规（草案）的意见征询工作。跟踪监督《上海市居民委员会工作条例》实施情况，并开展了满意度测评。监督调研全区应急管理体制机制运行和安全隐患风险防控工作，开展《上海市急救医疗服务条例》执法调研，促进提高本区应急管理和急救医疗服务水平。持续监督调研上海市宗教事务条例、少数民族权益保障条例、华侨权益保护条例和台湾同胞投资权益保护规定在本区落实情况。高度重视人大信访工作，全年共受理信访197件、240人次，积极回应了群众诉求。

（四）优化履职服务，积极促进代表更好发挥主体作用

常委会坚持以“凝心聚力促发展，担当作为再出发”履职实践活动为载体，不断充实代表活动内容、丰富代表活动形式，支持代表更好地发挥主体作用。

增进履职实践活动实效。聚焦全区中心工作，引导代表在疫情防控、护航进博、创建全国文明城区中发挥示范引领、担当作为、岗位建功作用。深化“学习交流、视察调研、联系走访、代表建议、履职评议、主题宣传、社区志愿服务”等“七个一”活动，召开履职实践活动推进会，加强工作交流和经验总结，完善代表履职活动组织和服务保障工作。通过《青浦人大》简报、青浦人大网站、代表履职APP和区镇融媒体中

心等平台，加大宣传报道力度，展示代表履职风采。

密切代表与群众的联系。围绕代表履职平台建设，指导各街镇人大建立形式多样的代表联系点，优化代表联系网络，不断扩大代表联系覆盖面，推动代表联系群众工作制度化、常态化。围绕“十四五”规划编制等内容，坚持常委会组成人员定期走访联系区人大代表、市区人大代表定期集中进社区联系群众、各级人大代表经常性联系群众等“三联系”制度，进一步畅通代表倾听群众呼声的渠道。落实代表向选民报告履职情况制度，全年共安排9名青浦区选举产生的市人大代表向区人大常委会、73名区人大代表向原选区选民报告了履职情况。

提高代表建议督办质量。坚持分层分类督办机制，强化常委会领导重点督办、各专工委分类督办、代表工作室综合督办工作力度，完善网上办理系统功能，动态跟踪办理进度，确保代表建议按时办结。搭建承办单位和代表的对话平台，对承办数量较多的部门单位，通过召开座谈会、现场督办等方式，深入听取代表的意见建议，提高办理实效。区五届人大六次会议以来，共收到代表建议133件，目前办理结果为解决采纳的101件，占75.9%；计划解决的9件，占6.8%；留作参考的23件，占17.3%。

完善代表履职服务保障。举办“履职为民促发展、护航进博展新姿”人大代表学习班。充分利用市人大培训中心优质资源，分层分批组织120多人次代表接受学习培训。支持各代表专业小组经常性开展活动，发挥代表专业优势，为常委会履职提供智力支撑。不断扩大代表参与常委会工作的广度和深度，先后组织990余人次代表参与常委会专题审议、视察检查、监督调研等活动，为代表进一步了解本区经济社会发展情况创造了条件。试点开展代表履职档案管理工作，运用信息化技术，提高代表履职的智能化水平。

（五）强化自身建设，全面提升履职能力水平

常委会立足人大政治机关、工作机关、代表机关的定位，发扬“抢拼实善”新时代青浦奋斗精神，与时俱进推进自身建设，切实提升工作效能。

加强思想政治建设。深入学习习近平谈治国理政（第三卷），深入开展“四史”学习教育和机关党建“先领”行动，自觉运用科学理论武装头脑、指导实践、推动工作。切实将思想行动统一到中央、市委和区委重大决策部署上来，将“人民至上”“全过程民主”重要理念贯彻落实到人大各项工作之中。

加强制度作风建设。根据新时代人大工作要求和常委会履职实际，及时修订常委会工作制度，不断提升人大工作科学化规范化制度化水平。常委会领导率先垂范，带领全体机关干部积极参与疫情防控、文明创建、进博保障、服务企业等重点工作。坚持以常态化大调研促进转变作风，广泛深入开展调查研究，更好地听民意、察民情、聚民智。

加强工作探索创新。围绕优化营商环境和促进就业工作，将专项监督与被任命人员履职评议相结合，极大提升了监督的准确性、有效性和系统性；围绕促进生活垃圾分类管理工作，将执法检查与代表议案办理相结合，既确保了执法检查的刚性，又充分吸纳了代表的智慧，推动生活垃圾分类工作更接地气、更有成效；围绕居委会工作条例执法检查落实情况的闭环监督，常委会听取区政府关于审议意见办理情况的报告，同步开展办理工作满意度测评，有力增强了监督实效。

各位代表，对人大任命人员开展履职评议，是本届常委会高度重视的一项工作。一年来，常委会全力推进被任命人员向常委会报告履职情况并接受满意度测评，有效强化了对被任命人员的任后监督，进一步增强了被任命人员依法履职、为民尽责的责任感、使命感。

各位代表，常委会工作取得的成效，是在中共青浦区委的坚强领导下，全体区人大代表和常委会组成人员依法履职、共同努力的结果，是“一府一委两院”自觉接受监督、协同配合的结果，是与各街镇人大上下联动、共同努力的结果，是区政协和各民主党派、社会各界热情协助的结果，也是各位老领导老同志关心帮助的结果。在此，我谨代表区人大常委会，向大家表示衷心的感谢！

回顾一年来的工作，我们也清醒地看到，对照新时代人大工作的新使命新要求，常委会工作还存在差距和不足，表现在：监督工作的实效性还有待进一步提高，常委会及各专（工）委工作的显示度还有待进一步提升，服务保障代表履职的机制还有待进一步优化。

二、2021年主要工作

2021年是中国共产党建党100周年，又是“十四五”规划纲要实施的开局年，也是本届常委会履职的收官年和区人大代表换届年，做好承上启下工作至关重要。常委会将以习近平新时代中国特色社会主义思想为指导，深入学习党的十九大和十九届二中、三中、四中、五中全会精神和习近平总书记考察上海、在浦东开发开放30周年庆祝大会上的重要讲话精神，全面贯彻习近平总书记关于坚持和完善人民代表大会制度的重要思想和“人民至上”“全过程民主”“人民城市人民建、人民城市为人民”等重要理念，认真落实十一届市委十次全会、五届区委十一次全会和市区人大工作会议精神，在区委的坚强领导下，立足人大政治机关、工作机关、代表机关的定位，着力提升新时代人大工作水平，着力彰显人民代表大会制度优势，为青浦打造高能级城市、推进高质量发展、开创高品质生活、构建高效能治理，开启现代化建设新征程作出更大的贡献。

（一）坚持党的领导，坚定人大工作正确方向

强化思想理论武装。按照“坚持党的领导、人民当家作主、依法治国”有机统一的要求，与时俱进、不断完善人大工作。巩固深化“不忘初心、牢记使命”主题教育和“四史”专题学习教育成果。牢牢把握人大政治机关的定位，始终在思想上政治上行动上同以习近平同志为核心的党中央保持高度一致，进一步增强“四个意识”、坚定“四个自信”、做到“两个维护”，不断增强做好新时代人大工作的责任感和使命感。充分发挥党组政治核心作用。充分发挥常委会党组把方向、议大事、保落实作用，把党的领导贯穿于人大工作各方面、全过程，确保党的各项主张和意图在人大工作中得到坚决落实。紧紧围绕区委决策部署，统筹安排人大监督、决定、任免等各项工作和重要活动，把区委的主张经过法定程序转化为全区人民的共同意志。严格执行重大事项向区委请示报告制度，严守政治纪律和政治规矩。深入贯彻“全过程民主”重要理念。学习贯彻习近平总书记关于坚持和完善人民代表大会制度的一系列重要论述，深刻领会“全过程民主”重要理念的丰富内涵。充分发挥人大在保障和实现“全过程民主”中的重要作用，以纪念青浦设立人大常委会40周年为契机，加强人大落实“全过程民主”理念的理论研讨。用好市人大常委会基层立法联系点平台，广泛汇聚民意民智，畅通基层诉求和立法需求表达渠道，积极探索实现“全过程民主”的有效形式和路径。

（二）围绕中心大局，大力推动区域高质量发展

聚焦服务国家战略。牢牢把握青浦作为“进博会”永久举办地的独特优势，紧扣承接放大“进博会”溢出效应这条主线，立足发挥人大职能作用，支持区政府优化调整产业布局和促进现代服务业高质量发展。推进青东地区承接放大“进博会”溢出效应能力建设，推动更好发挥“进博会”平台对区域发展的带动作用，打造更具影响力的国际化中央商务区。牢牢把握青浦作为长三角生态绿色一体化示范区建设主阵地的定位，推动打造充满活力的世界著名湖区。持续深化青吴嘉三地人大工作协同机制，促进《支持长三角生态绿色一体化发展示范区高质量发展的若干政策措施》落地落实，组织三地人大代表联合视察示范区重点项目和为民实事工程建设，联合调研推进示范区人力资源要素一体化制度建设，促进人力资源要素合理流动，推动示范区制度创新、加快建设。聚焦“十四五”良好开局。支持区政府进一步细化和落实规划纲要，切实把推进经济高质量发展放在突出位置，推动“十四五”实现良好开局。密切关注各专项规划的编制工作，开展跟踪监督。依法审查区政府2021年度计划（草案）、预算（草案），批准2020年度本级决算（草案），监督调研区政府2021年度计划、预算执行情况。实施预决算全过程线上审查监督，推进审计及审计整改项目的闭环监督。开展《上海市优化营商环境条例》实施情况监督检查，助推打造长三角乃至全国营商环境样板。监督调研全区体育产业发展情况，助力培育经济增长新动能。听取审议全域旅游示范区建设情况，促进旅游产业快速健康发展。关注国有自然资源（资产）管理工作，提升本区国有资产管理工作质量。聚焦青浦新城建设。围绕打造独立综合性节点城市的定位，重点关注青浦新城规划实施情况，着眼充分发挥规划引领作用，推动新城高起点、高标准、高水平建设。围绕新城重大项目落地，组织代表听取政府性投资项目建设情况报告，促进产城融合发展。监督调研青浦科创中心建设，支持区政府进一步挖掘潜力、创新机制，推进“一带三中心”（即以轨道交通17号线沿线区域发展为功能定位，围绕市西软件信息园打造软件和信息服务业创新集群和“青东科创中心、中部科创中心、青西科创中心”）系列创新集群建设落地，提升科技创新的显示度和贡献度。听取区政府关于美丽街区建设情况报告，推进城市更新和城市治理水平提升。聚焦全面依法治区。积极助推法治政府示范创建工作。开展“七五”普法实施情况总结评估，依法作出“八五”普法决议，促进法治观念和依法办事深入人心。加强执法检查工作，推动法律法规正确有效实施。推进备案审查制度和能力建设，依托备案审查信息平台，加强规范性文件备案审查工作。深化区政府组成部门负责人履职评议工作，将贯彻人大决议决定、依法行政、落实司法和检察建议等情况作为评议着力点，基本实现对区政府组成部门主要负责人履职评议全覆盖。根据区委部署，听取区监委专项工作报告。调研区法院诉调对接和区检察院执行认罪认罚从宽制度情况。

（三）紧扣民生关切，积极助力打造高品质生活

持续推动民生福祉改善。助推“幸福社区”建设。支持和推动加快老旧小区加装电梯工作。加强《上海市公共卫生应急管理条例》实施情况调研，以推进社区卫生服务中心标准化建设为抓手，推动完善公共卫生社会治理常态化机制，确保条例在本区得到有效落实。持续监督长护险实施情况，监督调研社区养老发展状况，聚焦社区养老设施运行和维护，督促提升养老服务均衡化优质化水平。听取全区民办教育发展情况的报告，支持区政府进一步夯实民办教育基础，推进公民办教育优势互补、协同发展。调研《上海市公共文化服务保障与促进条例》贯彻落实情况，保障村居文化活动室建设运行。开展新颁布的《退役军人保障法》实施情况监督检查，切实维护和保障退役军人合法权益。推进生态环境建设。听取审议2020年本区环境质量和环境保护目标完成情况报告，持续跟踪监督水环境综合治理工作，督促本区进一步巩固提升生态环境综合整治成效。推进国家生态文明建设示范区创建工作，开展新修订的《固体废物污染环境防治法》实施情况监督检查。跟踪督查常委会关于《上海市生活垃圾管理条例》执法检查审议意见的落实情况，不断提升全区垃圾分类收集和处置能力。推动区域治理创新。积极探索区级层面民生实事项目代表票决制，不断丰富“人民城市人民建、人民城市为人民”重要理念在人大的实践。调研村居换届工作，为推进基层治理依法提供保障。围绕本区实施乡村振兴战略促进农民生活富裕，开展监督调研，进一步拓宽农民就业渠道，促进农民收入增长。

（四）聚焦履职实践，支持和保障代表依法履职尽责

总结深化代表履职实践活动。根据区委建设“幸福社区”的部署要求，积极发挥代表在社区治理中的示范引领作用。认真总结履职实践活动经验，号召代表立足本职岗位建功奉献，加强正向激励和典型宣传，积极营造人大代表助力全面跨越式高质量发展的浓厚氛围。加强代表履职能力建设。开展政治思想、业务理论、履职实践等内容培训，不断提高人大代表的政治站位、大局意识和境界格局，强化人大代表是人大工作的主体、要在人民群众中作表率的意识，不断增强代表履行职务、联系群众、反映群众诉求的能力。加强代表履职平台建设。贯彻市人大《关于加强和规范人大代表联系人民群众平台建设的指导意见》，制定本区进一步加强代表联系人民群众阵地建设的实施意见，积极打造升级版“家站点”示范平台。深化平台建设，优化平台功能，规范代表履职档案管理，完善代表述职制度，进一步提高代表阵地建设的质量。加强代表建议督办工作。坚持以点带面、典型引路，全面梳理本届以来代表建议督办工作的经验成效，进一步优化和完善常委会领导重点督办、各专工委分类督办、代表工作室综合督办机制，开展代表建议办理工作“回头看”，着力提高办理工作质量。

（五）加强统筹协调，依法做好代表换届选举工作

加强工作统筹。在区委的统一领导和市人大指导下，依法加强对区、镇两级选举委员会的领导，把坚持党的领导、充分发扬民主、严格依法办事贯彻落实到换届选举的全过程。加强对选举工作的分析研判，制定完善换届选举工作方案、工作计划，明确各阶段具体工作的路线图和时间表，确保选举工作顺利开展。大力开展宣传。做好人民代表大会制度和地方组织法、选举法、代表法等法律法规的宣传解读工作，进一步提高人民群众对人大制度、换届选举工作的认识，增强选民主动登记、参与选举的积极性。精心组织实施。把好选区划分、协商预选、投票选举等重点环节工作，确保选举严格依法按程序进行。认真落实新修订的选举法要求，优化代表结构，增加基层人大代表数量，把好代表入口关。严肃换届纪律。加强对选举的全过程监督，保持对违法违纪行为的“零容忍”，确保换届选举风清气正。

（六）坚持与时俱进，切实加强常委会自身建设

认真总结履职成果。梳理总结本届常委会履职实践，推动工作创新，促进人大工作完善发展。重视干部队伍建设。秉持敬终如始、善作善成的精神，大力发扬“抢拼实善”新时代青浦奋斗精神，努力打造“充满激情、富于创造、勇于担当”的人大干部队伍。进一步加强区人大及其常委会机关建设，充分发挥各专门委员会和工作委员会的作用。不断完善区人大机关工作目标管理制度。努力形成工作合力。不断完善与街镇人大工作联动机制，加强对街道人大工委的领导和镇人大工作的指导，实现区镇两级人大工作协调推进、同步发展，增强全区人大工作整体实效。积极做好宣传工作。积极开展形式多样的“走进人大”活动，充分运用宣传资源和媒介，以人民群众喜闻乐见、通俗易懂的形式和语言，做好人大新闻报道工作，不断提升宣传实效。

各位代表，新思想指引新方向，新时代赋予新使命，新目标开启新征程。常委会将坚持以习近平新时代中国特色社会主义思想为指导，在区委的坚强领导下，紧紧依靠全体代表和全区人民，奋发有为，扎实工作，为实现青浦“十四五”良好开局，奋力推进全面跨越式高质量发展迈入现代化新征程而努力奋斗！

上海市青浦区人民政府工作报告

上海市青浦区第五届人民代表大会第七次会议

(2021年1月19日)

上海市青浦区人民政府区长 余旭峰

各位代表：

现在，我代表青浦区人民政府，向大会报告工作，请予审议。请政协委员和其他列席人员提出意见。

一、2020年工作回顾

过去一年，我们在区委坚强领导下，以习近平新时代中国特色社会主义思想为指导，深入贯彻习近平总书记考察上海重要讲话精神，认真落实党中央国务院、市委市政府和区委决策部署，统筹疫情防控和经济社会发展，大力推进两大国家战略，抓好"六稳""六保"工作，谋划好"十四五"发展，经济平稳增长、社会和谐稳定，基本完成五届人大六次会议确定的目标任务。预计地区生产总值增长3.8%。一般公共预算收入实现583.1亿元、增长0.4%，其中区级一般公共预算收入210.1亿元、增长1.4%。城乡居民人均可支配收入53740元、增长4.2%。

(一)新冠肺炎疫情防控取得阶段性成果

打好疫情防控阻击战。区委区政府成立领导小组，下设一办九组(即办公室、社区防控组、复工复产组、学校复课组、口岸检疫组、维护稳定组、疾控医疗组、环境整治组、舆论宣传组、综合保障组)，加强组织领导，紧紧依靠全区人民，坚持"四早"(即早发现、早报告、早隔离、早治疗)，做到"三个覆盖"(即推动入沪人员信息登记全覆盖、重点地区人员医学观察全覆盖、管理服务全覆盖)"三个一律"(指对进入上海的人员一律测量体温、对来自重点地区的人员一律实施医学观察、对其他外来地区人员要求由其所在单位一律申报相关信息，并切实落实防范举措)。严防输入、严防扩散反弹，守好陆路道口、水上卡口，加强长三角联防联控，开展"双守双共"行动，建立"租管家"信息平台，强化群防群控。成立医疗救治专家组和应急保障医疗卫生队伍，组织驰援武汉抗疫一线、支援浦东机场守好国门。建立健全发热门诊、哨点诊室、集中医学观察点、集中留验点，累计集中医学观察29469人、居家隔离观察38955人。我区累计发现本地确诊病例6例、境外输入性病例38例，在全市率先实现确诊病例和疑似病例动态清零。

积极应对疫情严重冲击。制定实施分类复工复产复市复学方案。积极落实本市惠企政策，出台"青浦惠企17条"，开展援企稳岗稳就业行动，区财政拨付倾斜资金5.3亿元，区内商业银行提供低利率贷款55亿元，落实就业补贴1.1亿元。在线教学、分步复课、中高考工作平稳有序。及时开展社会稳定预判预警、协调处置。做好舆论引导、监测和先进典型宣传。接受捐款捐物约2800万元，加强防疫物资生产筹措、捐赠物资管理使用。

落实疫情常态化防控要求。紧盯"入城口、落脚点、流动中、就业岗、学校门、监测哨"等关键点，构筑完善疫情防控链。对入境来沪人员实施闭环管理。坚持人物同防，加强冷链食品、重点场所、重点人群、重大活动疫情防控。强化秋冬季疫情风险监测。开展爱国卫生专项行动和健康促进工作。实施重点人群新冠疫苗接种。

(二)服务两大国家战略体现新作为

示范区建设进入密集施工期。示范区国土空间规划已公示。开发者大会、一周年现场会成功举办。长三角投资公司设立。一批示范项目加快推进，元荡1.2公里生态岸线贯通，东航路建成通车，华为研发中心项目正式开工。长三角示范区金融产业园成立，基金规模突破千亿元。朱家角古镇创建国家5A级景区通过景观质量评审。示范区"一网通办"企业服务事项达299个。

"进博会"溢出效应进一步显现。服务保障第三届"进博会"实现"两个一流"(即一流的城市环境、一流的服务保障)"两个万无一失"(即疫情防控做到万无一失、社会面安全稳定做到万无一失)。24个配套项目按期完成，市容环境、市政设施、公共配套不断完善。优化网格巡查和一体化养护保洁，"进博会"城市运行"一网统管"模式获上海市首届"城市治理最佳案例奖"。首届中国国际公共采购论坛顺利举办。新增会展企业24家。"6+365"功能性平台(即根据《中国国际进口博览会实施方案》，由上海市政府负责建设，推进进口博览会"6天+365天"专业服务的运作模式，实现"参展一周、服务一年")税收1.6亿元。综合保税区完成跨境订单 481 万单。

区域发展格局进一步优化。区委区政府相继成立青东联动发展、青浦新城规划建设、青西协同发展领导小组。制定实施青东联动发展若干意见、三年行动计划以及专项工作方案,形成国土空间规划优化、综合交通规划研究初步成果。制订加快推进青浦新城高质量发展的实施意见、行动方案,明确“一带一轴四片”空间布局(“一带”即 G50 复合功能发展带;“一轴”即外青松公路产城融合发展轴;“四片”即青浦新城西、中、北、东四个片区)和“1 + 3”近期重点推进区域。拟订青西协同发展若干意见、重点任务和项目清单。

(三)经济社会发展保持良好势头

稳增长力度加大。实施扩大有效投资稳定经济发展行动、新型基础设施建设行动。“四个一批”(即出让一批、开工一批、竣工一批、投产一批)产业项目加快推进,完成网易等土地出让项目 21 个、华为等开工项目 29 个、书香门地等竣工项目 23 个、申通快递等投产项目 12 个。合同外资、实到外资分别完成 19.8 亿、9 亿美元。支持经济小区健康发展,新注册企业户数增长 6.7%。开展“五五购物节”青浦购物季活动。深化联系服务企业,促进政策落地见效、诉求有效解决。

特色产业加快集聚发展。快递物流业收入 1100 亿元、增长 8.5%,成为首个千亿产业集群。推进上海商贸服务型国家物流枢纽 20 个重点项目建设。软件信息业收入 700 亿元、增长 64%。北斗西虹桥基地税收增长 50%,入选首批市级特色产业园区。民用航空产业税收增长 30%。积极推动生物医药、医疗器械、氢能等产业发展。完成产业结构调整 469 项、2872 亩,关停 D 类(即低效类)企业 250 家。成功入选第二批国家产融合作试点城市。成功创建国家全域旅游示范区。

改革创新动力增强。着眼于“高效办成一件事”,深化“一网通办”,完成大数据资源平台一期建设,政务数据归集率达 95%,网上办结率达 61.5%,开展“好差评”闭环管理。国有企业二级子公司由 81 家精简至 57 家。改革地方储备粮国有储备管理机制。组建青浦文旅发展(集团)公司。实施基本公共服务区镇财政事权和支出责任划分改革,区级财政支出预算绩效管理全覆盖。推进审计全覆盖和整改闭环管理。新增高新技术企业 301 家,认定市高新技术成果转化项目 39 个。成为中国人民银行第二批数字货币试点区域。举办青浦区人才大会,发布“青峰”人才政策,兑现人才奖励资金 1.3 亿元。设立外国人来华工作、居留“单一窗口”。

城镇规划建设取得新进展。新市镇总规除白鹤、郊野单元(村庄)规划除朱家角及金泽外实现全覆盖,华新凤溪社区等一批重点转型区域控规编制完成。128 个重大项目稳步推进。轨交 2 号线西延伸、13 号线西延伸、17 号线西延伸项目完成工可编制。复兴路北延伸段基本完工。全市“四好农村公路”(即建设好、管理好、养护好、经营好农村公路)现场会在青浦召开。新建 5G 基站 1514 个。13 个“美丽街区”建设任务基本完成。“美丽家园”建设完成 48 万平方米旧住房综合改造。4 个城中村改造项目有序推进。完成 13 个存量基地和 38 个新开基地征收补偿。完成土地出让区级收入 205.5 亿元。集建区外建设用地减量化立项 214.7 公顷、验收 201.1 公顷。

民生保障不断夯实。新增就业岗位 19000 个、完成目标 105.6%,城镇登记失业 4123 人、控制在目标 4750 人以内。新增养老床位 1049 张、社区综合为老服务中心 2 家、老年人日间服务中心 6 家、老年活动室 25 家、助餐场所 10 家,区淀山湖福利院竣工。发放困难对象救助资金 8797.1 万元、残疾人补贴 2925.5 万元。落实长护险试点实施方案,严格政策标准,完善评估体系。动迁安置房项目开工 7 个、面积 50.3 万平方米,竣工 2 个、面积 19.1 万平方米,完成动迁过渡安置 1361 户。农民相对集中居住签约 1005 户、农民建房批复 722 户、农村低收入户危旧房改造 14 户。多层住宅加装电梯开工 3 部、建成 1 部。调整公交线路 29 条,增设站点 52 个。对口帮扶 5 个贫困县全部摘帽。

社会事业稳步发展。第三轮社会事业三年行动计划 66 个项目开工 28 个,完成既定目标。接受市教育综合督政,教育综改 28 项改革试验项目顺利完成。实施第三轮“托幼一体化”试点,累计开设幼儿园托班 38 个。兰生复旦青浦分校主体结构完成 90%。组建紧密型医联体,家庭医生服务重点人群签约率 83.4%。组建示范区中医医联体,建立青吴嘉三地急救联盟。长三角(上海)智慧互联网医院运营,复旦大学附属妇产科医院青浦分院加快建设。推进全国健康促进区创建。全面动员、全力以赴,成功创建全国文明城区。建成区、街镇、村居三级新时代文明实践阵地。评设江南文化名家工作室 10 个,完成青浦图书馆二期扩容、青溪园知道书院建设,成立青龙镇遗址考古工作站。成功举办环意长三角自行车公开赛、淀山湖文化艺术节暨旅游购物节等重大赛事活动。获评上海市双拥模范区。妇女儿童、民族宗教、红十字会、港澳台侨、外事工作进一步加强。

乡村振兴战略深入实施。完成农村人居环境整治试点区建设,330 个村居通过达标验收,获国务院农村人居环境整治专项奖励。启动 8 个区级美丽乡村示范村建设、累计达 55 个,成功创建 7 个市级美丽乡村示范村、累计达 26 个。第二批 3 个乡村振兴示范村通过市级验收,第三批 4 个完成 50% 建设任务。深入推进乡村振兴示范片区建设。强化粮食生产安全,水稻种植面积 12.3 万亩,绿色农产品认证率达 28%。“淀湖源味”品牌产值突破 5 亿元。引进泥炭土、寿司米、草莓核心基地等 6 个农业招商项目。深化农村综合改革,持续推进农民增收。规范农村土地经营权流转管理。农村集体经济组织帮扶 3 个“造血”项目加快建设。农民非农培训 8279 人。

生态绿色优势进一步巩固。第七轮环保三年行动计划 74 个市级项目全部完成。继续保持 19 个国考、市考水质断面和 309 个市河长办考核断面全部达标。苏四期治理工程完工,年内完成 32 公里中小河道整治、18 条断头河治理、333 万平米小区雨污混接改造。农村生活污水处理基本全覆盖。空气质量指数 AQI 优良率 85.5%、提高 8 个百分点,PM2.5 平均浓度 34 微克/立方米、下降 17.1%,完成工业挥发性有机物治理 58 家。完成 50 家土壤污染重点企业隐患排查报告备案,建立建设用地土壤污染风险管控和修复名录制度。完成重点生态廊道建设 4500 亩、公园绿地 61.5 公顷、绿道 20 公里,陆域森林覆盖率达 18.2%、建成区绿化覆盖率

43.1%、人均公园绿地10平方米。环境执法检查企业2291户次，立案114件、查处42户，行刑衔接2件、追究刑责5人。

城市精细化管理不断加强。着眼于“高效处置一件事”，深化“一网统管”，成立区城运中心，完成政务云、视频共享平台建设，城市运行管理平台建设基本完成，推进12类智能化应用场景，推广崧润路派出所“1+X”试点(指以崧润路派出所为试点，基于“智慧公安”一个平台，围绕政务服务、公共安全、社会民生、生态环境等领域，实现数据上云共享，融合各类智能算法、模型，实现对辖区整体态势的实时感知和运行监测，实现“一网统管”)。网格化管理考核全市第一，12345市民服务热线工作保持良好水平。深化“三大整治”，拆除违法建筑97.4万平方米；开展“1+5+8”安全综合整治(“1”为成片区域整治；“5”为五大区域性问题整治，包括工业企业、各类市场和废品收购站、建筑工地、房屋安全、大客流安全；“8”为八大易发事故行业领域问题整治，包括消防、用气用油、危化品、高空坠物、防汛、环境、特种设备、交通等领域)，65个成片整治地块已完成47个。开展“雷霆”行动城管执法检查1088次。强化青浦工业园区一体化综合执法。出台创建住宅小区“放心物业”实施意见。通过国家卫生区市级检查。生活垃圾回收利用率达35%，干、湿垃圾和可回收物分类处理量实现“一减两增”，无害化处置率达100%。加强危险化学品、建筑施工、交通运输、食品药品、消防等安全治理，做好防汛防台防冻工作，城市安全总体可控。

社会治理水平持续提升。开展市域社会治理现代化试点。启动幸福社区建设，开展社区中心建设试点，客堂间(睦邻点)实现村级全覆盖。深化房东责任制试点。全面启动第七次全国人口普查工作。深入推进扫黑除恶。创设“平安青浦”指标体系。启用应急联动中心。完成65个开放式社区、137个自然村落智能安防建设。违法犯罪类案件接报数下降37.2%。持续完善“家门口”信访服务体系，突出信访矛盾综合销项率86.5%，信访批次下降18.3%、人次下降1.7%。建立金融投资类机构准入机制，金融风险平稳受控。

过去一年，我们认真落实区委部署，落实全面从严治党要求，增强“四个意识”、坚定“四个自信”、坚决做到“两个维护”，扎实开展“四史”学习教育，启动法治政府示范创建，不断加强政府自身建设。深化“四责协同”机制和“三个责任制”，严格贯彻中央八项规定精神。受理行政复议案件356件，审结241件，纠错率10.4%。办理人大代表建议131件，解决采纳99件；办理政协提案147件，采纳或解决120件。落实政府信息公开规定、重大行政决策程序规定。继续精简会议、文件，提高政府系统效能，切实为基层减负。

各位代表，这些成绩的取得，是市委市政府和区委坚强领导的结果，是全区上下共同努力的结果。在此，我代表青浦区人民政府，向大家致以衷心的感谢！

同时，我们也清醒地认识到：当前疫情常态化防控任务依然艰巨，公共卫生体系需要加快完善；对标两大国家战略，工作集中度、显示度还需加快凸显；创新驱动总体不足，经济密度较低，新动能支撑不够，经济持续增长的基础还不牢固；在城乡统筹、城市功能品质、公共服务、民生保障等方面，不平衡不充分问题仍然突出。同时，政府治理水平还有待提高、工作作风还有待改进。对此，我们将高度重视，努力改进和解决。

二、关于《上海市青浦区国民经济和社会发展第十四个五年规划和二〇三五年远景目标纲要(草案)》的说明

根据《中共青浦区委关于制定青浦区国民经济和社会发展第十四个五年规划和二〇三五年远景目标的建议》，区政府制定了规划纲要(草案)，提请本次大会审议。

“十三五”时期，是青浦从追赶迈向跨越的五年。全区上下凝心聚力、攻坚克难，大力实施全面跨越式高质量发展战略，完成了“十三五”规划确定的主要目标任务。圆满完成三届“进博会”服务保障任务，积极推进长三角生态绿色一体化发展示范区建设，“一城两翼”战略布局开启新篇。经济实力大幅跃升，地区生产总值2017年首破千亿元大关。新型城镇化和乡村振兴战略同步实施，城市核心功能迅速崛起，“上海之门”城市品牌打响，轨交17号线开通运营。人民生活水平显著改善，城乡居民人均可支配收入增速高于全市平均水平。区域治理能力明显提升，“一网通办”“一网统管”从无到有、构建运行，基层社会治理体系进一步完善、能效进一步提升，“三大整治”形成长效机制。

“十四五”时期，是青浦进入新发展阶段、奋力创造新奇迹的五年。我们要胸怀“两个大局”(即中华民族伟大复兴的战略全局、世界百年未有之大变局)、坚持“四个放在”(即将上海发展放在中央对上海发展的战略定位上、放在经济全球化大背景下、放在全国发展大格局中、放在国家对长三角发展的总体部署中思考谋划)，坚定不移贯彻新发展理念，坚持稳中求进工作总基调，统筹发展和安全，以打造社会主义现代化国际大都市的枢纽门户为总体目标，以两大国家战略为根本牵引，以推进高质量城市化、提升城市核心功能和核心竞争力为主攻路线，以实施新时代“一城两翼”战略布局为关键支撑，以深化供给侧结构性改革、扩大高水平开放为核心动力，保持战略定力，强化战略思维，准确识变、科学应变、主动求变，善于在危机中育先机、于变局中开新局。

为更好引领中长期发展，纲要(草案)展望了2035年远景目标，明确了2025年经济社会发展目标。到2035年，基本建成社会主义现代化国际大都市的枢纽门户和充分体现中国特色、上海特征、青浦特点的人民城市示范点，全球资源配置、科技创新策源、高端产业引领、开放枢纽门户功能全面增强，成为具有全国乃至全球影响力的长三角枢纽城市和示范区中心城市，成为贯彻新发展理念和构建新发展格局的示范窗口和实践样板。到2025年，贯彻落实国家战略任务取得显著成果，示范区建设取得积极成效，服务保障“进博会”和放大溢出带动效应的能力明显增强，城市数字化转型取得重大进展，开放枢纽门户功能基本形成，人民城市示范点建设成效彰显，谱写出新时代“城市，让生活更美好”的新篇章。综合考虑，“十四五”时期，地区生产总值年均增长8%左右，力争2025年达到2000亿元；区级一般公共预算收入年均增长5%左右，力争2025年达到300亿元；城乡居民人均可支配收入年均增幅高于全市平均水平；全社会固定资产投资累计4000亿元左右。2025年，全社会研发投入占地区生产总值4%左右；形成4~6个千亿级产业集群、8~10个百亿级产业平台；户籍人口平均期望寿命84.98岁。

围绕目标，纲要(草案)提出了今后五年经济社会发展的主要任务,突出了以下七个方面。

一是主动服务新发展格局,打造中心节点和战略链接的开放枢纽门户。充分打开对内对外开放两个扇面,积极发挥在示范区乃至长三角辐射带动作用,加快强化核心功能,建设消费中心城市,全面优化区域营商环境,进一步构筑战略优势,更好地服务上海、长三角乃至全国发展大局。

二是全面引领长三角示范区建设,深入推进新时代"一城两翼"战略布局。按照全市"中心辐射、两翼齐飞、新城发力、南北转型"要求,着力构建高质量发展的空间布局和支撑体系,加快形成青浦"两翼齐飞、新城发力、青东联动、青西协同"空间新格局。

三是坚持创新驱动发展战略,加快推动经济体系优化升级和高质量发展。坚持创新在发展全局中的核心地位,面向世界科技前沿、面向经济主战场、面向国家重大需求、面向人民生命健康,努力成为上海建设具有全球影响力的科技创新中心的重要功能承载区。

四是坚持城乡全面融合发展,持续提升区域治理体系和治理能力现代化水平。以"一网通办""一网统管"为牵引,以新时代幸福社区建设为支撑,以市域社会治理现代化试点为抓手,统筹提升城市和乡村治理能力,坚持新型城镇化和乡村振兴战略"双轮驱动",推动城乡全面融合、共同繁荣。

五是弘扬新时代青浦奋斗精神,大力提升城市品牌和文化软实力。坚持社会主义核心价值观引领,大力弘扬"抢拼实善"新时代青浦奋斗精神,持续提升"上海之门、国际枢纽"城市品牌吸引力、影响力和竞争力,建成长三角江南文化示范区。

六是促进生态优势转化为发展优势,打造人与自然和谐共生的生态绿色发展示范区。进一步厚植生态资源优势,着力把生态优势转化为发展优势,把生态环境转化为宜居环境,创成国家生态文明建设示范区,争创"绿水青山就是金山银山"创新实践基地,率先走出一条生态文明和经济社会发展相得益彰的新路。

七是努力创造高品质生活,更好满足人民对美好生活的向往。持续优化公共服务设施布局,不断提升服务供给的质量和效益,促进公共服务从"保基本"到"提质量"的转变,推动改革发展成果更多更公平惠及人民群众。

三、2021 年主要任务

2021 年是"十四五"规划开局之年。我们要以习近平新时代中国特色社会主义思想为指导,全面贯彻党的十九大和十九届二中、三中、四中、五中全会及中央经济工作会议精神,深入落实习近平总书记考察上海、在浦东开发开放 30 周年庆祝大会上的重要讲话精神,增强"四个意识"、坚定"四个自信"、坚决做到"两个维护",按照市委全会、区委全会部署,坚持以新发展理念引领发展全局,坚持"人民城市人民建,人民城市为人民"重要理念,坚持稳中求进工作总基调,坚持系统观念,以推进高质量城市化、提升城市核心功能和核心竞争力为主攻路线,深入推进两大国家战略,巩固拓展疫情防控和经济社会发展成果,扎实做好"六稳""六保"工作,更好统筹发展和安全,加快实现青浦全面跨越式高质量发展。

综合各方面因素,建议 2021 年全区经济社会发展主要预期目标是:实现地区生产总值增长 6.5%,区级一般公共预算收入 220.6 亿元、增长 5%,全社会固定资产投资 500 亿元,合同外资、实到外资分别为 8 亿、6 亿美元,城乡居民人均可支配收入增幅高于全市平均水平,城镇登记失业人数控制在市下达指标内,单位生产总值综合能耗下降率、大气主要污染物排放量削减率确保完成市下达目标。

今年要重点做好以下八方面工作。

(一)主动服务新发展格局

强化两大国家战略、虹桥国际开放枢纽支撑,更加凸显内循环中心节点、双循环战略链接的核心平台和枢纽功能。

积极推进示范区建设。深入落实示范区建设总体方案和国土空间规划,打造"高颜值、最江南、创新核"。推进淀山湖、元荡岸线贯通以及太浦河沿线、蓝色珠链生态环境整治,加快先行启动区内区级美丽乡村全覆盖。积极打造朱家角中国特色小镇,申报江南水乡世界文化遗产、创建国家 5A 级景区。推进青西三镇创建国家级文化生态保护区。推动环淀山湖区域提升转型,推进淀山湖国家级旅游度假区创建。配合江南水乡客厅规划建设,加强金泽片区研究和推进。完成西岑科创中心规划,促进集成电路、人工智能等产业集聚。推动蓝色珠链创新产业走廊建设,加快长三角示范区金融产业园发展。

持续放大"进博会"溢出效应。巩固已有经验做法,完善"越办越好"长效机制。做好"大会展 + 大商贸"文章,对接深化国际采购、投资促进、人文交流、开放合作等平台建设,推动展品变商品、展商变投资商,推进"联采中心""联合国采购大会"落户。提高展会市场化、规范化、专业化水平,推广"云上会展"新模式,提升国际会展之都重要承载区功能。推进上海商贸服务型国家物流枢纽建设。做大做强"6 + 365"功能性平台,拓展综合保税区功能,促进会展商贸与保税服务、跨境电商等业务深度结合。

着力提升区域统筹发展能级。推动青东打造更有影响力的国际化中央商务区。崧泽高架西延伸工程竣工通车,开工建设轨交 2 号线西延伸、轨交 13 号线西延伸项目,推动 G50、G15 高速扩容抬升、G318 及北青公路拓宽。加快青东五镇空间布局规划落地。推动青浦新城打造更高能级的独立综合性节点城市,全面推动产城融合、景城融合、水城融合。推动青西打造更具创新活力的世界级著名湖区。开工建设轨交 17 号线西延伸项目,推进大型通用机场前期规划研究、示范区南北快速路及城际线选线研究。配合沪苏湖高铁站点建设,谋划通用航空等特色产业,促进练塘加快发展。

(二)推进经济高质量发展

坚持创新驱动,聚焦"五型经济"(即创新型经济、服务型经济、总部型经济、开放型经济、流量型经济),促进人流、物流、信息流、资金流等要素集聚,着力打响"四大品牌"(即上海服务、上海制造、上海购物、上海文化品牌),全面塑造发展新优势。

强化招商引资和特色产业发展。做实专业化、市场化、分领域招商团队,积极开展主题招商、产业链招商。强化经济小区激励和管理考核,在新设企业数量和质量上取得新突破。围绕"三大两高一特色"主导产业(指做大做强大物流、大会展、大商贸三大现代服务业产业集群,积极打造高端信息技术和高端智能制造两大智能制造集群，大力发展文旅健康产业集群）和平台经济、总部经济、楼宇经济，引进、培育一批龙头企业和“隐形冠军”，加快培育壮大“千百亿”产业集群。聚焦上海“3 + 6”产业体系（“3”是指集成电路、生物医药、人工智能三大先导产业，“6”是指电子信息、汽车、高端装备、先进材料、生命健康、时尚消费品六大重点产业），加快生物医药、电子信息、人工智能、新材料、氢能等产业集群发展。聚焦人才、品牌、头部企业、通道、平台等关键环节，协同完善产业链、供应链、价值链、创新链、生态链。大力推进现代服务业集聚，推动生产性服务业向专业化和价值链高端延伸。积极发展在线新经济等业态模式，打造特色电商、网络视听、游戏电竞等产业平台。

大力推进重点产业区域建设。推进青浦工业园区创建国家级经济技术开发区，提高经济密度。加快提升西虹桥商务区产业能级和产出水平。强化“一带三中心”科创布局（即轨交17号线沿线软件信息产业发展带和青东、青中、青西科创中心），加快华为研发中心、市西软件信息园、北斗西虹桥基地等平台建设。聚焦物流枢纽总部及供应链中心建设，推动华新工业园区成片转型。加快徐泾、华新、重固等重点区域转型，积极打造重固虹桥医疗器械科创园，推进凤溪老集镇城市更新。完成产业结构调整120项、1200亩。

全力做强创新引擎。积极促进复旦大学创新学院及国家大学科技园落户，推动同济大学长三角可持续发展研究院运行。积极参与长三角协同创新。加快构建顺畅高效的技术创新和转移转化体系，创新产学研用深度融合新机制、新模式，促进众创空间提质升级。发挥企业的科技创新主体作用，鼓励企业与高校、科研院所共建创新平台，支持企业牵头组建创新联合体。努力打通知识产权创造、运用、保护、管理、服务全链条，健全社会信用体系，优化创新创业环境。落实上海市人才落户办法、“青峰”人才政策，加强创新型、应用型、技能型人才培养，打造长三角人才发展新高地。完善促进金融业发展政策，高效运作青发创投基金，推动金融服务实体经济。深入开展质量提升行动，建设质量强区。

坚持扩大内需战略基点。与深化供给侧结构性改革相结合，以创新驱动、高质量供给引领和创造新需求。深入落实我区扩大有效投资20条政策、新型基础设施建设行动方案。积极争取地方政府专项债，鼓励社会资本参与重点区域开发建设。确保“四个一批”产业项目土地出让46个、开工34个、竣工19个、投产14个。坚持“房住不炒”定位，落实房地价格联动机制，加快经营性用地出让，促进房地产市场平稳健康发展。持续提升赵巷、青浦新城等重点商圈能级，促进各大商业综合体高效运营。大力促消费，积极拓展线上消费、体验消费、健康消费等新消费模式。

（三）深入推动改革开放

强化系统观念，提高改革系统集成水平，发挥示范区“先手棋”“突破口”作用，以深化改革开放增强发展内生动力，打造长三角最具制度竞争力的营商环境。

推动城市数字化转型。统筹经济、生活、治理数字化，推进整体性转变、全方位赋能和革命性重塑。完善新型智慧城市顶层设计，推进5G网络等基础设施建设。推动数字经济和实体经济深度融合，支持企业技改和智能化改造，加快智能生产线、智能车间、智能工厂建设。建设“幸福云”智慧社区全景应用系统。深化“一网统管”，启用区城运新指挥中心，完善区、街镇城运平台数字化智能化功能。深化大数据分析结果运用，保障数据信息安全。

持续优化营商环境。深化“放管服”改革，落实市优化营商环境4.0版方案。优化“一网通办”，提升政务服务大厅“一站式”功能，强化“随申办”应用，增强“好差评”实效性。新增10个“一件事”业务流程再造，再推出100项零跑动事项，落实“两个免于提交”（指在政务服务和监管执法场景中，通过告知承诺、数据共享和核验、行政协助等方式，实行“本市政府部门核发的材料，原则上免于提交；凡是能够提供电子证照的原则上免于提交实体证照”），完成区级电子证照完整归集，优化“一窗通”服务，提高“一次办”和网上办结率。新增一批青吴嘉三地行政审批互联互通事项。积极推行告知承诺、容缺受理、特事特办。落实外商投资条例，加强外商投资服务和合法权益保护，进一步扩大利用外资，鼓励发展外资研发中心。构建亲清政商关系，积极支持民营经济发展壮大。落实减税降费等纾困政策，加强企业走访服务，做到“有求必应、无事不扰”。

推进重点领域改革。深化国有企业改革，探索推进区属二、三级企业混合所有制改革试点，建立健全容错纠错、违规经营责任追究机制。继续加强“三资一项目”管理（即国有资金、资产、资源管理和政府性投资项目管理）。完善事权与支出责任划分，强化预算法定约束，实现绩效管理全覆盖。严格管理政府采购服务。推动一、二级预算单位审计全覆盖，强化审计结果运用。进一步提升行政事业单位和区管企业用房集约化、高效化利用水平。继续做好港澳台侨和外事工作。

（四）全力推进新城建设

按照“产城融合、功能完备、职住平衡、生态宜居、交通便利”要求，坚持追求卓越、彰显特色、对标一流，突出“两个面向、一个支撑”（指面向上海中心城区承接全球城市核心功能、面向长三角城市群更好发挥辐射带动作用，成为一体化示范区建设特别是先行启动区建设的重要支撑），加快将青浦新城打造为独立的综合性节点城市。

优化规划设计。推进总规优化，争取将朱家角区域纳入新城范围，进一步优化青浦工业园区开发边界。加快控规修编，坚持促进TOD发展、产城融合和功能复合，科学合理安排土地利用，充分利用好地下空间。因地制宜编制城市设计导则，按照更高定位深化城市设计。加快综合交通、公共服务、生态环境等专项规划修编。

聚焦重点发力。集中打造“1 + 3”近期重点区域，加快体现集聚度和显示度。规划建设青浦新城中央商务区，打造凸显产城融合效应的核心区域。推进老城厢片区“留改拆”城市更新，打造彰显江南风情、青浦特色的“江南新天地”。推进青浦工业园区转型提升，打造支撑青浦新城的产业集聚区。推进朱家角区域建设，推动城中村改造，打造高能级公共服务设施集聚区。

提升功能品质。完善“一站两廊两环多射”交通体系（“一站”即青浦新城综合交通枢纽；“两廊”分别为崧泽高架、G50高速两条主要交通廊道；“两环”分别为“崧泽高架—

青浦大道—G50 高速—山周公路”外环通道和“盈港路—漕盈路—沪青平公路—外青松公路”内环通道;“多射”指以射线通道为补充通道),推动青浦新城站综合交通枢纽规划建设,启动青浦大道南段新建、318 国道(嘉松中路—漕盈路)改建等项目,开展外青松公路快速化等规划研究。加快部署一批高能级公共服务设施,完善 15 分钟社区生活圈配置。统筹农、林、绿、水,实施环城水系三期工程,打造高品质蓝绿空间。

完善推进机制。充分借助市场化、社会化、专业化力量,创新投融资机制和合作开发模式。梳理形成项目库,滚动推进实施。推进市级政策落实落地。成立新城建设专家咨询委员会和开发者联盟,更好发挥市场主体和专家智库作用。积极开展城市推介。同时,支持各镇持续推动新型城镇化建设,围绕城中村改造、城市更新,导入新功能、新产业,促进城镇功能品质不断提升。

(五)精心做好民生保障

更高水平推动幼有善育、学有优教、劳有厚得、病有良医、老有颐养、住有宜居、弱有众扶,努力创造高品质生活。

强化就业优先政策。落实本市稳就业促发展实施意见,完善本区就业创业政策体系,新增就业岗位 18000 个。深化就业服务信息平台建设,加大应届高校毕业生、农村富余劳动力、退役军人等重点群体就业帮扶。深化创业型城区建设。优化职业技术教育体系,持续提升“青能浦卓”职业培训品牌。加强研判预警,及时规范处置劳资纠纷。积极备战第 46 届世界技能大赛。

健全社会保障体系。加快发展社区嵌入式养老、农村互助式养老服务,新增 6 家社区综合为老服务中心、10 家老年人日间服务中心、17 家社区助餐场所。深化长护险试点,提高需求评估质量,优化服务供给。深化示范区医保一体化建设。完善社会救助机制。做好生活困难户认定、建档立卡及动态管理。完善“四位一体”住房保障体系,统筹运行好公租房和人才公寓,动迁安置房建设开工 2 个、竣工 4 个、安置 1615 户。持续建设“美丽街区”“美丽家园”。启动新一批城中村改造。积极稳妥推进农民相对集中居住。继续深化对口支援工作,巩固拓展脱贫攻坚成果。加强退役军人服务保障工作。切实保障妇女、儿童、老年人、残疾人权益。

促进公共服务优质化均衡化。落实新时代教育评价改革要求,深化教师队伍建设改革,推进创建全国县域义务教育优质均衡发展区。高质量推进区域紧密型学区和集团建设,实施好中考改革方案。落实托育服务“1 + 2”政策(即《关于促进和加强本市 3 岁以下幼儿托育服务工作的指导意见》《上海市 3 岁以下幼儿托育机构管理暂行办法》《上海市 3 岁以下幼儿托育机构设置标准(试行)》),实施小学生校内课后服务工程。加强未成年人保护和校园安全建设,加强青少年心理健康教育。兰生复旦青浦分校竣工开学。接受全国健康促进区创建验收。深化区域医联体建设,建立基于长三角(上海)智慧互联网医院的新型分级诊疗体系。完成全国基层中医药工作先进单位复评。加快复旦大学附属妇产科医院青浦分院建设,争取开工建设三甲医院,促进复旦医学园区和国际医疗中心落户。

大力增强城市文化软实力。坚持社会主义核心价值观,大力弘扬上海城市精神品格、新时代青浦奋斗精神,巩固全国文明城区创建成果,优化提升新时代文明实践三级阵地功能。提高国家全域旅游示范区能级,促进会商文旅体农深度融合发展,打造一批“网红打卡地”。以青龙镇、福泉山、崧泽三大遗址为核心,规划打造上海古文化走廊。推进国家、市级重大文化项目落地,江南文化研究院实体化运作,加快打造长三角江南文化示范区。筹办朱家角“江南灯会”,办好一系列品牌赛事和节庆活动。

(六)大力推进乡村振兴

落实中央农村工作会议精神,推动城乡融合发展,促进农业高质高效、乡村宜居宜业、农民富裕富足,打造长三角乡村振兴先行区。

加快现代农业发展。落实推进农业高质量发展行动方案,加快打造绿色生态立体农业片区。保障 12.3 万亩水稻种植和 16 万亩次蔬菜播种面积,确保粮食安全。推进“三万六千”工程(“三万”即一个万亩粮田立体循环农业示范区、一个万亩粮田全产业链示范园、一个万亩茭白绿色生产示范区;“六千”即一个 3 千亩草莓绿色生产核心示范基地、一个 3 千亩蔬菜标准化生产基地、一个 3 千亩渔业绿色生产示范基地、一个 1 千亩林下菌菇复合生产示范基地、一个 1 千亩特色水果示范基地、一个 1 千亩花卉景观示范基地),大力发展特色农业、精品农业、绿色农业。健全“淀湖源味”品牌运营机制,放大青浦农产品品牌效应。加强农业面源污染治理。制定农业招商服务政策,深化与国有企业、社会资本合作。探索“一村一平台一产业”发展模式,促进产村融合发展。提升茭白节、草莓节等农事节庆品牌效应和活动效果。

持续深化乡村建设。全域开展农村人居环境优化工程,实施农村人居环境优化提升与区级美丽乡村示范村同创。开展市级美丽乡村示范村创建不少于 20 个,申报市级评审评定不少于 10 个。加快推进重固、朱家角、练塘以及金泽乡村振兴示范片区建设,完成第三批 4 个示范村建设,启动第四批示范村建设不少于 6 个。培育乡村文化品牌,鼓励发展民宿经济。

推动强村富民。培养引入“爱农业、懂技术、善经营”农业人才,鼓励本地农村人才返乡创业就业。加强农村集体产权交易市场监管,有序盘活、管好用好集体经营性资产。因地制宜打造乡村休闲旅游项目,吸纳农民就业。推进综合帮扶“造血”项目早出效益。优化“以奖代拨”考核机制。

(七)持续筑牢生态绿色优势

坚持绿水青山就是金山银山理念,以“两山”实践创新基地创建为契机,积极探索生态友好型高质量发展模式。

坚持不懈深化环境治理。深入推进“三大整治”,加强达标验收村居和地块的动态、长效管理。深化落实河湖长制,启动新一轮太湖流域水环境综合治理,全面启动河湖排污口排查整治,地表水环境功能区达标率 90%。加快推进西岑水质净化厂、区污泥干化焚烧项目建设。基本完成工业挥发性有机物深化治理,加强 PM2.5 和臭氧污染协同控制。贯彻新《固废法》(即《中华人民共和国固体废物污染环境防治法》),落实危险废物专项整治三年行动方案,加强建设用地土壤风险管控。认真落实环保督察“回头看”和问题整改。

大力推进生态建设。通过国家生态文明建设示范区创建验收、第四轮国家卫生区复审。启动第八轮环保三年行动计划。编制“两山”实践创新基地规划。坚决贯彻长江经济带“共抓大保护、不搞大开发”方针，推进长三角一体化环评改革试点，开展示范区生态环境监测联动。开工建设新城中央公园，大力推进“口袋公园”建设，陆域森林覆盖率达18.3%，建成区绿化覆盖率达43.3%，人均公园绿地面积达10.3平方米。

提高资源利用效率。深化土地全生命周期管理，加大闲置土地处置力度，建设用地减量化立项150公顷、验收165公顷。倡导绿色生产生活方式，坚决制止餐饮浪费行为，在全区营造浪费可耻、节约为荣的氛围。以减量化、资源化、无害化为目标，推进垃圾分类提质增效，生活垃圾回收利用率达38%。积极开展快递包装绿色转型试点。进一步加强塑料污染治理。

（八）加快提升城市治理水平

坚持人民城市重要理念，强化共建共治共享，深化市域社会治理现代化试点，更好统筹发展和安全，积极打造安全稳固的韧性城市。

抓紧抓实抓细常态化疫情防控。坚持人物同防，紧盯关键点，从严从细抓好重点场所、重大活动防控和重点人群防护，完善常态化防疫体系。完善公共卫生应急管理体系，推进疾控中心和其他公共卫生设施达标建设。优化长三角疫情联防联控机制。深入开展爱国卫生运动，推行市民健康公约，推广公筷公勺、分餐制等文明健康生活习惯。

切实加强社会治理。深入落实《关于高质量建设新时代青浦幸福社区推进社区治理体系和治理能力现代化的意见》，深化街镇管理体制机制改革，初步形成党建统领下共建共治共享的社区治理格局，努力解决社区治理突出问题，建成20个社区中心精品示范。做好2021年村（居）委会换届选举工作。深化扫黑除恶专项斗争。持续梳理排查和防范化解重大风险，建立健全立体化安全防控体系，完善社会矛盾预防化解机制，强化金融领域风险防控，加强网络安全协调治理，建设更高水平“平安青浦”。坚持和发展新时代“枫桥经验”，完善信访制度和流程，让群众“最多访一次”。持续提高12345市民服务热线工单办理和非警情类110分流质量。加强第七次人口普查结果分析应用。深化实有人口管理，提升人口结构、优化人口布局。持续开展住宅小区“放心物业”创建。发挥好工青妇等群团组织以及其他社会组织在社会治理中的作用。做好民族宗教工作。

筑牢城市安全防线。申报创建国家安全发展示范城市。持续推进“1+5+8”安全综合整治，聚焦成片整治和重点整改。压实责任，加强危险化学品、工业生产、建筑施工、交通运输、食品药品、消防、特种设备、人员密集场所等安全监管。完善应急救援和四级防灾减灾救灾机制。完善国防动员体系。加强粮食、物资、能源等国家战略和应急物资储备管理。

各位代表，我们将在区委坚强领导下，坚决落实全面从严治党要求，持续加强政府自身建设，不断提高政府治理能力，努力建设人民满意政府。履行好法治建设第一责任人职责，积极开展法治政府建设示范创建，细化落实重大行政决策程序规定及配套制度，健全法律顾问制度，推动行政执法“三项制度”（即行政执法公示制度、执法全过程记录制度、重大执法决定法制审核制度）落实。自觉接受党内监督、人大依法监督、政协民主监督、司法监督、社会监督、舆论监督，加强审计监督和政务公开。认真贯彻中央八项规定精神，力戒形式主义、官僚主义，进一步提高政府系统工作效能，精简会议、文件，改进调查研究，为基层减负赋能。各级政府带头过“紧日子”，厉行节约反对浪费，压缩一般性财政支出。加强廉政风险防控。带头发扬“抢拼实善”新时代青浦奋斗精神，继续抓好“挂图作战”。

各位代表，让我们更加紧密地团结在以习近平同志为核心的党中央周围，在市委、市政府和区委坚强领导下，不忘初心、牢记使命，开拓进取、真抓实干，奋力推动青浦全面跨越式高质量发展迈入现代化新征程，以优异成绩迎接建党一百周年！

政协上海市青浦区第五届委员会常务委员会工作报告

政协上海市青浦区第五届委员会第五次会议

(2021 年 1 月 18 日)

上海市青浦区政协主席 李华桂

各位委员：

我代表中国人民政治协商会议上海市青浦区第五届委员会常务委员会，向大会作工作报告，请予审议。

一、2020 年工作回顾

2020 年是我国全面建成小康社会决胜之年、实施“十三五”规划收官之年，也是青浦服务落实国家战略任务，实现全面跨越式高质量发展的关键之年。区政协以习近平新时代中国特色社会主义思想为指导，深入学习贯彻中共十九大及十九届二中、三中、四中、五中全会精神，中央、市委、区委政协工作会议精神，以及中央、市委、区委关于新时代加强和改进人民政协工作、加强新时代人民政协党的建设工作等文件精神，在中共青浦区委的坚强领导下，紧紧围绕五届区委九次、十次全会确定的目标任务，积极履行职责，广泛凝聚共识、汇聚智慧力量，为加快推动青浦实现全面跨越式高质量发展作出了积极贡献。

(一)全面加强党的领导，夯实共同思想政治基础

一年来，区政协常委会坚持党的全面领导，不断强化思想政治引领、加强党的建设和党的理论学习，共同面对疫情大考和经济社会发展重任，切实增进了团结奋进、攻坚克难的思想共识。

一是坚持强化思想政治引领。深入学习贯彻习近平新时代中国特色社会主义思想，中央、市委政协工作会议精神，协助区委召开政协工作会议、制定出台《关于新时代加强和改进人民政协工作的实施意见》。坚持政协党组、主席会议、常委会、委组界别等学习制度，推进理论学习常态化。认真开展“四史”学习教育，有计划、分专题开展专题党课、学习研讨等活动 33 次。举办《发挥新时代政协在社会治理中的作用》等 5 场学习报告会，先后邀请区委、区政府、区法院、区检察院领导通报全区经济社会发展等 10 方面情况，APP 学习园地推送学习资料 30 余期，帮助委员更好地开阔视野、知情明政。

二是持续加强政协党的建设。协助区委研究出台《关于加强新时代人民政协党的建设工作的实施意见》。首次召开加强政协党的建设工作会议，全面部署政协党的建设。区委高度重视政协党的组织体系建设，区委常委、统战部部长兼任政协党组副书记，8 个专委会建立党员委员活动小组，制定实施了中共党员委员联系党外委员制度，不断健全全会临时党组织，发挥党员委员先锋模范作用，推动党的组织和党的工作有效覆盖。加强政协机关党的建设，引导委员企业推进党的建设工作，与委员企业开展党建联建、主题党日等活动 13 次，荣获“新时代机关党建高质量内涵式发展研讨会”主题征文区级机关一等奖。

三是助力打赢疫情防控阻击战。坚决贯彻中央、市委、区委决策部署，把疫情防控作为重大政治任务，第一时间发出倡议，各党派团体、政协委员积极响应、迅速行动，汇聚起众志成城的强大合力。主席会议成员走访部门、街镇、村居、企业、道口等点位，深入了解、检查指导疫情防控和复工复产工作。医卫界委员坚守岗位，积极开展疫情监测等工作；企业家委员踊跃捐款捐物，协助解决防疫物资紧缺等问题，主动慰问医护人员及其家属和基层干部群众；全体政协委员和机关干部积极投身所在单位和社区疫情防控工作。

(二)围绕服务中心任务，彰显专门协商机构作用

紧扣服务落实国家战略、全面跨越式高质量发展、增进社会民生福祉等，着力提升协商议政质量，全年开展各类协商活动 22 场、网上议政 4 场，委员参与 1000 余人次，相关意见建议得到区委区政府及其相关部门的采纳。

一是聚焦青浦加快服务落实国家战略协商建言。围绕“增强高质量发展的动力和能力”“打造人居品质新高地”“打造乡村振兴先行区”“打造长三角社会治理样板区”等专题，通过联组讨论、大会发言、委员提案等形式，深入开展协商建言，助推青浦提升区域治理能力和水平。年中全会期间，委员们围绕全力抓好“六稳”“六保”工作、推进示范区建设、放大进博会效益、深化“一城两翼”战略布局、加快乡村振兴等方面建言献策。围绕一体化示范区建设先后开展5次专题履职活动，提出了许多全局性的意见建议。

二是聚焦推动全区经济高质量发展协商建言。开展主席会议专题通报，邀请区政府领导介绍全区招商引资和第二产业发展等情况，提出相关意见建议。先后与11家区级职能部门，围绕重大项目建设、财政预算编制、台侨资企业发展、保护民营企业合法权益等主题，开展对口协商和界别协商。特别是针对疫情影响下推动经济持续复苏，主动对接服务委员企业和区内重点企业，积极宣传“青惠十七条”等惠企政策，组织开展“疫情冲击下外向型企业面临的挑战与应对”等3场企业家委员沙龙，邀请区政府相关部门与企业家委员面对面分析形势、树立信心、解读政策、提出建议。

三是聚焦提升城市能级与城市品质协商建言。围绕“十四五”规划编制，成立6个调研组，历时4个多月，先后赴14家单位开展调研和协商，在此基础上，组织开展常委会议协商暨城市治理专场大讨论，委员们从产城融合、资源集约利用等11个方面提出32条建议，区委主要领导充分肯定，批示指出委员建议很到位、值得研究采纳。围绕“创建全国文明城区”任务，组织开展了“啄木鸟”视察、界别协商等“七个一”系列活动，为成功创建全国文明城区贡献了政协力量。围绕“城市空间文化设施建设情况”开展对口协商，助力提高城市文化品位。

四是聚焦增强群众获得感幸福感协商建言。组织开展“深入推进乡村产业发展，着力提高农民收入”常委会议协商，委员们从加强农业招商引资等9个方面建言，协商专报得到区委主要领导的批示。围绕“健全‘长护险’服务体系”，实地走访相关街镇、职能部门和定点护理机构，召开主席（扩大）会议，邀请区政府领导和职能部门专题通报工作情况、听取委员建议，得到有关领导和部门好评。开展“农村集体资产保值增值”“加强医卫队伍建设”“义务教育优质均衡发展”等对口协商和界别协商，为助推解决民生问题献计出力。

（三）紧扣区委决策部署落实，有序开展民主监督

准确把握协商式民主监督的性质定位，围绕党委政府决策部署的贯彻落实、重点民生工作的推进等方面，持续开展各类民主监督。

一是认真开展协商式会议监督。就“持续优化营商环境，激发经济活力”开展常委会议监督，委员们从完善公共服务配套、全面推进“一网通办”等11个方面提出意见建议。组织开展“加强物业管理，提升群众满意度”专题议政会议监督，成立4个调研组，分别开展视察调研、座谈交流，广泛收集群众意见建议，在协商议政中提出了深化协商自治共治机制、完善物业企业监管机制等13个方面的意见建议。区政府高度重视、专题研究部署，专门通报意见办理情况。

二是持续提升提案和社情民意信息监督效能。开展重点提案督办、同类提案集中协商，推动办理质量提高。全年共收到提案180件，审查立案155件，全部办复，解决采纳和列入计划拟解决率达92.9%。报送18件《提案专报》，其中13件得到区委、区政府主要领导和分管领导16人次的批示。不断拓展反映社情民意信息渠道，累计成立9家反映社情民意信息工作室和委员工作室。围绕疫情防控、复工复产、公共卫生体系建设、经济社会发展和民生服务保障等方面，收集社情民意信息989篇，报送市政协724篇，报送全国政协16篇，数量和质量持续提升，其中，《关于上海“十四五”规划文化建设的建议》等18篇得到市领导和区领导批示，《关于总结进博治理经验，做实“一网统管”工作的建议》等75篇得到全国政协和市政协采用。

三是积极开展视察和挂图作战督查测评等工作。围绕“紧扣‘四个化’要求，提升城市治理能力和水平”等4项议题，开展知情视察。聚焦政府性投资项目和实事工程建设情况，与区人大联合开展年末大视察。受区政府委托，组织委员分四个督查组，对14家区政府部门挂图作战重点工作开展测评，累计150多人次委员参与督查，测评报告为年度绩效考核提供参考。强化协商前的知情环节，依托委组界别深入一线，开展形式多样的小型视察活动。继续开展特约监督，36个区职能部门聘请106名委员担任特约监督员，就交通肇事案庭审、公务员招录面试等工作进行民主监督。

（四）认真开展调查研究，切实提高建言质量

坚持把调查研究作为推动协商建言提质增效的关键举措。根据党政所需、群众所盼、政协所能开展40多项课题调研，提出对策建议。

一是以主席集体调研为引领，提升了议政调研的高度。密切关注全区经济社会发展形势，聚焦“持续放大进博会溢出效应和全区商业综合体布局与楼宇经济发展”“华新镇经济社会发展”“推进全民健身事业发展，优化体育设施布局”“加强生态建设和环境保护，持续推进环保三年行动计划”“加快产业转型升级，推动园区二次开发”等重点工作，先后到11家相关单位，深入18个基层点位，开展调查研究、提出意见建议。

二是以重点课题调研为示范，拓展了议政调研的深度。围绕我区打造长三角乡村振兴先行区的目标，以“加快推进乡村振兴产业高质量发展”为主题，深入乡村一线，开展实地调查、座谈访谈等调研活动，广泛征求意见建议。在充分研究论证的基础上，形成调研报告，从打好“城乡联动牌”“特色产业牌”“模式创新牌”等三个方面，提出“提升农字号品牌价值”等9条建议，以区政协常委会议建议案报送区委、区政府，得到区领导的批示，并在《联合时报》刊登。

三是以委组界别调研为主体，延伸了议政调研的广度。各专委会充分发挥专业特色，围绕“青东五镇联动发展模式研究”“集建区外建设用地减量化工作”“进一步推进教育优质均衡发展”等7项课题，精心组织、广泛开展小型多样化的专题调研，全面掌握情况、深入分析原因，提出针对性意见建议。各界别紧密联系界别群众，发挥界别特色，聚焦解决好“老小旧远”等民生问题，开展了30多项课题调研，调研成果以大会发言、提案等形式予以转化。

（五）坚持广泛凝聚共识，汇聚团结奋进正能量

坚持发扬民主和增进团结相互贯通、建言资政和凝聚共识双向发力，坚持一致性和多样性的统一，更好凝聚共识，为青浦经济社会发展汇聚强大合力。

一是加强与党派团体联系沟通。积极构建多层次交流平台，召开党派团体负责人、界别工作等座谈会，通报工作情况，征求意见建议。坚持联系走访党派团体和界别委员制度，关心党派团体和界别自身建设。加强合作共事，广泛征集协商议题和大会发言、提案、社情民意信息，共建委员工作室和社情民意工作室，联合开展视察调研、民主监督等各项活动，充分尊重党派团体和无党派人士的民主权利，优先保障党派团体参与政协各项活动。支持党派团体围绕“发挥界别特色优势，服务青东联动发展”等主题，开展界别协商，提出专业性对策建议。

二是广泛联系和团结社会各界。加强与市政协的协同联动，组织参加“江南文化讲堂”青浦专场等6场在青履职活动。坚持青浦、吴江、嘉善三地政协联动工作机制，组织开展“‘生态绿色’要求下的制造业发展”委员沙龙、“水环境治理与保护”专题视察，三地政协联合编撰《艺蕴江南——非物质文化遗产集粹》，举办“示范区建设情况”报告会，系列活动为助推三地形成示范区建设合力发挥了积极作用。坚持主席会议成员走访委员制度，健全同党外人士沟通联络机制。举办“音乐欣赏”文化艺术沙龙。积极运用政协APP、政协头条等新媒体，把党的主张转化为社会各界的共识。

三是支持开展服务社会和群众活动。继续推进“委员进社区全覆盖”，依托镇（街道）协商联络站、村（居）协商联络点、委员工作室等，收集民情民意，发挥桥梁纽带作用。联合举办退役军人就业招聘会，引导党派团体和企业家委员参加对口支援等工作，指导支持工商联等界别和委员开展“一十百千”（区工商联界别建立1个“政协工商联界别反映社情民意信息工作室”，一村一策实施10余项民生项目，提炼总结100个优化营商环境案例，邀请近1000位企业家来青考察等）、“放飞希望”、关爱困境儿童、扶贫帮困等特色工作。大力支持政协之友社工作，积极营造“老有所学、老有所为、老有所乐”的良好氛围，强化思想引领，举办各类学习联谊活动，支持开展慰问疫情防控基层干部群众、反映社情民意信息等工作，为青浦新一轮发展贡献之友社社员力量。

（六）强化政协自身建设，紧跟新时代发展步伐

按照新形势新任务新要求，建立健全政协制度体系，着力探索政协协商同社会治理相结合、与基层协商相衔接的机制，切实提升了履职成效。

一是健全制度体系，不断提升政协制度效能。坚持把加强制度建设、强化制度执行摆在突出位置，年内先后制定或修订了11项工作制度。制定了《地区委员活动小组工作办法》《关于加强和改进凝聚共识工作办法》等，规范了活动形式、丰富了活动内容、明确了活动要求。修订了《专门委员会工作条例》等，推动专委会发挥人才集聚、专业性强的优势，打造特色履职品牌。开展常委工作述职，强化常委履职示范带头作用，委员责任意识和履职积极性不断提高，履职均分逐年提升。

二是搭建协商平台，推动政协协商与基层协商有效衔接。在区委政协工作会议上，区委主要领导为“区政协委员镇（街道）协商联络站”揭牌。我们及时召开地区委员活动小组会议，向11个街镇授牌建立协商联络站，出台相关工作制度，部分地区委员活动小组探索成立村居（社区）协商联络点，为推动政协委员进站参与基层治理提供了平台。全年围绕推进垃圾分类、乡村振兴、社区共治自治等基层社会治理问题，开展协商建言活动，提出了很多操作性强的意见建议，让群众切实感受到“政协委员就在身边”。

三是着力品牌建设，持续宣传政协履职成果。通过区融媒体中心，累计报道政协履职活动50多场次。在《联合时报》、政协头条等市级媒体上报道履职活动和委员风采300余篇，并经市政协头条在今日头条、百度号等多个平台同时发布，其中《提升治理效能，增强制度运行创造力》等9篇在《联合时报》头版报道，《以高质量协商议政推动示范区建设》《推动更好承接进博会溢出效应》等10余篇进行了重点报道。依托政务平台和刊物、网站、APP客户端，发布信息330多条。

各位委员，一年来区政协工作取得的新进展，是中共青浦区委高度重视、坚强领导的结果，是区人大、区政府、有关部门和社会各界大力支持的结果，是区政协各参加单位、全体政协委员团结协作的结果。在这里，我代表五届区政协常务委员会表示衷心的感谢和崇高的敬意！

同时，我们也清醒地看到，区政协工作与新时代人民政协事业发展的要求相比，还存在一些不足。主要是：一是充分运用协商民主机制，把凝聚共识融入视察考察、调查研究、协商议政、民主监督等各项履职活动还需要进一步加强；二是政协协商与基层协商有效衔接还需要进一步强化，协商氛围和协商文化还需要进一步营造；三是发扬人民政协重视学习、崇尚学习的优良传统，委员读书活动的制度化和实效性还需要进一步提高。这些问题必须高度重视，认真加以解决。

二、2021 年主要任务

2021 年是中国共产党建党 100 周年，是“十四五”和青浦开启全面现代化新征程的开局之年，也是五届区政协收官之年。区政协工作的总体要求是：以习近平新时代中国特色社会主义思想为指导，全面贯彻落实中共十九大和十九届二中、三中、四中、五中全会、中央经济工作会议精神，深入贯彻落实习近平总书记考察上海重要讲话和在浦东开发开放 30 周年庆祝大会上的重要讲话精神，深入学习贯彻中央、市委和区委政协工作会议精神，在中共青浦区委的坚强领导下，坚持团结和民主两大主题，紧紧围绕中共十一届市委十次全会和五届区委十一次全会确定的目标任务，弘扬“抢拼实善”的新时代青浦奋斗精神，认真履行政治协商、民主监督、参政议政职能，更好凝聚共识，在助力推动青浦全面跨越式高质量发展迈入现代化新征程中展现新作为。

（一）坚持加强党的领导，确保正确的政治方向

*一是强化思想理论武装。*深入学习贯彻习近平新时代中国特色社会主义思想，习近平总书记关于加强和改进人民政协工作的重要思想，教育引导政协委员和参加政协各党派团体，旗帜鲜明讲政治，把讲政治贯穿于履职全过程，切实增强“四个意识”、坚定“四个自信”、做到“两个维护”；在学懂弄通做实上下功夫，深刻理解新发展阶段、新发展理念和新发展格局，用党的创新理论武装头脑、指导实践、推动工作，努力发挥好人民政协制度优势。

*二是加强政协党的建设。*认真贯彻落实中央、市委和区委关于加强新时代人民政协党的建设工作的文件精神，以纪念建党一百周年为契机，举办各界人士座谈会等系列活动，扎实推进政协党的各项建设。切实强化政协党组把方向、管大局、保落实的政治责任，始终在中共青浦区委坚强领导的大格局下开展工作，进一步强化机关党组、专委会党员委员活动小组等组织功能和中共党员委员先锋模范作用，全面贯彻落实区委决策部署和对政协工作的各项要求。

*三是积极建设“书香政协”。*弘扬人民政协重视学习、崇尚学习的优良传统，坚持以政协党组学习为引领的学习制度，注重实际成效，制定实施读书活动方案和学习计划，建立“上善书院”“知道读书会”和“委员书房”等学习平台，创设“1 + 8 + 11”委员读书群组（区政协在书香政协建设过程中建立的读书活动载体，即 1 个政协机关读书群、8 个“专委会 + 界别”联合读书群、11 个街镇委员活动小组读书群），组织委员深入开展读书活动。举办学习贯彻十九届五中全会精神、数字经济等专题报告会以及区情通报会等，不断增进思想共识、提升履职本领。

（二）积极探索协商形式，提升专门协商机构履职成效

*一是不断做实协商平台。*健全政协协商的制度化平台，坚持和完善以全体会议为龙头，以专题议政性常委会议和专题议政会等为重点的协商议政格局，更加灵活地开展对口协商、界别协商等活动。不断做实政协协商与基层协商有效衔接的机制化平台，深化镇（街道）协商联络站，稳步推进村（居）协商联络点，围绕区域发展和民生问题，组织委员和界别群众广泛开展小微多样协商活动。

*二是努力提升协商实效。*围绕青浦服务落实两大国家战略、推动经济高质量发展、深化“一城两翼”战略布局、加强和创新社会治理等重点工作，以及民生事业发展等，精心编制协商计划。围绕“聚焦青浦新城建设，提升城市新形象”等议题，开展常委会议协商。围绕“青东联动发展情况”等议题，听取专题通报。围绕“古文化走廊的保护、建设与开发”“我区基本社会保障工作落实情况”“农村道路标准化建设”等重点工作，开展对口协商和界别协商。

*三是夯实协商调研基础。*联动市政协，聚焦全市“五大新城”建设重大机遇，就“青浦新城发展”主题，认真开展重点课题调研。围绕“完善公共卫生服务体系”“残疾人生活保障”“养老设施建设”等主题，开展主席会议成员集体调研。围绕社会和群众普遍关注的人才、教育、就业等问题，积极开展委组界别专题调研。切实做到不调研不协商、不调研不建言，注重调研成果转化，通过政协常委会建议案、大会发言、提案、社情民意信息等方式，报送区委、区政府决策参考。

（三）助推决策部署落实，不断提升民主监督实效

*一是优化民主监督机制。*认真把握政协民主监督的性质定位，以提出意见、建议的方式进行协商式监督。加强政策学习和情况通报，深入实际了解情况，主动对接联系有关部门，确保民主监督精准发力。确定针对性强的监督议题，不断规范工作程序，精心组织监督活动，认真梳理和报送意见建议，跟踪落实监督意见的办理，助推区委、区政府决策部署和工作举措有效落实落地。

*二是突出民主监督重点。*选择“坚持依法治区，推进法治社会建设”“加强社会治理，推进幸福社区建设”等议题，认真开展常委会议监督、专题议政会议监督等。主动承担区政府部门挂图作战重点工作督查，精心组织、认真负责地完成测评工作。聚焦高能级城市建设，开展“江南水乡客厅建设”“综合交通建设”等各项视察活动。

*三是深化民主监督实效。*进一步总结经验、拓展渠道，继续加强提案和社情民意信息工作。开展重点提案跟踪督办，持续深化提案办理评估督查，推动提案成果转化。拓展社情民意信息工作室功能，提高工作质量。充分发挥特约监督员队伍作用，根据职能部门工作需要，有序有效开展特约监督活动。探索开展界别监督、地区委员活动小组监督等其他监督，提高民主监督成效。

（四）团结凝聚各界力量，营造共同奋斗氛围

*一是加强合作共事。*充分发挥人民政协作为实行新型政党制度重要政治形式和组织形式的作用，加强与区人大、区委统战部工作协同联动，坚持召开党派团体负责人座谈会，积极为党派团体开展工作、在政协更好发挥作用创造条

件，大力支持开展联合调研、视察等活动，引导优秀调研成果和意见建议进行成果转化，供区委、区政府和有关方面参考。

二是团结社会各界。把凝聚共识融入协商议政、民主监督各项履职活动，按照关于加强和改进凝聚共识工作办法，开展企业家委员沙龙、文化沙龙等特色活动，坚持主席会议成员走访联系委员、中共党员委员联系党外委员、政协委员联系界别群众等制度，健全同党外知识分子、非公有制经济人士、新的社会阶层人士的沟通联络机制，密切联系区内少数民族和宗教界、港澳台侨界人士，更好地沟通思想、反映诉求、增进共识。

三是促进和谐稳定。持续推进“委员进社区全覆盖”，开展组团式联系服务群众活动。鼓励支持委组界别和政协委员深入群众，宣传政策、解疑释惑，积极参与乡村振兴、促进就业、扶贫帮困等公益活动，促进社会和谐稳定。政协之友社继续秉持“学习提高、团结联谊”的宗旨，支持兴趣小组有序开展各类活动，发挥之友社社员深入基层和群众的优势，积极反映社情民意信息，为广泛凝聚共识发挥作用。

四是深化青吴嘉三地政协合作交流。不断完善青浦、吴江、嘉善三地政协主席联席会议等“五项机制”，常态化、制度化、规范化开展三地政协联动履职。在充分协商的基础上，围绕示范区建设重点工作和重大项目，组织三地政协委员开展专题情况通报会、生态环境保护与建设论坛等活动，为助推示范区建设凝聚共识、汇聚智慧。

（五）更加注重固本强基，持续开创工作新局面

一是不断健全工作制度和机制。全面梳理现有规章制度，强化总结完善、固化传承。不断健全政协履职制度体系，着力完善协商内容、丰富协商形式、健全协商规则、培育协商文化、提高协商水平。强化各项制度的执行和落实，彰显制度体系整体效能。积极发挥新型政党制度优势，在实践中进一步推动政协协商与基层协商有效衔接，更好发挥在社会治理中的作用。

二是发挥委组界别基础性代表性作用。强化政协常委会、主席会议对委组界别工作的领导，不断健全主席会议成员联系指导机制，落实委组界别工作情况定期报告制度。强化专委会、地区活动小组、界别组的联合联动。不断夯实专委会工作基础，研究制定职责任务清单，进一步明确工作要求。加强地区委员活动小组工作，发挥中共党员在地区活动小组的示范引领作用，推动政协委员更好地服务界别群众。

三是强化履职品牌建设。主动争取区委、区政府和社会各界更多支持，立足工作实际，彰显自身特色，继续打造履职品牌。注重深化提高，及时总结近年来的履职实践，梳理擦亮“党建引领”政协履职、重点工作“列表推进”、建言资政“五级协商”（区政协着力构建政协层面的专题协商性常委会议和专题议政会等，专委会与界别层面的对口协商和界别协商，街镇层面的协商联络站，村居社区层面的协商联络点，以及委员层面的委员工作室和社情民意信息工作室等五级协商组织架构）、提案工作“闭环管理”、“示范区”政协联动、“护航进博”委员在行动、“企业家委员沙龙”、“两个全覆盖”联系服务群众、“政协 APP”移动履职管理等履职品牌，为推动区政协事业发展夯实基础。

各位委员、同志们，本届区政协已进入履职的最后一年。我们要倍加珍惜宝贵时光，倍加珍惜委员荣誉。站在“两个一百年”奋斗目标历史交汇点上，人民政协使命光荣、责任重大。让我们更加紧密地团结在以习近平同志为核心的中共中央周围，高举中国特色社会主义伟大旗帜，不断提高政治协商、民主监督、参政议政水平，更好凝聚共识，在中共青浦区委的坚强领导下，同心同德、同舟共济，奋发有为、善作善成，为奋力推动青浦全面跨越式高质量发展迈入现代化新征程作出应有的贡献！

ZHUANJI
专 记

◎ 编辑 陈松青

青浦区党史学习教育纪实

2月24日起，青浦区按照党中央、中共上海市委关于开展党史学习教育的部署，紧扣“学党史、悟思想、办实事、开新局”目标要求，压实主体责任，印发工作方案，加强巡回督导，深入宣传教育，广泛开展“我为群众办实事”实践活动，推动学习成果转化为青浦高质量发展的生动实践。

一、组织领导

*高位推动，落实责任。*2月24日，在全市16个区中率先召开党史学习教育动员会，学习习近平总书记在党史学习教育动员大会上的讲话精神，对青浦党史学习教育进行动员和部署。3月3日，青浦区委常委会审议通过党史学习教育实施方案。3月25日，成立青浦区委党史学习教育领导小组。3月26日设立青浦区委党史学习教育领导小组办公室，下设综合协调组、简报信息组、实践活动组、舆论宣传组、理论学习组、教育培训组等6个工作组。全区各处级单位均按要求成立相应的领导机构和工作机构，结合各自实际，抓好党史学习教育各项任务的落实。

*科学谋划，严密实施。*印发《青浦区党史学习教育重点工作安排方案》，细化形成3个阶段80项重点工作清单。采用“四史”学习教育经验做法，将“四史”宣传教育与组织实施庆祝中国共产党成立100周年宣传教育、“抢拼实善迈征程·同心奋斗跟党走”群众性主题宣传教育活动相统筹，不断强化与党史学习教育的贯通衔接和协同推进。适时召开领导小组会、领导小组办公室会议、工作推进会、专题会等25次，编发红头文件33个，下发工作提示20个。

*精准分类，严督实导。*组建5个区委巡回指导组，通过听取专题汇报、列席组织生活会、开展个别访谈、查阅台账资料、开展延伸指导等方式，重点督导处级领导班子和领导干部开展党史学习教育情况。局级以上党委(党组)班子成员参加所在党支部组织生活120次，处级党委(党组)班子成员参加所在党支部组织生活2727次。全区形成党支部剖析材料2400余份，党员个人检视材料4.8万余份，列出整改事项4600余个。截至2021年12月底，区委巡回指导组全覆盖完成三轮巡回指导各项工作，向全区75家被指导单位反馈问题186个，全部完成整改。

二、理论学习

*以上率下示范学习。*重点加强处级及以上领导干部自学的督促指导，提出制定一项学习计划、做好一本学习记录、开展一次党课宣讲、撰写一份调研报告、完成一份学习总结等“五个一”要求。区委中心组率先垂范，制定自学计划和专题学习计划，将专题读书班和中心组学习有机结合，采用个人自学、辅导报告、现场教学、交流研讨等形式，通读中央指定的学习材料，参观中共一大纪念馆、青浦建城500年档案史料展等红色主题教育场馆，开展党史专题学习11次，交流研讨27人次。在区委示范带领下，各级党委(党组)中心组开展专题学习700余次，交流研讨1500余人次，各基层党组织开展主题党日活动10765次、党章专题学习交流4341次。制定《中共青浦区委直属党委(党工委、党组、党总支)理论学习中心组学习巡听旁听办法(试行)》，面向全区75家处级单位开展全覆盖巡听旁听。

*各种形式强化培训。*将党史学习列入全年干部教育培训要点，在党政负责同志专题研讨班、“示范区大课堂”、中青年干部培训班、青年干部专题培训班、党外中青年骨干培训班、青年干部成长培训班等重点培训班次中增加党史课程比重，在主体班中开展党史知识测试、红色经典诵读等形式多样的党史学习教育主题活动，联合江苏省苏州市吴江区、浙江省嘉兴市嘉善县举办示范区三地中青年干部党史知识竞赛。组织拍摄“精神的力量”系列微党课和“百年铸辉煌·奋进新征程”网络课程，录制“幸福课堂”课程15节。举办“百年辉煌与马克思主义中国化”理论研讨会、“追寻党史足迹、感悟思想伟力——红色经典教与学”主题研讨会。深入推进“幸福带头人”四季行动，举办“新时代好班长——居村党组织书记论坛”。

三、宣讲宣传

*突出示范，做好机关学党史。*区委主要领导带头上专题党课，全区各级领导干部讲专题党课1140次，基层党组织书记讲专题党课2788次。依托“市—区—基层”三级党史宣讲体系，发挥新时代文明实践中心(分中心、站)等阵地作用，开展上善·溪园汇“党史周周讲”“讲好党史故事·追寻红色记忆”“党课开讲啦”等活动3000余次，参与8万余人次。

*抓牢重点，做大青少年学党史。*把握青少年特点和传播规律，组建“理响示范区”青年讲师团、“红领巾巡讲团”等，采用青少年喜欢的Ted(指英语“technology”“entertainment”“design”缩写，即技术、娱乐、设计)演讲形式，开展“学党史、强信念、跟党走”长三角一体化示范区青年理论学习宣讲、“一起读党史”“听‘00’后讲党史”、走进青浦区小学生爱心暑托班、长三角中小学生质量教育成长体验营等活动，累计开展学习宣讲400余场，受众3万余人次。

*盯住难点，做实“两新”“流动党员”学党史。*针对“两新”组织党史学习教育资源有限、时间有限等问题，开展“送资料、送宣讲、送党课”服务，开展党史宣讲570余次，受众6700余人次。组织“看家乡变化、展党员风采”“忆往昔、展未来”等红色精品路线打卡活动，全区“两新”组织党组织开展200余次，参与党员3200余人次。针对本区快递物流企业较多的特点，建立“青快E站”快递小哥线上之家，与区政务办共同在“随申办市民云”APP的随申码中植入“快递小哥”身份，定期推送党史学习教育、党建工作动态等信息。依托全区900余个党群阵地，为流动党员提供党史学习教育书籍、组织生活菜单等服务。

*发挥优势，做强离退休党员讲党史。*注重发挥离退休党员“活党史”的作用，组建“上善银辉”宣讲队伍，安排离退休

干部进社区、进学校共开展党史宣讲50多场次，受众近4000人次。联合吴江区、嘉善县举办“吴越同舟——同庆百年华诞我为党旗争辉”青吴嘉三地离退休干部文艺汇演，与上海市黄浦区、浙江省嘉兴市等11地老干部工作部门联合开展长三角老干部工作联盟“百年追梦·重走一大路”红色研学和“百年追梦”主题征文、摄影比赛等活动。

四、“四史”教育

制定《青浦区深入开展党史、新中国史、改革开放史、社会主义发展史宣传教育实施方案》，将“四史”宣传教育和党史学习教育有机结合、相互促进。

深挖红色资源，打造特色品牌。挖掘长三角一体化绿色示范区青浦、吴江、嘉善三地红色资源，共同挂牌60个示范区党群服务阵地，推出18条党史教育红色精品线路，打造新时代长三角一体化示范区党建创新实践基地等党史学习教育重要平台。充分挖掘陈云党建思想、青浦革命史、红色地标及革命文物等特有红色文化资源，推动保护一批地区红色史迹、革命遗址旧址，开发推出一批行走党课、音乐党课、文艺党课。充分发挥“青浦的红色足迹”党性教育主题教室和“抢拼实善”新时代青浦奋斗精神主题教育馆的教育作用，推动青浦特有的红色文化资源转化为宣传教育资源。

聚焦青少年群体，加强思想教育。制定《关于在全区青少年群体中广泛深入开展党史、新中国史、改革开放史、社会主义发展史宣传教育的实施方案》，发布青浦区百门“中国系列”党史学习教育课程和融入学科教学优秀课例，把党史学习教育融入中小学思政课建设；打造“上善思政大讲堂”，深入推进党史教育进教材、进课堂、进头脑；开展“四史”研学实践、“童心向党·青春启航”——第二届长三角青少年风采展示活动等。

结合重要节日，传承红色基因。结合党的生日、建军节、烈士纪念日、国庆节等重要节庆纪念日及其他传统节日，组织开展“两优一先”（指优秀党员、优秀党务工作者和先进基层党组织）代表、道德模范、最美人物、“感动上海”年度人物、“新时代青浦奋斗奖”获得者等先进模范学习宣传活动，组织区四套班子领导和社会各界代表300余人在东乡烈士陵园向人民英雄敬献花篮、瞻仰革命烈士纪念碑，隆重举办青浦区庆祝中国共产党成立100周年文艺演出、庆祝中国共产党成立100周年主题诗歌朗诵展演、“百年礼赞——红色文化进地铁”主题宣教活动等，开展“国旗下成长”青少年升国旗仪式、成人仪式、入党入团入队仪式等主题教育等。

五、实践活动

聚焦“群众所需”确立实事项目。区委主要领导带头深入基层，开展调研走访，倾听群众心声。区四套班子领导至党支部工作联系点和项目联系点开展调研指导130余次，到一线发现群众所需所盼，确立“我为群众办实事”联系项目。全区处级党员领导干部全覆盖建立“我为群众办实事”项目联系点618个、联系项目624个，全区基层党支部建立“我为群众办实事”项目2733个。用好“12345”热线的民意传达、民意收集、民意反馈作用，开展“我为群众办实事，热线服务在身边”主题活动，梳理群众反映最为集中的诉求事项38项704件工单，相关职能部门、单位领办并一一落实，做到“民有所呼、我有所应”。

聚焦“群众所急”破解民生难题。着眼“一老一小”（即老人和小孩）重点群体，提升服务“一老一小”精准性和实效性。新增近700个托额、开发“青浦早教”APP，满足区域内托育需求，为科学育儿提供更为精准的服务；多形式开展中小学课后服务，有效缓解“课后三点半”难题。持续完善社区养老体系建设，年内新增17家长者食堂和社区助餐点，形成“中心厨房+社区配送+集中就餐（上门送餐）”的“家门口”服务模式，为老年人日常用餐提供更多选择；推进既有多层住宅加装电梯工作，解决老旧小区“悬空老人”难题。至2021年年底，包括区委常委会8个重点项目和216个区级重点项目在内的全区2733个“我为群众办实事”重点项目均完成年度目标。全区各级党组织开展“我为群众办实事”实践活动1.65万余次，参与达16.49万余人次，建立长效机制、制度举措、政策文件等160余个，解决群众各类“急难愁盼”问题8000余个。

聚焦“群众所盼”主动担当作为。开展“党旗在基层一线高高飘扬——上善党员先锋行”活动，分领域开展“建功示范区先锋行动”“进博先锋行动”“民心工程先锋行动”“乡村振兴先锋行动”等。巩固深化全区新型冠状病毒肺炎疫情防控和全国文明城区创建中党员“双报到、双报告”经验做法，组织全区各级机关、企事业单位党组织、党员深入开展好“一次‘双报到’、办一件实事好事、讲一次专题党课、开展一次走访调研、开展一次结对帮扶、参加一次志愿服务、参加一次组织生活”等“七个一”系列活动，累计开展各类活动1.5万余次，参与15.8万余人次。深化“上善先锋行·护航进博会”主题活动，在中国国际进口博览会服务保障一线成立临时党团组织、组建3000多支党员群众志愿队，设立城市运行、安全保障、秩序维护、文明劝导、疫情防控等志愿岗，累计开展志愿服务活动6980余次，服务人次达12.8万。与吴江区、嘉善县共同实施“五大行动、百项服务”，推出长三角一体化绿色示范区先行启动区办实事项目清单。持续开展“善行·暖心”微公益四季活动，为困难党员群众、青海省果洛州贫困学生以及高龄、独居、困难老人、退役军人等送去1427份“微心愿”，组织党员为群众办实事好事33400余件。

（高劲威）

青浦区创建国家生态文明建设示范区工作纪实

2017 年，青浦区启动国家生态文明建设示范区创建工作。全区加强组织领导，编制落实规划，印发创建方案，滚动实施环保三年行动计划，强化重点环境问题整治，加快推动产业转型，发展生态经济，以“产城一体、水城整合”为主题，打造现代化新城，倡导全民环保，培育生态文化。2021 年 10 月，青浦区被生态环境部命名第五批国家生态文明建设示范区，成为上海市首个获此称号的行政区。

一、启动部署

2016 年 7 月，青浦区成立由区长任组长的区生态文明建设领导小组。2017 年 5 月，青浦区政府委托生态环境部南京环境科学研究院编制《上海市青浦区国家生态文明建设示范区规划》(以下简称《规划》)。2017 年 8 月，形成《规划》初稿，在全区征求 5 轮意见和建议，修改完善形成审议稿。2018 年 1 月，《规划》审议稿通过预评审，6 月通过区政府常务会审议，8 月通过原上海市环保局函审，于 2019 年 2 月经区五届人大常委会第二十一次会议审议通过后颁布实施。2019 年 5 月，区政府颁布实施《上海市青浦国家生态文明示范区建设实施方案》(以下简称《实施方案》)，召开国家生态文明建设示范区创建动员大会，明确国家生态文明建设示范区建设目标、建设任务、重点工程和政策保障措施，确保创建工作有序推进。

二、组织领导

青浦区生态文明领导小组(2020 年 2 月，根据人员变动情况和工作需要调整小组成员)自成立以来多次召开会议研究部署创建工作。2018 年至 2020 年，区委常委会、书记专题会研究落实生态文明建设工作 20 次，区政府常务会、区政府专题会议学习研究部署相关工作 46 次。实行各级党政领导干部生态环境损害责任追究、领导干部自然资源资产离任审计。落实各级党委政府责任，履行“党政同责、一岗双责、终身追责”工作要求，构建“区—街镇—村居”三级监管网络。优化目标评价考核机制，把生态环境保护主要考核指标纳入青浦区高质量发展评价体系。建立区生态环境保护督察制度，开展固体废物、水环境、环保违法违规建设项目等区级专项环保督察工作。2020 年 5 月，青浦区生态环境局编制印发《青浦区国家生态文明建设示范街镇创建工作方案》，青浦区 11 个街镇成立国家生态文明建设示范街镇创建工作领导小组。2020 年 12 月，全区各街镇编制完成各街镇创建方案、创建技术报告和总结报告，为青浦创建国家生态文明建设示范区奠定基础。

三、生态治理

青浦区滚动实施环保三年行动计划，深化大气、水、土壤三大污染防治行动计划，打响污染防治攻坚战，提升生态治理能力。持续实施“水清”计划，在全市率先建立并全面深化“河长制”治水模式。2016 年至 2020 年，全区水环境功能区达标率从 31.6% 提高至 94.7%。完成青浦区饮用水水源二级保护区内排污口关闭工作以及工业企业清拆工作，集中式饮用水水源水质达到或优于Ⅲ类比例为 100%。完成第二轮太湖流域、苏州河环境综合整治四期水环境治理任务，实施新谊河、新塘港、新通波塘等骨干河道整治工程，完成重点污染、美丽乡村等中小河道整治 586 公里，725 个劣Ⅴ类水体于 2019 年全面消除。完成 79 个小区雨污分流改造，有序推进污泥干化项目和市政排水设施通沟污泥建设项目。农村生活污水处理覆盖率达到 96%。实施“天蓝”计划，2016 年至 2020 年，空气质量指数优良率从 67.8% 提高至 85.5%。全区所有锅炉、窑炉完成清洁能源替代，全部完成 VOCs 工业企业综合治理。建筑工地和码头堆场全部安装扬尘在线监测系统并与市级平台联网，2020 年 PM2.5 浓度 34 微克/立方米，较 2016 年 54 微克/立方米下降 44.4%。实施“土净”计划，建立建设用地土壤污染风险管控和修复名录制度，完成 38.3 万平方米污染和疑似污染地块治理，污染地块安全利用率 100%。依法推行农用地分类管理制度，耕地安全利用率 100%。严格落实《中华人民共和国固体废物污染环境防治法》，开展全区一般工业固废专项整治工作，加强危险废物全过程信息化监管，基本实现危险废物监管全覆盖，持续完善本区小型医疗机构医疗废物集中收运处置体系。西虹桥垃圾转运站建成投入运行，与松江区合建的天马焚烧厂建成运行、二期项目启动建设，区级垃圾末端处理厂完成部分设施和设备改造，建筑垃圾资源化处理设施启动建设。

四、落实规划

完善空间规划体系，编制发布《上海市青浦区总体规划暨土地利用总体规划(2017—2035)》，做好与长三角一体化发展战略的规划衔接。在示范区 2413 平方公里国土空间规划和先行启动区 660 平方公里空间规划中严守蓝绿空间底线，确保示范区不低于 68%、先行启动区不低于 75%。稳定耕地和永久基本农田面积，2020 年永久基本农田保护任务达到 18373.3 公顷。根据《上海市生态保护红线》划定青浦区 17.96 平方公里淀山湖生物多样性维护红线、0.3 平方公里青浦大莲湖生物多样性维护红线和 3.24 平方公里黄浦江上游金泽水源涵养红线。建设完善区域生态保护红线综合监测网络体系，定期组织开展生态保护红线保护成效评价，及时掌握区域内生态保护红线生态功能状况及动态变化，评价结果作为优化生态保护红线布局、安排生态保护补偿资金和实行领导干部生态环境损害责任追究的依据。根据上海市《“三线一单”(生态保护红线、环境质量底线、资源利用上线和环境准入负面清单)生态环境分区管控的实施意见》划定青浦区优先保护单元3个、重点管控单元(产业园区、港区)6个、一般管控单元11个,制订优先保护、重点管控、一般管控三大类环境管控单元的生态环境准入清单,强化"三线一单"分区管控要求对国土空间规划、各专项规划的指导作用。加强青浦新城和东翼、西翼在产业发展、设施建设、环境治理等方面的协同协调,形成"一城两翼"空间互动、资源共享的联动发展态势,推动"青东联动、青中融合、青西协同"城市发展布局。对照《长三角生态绿色一体化发展示范区国土空间总体规划(2019—2035年)》《上海市青浦区总体规划暨土地利用总体规划(2017—2035)》和青东五镇新市镇总体规划等,实现青东地区控详规划全覆盖,持续推进青中地区夏阳、盈浦两个街道"美丽街区""美丽家园"建设和"城中村"改造,深化青浦工业园区与青浦新城一体化建设管理,青西地区抢抓示范区先行启动区建设机遇,进一步统筹空间、规模、产业三个结构和规划、建设、管理三个环节,营造城景共融的城乡布局,培育产研共进的产业空间。

五、经济发展

加快推动产业转型,坚持推进供给侧结构性改革,淘汰落后产能,注重产业转型升级,打开对内对外服务两个扇面,培育会展商贸、北斗导航、快递总部、民用航空、跨境电商等一批产业平台。抢抓上海建设国际贸易中心机遇,建成世界规模最大的会展综合体和具有全国影响力的北斗导航产业创新示范基地。2016年至2020年,青浦区地区生产总值从939.7亿元增长到1166.01亿元,年均增长6.8%;一产、二产、三产结构由0.9∶47.8∶51.3调整为0.6∶37.2∶62.2,城市经济、服务经济比重继续攀升,经济发展的质量和效益明显提升。2019年底提前完成2018—2020年青浦区产业结构调整和转型升级三年行动计划。提升产业能级,瞄准集成电路、人工智能、生物医药等战略新兴产业,战略性新兴产业占全区规模工业产值比重达24.7%。持续推动低开发强度、高经济密度产业项目建设,智慧物流、软件信息、绿色金融形成千亿产业集群。推动节能环保产业发展,引进和培育康恒节能环保、华诗达环保科技、熊猫智慧水务等重点企业。率先实施循环经济,持续推进青浦工业园区国家循环化改造示范试点园区建设。开展企业清洁生产审核,2016—2020年应当实施强制性清洁生产企业审核通过率100%。围绕青东、青中、青西不同特点,培育错位发展优势。青东主推联动发展,发展科创和商贸经济,打造国际中央商务区和高水平的开放枢纽。新城主推融合发展,发展智造和服务经济,打造独立的综合性城市和示范区主城区。青西主推协同发展,创新和绿色经济,推进西岑科创小镇和水乡客厅建设,打造世界著名湖区和生态价值高地。

六、生态建设

打造现代化新城,完善"15分钟社区生活圈",投资30亿元建成青浦新城四周21公里岸线环城水系公园,形成约3000亩滨水开放空间。完善道路交通基础设施,重点推进崧泽高架西延伸项目建设,加快推进漕盈路南延伸等新开道路以及复兴路、胜利路、青浦大道等续建道路建设。实施重点生态廊道建设三年行动,完成青松生态走廊、沪渝高速、沈海高速、绕城高速、京沪高速、拦路港沿线等6条(片)市级重点生态廊道建设。2020年陆域森林覆盖率超过18%,绿化覆盖率42.8%。深入推进乡村振兴,首批市级乡村振兴示范村莲湖村通过验收,第二批张马村、东庄村、徐姚村开工建设,统筹规划朱家角沈太路、练塘朱枫公路、重固北部等3个乡村振兴示范片区。启动7个区级美丽乡村示范村建设、累计达47个,成功创建5个市级美丽乡村示范村、累计达19个,张马村国家4A级旅游景区挂牌。稳步开展"三大整治",持之以恒推进"五违四必"整治,巩固无违村居创建成效,完成11个街镇"无违建先进街镇"市级验收。完成各村居的人居环境整治任务,获国务院农村人居环境整治专项奖励。深入推进区镇两级公共安全综合整治。全区累计消除违法用地330.7万平方米,拆除违法建筑1949.6万平方米,整治污染源2114处,完成拆后生态修复83644处、1229万平方米,持续开展"非改居"(指闲置仓库、厂房等非居住类房屋非法改造后出租给他人居住)"居改非"(指业主擅自将居住房屋改变为非居住使用,从事办公、商业、旅馆、仓储甚至生产等经营活动)等专项整治。青东农场、练塘198地块、吴淞江沿线、香花桥地块等市级重点整治区域全面完成并顺利通过市级验收。青浦区在上海市率先开展"无违村居"创建,2016年至2020年,334个村居完成"无违村"创建。

七、文化培育

倡导全民环保,培育生态文化,凝聚全社会参与青浦国家生态文明建设示范区合力。夯实企业主体责任,督促企业严格落实"三同时"(建设项目需要配置的环境保护设施必须与主体工程同时设计、同时施工、同时投产使用)、清洁生产和排污许可要求,及时公开企业环境信息,建立健全生态环境损害赔偿制度。推进基层绿色创建,绿色工厂、绿色学校、绿色小区、绿色家庭等绿色创建工作持续开展。加强生态宣传教育,编写生态环境宣传手册,以宣讲团等形式推进生态文明宣传教育进学校、进家庭、进社区、进工厂、进机关,围绕创建国家生态文明建设示范区总体目标,以"6·5"世界环境日为契机,结合"蓝天保卫战、我是行动者"主题开展系列宣传活动,普及环境保护知识,增强全民生态环境保护意识。推进垃圾分类并巩固成效,2019年,青浦区创建为上海市生活垃圾分类示范区,重固镇、赵巷镇、盈浦街道、徐泾镇、练塘镇、香花桥街道被评为上海市生活垃圾分类示范街镇。全区生活垃圾无害化处理率达到100%。推进生活垃圾分类收运和再生资源回收"两网融合",生活垃圾回收利用率达40%。推广绿色出行,构建低碳公交系统,建设轨道交通17号线,推进公交车新能源改造和自行车公共租赁等低碳公共交通系统建设以及自行车道和健身步道等健康慢行系统建设。国家机关、学校、医院、体育馆等建筑全面执行绿色建筑标准。实施政府绿色采购。挖掘生态文化底蕴,集中宣传青浦"水文化""古文化"。打造水乡特色文化名片,持续开展上海青浦淀山湖文化艺术节、上海朱家角水乡音乐节等具有青浦特色的文化活动。加强独有文化项目保护,深入开展"非遗在社区"工作,11个街镇社区文化活动中心35位非遗代表性传承人设立传承点位。

八、验收申报

2019 年 6 月，青浦区委托华东师范大学按照《国家生态文明建设示范市县建设指标》《国家生态文明建设示范市县管理规程》(简称《管理规程》)要求，梳理整理《管理规程》中 9 项基本条件和 39 项指标的一、二、三级档案。2021 年 3 月，青浦区完成生态制度、生态安全、生态空间、生态经济、生态生活、生态文化 6 个专项、10 项任务、66 个工程项目，39 项指标均达到国家考核验收标准。2021 年 7 月 28 日，上海市生态环境局发文通知开展第五批国家生态文明建设示范区开展遴选工作。2021 年 8 月 3 日，区政府向上海市生态环境局、生态环境部申报第五批国家生态文明建设示范区。2021 年 8 月 10 日，青浦国家生态文明建设示范区通过市生态环境局预审并公示。2021 年 8 月 12 日，青浦区通过生态文明示范建设管理平台完成青浦国家生态文明建设示范区工作报告、技术报告、39 项指标分报告、实践案例的填报工作。2021 年 8 月 13 日，上海市生态环境局向生态环境部推荐青浦区为第五批国家生态文明建设示范区。2021 年 10 月 12 日，生态环境部命名青浦区为第五批国家生态文明建设示范区。10 月 14 日，联合国《生物多样性公约》缔约方大会第十五次会议生态文明论坛举行，生态环境部为 100 个第五批国家生态文明建设示范区和 49 个“绿水青山就是金山银山”实践创新基地举行授牌表彰仪式。

(顾丹宁)

新时代青浦幸福社区建设纪实

2020—2021 年，青浦区根据党中央、市委关于加强和创新社会治理的部署要求，结合区域经济和社会发展实际，紧扣城乡社区关键要素，建设新时代幸福社区，推进社区治理体系和治理能力现代化。2021 年 9 月，首批 20 家幸福社区建设试点通过验收并进入常态化运行阶段，青浦社区治理创新探索取得阶段性、实质性成效。

一、组织领导

*构建组织框架。*2020 年 10 月，成立区委加强和创新社会治理领导小组，区委、区政府主要领导担任组长、副组长，区委办、区府办等 48 个部门作为成员单位，负责全区社会治理工作的战略统筹、顶层设计、政策协调、方案把关和项目推进工作。领导小组下设办公室，负责小组日常事务处置及督促落实、决策建议等全局性工作。组建区委加强和创新社会治理工作推进办公室，承担领导小组及办公室的战略研究和工作执行职能，实行实体化运作和常态化运行。全区各街镇对应设置领导机构及工作专班，建立议事协调机制，指导督促本区域村居分期、分批推动幸福社区建设。

*完善制度规范。*2020 年，在总结青浦社区治理领域取得的制度成果和实践经验基础上，研究制订《关于高质量建设新时代幸福社区推进社区治理体系和治理能力现代化的意见》，系统阐述幸福社区建设的总体目标、基本原则、工作体系和实施路径等内容。10 月，经区委常委会审议通过后发布。2021 年 3 月，制订《2021 年青浦区加强和创新社会治理推进新时代幸福社区建设工作要点》，梳理形成包含 4 大类 31 项下沉资源在内的社区中心建设资源配置清单；印发《青浦区"社区中心"标准建设指引 1.0》《新时代青浦幸福社区口袋书》，明确社区中心服务功能及共建项目，为开展试点建设提供行动指南。12 月，研究制订《新时代幸福社区资金保障方案》《2021—2023 年新时代青浦幸福社区全覆盖工作计划》等配套工作方案，确保全区幸福社区实体阵地建设及运行高效顺畅。

*开展试点建设。*按照老旧小区、乡村振兴、国际社区等不同社区类型，遴选全区 11 个街镇共 20 个村居（10 个村 10 个居）作为试点，全程把关各试点社区的方案设计、建设推进、功能机制等关键内容。召开全区动员大会、现场会等幸福社区建设专题推进会议 3 场，实地调研踏勘百余次。建立联络员制度、幸福社区简报制度、"挂图作战"跟踪机制等，开展建成点位群众评议及满意度调查。编发幸福社区工作简报 13 期，拍摄专题宣传短片 6 部，形成调研报告、专报、案例等材料 10 余篇。组织开展村居书记交流互学活动，策划编制试点案例汇编，推动各试点社区中心从"先行先试"提升至"先行示范"。

二、机制创新

*明确改革任务。*聚焦社区治理"重管理、轻服务、少发展"等问题，明确社区"四化"（运转模式"去行政化"、服务功能"高集成化"、生活方式"泛智能化"、干部队伍"准职业化"）改革目标，推动提升社区管理、服务、发展的能力水平。首批建设的幸福社区试点，在精简行政办公空间、推动区镇两级资源下沉社区、引入社区级智慧化设施设备、打造社区工作者"全岗通"服务模式等方面探索创新，初步构建含综合服务岗、健康驿站、亲子乐园、老年人就餐点、多功能活动室、客堂间等功能区域的一站式、集成化社区服务综合体，为后续常态化建设运行奠定基础。

*推动资源下沉。*梳理整合各类公共服务资源，形成与居民生活密切相关的 8 大类 350 余项社区管理服务资源清单。引导各试点社区中心形成"8 + X"工作体系（"8"指党的建设、宣传文化、综合服务、平安管理、农村建设、经济发展、物业治理、矛盾调处 8 项职能，"X"指各试点特色项目），打造"家门口"的综合服务站点。截至 2021 年 10 月底，第一批 20 余家区级职能部门 4 大类 31 项资源下沉至村居一线，服务资源涵盖政务、市场、社会、群团等类别，初步构建起区、街镇、村居三级服务资源配送网络。聚焦制约城乡社区现代化发展的工作块面，引导形成"6 + X"工作机制（"6"指综合服务、资源下沉、活动策划、产业发展、集中考核、管理协调，"X"指各试点的创新工作方法），鼓励村居党组织以幸福社区为平台开展创新探索，提高统筹调动基层治理要素的能力和水平。

*实施共建计划。*组织实施一系列区级开放型幸福共建计划，动员企业、高校、社会组织、"社区达人"（指在社区发展中自我形成或经培育产生，能满足和反映社区群众需求，具有一定影响力、感召力和正能量，且在某一领域具有专业特长的社区人物）等力量深度参与社区事务。集聚首批"幸福合伙人"（指通过公益、共赢等合作方式，参与社区事务及基层治理的优质企业、社会组织、高校、科研机构等非政府组织或个人）100 余家，为各试点社区中心开展治理创新提供物资、项目和服务支持。聘请同济大学副校长、设计创意学院院长娄永琪教授，长江学者、华东师范大学社会发展学院院长文军教授等 5 名"幸福社区首席规划师"，策划举办"青浦区新时代幸福社区创意设计大赛"，吸引同济大学、中央美院等 11 所国内院校 20 支设计团队参与社区"微设计"。年内，金泽镇东西村水上观景平台等设计项目落地。依托集体经济平台和街镇经济小区，探索新型产业合作模式，练塘东庄社区中心与衡山集团合作发展"恋塘三赏"精品乡村民宿项目；金泽东西社区中心创新"以建代租"共建模式，与幸福合伙人合作建造红桥画廊金泽艺术中心。

三、资源整合

*盘活空间资源。*按照"物理分散、逻辑集中"建设原则，优化办公场所布局架构，整合社区闲置资源，更新拓展群众事务办理、公共休憩、文体活动、亲子娱乐、阅读学习等的公

共空间。在首个落成的赵巷崧湖社区中心，除必要办公区域外，社区中心90%的空间调整为居民一站式生活休闲区。夏阳章浜社区中心在硬件基础较为薄弱的情况下，按照“集成办公”“多室合一”原则，在150平方米的空间内集成配置多种功能，形成老旧小区开展“微治理”“微改造”示范样板。

统筹整合项目。结合市区两级民心、实事工程，将乡村振兴示范村建设、“三美丽”建设、加装电梯、雨污混改等项目纳入幸福社区建设体系。至2021年底，首批20家幸福社区点位完成社区老年人日间服务中心建设2家，新增老年人助餐点3个，新建或升级早餐工程网点5处；成功创建无架空线全要素整治示范片区1个，完成小区雨污混接改造3.2万平方米，推进既有住宅加装电梯3部进入管线移位阶段；建成智慧健康驿站14家，实现“残疾人社区康复点”20个试点单位全覆盖；完成社区卫生服务中心、卫生室（站）远程诊疗服务优化升级，居民可通过家庭医生预约市二级、三级医院专家，享受实时诊疗服务。依托幸福社区建设，各部门、条线、主体项目资源集聚效应凸显，华新叙中社区中心融合推进助餐点、日间照料中心等为老服务设施建设；朱家角林家社区中心形成以薄荷香文苑、田耕社等文化团体为主的艺术文化街区；重固章堰社区中心围绕村民、企业员工、游客等不同群体差异化需求，与中建八局合作开发幸福社区A、B两区项目，内设中医馆、四合院、幸福老街、幸福学院等场馆设施。

培育壮大队伍。关注社区治理人才的培育工作，加强后备力量引进培养，推动基层干部转变思路。推出“幸福课堂”学习培训计划，制作展播基层治理相关的理论、实务等线上课程10余节。金泽镇、盈浦街道先行先试，探索制定村居统筹管理属地人员的工作方案，将原隶属于街镇的人口协管员、网格员、就业援助员、助残员等条线工作人员纳入社区中心统一管理考核。徐泾民主社区中心将物业服务事项纳入社区中心前台集中受理，形成居委会、业委会、物业公司一体办公的党建引领“放心物业”新模式；白鹤二居委社区中心发挥社区离退休党员干部作用，创建“晚晴党建·鹤老汇”自治品牌；盈浦盈中社区中心动员志愿者、社会组织、社区自治团队等力量，为群众提供理发、缝补、义诊、看病配药等便民服务，建设志愿服务“盈星驿站”。

四、数字化应用

开发建设“幸福云”系统。对标“一网统管”下沉、“一网通办”外拓和“社区云”加强的定位，开发建设“幸福云”智慧社区全景应用系统，完成“全自动办公系统”“全要素管理系统”“全民化共治系统”“全景式服务系统”四大功能体系架构布局。开展试点村居数据清理工作，推动专业数据库与村居个性数据、物联感知数据融合汇聚，建立完善村居“社区治理主题数据仓库”。搭建面向村居干部、社区工作人员、居民群众等多群体的端口平台，开发“智慧管理服务数字化看板”“万能动员工具”“智能台账系统”“随手拍”等高频应用，为基层工作者减负增能，提升基层自治共治水平。截至2021年底，夏阳街道全域完成“幸福云”系统试运行。

丰富智慧场景应用。首批试点的20家社区中心实现“一网通办”综合自助终端全覆盖，通过自助终端可办理涉及残联、科委、卫健委、公安、民政局、人社局等部门的102项业务，一键解决随申办“离线码”申领、居住证自助办理、社保记录查询等常用服务事项。13家试点开放24小时自助服务站和“远程帮办”功能，204项政务服务可通过“远程帮办”系统当场办结。12家社区中心建设升级互联网医院云诊室，群众可与专家名医进行“一对一”线上问诊。在部分幸福合伙人和区级部门的帮助支持下，试点社区均布设智能工具租借柜、慈善幸福购售卖机、智慧健康驿站等智能化设备，夏阳东方社区中心还建成了智慧超市和智慧餐厅。香花桥桃源埔、玉兰花园社区中心引入“智慧云法理堂”设备，为居民提供远程法务咨询、心理辅导、矛盾调解等服务。

（杨　楠　赵　洁）

DASHIJI
大事记

◎ 编辑 赵冬英

1 月

4 日　上海市举行重大项目集中开工活动，青浦区涉及 4 个项目，分别是美的上海全球创新园、上海漕河泾赵巷科技绿洲三期项目、大美时代视听大数据产业园、容钛智能大厦。其中：美的上海全球创新园投资 50 亿元，位于西虹桥商务区；上海漕河泾赵巷科技绿洲三期项目投资 21.4 亿元，位于市西软件园；大美时代视听大数据产业园投资 10 亿元，位于青浦工业园区；容钛智能大厦投资 9.5 亿元，由崧雅路分为东西两个区块。

11 日　青浦区村居"两委"和基层党组织换届工作、完善街镇管理体制和优化事业编制资源配置动员部署会在区会务中心举行。会议对上海市相关要求和区级相关方案进行解读，并部署下一步具体任务。

13 日　长三角生态绿色一体化发展示范区执委会与上海市青浦区、江苏省苏州市吴江区、浙江省嘉兴市嘉善县共同发布第一批《长三角生态绿色一体化发展示范区共建共享公共服务项目清单》，共涉及 20 个项目，涵盖卫生健康、医疗保障、教育、文化旅游、公共体育、养老、公共交通、政务服务 8 大领域。

18 日　下午，中国人民政治协商会议上海市青浦区第五届委员会第五次会议在区会务中心开幕。会议于 1 月 21 日上午闭幕。

19 日　上午，上海市青浦区第五届人民代表大会第七次会议在区会务中心开幕。会议批准通过《青浦区国民经济和社会发展第十四个五年规划和二〇三五年远景目标纲要》，于 1 月 21 日下午闭幕。

是日　首批国家级应急消防科普教育基地在上海市公共安全教育实训基地揭牌成立。该教育基地位于东方绿舟内，展陈面积约 880 平方米，分 A、B 两个馆，其中 A 馆重点突出"防"和"逃"的训练，B 馆重点突出"灭"的体验，主要包含前测教室、隐患识别、求救展示、烟道逃生、灭火体验 5 个实训区。

21 日　青浦区召开新冠肺炎疫情防控工作领导小组会议，传达全国疫情防控工作电视电话会议、市委"研究城郊农村、大学城等疫情防控工作专题会议"精神，分析疫情防控工作面临的形势，对全区下阶段疫情防控工作再研究再部署。会议决定增加疫情防控督查组，进一步健全督查体系，加大督查力度。

28 日　知道书院暨青浦名人馆开院仪式在青溪园知道书院举行。书院位于青溪园内，西邻万寿塔，占地面积约 4000 平方米，建筑面积 1354 平方米。其中青浦名人馆建筑面积约 950 平方米，分青浦"古代名人""近代名人"和"现代名人"3 个部分，是当时全市首家区域性名人展示馆。

2 月

7 日　中共上海市青浦区第五届纪律检查委员会第六次全体会议在区会务中心举行。

19 日　青浦新城高质量发展大会在区会务中心举行，全面部署推动各项重点任务。

24 日　青浦区党史学习教育动员会在区政府会议室举行。会议传达上海市党史学习教育动员会精神，通报 2020 年青浦区开展"四史"学习教育有关情况，部署开展党史学习教育相关工作。3 月 25 日，区委办公室印发《青浦区党史学习教育实施方案》。

26 日　首张长三角一体化示范区跨区域"上海市海外人才居住证"在青浦区颁发，获得者为江苏省苏州市吴江区下辖的苏州华德电子有限公司企业负责人。该居住证的主要作用是让非上海就业、创业的吴江、嘉善地区的海外人才享受到上海市海外人才的待遇。

27 日　复兴路北延伸项目正式通车。该项目位于青浦区朱家角镇，北起江苏省界接昆山市曙光路，南至青浦区淀山湖大道接复兴路，全长约 2.12 公里，其中青浦境内 2.01 公里。道路等级为城市主干路，建设规模为双向四快两慢车道，主要道路、桥梁及相关附属工程等总投资约 3.36 亿元。

3 月

4 日　青浦区政法队伍教育整顿动员部署会在区会务中心举行，全面启动教育整顿工作。

5—6 日　青浦区党政主要负责人学习贯彻党的十九届五中全会精神和习近平总书记在浦东开发开放 30 周年庆祝大会上重要讲话精神专题研讨班举行。研讨班除党史专题辅导外，还安排《市委关于"十四五"规划和二〇三五远景目标建议的解读》《开启全面建设社会主义现代化国家新征程，向第二个百年奋斗目标进军》等讲座。

12 日　青浦区推进虹桥国际开放枢纽建设动员部署会在区会务中心举行。会议发布《青浦区加快推进虹桥国际开放枢纽建设行动方案》和《青浦区推进虹桥国际开放枢纽建设青东联动发展实施意见》。

22 日　青浦区新冠病毒疫苗接种工作部署会在区政府会议室举行，部署安排疫苗接种工作。26 日，青浦区成立新冠疫苗机动接种队，至村居、企业等一线接种疫苗。

31 日　中共青浦区委书记赵惠琴和区委副书记、区长余旭峰等出席五大新城之青浦新城市政府新闻发布会，介绍青浦新城规划建设总体目标。

是日　上海市党建研究会农村党建研究专业委员会成立仪式暨第一次研讨会在青浦区召开。该专业委员会由青浦区委组织部牵头组建。

4 月

2 日　长三角高分遥感数据应用服务中心在青浦区揭牌成立。会上，长三角三省一市高分遥感数据应用服务中心及交通部东海航保中心共同签署战略合作协议。

7 日　2021 年上海全球投资促进大会在上海中心举行，"五个新城"和一批特色产业园区、民营企业总部集聚区面向全球招商。青浦区在会上推出打响新城"长三角数字干线"品牌、青浦生命科学园和 16 个招商引资重大签约项目。

15 日　"百年党史砺初心，崭新征程续荣光"——"新时代青浦奋斗奖"表彰活动在国家会展中心（上海）举行。活动表彰2020年度“新时代青浦奋斗奖”先进集体50家、先进个人100位。

18日　第四届中国国际进口博览会开幕式倒计时200天宣介活动在国家会展中心(上海)举行。青浦区赵巷镇、朱家角镇以及青浦工业园区、西虹桥公司、青浦新城公司、青发集团等分别与意向参展商进行现场签约。

19日　上海城投集团、上海投资咨询集团和长三角一体化示范区执委会开展服务长三角对接座谈会。会上,长三角一体化示范区(上海)城市咨询有限公司揭牌成立。青浦区朱家角镇、金泽镇与长三角一体化示范区(上海)城市咨询有限公司签署战略合作协议。

19—28日　以“拥抱变化”为主题的2021年上海车展在国家会展中心(上海)举行。有1000家企业参展,展出总面积36万平方米,启用会展中心12个室内展馆,其中乘用车9个馆、汽车科技与供应链展区2个馆、媒体区1个馆。

4月23日,长三角可持续发展大学联盟成立仪式暨第一次联席会议在青浦区举行　　(区融媒体中心供稿)

23日　长三角可持续发展大学联盟成立仪式暨第一次联席会议在青浦区举行。该联盟由同济大学提议,东南大学、复旦大学、华东师范大学、南京大学、上海交通大学、同济大学、浙江大学、中国科技大学等高校共同发起。会上,各高校签署联盟章程,并发布促进“碳达峰、碳中和”高校行动倡议。

26日　全国政法队伍教育整顿中央第六督导组下沉青浦区开展督导检查。督导组先后到公安青浦分局崧润路派出所、青浦法院青东法庭、朱家角司法所、青浦检察院第三检察部现场督导教育整顿工作,并召开座谈会听取相关情况汇报。

是日　长三角生态绿色一体化发展示范区知识产权检察保护中心和青吴嘉知识产权检察联合办案组同时在长三角生态绿色一体化发展示范区执委会揭牌成立。

是日　青浦区人民政府与三峡集团上海总部举行战略合作签约仪式。根据协议,双方将围绕生态环保、清洁能源、片区开发、乡村振兴等方面进一步加强互惠互利,合作共赢。

27日　2021年度青浦区“三大整治”之“助力新城建设,提升人居品质”现场推进会召开。会议表彰“三大整治”之人居环境先进村居。会前,与会人员现场察看盈秀路公共安全整治地块、城中北路“美丽街区”和城北居委会青溪新村项目,了解新城建设推进情况。

28日　青浦区人民政府与上海市文化和旅游局签订战略合作协议。双方将在4个方面加强合作:融入重大国家战略,激活文旅先行核心动能;打造精品文旅工程,推动全域产业转型升级;注入文创基因活力,厚植培育特色文化品牌;锚定新城规划建设,提升文旅公共服务能级。

4—6月　以“最江南、购青浦、享生活”为主题的2021年青浦区“五五购物节”各项活动在全区各大商圈、景点和文化场所举行。购物节聚焦品牌制造、生态绿色、数字消费、红色文旅、老字号等主题推出10个板块活动,共开展各类主题活动148场次,涉及商家(柜台)1700余个。

5月18日,“峥嵘百年,与党同行”庆祝中国共产党成立100周年专题文化配送启动仪式在陈云纪念馆举行　　(区融媒体中心供稿)

5月

18日　“峥嵘百年,与党同行”庆祝中国共产党成立100周年专题文化配送启动仪式在陈云纪念馆举行。活动遴选各类公共文化资源,以庆祝中国共产党成立100周年为主线,在青浦全区开展红色经典文艺演出配送、公益电影专题展映、经典红色专柜图书配送等系列活动。

20日　区委发文通知,市委决定:徐建任中共青浦区委委员、常委、副书记;免去余旭峰中共青浦区委副书记、常委、委员职务。

是日　青浦区与长三角投资公司共同举行西岑科创中心开发建设指挥部揭牌及合资公司组建暨合作框架协议签约仪式。仪式上，青浦区人民政府与长三角投资公司签订《西岑科创中心（西片区）项目开发建设合作框架协议》及备忘录，并举行“西岑科创中心项目开发建设指挥部”揭牌仪式。长三角投资公司与上海青浦新城发展（集团）有限公司签署设立合资公司协议书。西岑科创中心项目位于青浦区金泽镇、示范区先行启动区内，规划面积约 400 公顷，分东、西两个片区，其中东片区为华为研发中心，项目紧邻 G50 沪渝高速和轨道交通 17 号线（规划西延伸线西岑站）。

28 日　青浦新城城市推介大会在国家会议中心举行。会上，青浦区与 18 家金融机构进行授信签约，通过金融赋能为新城高质量发展提供强力支撑和重要保障。

30 日　上海市儿童医院与朱家角人民医院举行合作签约仪式。根据协议，上海市儿童医院将通过派驻儿科医疗业务和管理团队，全力支持朱家角人民医院儿科业务发展、学科建设、人才培养等方面发展。上海市儿童医院协作医院在会上挂牌成立。

31 日　青浦区第五届人大常委会第四十二次会议在区会务中心举行。会议审议并通过关于接受余旭峰辞去区人民政府区长、彭一浩辞去区人民政府副区长职务的请求，决定徐建任区人民政府副区长、代理区长。

6 月

1 日　虹桥国际会展产业园在西虹桥商务区揭牌成立。该产业园位于西虹桥商务区，重点打造会展产业集聚区、联合办公区、创新企业孵化区、研究培训区四大功能区。

2 日　市委党史学习教育第三巡回指导组到青浦区指导工作，听取区委关于开展党史学习教育的情况汇报，并到赵巷镇崧湖社区开展延伸指导。18 日，市委党史学习教育第三巡回指导组到青浦区开展延伸指导，召开街镇专场座谈会，听取各街镇党（工）委关于党史学习教育推进情况的汇报。7 月 2 日，市委党史学习教育第三巡回指导组到青浦区开展延伸指导，召开委办局和区属公司专场座谈会并提出工作要求。

3 日　上海市青浦区、江苏省苏州市吴江区、浙江省嘉兴市嘉善县共同开展“建功示范区，奋进新征程”实践活动，发布面向示范区的“五大行动，百项服务”。活动发布示范区城市基层党建、非公党建、农村基层党建组织力学院精品课程以及示范区党史学习教育精品党课和现场教学精品线路；先行启动区五镇发布“我为群众办实事”实践活动项目。

9 日　中共中央政治局委员、上海市委书记李强到青浦区调研。李强一行先后视察长三角（上海）智慧互联网医院、元荡堤防达标和岸线生态修复（二期）工程、上海金发科技发展有限公司。区领导赵惠琴、徐建、姜爱锋、孙挺、饶斐文等陪同调研。

12 日　2021 年青浦区龙舟公开赛在环城水系公园水城门水域举行。全区各街镇、机关企事业单位的 31 支代表队、300 余名运动员参赛。比赛项目分混合组、女子组、公开组，设 12 人 400 米直道赛和 22 人 400 米直道赛。朱家角镇龙舟队获得 12 人龙舟混合组 400 米直道竞速和 22 人龙舟公开组 400 米直道竞速冠军，华新镇龙舟队获得 12 人龙舟女子组 400 米直道竞速冠军。

17 日　区委、区政府印发《关于全面推进乡村振兴加快农业农村现代化的实施意见》。18 日，青浦区实施乡村振兴战略工作领导小组会议暨农村工作会议在区会务中心举行，部署 2021 年全区乡村振兴工作。

是日　区委办公室印发《青浦区深入开展党史、新中国史、改革开放史、社会主义发展史宣传教育实施方案》。22 日，青浦区党史学习教育工作推进会暨“四史”宣传教育部署会在区会务中心举行。会上，区级机关工作党委、社会工作党委、团区委、教育工作党委 4 家单位以视频短片的形式集中发布一批党史学习教育重点活动项目。

26 日　由同济大学发展研究院和新华社中国金融信息中心主办的第九届中国产业园区持续发展论坛在青浦区徐泾镇举行。论坛以“双重冲击下园区新发展”为主题，邀请政府、园区、学界和企业的专家代表，分别从政策视角、理论视角、实践视角共同探讨双重冲击下产业园区发展的趋势、目标与路径。

28 日　中共上海市青浦区第五届委员会第十二次全体会议在区会务中心举行。赵惠琴作题为《把握机遇、振奋精神，全面提升城市软实力和核心竞争力，奋力开创青浦全面现代化建设新局面》的主题报告。中共青浦区委副书记、代理区长徐建传达十一届市委十一次全会精神。全会审议通过《关于大力弘扬“抢拼实善”新时代青浦奋斗精神，全面提升城市软实力和核心竞争力，加快把青浦建设成为社会主义现代化国际大都市的枢纽门户的意见》和《中国共产党上海市青浦区第五届委员会第十二次全体会议决议》。

6 月 12 日，2021 年青浦区龙舟公开赛在环城水系公园水城门水域举行
（区融媒体中心供稿）

是日　青浦区红色党史巴士启动仪式举行,“红色党史巴士”揭幕发车。该巴士线路分为 A 线(漕盈路枢纽←→东乡烈士陵园←→福泉山遗址)和 B 线(漕盈路枢纽←→陈云纪念馆←→西乡烈士陵园),全程配备讲解员。

29 日　“百年奋进初心路・抢拼实善新征程”青浦区庆祝中国共产党成立 100 周年文艺演出在金泽镇社区文化活动中心举行。活动表彰“青浦区优秀共产党员”200 名、“青浦区优秀党务工作者”100 名、“青浦区先进基层党组织”200 个。文艺演出分“初心・照亮前行之路”“奋进・凝聚改革伟力”“跨越・奏响时代强音”3 个部分,通过歌曲、情景诗朗诵、评弹歌、舞蹈秀、情景小品等多个原创文艺作品,展现青浦奋斗历程。

7 月

1 日　庆祝中国共产党成立 100 周年大会在北京天安门广场举行,中共中央总书记、国家主席、中央军委主席习近平发表重要讲话,青浦区广大党员干部集中收看大会直播。

是日　《荣光・铭记——青浦革命和建设百年图典》专题展览在青浦区博物馆开展。展览分“前仆后继求解放”“宏业建设谋发展”“改革开放奏凯歌”“昂扬奋进新征程”4 个部分,通过大量珍贵详实的历史图片、文物、史料展现中国共产党领导下的百年青浦奋斗史。展览至 8 月 15 日结束。

2 日　青浦区庆祝中国共产党成立 100 周年座谈会在区会务中心举行。会议通报青浦区获得全国和上海市“两优一先”表彰对象。赵惠琴上党史学习教育专题党课。

7 日　全国人大常委会委员、财经委副主任委员尹中卿到青浦区调研上半年经济运行情况。尹中卿一行实地走访上海青氢科技有限公司、上海名联供应链管理有限公司、练塘镇东庄村等,并召开座谈会听取相关情况汇报。区领导朱明福、何强等陪同调研。

8 日　“抢拼实善迈征程,同心奋斗跟党走”——青浦区庆祝中国共产党成立 100 周年主题诗歌朗诵展演在区文化剧场举行。活动选取部分诗歌朗诵决赛中的优秀作品和团队,以情景党课、诗歌朗诵的形式,讲述中国共产党在中华民族内忧外患的危难之际诞生、在艰苦岁月之中壮大的百年光辉历程,展现青浦各界群众的新时代精神风貌。

11 日　2021 年“崧泽杯”长三角地区青少年武术(套路)邀请赛在青浦区崧泽学校举行。上海、江苏等地区 15 支代表队、140 多人参赛。比赛设中学组、小学高年级组和低年级组等组别,包含长拳、华拳、剑术、刀术以及集体十步拳、自选套路等竞赛项目。

20 日　青浦区第五届人大常委会第四十三次会议(扩大)在区会务中心举行。徐建代表区政府报告上半年经济社会发展情况和下半年重点工作安排。全体与会的区人大代表对政府工作报告进行分组评议。

21 日　青浦区公共卫生中心正式开工建设。该中心规划用地面积 18308 平方米,建筑面积 35380 平方米,项目总投资 44901.53 万元,包含区疾控中心、卫监所、急救中心、应急指挥中心等。

27 日　“福泉古韵新生活”长三角书法大赛作品展开幕式在位于青浦区北青公路 7199 号的青渚美术馆举行。大赛共收到长三角地区书法作品 195 件。经专家评选,确定优秀作品奖 5 件,提名作品奖 10 件,入展作品 39 件。

28 日　2021 年青浦区精神文明建设工作暨全国文明城区迎测评工作会议召开。会议通报荣获 2019—2020 年度青浦区文明单位、文明校园和 2020 年度青浦区新时代文明实践优秀志愿者、志愿服务先进集体的情况。

是日　由青浦区培养输送的运动员张灵与队友配合默契,获得第三十二届夏季奥林匹克运动会女子赛艇四人双桨项目冠军,为青浦夺得首枚奥运金牌。

29 日　上海市儿童医院长三角一体化发展示范区医学中心签约仪式在青浦区举行。医学中心拟选址地块位于朱家角镇珠溪路东侧、淀山湖大道南侧,规划用地面积 5.2 万平方米,总建筑面积 11.54 万平方米。

8 月

3 日　中共上海市委副书记、市长龚正到青浦区调研重点科技创新企业,区领导徐建等陪同。

4 日　位于青浦区外青松公路和公园东路交叉口的上海青浦新城 24－02 地块原舜浦大酒店实施爆破拆除。

5 日　青浦区召开疫情防控工作领导小组专题会,全面贯彻落实习近平总书记重要批示和全国、上海有关会议精神,对全区疫情防控各项工作再动员、再部署。

18 日　青浦区区、镇两级人大换届选举工作部署会在区会务中心举行。会议部署安排换届选举的总体工作、宣传工作和组织工作。11 月 16 日,青浦区区、镇两级人大代表换届选举投票进行。全区共设 3454 个投票站,近 40 万选民参加投票。通过差额选举产生新一届区人大代表 242 名、镇人大代表 615 名。

24 日　青浦区服务保障第四届中国国际进口博览会前线指挥部第一次全体会议暨疫情防控工作领导小组第四十四次会议在西虹桥地区管理中心举行。至 2021 年底,青浦区服务保障第四届进口博览会前线指挥部共召开全体会议 15 次。

是日　上海市发布《关于进一步减轻义务教育阶段学生作业负担和校外培训负担的实施意见》。青浦区从规范校外培训行为、强化学校教育主阵地作用、做好校内课后服务等方面,落实教育“双减”工作。

25 日　青浦区金泽镇莲湖村入选第三批全国乡村旅游重点村名单。

27 日　青浦区领导干部会议在区会务中心举行。会议传达上海市纠“四风”树新风警示教育大会精神,推动全面从严治党、党风廉政建设和反腐败斗争不断向纵深发展。9 月 3 日,青浦区召开纠“四风”树新风警示教育大会,传达《上海市纪委监委关于规范政商交往行为进一步推动构建亲清政商关系的意见》,重申党纪政纪要求。

9 月

1 日　青浦区首个村(居)质量工作联络站揭牌成立。该联络站位于朱家角镇庆丰村,具有宣传、服务、活动的载体功能。

8日　青浦区第五届人大常委会第四十六次会议在区会务中心举行。会议任命张彦为区人民政府副区长。

是日　上海市青浦区工商联江苏商会暨江苏商会青浦分会揭牌成立,是青浦区首家异地商会。该分会由青浦区内的江苏籍企业投资、生产、经营者联合组成,时有会员42家。

10日　由青浦区培养输送的运动员胡笑笑在第十四届全国运动会帆船混合诺卡拉17级比赛中获得冠军,张营营获得该项目第六名。

13日　青浦区召开全区党政负责干部会议。会上宣布市委决定:徐建任中共青浦区委书记;张权权任中共青浦区委委员、常委、副书记;赵惠琴不再担任中共青浦区委书记、常委、委员职务。

15日　“护航进博会,建功新征程”——服务保障第四届中国国际进口博览会立功竞赛暨倒计时50天启动仪式在国家会展中心(上海)举行,有12支参赛队伍现场宣誓。该活动由上海市总工会、青浦区服务保障进博会立功竞赛组委会主办,青浦区总工会、青浦区服务保障进博会前线指挥部办公室、国家会展中心(上海)有限责任公司承办,持续至2021年12月结束。

是日　绿地贸易港(虹桥)国际贸易公共服务平台发布仪式在位于青浦区徐泾镇的绿地贸易港举行。仪式上,乌兹别克斯坦馆、斯里兰卡馆、爱尔兰国家馆同时开馆。

17日　青浦区第五届人大常委会第四十七次会议在区会务中心举行。会议审议并通过关于接受徐建辞去区人民政府代理区长、副区长职务的请求,决定杨小菁任区人民政府副区长、代理区长。

是日　青浦区第四届进博会党群服务保障工作推进会暨专项行动启动仪式在西虹桥党群服务中心举行。会议为进博“365”“六大行动”代表授旗,并发布“进博‘365’·我为群众办实事”项目清单。

18日　青浦区首家智慧超市在城中东路56号开业。超市建筑面积约30平方米,可同时容纳8人购物,采取市场主流的无人购物、大数据分析建设方案,引入商品承重感应、无感知结账等核心技术,实现社区24小时不间断通勤服务。

23日　2021年长三角生态绿色一体化发展示范区开发者大会在江苏省苏州市吴江区举行。中共青浦区委书记徐建在会上作题为《打造“高颜值、最江南、创新核”枢纽门户,共创一体化示范区新奇迹》的主题发言。

是日　青浦区赵巷镇中步村入选第二批全国乡村治理示范村名单。

25日　2021年上海淀山湖文化艺术节暨旅游购物节开幕。艺术节聚焦红色旅游、乡村振兴、青浦新城建设、文旅商农联动、长三角一体化等相关主题,先后举办青浦建城500年档案史料展、寻梦源第一届菊花节、长三角地区优秀戏曲展演等活动。艺术节于10月17日结束。

25—27日　中共青浦区委副书记、代理区长杨小菁率区党政代表团到青海省果洛州班玛县学习考察。代表团一行先后拜访上海市政府驻西宁办事处、上海市援青干部联络组,实地调研上海援青保障基地、班玛县多贡麻乡卫生院、班玛县疾控中心等,并与班玛县召开对口支援联席会议。

26日　淘宝直播(上海)源头好物节暨豹喜直播基地授牌启动仪式在华新e通世界产业园举行,标志着淘宝直播平台在沪首个全品类直播生态基地落户青浦。该基地时有入驻品牌及商家87家,合作的淘宝主播超过200名。

27日　第四届中国国际进口博览会区级机关、国展中心“进博先锋”党建联盟工作推进会暨党史学习教育“永葆初心”见学点揭牌仪式举行。会议表彰第三届进博会“进博先锋”党建联盟优秀党组织,启动“进博先锋”党建联盟护航进博——“我为群众办实事”十大行动,举行“守好主阵地,建功进博会”岗位建功行动授旗仪式。

28日　上海远大健康城一期项目上海医大医院投入使用。该医院为青浦区三级非营利性综合医院,设有康复科、体检科、儿科、外科、内科、耳鼻喉科、医学影像、检验科等24个临床和医技科室,开设床位500张。

30日　以“茭美练塘,幸福中国”为主题的2021年上海练塘茭白节暨古镇旅游文化节在练塘镇开幕。茭白节期间,先后举办茭白主题体验、红色足迹步行、田间茭白采摘观摩等活动,至10月4日结束。

9月28日,上海远大健康城一期项目上海医大医院投入使用
(区融媒体中心供稿)

10月

12日　青浦区获评第五批国家生态文明建设示范区。

是日　“‘数’联长三角,‘智’造大健康”——青浦生物医药产业发展大会在青浦工业园区举行。会议发布《青浦区促进生物医药产业高质量发展行动方案(2021—2023年)》《关于推动青浦区生物医药产业高质量发展的若干政策(试行)》。会上,青浦工业园区对青浦生命科学园进行推介,举行产业项目签约仪式,8个生物医药产业项目集中签约,涉及投资额36.8亿元。

13日　上海市网络安全应急演练日

主题活动暨青浦区“一网通办”网络安全应急演练在长三角一体化示范区(上海)金融产业园举行。活动开展“一网通办”一体化在线政务服务平台的网络安全示范性应急演练,从事件发生、先期研判和信息报告、应急处置、应用恢复4个阶段全方位展示“一网通办”业务场景应对处置网络安全事件的全过程。

15日　上海市“五个新城”民生重大工程集中开工(启动)活动在奉贤区举行,青浦区设分会场,环城水系治理工程(三期)项目、复旦大学附属中山医院青浦新城院区一期工程项目同步连线主会场并进行开工(启动)仪式。其中:环城水系治理工程(三期)项目包括东大盈港(盈港路—环城河)、环城河沿岸两侧区域,从河岸线至设计红线范围,总面积约30万平方米;复旦大学附属中山医院青浦新城院区工程主要建设内容包括急救中心(胸痛中心、卒中中心、创伤中心)、门诊大楼、住院大楼、国际交流合作中心、教学中心(实训基地)、科研中心等,规划建设面积约26.8万平方米,其中一期工程建设600张床位,建筑面积约18.9万平方米。

15—16日　首届长三角一体化示范区呼吸论坛暨急性肺损伤和急性呼吸窘迫综合症规范化诊治学习班在青浦区举行。会上,来自长三角区域内的23位专家学者共同探讨呼吸病学领域的实际问题、热点问题和最新进展。

16日　长三角生态绿色一体化发展示范区两周年建设工作现场会在江苏省苏州市吴江区举行。推动长三角一体化发展领导小组副组长、领导小组办公室主任、国家发展改革委主任何立峰出席会议并讲话。会议采取“主会场+分会场”的形式举行,徐建和杨小菁参加主会场会议,徐建代表青浦区在大会上作交流发言。区领导孙挺、金俊峰、倪向军、陈汇青、肖辉等出席青浦分会场会议。

17日　民歌上海——2021年上海市民文化节江南民歌大赛展演在青浦区朱家角镇举行,12首具有代表性的上海民歌集中进行展演。

18日　上海青浦崧泽遗址入选中国“百年百大考古发现”名单。

19日　青浦区首家智能化、标准化摩托车考场建成并投入使用。该考场位于松林驾校,采用卫星定位、智能感应等电子化考试系统,实行计算机评判。

22日　李强到国家会展中心视察第四届中国国际进口博览会安保工作筹备情况,区领导徐建、姚少杰等陪同。

24日　由青浦区体育局、江苏省苏州市昆山市文体广电和旅游局、江苏省苏州市吴江区文体广电和旅游局、浙江省嘉兴市嘉善县文化和广电旅游体育局共同主办的2021年长三角十公里路跑巡回赛·青浦站比赛在东方绿舟举行,来自长三角区域的数百名选手参赛。

25日　纪念青浦区(县)人大设立常委会40周年座谈会在区会务中心举行。

27日　李强到青浦区调研长三角生态绿色一体化发展示范区建设情况,区领导徐建、杨小菁、肖辉等陪同。

是日　2021年青浦区城乡木兰拳精英赛暨青浦区第十七届“白鹤杯”木兰拳比赛举行。来自青浦、长宁、虹口、嘉定等区的16支木兰拳团队、260名运动员参赛。比赛分规定和简化两种套路,其中规定套路28式木兰拳和38式单扇、简化套路五路双扇。

28日　龚正到青浦区实地检查第四届中国国际进口博览会筹备工作,区领导杨小菁等陪同。

是日　第四届中国国际进口博览会青浦城市文明志愿者誓师大会暨上岗演练启动仪式在国家会展中心(上海)举行。此次志愿服务时间为11月3—10日,重点在国家会展中心周边、旅游景区、购物商圈、重要交通路口以及全区11个街镇的重点区域,主要提供交通路口指引、站台秩序维护、景区引导讲解、进博会宣传、交通信息咨询、语言翻译、医疗应急救援等服务工作。

是日　“协同发展,共创未来”——虹桥国际中央商务区打造长三角民营企业总部集聚区推介暨项目集中签约大会举行。会上,波司登集团、国际展览公司、缙嘉科技、运杰投资等6家重点总部企业签约落户青浦区,总签约投资额约38亿元。

11月

1日　第四届中国国际进口博览会溢出效应论坛在西虹桥商务区举行。与会人员围绕“进博会与上海城市软实力提升”“充分发挥进博会促消费强发展溢出带动效应”等主题开展研讨。论坛上,青浦西虹桥商务区与塞尔维亚商会、罗马尼亚工商联合会、上海国际民防发展有限公司等境外国际组织和企业举行签约仪式。

2日　2021年青浦区创文迎复检培训会暨全国文明城市创建工作培训班精神通报会在区会务中心举行。会议通报青

10月24日,2021年长三角10公里路跑巡回赛·青浦站比赛在东方绿舟举行　　(区融媒体中心供稿)

浦区在测评中发现的比较有代表性的问题，传达全国文明城市创建工作培训班精神要求，对与会人员进行迎检培训。

4 日　第四届中国国际进口博览会在国家会展中心（上海）开幕。中共中央总书记、国家主席、中央军委主席习近平通过视频方式发表题为《让开放的春风温暖世界》的主旨演讲。

5—10 日　第四届中国国际进口博览会在国家会展中心（上海）举行。该届进博会共有 127 个国家、地区和国际组织参会，2900 多家企业参加企业展，超过 40 万名境内外专业采购商到会洽谈采购，展览面积 36.6 万平方米，累计意向成交 707.2 亿美元。

10 日　2021 年康复辅助器具产业创新论坛在青浦区举行。论坛聚焦依托“长三角数字干线”，联动长三角共建康复辅助器具产业园，落实康复辅助器具产业国家综合创新试点，采用线下线上交互的方式开展深入探讨。论坛上，西虹桥公司作商务区招商推介，并与 10 家康复辅具企业签订意向书；长三角康养产业创新服务平台正式成立。

18 日　青浦区第五届人大常委会第四十九次会议在区会务中心举行。会议审议并通过关于接受王翔辞去区监察委员会主任职务的请求和关于接受姜爱锋、顾骏辞去区人民政府副区长职务的请求，决定叶靖任区监察委员会代理主任。

是日　长三角一体化示范区政协信息共享平台开通仪式在青浦区金泽镇举行。该平台依托信息技术，构建信息化、数据化、移动化、平台化的智慧系统，提高示范区三地政协协同联动的整体效能。仪式结束后，与会人员实地参观金泽镇“协商于民”政协委员工作站和示范区建设两周年重点项目长三角可持续发展研究院、长三角示范区规划展示馆。

22 日　下午，中国共产党上海市青浦区第六次代表大会在区会务中心开幕。徐建代表中共青浦区第五届委员会向大会作题为《奋进新征程，展现新担当，为建设社会主义现代化国际大都市的枢纽门户而不懈奋斗》的报告。会议选举产生中共上海市青浦区第六届委员会委员 39 名、候补委员 7 名，选举产生中共上海市青浦区第六届纪律检查委员会委员 35 名。会议于 11 月 25 日上午闭幕。

23 日　农业农村部部长唐仁健到青浦区考察调研现代农业发展情况。唐仁健一行先后参观重固镇章堰村、上海春昌蔬果专业合作社，调研新型城镇化与乡村振兴双轮驱动下乡村发展情况，了解合作社蔬菜生产配送及标准化创建工作。区领导杨小菁、倪向军等陪同调研。

25 日　下午，中共上海市青浦区第六届委员会第一次全体会议在区会务中心举行。全会选举徐建为区委书记，杨小菁、张权权为区委副书记，孙挺、刘辽军、王凌宇、金俊峰、顾骏、陈建国、李方明、叶靖为区委常委。

是日　下午，中共上海市青浦区第六届纪律检查委员会第一次全体会议在区会务中心举行。全会选举产生新一届区纪委常委和书记、副书记，叶靖为区纪委书记，胡元强、范国强、金平为区纪委副书记。

30 日　2021 年联合国国际采购大会在青浦区徐泾镇同联产业园区以“触云上线”的形式举行。大会通过“云端分享”方式，介绍 2020 年联合国年度采购统计报告的整体情况。来自中国医药保健品有限公司、菜鸟国际、中联农业机械股份有限公司等企业代表，就 2020 年参与联合国采购的相关情况进行专题发言。

12 月

22—23 日　徐建率区党政代表团到云南省德宏州考察调研，慰问青浦区援滇干部，并与德宏州召开东西部协作第十次联席会议。

25 日　长三角生态绿色一体化发展示范区 7 路定制旅游专线开通运营。该线路往返于青浦区朱家角游客服务中心和吴江区黎里旅游集散中心，全程约 49 公里，单程行驶约 75 分钟，为定时班次，仅在双休日和法定节假日开行。31 日，示范区 8 路开通运行。该线路自朱家角站起经沪青平公路、金商公路、商周公路、周商路、秀海路、锦周路至周庄新客运站。

27 日　共青团上海市青浦区第六次代表大会在区会务中心开幕。会议选举产生共青团青浦区第六届委员会委员 33 名、候补委员 14 名，叶丽君当选为书记。

28 日　以“振兴‘莓’好乡村，‘鹤’彩幸福生活”为主题的 2021 年第十二届上海青浦白鹤草莓文化节启动仪式在白鹤镇举行。仪式上，发布“遇见‘莓’好乡村主题旅游线路”，白鹤镇与德宏州芒市签订“缤纷产业，共谋振兴”战略合作框架协议，白鹤草莓芒市实验基地揭牌成立。

29 日　中共上海市青浦区第六届委员会第二次全体会议暨区委经济工作会议在区会务中心举行。徐建作《汲取前行智慧力量、走好新的赶考之路，奋力推动现代化枢纽门户建设开好局起好步》的主题报告。杨小菁传达十一届市委十二次全会、市委经济工作会议精神。会议审议通过《中共上海市青浦区委关于深入学习贯彻党的十九届六中全会精神的实施意见》《中共青浦区委常委会 2022 年工作要点》《关于 2021 年经济社会发展情况和 2022 年经济社会发展工作安排的报告》等。

是日　青浦区极兔速递有限公司入选 2021 年度认定贸易型总部名单。至此，全区共有圆通速递、申通快递、中通快递、韵达货运、德邦快递、安能物流、壹米滴答、则一供应链、极兔速递 9 家贸易型总部企业。

30 日　2021 年长三角生态绿色一体化发展示范区企业科协联盟年会在青浦区召开。会上，青浦区企业科协联盟揭牌成立，是上海市首家企业科协联盟。

是日　青浦区职业病体检和诊治合作共建签约仪式在复旦大学附属中山医院青浦分院举行。会上，上海市肺科医院（上海市职业病防治院）、青浦区卫生健康委员会、复旦大学附属中山医院青浦分院三方签订《青浦区职业病体检和诊治合作框架协议书》。

是月　青浦区入选首批长三角高铁旅游小城名单。

是月　青浦区首家污泥干化焚烧项目一期建成投产。该项目位于青浦区天辰路 3100 号，占地面积 3.48 万平方米，主要处理全区各街镇污水处理厂脱水污泥，设计总规模 600 吨/日，分二期建设，其中一期规模 300 吨/日。

GAIMAO

概　貌

◎ 编辑　赵冬英

地域、行政区划、人口／气象、水文
国民经济和社会发展／区领导班子成员和区级机构主要负责人名录
镇、街道主要负责人名录／民主党派主要负责人名录
金融机构主要负责人名录

地域、行政区划、人口

■地域 青浦区位于东经120°53'—121°17'、北纬30°59'—31°16'之间,地处上海市西南部,太湖下游,黄浦江上游。东与虹桥综合交通枢纽毗邻,西连江苏省的吴江、昆山两市,南与松江区、金山区及浙江省嘉善县接壤,北与嘉定区相接,地处长江三角洲经济圈中心地带。总面积668.49平方公里。地形东西两翼宽阔,中心区域狭长,形如展翅飞翔的蝴蝶。地势平坦,平均海拔高度在2.8—3.5米之间。境内江河纵横交错,湖泊星罗棋布,内河航运具有得天独厚的优势,可通行50—300吨货船,是苏浙沪的重要水上通道。陆路交通十分便捷,有6条高速公路在境内通过:南北向有G15沈海高速和G1503上海绕城高速;东西向有G50沪渝高速、G42沪蓉高速、S32申嘉湖高速、S26沪常高速。嘉闵高架和崧泽高架直通虹桥综合交通枢纽。

■行政区划 至年末,全区共有8个镇、3个街道,分别是赵巷镇、徐泾镇、华新镇、重固镇、白鹤镇、朱家角镇、练塘镇、金泽镇和夏阳街道、盈浦街道、香花桥街道。辖184个行政村和157个社区委员会。

■人口 至年末,全区有常住人口129.27万人,其中外来常住人口73.16万人,比上年末增加0.75万人,占常住人口56.59%。户籍人口51.61万人,总户数18.86万户,平均每户人口3人。户籍人口中,男性25.45万人、女性26.16万人;农业人口11.87万人、非农业人口39.74万人。年内,户籍人口实际出生2605人,出生率5.11‰;死亡4133人,死亡率8.11‰,自然增长率-3.00‰。年末,60岁以上人口16.88万人,占户籍人口比重32.71%,比上年下降0.12%。

气象、水文

■气候特点 2021年气温比常年显著偏高,为1960年以来最暖年份。年降水偏多,其中汛期降水量显著偏多,为历史同期次高,梅雨期日数与降水量均同常年。日照比常年偏多。年内,影响全区的台风1个。

年平均气温17.8℃,比常年(1991—2020年,16.8℃)显著偏高1.0℃。全年≥35℃高温日数12天(常年为15天),≥37℃酷暑日数2天。年最高气温37.2℃,出现在7月12日;年最低气温零下9.2℃,出现在1月9日。各季度气温状况:冬季(2020年12月—2021年2月)平均气温7.1℃,比常年(5.8℃)显著偏高1.3℃。春季(3—5月)平均气温16.9℃,比常年(15.5℃)显著偏高1.4℃。夏季(6—8月)平均气温27.5℃,同常年。秋季(9—11月)平均气温19.9℃,比常年(18.8℃)显著偏高1.1℃。

年降水量1493.1毫米,比常年偏多27%。降水日数135天,同常年。暴雨(日降水量≥50.0毫米)日数6天,大暴雨(日降水量≥100.0毫米)日数1天。日最大降水量106.4毫米,出现在7月26日。汛期(6—9月)降水量950.0毫米,较常年(603.1毫米)显著偏多。梅雨量248.5毫米,梅雨日数31天,梅雨期为6月10日—7月11日,同常年。

年总日照时数1864.7小时,较常年(1699.1小时)偏多10%。 (胡伟田)

■主要灾害性天气过程 7月23—28日,受第6号台风“烟花”影响,全区普降暴雨,局部大暴雨,有7个街镇累计雨量超过300毫米,小时最大雨量出现在金泽镇,为30.1毫米(7月27日23时25分至28日0时25分),青浦国家气象观测站7月26日8时至27日8时雨量达132.7毫米。7月24日上午开始风力增大,当天夜间至7月25日全区普遍出现8—9级阵风,青浦国家气象观测站最大阵风9级(21.3米/秒),区域站中陆地最大阵风9级(赵巷镇,23.9米/秒),湖面最大阵风11级(淀山湖,29.0米/秒)。 (胡伟田)

■2021年气温、降水量、日照与历史资料对比分析

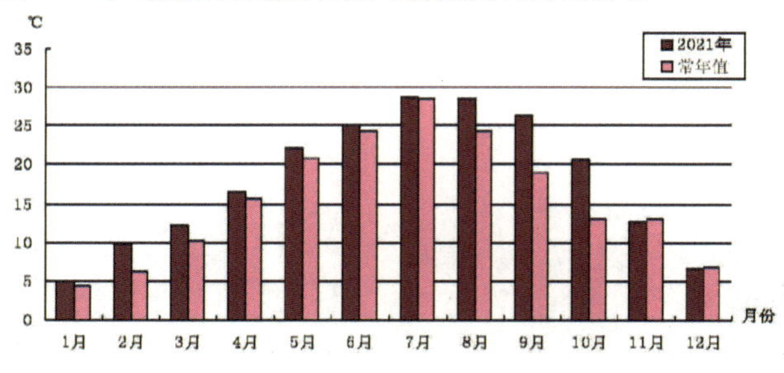

图1 月平均气温与常年月平均气温对比图

说明:年内,2月、8月、9月、10月的平均气温比常年异常偏高3.5℃、4.2℃、7.4℃、7.5℃;9月的平均气温(26.3℃)与2005年同期持平,均为青浦气象站建站以来同期最高记录;3月的平均气温比常年显著偏高2℃;5月的平均气温比常年偏高1.3℃;其余月份同常年

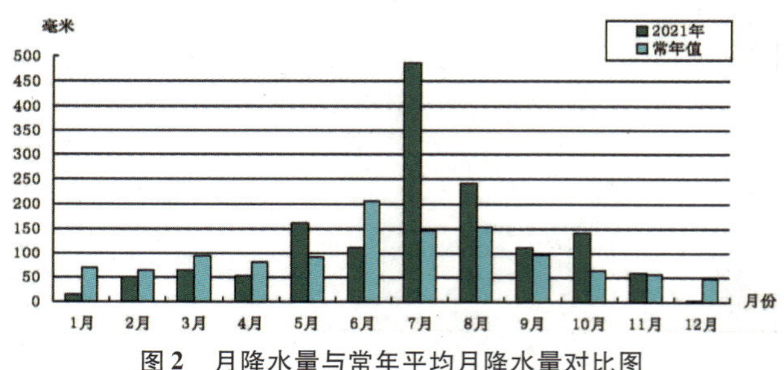

图2 月降水量与常年平均月降水量对比图

说明:年内,7月、10月的降水量比常年异常偏多233%、119%;5月、8月的降水量比常年偏多74%、57%;3月、4月、6月的降水量比常年偏少33%、34%、46%;1月、12月的降水量比常年异常偏少78%、93%;其余月份同常年

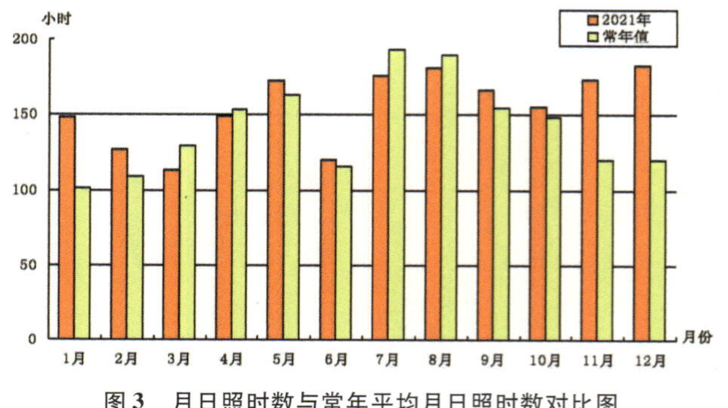

图3 月日照时数与常年平均月日照时数对比图

说明：年内，3 月、4 月、7 月、8 月的日照比常年偏少 13%、3%、9%、4%；其余月份均多于常年，特别是 1 月、11 月、12 月的日照比常年偏多 46%、44%、52%

（胡伟田）

■水文　青浦区位于长江三角洲太湖平原东侧，地处苏浙沪两省一市交界处，属黄浦江水系。境内河网密布、河道纵横交错，水流交互贯通。至 2021 年底，河湖总面积计 125.36 平方公里，占全区总面积的 18.71%；河流总长度 2509.36 公里，其中市管河流 102.65 公里、区管河流 326.37 公里、镇管河流 320.80 公里、村级河流 1673.11 公里、其他河道 86.43 公里，河网密度每平方公里 3.75 公里。西部地区湖荡簇聚，主要河流多东西走向或西北东南走向；东部地区水面积较少，主要河流多南北走向。境内市管河流有吴淞江、油墩港、太浦河、红旗塘—大蒸塘—圆泄泾、淀浦河、拦路港—泖河—斜塘等 6 条河流，区管河流有急水港、莲盛竖河、俞汇塘、范塘（青浦段）、泖阳港、北横港、南横港、朱泖河、淀山港、西大盈港、华田泾、东大盈港、柘泽塘等 69 条河流，镇管河流 136 条、村级河流 1736 条。其中，太浦河是太湖洪水东泄的主要通道，源于江苏省太湖，汇入青浦境内泖河；淀浦河是连接青浦、松江、闵行三区，横穿青浦腹地的骨干河道，源于淀山湖，汇入黄浦江；拦路港是连接淀山湖和黄浦江的南北向主要通道。按水文情势分，青浦境内水系可分为三类：一是感潮较强地区，为泖河、大蒸塘及两侧河流；二是感潮较弱地区，为青浦腹部地区河流；三是感潮极弱地区，为商榻地区河流。

年内，全区地表水环境质量持续改善。其中，饮用水源地水质评价为“优”，达到 II 类水质标准要求；应急饮用水源地水质评价为“优”，达到 III 类水质标准要求；淀山湖综合营养状态指数 59.6，为轻度富营养化水平；5 个国控、15 个市控断面除淀山湖—淀山湖中断面为 V 类（按湖库标准）外，其余 4 个国控和 15 个市级考核断面全部达到 IV 类或优于 IV 类，水质优良率达到 70%。

（郑　鎏　王小娇）

国民经济和社会发展

2021 年，青浦区坚持稳中求进工作总基调，统筹推进疫情防控和经济社会发展，全区上下凝心聚力、攻坚克难，推动青浦全面跨越式高质量发展，实现“十四五”良好开局。

经济运行保持平稳态势。全年实现地区生产总值 1317.25 亿元，按可比价格计算，比上年增长 6.1%，增幅列全市第十二位。其中：第一产业增加值 8.70 亿元，比上年增长 3.7%；第二产业增加值 455.14 亿元，比上年增长 6.2%；第三产业增加值 853.41 亿元，比上年增长 6.1%。三次产业结构比 0.7∶34.5∶64.8。财政收入继续保持平稳增长，全年一般公共预算收入 648.25 亿元，比上年增长 11.2%。其中区级一般公共预算收入 231.10 亿元，比上年增长 10.0%，总量位居全市第七位，增幅位居全市第十四位。全年一般公共预算支出 354.97 亿元，比上年增长 5.4%。全年税收收入 591.36 亿元，比上年增长 10.6%。其中区级税收收入 195.61 亿元，比上年增长 10.0%。完成全社会固定资产投资 625.41 亿元，比上年增长 4.5%。其中：第一产业完成投资 4.70 亿元；第二产业完成投资 66.56 亿元，比上年增长 1.0%；第三产业完成投资 554.16 亿元，比上年增长 4.0%。全年实现农业总产值 21.96 亿元，比上年增长 3.3%。实现工业增加值 433.90 亿元，比上年增长 6.6%。规模工业总产值 1771.51 亿元，比上年增长 9.4%。实现建筑业总产值 148.67 亿元，比上年增长 9.3%。合同外资、实到外资分别完成 27.90 亿美元和 9.50 亿美元，创历史新高，比上年分别增长 40.9% 和 5.8%。全年外贸进出口总额 791.66 亿元，比上年增长 11.9%。其中：出口 432.66 亿元，增长 10.8%；进口 359.00 亿元，增长 13.3%。全年实现社会消费品零售总额 574.34 亿元，比上年增长 10.6%。其中限额以上企业 315.05 亿元，比上年增长 9.3%。至年末，全区接待游客 838.90 万人次，比上年增长 123.6%。实现旅游收入 87.16 亿元，比上年增长 99.2%。

民生保障水平稳步提升。全年新增就业岗位 22791 个，其中新增农村富余劳动力非农就业岗位 5959 个；全年新增就业人数 32059 人。年内，累计收集发布就业岗位信息 95742 个，开展各类招聘活动 258 场，帮扶引领创业 606 人，其中帮扶引领大学生创业 494 人；帮助长期失业青年实现就业创业 256 人，全年职业技能培训人数 31137 人，企业新型学徒制培训 1489 人。全区应届高校毕业生就业率达 89.6%，城镇登记失业人数控制在市下达的指标之内。至年末，全区有养老机构 21 家，养老床位 7954 张，建成社区综合为老服务中心 17 家、老年人日间服务中心 132 家、标准化老年活动室 292 家、老年助餐场所 53 家，基本形成以综合为老服务中心为核心，日间服务中心、助餐服务点、老年活动室相链接的社区服务网格。全年发放重残无业人员生活补助金 44196 人次，累计金额 6278.06 万元；发放粮油帮困供应卡券 56366 人次，累计金额 397.13 万元；发放城乡居民最低生活保障金 47308 人次，累计金额 5335.81 万元。

环境保护绿化建设扎实推进。全年空气质量指数（AQI）达到二级及优于二级的天数 326 天，空气质量指数 AQI 优良率 89.3%，比上年提高 3.8 个百分点。水环境持续保持，19 个市考断面达标率 100%，与去年相同。年内，通过垃圾分类示范区复核。全年干垃圾日均量 652.76 吨，比市级指标 700 吨/日减少 30%；湿垃圾日均量 642.20 吨，比市级指标 381 吨/日增加 50%；干、湿垃圾分类实效明显提升；村居累计设置再生资源回收点 714 个，建成中转站 6 座，建成集散场 1 座，“两网融合”（指生活垃圾清运体系与再生资源回收体系两个网络有效衔接并融合发展）收运处体系逐步健全，日收运量 241.92 吨，比市级指标 206 吨/日增加 17.4%。建立和完善市、区、街镇和第三方四级垃圾分类监督检查机制，全年对全区 683 个小区、184 个农村及 248 个“六类场所”（指党政机关、医院、学校、商场、饭店、菜场）实现全覆盖检查和指导。加大单位生活垃圾处理费征收力度，全年累计收费金额 9461.64 万元，比年度收费指标数 8096.53 万元增长 16.9%。至年末，全区绿地总面积 7041.61 万平方米，其中园林绿地面积 4113.99 万平方米、生产绿地面积 2927.62 万平方米。全区绿化覆盖总面积 7083.84 万平方米，其中园林绿化覆盖面积 4156.22 万平方米、生产绿地面积 2927.62 万平方米。全区公园绿地面积

1258.45 万平方米，绿地率 43.6%，绿化覆盖率 43.8%，人均公园绿地面积 10.32 平方米/人。

公共服务能力不断增强。持续发挥“青浦好办”服务实效，深化“放管服”改革。年内，新增“0 跑动”业务 100 项。依托“网上办”“掌上办”“双向免费快递”等，全程网办率达 78.9%。创新设立长三角示范区 24 小时自助服务大厅。在全区 11 个街镇社区事务受理服务中心、26 个社区及园区布设 37 台自助服务终端，全年自助办件 6.90 万余件。线下长三角“一网通办”专窗实现 11 个街镇全覆盖。全年组织“一网通办”进企业、进园区、进大厅、进街镇、进社区“五进”活动 21 场。年内，“上海青浦”政府网站首页访问量 1.46 亿次、页面总访问量 2.49 亿次、总点击数 3.86 亿次。政府网站累计发布信息稿件 31061 条，其中门户网站发布各类信息 23752 条、政务公开发布各类信息 7309 条、视频专栏发布新闻信息及专题片等各类视频 1402 条。全年区行政服务中心各进驻部门共受理业务 400978 件，比上年增长 21.6%，办结 387467 件，比上年增长 20.9%，接待 209826 人次，比上年增长 13.7%。各分中心共受理审批服务事项 844728 件，比上年增长 21.6%。全区 11 个街镇社区事务受理服务中心共受理 626214 件，办结 622655 件，接待 618245 人次。

基础设施建设持续改善。至年末，全区已投运 110 千伏变电站 19 座，合计容量 2221 兆伏安；投运 35 千伏变电站 39 座，合计容量 1881 兆伏安。全区共有 10 千伏及以上高压架空线路 496 条，长度 2447.70 公里；380 伏低压架空线路 5167 条，长度 2427.60 公里；10 千伏及以上高压电缆 10264 条，长度 4404.10 公里；380 伏低压电缆 65918 根，长度 4567.30 公里。年内，全区用电客户数 50.46 万户，全年用电量 76.47 亿千瓦时，比上年增长 14.5%。其中：第一产业用电量 0.44 亿千瓦时，比上年增长 16.1%；第二产业用电量 38.22 亿千瓦时，比上年增长 15.9%；第三产业用电量 23.17 亿千瓦时，比上年增长 12.8%；城乡居民生活用电 14.64 亿千瓦时，比上年增长 13.5%。全区自来水供水能力 70 万立方米/日，与上年持平。全年供水总量 1.65 亿立方米，比上年增长 3.9%；售水总量 1.31 亿立方米，比上年增长 5.6%。至年末，全区天然气管道总长度 1716 公里，销售天然气总量 19945 万立方米，其中工业用气量 12360 万立方米、家庭用气量 5627 万立方米，用气总户数 22.13 万户，其中家庭用气 21.96 万户。全年供应液化气总量 5081 吨，其中家庭用气量 4566 吨；用气总户数 12.40 万户，其中家庭用户 12.04 万户。至年末，区管城市道路 121.26 公里，桥梁 152 座，总长度 8325 米。全区公路总里程 997.81 公里，其中区管公路 209.42 公里、农村公路 783.76 公里；桥梁 1337 座，总长度 49034.15 米。

各项社会事业协调发展。至年末，全区有教育单位（含民办）181 个。其中幼儿园 94 所、义务教育阶段学校 57 所、高中 6 所、特殊教育 2 所、中职教育 3 所、其他教育事业单位 7 所。在校生 95432 人，其中在园幼儿 29008 人、义务教育在校生 56362 人、高中在校生 6237 人、特殊教育在校生 477 人、中职在校生 3348 人。实施科技型企业培育发展计划，积极培育民营科技企业、高新技术企业、小巨人企业等科技型企业队伍。全年认定高新技术企业 312 家，全区有效高新技术企业累计 851 家，市科技小巨人（含培育）企业 126 家。新建院士（专家）工作站 3 家，全区院士（专家）工作站累计达 44 家，其中院士站 3 家、专家站 41 家。深化“青浦有戏”文化品牌，积极整合长三角戏曲资源，组织开展优秀戏曲展演活动。全年文化剧场开展各类演出 88 场，惠及群众 22800 人次。文艺配送全区 329 个村居“一村一居一活动”项目顺利完成，“实事工程—便民服务”文艺配送 333 场、公益电影放映 6350 场。全年共配送 650 场次，累计受众 33615 人次。至年末，全区有各级各类卫生机构 437 所，卫生技术人员 7010 人。各级各类卫生机构门急诊人次数 614.60 万人次，比上年增长 17.3%；出院病人次 61570 人次，比上年增长 15.2%；手术人次数 45097 人次，比上年增长 21.2%；床位使用率 77.2%，比上年上升 1.7 个百分点。进一步完善区域平台“市级医院—区域医疗中心—社区卫生服务中心—村卫生室”4 级诊疗服务新体系，全年完成慢病专病互联网诊疗 30000 人次以上。年内，全区共组织开展各级各类群众体育赛事活动 387 项（次），参与人数 16 万余人次。开展科学健身“进机关”“进企业”“进社区”“进商圈”活动 200 余期，参与人数 10000 余人次。年内，新增注册运动员 117 人，全区注册运动员累计达 1649 人，向上输送运动员 16 人。全年有 2023 人次参加各级各类体育赛事，共获得 82 金 64 银 579 铜。

区领导班子成员和区级机构主要负责人名录

中共上海市青浦区委员会（简称区委）

书　记：赵惠琴（女，2021 年 9 月免）
　　　　徐　建（2021 年 9 月任）
副书记：余旭峰（2021 年 5 月免）
　　　　徐　建（2021 年 5 月任、9 月免）
　　　　杨小菁（女）
　　　　张权权（2021 年 9 月任）
常　委：孙　挺（女）　刘辽军　王凌宇
　　　　金俊峰（2021 年 9 月任）
　　　　顾　骏（2021 年 9 月任）
　　　　陈建国（2021 年 9 月任）
　　　　李方明（2021 年 10 月任）
　　　　叶　靖（2021 年 9 月任）
　　　　姜爱锋（2021 年 9 月免）
　　　　赵　明（2021 年 9 月免）
　　　　蒋仁辉（2021 年 9 月免）
　　　　王　翔（2021 年 9 月免）
　　　　姜道荣（2021 年 9 月免）

上海市青浦区人民代表大会常务委员会（简称区人大常委会）

党组书记、主任：朱明福

副主任:陶夏芳(女) 胡海民 何 强 赵宏林
党组成员:胡海民(2021 年 10 月免)
何 强 赵宏林(2021 年 10 月免)
吴瑞弟(2021 年 9 月任)
高 健(2021 年 10 月任)

上海市青浦区人民政府(简称区政府)

党组书记、区长:余旭峰(2021 年 5 月免)
党组书记、副区长、代理区长:
徐 建(2021 年 5 月任、9 月免)
杨小菁(女,2021 年 9 月任)
党组成员、副区长:孙 挺(女) 金俊峰
副区长:倪向军(女)
党组成员、副区长:姚少杰 张 彦(2021 年 9 月任)
党组成员:陈汇青(2021 年 9 月任)
肖 辉(2021 年 10 月任)
党组成员、副区长:姜爱锋(2021 年 11 月免)
顾 骏(2021 年 11 月免)
彭一浩(2021 年 5 月免)
党组成员、市管二级巡视员:徐 英(女)

中国人民政治协商会议上海市青浦区委员会(简称区政协)

党组书记:李华桂(女,2021 年 9 月免)
曹卫东(2021 年 9 月任)
主 席:李华桂(女)
副主席:顾啸流 董永元 王海青(女) 饶斐文
党组成员:顾啸流 董永元(2021 年 10 月免)
徐孝芳(女,2021 年 10 月任)

中共上海市青浦区纪律检查委员会(简称区纪委)

书 记:王 翔(2021 年 9 月免)
叶 靖(2021 年 9 月任)
副书记:胡元强
仲吉宇(2021 年 8 月免)
范国强(2021 年 8 月任)
金 平(女,2021 年 11 月任)
常 委:胡永青(2021 年 11 月任)
徐 飞 童 伟(女,2021 年 8 月免)
夏剑群(女,2021 年 8 月任)
黄 涛(2021 年 8 月任)
杨雪虹(女,2021 年 11 月任)

上海市青浦区监察委员会(简称区监委)

主 任:王 翔(2021 年 11 月免)
副主任、代理主任:叶 靖(2021 年 11 月任)
副主任:胡元强
仲吉宇(2021 年 9 月免)
范国强(2021 年 9 月任)

上海市青浦区人民法院(简称青浦法院)

党组书记、院长:麦 珏(女)

上海市青浦区人民检察院(简称区检察院)

党组书记:郑永生(2021 年 6 月免)
刘 晶(2021 年 6 月任)
检察长:郑永生(2021 年 7 月免)
副检察长、代理检察长:刘 晶(2021 年 7 月任)

中共上海市青浦区委办公室(简称区委办)

主 任:陈汇青(2021 年 5 月免)
陆志斌(2021 年 8 月任、9 月免)
李 欢(女,2021 年 9 月任)
区委督查室主任:潘勇强(2021 年 5 月免)

中共上海市青浦区委研究室(简称区委研究室)

主 任:朱加军(2021 年 7 月免)
马琳琦(2021 年 7 月任)

区人大及其常委会各委室

办公室主任:许 峰
研究室主任:许 峰
法制委员会主任委员:张丽莉(女)
监察和司法委员会主任委员:张丽莉(女)
社会建设委员会主任委员:张丽莉(女)
财政经济委员会主任委员:徐一军
教育科学文化卫生工作委员会主任:印国荣
华侨民族宗教事务工作委员会主任:印国荣
城市建设环境保护工作委员会主任:陈 达
农业与农村工作委员会主任:陈 达
预算工作委员会主任:华 琼(女)
代表资格审查委员会主任委员:
陆志斌(2021 年 9 月免)
凌 敏(2021 年 9 月任)
人事工作委员会主任:陆志斌(2021 年 9 月免)
凌 敏(2021 年 9 月任)
代表工作室主任:金国宏
夏阳街道工作委员会主任:凌 敏(2021 年 9 月免)
杨佃辉(2021 年 9 月任)
盈浦街道工作委员会主任:徐孝芳(女,2021 年 11 月免)
李宾徐(2021 年 11 月任)
香花桥街道工作委员会主任:张 兵(2021 年 5 月免)
朱加军(2021 年 8 月任)

上海市青浦区人民政府办公室(简称区政府办)

主 任:李 欢(女,区政府研究室主任、区政府外办主任、区政府合作交流办主任、区地区办主任,2021 年 11 月免)
潘慧敏(女,区政府研究室主任、区政府外办主任、区政府合作交流办主任、区地区办主任,2021 年 11 月任)

上海市青浦区机关事务管理局(简称区机管局)

党组书记、局长:戴秀河

区政协

秘书长:张正华(女)
办公室主任:张正华(女,2021 年 8 月免)
仲吉宇(2021 年 8 月任)
提案委员会主任:顾啸流
经济委员会主任:徐 农
人口资源环境建设委员会主任:池春燕
教科卫体委员会主任:刘 敏
社会和法制委员会主任:高 峰
文化文史和学习委员会主任:吴 春

农业和农村委员会主任:周文娟(女)
民族宗教和港澳台侨委员会主任:张 静(女)
中共上海市青浦区委组织部(简称区委组织部)
部 长:蒋仁辉(2021 年 10 月免)
李方明(2021 年 10 月任)
副部长:陆志斌(2021 年 8 月免)
徐连光(区委编办主任)
孙鸿根 凌 敏(2021 年 8 月任)
徐 慧(女)
中共上海市青浦区社会工作委员会(简称区社会工作党委)
书 记:徐 慧(女)
中共上海市青浦区委宣传部(简称区委宣传部)
部 长:姜道荣(2021 年 9 月免)
陈建国(2021 年 9 月任)
副部长:周思琴(女,区委网信办主任、区新闻办主任)
俞 峰(区文明办主任,2021 年 8 月免)
吴建英(女,区文明办主任,2021 年 8 月任)
中共上海市青浦区委统一战线工作部(简称区委统战部)
部 长:王凌宇
副部长:曹 杰 张 静(女) 汤宏波
石惠军(2021 年 8 月免)
施 音(女,2021 年 8 月任)
上海市青浦区民族和宗教事务办公室(简称区民宗办)
主 任:汤宏波
上海市青浦区人民政府侨务办公室(简称区侨办)
主 任:石惠军(2021 年 9 月免)
施 音(女,2021 年 9 月任)
上海市青浦区人民政府台湾事务办公室(简称区台办)
主 任:石惠军(2021 年 8 月免)
施 音(女,2021 年 9 月任)
上海市青浦区社会主义学院(简称区社院)
院 长:王凌宇
中共上海市青浦区委政法委员会(简称区委政法委)
书 记:赵 明(2021 年 9 月免)
顾 骏(2021 年 9 月任)
副书记:周剑峰 曹秋龙(2021 年 10 月免)
中国人民解放军上海市青浦区人民武装部(简称区人武部)
党委书记、政委:刘辽军
党委副书记、部长:段晓明
中共上海市青浦区区级机关工作委员会(简称区级机关工作党委)
书 记:李建明
中共上海市青浦区委、青浦区人民政府信访办公室(简称区信访办)
主 任:徐学军(2021 年 10 月免)
陈 钢(2021 年 10 月任)
上海市青浦区档案局(简称区档案局)
局 长:周锦忠(档案馆馆长)
中共上海市青浦区委巡察工作领导小组办公室(简称区委巡察办)
主 任:张桂根(2021 年 9 月免)
胡永青(2021 年 9 月任)
中共上海市青浦区委老干部局(简称区委老干部局)
局 长:孙鸿根
中共上海市青浦区委党校(简称区委党校)
校 长:杨小菁(女,2021 年 9 月免)
张权权(2021 年 9 月任)
常务副校长:陈菊英(女)
中共上海市青浦区委员会党史研究室、上海市青浦区地方志办公室(简称区史志办)
主 任:胡爱明(2021 年 9 月免)
徐卫华(2021 年 9 月任)
上海市青浦区融媒体中心(简称区融媒体中心)
主 任:徐 珏(女,2021 年 7 月免)
副主任:沈旖婷(女,主持工作,2021 年 7 月任)
上海市青浦区总工会(简称区总工会)
主 席:赵宏林(2021 年 11 月免)
高 健(2021 年 11 月任)
党组书记、常务副主席:陈 阳
中国共产主义青年团上海市青浦区委员会(简称团区委)
书 记:沈竹林(2021 年 8 月免)
叶丽君(女,2021 年 8 月任)
上海市青浦区妇女联合会(简称区妇联)
党组书记:张国妹(女,2021 年 5 月免)
胥蔚青(女,2021 年 5 月任)
主 席:张国妹(女,2021 年 6 月免)
胥蔚青(女,2021 年 6 月任)
上海市青浦区工商业联合会(简称区工商联)
党组书记、常务副主席:曹 杰
主 席:池学聪
上海市青浦区归国华侨联合会(简称区侨联)
党组书记、主席:杭 萍(女,2021 年 8 月免)
党组书记:张小英(女,2021 年 8 月任)
主 席:徐瑞芳(女,兼,2021 年 8 月任)
上海市青浦区残疾人联合会(简称区残联)
党组书记:陆惠星
理事长:陆惠星(2021 年 11 月免)
高 峰(2021 年 11 月任)
上海市青浦区文学艺术界联合会(简称区文联)
主 席:曹伟明
上海市青浦区红十字会(简称区红十字会)
会 长:王凌宇
党组书记:俞赞红(女,2021 年 8 月免)
任建荣(2021 年 8 月任)
常务副会长:俞赞红(女,2021 年 9 月免)
任建荣(2021 年 9 月任)
上海市青浦区发展和改革委员会(简称区发展改革委)
党组书记:朱正伟(2021 年 4 月免)
卫 星(女,2021 年 4 月任)
主 任:卫 星(女)
上海市青浦区经济委员会(简称区经委)
党组书记、主任:朱要武

上海市青浦区商务委员会(简称区商务委)
党组书记:潘慧敏(女,2021 年 9 月免)
张　隽(2021 年 10 月任)
主　任:潘慧敏(女,2021 年 11 月免)
张　隽(2021 年 11 月任)

上海市青浦区农业农村委员会(简称区农业农村委)
党组书记:谢　辉(2021 年 10 月免)
朱思毅(2021 年 10 月任)
主　任:谢　辉(2021 年 11 月免)
朱思毅(2021 年 11 月任)

上海市青浦区建设和管理委员会(简称区建设管理委)
党组书记、主任:陆章一(2021 年 5 月免)
程卫东(2021 年 5 月任)

上海市青浦区重大项目建设办公室(简称区重大办)
主　任:姜爱锋(2021 年 10 月免)
肖　辉(2021 年 10 月任)
常务副主任:陆章一(2021 年 5 月免)
程卫东(2021 年 5 月任)

上海市青浦区科学技术委员会、上海市青浦区科学技术协会(简称区科委、区科协)
党组书记、主任:张宏洲
主　席:张宏洲(2021 年 8 月免)
王海青(女,2021 年 8 月任)

上海市青浦区国有资产监督管理委员会(简称区国资委)
党委书记:虞　骏(2021 年 8 月免)
王锡璟(2021 年 8 月任)
主　任:虞　骏(2021 年 9 月免)
王锡璟(2021 年 9 月任)

上海市青浦区卫生健康委员会(简称区卫生健康委)
党委书记:张　明
主　任:饶斐文

上海市公安局青浦分局(简称公安青浦分局)
党委书记、局长:姚少杰
党委副书记、政委:杨　俊

上海市青浦区司法局(简称区司法局)
党委书记、局长:朱建忠

上海市青浦区民政局(简称区民政局)
党组书记:施剑文(2021 年 8 月免)
俞　峰(2021 年 8 月任)
局　长:施剑文(2021 年 9 月免)
俞　峰(2021 年 9 月任)

上海市青浦区财政局(简称区财政局)
党组书记、局长:张国兴

上海市青浦区人力资源和社会保障局(简称区人力资源社会保障局)
党组书记、局长:俞藕英(女)

上海市青浦区审计局(简称区审计局)
党组书记、局长:朱　民

上海市青浦区教育局(简称区教育局)
党委书记:孙　卫
党委副书记、局长:程卫国

上海市青浦区绿化和市容管理局(简称区绿化市容局)
党组书记:朱　奇(2021 年 8 月免)
王　滨(2021 年 8 月任)
局　长:朱　奇(2021 年 9 月免)
王　滨(2021 年 9 月任)

上海市青浦区生态环境局(简称区生态环境局)
党组书记:杨佃辉(2021 年 8 月免)
陆冬云(2021 年 8 月任)
局　长:杨佃辉(2021 年 9 月免)
陆冬云(2021 年 9 月任)

上海市青浦区规划和自然资源局(简称区规划资源局)
党组书记、局长:程卫东(2021 年 5 月免)
朱永强(2021 年 5 月任)

上海市青浦区住房保障和房屋管理局(简称区房管局)
党组书记:朱思毅(2021 年 10 月免)
林　峰(2021 年 10 月任)
局　长:朱思毅(2021 年 11 月免)
林　峰(2021 年 11 月任)

上海市青浦区水务局(简称区水务局)
党组书记、局长:程光宇

上海市青浦区退役军人事务局(简称区退役军人局)
党组书记、局长:赵　峰

上海市青浦区应急管理局(简称区应急局)
党委书记:杨叶青(2021 年 8 月免)
杨　嵘(2021 年 8 月任)
局　长:杨叶青(2021 年 9 月免)
杨　嵘(2021 年 9 月任)

上海市青浦区文化和旅游局(简称区文化旅游局)
党组书记、局长:沈秋娟(女,2021 年 5 月免)
潘勇强(2021 年 5 月任)

上海市青浦区市场监督管理局(简称区市场监管局)
党组书记、局长:王毅荣

上海市青浦区体育局(简称区体育局)
党组书记:沈秋英(女)
局　长:顾桂芳(女)

上海市青浦区统计局(简称区统计局)
党组书记:陆冬云(2021 年 8 月免)
庄爱军(2021 年 8 月任)
局　长:陆冬云(2021 年 9 月免)
庄爱军(2021 年 9 月任)

国家统计局青浦调查队(简称青浦调查队)
党组书记、队长:蔡　磊

上海市青浦区医疗保障局(简称区医保局)
党组书记、局长:徐春余

上海市青浦区城市管理行政执法局(简称区城管执法局)
党组书记、局长、大队长:蔡急成

上海市青浦区民防办公室(简称区民防办)
党组书记:高　峰(2021 年 8 月免)
杨叶青(2021 年 8 月任)
主　任:高　峰(2021 年 9 月免)
杨叶青(2021 年 9 月任)

上海市青浦区政务服务办公室(简称区政务服务办)
党组书记、主任:张慧明
上海市青浦区区域发展办公室(简称区区域发展办)
党组书记、主任:薛 锋
国家税务总局上海市青浦区税务局(简称区税务局)
党委书记、局长:丰卫东(2021 年 9 月免)
潘德蛟(2021 年 9 月任)
复旦大学附属中山医院青浦分院(简称中山医院青浦分院)
党委书记:刘 敏(2021 年 8 月免)
徐瑞芳(女,2021 年 8 月任)
院 长:仓 静(女,兼)
党委副书记、常务副院长:李 锋
上海市青浦区城市运行管理中心(简称区城运中心)
党组书记、主任:钱 斌
上海青浦工业园区发展(集团)有限公司(简称工业园区集团公司)
党委书记、董事长:陈晓荣
党委副书记、总经理:曹林云
监事会主席:肖贵珉(2021 年 5 月免)
陆 青(2021 年 5 月任)
上海青浦新城发展(集团)有限公司(简称青浦新城公司)
党委书记、董事长:蒋家敏
党委副书记:谢 明(2021 年 8 月免)
总经理:谢 明(2021 年 9 月免)
党委委员、副总经理:郭连江(主持经理班子工作,2021 年 8 月任)
监事会主席:陆剑波(2021 年 5 月免)
王永根(2021 年 5 月任)
上海西虹桥商务开发有限公司(简称西虹桥公司)
党委书记、董事长:顾连云
党委副书记:池春燕(2021 年 8 月免)
谢 明(2021 年 8 月任)
总经理:池春燕(2021 年 9 月免)
谢 明(2021 年 9 月任)
监事会主席:蒋 彪
上海青浦发展(集团)有限公司(简称青发集团)
党委书记、董事长:章凌云
党委副书记、总经理:雷 鹏
监事会主席:徐红岗(2021 年 5 月免)
王玲锦(女,2021 年 8 月任)
上海市西软件信息园投资开发有限公司(简称市西软件信息园)
董事长:章凌云
总经理:雷 鹏
上海青浦现代农业园区发展有限公司(简称青浦现代农业园区)
党委书记、董事长:丁国平
党委副书记、总经理:董 斌
监事会主席:唐仁龙(2021 年 9 月免)
池春燕(2021 年 9 月任)
上海市青浦区供销合作联合社(简称区供销社)
党委书记、主任:沈金华
监事会主席:黄齐红
上海青浦文旅发展(集团)有限公司(简称青浦文旅公司)
党委书记、执行董事、总经理:杜伟云
监事会主席:朱 奇(2021 年 9 月任)
中华人民共和国青浦海关(简称青浦海关)
党委书记、关长:朱珏伟(女,2021 年 12 月免)
姚漪娟(女,2021 年 12 月任)
上海市青浦区气象局(简称区气象局)
党组书记、局长:穆海振
中国邮政集团有限公司上海市青浦区分公司(简称青浦邮政分公司)
党委书记、总经理:刘丽芳(女,2021 年 8 月免)
党委副书记、副总经理:沈飞华(主持工作,2021 年 8 月任)
上海市青浦区烟草专卖局、上海烟草集团青浦烟草糖酒有限公司(简称青浦烟草)
局长、总经理:冯永铿
国网上海市电力公司青浦供电公司(简称青浦供电公司)
总经理:任春萌
党委书记:鲍长庚(2021 年 7 月免)
徐建兵(2021 年 7 月任)
中国电信股份有限公司上海青浦电信局(简称中国电信上海公司青浦局)
党委书记、局长:季宏锋(2021 年 12 月免)
局 长:徐 可(2021 年 12 月任)
党委书记:祝晓剑(2021 年 12 月任)
中国移动通信集团上海有限公司青浦分公司(简称上海移动青浦分公司)
总经理:吉鸿雁
中国联合网络通信有限公司上海市青浦区分公司(简称上海联通青浦分公司)
总经理:梅红芳(女)

镇、街道主要负责人名录

中共上海市青浦区赵巷镇委员会、上海市青浦区赵巷镇人民政府(简称赵巷镇)
党委书记:王玲锦(女,2021 年 7 月免)
徐 珏(女,2021 年 7 月任)
党委副书记、镇长:张 炜(2021 年 8 月免)
党委副书记:沈竹林(2021 年 8 月任)
镇 长:沈竹林(2021 年 12 月任)
人大主席:刘益民(2021 年 8 月免)
张 炜(2021 年 12 月任)
中共上海市青浦区徐泾镇委员会、上海市青浦区徐泾镇人民政府(简称徐泾镇)
党委书记:潘恩华

党委副书记、镇长：陈　瑜
人大主席：陆彩娥（女，2021 年 8 月免）
潘恩华（2021 年 12 月任）

中共上海市青浦区华新镇委员会、上海市青浦区华新镇人民政府（简称华新镇）

党委书记：陆　青（2021 年 5 月免）
金　彪（2021 年 5 月任）
党委副书记、镇长：林　峰（2021 年 10 月免）
党委副书记：许伟明（2021 年 10 月任）
镇　长：许伟明（2021 年 12 月任）
人大主席：吴希铭

中共上海市青浦区重固镇委员会、上海市青浦区重固镇人民政府（简称重固镇）

党委书记：金　彪（2021 年 5 月免）
陈汇青（2021 年 5 月任、10 月免）
顾荷英（女，2021 年 10 月任）
党委副书记、镇长：顾荷英（女，2021 年 10 月免）
党委副书记：钱闪星（2021 年 8 月任）
镇　长：钱闪星（2021 年 12 月任）
人大主席：张惠娟（女，2021 年 8 月免）
方伟忠（2021 年 12 月任）

中共上海市青浦区白鹤镇委员会、上海市青浦区白鹤镇人民政府（简称白鹤镇）

党委书记：朱磊明
党委副书记、镇长：陈卫群
人大主席：蔡双琪

中共上海市青浦区朱家角镇委员会、上海市青浦区朱家角镇人民政府（简称朱家角镇）

党委书记：高　健（2021 年 10 月免）
乔惠锋（2021 年 10 月任）
党委副书记、镇长：乔惠锋（2021 年 10 月免）
党委副书记：姚晓平（2021 年 10 月任）
镇　长：姚晓平（2021 年 12 月任）
人大主席：诸建芳（女，2021 年 8 月免）
管文军（2021 年 12 月任）

中共上海市青浦区练塘镇委员会、上海市青浦区练塘镇人民政府（简称练塘镇）

党委书记：王永根（2021 年 5 月免）
张　兵（2021 年 5 月任）
党委副书记、镇长：范国强（2021 年 8 月免）
党委副书记：高　峰（2021 年 8 月任）
镇　长：高　峰（2021 年 12 月任）
人大主席：陆桂芳（女，2021 年 8 月免）
朱红珍（女，2021 年 12 月任）

中共上海市青浦区金泽镇委员会、上海市青浦区金泽镇人民政府（简称金泽镇）

党委书记：方志坚
党委副书记、镇长：孙　茂
人大主席：徐福星（2021 年 8 月免）
朱卫东（2021 年 12 月任）

中共上海市青浦区夏阳街道党工委、上海市青浦区人民政府夏阳街道办事处（简称夏阳街道）

党工委书记：凌　敏（2021 年 8 月免）
杨佃辉（2021 年 8 月任）
党工委副书记、办事处主任：徐　川

中共上海市青浦区盈浦街道党工委、上海市青浦区人民政府盈浦街道办事处（简称盈浦街道）

党工委书记：徐孝芳（女，2021 年 10 月免）
李宾徐（2021 年 10 月任）
党工委副书记：李宾徐（2021 年 10 月免）
曹秋龙（2021 年 10 月任）
办事处主任：李宾徐（2021 年 11 月免）
曹秋龙（2021 年 11 月任）

中共上海市青浦区香花桥街道党工委、上海市青浦区人民政府香花桥街道办事处（简称香花桥街道）

党工委书记：张　兵（2021 年 5 月免）
朱加军（2021 年 7 月任）
党工委副书记：许伟明（2021 年 10 月免）
徐学军（2021 年 10 月任）
办事处主任：许伟明（2021 年 11 月免）
徐学军（2021 年 11 月任）

民主党派主要负责人名录

中国国民党革命委员会上海市青浦区委员会（简称民革区委）

主任委员：沈伯明

中国民主同盟上海市青浦区委员会（简称民盟区委）

主任委员：王海青（女）

中国民主建国会上海市青浦区委员会（简称民建区委）

主任委员：高　峰

中国民主促进会上海市青浦区总支委员会（简称民进总支）

主任委员：姚伟明（2021 年 3 月免）
顾桂芳（女，2021 年 3 月任）

中国农工民主党上海市青浦区委员会（简称农工党区委）

主任委员：饶斐文

中国致公党上海市青浦区总支部委员会（简称致公党总支）

主任委员：周敏华（女，2021 年 4 月任）

九三学社上海市青浦区委员会（简称九三学社区委）

主任委员：朱国健（2021 年 4 月免）
朱　勤（女，2021 年 4 月任）

金融机构主要负责人名录

中国农业银行股份有限公司上海长三角一体化示范区支行（简称农业银行长三角一体化示范区支行）
行　长：张　凡
中国建设银行股份有限公司上海长三角一体化示范区支行（简称建设银行长三角一体化示范区支行）
行　长：张　悦
中国工商银行股份有限公司上海长三角一体化示范区支行（简称工商银行长三角一体化示范区支行）
行　长：叶明雯（女）
中国银行股份有限公司上海市青浦支行（简称中国银行青浦支行）
行　长：宋一兵
上海银行股份有限公司青浦支行（简称上海银行青浦支行）
行　长：俞惠萍（女，2021 年 6 月任）
中国光大银行股份有限公司上海青浦支行（简称光大银行青浦支行）
行　长：马红兵
交通银行股份有限公司上海长三角一体化示范区分行（简称交通银行上海长三角一体化示范区分行）
行　长：张　波
上海农村商业银行股份有限公司青浦支行（简称上海农商银行青浦支行）
行　长：占玲灵（女）
上海浦东发展银行股份有限公司青浦支行（简称浦发银行青浦支行）
行　长：张翼飞（女）
中国农业发展银行上海市青浦区支行（简称农发行青浦支行）
行　长：杨桂芳（女）
平安银行股份有限公司上海青浦支行（简称平安银行青浦支行）
行　长：高金芳（女）
兴业银行股份有限公司上海青浦支行（简称兴业银行青浦支行）
行　长：鲍雯君（女）
中国民生银行股份有限公司上海长三角一体化示范区支行（简称民生银行长三角一体化示范区支行）
行　长：朱丽青（女，2021 年 4 月免）
刘　俊（2021 年 4 月任）
中国邮政储蓄银行股份有限公司上海青浦区支行（简称邮储银行青浦区支行）
副行长：姚　健（主持工作）
中信银行股份有限公司上海青浦支行（简称中信银行青浦支行）
行　长：张　伟（女）
广发银行股份有限公司上海青浦支行（简称广发银行青浦支行）
行　长：张　俊
杭州银行股份有限公司上海青浦支行（简称杭州银行青浦支行）
行　长：杨蔚青
华夏银行股份有限公司上海青浦支行（简称华夏银行上海青浦支行）
行　长：吴春云
招商银行股份有限公司上海青浦支行（简称招商银行青浦支行）
行　长：宋铭琦
浙江泰隆商业银行股份有限公司上海青浦支行（简称泰隆银行青浦支行）
行　长：马　岛
浙江稠州商业银行股份有限公司上海青浦支行（简称稠州银行青浦支行）
行　长：浦浩军
浙江民泰商业银行股份有限公司上海青浦支行（简称民泰银行青浦支行）
行　长：叶　圣
大连银行股份有限公司青浦支行（简称大连银行青浦支行）
行　长：张　坚（2021 年 2 月免）
丁晓华（2021 年 2 月任）
北京银行股份有限公司上海青浦支行（简称北京银行青浦支行）
行　长：沈　燕（女）
江苏银行股份有限公司上海青浦支行（简称江苏银行青浦支行）
行　长：蒋明晗（女，2021 年 11 月任）
宁波通商银行股份有限公司上海青浦支行（简称宁波通商银行青浦支行）
行　长：顾徐浩
宁波银行股份有限公司上海青浦支行（简称宁波银行青浦支行）
行　长：范益红（女）
上海青浦惠金村镇银行股份有限公司（简称青浦惠金村镇银行）
行　长：杨　帆
中国人民财产保险股份有限公司上海市青浦支公司（简称人保财险青浦支公司）
副总经理：陈家康（主持工作）
中国人寿保险股份有限公司上海市青浦支公司（简称人寿保险青浦支公司）
副总经理：吴文杰（主持工作）
中国太平洋财产保险股份有限公司上海市青浦支公司（简称太平洋产险青浦支公司）
总经理：陆宏信（2021 年 2 月免）
张　芳（女，2021 年 2 月任）
太平洋安信农业保险股份有限公司上海青浦支公司（简称安信青浦支公司）
总经理：朱　毅

ZHONGGONG SHANGHAISHI QINGPUQU WEIYUANHUI

中共上海市青浦区委员会

◎ 编辑 姜依霖

综述 ／ 重要会议和活动 ／ 组织工作
宣传工作和精神文明建设 ／ 统战工作 ／ 党校工作 ／ 调查研究
老干部工作 ／ 区级机关党建工作
保密工作 ／ 机构编制工作 ／ 档案工作 ／ 史志工作

综　述

2021 年,区委常委会始终坚持以习近平新时代中国特色社会主义思想为指引,全面贯彻落实党的十九大和十九届历次全会精神,深入学习习近平总书记在庆祝中国共产党成立 100 周年大会上的重要讲话、考察上海重要讲话和在浦东开发开放 30 周年庆祝大会上重要讲话精神,认真贯彻落实十一届市委第十一次、十二次全会精神,坚持稳中求进工作总基调,推动青浦全面跨越式高质量发展,实现"十四五"良好开局。一是学习贯彻落实习近平新时代中国特色社会主义思想。全力推动重大战略任务在青浦落地生根、开花结果。完成第四届中国国际进口博览会服务保障任务。助推长三角生态绿色一体化发展示范区建设进入加速期,新增 41 项制度创新逐步落实,"一环一田"("一环"即蓝环工程,"一田"即江南圩田)等水乡客厅项目初见成效。虹桥国际开放枢纽建设方案 5 个方面 46 项重点工作有序实施;青东联动发展国际化中央商务区初具雏形。全面启动青浦新城建设,制定行动方案,确立"高颜值、最江南、创新核"的发展意象,成功开展城市推介,总投资超过 1000 亿元的 43 个重点项目正式签约。深入开展党史学习教育,累计开展各类活动 3500 余次;扎实开展"我为群众办实事"实践活动,累计开展办实事活动 9834 次、解决群众"急难愁盼"问题 7741 个。二是经济发展的质量和效益持续提升。2021 年,实现地区生产总值 1317.3 亿元,比上年增长 6.1%;"三大两高一特色"主导产业加快发展,第三产业比重大幅提升。"四个一批"产业项目完成出让 22 个、开工 31 个、竣工 18 个、投产 15 个。新增 6 家上市企业,上市企业总数达 30 家。快递物流、绿色金融、软件信息等 3 个"千亿级"产业集群和会展商贸、北斗导航、新材料、人工智能等一批"百亿级"产业平台加快发展。连续三年制定招商引资和产业项目推进"一号文件",出台支持经济小区高质量发展意见,2021 年企业总数达 14.6 万户。三是城市功能和核心竞争力大幅跃升。轨道交通 17 号线、2 号线、13 号线西延伸集中开工,省界断头路复兴路通车,崧泽高架西延伸贯通。持续深化新时代"一城两翼"战略布局,青浦新城"十四五"规划建设行动方案获市政府批准,青浦新城中央商务区、江南新天地、未来样板区、产业创新区等"1+3"重点区域城市设计和规划调整加快推进,中央商务区地下空间、老城厢风貌等 8 个专项研究规划形成初步成果。扎实推进乡村振兴战略,全面完成 7 大类 44 项农村人居环境整治重点任务,成功创建 4 个第三批市乡村振兴示范村。四是群众的获得感、幸福感、安全感迈上更高台阶。实施积极的就业政策,城乡居民收入增速高于经济增速。持续深化教育综合改革,完成教育综改项目 28 个,有力推进"双减"工作,普惠性托育点实现街镇全覆盖。深化公立医院改革,长三角(上海)智慧互联网、复旦妇产科医院青浦分院、区公共卫生中心迁建等一批重点项目加速推进。成功创建全国健康促进区。扎实推进城中村改造、养老托幼服务等一批民心工程,全区新增社区综合为老服务中心 4 家、爱心暑托班 30 个、(升级)早餐工程网点 52 家,华新凤溪"城中村"完成项目认定批复。创新推进新时代幸福社区建设,全面建成首批 20 个幸福社区实体阵地。扎实开展安全生产专项整治三年行动。持续开展扫黑除恶常态化工作。五是文化软实力建设结出丰硕成果。青浦、嘉善、吴江三地共同启动示范区江南水乡古镇生态文化旅游圈建设。崧泽遗址入选中国"百年百大考古发现"。启动国家文化生态保护区规划编制,深化上海古文化走廊规划研究。新建改建健身步道 5 条、市民球场 5 片,奥运金牌实现"零"的突破。六是生态文明建设迈出重大步伐。积极推进碳达峰碳中和工作,编制第八轮环保三年行动计划,全面落实长江经济带环境保护突出问题及环保督察问题整改。空气质量指数 AQI 优良率 89.3%,上升 3.8 个百分点;PM2.5 年均浓度 30 微克/立方米,下降 11.6%。完成 7 条(片)市级重点生态廊道建设任务。推进重点能耗行业结构调整优化,万元 GDP 能耗下降 26%。成功入选国家生态文明建设示范区。七是疫情防控取得重大战略成果。围绕"入城口、落脚点、流动中、就业岗、学校门、监测哨"关键点,加强防控全链条闭环管理。持续推进疫苗接种工作,强化防疫"三件套"(即佩戴口罩、社交距离、个人卫生)"五还要"(即口罩还要戴、社交距离还要留、咳嗽喷嚏还要遮、双手还要经常洗、窗户还要尽量开)。出台并实施加强公共卫生体系建设三年行动计划。加快推进区疾控中心提标升级,不断完善疾病预防控制体系,提升重大传染病风险监测能力和应对突发公共卫生事件的能力。八是党的建设质量和水平不断提高。成功举办庆祝中国共产党成立 100 周年主题活动。深入贯彻实施示范区党建"1+2"文件,打造党建高质量创新发展的示范样板。全面抓好城市基层党建,做实机关、企事业单位、"两新"组织等领域党的建设。召开区人大工作会议、区委政协工作会议,支持人大、政协依法依章履职。完善大统战工作格局,深入推进群团改革,军政军民团结持续巩固,党管武装工作进一步加强。深入推进全面从严治党,不断健全"四责协同"制度体系,完成区委直属党组织和各村居巡察全覆盖。深入实施"青峰"人才政策,大力吸引和集聚海内外人才,人才占从业人员比重 48%。　　(顾丹宁)

重要会议和活动

■五届区委全会　6 月 28 日,召开五届区委十二次全会,区委书记赵惠琴作《把握机遇,振奋精神,全面提升城市软实力和核心竞争力,奋力开创青浦全面现代化建设新局面》的主题报告。区委副书记、代理区长徐建传达十一届市委十一次全会精神。全会审议通过《中共青浦区委关于大力弘扬"抢拼实善"新时代青浦奋斗精神,全面提升战略牵引力和城市软实力,加快把青浦建设成为社会主义现代化国际大都市的枢纽门户的意见》。8 月 19 日,召开五届区委十三次全会。蒋仁辉作《关于召开中国共产党上海市青浦区第六次代表大会的决议(草案)》的说明。会议表决通过《关于召开中国共产党上海市青浦区第六次代表大会的决议》,决定 11 月下旬召开中共上海市青浦区第六次代表大会。11 月 15 日,召开五届区委十四次全会。区委书记徐建出席会议并讲话。全会传达十九届六中全会精神和全市党员负责干部会议精神;审议五届区委工作报告和纪委工作报告;讨论六届区委委员、候补委员候选人预备人选建议名单，以及六届纪委委员候选人预备人选建议名单；审议并通过《中国共产党上海市青浦区第五届委员会第十四次全体会议决议》。（顾丹宁）

■中国共产党上海市青浦区第六次代表大会 11月22—25日举行。区委书记徐建代表中共青浦区第五届委员会向大会作题为《奋进新征程，展现新担当，为建设社会主义现代化国际大都市的枢纽门户而不懈奋斗》的报告。大会选举产生中国共产党上海市青浦区第六届委员会和中国共产党上海市青浦区第六届纪律检查委员会，通过《中国共产党上海市青浦区第六次代表大会关于中国共产党上海市青浦区第五届委员会报告的决议》和《中国共产党上海市青浦区第六次代表大会关于五届青浦区纪律检查委员会工作报告的决议》。（顾丹宁）

11月22日，中国共产党上海市青浦区第六次代表大会在区会务中心召开

（区委办供稿）

■六届区委第一次全体会议 11月25日召开。全会选举徐建为区委书记，杨小菁、张权权为区委副书记，孙挺、刘辽军、王凌宇、金俊峰、顾骏、陈建国、李方明、叶靖为区委常委。全会批准中国共产党上海市青浦区第六届区纪律检查委员会第一次全体会议选举结果的报告。全会选举后，区委书记徐建代表新一届区委领导班子讲话。（顾丹宁）

■青浦区2022年工作务虚会 12月9—10日召开。区委书记徐建作“奋力走好新的赶考之路，推动枢纽门户和幸福青浦建设开好局起好步”的主题发言。会议围绕经济发展、城市建设、公共服务和民生保障、城市治理、党的建设五大专题，深入分析当前工作面临的新形势新任务，研究谋划2022年工作的总体思路、目标任务和重点举措。（顾丹宁）

■六届区委第二次全体会议 12月29日召开。区委书记徐建作《汲取前行智慧力量，走好新的赶考之路，奋力推动现代化枢纽门户建设开好局起好步》的主题报告。区委副书记、代理区长杨小菁传达十一届市委十二次全会、市委经济工作会议精神。会议审议通过《中共上海市青浦区委关于深入学习贯彻党的十九届六中全会精神的实施意见》，审议《中共青浦区委常委会2022年工作要点》《关于2021年经济社会发展情况和2022年经济社会发展工作安排的报告》等。（顾丹宁）

■上海市河长制湖长制工作现场推进会 3月26日，在青浦区召开。市委书记、市总河长李强出席会议并讲话。市委副书记、市长、市总河长龚正主持会议。市领导翁祖亮、诸葛宇杰出席，副市长、市副总河长汤志平部署今年河长制湖长制重点工作。会前，市领导和各区党政主要负责人、市河长制工作领导小组成员单位负责人到青浦环城水系公园上善广场调研，察看水环境治理成效，检查河长制落实情况，听取青浦新城水环境建设总体布局、环城水系公园建设进展等情况介绍。区委书记赵惠琴，区委副书记、区长余旭峰等陪同考察并参加会议。

■领导调研 6月9日，中央政治局委员、市委书记李强到青浦区调研一体化制度创新试验田工作，察看长三角（上海）智慧互联医院、岸线贯通和生态治理进展，了解河长湖长制落实情况。市领导诸葛宇杰参加调研。区委书记赵惠琴，区委副书记、代理区长徐建陪同调研。

8月3日，市委副书记、市长龚正到青浦调研重点科技创新企业。市政府秘书长马春雷参加调研。区委副书记、代理区长徐建陪同调研。（顾丹宁）

2021年中共青浦区委重要会议和主要活动情况表

表1

名称	时间	主要内容
青浦区村居“两委”和基层党组织换届工作、完善街镇管理体制和优化事业编制资源配置动员部署会	1月11日	解读上海市相关要求和区级工作方案，部署青浦区村居“两委”换届、街镇管理体制改革和优化事业编制配置具体任务
中共青浦区委党的建设工作领导小组会议	1月15日	听取青浦贯彻执行中央八项规定精神和解决形式主义突出问题情况的报告。15家区直属党组织围绕落实全面从严治党主体责任和“三个责任制”，进行述职述责。区委书记赵惠琴对15家述职单位逐一进行点评，市纪委监委、市委组织部、市委宣传部有关人员对15家单位落实全面从严治党责任做点评

（续表）

名称	时间	主要内容
青浦区疫情防控工作领导小组会议	1月21日	传达全国疫情防控工作电视电话会议、市委"研究城郊农村、大学城等疫情防控工作专题会议"精神，分析当前疫情防控工作形势，部署青浦区下阶段疫情防控工作
青浦新城高质量发展大会	2月19日	部署青浦新城建设重点任务
青浦区党史学习教育动员会	2月24日	传达学习习近平总书记在党史学习教育动员大会上的讲话精神和市党史学习教育动员会会议精神，通报2020年青浦开展"四史"学习教育有关情况，部署青浦党史学习教育工作
青浦区2021年政法信访和武装工作会议	3月4日	听取政法信访工作报告和武装工作报告，研究部署政法、信访和武装工作
青浦区推进虹桥国际开放枢纽建设动员部署会	3月12日	发布《青浦区加快推进虹桥国际开放枢纽建设行动方案》《青浦区推进虹桥国际开放枢纽建设青东联动发展实施意见》
青浦区新时代幸福社区建设推进会暨区委加强和创新社会治理领导小组全体（扩大）会议	3月24日	部署推进青浦区新时代幸福社区建设各项工作
区委常委会会议	4月12日	传达学习习近平总书记近期关于党史学习教育重要指示精神、市委季度工作会议和市实施乡村振兴战略工作领导小组会议精神；审议区2021年优化营商环境工作要点；听取青浦区政治生态报告
青浦区委党的建设工作领导小组（扩大）会议暨组织宣传统战工作会议	4月21日	传达学习中央、市委党的建设工作领导小组和组织、宣传、统战等工作会议精神，听取区组织、宣传、统战工作总结汇报并作相关工作部署
中共青浦区委党史学习教育领导小组（扩大）会议	4月29日	通报前阶段青浦区党史学习教育工作情况，部署下阶段重点工作
青浦区换届工作会议	5月25日	研究部署青浦区街镇领导班子、区属公司等换届工作
青浦新城城市推介大会	5月28日	对青浦新城进行主题推介，成立青浦新城开发者联盟，举行产业项目及全球招商合作伙伴、投资顾问签约仪式，18家金融机构与青浦区人民政府进行授信签约
青浦区加快推进虹桥国际开放枢纽建设暨青东联动发展领导小组专题会议	6月1日	研究《青浦区加快推进虹桥国际开放枢纽建设行动方案》《青东五镇重点产业（链）布局引导》编制情况，部署青浦区加快推进虹桥国际开放枢纽建设重点任务
青西协同发展领导小组专题会	6月8日	听取加快青西地区高质量发展工作情况汇报
区委财经工作委员会会议	6月10月	研究《区委财经工作委员会2021年工作要点》制定情况，青浦区经济运行和上半年预计完成情况，青浦区1—5月财政收入、1—5月税收收入、1—5月招商、企业外迁等情况
2021年青浦区实施乡村振兴战略工作领导小组会议暨农村工作会议	6月18日	研究助推农业农村现代化、打造乡村振兴片区创建新示范、打造都市现代化农业新高地等工作，部署2021年青浦区乡村振兴工作
青浦区庆祝中国共产党成立100周年文艺演出	6月29日	举行"百年奋进初心路，抢拼实善新征程"庆祝中国共产党成立100周年主题文艺演出。活动表彰"青浦区优秀共产党员""青浦区优秀党务工作者""青浦区先进基层党组织"
青浦区庆祝中国共产党成立100周年座谈会	7月2日	通报青浦区获得全国和上海市"两优一先"表彰对象。区委书记赵惠琴出席会议并上党史学习教育专题党课
2021年青浦区经济工作会议	7月23日	分析当前经济形势，部署下一步全区经济工作
青浦区委全面依法治区委员会会议暨全面依法治区工作会议	7月29日	传达中央全面依法治国工作会议、市委全面依法治市工作会议精神，通报青浦区法治政府建设示范创建推进情况。区市场监管局、区城管执法局、朱家角镇、盈浦街道作述法报告
区委常委会会议暨区生态文明建设领导小组会议、区疫情防控工作领导小组会议	7月30日	研究青浦区生态环境保护重点工作和疫情防控有关情况，部署当前疫情防控工作
青浦区服务保障第四届进口博览会前线指挥部全体会议暨疫情防控工作领导小组会议	8月24日	研究近期"进博会"服务保障工作情况，部署下一阶段"进博会"服务保障及常态化疫情防控工作

（续表）

名称	时间	主要内容
青浦区领导干部会议	9月13日	宣布市委关于区领导调整的决定。市委组织部副部长孙甘霖出席会议并讲话。赵惠琴主持，区领导徐建、杨小菁、朱明福、李华桂、曹卫东、张权权作表态发言
纪念青浦区（县）人大设立常委会40周年座谈会	10月25日	部分原区（县）人大常委会主任、副主任、委员作交流发言。会议肯定青浦区（县）人大常委会40年来取得的工作成效，强调要推动新时代青浦人大工作再上新台阶
区委常委会会议	11月8日	听取区六次党代会筹备工作情况、五届区委十四次全会有关事宜的汇报
区委常委会会议	11月12日	讨论关于召开区第六届人民代表大会第一次会议、政协区六届委员会第一次会议有关情况
区委常委会会议	11月17日	审议关于全面推行林长制的实施方案和关于加强区消防救援队伍职业保障的实施意见
区委常委会会议	12月3日	审议区行政复议体制改革实施方案
区委常委会会议	12月17日	研究青浦区关于学习宣传贯彻党的十九届六中全会精神工作方案；审议在青浦区公民中开展法治宣传教育的第八个五年规划
青浦区经济稳增长促开局工作会议	12月30日	通报2021年主要经济指标完成情况，部署2022年及一季度稳增长促开局工作

（顾丹宁）

组织工作

■概况　2021年，全区组织系统深入贯彻落实新时代党的建设总要求和新时代党的组织路线，持续完善上下贯通、执行有力的组织体系，持续建设政治过硬、具备领导现代化建设能力的干部队伍，持续全方位培养引进用好人才，着力提高组织工作质量。（*顾楚芸*）

■做好庆祝建党百年有关工作　扎实推进党史学习教育，开展“学好百年党史·书写时代篇章”“党课开讲啦”活动，丰富“上善课堂”“初心课堂”“幸福课堂”等党性教育品牌。组织开展“我为群众办实事”实践活动，指导全区各级党组织制订“我为群众办实事”项目2733个，解决群众各类“急难愁盼”问题8000余个。开展“党旗在基层一线高高飘扬”系列活动，巩固深化在职党员到社区报到、参与治理常态化机制，累计开展各类活动1.5万余次。全力做好全国、全市、全区“两优一先”推荐评选表彰及“光荣在党50年”纪念章发放工作，开展走访慰问活动。（*顾楚芸*）

■开展区、镇、村三级换届工作　全面落实党支部工作条例和基层组织选举工作条例，完成全区“两委”（即村党支部委员会和村民委员会）集中换届选举，选举产生村居“两委”班子成员1898人，全区村党组织书记、主任“一肩挑”提升至97.8%。指导推动全区包括各镇和区属公司在内的2800余个基层党组织按期顺利换届。扎实做好区镇换届工作和街道、委办局联动调整，46名干部新进街镇领导班子，区属公司、中山医院与其他单位提拔交流26人。认真开展换届纪律教育，营造清正清明清新的换届风气。（*顾楚芸*）

■加强年轻干部培养选拔工作　扩大年轻干部队伍“蓄水池”，分层级、分类别、分领域直接掌握一批优秀年轻专业干部。建立“赛马机制”，选派优秀年轻干部到区党史教育办、区委巡察办、西虹桥管委会、进博办等一线部门及示范区建设、青东五镇联动发展等重点区域培养锻炼。搭建跨区域、跨领域挂职锻炼平台，选派2名优秀副处级干部到浙江省湖州市及宁波市挂职锻炼，选派9名干部人才援外驻外，接收26名外省市干部来青挂职锻炼。开展科级干部交流转任，完成22名科级干部的跨部门跨系统交流工作。（*顾楚芸*）

■落实激励干部担当作为举措　深化政治素质考察，开展领导干部政治表现正反向测评，探索建立干部政治档案。坚持实绩导向，健全一线考察机制，深入实施激励干部担当作为“1+5”[“1”即《关于进一步激励广大干部在抢抓两大国家战略机遇中担当作为的实施意见》，“5”即《青浦区考准考实干部政治表现的实施办法（试行）》《青浦区关于落实两大国家战略加强一线考察识别干部的实施办法（试行）》《青浦区关于进一步加强干部日常关爱工作的实施办法（试行）》《青浦区委组织部关于对区管干部开展提醒、函询和诫勉的实施办法（试行）》《青浦区“落实两大国家战略提升专业化能力”干部教育培训三年行动计划》]系列文件。持续发挥职务职级激励作用，晋升四级调研员以上职级干部41人，晋升一级主任科员及以下职级干部303人。对标高质量发展要求，改进党政领导班子绩效考核。严格干部选任和日常管理监督，对拟提拔人选、后备干部人选和换届考察有关人选等717人开展有关事项送核。（*顾楚芸*）

■增强基层党组织政治功能和组织力　加强党支部规范化标准化建设，6家基层党（总）支部获评市党支部建设示范点，选树全区党支部建设示范点32家。全面落实党支部联系点制度，处级单位党委（党组）班子成员全覆盖建立党支部工作联系点750余个，深入调研指导2500余次，讲专题党课1100余次。加强换届后村居“两委”班子建设，策划实施“幸福火种”“幸福带头人大课堂”等计划，制作14门线上“幸福课程”，累计开展集中培训6期，参与1650余人次。坚持抓党建促乡村振兴，持续推进“结对百镇千村，助推乡村振兴”行动，选派新一批驻村指导员25人和挂村联系员41人，做好第二批干部驻村选派工作。（顾楚芸）

■**服务保障国家战略** 紧扣长三角一体化重大战略，持续深化落实示范区党建“1+2”文件，组织开展“建功示范区·奋进新征程”实践活动，聚焦重点工作、重大项目开展“五大行动”（即建功、岗位、家园、文明、志愿五大行动）、制订百项服务。深化示范区城市基层党建组织力学院，联合打造30门精品课程。选聘先行启动区第二批29名毗邻村兼职委员。创新打造新时代长三角一体化示范区党建创新实践基地，构建跨区域跨城市党建引领更高质量一体化发展新路径新样板。推进进博党建工作，制定党建带群建专项行动方案，明确42项重点任务，发布160余项实事项目。创新打造西虹桥党群服务中心等5个“进博城市客厅”，放大进博溢出效应。（顾楚芸）

■**党建引领基层治理** 深化党建引领基层社区治理，试点开展“幸福社区”创评和村居“社区中心”建设，创建全区示范党群服务站74家、示范党群服务点31家，选树优秀党群服务站站长、负责人和党员志愿者54人。健全完善物业行业党建指导委员会，推动党建引领下小区物业管理规范提升。全力推进党群服务阵地体系功能建设，推动区级职能部门资源和服务事项向村居一线下沉。紧扣区域发展战略，合理布局党群服务阵地，构建一站式、集成化的“家门口”党群服务综合体。（顾楚芸）

■**推动各领域党建提质增效** 全面抓好党的建设领导小组和全面从严治党各项工作，健全完善“1+4”（“1”即党的建设工作领导小组下设办公室，“4”即4个专项工作组，分别为办公室和政治建设组、思想建设组、组织建设组、纪律和作风建设组）工作机制，加强对全区党的建设工作的协调指导。建立健全区、街镇两级“两新”（即新经济组织和新社会组织）党建联席会议机制，持续开展集中排查和专项攻坚，全区非公企业组织覆盖率比上年提升5.7%，社会组织组织覆盖率比上年提升7.6%。深化“红领”品牌内涵，创新打造“红领·益企”“红领·兴农”等特色子品牌，培育区级“两新”党建直接联系点20个、农民专业合作社党建工作典型4个。组织开展新一轮机关党建十大项目，开展机关基层党组织换届选举工作。首次开展区属公司党委换届工作，深化国企党建和公司治理融合，7家区属公司全覆盖实现“党建进章”。深化公立医院党建、中小学校党建，深入实施党建“双提升”工程，全力打造“思品荟·周五加油站”“上善思政大课堂”等特色品牌。（顾楚芸）

6月3日，青吴嘉共同启动“建功示范区·奋进新征程”实践活动
（区委组织部供稿）

■**落实人才政策** 制订出台区人才发展“十四五”规划，给予部分重点企业平台引才政策叠加，实施青鼎、青硅、青云、青能、青巢、青麟六大工程，加速形成人才集聚政策优势。深化落实“青峰”人才政策，为300家重点企业人才提供人才公寓1917套，累计享受高层次人才购房租房补贴235人。贯彻落实支持“五个新城”人才发展等文件，扎实开展全区国际人才社区建设调研。（顾楚芸）

■**优化示范区人才发展环境** 抢抓一体化示范区人才发展重要战略机遇，高质量推进长三角（青浦）国际人才港建设。启动“长三角人力资源市场”，创新设立“长三角海外人才服务专区”，优化“上海市海外人才居住证”和“留学回国人员申办上海常住户口”办理流程，联合江苏省苏州市吴江区、浙江省嘉兴市嘉善县共同举办“海聚英才”创业大赛示范区分赛场活动，开展2021年“智汇长三角”一体化示范区校园引才专场活动，举办“重走一大路”示范区高层次人才国情研修活动，促进三地人才交流合作。（顾楚芸）

宣传工作和精神文明建设

■**概况** 2021年，全区宣传思想文化系统聚焦庆祝中国共产党成立100周年宣传教育重大主题主线，高标高质推进党史学习教育和“四史”宣传教育，围绕区第六次党代会明确的目标任务，以大力弘扬“抢拼实善”新时代青浦奋斗精神、全面提升城市软实力和核心竞争力为主攻方向，提升“上海之门、国际枢纽”城市品牌吸引力、影响力和竞争力，着力巩固深化全国文明城区创建成果，全力打造最江南文化新形象，开展新冠肺炎疫情防控舆论宣传和社会动员，为加快建设社会主义现代化国际大都市的枢纽门户提供思想保证和精神动力。（谢　薇）

■**宣传普及政策理论** 制订“学党史、悟思想”读书班方案，组织开展区委中心组学习13次（党史专题学习11次）。

研究制订《中共青浦区委直属党委(党工委、党组、党总支)理论学习中心组学习巡听旁听办法(试行)》,探索建立中心组巡听旁听机制,对全区处级单位开展全覆盖学习督导。开发中心组学习报告上报系统,全面落实“一学一报”“定期通报”等制度,指导处级单位开展党史专题学习940余次,参与交流研讨1690余人次。发挥全区“1(区级)+11(街镇)+X(相关单位)”宣讲团矩阵作用,指导组建上善银辉、理响示范区、“春语”青教等特色宣讲队伍,“菜单式”推出系列宣讲课程。共开展各类线下宣讲1670余场,受众11.6万余人次。创新开展学习积极分子评选、积分购书优惠等线上线下推广活动,持续做好“学习强国”学习平台供稿工作,在全国平台录用稿件310余篇,在上海平台录用稿件3530余篇。(谢　薇)

■**落实意识形态工作责任制**　落实年度意识形态工作责任制考核重点任务,细化“六责”[即党委(党工委、党组)主体责任、党委(党工委、党组)书记第一责任、分管领导直接责任、党委(党工委、党组)其他成员“一岗双责”、宣传部门主管责任、有关部门专门责任]内容,形成5大项21条工作清单。制定年度防范化解意识形态风险工作方案,定期召开专题会议,分析研判意识形态领域风险。全面强化阵地管理,对区内重大展览加强内容指导和审查,确保意识形态领域安全。持续抓好意识形态工作责任制落实情况的专项检查和巡察工作,强化问题整改落实。(谢　薇)

■**党史学习教育**　履行区委党史学习教育领导小组办公室总体谋划、统筹协调、整体推进、督促指导职责,牵头制订区实施方案等一系列指导性文件,谋划青浦区党史学习教育重点工作安排,细化形成3个阶段80项重点任务清单。做好领导小组会议、工作推进会、专题工作会等的筹备工作,定期召开办公室主任会议,安排日常重要工作,统筹协调解决问题。牵头组建5个区委巡回指导组,统筹协调全区面上的巡回指导工作,督促落实各项重点任务。注重全区面上典型经验做法的总结提炼,编发工作简报100余期。丰富宣传报道形式,在全区上下营造“比学赶超”浓厚氛围。(谢　薇)

■**重大主题宣传活动**　举办“百年党史砺初心·崭新征程续荣光”——“新时代青浦奋斗奖”表彰活动、庆祝中国共产党成立100周年主题诗歌朗诵会决赛及展演活动和“四史”宣传教育暨文艺巡演活动。联合区融媒体中心开展“奋斗百年路、启航新征程”——青浦区主题作品征集评选活动等。制订下发《关于做好庆祝中国共产党成立100周年社会环境宣传工作的通知》,统筹指导做好专题氛围布置工作,在全区各条主干道路布置道旗约5000组,发放主题宣传海报近20万张,布置绿地置景11个、大型喷绘86块、宣传展板1204块、围墙围挡608块、灯箱162组、各类电子屏361块。(谢　薇)

■**爱国主义教育**　全面贯彻落实《新时代爱国主义教育实施纲要》,完成新一轮区爱教基地申报评审和命名调整工作。联合江苏省苏州市吴江区、浙江省嘉兴市嘉善县共同策划举办“心中的红色印记”长三角市民红色故事征集展示活动,在全区开展“知史爱党·红色记忆”主题微电影微视频征集评选活动,选送优秀作品13部参加第八届上海市民微电影(微视频)主题活动评选,在“走向我们的小康生活”第七届上海市民微电影(微视频)主题活动中获得奖项8个。(谢　薇)

■**城市形象宣传**　建好用好区先进典型资源库,加大先进典型宣传力度,衣爱娟、华测导航北斗AI(人工智能)项目青年团队、孙刚入围2021年度“感动上海年度人物”候选人。策划“新时代青浦改革创新贡献奖”表彰活动,配合开展“百年初心奋斗者”媒体集中宣传报道。开展示范区两周年现场会、服务保障第四届“进博会”氛围布置,在虹桥交通枢纽打造“上海之门、国际枢纽”形象展示长廊,拓宽城市形象对外传播平台。实施社会宣传阵地景观提升工程,彰显青浦城市品格的鲜明标识和独特气质。(谢　薇)

■**新闻宣传与外宣工作**　在全市率先探索策划实施“新青浦新生活”青浦区街镇系列新闻发布会,首次将新闻发布主体延伸至街镇。深化与主流媒体的战略合作,做好青浦新城城市推介大会对外宣传工作,推出青浦城市软实力系列宣传短视频。完善“区级例行+专题系列”新闻发布机制,围绕青浦新城建设、示范区建设等重点工作召开新闻发布会和新闻通气会17次。推进各类媒体集中采访,推出系列深度报道和经验报道。在人民日报、新华社、解放日报等中央、市级主流纸媒组织策划各类主题宣传报道1961篇(其中头版报道282篇、整版报道35篇),在中央电视台、上海电视台、上海人民广播电台等广播电视媒体播发新闻615条,在人民网、央广网、东方网、今日头条等新媒体发布报道15002次。与复旦大学国际文化交流学院、西华国际学校等单位签署合作共建协议。开展“外国留学生看青浦”主题活动宣传,组织外国留学生开展采风活动,并通过人民网等各级媒体平台开展综合深度报道。上线“Qingpu”海外社交账号,扩大互联网外宣渠道平台输出。(谢　薇)

■**媒体融合发展**　聚焦服务落实重大战略任务,策划制作《进博in青浦2021》《进博总动员》等系列短视频68条,推出“上海之门进博眼”系列直播专访节目15场。拍摄青浦新城形象宣传片,推出“一城写江南”H5、“小青果画新城”系列报道等“爆款”融媒体产品。做好区第六次党代会全程报道,推出“跃迁”“焕活”“增能”“升格”“聚力”5期综合报道以及新闻时评、贯彻落实党代会精神报道,策划开展“主播探访党代会”Vlog(视频博客)和党代表访谈系列节目等。启动媒体融合信息化建设二期工程,建设西虹桥党群服务中心、长三角一体化金融产业园、青浦新城融媒驿站,优化融媒体集群工作框架。首次评定区2021—2023年度“首席新闻传媒人才”10人、“名优新闻传媒人才”17人。(谢　薇)

■**巩固文明创建成果**　制订印发《深化全国文明城区创建三年行动方案》,推出小区专项治理、背街小巷专项治理等十项专项治理行动,优化“点位长制”(即对每个创文实地考察的场所点位安排负责人、驻点管理)“点位四级评价”(即对全部创文点位进行实地检查,对照测评标准,评定优良中差四个等级)等机制,开展三轮全区文明进步指数测评和十轮区级督查,推动文明创建工作走向常态长效。在全区广泛开展系列创文迎复检主题活动,在主城区布置道旗3000余组、各类景观小品500余处,向重点行业配送宣传海报5000余张、台卡15000余块,向社区居民发放市民文明手册、文明宣传页10万余份、入户宣传品3.6万余份,在公交车站、公交车身发布公益广告。完成新一轮文明系列创建,全区获评2019—2020年度市级文明单位126家、市级文明校园14家,2020年度市级文明餐厅25家、2019—2020年度区级文明单位349家、区级示范性文明校园20家、区级文明校园21家、区最美家庭50户。 (谢 薇)

7—9月,沪苏浙皖四地举办"童心向党,青春启航"长三角青少年百米长卷绘画活动 (区委宣传部供稿)

■培育和践行社会主义核心价值观 制订《青浦区贯彻落实〈新时代公民道德建设实施纲要〉工作方案》,白鹤镇衣爱娟获得第八届全国道德模范提名奖,成立青浦区劭龙救援志愿服务队,策划举办第二届青浦区道德模范推荐展示活动。开展"我们的节日"主题活动,策划社区"幸福邻里节"主题活动。"乐稻心田"周家港研学基地、福寿园人文纪念公园等两家单位获得上海"市民修身行动"市级示范点称号,10家单位获评市级市民修身基地。举办"童心向党,青春启航"第二届长三角青少年风采展示主题活动,加强长三角未成年人思想道德建设。做实街镇学生社区实践指导站、学校少年宫联盟等各类阵地,徐泾镇、香花桥街道学生社区实践指导站获评上海市首届示范性学生社区实践指导站。 (谢 薇)

■提升文明实践实效 细化新时代文明实践中心、分中心、实践站三级阵地检查标准,建立年度综合调研、季度专题调研、月度片区调研相结合的常态化调研指导工作机制,开展文明实践阵地全覆盖巡访检查,持续优化文明实践工作体系。升级改造"区级新时代文明实践信息平台",累计发布新时代文明实践项目17479个。研究制订《青浦新城新时代文明实践圈建设方案》。推进第四届"进博会"青浦城市文明志愿保障服务工作,打造志愿服务特色品牌。建立健全志愿服务激励和嘉许机制,开展2020年度"青浦区新时代文明实践之优秀志愿者和志愿服务先进集体"评选活动,评选产生100个优秀志愿者和集体。 (谢 薇)

12月11日,第二届江南国潮节在上海大观园举行 (区委宣传部供稿)

■打造区域文化标识 举办"锦绘江南,梦忆水乡"——长三角示范区绘画作品联展和第二届江南国潮节。发挥区文化事业发展基金撬动作用,共评审通过文化发展项目40项,拨付资金总额562.11万元,扶持朱家角水乡音乐节、实景园林昆曲《牡丹亭》等具有青浦特色的文化品牌。 (谢 薇)

■文化服务 梳理区新闻出版和电影管理办公室进驻行政服务中心10个政务事项33个情形清单,从企业和群众实际办事需求出发,对"开办书店""开办电影院"等审批流程进行梳理重构和优化整合。优化区"扫黄打非"工作体制机制,明确职责分工,强化工作合力。制定下发"扫黄打非·新风"等专项行动方案,加强大案要案查办力度,切实维护文化市场安全。组织开展2021年青浦区"绿书签行动"启动仪式和系列宣传教育活动,引导青少年自觉抵制有害出版物及信息,守护少年儿童健康成长。 (谢 薇)

■**网络治理** 制订《关于进一步加强青浦区网信机构建设的方案》，完善区委网信办职能职责，推进网信机构实体化建设和网络应急指挥中心建设。全面贯彻《青浦区落实网络意识形态工作责任制正面清单和负面清单》要求，推动落实网络意识形态工作责任制各项内容，分析研判网络意识形态领域存在的风险隐患，每月督查重大风险防范化解工作情况，严防各类网络意识形态风险出现泛政治化、泛意识形态化问题，确保网络意识形态安全。

推进网络舆情监测、跟踪、应对，制定专项舆情应对预案，编发《每日舆情快报》240 期、各类《舆情专报》170 期，累计监测负面舆情 1506 条，妥善处置各类网络舆情事件 100 余起。完善三级网评员队伍体系和网评工作月度通报机制，举办“论道青浦”——2021 年青浦区网评工作培训，依托区级网评管理系统“网萱青浦”管理平台，实现对网评员工作的量化管理和绩效评价，提升青浦区网络舆论引导工作质量。强化对于网络自媒体的教育引导，开展自媒体沙龙活动。

打造全区网络安全态势感知和通报处置平台，统筹开展全区网络安全专项检查，落实信息系统网络安全等级保护和关键信息基础设施安全保护制度。以互联网党建为依托，开展“互联网人的党员故事”“重点互联网企业联组学习”“互联网企业党员实景党课”等主题活动，协同江苏省苏州市吴江区、浙江省嘉兴市嘉善县搭建“长三角互联网企业党建联盟”。围绕“网络安全为人民，网络安全靠人民”主题，组织开展网络安全应急演练、2021 长三角网络安全海报设计展、“身边的网络安全”短视频征集和展播、长三角生态绿色一体化发展示范区网络安全攻防大赛等网络安全宣传周活动，策划举办“论道青浦——寄递行业网络安全峰会”。（谢　薇）

统战工作

■**概况** 2021 年，区委统战部认真贯彻落实《中国共产党统一战线工作条例》（以下简称《条例》），围绕铸魂、聚力、致和、育才四大“同心工程”，守正创新、积极作为，为奋力推进青浦全面跨越式高质量发展迈入现代化新征程贡献统战力量。（朱圣聪）

■**完善大统战工作格局** 区委常委会定期听取和研究解决统战工作中的重点、难点问题。区委中心组专题学习统战理论政策法规。区委统一战线工作领导小组成员调整、分工细化、规则完善，专题部署整治非法宗教活动工作。区委统战部开展“同心大走访”活动 6 次，形成《探索全面跨越式高质量发展下园区统战工作新模式》调研报告，该报告获 2021 年度全市统战理论政策研究创新成果一等奖。（朱圣聪）

■**思想建设** 组织开展“红色记忆砺初心、共同奋进示范区”青吴嘉三地统战部门重走一大路党史学习活动，开展“重走浦东开发开放之路”“思南路的统战足迹”等沉浸式教学 5 次。5 月，制订实施《关于支持各民主党派开展中共党史学习教育的通知》，形成 17 个学习项目。举办民族宗教界人士党史学习教育培训班，支持民营企业家到红色教育基地开展理想信念教育活动，组织侨台界人士开展“学史明理、燃情奋斗”学习活动。发挥社会主义学院作为统一战线人才教育主阵地作用，举办 6 个主体班次，培训 400 余人次；举办统战大课堂 3 次，培训 1000 余人次。（朱圣聪）

■**贯彻落实《中国共产党统一战线工作条例》** 成立由班子成员组成的《条例》精神宣讲团，区委常委、统战部部长王凌宇在中青年干部培训班作《条例》专题辅导报告，分管副部长到各领域开展针对性专题宣讲，覆盖人数近 3000 人次；与区委组织部、区政协机关开展《条例》联组学习；调整完善考核体系，将《条例》学习宣传贯彻要求融入对街镇统战工作考核内容；在“上善同心”微信公众号上开辟《条例》学习宣传专栏，扩大宣传力度。（朱圣聪）

■**服务国家战略** 开展民营企业、侨资台资企业的实地走访接洽，做实第四届“进博会”企业对接推介工作。连续 4 年组织开展“同心善行 · 助力进博”志愿服务活动，累计提供各类服务 6000 余人次。10 月，举办“智享发展、共赢未来”放大“进博会”溢出效应交流会。举办“走进长三角、共享新机遇”示范区考察，搭建长三角金融产业园对话平台，组织台商到江苏省苏州市吴江区等地考察交流，组织侨商参加长三角创业创新峰会等，引导统战成员融入一体化发展。5 月，举办“同心为农、合力振兴”统战有约活动，收到各类意见、建议 70 余条。（朱圣聪）

■**庆祝中国共产党成立 100 周年系列活动** 开展“共庆百年华诞、共创同心伟业”系列活动。6 月，与区政协联合举办“携手前行，共创辉煌”——区各界人士庆祝中国共产党成立 100 周年座谈会。6 月，在各民主党派中开展“百年大党风华正茂、同心逐梦共谱新篇”党外人士诗歌诵读会，在民族宗教界开展“爱党爱国、同心同向”主题纪念活动，在民营经济人士中开展“知古鉴今 · 学史明志”学习教育活动，在侨台界人士中开展征文摄影活动。（朱圣聪）

■**发挥新型政党制度优势** 4 月，在全市率先完成民主党派区级组织换届工作。协助区委制定 2021 年政党协商工作计划，确定会议协商 6 项，约谈协商 2 项，围绕协商主题整理上报建议 30 余条。协助区委制订民心工程推进情况专项民主监督方案，开展调研走访 10 余次，提出建议 40 余条。区“两会”期间，各民主党派、无党派人士提交政协集体提案 75 件、个人提案 25 件，提交区人大书面意见 17 件。（朱圣聪）

■**党外知识分子和新的社会阶层人士统战工作** 协助 4 家区属公司知联会与市国资委知联会开展全方位合作交流，加强青浦新城推介力度。8 月，成立区知联会文旅局分会。支持区新联会围绕学习培训、岗位建功、公益奉献、联情联谊 4 个方面，完成助力跨越式高质量发展项目 100 个。举办 5 期“山峰讲坛”系列文化讲座，不断提升新联会品牌活动知名度。支持新的社会阶层人士创作党史文艺系列作品，提升学习教育的影响力。（朱圣聪）

■**民族宗教工作** 建立常态网格化发现、公安快速协查、宗教部门认定执法、属地长效管理的四位一体高效处置模式，推进民族之家、少数民族服务站、民族团结宣传教育基地和少数民族大学生社会实习实践基地建设，对 31 家基地平台阵地加强业务指导。组织少数民族代表人士开展“铸牢中华民族共同体意识”政策理论学习。组织开展民族宗教法制宣传学习月活动，提高民族宗教政策法规社会知晓度。实施非法宗教活动专项整治，开展联合执法 10 次，成功取缔 3 处历史遗留非法活动点。

（朱圣聪）

■民营经济统战工作 建成区工商联（总商会）党建总阵地，拓展同心引领、贴心益企、凝心聚力三大子品牌，指导街镇商会实现“一会一党建品牌”全覆盖建设。制订实施宣传弘扬“沪商精神”计划，推出“建党百年·腾飞在青浦”系列宣传、“民营企业家谈沪商精神”系列推送。指导街镇商会全覆盖建立“政会银企”综合金融服务点。搭建区法院、检察院、司法局、工商联“四方联动”机制，成立涉案企业合规第三方监督评估机制管理委员会。开展“同心善行、服务社会”企业家真情传递捐赠，向因大病、重病致困家庭捐款 50 万元，为区残疾人爱心商店捐献设备，受益 24000 余人。

（朱圣聪）

■中国港澳台及海外统战工作 3 月，举办侨法宣传月活动，受众面达 3 万余人。5 月，组织侨商参加长三角创业创新峰会活动。11 月，举办“两岸一家亲、共圆中国梦”青少年涉台教育现场研讨。承办“台商走新城活动”“海外侨胞故乡行”等活动推动产业合作。开展“点亮心愿——侨界帮扶行动”等走访，推进基层“议事协调会”“爱心黄丝带”等社会治理项目常态化。协调处理 8 件台胞台企信访、2 件涉侨信访，保障中国港澳台及海外人士合法权益。

（朱圣聪）

党校工作

■概况 2021 年，中共青浦区委党校（行政学院）深入学习贯彻习近平总书记关于党校办学治校系列重要指示精神，全面贯彻落实《中国共产党党校（行政学院）工作条例》和全国党校（行政学院）校（院）长会议精神，结合党史学习教育，扎实推进教学、科研、行政后勤、队伍建设和机关党建等各项工作。全年为党校培训、外来单位会议办班等提供餐饮服务近 5 万人次。建立物业管理服务督查机制，开展常态化专项督查。加强食堂标准化建设，开展餐饮专业化培训，选派 2 名食堂工作人员到市委党校学习，提升后勤服务水平。在上海市区级党校办学质量评估（2016—2020 年）中获得优秀。

（施静君）

■党史学习教育 开发党史特色课程，推出 35 堂党史专题课程清单，为基层党史学习教育提供菜单式服务。围绕“中国共产党人的精神谱系”，拍摄“精神的力量”系列微党课 10 集。以党史上重要事件、重要会议、重要人物为线索，与区委组织部联合拍摄“百年铸辉煌，奋进新征程”网络党课 8 集。与教师进修学院联合开发“歌声中流淌的红色记忆”音乐党课。在主体班举办“学党史守初心、办实事惠民生”主题学员论坛及“长三角生态绿色一体化示范区中青年干部党史知识竞赛”，引导学员自编自导自演《曙光 1949》情景剧等，展现领导干部积极向上的精神风貌，激发干事创业热情，提升培训实效。发挥“青浦的红色足迹”党性教育主题教室和“新时代青浦奋斗精神”主题教育馆的平台优势，提升党性教育实效，主题教育馆（教室）共接待参观 200 批次 10000 余人。组织青年党员开展“讲好党史故事，追寻红色记忆”党史宣讲“七进”（即进机关、进社区、进农村、进企业、进学校、进军营、进网络）活动。开展党史理论、习近平总书记“七一”重要讲话精神、十九届六中全会精神等基层宣讲 200 余次。

（施静君）

■干部教育培训 全年共举办和承办各级各类干部培训班 53 期，培训学员 7969 人次。重点举办示范区大课堂 6 讲，处级领导干部进修班 1 期，中青年干部培训班 1 期，党外中青年骨干培训班 1 期，践行“比学赶超”发扬“抢拼实善”青年干部培训班 1 期，青年干部成长班 1 期，新晋科级公务员班 1 期，新录用公务员培训班 1 期，党的基础知识培训班 2 期。扎实开展“新时代基层干部主题培训”，聚焦全面推进乡村振兴，加强党建引领基层社会治理等主题，推

6 月 17 日，区委统战部举办“百年大党风华正茂·同心逐梦共谱新篇”青浦区党外人士诗歌朗诵会（区委统战部供稿）

出系列专题课，其中《青浦区张马村的“蝶变”之路》等3门课程入选上海市新时代基层干部主题培训课程，案例《在上海举办中国国际进口博览会的生动实践》入选市委组织部案例库。为推进新时代青浦幸福社区建设，切实提升换届后村居干部的专业化能力，拍摄“幸福课堂”15课。推进“2 + X”专题培训，与相关部门联合举办专题培训班。

（施静君）

5月14日，区委党校与上海市委党校哲学教研部共同举办“百年辉煌与马克思主义中国化”理论研讨会 （区委党校供稿）

■科研咨询　参与区委组织部《城乡融合进程中上海农村基层党建研究》等重点课题研究。组织教研人员围绕青东联动发展、“进博会”溢出效应、青浦城市文化品质、新时代青浦幸福社区建设等区委、区政府中心工作开展区情研究，形成8个区情调研报告，并举办校级课题成果发布会。5月14日，与上海市委党校哲学教研部共同举办“百年辉煌与马克思主义中国化”理论研讨会；6月4日，与区委组织部、国防大学政治学院等联合举办“追寻党史足迹、感悟思想伟力——红色经典教与学”主题研讨会；11月28日，与上海市委党校经济学教研部，嘉善、吴江党校联合举办“数字赋能长三角一体化高质量发展研讨会”。全年，教研人员公开发表论文36篇（其中核心期刊7篇），参加各类学术会议20人次，完成市级、区级课题研究13项。区委党校获得2018—2019上海市党校（行政学院）系统科研咨询工作组织奖，2021年度上海党校（行政学院）系统经济学年会优秀组织奖；论文《多元主体互嵌共治的生成逻辑与行动路径》获2021年度上海党校（行政学院）系统经济学年会一等奖。（施静君）

■开放办学　坚持开放办学，举办“示范区大课堂”，邀请江苏省苏州市吴江区、浙江省嘉兴市嘉善县两地领导干部共同参加，提高领导干部推动示范区建设的专业化能力，打造具有区域特色和影响力的干部教育培训品牌。与吴江、嘉善三地党校、团委共同举办“学党史、强信念、跟党走”长三角一体化示范区青年理论学习宣讲启动会，成立“理响示范区”百人青年讲师团，围绕党史、国史开展“百年 · 百人 · 百课”示范区巡回宣讲。挖掘区域内红色教育资源，与吴江、嘉善党校联合推出示范区党史学习教育现场教学精品线路18条。组织党外中青班学员到吴江开展现场教学，促进三地党校教学资源的开放合作、共建共享。 （施静君）

10月28日，区委党校与上海市委党校经济学教研部，嘉善党校、吴江党校联合举办“数字赋能长三角一体化高质量发展研讨会暨上海市党校系统经济学年会” （区委党校供稿）

调查研究

■概况　2021年，区委研究室突出政策研究和综合调研职能，加强对中央重大方针、政策、路线和市委决策部署的综合研究，强化重点领域工作调研力度，做好区委重大政策、方案、文件的研究制定、意见征询工作。推进区委全面深化改革工作，落实好推进创新社会治理加强基层建设、群团改革等区委专项工作，加强统筹谋划和综合协调，完成好区委交办的各项工作任务。全年，研究起草区委重要文件、文稿160余篇共80万余字；编辑起草《青浦改革研究》《一周调研动态》10余期。 （赵　洁）

■重大文稿起草和重大工作方案设计　研究起草区第六次党代会报告（五届区委工作报告）、《区委常委会2021年工作要点》《中共上海市青浦区委关于大力弘扬“抢拼实善”新时代青浦奋斗精神，全面提升城市软实力和核心竞争力，加快把青浦建设成为社会主义现代化国际大都市的枢纽门户的意见》《中共上海市青浦区委关于深入学习贯彻党的十九届六中全会精神的实施意见》等文件，并经区委全会讨论通过。制订《区委全面深化改革委员会2021年工作要点》，细化为157项工作任务实施挂图作战；制订《2021年青浦区加强和创新社会治理推进新时代幸福社区建设工作要点》，梳理形成包含4大类31项下沉资源在内的社区中心建设资源配置清单。（赵　洁）

■**完成区委专项工作协调推进任务** 协助推进区委全面深化改革工作9个方面28项工作要点，健全完善改革协调、推进、督察等制度建设；常态化推动区大调研各项工作。全年，区四套班子领导、各街镇、职能部门和有关区属公司累计调研企业9444家，其中百强优秀企业和创新创业团队161家，收集企业各类意见、建议365条，收集企业反映问题1053个，已解决959个，解决率91%；调研推进“加强和创新社会治理”各项工作，深入基层街镇、村居社区开展调研，提出推进建设新时代青浦幸福社区的整体构架，建成首批20家“社区中心·党群服务站”试点，推动街镇管理体制改革、家门口服务体系建设、基层治理数字化转型等方面工作落实落地。协助召开全区层面幸福社区建设专题推进会议3次，实地调研踏勘建设点位百余次，组织拍摄幸福社区宣传短片6部，编发新时代幸福社区简报13期，报送调研报告、专报、案例材料10余篇，推动“幸福社区首席规划师”“幸福合伙人”等共建计划成功实施，持续夯实党建引领多元参与的基层治理基础；支持推动群团改革试点，深入开展“青群荟”群团服务品牌各项活动，推动各群团组织制订2021年度“青群荟”服务品牌项目，组织召开“2021青群荟·服务+”区深化群团改革品牌项目交流会，持续打响“青群荟”群团服务品牌；建立健全与区委“7+2”（“7”即区委全面深化改革委员会、区委全面依法治区委员会、区委国家安全委员会、区委网络安全和信息化委员会、区委财经工作委员会、区委审计委员会、区委机构编制委员会，“2”即区委教育工作领导小组、区委农村工作领导小组）议事协调机构的日常联络机制，推动落实法治政府建设及责任落实情况督察、法治工作情况年度报告及法治为民办实事项目等具体工作，对区委各常设议事协调机构政策制定提出审核意见。（赵　洁）

老干部工作

■**概况** 青浦区委老干部局认真落实全国老干部局长会议和全市组织部长会议暨老干部工作会议要求，以庆祝中国共产党成立100周年为主线，稳妥有序推进各项工作，努力推动老干部工作再提升、再优化。

2021年，共有离休干部71人。其中，由区直接管理的离休干部68人（包括：易地安置在本地2人、易地安置到外地3人），代管3人。全区离休干部中，享局级、原四套班子离休干部3人，参局级离休干部1人，享处级离休干部36人，一般离休干部31人。年龄在80—89岁之间44人，90—99岁27人。年龄最高99岁，最低87岁，平均年龄91.05岁。抗日战争前期参加革命1人，抗日战争后期参加革命15人，解放战争时期参加革命55人。居住在夏阳街道18人、盈浦街道41人、乡镇6人、市区6人。年内，共病故离休干部8人。

原四套班子退休干部32人。年龄最高90岁，最低63岁。年内，共病故四套班子退休干部2人。（戴思聪）

■**离退休干部党的建设** 一是加强离退休干部政治建设。组织学习习近平给上海市新四军历史研究会百岁老战士们的回信和习近平总书记在庆祝中国共产党成立100周年大会上重要讲话精神，召开区离退休干部庆祝中国共产党成立100周年座谈会。邀请市委党校教授作题为《百年大党的政治宣言与行动纲领》专题报告，举办“上善银辉大课堂”4期，组织离退休干部收看在线形势报告会14场，观看系列专题片《旗帜》，安排6位老同志参加市局读书班。开展“三看”（即看改革成果、看经济发展、看社会进步）活动，组织离退休干部到奉贤新城、临港新城、浙江省嘉兴市以及徐泾镇、朱家角镇、规划资源局、水务局、新城公司、现代农业园区等参观考察。二是加强离退休干部思想建设。在全区离退休干部中开展党史学习教育，召开离退休干部党史学习教育推进会，邀请市委党校教授袁秉达作题为《中国共产党百年奋斗的成功经验与重要启示》党史专题辅导报告，组织收看红色主题剧《战上海》和电影党课《悬崖之上》，梳理制作《青浦区离退休干部党史学习教育精品路线》，组织老同志参观沙家浜爱国主义教育基地。“上善银辉”离退休干部宣讲团推行“配送+点单”模式，组织老同志进机关、进企业、进社区、进学校开展党史和红色故事宣讲60场，听众近6000人次。向区委宣传部推荐5位老同志参加区党史宣讲团，向区党建服务中心推荐“百年辉煌铸初心·奋力开创新奇迹”初心微党课7课，安排4位老同志在区党建服务中心为党员干部讲党史。三是加强离退休干部党组织建设。先后开展离退休干部党支部规范化建设考评工作和“离退休干部示范党支部”创建命名活动，共评定2020年度青浦区离退休干部党支部规范化建设优秀党支部12家，命名区人社局等3个离退休干部党组织为2020—2021年青浦区“离退休干部示范党支部”，朱家角镇老干部党支部获评市级“离退休干部示范党支部”。召开离退休干部党支部工作例会和举办支部书记培训班，开展“社区离退休干部之家”示范点创建工作，为3个街镇社区党群服务中心和11个居村社区中心（党群服务站）安装智慧养老智能感知设备。（戴思聪）

■**凝聚离退休干部正能量** 一是配合开展市域社会治理现代化试点工作。牵头抓好推动离退休党员在社区发挥作用工作，制定专项工作方案，推动党组织关系仍保留在原单位的离退休党员干部到居住地社区报到工作，不断加强社区离退休党员志愿服务团队建设工作，引导老同志带头当好“四员”（即宣传员、监督员、协管员、调解员）。目前，已报到2234人，占总数的80%，已建立社区离退休党员志愿服务团队61个，招募社区离退休党员志愿者近900人。二是开展正能量主题活动。制订《关于在全区离退休干部中开展“盛赞百年辉煌、助力百年征程”主题活动的通知》，组织开展“学思想、促提升”“学党史、悟初心”“看变化、赞成就”“做志愿、助发展”“展风采、领风尚”等5个系列活动。配合完成“光荣在党50年”纪念章颁发相关工作。培树和宣传离退休干部先进典型，区政协原副主席宋秀英等3位老同志获评上海市离退休党员干部模范典型；原县人大常委会主任沈蕴新、离休干部侯更生等14位老同志获评区优秀共产党员和优秀党务工作者。三是深化离退休干部志愿服务工作。不断完善“上善银辉”离退休干部志愿服务工作机制，成立离退休党员干部志愿服务工作专班。开展“我为群众办实事”实践活动，通过医疗服务送下乡、法律服务进社区、设立医疗志愿服务站等方式，有效匹配群众需求，为群众办好事办实事。全年共开展法律咨询43场，提供法律帮助200余人；进乡村、社区开展义诊及健康讲座30场，设立医疗志愿服务站点2个，服务群众3000多人次。启动“乐龄申城・G生活”志愿服务活动，组织老同志深入中国电信、中国移动、中国联通、上海银行等营业网点，指导老年人运用智能设备办理业务，服务老年群体约900人次。四是推进关心下一代工作。集中宣传王纪春等5名先进个人和2家先进集体，深入开展“从石库门再出发——学习党史国史，传承红色基因，争做时代新人”主题教育活动，先后开展寻访红色足迹、“百年荣光继往开来”红色征文、“崇英雄・献赞歌”红色故事巡讲和红色知识竞答等活动39场，共6000余人次青少年参加，“红色寻访——青少年暑期社会实践活动”被市文明委评为“市民修身特色项目”。开发“四史”精品课程，邀请丁昆源等老同志拍摄《重庆解放时刻》《剑指苍穹》《井冈山故事》等微党课，制作完成“岁月映初心・薪火永相传”云游陈云纪念馆视频，联合盈浦街道司法所，组织老同志与社区矫正青年开展“金牛贺岁义写春联”活动，共同创作100多件书画作品赠送社区养老院孤寡老人。开展“爱心接力”“爱心编织”“点亮微心愿”活动，筹集10万元物资捐赠云南德宏州贫困青少年。

（戴思聪）

4月26日，在东方中学举办“党史学习进校园”活动 （区委老干部局供稿）

■提升离退休干部幸福感和满意度 一是落实老干部各项待遇。及时调整离休干部离休费、生活补贴和市已故离休干部无工作遗属生活困难补助标准，为16位抗战时期参加革命工作的离休干部申报提高享受按副省（部）长级标准报销医疗费待遇，为2位解放战争时期参加革命工作的离休干部申报参照单项副局级医疗待遇。开通老年关爱热线“22137799”，帮助老同志开展心理疏导86人次。每季度为老同志提供大米、新鲜蔬菜配送到家服务，方便老同志日常生活。二是为老干部办实事做好事。继续推进“六助”（即医、行、听、读、修、洁）服务，为2314人次老干部提供应急维修、家电维保、油烟机清洗、扦脚理发洗浴等服务，为行动不便的老同志配备轮椅拐杖。开展离休干部养老咨询服务工作，推出区级层面“乐龄养老服务包”，制作“一卡一清单”130份。按照“一门式服务”要求，为离休干部提供就医绿色通道。贯彻“一人一册”“一人一策”精准精细服务理念，为268人次老干部提供长护险申请、健康体检、中医咨询等服务，家庭医生“1+1+1”签约率达100%，为42人次离休干部解决特殊用药补贴费23.52万元。举办《民法典》知识专题讲座，邀请公安青浦分局相关人员为离退休干部普及防电信诈骗知识，按季开展法律咨询服务4次，保障老干部合法权益。在春节、“七一”和重阳节前夕，走访离退休干部近300人次，慰问住院老干部260余人次，为2位百岁离休干部上门祝寿。为10位特殊困难老同志发放帮扶经费3万元，为2位易地安置离休干部申请困难补助1万元，协助配合原单位处理6位病故老干部的后事工作，为38位老同志安装“一键通”应急呼叫服务，举办智能手机应用培训班3期。三是丰富老干部精神文化生活。为庆祝建党100周年，举办“祖国颂”书画展、“映山红”国画展等活动，激发老同志爱党爱国热情。开展老干部共庆传统佳节文化活动，先后举办新春联欢、“元宵游艺会”、情深意“粽”、中秋故事会等活动，丰富老同志的晚年生活。探索“信息共享、资源共用、活动共办”工作模式，组织老同志开展“青松城一日游”活动。开展闵嘉青活动3次，与政协之友社开展扑克联谊活动1次，扩大老同志的“朋友圈”。组织老同志参加区第五届老年运动会，展现老同志健康向上的精神风貌。举办“吴越同舟——同庆百年华诞我为党旗争辉”青吴嘉三地离退休干部文艺汇演和“助力长三角贺百岁华诞”青吴嘉三地离退休干部门球赛活动，800余位老同志参与活动。

（戴思聪）

区级机关党建工作

■概况 区级机关工作党委以践行“三个表率”（即作坚决执行党和国家各项制度的表率，作坚决贯彻中央重大决策部署的表率，作坚决践行“两个维护”的表率）、建设模范机关为目标，紧扣“围绕中心，建设队伍，服务群众”核心任务，开展“先领”行动，奋力开创机关党建新局面。

区级机关共有基层党组织239个，其中党委12个、党总支14个、党支部213个、党工委1个。区级机关工作党委共有党员3889人，全年新发展党员86人，预备党员转正72人。（董镜茹）

6月22日，青浦区“百年奋进、永葆初心、勇担使命”党史知识竞赛决赛举行

（区级机关党工委供稿）

■树牢政治机关意识 深化政治机关意识教育，引导党员干部不断提高政治判断力、政治领悟力、政治执行力，坚决做到“两个维护”。研究制订《关于深化“先领”行动，创建模范机关的实施方案》，扎实推进模范机关建设。（董镜茹）

■思想建设 严格执行“第一议题”制度（即将专题学习习近平新时代中国特色社会主义思想、党的十九大精神和习近平总书记重要讲话精神作为各类各级会议的第一议题，推动学习常态化制度化），坚持理论学习中心组引领，依托“三会一课”（即定期召开支部党员大会、支部委员会、党小组会，按时上好党课）、主题党日等平台，持续深入学习习近平新时代中国特色社会主义思想。强化机关青年政治引领，组织开展“红色阅读马拉松超级赛”线上打卡活动，共100多支队伍、300多人参加。（董镜茹）

■党史学习教育 组织开展“百年奋进、永葆初心、勇担使命”党史知识竞赛、“学党史、感党恩、跟党走”主题征文、“红色领航，争当表率，奋勇前行”微党课视频征集、“学好百年党史、书写时代新篇”微党课展示等区级机关庆祝建党100周年活动，举办机关党组织书记学习贯彻“七一”重要讲话精神专题培训及机关党员轮训，挂牌成立一批“区级机关党员党性教育现场教学点”和“党史学习教育见学点”，布置“区级机关党史学习园地”6期，引导机关党员坚守共产党人的精神高地。（董镜茹）

■在推进“先领”行动中展现新担当 制订下发年度机关党建“先领”行动工作方案，推动落实“先领”重点项目30个，参与2000多人次，命名一批引领服务高质量发展的机关党建特色项目。组织开展“先领”展示月活动，征集展示“先领”党组织、“先领”党建品牌和“先领”组织生活案例等，整体推进和全面提升机关党建质量水平。

（董镜茹）

5月6日，2021年青浦区区级机关党的工作暨机关党建“先领”行动推进会举行

（区级机关党工委供稿）

■服务重大战略 围绕服务保障“进博会”、示范区、虹桥国际开放枢纽和新城建设等重大战略，全面开展“奋进十四五、建功新时代”立功竞赛、“争做建设上海之门、国际枢纽先锋队”主题实践活动、“先领作表率、创文见行动”主题活动以及“先领幸福社区”等活动，搭建“项目＋临时党支部”“党建联盟”“堡垒指数”等载体，提升机关党建的显示度和影响力。（董镜茹）

■为民办事 探索建立“三联三促”（即机关党组织“包联”村居党组织、机关党员“直联”社区群众、党员领导干部“跨联”企业党组织）服务模式，建立意见和建议收集、处置、反馈闭环管理机制。常态化开展在职党员志愿服务行动，做优做实“楼组党员志愿队”。全覆盖建立区级机关213个基层党支部“我为群众办实事”项目，着力解决一批群众关注的热点难点问题。发挥党建带群建作用，开展“凝心聚力、奋力拼搏”机关文体活动，活跃机关文体生活。牵头负

责机关和事业单位新冠病毒疫苗接种工作,3万多名干部职工进行疫苗接种。（董镜茹）

■自身建设 做好涉改(党委改成党组)部门机关党建工作,同步成立机关党委和机关纪委。部署216个基层党组织集中换届选举工作,选优配强支部班子。做好110名区级机关党代表推荐选举工作。（董镜茹）

■机关党建品牌建设 开展“先领”党支部创评活动,命名“先领”党支部20个。培树党支部建设示范点25个,评选优秀组织生活案例25个,持续发挥优秀党支部示范引领作用。（董镜茹）

■正风肃纪 建立完善区级机关纪工委、区纪委监委各派驻纪检组、各单位机关纪委之间沟通、协调、配合工作机制,推动作用发挥。实施“廉动一刻”(即每月利用召开支部党员大会、支部委员会等会议前15分钟左右时间,采取宣讲党纪党规、观看教育片、通报典型案例、座谈交流等形式进行廉政教育)机关正风肃纪,坚持以案释纪,强化震慑警醒,不断提高警示教育的针对性和实效性。（董镜茹）

保密工作

■概况 2021年,青浦区保密工作按照中共上海市委保密委员会全体会议要求,围绕区委中心工作和全区工作大局,夯基础、严管理、强支撑、促转型,扎实做好各项基础性工作,不断提升保密管理能力和保密工作水平。（方友凯）

■保密教育培训 2月,组织召开中共上海市青浦区委保密委员会全体会议。4月,多次组织召开区保密工作会议,举办区保密干部知识竞赛活动,开展“415全民国家安全教育日”全区保密宣传普法工作。6月,组织区各单位党政干部参观中共上海市委保密委员会办公室举办的“百年保密与上海”展览。6—7月,开展建党100周年保密宣传巡展。（方友凯）

9月27日,第四届进博会“进博先锋”党建联盟工作推进会暨党史学习教育“永葆初心”见学点揭牌仪式举行（区级机关党工委供稿）

■单位保密管理 加强全区各单位国家秘密和工作秘密的定密规范化工作,明确全区各单位各级各职领导干部和涉密人员的保密职责。组织签订各类承诺书和责任书,落实保密工作责任。加强相关场所保密管理,严格开展考核,强化安全保密措施。加强涉密文件、资料等的保密管理,规范涉密载体清理、清退、归档、销毁工作。（方友凯）

■保密专项检查 陆续开展区各单位专用设备替代工作,网站、微信和邮箱、涉密载体印制、国家秘密事项数据统计等的专项检查工作,指导落实青浦区各单位保密自查自评及督查等工作。（方友凯）

机构编制工作

■概况 2021年,区委编办始终坚持党管机构编制,持续深化党政机构改革,调整完善部分党政机构职能配置和机构编制设置,牵头组织实施区街镇管理体制和资源整合工作。持续优化事业编制资源配置,优化调整部分事业单位设置,稳妥推进综合行政执法改革。持续推进机构编制法规制度建设,落实机构编制管理权限和程序。（陆鑫炎）

■党政机构改革 调整完善网信、密码管理、党的建设、行政复议、未成年人保护、文物等相关机构职能配置和机构编制设置。指导区委宣传部(网信办)、区司法局修订“三定”(即职能配置、人员编制和内设机构)规定。调整区检察院、城管执法局及执法大队内设机构。增核人大常委会专门委员会正处级领导职数、农业农村委等10家单位机关党委正科级领导职数。明确海外人才相关职能机构。开展机构改革后各部门运行情况和“三定”规定执行情况的检查评估。牵头组织实施区街镇管理体制和资源整合工作,明确街镇党政内设机构和事业单位主要职责、人员编制和领导职数,跨层级调剂新增街镇行政编制55人,事业编制204人。组建街镇综合行政执法机构。新增居民区党组织书记专用事业编制3人。（陆鑫炎）

■事业单位改革 优化调整区农业农村委等12个部门所属事业单位设置,完成18家“小散弱”事业单位整合工作,重新核定63家事业单位人员编制。新建14家事业单位,撤销29家事业单位建制,制发37家事业单位“三定”规定。整合组建区应急管理局执法大队,规范城市管理、规划资源、劳动保障、卫生监督等领域行政执法机构设置,明确行政执法人员编制。完成2020年度事业单位年度报告报送和公示工作,完成区属事业单位设立登记14家,注销登记51家,变更登记324项,补证5家,换证1家;批复273家事业单位的招聘用编计划840人，批复290家事业单位交流用编计划848人。强化事中事后监管，会同有关部门对6家单位法人公示信息开展抽查。（陆鑫炎）

■**机构编制法规制度建设**　严格管理权限和程序，区委编委召开会议4次，研究审议机构编制事项。贯彻落实机构编制报告制度，按程序区委编委向市委编委作书面报告。牵头制发机构编制实名制管理文件，加强用编审核、人员出入编管理、科级领导职数使用核准。开展法规制度业务培训，制发机构编制业务工作办事指南。配合区委组织部对区委办、区府办等16家单位选人用人工作，对赵巷镇、徐泾镇等12家单位党建工作责任制检查等，开展机构编制管理和制度执行情况检查。配合审计部门完善领导干部经济责任审计检查清单。开展区机构编制第二次核查，统筹做好年度统计和重要事项报告工作。承接市委编办关于机构编制监督检查部门协同工作机制课题并研究形成相关意见。开展机关事业单位编制外人员专项调查。配合做好政府购买服务事项联审相关工作。（陆鑫炎）

档案工作

■**概况**　2021年，区档案局继续发挥档案服务大局、服务社会、服务民生的作用，推进档案“资源、利用、安全、治理”体系建设，完成2021年各项工作任务。全年共接待查档者10081人（次），利用档案1.1万卷（件）。同时，继续做好政府信息公开接待咨询工作，全年集中受理依申请政府信息公开9人次，收集41家政府信息公开成员单位各类公开信息1236条。全年完成接收婚登中心、殡仪馆等4家单位档案1.6万（卷）件，接收国有企业退休死亡人事档案6487卷。全年对馆藏1990—1995年档案进行鉴定档案鉴定划控，涉及74个全宗，共计4.6万卷。（蔡佳诚）

■**推进档案信息化发展**　推进示范区电子档案管理，完成编制《示范区电子文件归档和电子档案单套制管理探索指南》《示范区电子文件归档和电子档案单套制管理的三年行动方案》。开展“一网通办”电子文件归档工作，全年完成教育局、绿容局等9家单位，共计9111件行政审批事项电子文件归档工作。（蔡佳诚）

■**推动档案价值传播**　2021年，《青浦建城500年档案史料展》共接待参观人员4302人次，同时围绕“档案话百年”主题，举办“读档学史，以档说史”走进档案馆活动。6月，与江苏省苏州市吴江区、浙江省嘉兴市嘉善县档案部门联合开展“档案话百年，记忆现今朝”国际档案日活动。利用“青浦档案”微信号平台，推送文章43篇，阅读量共计2.8万人次。不断强化馆校合作，发挥爱国主义教育基地作用，组织在校学生来馆参观、制作成长档案，全年合计200人次。（蔡佳诚）

■**档案征集编研**　全年共开展各类征集10次，征集珍贵视频5个，照片1万余张，实物7件。10月，完成《档案里的红色印记》《上善青浦2020》编印。（蔡佳诚）

■**强化档案业务指导**　完成第四届“进博会”档案业务指导、接收和管理工作。根据《青浦区重点档案管理办法》，对新城14个重点项目的档案跟踪指导，明确文件材料收集的重点和归档范围。结合“我为群众办实事”实践活动，健全“区、街镇、村居”三级民生档案查询服务网络，构建多元化的民生档案资源体系。同时，加强基层档案室建设，全年完成朱家角小学等8家单位档案星级认定。（蔡佳诚）

史志工作

■**概况**　2021年，区史志办贯彻落实党中央对党史工作“一突出、两跟进”（“一突出”即突出开创和发展中国特色社会主义时间段的历史研究，“两跟进”即即时跟进党中央的步伐、即时跟进历史前进的步伐）要求，扎实开展党史学习教育，全面做好党史、地方志各项工作，按时完成各类书籍出版任务，更好发挥“存史、育人、资政”作用。编纂出版《金泽镇拾遗》。开展《练塘镇拾遗》编纂。完成《党史大事记》双月刊信息报送以及《党史信息报》《上海党史与党建》年度征订任务。为上级及区内各单位提供党史学习教育和“四史”宣传教育的专业咨询及资料服务。（胡浩川）

■**参与区内党史学习教育相关活动**　做好“纪述初心，红色青浦”系列短视频拍摄工作，首期发布《红色牧师——董健吾》，在“人民网”“东方网”“绿色青浦”网上同步推送；第二期《顾氏三兄弟》完成视频成片。参与“学党史、听党话、跟党走”主题宣教活动，向基层代表赠阅《青浦印痕70年70个瞬间》《青浦改革开放40周年图册》等学习书籍，现场设置党史学习教育打卡点并开展“党史知识问答”活动。参与“学好百年党史·书写时代篇章”——“上善初心课堂”初心党课（党史系列专题课）宣讲活动。年内开展宣讲活动8次，累计参与人数265人次。（胡浩川）

■**出版《百年逐梦——中国共产党在青浦图史》和《中共上海市青浦区（县）党史大事记（1991.1—2020.12）》**　在全区庆祝中国共产党成立100周年座谈会上发行，作为全区党史学习教育的学习及参考资料，其中《百年逐梦——中国共产党在青浦图史》一书被列为区级机关党员“红色阅马赛”指定书单。《百年逐梦——中国共产党在青浦图史》以中国共产党在上海成立以来团结带领青浦人民百年奋斗历程为叙述脉络，以历史影像，图景式展示党领导青浦人民在革命、建设、改革各个阶段取得的发展成就，以及展现出的英勇奋斗、艰辛探索、开拓创新、不断进取的光荣传统。《中共上海市青浦区（县）党史大事记（1991.1—2020.12）》全面、客观、真实地反映1991年以来30年间，在中共中央及中共上海市委的领导下，中共青浦区（县）委及下辖各级党组织领导青浦人民深化和扩大改革开放的历史过程及成就。（胡浩川）

■**《青浦年鉴2021》出版发行**　12月，《青浦年鉴2021》由上海文化出版社出版发行。该年鉴共设类目31个，分目218个，条目1287个（不包括概述性条目），照片308帧（其中卷首70帧、随文照片238帧），图5张，表100张，总字数126万字。（胡浩川）

SHANGHAISHI
QINGPUQU
RENMIN
DAIBIAODAHUI

上海市青浦区人民代表大会

◎ 编辑 姜依霖

综述／ 人民代表大会及其常务委员会会议
讨论、决定重大事项／ 监督工作
人大代表换届选举工作／ 代表工作／ 人事任免

综　述

2021年，区五届人大常委会在中共青浦区委领导下，坚持以习近平新时代中国特色社会主义思想为指引，全面贯彻落实党的十九大和十九届历次全会精神，深入贯彻习近平总书记关于坚持和完善人民代表大会制度的重要思想，弘扬伟大建党精神，落实中央、市委和区委人大工作会议精神，传承青浦区（县）人大常委会40年优良传统，不忘初心、砥砺前行，以坚定的政治责任、忠实的履职担当，谱写了助推青浦全面跨越式高质量发展的人大篇章。

区人大常委会贯彻落实区委决策部署，立足全局谋划推进人大工作，坚持围绕中心、主动作为、依法履职，助力全区经济持续高质量发展。按照“六稳”“六保”要求，持续推动就业、教育、医疗、养老、文化等各项社会保障和公共服务工作。以“凝心聚力促发展，担当作为再出发”人大代表履职实践活动为载体，不断充实代表活动内容、丰富代表活动形式，支持代表发挥主体作用。立足人大政治机关、国家权力机关、工作机关、代表机关定位，发扬“抢拼实善”新时代青浦奋斗精神，与时俱进推进自身建设，切实提升工作效能。

年内，召开纪念青浦区（县）人大设立常委会40周年座谈会，系统回顾总结青浦区（县）人大常委会40年来的发展历程，谋划展望新时代人大工作的美好前景。先后举行常委会会议11次，听取和审议“一府两院”专项工作报告12项，形成常委会审议意见12份，依法就有关重大事项作出决议决定9项；依法任免青浦区国家机关工作人员69人次、区法院人民陪审员102人次；对4名区政府组成部门主要负责人开展履职评议，本届内未曾进行履职报告的区政府组成部门主要负责人和法院、检察院负责人书面报告履职情况，实现履职评议全覆盖。对《上海市生活垃圾管理条例》等9部法律法规实施情况开展执法检查和调研。召开党组会议20次，主任会议20次，主任会议成员集体调研5项，各专门委员会、工作委员会开展监督调研工作24项。（孙　盈）

5月31日，区五届人大常委会第四十二次会议在区会务中心召开
（区人大办供稿）

人民代表大会及其常务委员会会议

■区第五届人民代表大会第七次会议

1月19—21日，青浦区第五届人民代表大会第七次会议在区会务中心举行。19日，举行大会开幕式，会前召开预备会议。本次会议出席代表204名（实有代表216名）。会议听取和审议区长余旭峰关于青浦区人民政府工作报告；审查和批准青浦区国民经济和社会发展第十四个五年规划和二〇三五年远景目标纲要；审议青浦区2020年国民经济和社会发展计划执行情况与2021年国民经济和社会发展计划草案的报告；审查和批准青浦区2020年国民经济和社会发展计划执行情况的报告及2021年国民经济和社会发展计划；审议青浦区2020年预算执行情况和2021年预算草案的报告；审查和批准青浦区2020年预算执行情况的报告及2021年预算；会议听取和审议区人大常委会主任朱明福所作的青浦区人民代表大会常务委员会工作报告、区人民法院院长麦珏所作的青浦区人民法院工作报告和区人民检察院检察长郑永生所作的青浦区人民检察院工作报告，并通过相关决议。（孙　盈）

2021年青浦区人民代表大会常务委员会会议情况表

表2

会议名称	时间	主要内容
区五届人大常委会第四十次会议	2月25日	审议人事任免事项；审议区人大常委会2021年度工作要点（草案）；书面审议区人大法制委关于2020年规范性文件备案审查情况的报告
区五届人大常委会第四十一次会议	3月30日	审议区人民法院关于提请任命人民陪审员事项；审议区人大常委会代表资格审查委员会关于个别代表资格的报告

（续表）

会议名称	时间	主要内容
区五届人大常委会第四十二次会议	5月31日	审议人事任免事项；审议表决区人大常委会关于接受有关人员辞去职务请求的决定；审议表决区人大常委会主任会议关于提请决定有关人员职务的议案；审议表决区人大常委会关于接受有关人员辞去青浦区第五届人民代表大会代表职务请求的决定；审议区人大常委会代表资格审查委员会关于个别代表资格的报告；听取和评议区农业农村委、卫生健康委、国资委、应急管理局主要负责人履职情况报告，开展满意度测评；本届内未曾进行履职报告的区政府组成部门主要负责人和法院、检察院负责人书面报告履职情况；审议修订区人大及其常委会有关制度规定；听取和审议区政府关于2020年本区环境保护工作和环境保护目标完成情况的报告；听取和审议区政府关于本区全域旅游示范区建设情况的报告；审议上海市青浦区人大常委会关于实施政府民生实事项目人大代表票决制的决定（草案）
区五届人大常委会第四十三次会议	7月20日	审议人事任免事项；审议表决区人大常委会关于接受有关人员辞去职务请求的决定；审议表决区人大常委会主任会议关于提请决定有关人员职务的议案；审议表决区人大常委会关于接受有关人员辞去青浦区第五届人民代表大会代表职务请求的决定；听取区政府关于上半年工作情况的报告；区人大常委会、法院、检察院书面报告上半年工作；听取和审议区政府关于2020年决算（草案）、2021年上半年预算执行情况和2020年度本级预算执行及其他财政收支审计工作的报告，审查和批准2020年区本级决算；听取和审议区政府关于提请审议本区2021年地方政府债务限额的议案，审查和批准本区2021年地方政府债务限额；听取和审议区政府关于贯彻实施《中华人民共和国退役军人保障法》情况报告和区人大常委会相关执法检查报告；书面审议区政府关于2021年上半年国民经济和社会发展计划执行情况的报告；书面审议区政府关于代表建议办理情况的报告；审议区人大常委会修正相关制度规定
区五届人大常委会第四十四次会议	7月26日	补选上海市第十五届人民代表大会代表
区五届人大常委会第四十五次会议	8月19日	审议人事任免事项；审议关于设立青浦区选举委员会的决定（草案）；审议关于本区区、镇两级人民代表大会换届选举时间和新一届区人民代表大会代表名额分配及镇人民代表大会代表名额的决定（草案）；审议关于各镇选举委员会组成人员的任命决定（草案）；审议修订区人大常委会有关制度规定
区五届人大常委会第四十六次会议	9月8日	审议人事任免事项
区五届人大常委会第四十七次会议	9月17日	审议人事任免事项；审议表决区人大常委会关于接受有关人员辞去职务请求的决定（草案）；审议表决区人大常委会主任会议关于提请决定有关人员职务的议案；听取和审议区政府关于贯彻实施《固体废物污染环境防治法》情况报告和区人大常委会执法检查报告；听取和审议区政府关于本区国有自然资源（资产）管理情况的报告，书面审议区政府关于本区国有资产管理情况的综合报告；审议表决区人大常委会关于调整各镇选举委员会组成人员的任命决定（草案）
区五届人大常委会第四十八次会议	9月29日	审议人事任免事项；听取和审议区政府关于贯彻实施《上海市优化营商环境条例》情况报告和区人大常委会相关执法检查报告，区法院书面报告贯彻实施《上海市优化营商环境条例》情况；听取和审议区政府关于本区“七五”普法工作情况的报告；审议《关于本区开展第八个五年法治宣传教育的决议（草案）》；听取2名市人大代表履职情况的报告
区五届人大常委会第四十九次会议	11月18日	审议人事任免事项；审议表决区人大常委会关于接受有关人员辞去职务请求的决定（草案）；审议表决区人大常委会主任会议关于提请决定有关人员职务的议案；听取和审议区政府关于实施乡村振兴战略推进农民生活富裕情况的报告；听取和审议区监察委关于开展廉政教育专项工作情况的报告；听取和审议区政府关于2020年度本级预算执行和其他财政收支审计整改情况的报告，开展满意度测评；听取和审议区政府关于2021年区本级预算调整方案（草案）的议案，审查和批准2021年区本级预算调整方案；听取和审议区政府关于代表建议办理情况的报告
区五届人大常委会第五十次会议	12月27日	补选上海市第十五届人民代表大会代表，接受有关人员辞去上海市第十五届人民代表大会代表；审议人事任免事项；听取和审议2022年民生实事项目区人大代表票决结果的报告；审议区人大常委会工作报告（草案）；审议区六届人大一次会议有关事项

（孙　盈）

讨论、决定重大事项

■**概况**　区人大常委会履行重大事项决定权，围绕财政预决算及预算调整、债务限额、“八五”普法等进行调研、审议，并作出相关决议决定。（孙　盈）

■**批准青浦区2020年区本级决算**　结合审议审计工作报告，审查《青浦区2020年财政决算（草案）》和《关于青浦区2020年财政决算及2021年1—6月预算执行情况的报告》。同意区人大财政经济委员会提出的《关于青浦区2020年区本级决算审查结果的报告》，批准《青浦区2020年区本级决算》。（孙　盈）

■**批准青浦区2021年预算调整方案**　听取并审议区政府关于2021年区本级预算调整方案（草案）的议案，审查和批准2021年区本级预算调整方案。

（孙　盈）

■**批准青浦区 2021 年地方政府债务限额** 批准区人民政府 2021 年地方政府债务限额为 155.1 亿元，其中：一般债务 92.5 亿元、专项债务 62.6 亿元。 （孙 盈）

■**通过青浦区开展第八个五年法治宣传教育的决议** 通过青浦区法治宣传教育第八个五年规划，深入贯彻落实习近平法治思想，持续增强全民法治观念，提升社会治理法治化水平，推进法治文化建设和法治社会建设，更好发挥法治在青浦改革发展稳定中的引领、规范和保障作用。 （孙 盈）

10 月 27 日，十二届全国人大常委会副委员长严隽琪（右六）和原市人大常委会主任殷一璀（左三）、副主任钟燕群（左二）、杨定华（左一）等一行到青浦区调研，区人大常委会主任朱明福（右五）陪同。图为参观长三角生态绿色一体化发展示范区水乡客厅规划展示馆现场 （区人大办供稿）

监督工作

■**概况** 2021 年，青浦区人大常委会坚持围绕中心、服务大局、履职尽责，坚持问题导向，回应社会关切，紧盯高质量发展的关键问题、影响法律法规实施的突出问题、人民群众关心关切的重要问题，通过与市人大、街镇人大上下联动、与示范区人大协同联动，以组织代表执法检查、监督调研、明察暗访等方式，进一步夯实监督工作基础，提高监督工作实效。 （孙 盈）

■**紧扣区域重大战略任务** 青浦区人大与上海市人大联动开展《市人大关于促进和保障长三角生态绿色一体化发展示范区建设若干问题的决定》执法检查，联合江苏省苏州市吴江区、浙江省嘉兴市嘉善县人大调研《关于支持长三角生态绿色一体化发展示范区高质量发展的若干政策措施》落实情况，助力示范区先行先试，助推长三角一体化国家战略。举办市人大代表论坛和青浦新城建设专题报告会，组织代表听取新一轮新城建设规划情况，多渠道助推青浦新城打造成为独立的综合性城市和枢纽门户城市。开展《推进科技创新中心建设条例》执法调研，组织代表听取科创中心建设情况，助力打造上海国际数字化制度青浦样板。 （孙 盈）

3 月 29 日，青浦、吴江、嘉善三地人大常委会第五次主任例会由青浦区人大承办。图为考察华为研发中心建设现场 （区人大办供稿）

■**三地人大协同联动** 青浦、吴江、嘉善三地人大每年围绕规划契合、设施汇合、产业耦合、功能聚合、治理融合、环保联合六大重点领域确定相关项目，定期召开三地人大常委会主任例会，进行研讨交流，确定协同计划。3 月 29 日，在青浦承办的三地人大常委会第五次主任例会上，三地人大协商决定围绕《关于支持长三角生态绿色一体化发展示范区高质量发展的若干政策措施》落实情况开展联动调研。4—7 月，三地人大围绕示范区总体建设情况以及信息设施建设、医保服务一体化、人才标准互认、教育资源共享等特定领域，联合走访示范区执委会，并分头与各地职能部门开展交流座谈，在各自形成调研报告的基础上，梳理整合成综合调研报告，送三地政府及相关职能部门参考。 （孙 盈）

■**推动全面依法治区工作** 书面审议 2020 年度规范性文件备案审查情况，依法审查区政府报备规范性文件，实现备案审查工作全流程信息化管理。听取审议“七五”普法情况，依法作出“八五”普法决议，推动“八五”普法规划出台。监督调研诉调对接和认罪认罚从宽制度适用工作。首次听取审议监委专项工作报告，审慎稳妥、依法有序开展监督调研，围绕进一步加强和改进廉政教育工作提出审议意见。

（孙　盈）

■提升执法检查效果　围绕关于青浦区贯彻实施《上海市优化营商环境条例》，以打造长三角最具制度竞争力的营商环境为目标，开展执法检查实地调研，分别向区政府和区法院制发审议意见，推动青浦营商环境从3.0版升级到4.0版，促进“一网通办”成为常态，不断增强企业和群众的满意度、获得感。围绕关于青浦区贯彻实施《中华人民共和国退役军人保障法》开展执法检查，聚焦“退役安置、就业创业、抚恤优待和褒扬激励、服务管理”等5个方面，召开退役军人代表座谈会8场，当面听取意见70余人次，收集意见40余条。围绕关于青浦区贯彻实施《中华人民共和国固体废物污染环境防治法》开展执法检查。聚焦执法监管和法律责任，完善管理制度、提升处理能力、开展普法宣传和社会动员，针对相关重点领域听取专题汇报，开展执法检查和明察暗访，注重联合联动，坚持问题导向，以“钉钉子精神”抓问题整改。（孙　盈）

■推进基层社会治理　听取并审议实施乡村振兴战略促进农民富裕、环境状况和环境保护目标完成情况，调研本区国家生态文明建设示范区创建工作，专项监督生活垃圾分类工作，跟踪推进水环境综合治理，积极助力乡村振兴和生态文明建设。监督调研养老服务条例贯彻实施情况，组织代表听取本区民办教育发展情况报告，调研社区卫生服务中心标准化建设情况，听取审议全域旅游示范区建设情况，促进民生事业发展。组织代表听取村居委会换届选举工作情况报告，关注应急避难场所建设情况，推动基层社会治理赋能增效。

（孙　盈）

■开展民生实事项目代表票决制　区五届人大常委会第四十二次会议作出关于实施政府民生实事项目人大代表票决制的决定，制订出台具体实施办法，做好项目征集、筛选等基础工作。

12月15日，区人大常委会组织区五届人大代表开展年终视察，深入了解2021年青浦区经济和社会发展等方面取得的成效　（区人大办供稿）

4月13日，区人大常委会主任会议成员集体调研本区社区卫生服务中心标准化建设情况　（区人大办供稿）

12月15日，区人大常委会组织区五届人大代表召开2022年区政府民生实事项目票决会，以差额票决方式票选2022年区政府民生实事项目　（区人大办供稿）

12月15日，区人大常委会召集区五届人大代表对2022年民生实事候选项目进行票决，确定“老年人健康关爱计划”等16个项目为青浦区2022年度民生实事项目。（孙　盈）

■加强预算审计监督工作　加强计划预算编制执行和政府债务监督，首次开展审计整改情况满意度测评，强化对国有自然资源（资产）管理情况的监督，实施动态、实时、在线预算联网监督。（孙　盈）

人大代表换届选举工作

■概况　区人大常委会坚持党的领导、充分发扬民主、严格依法办事有机统一，积极落实全过程人民民主，率先探索长三角生态绿色一体化发展示范区选民资格认定便利化，选举产生新一届区人大代表242人和镇人大代表615人。（孙　盈）

■探索示范区流动人口选民资格认定便利化　青浦、吴江、嘉善三地人大在示范区内试点流动人口选民资格认定便利化工作，探索跨行政区域选民登记信息互联互通，保障流动人口的选举权利。8月27日，青浦区人大常委会会同吴江区、嘉善县人大常委会共同制定出台《长三角生态绿色一体化发展示范区流动人口选民资格认定便利化操作办法》。通过《操作办法》指导，554人实现异地登记、选举，苏州籍候选人顾琦被选为青浦区人大代表。（孙　盈）

■严把关键环节　严把选民登记关，围绕“三分离”（即人户分离、人企分离、企业注册地与生产经营地分离）现象带来的应登尽登率难点，强化前期调研排摸、严格执行分时分类登记，确保选民登记率达到94.4%。严把代表入口关，依法提名推荐、协商确定代表候选人，充分发挥民主协商作用，确保每一位代表候选人具有广泛的民意基础。严把选举投票关，周密部署落实选举投票日各项工作，制订完善应急处置预案。严肃换届纪律，做到违法违纪行为零容忍，严格落实疫情防控要求，确保整个换届选举过程平稳有序、风清气正。（孙　盈）

代表工作

■概况　尊重代表主体地位，营造履职促发展、担当解民忧的良好氛围，提升履职实效，更好发挥代表主体作用。（孙　盈）

■支持和保证代表依法履职　召开代表履职实践主题活动总结会，交流传承代表履职经验，表彰32位履职先进典型。扩大代表对常委会工作的参与，不断拓宽代表知情知政、参政议政渠道。试点开展代表履职档案管理工作，提高服务代表履职智能化水平。落实代表报告履职情况工作，实现代表向选民群众述职工作全覆盖。（孙　盈）

■密切与代表及群众联系　完善“家站点”平台建设，指导各街镇人大建立形式多样的代表联系点，推动联系点在“建起来”的基础上更好“转起来”“活起来”。至年底，全区共建设代表之家11个、代表联络站68个、代表联系点230个。推进代表“三联系”（即坚持常委会组成人员定期走访联系区人大代表，市、区人大代表定期集中进社区联系群众、各级人大代表经常性联系群众）制度，进一步畅通代表倾听群众呼声渠道。增强集中联系社区实效，聚焦中心大局、民生关切确定活动主题，发动三级代表走进社区深入了解社情民意，健全代表反映群众意见的分级处理反馈机制。（孙　盈）

■加强代表建议办理和督办工作　深化督办工作机制，集中开展办理工作“回头看”，重点聚焦本届以来“承诺解决”但未真正落实、“列入计划拟解决”尚未落实方案措施，以及“反复提反复办”目前政策或条件有变化的意见、建议，强化“销项”跟踪管理，确保督办实效。本届来，代表提出的640件建议全部办理答复，其中“解决采纳”492件，“正在解决”3件，“计划解决”43件，“留作参考”102件，解决采纳率为76.88%。（孙　盈）

人事任免

■概况　坚持党管干部和人大依法行使人事任免权的有机统一，做好有关人事任免工作，推动宪法宣誓制度落实。全力推进被任命人员向常委会报告履职情况并接受满意度测评，先后听取区农业农村委、卫生健康委、国资委、应急管理局主要负责人履职情况报告，开展满意度测评；本届内未曾进行履职报告的区政府组成部门主要负责人和法院、检察院负责人书面报告

12月9—10日，区人大常委会举办区六届人大初任代表培训班
（区人大办供稿）

履职情况，实现本届内"一府两院"被任命人员任后监督全覆盖。跟踪监督已评议人员后续整改情况，强化对被任命人员的任后监督，增强被任命人员依法履职、为民尽责的责任感、使命感。（孙　盈）

2021 年青浦区人大常委会和"一府一委两院"工作人员任命情况表

表 3

姓名	任命职务	任命日期
朱文久	青浦区人民检察院检察员	2 月 25 日
钟　芬	青浦区人民检察院检察员	2 月 25 日
高苏山	青浦区人民检察院检察员	2 月 25 日
顾丽琛	青浦区人民检察院检察员	2 月 25 日
徐　建	青浦区人民政府副区长	5 月 31 日
潘勇强	青浦区文化和旅游局局长	5 月 31 日
程卫东	青浦区建设和管理委员会主任	5 月 31 日
朱永强	青浦区规划和自然资源局局长	5 月 31 日
刘　晶	青浦区人民检察院副检察长、检察委员会委员、检察员	7 月 20 日
柳　燕	青浦区人民检察院副检察长、检察委员会委员、检察员	7 月 20 日
胡　骏	青浦区人民检察院副检察长、检察委员会委员、检察员（挂职时间自 2021 年 5 月至 2022 年 4 月）	7 月 20 日
朱加军	青浦区人民代表大会常务委员会香花桥街道工作委员会主任	8 月 19 日
张　彦	青浦区人民政府副区长	9 月 8 日
俞　峰	青浦区民政局局长	9 月 8 日
陆冬云	青浦区生态环境局局长	9 月 8 日
杨　嵘	青浦区应急管理局局长	9 月 8 日
王锡璟	青浦区国有资产监督管理委员会主任	9 月 8 日
庄爱军	青浦区统计局局长	9 月 8 日
王　滨	青浦区绿化和市容管理局局长	9 月 8 日
杨叶青	青浦区民防办公室主任	9 月 8 日
范国强	青浦区监察委员会副主任	9 月 8 日
凌　敏	青浦区人民代表大会常务委员会人事工作委员会主任	9 月 8 日
杨佃辉	青浦区人民代表大会常务委员会夏阳街道工作委员会主任	9 月 8 日
高　燕	青浦区人民代表大会常务委员会教育科技文化卫生工作委员会副主任、华侨民族宗教事务工作委员会副主任	9 月 8 日
沈　培	青浦区人民代表大会常务委员会农业与农村工作委员会副主任	9 月 8 日
黄宝辉	青浦区人民代表大会常务委员会办公室副主任（试用期一年）	9 月 8 日
朱玮军	青浦区人民代表大会常务委员会夏阳街道工作委员会副主任	9 月 8 日
徐　敏	青浦区人民代表大会常务委员会盈浦街道工作委员会副主任	9 月 8 日
杨小菁	青浦区人民政府副区长	9 月 17 日

（续表）

姓名	任命职务	任命日期
王贤诚	青浦区人民检察院副检察长、检察委员会委员、检察员	9月29日
张卫东	青浦区人民法院副院长、审判委员会委员、审判员	9月29日
叶　靖	青浦区监察委员会副主任	11月18日
李宾徐	青浦区人民代表大会常务委员会盈浦街道工作委员会主任	11月18日
潘慧敏	青浦区人民政府办公室主任	11月18日
张　隽	青浦区商务委员会主任	11月18日
朱思毅	青浦区农业农村委员会主任	11月18日
林　峰	青浦区住房保障和房屋管理局局长	11月18日
黄洁亭	青浦区人民法院审判监督庭副庭长	11月18日
章晓琴	青浦区人民法院副院长、审判委员会委员、审判员	12月27日
杜　民	青浦区人民法院审判员	12月27日
张　璐	青浦区人民法院审判员	12月27日
赵晖晖	青浦区人民法院审判员	12月27日
徐　慧	青浦区人民法院审判员	12月27日

（孙　盈）

表4

2021年青浦区人大常委会和“一府一委两院”工作人员免职情况表

姓名	免去职务	免职日期
沈秋娟	青浦区文化和旅游局局长	5月31日
程卫东	青浦区规划和自然资源局局长	5月31日
陆章一	青浦区建设和管理委员会主任	5月31日
张　兵	青浦区人民代表大会常务委员会香花桥街道工作委员会主任	5月31日
何玉娟	青浦区人民法院审判员	7月20日
陆冬云	青浦区统计局局长	9月8日
杨叶青	青浦区应急管理局局长	9月8日
施剑文	青浦区民政局局长	9月8日
杨佃辉	青浦区生态环境局局长	9月8日
虞　骏	青浦区国有资产监督管理委员会主任	9月8日
朱　奇	青浦区绿化和市容管理局局	9月8日
高　峰	青浦区民防办公室主任	9月8日
仲吉宇	青浦区监察委员会副主任	9月8日
童　伟	青浦区监察委员会委员	9月8日

（续表）

姓名	免去职务	免职日期
凌　敏	青浦区人民代表大会常务委员会夏阳街道工作委员会主任	9月8日
陆志斌	青浦区人民代表大会常务委员会代表资格审查委员会主任委员、青浦区人民代表大会常务委员会人事工作委员会主任	9月8日
庄惠元	青浦区人民代表大会常务委员会教育科技文化卫生工作委员会副主任、华侨民族宗教事务工作委员会副主任	9月8日
汤福明	青浦区人民代表大会常务委员会农业与农村工作委员会副主任	9月8日
李明生	青浦区人民代表大会常务委员会夏阳街道工作委员会副主任	9月8日
唐培元	青浦区人民代表大会常务委员会盈浦街道工作委员会副主任	9月8日
王贤诚	青浦区人民法院副院长、审判委员会委员、审判员	9月29日
徐孝芳	青浦区人民代表大会常务委员会盈浦街道工作委员会主任	11月18日
潘慧敏	青浦区商务委员会主任	11月18日
朱思毅	青浦区住房保障和房屋管理局局长	11月18日
李　欢	青浦区人民政府办公室主任	11月18日
谢　辉	青浦区农业农村委员会主任	11月18日
陆晓春	青浦区人民法院审判员	11月18日
张金健	青浦区人民检察院检察员	12月27日

（孙　盈）

2021年青浦区人大常委会人民陪审员任命情况

2021年3月30日青浦区第五届人民代表大会常务委员会第四十一次会议表决通过，决定任命马宏辉、马海瑛、王昊、王菊、王琼、王晶、王新、王秀芳、王维玲、甘仁武、卢松、卢伟芬、田慧、叶巍琪、朱卫华、朱文玫、朱晓雁、朱雪娟、刘羽琦、刘利群、刘荣新、刘莹婷、刘雪萍、阮玲、孙萍、孙宝珍、杜培毅、李伟、李岩、李娟、李静、李瑾、李明辉、李嘉晨、苏丽芳、杨修鹏、杨晓维、吴永林、吴晓静、邹寅生、沈阳、沈木根、沈顺梅、沈奕新、沈彩芳、陈鸿山、陈菊芳、陈梅珠、陆军、张丽、张晏、张元浩、张永春、张佳蕊、张勇平、张是玮、林炳兰、范瑞耀、周云飞、周仁忠、连益、连晓锋、金全英、郝明河、胡枞蓉、胡晨洁、项春莲、赵伟、赵剑、洪森、姜洁、姜毅、姚丹、姚成星、姚舒文、袁凌曦、顾月、钱锦凤、倪君英、倪跃进、徐美娣、徐翌伟、高林芳、高琍毅、唐学雷、郭健伟、康健健、黄黎丽、龚莉、韩为民、韩姗姗、董璐莹、葛小平、蒋丽兰、傅旭升、詹小兰、蔡银鹰、缪晓丹、潘林英、戴津耀等100名同志为青浦区人民陪审员。（孙　盈）

2021年青浦区人大常委会人民陪审员免职情况

2021年7月20日青浦区第五届人民代表大会常务委员会第四十三次会议表决通过，决定免去王国瑞、连益等2名同志青浦区人民陪审员的职务。

（孙　盈）

附：

上海市青浦区第五届人民代表大会常务委员会主任、副主任、委员和2021年11月16日选举产生的区六届人大代表名单

区五届人大常委会主任：

朱明福

区五届人大常委会副主任：

陶夏芳（女）　胡海民　何　强

赵宏林

区五届人大常委会委员（34名）：

丁峰雷　尤佳秋　印国荣　朱明福

华　琼（女）　庄惠元　汤福明

许　峰　孙海铭　李　峰　李建明

杨莉炯（女）　何　强　沈伯明

宋　波　宋伟倩　张　备

张丽莉（女）　张国妹（女）　陆志斌

易宏勋　陈　达　金国宏

周敏华（女）　郝　民（女）　赵宏林

胡海民　袁永坤　徐一军　徐福星

陶夏芳（女）　黄春明　蒋家敏

覃远辉

区六届人大代表名单

赵巷镇代表团（19名）：

卢　薪　印国荣　刘正俊

李　琳（女）　沈　慧（女）　沈竹林

张　炜　陈雪云　罗盼盼（女）

金　萍（女）　金静静（女）

姚　燕（女）　徐　珏（女）　徐春荣

凌　华　高　健　盛　丽（女）

谢　华（女）　潘　栋

徐泾镇代表团（21名）：

王　平　方　辉　邓丽琼（女）

刘　晶　刘晓强　杨　明　何　毅

沈海波　张纪东　张丽红(女)
陈　瑜　姚清清(女)　顾春芳(女)
徐　建　黄银庆　曹　蕾(女)
韩育新　谢　明　虞　骏
潘自敏(女)　潘恩华

华新镇代表团(20 名):
马爱萍(女)　王　辉(女)　王　瑾
王丹凤(女)　田春红(女)
刘晓丽(女)　许伟明　李俊峰
李嘉辉　杨莉炯(女)　吴希铭
吴佳妮(女)　何　强　沈赵燕(女)
金　彪　周　萍(女)　郎　冰(女)
钱志强　徐　霞(女)　康军平

重固镇代表团(16 名):
方伟忠　杨春刚　沈伯明
张　萍(女)　张权权　张红英(女)
陆爱民　胡小强　姜燕华(女)
顾荷英(女)　钱闪星　钱庆华
徐　虹(女)　黄春明　储小彬
詹橡珍(女)

白鹤镇代表团(22 名):
韦建国　叶　靖　朱磊明　李　峰
李一华　李夏东　张　备　张湫昊
陈　洁(女)　陈　勤(女)　陈卫群
陈春民　林苗苗(女)　金　健(女)
周雪娟(女)　周燕萍(女)　俞卫星
徐华丽(女)　高　燕(女)
谢　芳(女)　谢宝明　蔡双其

朱家角镇代表团(26 名):
丁峰雷　吕含晶(女)　乔惠锋
汤明根　李　妍(女)　李方明
杨　军　吴玉婷(女)　沈　洁(女)
沈　翠(女)　陈丹华(女)　陈玉林
姚晓平　顾　琦　徐　健　徐一军
徐永坚　凌　娜(女)　凌　敏
曹敬东　释昌智　蔡文彬　管文军
熊玉淑(女)　薛顺德　戴琦弘(女)

练塘镇代表团(24 名):
王玲玲(女)　尤晨颖(女)
朱红珍(女)　朱明福　刘永军
许　峰　李军英(女)　沈　培
沈引新(女)　沈佳慧(女)　张　兵
张婷婷　陈燕飞　范立涛
钱　丽(女)　徐振宇　徐晓春
徐梅芳(女)　高　峰　曹　杰
戚雄云　蒋　超　曾宪凯　管鲁骏

金泽镇代表团(26 名):
王　黎　王利军　方志坚　朱卫东
孙　茂　孙菁旌(女)　李春花(女)
杨小菁(女)　沈培芳(女)　张　凡
张　明　张月红(女)　张丽杰(女)
张丽莉(女)　陈金凤(女)
陈舒雯(女)　邵秀慧(女)　周　峰
周红萍(女)　周敏华(女)
倪红慧(女)　徐春霞(女)
陶　磊(女)　黄　萍(女)　黄徐文
蔡陆环

夏阳街道代表团(24 名):
王海青(女)　吕朝晖　朱玮军(女)
任春萌　江天遊　麦　珏(女)
杜春玲(女)　李东世　杨佃辉
吴昉芳(女)　沈振明　沈雪晶(女)
陈　达　陈贝琦　陈剑中
林　娟(女)　祝晓剑　顾秋琴(女)
顾惠军　倪　虹(女)　徐　川
彭　曦(女)　蒋红兰(女)　潘牧天

盈浦街道代表团(23 名):
马　赟　王　辉　王冬冬
王彩凤(女)　成笃生　华　琼(女)
孙海铭　李宾徐　吴　斌　吴瑞弟
沈红开　张　敏(女)　陆　欢(女)
陈　枫　陈震宇　郑湘竹(女)
胡建清　顾长鹰　徐　仙(女)
徐　敏(女)　高　莺(女)　曹秋龙
覃远辉

香花桥街道代表团(21 名):
王家健(女)　朱加军　李　春
余　峰　沈　青(女)　沈雪峰(女)
陈佳程(女)　金国宏　周敬兵
胡　兵　俞　梅(女)　逄立娟(女)
夏卫锋　顾凤凤(女)　顾军燕(女)
徐　敏　徐学军　陶夏芳(女)
董贞洁(女)　董朝峰　蒋春兰(女)

(孙　盈)

SHANGHAISHI QINGPUQU RENMIN ZHENGFU

上海市青浦区人民政府

◎ 编辑 姜依霖

综述 ／ 重要政务活动 ／ 政策研究 ／ 政务服务 ／ 信访工作
合作交流 ／ 外事 ／ 台湾事务 ／ 华侨事务 ／ 民族宗教事务
政府实事工程 ／ 区级机关事务管理
优抚工作 ／ 双拥工作 ／ 安置工作

综 述

2021 年,区政府坚持稳中求进工作总基调,统筹疫情防控和经济社会发展,加快重大战略任务落实,扎实做好"六稳""六保"工作,经济运行稳中向好,社会面和谐稳定,实现全面跨越式高质量发展,为"十四五"良好开局奠定坚实基础。实现地区生产总值 1317.3 亿元,比上年增长 6.1%;区级一般公共预算收入 231.1 亿元,比上年增长 10.0%;规模以上工业总产值完成 1771.5 亿元,比上年增长 9.4%;社会消费品零售总额完成 574.3 亿元,比上年增长 10.6%;全社会固定资产投资完成 625.4 亿元,比上年增长 4.5%;合同外资完成 27.9 亿美元,比上年增长 40.9%;实到外资完成 9.5 亿美元,比上年增长 5.8%;城乡居民人均可支配收入实现 58688 元,比上年增长 9.2%。

聚焦发展大局,重大战略任务高效实施。"进博会"溢出效应持续放大。服务保障第四届"进博会",连续 4 年签下上海交易团首单,5 家境外组织和 11 个项目签约落地。虹桥国际会展产业园揭牌,新增会展企业 34 家。举办"进博会"溢出效应论坛、品质生活论坛、联合国采购大会等系列高规格活动。青浦新城规划建设紧锣密鼓。成立开发者联盟和专家咨询委员会,成功开展城市推介,总投资超过 1000 亿元的 43 个重点项目正式签约。加快推进中央商务区、江南新天地、未来样板区、产业创新区等"1+3"重点区域城市设计和规划调整,中央商务区地下空间、老城厢风貌等 8 个专项规划形成初步成果。虹桥国际开放枢纽建设加快推进。推动落实《虹桥国际开放枢纽建设总体方案》和本市工作方案,5 个方面 46 项重点工作有序实施,青浦片区在 4 个片区中税收总量第二、增速第一,全社会固定资产投资总量、增速双第一。青东联动发展系列战略框架加快实施,集聚各类总部型企业 43 家。推进"三个一批"项目建设,第一批 5 个重大项目集中开工、总投资 75.3 亿元,10 个重大项目集中签约、总投资 74.2 亿元。一体化示范区建设提档加速。新增 41 项制度创新逐步落实,示范区开发者大会成功举办,一环两路(浦港路东延和金商公路南延)一馆(水乡客厅展示馆)一田(江南圩田)一批(空间腾退)实现集中开工。开设示范区"跨省通办"综合受理服务窗口。

聚焦创新驱动,经济发展质效持续提升。经济发展动能持续增强。召开经济促进月度调度会。全区 38 家经济小区新增注册企业 20697 万户,比上年增长 24.5%;完成税收 381.3 亿元,比上年增长 8.1%。"四个一批"产业项目完成出让 22 个、开工 31 个、竣工 18 个、投产 15 个。新增 6 家上市企业,上市企业总数 30 家。主导产业加快集聚。快递物流平台业务收入 1377.3 亿元,长三角金融产业园集聚基金规模 1500 亿元,软件信息产业销售额 758 亿元。青浦生命科学园入选全市重点打造的市级特色产业园区。跨境电商平台完成 786.2 万单。制订方案加快推动氢能产业、生物医药产业、经济数字化转型、工业互联网创新发展。改革创新不断深化。贯彻落实高质量发展综合绩效评价要求,出台青浦区考核办法。制定优化营商环境 4.0 版方案,完善"AI+一网通办"功能建设,新增"0 跑动"业务 100 项,上线远程政务"云"服务 27 项。制订区管企业人力资源优化方案,组建青浦文旅集团公司。认定市高新技术成果转化项目 35 个。新增市高新技术企业 312 家,新增院士专家站 3 家,推进 11 家企业申报市级企业技术中心认定。启动"一业一证"试点。推进"青峰"人才政策落地兑现,获批"上海青浦(长三角)留学人员创业园"。

聚焦项目引领,城乡功能品质不断优化。城镇建设进入快车道。轨道交通 17 号线、2 号线、13 号线西延伸集中开工,省界断头路复兴路通车,崧泽高架西延伸贯通。沪苏湖铁路练塘站、示范区线,G15、G50 抬升扩容,G318 沪青平公路改扩建等重大工程前期工作加快推进。华新凤溪"城中村"完成项目认定批复。土地减量化验收 210.3 公顷。乡村振兴战略取得新进展。持续推进 5 个都市现代农业及高标准农田项目。77 项市级乡村振兴重点任务有序推进,完成第三批 4 个市乡村振兴示范村建设任务、启动第四批创建 2 个。农民相对集中居住完成签约 1003 户。生态绿色优势更加凸显。成功入选国家生态文明建设示范区,为全市唯一。编制第八轮环保三年行动计划。完成中小河道整治 86 公里、小区雨污混接改造 150 万平方米。空气质量指数 AQI 优良率 89.3%,上升 3.8 个百分点;PM2.5 年均浓度 30 微克/立方米,下降 11.8%。完成 7 条(片)市级重点生态廊道建设任务。

聚焦公共服务,社会民生事业提质增效。民心工程扎实推进。新增 98 张养老床位、4 家社区综合为老服务中心、6 家老年人日间服务中心、17 个社区老年助餐场所,改建 98 张认知障碍照护床位,完成 129 户居家环境适老化改造。不断规范长护险服务,全区失能率从 23.3% 下降至 7.18%。开设爱心暑托班 30 个。既有多层住宅加装电梯完成 4 台。新增(升级)早餐工程网点 52 家。新增就业岗位 21500 个。社会事业加快建设。第三轮社会事业三年行动计划 37 个项目开工。开展第四轮"托幼一体化"试点。区公共卫生中心迁建项目开工,复旦妇产科医院青浦分院基本建成。"依托长三角(上海)智慧互联网医院构建新型分级诊疗体系"获上海市 2021 年度"医改十大创新"项目。推进全国健康促进区创建。幸福社区加快建设。顺利完成村居换届选举。形成"两核六化"整体框架,首批 20 个幸福社区示范点成为市民身边的幸福阵地。一批便民利民服务集中落地社区中心。第一轮 15 个美丽街区建设目标基本完成。滚动实施"美丽家园"三年行动计划。

聚焦治理创新,社会治理能力显著增强。从严构建常态化疫情防控体系。坚持人物同防,从严从细抓好重点场所、重大活动防控和重点人群防护。继续推进疫苗接种工作,强化防疫"三件套"(即佩戴口罩、社交距离、个人卫生)"五还要"(即口罩还要戴、社交距离还要留、咳嗽喷嚏还要遮、双手还要经常洗、窗户还要尽量开),固化人民群众的健康防护习惯。完善重大疫情防控体制机制,健全公共卫生应急管理体系,出台并实施加强公共卫生体系建设三年行动计划。社会治理能力持续提升。推进市域社会治理现代化试点。"一网统管"建设任务覆盖率 55%,城运平台一期建设完成,启动二期建设,网格化管理考核保持全市前列。拆除各类违法建筑 2017 处、面积39.12万平方米，公共安全重点地块整治持续推进。深入开展爱国卫生运动。生活垃圾分类实效持续巩固。平安青浦建设持续深化。扎实开展安全生产专项整治三年行动，“6+1+N”安全综合整治持续推进，安全事故发生率控制在较低水平。深入开展扫黑除恶常态化工作。完善“家门口”信访服务体系。开展城管执法“雷霆”整治行动。加强第七次人口普查结果分析应用，深化实有人口管理。（吴　悦）

重要政务活动

2021年上级领导到青浦区调研及活动情况表

表5

日期	调研主题及活动情况	主要领导
1月12日	调研长三角一体化示范区相关工作	市政府副秘书长、市发改委主任、长三角一体化示范区执委会主任马春雷，长三角投资公司董事长池洪，总裁桂恩亮一行。区委书记赵惠琴，区委副书记、区长余旭峰，区委常委、副区长姜爱锋、孙挺，副区长彭一浩陪同调研
1月14日	调研城建相关工作	副市长汤志平、市政府副秘书长黄融。区委书记赵惠琴，区委副书记、区长余旭峰，区委常委、副区长姜爱锋，副区长顾骏陪同调研
1月28日	检查疫情防控工作，实地察看夏阳街道塘郁村、上海沪工、疫苗集中接种点，并就近期疫情防控工作进行座谈交流	副市长陈群。区委副书记、区长余旭峰，区委常委、副区长孙挺参加座谈
3月4日	调研本市郊野公园功能提升有关工作	副市长汤志平、陈通。区委书记赵惠琴，区委副书记、区长余旭峰，副区长倪向军陪同调研
3月11日	调研公共卫生体系建设、新冠疫苗接种、新城医疗卫生资源及互联网医院体系建设等工作	副市长宗明、市政府副秘书长顾洪辉、市卫生健康委主任邬惊雷等一行。区委书记赵惠琴，区委副书记、区长余旭峰，区委常委、副区长孙挺陪同调研
3月24日	调研中国北斗产业技术创新西虹桥基地和华测导航技术公司	市委副书记、市长龚正，市人大常委会副主任陈靖。区委书记赵惠琴，区委副书记、区长余旭峰陪同调研
4月1日	调研第三批市乡村振兴示范村推进情况	副市长彭沉雷。区委书记赵惠琴、区委副书记杨小菁、副区长金俊峰陪同调研
4月2日	调研长三角（上海）智慧互联网医院	市人大常委会副主任蔡威一行。区委常委、副区长孙挺陪同调研
4月8日	调研重大交通工程	副市长张为。区委书记赵惠琴，区委副书记、区长余旭峰，区委常委、副区长姜爱锋参加调研
4月9日	考察调研元荡岸线贯通工程和金泽水库	水利部部长李国英、副市长汤志平一行。区委副书记、区长余旭峰，区委常委、副区长姜爱锋陪同调研
4月28日	指导长三角区域水域应急救援实战演练	副市长、市公安局局长舒庆。区委书记赵惠琴，区委常委、副区长姜爱锋，副区长姚少杰陪同
4月28日	走访调研工业园区相关企业	副市长陈群。区委副书记、区长余旭峰，区委常委、副区长孙挺陪同调研
4月28日	召开上海古镇文旅业态提升工作推进会	副市长陈通，市文化和旅游局局长方世忠。区委副书记、区长余旭峰，副区长倪向军参加会议
4月30日	出席2021年长三角生态绿色一体化发展示范区“五五购物节”活动开幕式	副市长宗明等一行。区委副书记、区长余旭峰，副区长顾骏、彭一浩出席活动
5月13日	考察北斗西虹桥基地	市委副书记、市长龚正，市委副书记于绍良。区委书记赵惠琴，区委副书记、区长余旭峰参加
5月13日	实地踏勘江南水乡客厅相关重点项目	市政府副秘书长、市发改委主任华源。区委书记赵惠琴，区委副书记、区长余旭峰陪同
5月25日	参加元荡堤防达标和岸线生态修复（二期）工程开工仪式彩排	副市长汤志平。区委副书记、区政府党组书记徐建，区委常委、副区长姜爱锋陪同
5月26日	调研新冠疫苗接种工作推进情况	副市长宗明、市政府副秘书长顾洪辉、市卫生健康委副主任张浩一行。区委副书记、区政府党组书记徐建，区委常委、副区长孙挺陪同调研
5月26日	参加长三角主要领导座谈会重大项目“云开工”上海市现场会	副市长汤志平、市政府副秘书长王为人。区委副书记、区政府党组书记徐建，区委常委、副区长姜爱锋陪同

（续表）

日期	调研主题及活动情况	主要领导
5月28日	出席青浦新城城市推介大会	副市长汤志平、市政府副秘书长王为人。区委书记赵惠琴，中国科学院院长郑时龄，区委副书记、区政府党组书记徐建，市委统战部副部长、市工商联党组书记黄国平，区人大常委会主任朱明福，区政协主席李华桂，复旦大学党委副书记许征，同济大学党委副书记彭震伟，区委副书记杨小菁及区四套班子领导出席会议
6月3日	实地踏勘复旦大学创新学院、同济大学可持续发展研究院工作推进情况	市政府副秘书长、市发改委主任华源。市管二级巡视员徐英陪同
6月9日	调研一体化制度创新试验田工作	中央政治局委员、市委书记李强。区委书记赵惠琴，区委副书记、代理区长、副区长徐建，区委常委、副区长姜爱锋，孙挺陪同调研
6月24日	调研新冠疫苗接种工作	副市长宗明、市政府副秘书长顾洪辉。区委副书记、代理区长、副区长徐建，区委常委、副区长孙挺，副区长金俊峰陪同调研
7月21日	参加青浦区公共卫生中心开工典礼	副市长宗明、市政府副秘书长顾洪辉。区委书记赵惠琴，区委副书记、代理区长、副区长徐建，区委副书记杨小菁，区委常委、副区长姜爱锋、孙挺参加
7月21日	调研虹桥商务区工作	副市长宗明、市商务委主任顾军、虹桥商务区管委会常务副主任闵师林。区委书记赵惠琴、市管二级巡视员徐英陪同调研
7月21日	召开全市便捷就医服务数字化转型工作暨数字健康城区现场会，并实地参观长三角（上海）智慧互联网医院新型分级诊疗模式	副市长宗明、市政府副秘书长顾洪辉。区委副书记、代理区长、副区长徐建，区委常委、副区长孙挺参加会议
8月3日	调研重点科技创新企业	市委副书记、市长龚正，市政府秘书长马春雷。区委副书记、代理区长、副区长徐建陪同调研
8月24日	调研农民集中居住工作	副市长彭沉雷。区委副书记、代理区长、副区长徐建，区委常委、副区长姜爱锋陪同调研
8月27日	调研区化妆品企业及A级景区数字化转型和疫情防控工作	副市长陈通。副区长倪向军陪同调研
9月16日	调研新城建设和长三角一体化建设工作	市政府副秘书长王为人。区委书记徐建，区委副书记、代理区长、副区长杨小菁，区委常委、副区长姜爱锋，副区长张彦陪同调研
9月23日	检查第四届“进博会”服务保障工作	市政府副秘书长王为人。市管二级巡视员徐英陪同检查
10月7日	考察示范区两周年现场会青浦点位	市政府副秘书长华源。区委副书记、代理区长、副区长杨小菁，区委常委、副区长孙挺陪同考察
10月8日	调研复旦大学青浦校区选址工作	市政府副秘书长黄永平。区委书记徐建，区委副书记、代理区长、副区长杨小菁，区委常委、副区长孙挺陪同调研
10月13日	调研“城中村”改造相关工作	市政府副秘书长王为人。区政府党组成员肖辉陪同调研
10月19日	调研指导第四届“进博会”安保工作	副市长舒庆。副区长姚少杰陪同调研
10月22日	视察第四届“进博会”安保工作筹备情况	中央政治局委员、市委书记李强。区委书记徐建，副区长姚少杰陪同视察
10月27日	调研长三角生态绿色一体化发展	中央政治局委员、市委书记李强，常务副市长陈寅，市委常委、市委秘书长诸葛宇杰。区委书记徐建，区委副书记、代理区长、副区长杨小菁，区政府党组成员肖辉陪同调研
10月27日	检查第四届“进博会”市容环境和交通保障工作	副市长张为。区政府党组成员陈汇青陪同检查
10月28日	实地检查第四届“进博会”筹备工作	市委副书记、市长龚正。区委副书记、代理区长、副区长杨小菁陪同检查
10月30日	检查第四届“进博会”安保和社会面防控工作	副市长舒庆。区委书记徐建，副区长顾骏、姚少杰陪同检查
11月1日	视察青昆盈新公安检查站、S26沪常高速公安检查站	副市长舒庆。副区长姚少杰陪同视察
11月3日	调研进博安保民兵备勤情况	市委常委、上海警备区司令员刘杰。区委副书记、代理区长、副区长杨小菁陪同调研
11月4日	检查第四届“进博会”安保维稳处突工作	副市长舒庆。副区长姚少杰陪同检查
11月6日	检查指导第四届“进博会”综合指挥、交通组织、情报研判工作	副市长舒庆。副区长姚少杰陪同检查
11月10日	慰问一线民警、辅警	副市长宗明。副区长姚少杰陪同

（续表）

日期	调研主题及活动情况	主要领导
11 月 23 日	考察调研现代农业发展情况	中央农办主任、农业农村部部长唐仁健。区委副书记、代理区长、副区长杨小菁，副区长倪向军陪同调研
12 月 7 日	下访接待群众	副市长宗明。副区长张彦陪同
12 月 8 日	调研青浦区创建环淀山湖国家旅游度假区工作	副市长陈通。区委副书记、代理区长、副区长杨小菁，区政府党组成员陈汇青陪同调研
12 月 9 日	走访上海海思技术有限公司	副市长陈群。区委常委、副区长金俊峰陪同走访
12 月 29 日	调研疫情防控工作	副市长宗明。区委书记徐建，区委副书记、代理区长、副区长杨小菁，区委常委、副区长金俊峰，副区长倪向军、张彦陪同调研

（吴　悦）

■推动示范区高质量一体化建设　新推出 41 项制度创新成果，深化落地 2020 年 32 项制度成果，并加快向全国推广。落实“青峰”系列人才政策，打造长三角人才港，制发全国首张跨区通办的营业执照、首张跨区域的海外人才居住证，实现住房公积金、医疗保险等无缝衔接。围绕“一厅一片”（“一厅”即水乡客厅，“一片”即西岑科创中心）重点区域，以及生态环保、互联互通、创新发展及公共服务四大重点领域，梳理形成本年度重点项目 40 个。主动对接行业龙头企业加入开发者联盟，新增吸纳 16 家成员。协助承办示范区制度创新成果观摩研讨班培训班等活动，面向全国 29 个省区市及 3 个计划单列市的重点毗邻区域复制推广示范区制度创新经验。

■青西协同发展　推动青西协同发展，形成《青浦区加快示范区建设暨青西三镇协同发展“十四五”规划》，完成《青浦区二氧化碳排放达峰行动方案》，形成《关于青西协同发展的若干意见》及青西协同发展 2021 年项目推进作战图。成立西岑科创中心开发建设指挥部，推进水乡客厅重大项目建设，做好示范区展示馆等“一馆两路一环一田”5 个核心项目建设工作。加快推进淀山湖岸线生态修复及岸线贯通、轨道交通 17 号线西延伸等重大项目建设。深化完善合作机制，支持引导市场主体参与青西地区建设。加强与江浙皖等周边地区合作，与无锡市等两区六市共同签订《共建环太湖科技创新圈战略合作框架协议》。

（吴　悦）

■服务保障第四届“进博会”　严格落实“外防输入、内防反弹”要求，开设大型临时核酸采样场所，设置过滤拦截线、设立“动态巡控”“应急处突”小组，实现“零事故、零肇事、零滋扰”。围绕“国展中心”核心区 6 条道路 1 平方公里范围及周边主要景点，塑造“赏心悦目、低碳节能”景观靓点。10 月，启动三级巡查机制，构建“1 + 3 + 1 + 7”（即 1 个指挥平台、3 个联勤联动工作站、1 支机动队伍、7 个村居工作站）的指挥体系，依托 5G 智能巡屏车等应用载体，实现“机巡”对“人巡”的替代。布置各类“进博会”宣传，打造“微笑四叶草”志愿服务品牌。充分放大“进博会”溢出带动效应，举办“第二届品质生活国际论坛”“第四届“进博会”溢出效应论坛”等活动，推进“参展商变投资商”签约系列活动。“进博会”“首单”花落青浦，累计现场采购 11.75 亿美元，较前一届增长 36.4%，位列第二。9 家“6 天 +365 天”平台扩容升级，吸引 30 多家贸易机构入驻。推出出口退税“加速办”，为三批“展品”以“保转展”和“展转跨”形式转入青浦综保区，实现“展品”变“商品”。启动虹桥国际会展产业园，打造总部经济新高地、长三角消费中心城市。

（吴　悦）

■虹桥国际开放枢纽建设　制定《青浦区加快推进虹桥国际开放枢纽建设行动方案》《青浦区加快推进虹桥国际开放枢纽建设 2021 年重点工作清单》。6 月 1 日，上海首个国际会展产业园——虹桥国际会展产业园正式揭牌，引进会展及会展相关企业超 150 家。青浦片区培育 4 栋亿元楼，累计 11 家企业获市级认定，推动形成“科技型总部”与“商贸型总部”齐头并进的发展格局。着力打造长三角消费中心城市，消费能级持续提升。起草形成《青浦区特色产业园区（平台）认定及扶持管理办法》《青浦区经济数字化转型行动方案（2021—2023）》。轨道交通工程集中开工，崧泽高架西延伸主线全线贯通，完成示范区线站点研究。3 家提升服务长三角公司落户西虹桥商务区。持续推进虹桥国际中央商务区“三个一批”重大项目。

（吴　悦）

■青东联动发展　制定《青浦区推进虹桥国际开放枢纽建设青东联动发展实施意见》，启动青东联动发展“1 + 5”（即 1 个区级专项基金、5 个镇级专项基金）专项基金，制定青东地区利益共享初步方案。推进青东联动发展 2021 年 75 项重点任务。形成《青东五镇重点产业（链）投资布局导引》，编制完善青东地区投资地图和招商手册。完成对青东五镇各类建设用地现状情况的资源梳理。开展虹桥国际开放枢纽（青浦片区）规划和功能提升及现状建筑资源梳理前期研究工作。加快推进征收补偿、推进“城中村”改造项目，完成第一批 10 家社区中心试点建设并通过验收。

（吴　悦）

■青浦新城规划建设　研究确定青浦新城“一核聚能、两带辐射、三片示范、水环串联”总体空间格局，规划“十四五”期间聚焦“一个中心、三个片区”的“1 + 3”重点区域建设，推进中央商务区和老城厢和艺术岛两个示范样板区建设，深化新城单元规划专项研究。依托环城水系建设环城生态公园带，深化 1 平方公里的上达城市公园方案。以水绿脉络划分城市特色肌理，重点保护和延续城市文脉，建设青浦新城站三线换乘综合交通枢纽网络。保障青浦新城产业发展活力，形成特色化产业园区集群化发展。依托“长三角数字干线”，创新引领产业新生态。对接复旦大学等院校体现“创新核”。建成若干个社区中心示范精品，实现 15 分钟社区生活圈高质量覆盖。推进青浦新城区域内早期“老小破旧”配套商品房（动迁房）小区的综合改造工作。推动新城区域电梯加装工作。3 条延伸地铁线按进度开工建设，沪苏嘉城际轨道方案研究形成初步成果。崧泽高架实现主线高架结构贯通，青浦大道新建工程、G318 沪青平公路改建工程等有序推进。基础教育未来学校、中山医院青浦院区等新城公共服务及基础设施建设持续推进。

（吴　悦）

■招商引资和产业项目推进　TCL 集团与青浦工业园区签署投资协议，惠科股份、康桥资本项目公司注册落地。深挖龙头企业，开展产业链招商。10 月 12 日，召开“‘数’联长三角‘智’造大健康—青浦生物医药产业发展大会”，会上与 8 个生物医药产业项目进行集中签约、涉及投资额 36.8 亿元。华为研发中心全面开工，美的、网易、漕河泾等重点项目稳步推进，实现苏文电能、法信投资等一批“拿地即开工”，练塘药业“四证齐发”。推进上海商贸型国家物流枢纽建设，加快终端智能化升级和数字化场景应用。跟踪推进申通二期、德邦、圆通等新基建项目。全年快递物流收入预计完成 1350 亿元，比上年增长 20.4%。加快推动线上业务，云上会展已承接展览会项目近 30 个；虹桥国际会展产业园在西虹桥揭牌；持续推进联合国采购项目建设。首次举办长三角示范区“五五购物节”活动。推荐西虹桥联虹置业（首位项目）成为全市 15 个重点消费地标之一。

（吴　悦）

■优化营商环境　推动“一件事一次办”，上线企业申请区级扶持资金等 19 个“一件事”。区政府网站开设“青浦营商环境”专栏。新增“0 跑动”业务 100 项，上线 27 项远程政务“云”服务，全程网办率80.3%。落实“综合窗口”改革，实现“前台综合受理、后台分类审批、统一窗口出件”。启动示范区“跨省通办”综合受理服务窗口，建立“跨省授权、全盘受理、一窗综合、同城服务”的受理模式，目前青浦入驻部门 29 家、事项 1173 项。“一业一证”“证照分离”等改革持续推进，累计颁发 463 张行业综合许可证，梳理形成区级“证照分离”事项清单。设立区工程建设项目审批审查中心，实施工程建设项目一站式审批服务。推行不动产登记“个人一件事专窗”“企业专窗”“90 分钟出证”“抵押不见面审批”等模式，目前 10 家银行启用抵押双方与登记机构“不见面”、银行与登记机构“不见面”的全程网办模式。

（吴　悦）

■教育事业　实施“立德树人提升行动”，组织“五育融合：一体化立德新常态”等系列教育活动，打造“上善学子追光记”主题教育品牌。构建体育美育“一条龙”育人体系，统筹布局 3 所市实验性示范性高中体育美育“一条龙”重点项目。实施“改革创新提升行动”，启动新一轮教育综合改革，“一镇一品”高质量推进 11 个紧密型学区和集团建设；推动与上海师范大学、上海政法学院、上海市教科院等高校、科研院所合作办学，推动未来学校建设，打通从小学到大学预科衔接的教改实验链。举办首届长三角生态绿色研学教育论坛；派出 14 名教师对口帮扶云南省、新疆维吾尔自治区、青海省等地教育教学。实施“教育质量提升行动”，研制《青浦区基础教育“十四五”基本建设规划》，推出 47 个项目清单，完成 7 个“老学校”改造，推动 11 个“新学校”建设，完成复旦兰生等“品牌学校”开班招生。全面深化学前教育三年行动计划，扩增托班至51 个，增加1020 个托额，实现全区 11 个街镇普惠性托育点全覆盖。组建市实验性示范性高中引领的中小学集团，推进青浦一中等特色普通高中创建。打造 15 个“教育部—市—区”三级开放式公共实训基地（中心），对接华为、网易等区域产业资源，全面启动区新型高职院校建设。

（吴　悦）

■卫生事业　推进疫苗接种，分阶段推进 18 周岁及以上人群、3—17 周岁人群、60 岁及以上人群全程接种。深化医药卫生体制改革，推进以复旦大学附属中山医院青浦分院为牵头单位、朱家角人民医院和 12 家社区卫生服务中心为主体的紧密型医联体建设，重点推进市中医医院与青浦、吴江、嘉善两区一县示范区“区域中医医联体”合作。开展数字健康城区建设，中山医院、五官科医院、儿童医院、皮肤病医院、儿科医院、市中医院以及 12 家社区卫生服务中心、12 个村卫生室入驻智慧医院平台。落实“为民办实事项目——100 个园区（楼宇）健康服务点”工作，建设 6 个健康服务点。落实《青浦区加强公共卫生体系建设三年行动计划（2020—2022 年）》，明确 14 项重点项目，区公共卫生病原检测实验室达标建设完成验收，医疗机构发热门诊、发热哨点诊室标准化建设基本完成，朱家角人民医院方舱 CT 和方舱 PCR 实验室投入使用。

（吴　悦）

■就业工作　实施更加积极的就业扶持政策，出台《关于进一步促进青浦区高校毕业生就业创业的通知》（青人社规〔2021〕5 号），聚焦离校两年内未就业的高校毕业生。继续实施“以工代训”政策及区级叠加补贴，开发运营青浦长三角人力资源市场线上平台。开展线上及线下招聘，做好特殊中职毕业生就业服务工作。协调教育、人社、残联等多方力量，对首届特殊职业教育毕业班学生给予指导和就业安置。继续推进对口云南省德宏傣族景颇族自治州就业帮扶工作，制订《青浦区对口云南省德宏州、青海省果洛州就业创业帮扶三年行动计划》，签订新一轮对口劳务合作协议，帮助对口地区脱贫人员实现来沪稳定就业。

（吴　悦）

■乡村振兴战略　稳定粮食生产，全面推广“休养轮作型”“循环农业型”“生态种植型”水稻绿色高质高效技术模式，创建 25 个水稻绿色生产示范基地。全年种养业总产值 20.12 亿元。农产品绿色食品认证率到 30.0%。打造“三水融合”绿色生态立体农业片区，建成高标准农田 13453.33 公顷，主要水稻综合机械化水平 96.9%，机器换人示范基地绿叶菜机械化率 55% 以上。农产品区域公共品牌“淀湖源味”年销售值到 6.78 亿元。白鹤镇、朱家角镇、练塘镇及夏阳街道 4 个街镇 8 个村 2271 户村庄改造全面开工,24个村开展市级美丽乡村示范村创建,11个村当年度参加市级评审评定村创建任务基本完成。首批1个、第二批3个乡村振兴示范村通过市级验收,示范效应初显;第三批4个示范村已通过市级复核验收;第四批2个示范村启动创建,并统筹打造四大乡村振兴示范片区。制定印发《青浦区农村人居环境优化工程实施方案》,7大类44项重点工作已完成任务。出台奖补政策,实施农村人居环境优化与区级美丽乡村同创"二合一"工程,58个工程基本完工。 (吴 悦)

■**环境保护和生态建设** 成功创建第五批国家生态文明建设示范区。启动"绿水青山就是金山银山"实践创新基地建设;启动青浦、吴江、嘉善三地联合创建"两山"实践创新基地可行性评估工作。编制完成青浦区"十四五"生态环境保护规划和第八轮环保三年行动计划、《青浦区二氧化碳排放达峰行动方案》,启动第三批低碳社区创建工作。完成新一轮148家工业挥发性有机物(VOCs)深化治理,完成目标任务的170%。加强饮用水源地环境安全保障,完成4次水源保护区卫星遥感监测,配合开展水源地区划调整。落实好农用地分类管理制度,启动拟复垦为耕地地块土壤环境调查工作。持续实施建设用地全生命周期管理,完成80幅出让地块土壤污染状况调查报告评审。扩大环境影响评价豁免范围。加强规划环评和建设项目环评联动,对一园三区(即青浦工业园区、青浦出口加工区、张江高新技术产业开发区青浦园)、朱家角工业园区实施环评优化措施。加强环评审批建设项目事中监管、备案项目事后监管、建设项目自主验收抽查。开展各要素专项执法行动,依托政务公众号开设专栏广泛传播生态文明理念,生态环境志愿者走进学校、社区、村居开展15场宣讲活动,确保全区14家环保设施开放单位全开放。 (吴 悦)

■**法治政府建设** 完善依法治区"一办三组"(即区委全面依法治区委员会办公室、司法协调小组、执法协调小组、守法普法协调小组)组织构架,增设行政检察协调小组。制订《2021年青浦区人民政府重大行政决策事项目录》《关于全面加强和改进本区基层法治建设的实施意见》《关于进一步做好法治乡村示范建设工作的意见》。强化领导干部法治教育培训,举办全区法治政府建设专题培训班,推进党政主要负责人年终述法工作,将法治政府建设纳入地区发展总体规划和年度工作计划。加大简政放权力度,加快推进机构职能、权限、程序、责任法定化。推行"双随机、一公开"监管,建立行政执法日常检查监督机制,开展行政执法案卷评查。加强行政执法与刑事司法衔接。开展长三角一体化示范区行政处罚案卷互评,签署《青苏嘉毗邻区行政执法监督一体化合作框架协议》,推动建立毗邻区行政执法监督机制。落实建议提案办理工作责任制,推进审计全覆盖和审计整改工作。制订《青浦区行政机关应诉规则》。创建"警调联动、诉调联动、访调联动"等多调联动格局,推进本区行政复议体制改革,完善政府法律顾问工作规则。 (吴 悦)

政策研究

■**概况** 2021年,区政府研究室围绕区委、区政府重点工作安排,统筹抓好常态化疫情防控和经济社会发展;加强战略性、全局性、综合性问题研究,适时提出政策建议;结合大调研常态化制度化要求,开展基层调研;组织起草区政府重要会议主要文稿;负责起草区政府领导部分重要讲话文稿;完成各项交办任务。 (华贤宇)

■**基层联系服务** 2021年,结合党史学习教育和"我为群众办实事"实践活动,聚焦农村经济高质量发展、青西三镇直补政策以及"空壳村"管理职能差异等方面,对全区11个街镇部分村居开展实地调研。累计完成150个村居调研走访,调研成果已应用于优化"以奖代拨"绩效考核、完善相关涉村居政策文件。 (华贤宇)

■**重要材料起草** 组织起草2022年区政府工作报告;组织起草区委全会、区政府全会、区工作务虚会等相关材料;完成有关汇报材料起草修改工作。 (华贤宇)

政务服务

■**概况** 区政务服务办公室以企业和群众的需求为导向,打造"一网通办、青浦好办"品牌,为推进政府职能转变、优化营商环境、实现高质量发展提供有力支撑。青浦区行政服务中心、6个分中心和11个街镇社区事务受理服务中心接待人数118万余人次,受理业务158万余件。 (谢 锋)

■**推动业务流程再造** 深化"放管服"改革。严格实行清单管理制度,聚焦新城建设提出放权需求,推动行政审批制度改革。切实维护公平竞争市场秩序。推动"一件事一次办"改革。上线补领婚姻登记证、企业申请区级扶持资金等19个"一件事"。全面推进"一业一证"改革,发放综合许可证447张。实现更多事项"不见面办理"。新增"0跑动"业务100项。依托"网上办""掌上办""双向免费快递"等,全程网办率78.86%。 (谢 锋)

■**提升线上线下能级** 落实"综合窗口"改革。青浦区行政服务中心、街镇社区事务受理服务中心百分百完成综窗设置。打造时空一体化服务体系。创新设立长三角示范区24小时自助服务大厅。在全区11个街镇社区事务受理服务中心、26个社区及园区布设37台自助服务终端,全年自助办件6.9万余件。制订帮办制度。优化政务大厅布局,开设帮代办区域。将11月定为"领导帮办月",区领导带头帮办。有21位部门领导开展帮办。线上打造智能客服,线下工作人员帮办累计服务5万人次。上线27项远程政务"云"服务。提供"上门办"服务。 (谢 锋)

■**夯实"一网通办"平台** 推进"一网通办"两端建设。完善"上海青浦"政府网站。优化"随申办"青浦旗舰店,全年累计访问240万余次。在全市率先推出"校内课后服务"线上报名,上线长三角智慧医院等应用服务。推进主题库和专题库建设。支撑"一网通办""一网统管",赋能各部门工作开展。强化企业专属网页建设。提供政策匹配、政策体检、政策申报的全流程服务。推出"智能填表""智能预审"服务。上线 107 项"智能政务办""好办"服务，预填率 75% 以上。建立完善审批知识库，通过智能预审，审批时间节约 80%，准确率 90%。拓展"随申码"应用场景。"随申码"已覆盖 17 类公共场所，全年使用"随申码"约 1640 万人次。

（谢　锋）

■数据治理　强化公共数据归集。依托市、区两级大数据资源平台，推进市级公共数据属地返还，实现市级数据落地资源目录 280 条，总量 8.03 亿余条数据信息；获取市级数据服务接口 111 个。加快区级自建信息系统数据归集，累计归集数据总量 3.88 亿余条数据信息。提升公共数据质量。加强各部门归集数据质量监管。针对各单位归集数据的完整性、实效性、精准性开展巡查。每月发布青浦区公共数据运营报告。全区信息系统数据归集合规率 97.63%。深化公共数据共享。完善区集中统一的公共数据资源目录体系，实现资源目录编制规范率 100%。提供各类应用接口 810 个，调用次数 905 万余次；以库表交换方式推送法人库、人口库、12345 热线等交换数据资源，总量 5013 万余条。（谢　锋）

8 月 23 日，市政协副主席李逸平（左二）一行到青浦区政务服务办公室考察政务服务"跨省通办"推进情况　（区政务服务办供稿）

■推进政务服务"跨省通办"　启动示范区"跨省通办"综合受理服务窗口，通办事项数量全国最多（含青浦区 1173 项、吴江区 1398 项、嘉善县 1306 项）。线上开设示范区专栏。接入企业服务事项情形 299 个、个人服务事项情形 137 个。线下长三角"一网通办"专窗实现 11 个街镇全覆盖。（谢　锋）

■宣传培训　加大培训力度。举办 9 期"真学真懂真好办"系列培训和 24 场业务培训。开展立功竞赛活动。深化品牌建设。充分运用市区两级融媒体开展宣传，组织 21 场"一网通办"进企业、进园区、进大厅、进街镇、进社区"五进"活动，覆盖数千人。（谢　锋）

1 月 8 日，青浦区信访办召开 2021 年区信访系统工作务虚会

（区信访办供稿）

信访工作

■概况　2021 年，全区信访工作继续坚持和发展新时代"枫桥经验"，完善信访制度，畅通和规范群众诉求表达、利益协调、权益保障通道，推动信访矛盾"止新化旧"，健全"家门口"信访服务体系，用好人民建议征集机制，坚持依法维护信访秩序，将信访工作制度优势转化为社会治理效能，更好维护全区改革发展稳定大局。第四届"进博会"和十九届六中全会期间，实现"零上访、零扰序、零炒作、零失控"。全区信访情况总体可控，信访总量在疫情常态化后未发生较大波动。全年群众至区信访 3082 件（批）6150 人次，件次比上年下降 2.62%，人次比上年下降 20.86%；群众至区集体上访 92 批 875 人次，批次比上年上升 2.22%、人次比上年下降 27.45%；去市集体上访 23 批 194 人次，批次比上年上升 9.52%，人次比上年上升 25.97%。

（陆悦庭）

■2021 年区信访系统工作务虚会　1 月 8 日，召开 2021 年区信访系统工作务虚会，总结通报 2020 年全区信访工作情况，谋划部署下阶段信访工作。会上对青浦区人民建议征集点进行揭牌和授牌。（陆悦庭）

■市人民建议征集办公室成立一周年暨《上海市人民建议征集若干规定》宣传日活动 7月17日，区人民建议征集办、区规划资源局、新城推进办及11个街镇共同参与市人民建议征集办公室成立一周年暨《上海市人民建议征集若干规定》宣传日活动。活动现场展示青浦新城规划建设情况，新城推进办工作人员为群众解读青浦新城规划，呼吁市民积极为新城建设建言献策。同时，青浦区在各街镇人民满意窗口统一布置由区人民建议征集办公室印制的宣传海报。（陆悦庭）

■深化打造“家门口”信访服务体系 深化全区“人民满意信访窗口”创建，加强基层“三室”（即人民调解室、律师接待室、心理咨询室）建设。依托全区村（居）“一站两中心”（“一站”即村居党建服务站，“两中心”即村居综治中心、社区事务服务中心），完善信访代理网络，通过“青言坊”公众号，实现扫码“访”转“网”，引导群众网上信访。探索建立上海信访“家门口”服务指数，整合信访工作力量，提升矛盾治理效能。开展“金牌信访代理员”评选活动，为全区完善信访代理机制提供可复制、可推广的经验。（陆悦庭）

■夯实信访业务规范基础 2021年，青浦区信访事项按期受理告知率、按期答复率、按期办结率均为100%。国家信访局登记的信访机构群众满意率88.38%，有权处理机构群众满意率87.28%；市信访办登记的信访机构群众满意率100%，有权处理机构群众满意率99.07%。在信访事项办理效能方面，青浦区按期转送平均时长2小时、受理告知平均时长1天10小时、答复办结平均时长为9天18小时；初次信访办理联系率98.66%；初次信访事项重复率2.25%，网上信访公开回复率100%。（陆悦庭）

■深化完善矛盾多元调处机制 有效推进信访事项分类处理机制建设，强化诉访分离，教育引导信访群众依法理性表达诉求。进一步加大信访矛盾调解力度，在区司法部门支持下，加强信访矛盾人民调解室作用。区信访矛盾调解室参与调解信访案件4件，成功率100%；加大重点信访人心理干预介入力度，参与心理现场咨询和心理干预322人；规范律师参与信访工作机制，律师参与领导接访73次，参与分级分责会议8次，进行信访事项法律评估61件。（陆悦庭）

7月17日，上海市人民建议征集办公室成立一周年暨《上海市人民建议征集若干规定》宣传日活动举办（区信访办供稿）

■以进博销项攻坚推进矛盾化解 制发《关于开展第四届“进博会”信访矛盾销项攻坚工作实施方案》，着力化解缓解国家信访局交办重要矛盾、市级交办重要矛盾、区级交办重要矛盾、重点关注信访人四类信访矛盾。全年全区列入销项攻坚321件突出矛盾，累计销项301件，综合销项率为93.77%。其中，各街镇涉及275件，累计销项261件，综合销项率94.91%；委、办、局涉及230件，累计销项196件，综合销项率85.22%。（陆悦庭）

■推进重复信访专项治理工作 开展集中治理重复信访、化解信访积案专项工作，深入推进重点领域突出问题化解工作，旨在“案清事明”基础上深入落实“三到位一处理”（“三到位”即诉求合理的解决到位、诉求无理的思想教育到位、生活困难的帮扶救助到位，“一处理”即行为违法的依法处理）要求，依法按政策解决群众合理合法诉求。全年，青浦区收到国家信访局交办第一批重复信访治理矛盾159件，化解（办结）155件，化解率97.48%，完成市联席办下达的2021年度化解率不低于90%、力争100%的工作目标。（陆悦庭）

■多渠道开展人民建议征集 收到各征集点报送人民建议288件，43件报送市人民建议征集办公室，3件获市领导明确批示办理，7件报送区主要领导批示办理。同时结合“我为群众办实事”实践活动，面向全体市民公开征集意见、建议。参与“我为五个新城规划建设加油添彩”专题征集活动，区人民建议征集平台收到专题征集建议51条，14条选送市规划资源局；联合青浦新城规划建设专项推进办公室、区水务局开展“我为青浦水系治理献一计”人民建议征集，收到意见、建议22条，相关部门对具参考性、可行性的建议予以回复；联合区交通委开展的解决青浦新城“停车难”人民建议征集，收到意见、建议54条。（陆悦庭）

■三项机制助推疑难矛盾化解 对于难以化解的疑难信访矛盾，分批纳入领导干部下访接访、信访稳定工作例会、分级分责联合会商机制，进一步推动矛盾化解缓解。2021年，市交办信访稳定工作例会联合会商事项有1件（协办）。市交办分级分责联合会商事项有2件，均已解决；区领导周四预约接待来访群众74批101人次（其中当场解释2批2人次），已解决60件，解决率81.08%；区信访稳定工作例会联合会商2次，研商3件矛盾，均平稳可控；区交办分级分责联合会商事项有21件，已解决15件，解决率71.43%。另外，完成市领导下访接访事项的办理工作。5月12日，市委副书记、政法委书记于绍良到徐泾镇开展下访接访活动，接待群众2批4人次，研商2件矛盾，均已解决。12月7日，副市长宗明到徐泾镇开展下访接访活动，接待群众2批4人次，研商2件矛盾，均在推进化解中。（陆悦庭）

■规范信访事项督查督办工作 制定督查方案，区委、区政府分管领导分别于3月、6月、9月带队对11个街镇及部分委、办、局开展实地督查，重点督查信访基础业务、集中治理重复信访、化解信访积案专项工作、信访维稳等工作推进情况，进一步压实信访工作责任。全年国家信访局交办重要敏感信息1件，已办结；国家信访局交办督办矛盾31件，均已化解（办结）。市联席办督办群体性矛盾1件，已办结；市信访办交办重要信访事项27件，均已化解（办结）；办理群众致区领导来信21件，均已办结。（陆悦庭）

■开展信访事项复查复核工作 全年收到信访复查申请81件，办结信访复查事项79件，其中不予受理办结25件，受理后办结54件，维持24件，撤销27件，变更1件，终止2件；收到信访复核申请11件，已办结6件，维持复查意见5件，复核化解1件。（陆悦庭）

合作交流

■概况 2021年，围绕“巩固、拓展、衔接”主线任务，助力对口地区巩固脱贫攻坚成果，全面推进乡村振兴。年内，在云南省德宏傣族景颇族自治州芒市、梁河、盈江、陇川四县市落实市、区两级援建项目25个；在青海省果洛藏族自治州班玛县落实市、区两级援建项目11个，项目主要涉及产业发展、乡村建设、社会事业帮扶、劳务协作、人才支持、交往交流交融等方面。（许昊枫）

■交流互访 6月，云南省德宏傣族景颇族自治州委书记姜山率代表团来青学习考察，就深化拓展两地东西部协作工作达成一系列共识。9月，区委副书记、代理区长杨小菁率区代表团到青海省果洛藏族自治州班玛县考察调研，实地调研青浦援建项目，并与班玛县召开对口支援联席会议。12月，区委书记徐建率区代表团到云南省德宏傣族景颇族自治州考察调研，看望慰问青浦区援滇干部，并与德宏州召开东西部协作联席会议。（许昊枫）

■人才支持 2021年，青浦区向对口地区选派6名援外（驻外）干部，选派10名教师、13名医生至对口地区开展支医、支教工作。为对口地区举办党政干部培训班5次，培训党政干部人数301人次。开展教师、医生等专业技术人才培训6次，培训专业人才464人次。开展交往交流交融活动12批次183人次。（许昊枫）

■劳务协作 组织企业到云南省德宏傣族景颇族自治州四县市实地招聘，通过网络、现场招聘等形式举办招聘会10场，提供就业岗位960个。全年完成来沪就业315人，其中脱贫劳动力172人。帮助对口地区农村劳动力省内就地就近就业2741人，其中脱贫劳动力2741人。（许昊枫）

■携手兴乡村 落实11个街镇与云南省德宏傣族景颇族自治州四县市的11个乡镇、9个街镇与青海省果洛藏族自治州班玛县的9个乡镇签订新一轮的结对协议。在德宏州挂钩帮扶学校17所、医院5所，开展讲课交流、教师医生选派、进修培训等活动。动员辖区内48家企业、1家社会组织和1个行政村，分别与德宏州四县市50个贫困村结对。动员各类社会主体全年向全口地区投入社会帮扶捐款、捐物折合资1200余万元。（许昊枫）

外　事

■概况 2021年，区府办（区外办）贯彻中央、市外事工作方针政策，加强外事管理和服务。受疫情影响，仅在4月接待外宾1批12人次（无部级团组）。全年无因公出国（境）组团。创新形式深入与友好城市间的交流合作。完成新冠疫情期间各项防疫涉外管理工作。（徐瑞斌）

■对外交流 主动与日本鹿岛市、匈牙利布达佩斯十六区、韩国保宁市等友好交往城市通过视频、电话等方式进行沟通，商讨两地开展友城交流方式、未来友好交流方向及主题。（徐瑞斌）

■防疫涉外工作 到抗疫前线开展外事工作。切实做好疫情期间的信息整理工作。区政府外办每日统计全区的外籍人士、港澳地区人员的防疫、疫苗接种等情况，做到分类整理、信息完整、便于掌握。持续做好疫情的外事指导工作，宣传落实防疫政策工作。与区防控办地区组、疾控医疗组及相关街镇形成无缝对接，有2批4人次的外交官（其中印度驻沪总领事1人、家属2人）在青浦区完成医学观察，并落实好居家隔离措施。加强沟通做好外事联络与翻译工作，主动与市外办相关处室对接，并与各驻沪领馆取得联系，组建一支具备英语、德语、韩语、日语的外事翻译队伍，给全区疫情防控工作第一时间提供在线翻译服务。助力复工复产，做好来华邀请申报及外交官入境工作。区外办受理企业、学校申请的外籍人员来华邀请函（PU或TE）累计211家375批919人次，涉及44个国家。（徐瑞斌）

台湾事务

■概况 2021年，区台办坚决落实中央、市委对台工作精神，坚持创新发展、融合发展、高质量发展意识，不断统筹资源、凝聚力量，有力推动各项工作取得实效。协调解决台湾籍学生就读事宜2人次，做好台湾省籍学生考试加分证明工作3人次。制订《在青浦居住的台胞新冠疫苗预约接种方案》，从4月19日起，全年累计审核安排2963人次台胞接种新冠疫苗。在2021年中央台办对台宣传工作中，青浦区台办被评为“先进单位”。（沈　静）

■领导走访调研台资企业 3月30日，市台办主任钟晓敏、副主任李骁东等走访调研台资企业上海晶盟硅材料有限公司。区委副书记杨小菁陪同调研。

区台办、青浦海关、青浦工业园区发展（集团）有限公司等单位参加调研。8月4日，区委常委、统战部部长王凌宇走访调研台资企业旭广企业发展（上海）有限公司和上海英济电子塑胶有限公司。8月5日，市台办副主任王立新率市台办交流处一行6人到青浦区召开台商座谈会，就台胞服务卡功能设置听取意见和建议。台办、练塘镇领导和台协等10位台资企业家代表参加座谈会。（沈 静）

■青浦区台办和亳州市台办签订战略合作框架协议 4月22日，安徽省亳州市台办主任程亚妹，亳州市高新区管委会副主任闫红等一行到青浦区开展考察交流，双方签订战略合作框架协议。

（沈 静）

■承办“看新城、话发展——台商走进青浦新城”活动 11月16日，市台办主任钟晓敏，副主任王立新、阳礼华等带领50余名台商走进青浦新城开展投资考察。区委书记徐建，区委副书记、代区长杨小菁，区委常委、统战部部长王凌宇，区政府党组成员陈汇青，相关委、办、局负责人以及全国台企联会长李政宏，上海市台协会长张简珍等台商代表出席台商走进青浦新城推进会。会前，台商实地参观了青浦新城规划、上善广场、水城门以及长三角一体化示范区规划展示馆。（沈 静）

■青浦区台胞台属联谊会第四次会员大会 12月30日，青浦区台胞台属联谊会第四次会员大会召开。区委常委、统战部部长王凌宇，市台联副会长廖志豪，市台联联组部部长刘庆元，区委统战部副部长、台办主任施音出席会议。区相关委、办、局、街镇分管领导、统战干部以及台胞台属70余人参加会议。会议听取并审议青浦区台胞台属联谊会第三届理事会工作报告，审议并通过青浦区台胞台属联谊会章程，选举产生青浦区台胞台属联谊会第四届理事、监事。（沈 静）

12月30日，青浦区台胞台属联谊会第四次会员大会召开 （区台办供稿）

■开展台胞台属走访慰问活动 1月，区台办开展新春台胞台属走访慰问，走访慰问台胞台属24户，发放慰问金24000元。8月，区台办开展高温送清凉活动，走访企业旭广企业发展（上海）有限公司、上海英济电子塑胶有限公司、上海春日机械工业有限公司等10家台资企业，发放防暑降温用品250份。10月，开展台胞台属重阳节走访慰问，向60位老台胞台属发放节日慰问品。

（沈 静）

■举办台胞台属联情联谊活动 3月6日，区台办承办市台协“赏春日之美·游金泽古镇”联谊活动。市台协会长张简珍，市台协常务副会长张秀琬等60余位台商妇女代表参加活动，参观青西郊野公园和金泽古镇。3月23日，青浦区台联会第三届理事会会议在青溪公园知道书院内召开，台联会理事11人参加。5月18日，区台办率台协青浦工委会一行25人到江苏省苏州市吴江区考察交流。在吴江区台办主任钱瑶的陪同下，青浦一行考察吴江区台协会长企业大峡谷照明系统

6月5日，由青浦区、吴江区、嘉善县三地台办联合举办，台协青浦工委会承办，嘉定、松江台协青年部协办的第一届“元祖龙粽杯”长三角两岸青年羽毛球联谊赛在青浦体育馆举行 （区台办供稿）

(苏州)股份有限公司,两地台商开展座谈交流。6月5日,由青浦区台办、吴江区台办、嘉善县台办联合举办,台协青浦工委会承办,嘉定区、松江区台协青年部协办的第一届“元祖龙粽杯”长三角两岸青年羽毛球联谊赛在青浦体育馆举行。来自青浦、吴江、嘉善、嘉定、松江的20支队伍参加联谊赛。6月22日,区台办组织青浦台胞台属一行40余人到崇明参观第十届中国花卉博览会。7月31日,区台办举办“乐享青浦,自在生活”青浦台胞台属暑期亲子活动,在青浦的台湾籍学生家庭成员、两岸婚姻家庭成员近40人参加活动。9月17日,台协青浦工委会在青浦宾馆举办2021青浦台商中秋活动。在青台商台胞代表150余人欢聚一堂,共庆佳节。市台办经济处处长丁磊,市台协秘书长汪友华,区委统战部副部长、台办主任施音以及青浦工委会主委胡展飞等出席活动。 (沈 静)

■**开展涉台宣传教育活动** 4月12日—5月31日,面向全区台胞台属摄影爱好者开展“我和青浦”青浦区涉台摄影作品征集活动,收到摄影作品53件。经过评审,评出摄影作品一等奖1名,二等奖2名,三等奖3名。5月25日,由区台办、社会主义学院、教育局主办,青少年活动中心承办的“学党史,盼回归,跟党走”青浦青少年涉台教育知识竞赛(决赛)在青浦区青少年活动中心举办。经过30天的预赛,6所中学和6所小学进入决赛。比赛分中学组和小学组,东方中学获中学组特等奖,徐泾第二小学获小学组特等奖。开展10月涉台宣传月活动。向街镇印发《上海市台湾同胞投资权益保护规定》《港澳台居民居住证申领发放办法》《关于促进沪台经济文化交流合作的实施办法》等3000余份涉台宣传资料,约有1.5万人次参加11个街镇线上线下涉台宣传活动。11月17日,“两岸一家亲,共圆中国梦”——青浦区青少年涉台教育现场研讨活动在东方中学举行。区台办、区教育工作党委、区社院领导出席活动。全区各学校涉台教育分管领导、音乐学科教师及学生代表近百人参加活动。

(沈 静)

华侨事务

■**概况** 区侨办认真学习贯彻《中国共产党统一战线工作条例》精神,围绕中心、服务大局,充分发挥侨界人士优势,为青浦实现跨越式高质量发展贡献智慧和力量。以“统战大课堂”“统战有约”等品牌活动以及各类论坛讲座等形式,增强侨界人士对《中国共产党统一战线工作条例》、习近平总书记“七一”重要讲话等文件和会议精神的学习领会;推荐侨界代表人士参加首期港澳人士国情培训班,华侨华人科创人才培训班等各类培训班学习,组织部分街镇侨务干部参加上海市侨务干部培训班;提名10名香港同胞为青浦区第六届区政协委员候选人,推荐2名侨界人士为上海市侨界知识分子联谊会理事人选。3月4日,围绕“侨法伴我行,爱侨护侨在身边”主题,举办“上善青浦幸福侨,牛转乾坤幸福年”侨法宣传月主题活动,集中发布咨询电话、电子信箱信息,编印发放侨法宣传资料,征集维权典型案例等;指导各街镇利用各自优势开展宣传活动,营造“知侨法、懂侨法、用侨法、护侨益”社会氛围。其间,开展主题活动8次,举办政策咨询讲座10余次,举行侨界志愿活动30余次,制作黑板报、横幅22块,受众3.35万人次。8月,高温期间,慰问区内55户侨界空巢老人家庭,送上防暑降温用品;加强早期归侨适老化改造工程的政策宣传,确保惠侨政策落到实处。 (陈爱芳)

3月4日,围绕“侨法伴我行,爱侨护侨在身边”主题,举办“上善青浦幸福侨,牛转乾坤幸福年”侨法宣传月主题活动 (区侨办供稿)

■**基础数据排摸工作** 遴选赵巷镇、徐泾镇、盈浦街道各2个居委会以及工业园区和西虹桥公司开展2021年上海市基本侨情抽样调查,调查侨资企业26家、侨界人士548人;依托各街镇统战部门工作力量,在全区范围内开展调查摸底,排摸内地港人524人、港企71家;统筹各街镇及相关委办、园区等工作力量,开展归国留学人员摸底调查,共计排摸留学生769人。

(陈爱芳)

■**“学史明理,燃情奋斗”参观学习活动** 4月20日,组织市欧美同学会青浦分会会员一行15人到市基督教两会开展“学史明理,燃情奋斗”参观学习,参观基督教沐恩堂、基督教圣三一堂以及中国基督教爱国史记与传承陈列室,学习宗教界爱国爱教传统,坚定会员爱党爱国信念。 (陈爱芳)

■**组织参观崇明第十届中国花卉博览会** 6月22日,组织侨界人士到崇明“花博会”参观复兴馆、世纪馆以及国内展区,感受“花开中国梦”的主题内涵,激发侨界人士珍惜当下生活、创造美好未来的激情和热情。 (陈爱芳)

■**维护合法权益** 依据侨务部门工作职责,做好政务服务事项办事指南集中修订。做好“三侨生”加分出证工作的相关咨询、联系、指导等服务，协助1名应届高中生妥善办理加分身份证明。协助化解矛盾纠纷，全年受理涉侨信访3件，做好相关情况调查、调解、解释、回复工作。会同区民政局、卫健委等部门力量，妥善解决20余名香港人入境隔离相关登记、入住问题。

（陈爱芳）

6月22日，区侨办组织侨界人士到崇明区参观第十届中国花卉博览会

（区侨办供稿）

民族宗教事务

■**概况**　2021年，青浦区民族宗教工作认真学习《统一战线工作条例》，全面贯彻党的民族宗教政策，依法管理民族和宗教事务，扎实推进各项工作。至年底，全区少数民族实有人口34819人。其中，来沪少数民族30672人，占少数民族实有人口的88%；户籍少数民族4147人，占少数民族实有人口的12%。全区有少数民族53个，人口总数居前的少数民族分别是苗族4597人、土家族3950人、回族3643人、哈尼族3338人、彝族3166人，占全区少数民族人口总数的53.7%。全区主要有4个宗教教别，分别是佛教、道教、天主教和基督教。现有经批准登记的宗教活动场所36处（寺观教堂30处、固定处所6处），其中佛教活动场所14处（寺观教堂12处、固定处所2处）、道教活动场所4处（寺观教堂2处、固定处所2处）、基督教活动场所12处（寺观教堂10处、固定处所2处）、天主教活动场所6处（寺观教堂6处）。有宗教教职人员144人。全区有5个区级民族宗教团体，分别是少数民族联合会、佛教协会、道教协会、天主教“两会”（即天主教爱国会和天主教教务委员会）和基督教“两会”（即基督教三自爱国运动委员会和基督教教务委员会）。

（徐育彬）

■**领导视察调研**　2021年，市、区领导围绕民族团结进步、创建宗教活动管理、疫情防控等主题视察调研民族和宗教工作12次。　（徐育彬）

2021年市、区领导视察调研民族宗教工作情况表

表6

时间	调研地点	调研主题	主要成员
1月27日	颐浩禅寺、报国寺	宗教场所疫情防控工作	市委统战部副部长、市民宗局党组书记王霄汉
3月17日	金泽镇	调研民间信仰点工作	市民宗局副局长王凡
5月12日	徐泾镇	调研城市民族工作立法	市人大侨民宗委、外事委主任委员高德毅，市人大侨民宗委、外事委副主任委员林海平
6月3日	练塘镇	调研民间信仰点工作	市民宗局副局长王凡
6月18日	民宗办	调研基督教非法聚会点专项治理	市民宗局副局长冉小毅
8月24日	民宗办	调研宗教场所疫情防控工作	市民宗局副局长王凡
9月8日	朱家角中学新疆部	调研民族团结进步创建工作	市民宗局副局长杜宇平
11月24日	颐浩禅寺、朱家角颂恩堂	宗教工作服务于长三角一体化发展战略的情况	市政协副主席钱峰，市民宗局局长花蓓

（徐育彬）

■"爱党爱国、同心同向"主题教育活动　学习传达习近平总书记关于统一战线、民族和宗教工作的重要讲话精神和中央民族工作会议精神，抓住建党百年华诞的重要契机，开展建党100周年系列庆祝活动，举办民族宗教界庆祝中国共产党成立100周年主题活动启动仪式、"爱党爱国、同心同向"民族宗教界人士学习党史、铭记党恩学习行走活动。（徐育彬）

4月27日，区民宗办开展青浦区民族宗教界党史学习教育和"爱党爱国、同心同向"主题活动（区民宗办供稿）

■铸牢中华民族共同体意识宣传教育　学习传达中央民族工作会议精神，与教育部门协同开展中小学"民族团结绘画作品"征集活动，并对遴选推荐的3家"铸牢中华民族共同体意识试点基地学校"开展实地调研。（徐育彬）

■法制宣传月主题系列活动　以宣传贯彻《中国共产党统一战线工作条例》《宗教教职人员管理办法》为重点，部署政策宣讲、交流座谈等活动，区级机关、团体、街镇3个层面共同推进民族宗教政策法规宣传普及。（徐育彬）

■疫情防控　制发《关于做好2021年春节期间青浦区宗教活动场所疫情防控工作的通知》《关于我区宗教活动场所恢复集体宗教活动的通知》及《2021年我市宗教活动场所疫情常态化防控工作指引(春季版)》，有序实施宗教活动场所和集体宗教活动管理。引导民族宗教五大团体发出《接种新冠疫苗倡议书》，全力推进民宗领域疫苗接种工作。（徐育彬）

■宗教场所消防安全专项整治工作　制订下发《青浦民宗办、青浦区消防救援支队关于助推幸福社区建设宗教活动场所消防安全专项整治行动实施方案》，召开消防安全专项整治工作部署会，对全区教职人员及相关人员开展消防安全培训。（徐育彬）

■文明和谐寺观教堂创建评审　联合区消防救援支队、财政局、宗教团体等成立工作组，对申报的16家寺观教堂和3家固定处所开展文明和谐寺观教堂创建评审工作。庄严寺、青浦城隍庙、徐泾主恩堂、青龙古寺获2022—2024年度上海市五星级文明和谐寺观教堂。（徐育彬）

10月26日，区民宗办召开民族团结创建会议，组织参观重固镇少数民族志愿者服务站（区民宗办供稿）

■重要节庆前后宗教场所安全检查　组织召开春节、圣诞节、开斋节、"进博会"期间安全工作协调会，明确各场所开放时间、防疫措施、应急方案等，协调落实属地派出所、综治部门、统战干部支持属地保障措施，提升常态化管理水平。（徐育彬）

■"同心善行"服务社会　开展"我与群众面对面——'同心善行'"统一战线服务社会送健康到宗教场所活动4次，参加人员1600余人，发放问卷1000余份，征集意见、建议120余条。联合区侨联"同心书屋"项目，在朱家角颂恩堂设立"爱国爱教书屋"。"同心善行·民族情"春节帮困慰问善款20.56万元，152个少数民族困难家庭受益。第七期"爱相伴·慈相行"宗教界资助少数民族贫困大学生项目结对签约大学生3人。开展"团结防疫·新春送福"留沪少数民族团拜活动，发放春联、防疫等慰问用品300多份。（徐育彬）

■延伸网络搭建阵地　制订"一家两站三基地"("一家"即民族之家，"两站"即少数民族服务站、少数民族志愿者服务站,“三基地”即民族团结进步宣传教育基地、民族团结促进特色项目基地、少数民族大学生实习实践基地)建设工作方案,汇总33个平台阵地情况。依托大学生就业创业服务项目,向上海政法学院少数民族学生推送地方和企业招聘信息。走访上海工商职业技术学院,调研少数民族青年学生教育管理工作。（徐育彬）

■推进城市民族工作 组织开展民族团结进步创建中期推进会议,深入推进民族团结进步创建活动,加强“一家一站两基地”阵地载体建设,创设少数民族大学生就业创业支持项目,少数民族志愿者服务站等项目,全区“一家一站两基地”26个。（徐育彬）

12月,区直机关光伏发电项目竣工 （区机管局供稿）

政府实事工程

■概况 2021年,区政府实事工程项目10项,主要涉及美丽家园、市民健身、便民服务、教育保障、医疗卫生、养老服务、温暖关怀、创业就业、交通出行、城市服务等方面。至年底,10项实事工程项目全面完成。（苑欢欢）

■美丽家园 完成40个电动自行车充电棚消防改造;完成150万平方米小区雨污混接改造。（苑欢欢）

■市民健身 完成5所学校体育场馆开放“隔离”;新增1公里滨水空间开放、完成10000平方米公园绿地建设、新增健身步道1公里。（苑欢欢）

■便民服务 新增市民早餐点位15个;完成配送300场、放映公益电影6000场。（苑欢欢）

■教育保障 完成30个班开设、为1000名小学生提供暑期看护服务;在公办园中增设8个托班、完成普惠性托育服务11个街镇全覆盖。（苑欢欢）

■医疗卫生 完成重固镇、徐泾镇、练塘镇、朱家角镇4个乡村振兴示范村卫生室的建设工作;新增300台AED急救设备、开展培训4000人。（苑欢欢）

■养老服务 完成老年人助餐点6个;完成社区老年人日间服务中心6家。（苑欢欢）

■温暖关怀 完成180户残疾人家庭无障碍设施改造;发放贫困家庭儿童文化福利补贴700人。（苑欢欢）

■创业就业 新增就业岗位18000个;帮助成功创业450人。（苑欢欢）

■交通出行 优化调整公交线路12条、新建港湾式站台12座、新建及更新公交候车亭152座;完成城区15个路口排堵保畅工作(包括路口渠化、标线重画、增加标志牌等)。（苑欢欢）

■城市服务 完成二次供水管网改造户数1200户;完成新时代幸福社区(社区中心)创建15个。（苑欢欢）

区级机关事务管理

■概况 2021年,区机管局夯实机关事务管理基础,着力提升服务保障能力,完成区级机关事务管理工作及区“人代会”、区“党代会”及区“两会”等重大活动后勤保障任务。收回出租出借房产1036.47平方米,调配办公用房1937.62平方米。完成补测办公用房测绘29处,总计2.28万平方米。完成区城运中心新址改造工程,将原科创中心大楼改造为机关办公用房和城运中心指挥大厅。将全区27家具有行政执法职能单位的185辆行政执法车纳入综合执法平台,实现全区行政执法用车统一管理。全区在编公务车辆安装北斗卫星定位系统并张贴公务用车标识。机关车队初步完成公务车辆数据“一车一档”电子台账登记。全年完成采购项目预算资金5.01亿元,实际采购金额4.78亿元,节约资金0.23亿元,资金节约率4.6%。在区财政部门2020年度集中采购业务考核中获评“优秀”。（吴晓文）

■长三角区域公共机构绿色低碳循环发展示范区创建 完成《长三角区域公共机构绿色低碳循环发展示范区创建指标体系》编制。创建申报节约型机关46家,验收通过节约型机关22家。完成区直机关智慧节水改造示范项目和光伏发电示范项目。光伏发电示范项目覆盖面积约1300平方米,预计节省标煤1346吨,碳减排量2714吨。（吴晓文）

■机关安全秩序管理 每月进行安全秩序环境卫生巡查,全年累计开展巡查24次,发现问题71处,发出处置通知单10张,及时发现、排除、整改卫生安全隐患。每季度对闲置待调配的房产开展安全巡查。6—9月,开展“百日安全竞赛”,举办消防安全知识讲座,组织进行安全生产大练兵。严格管理集中办公点出入口车辆和人员进出,禁止无关人员和车辆出入。（吴晓文）

■后勤服务保障　各部门服务保障事项由机关事务管理局集中管理向社会购买服务转化。现管理15家食堂，保障69家单位5827人就餐，管理9个集中办公区域，实现集约化管理，节约大量财政资金。提升高质量后勤服务意识，做好会务、餐饮、公务用车等各项后勤保障，完成区"党代会"、第四届"进博会"、区"两会"等重大保障任务。

（吴晓文）

优抚工作

■概况　2021年，区退役军人事务局围绕"让军人成为全社会尊崇的职业"这一目标，以落实政策法规、规范制度程序、用心用情服务、维护合法权益为工作导向，认真开展各项工作。全年发放各类抚恤补助经费3951.2万元，为优抚对象发放抚恤补助经费2385.9万元；为直招士官和义务兵发放优待金1277.4万元；为优抚对象发放元旦春节节日生活补助229.3万元；为重点优抚对象发放优待金4.8万元；为优抚对象发放医疗补助53.8万元。全年对退役军人和其他优抚对象进行困难帮扶和慰问；为退役军人和其他优抚对象发放临时困难补助46.79万元；对大额医疗支出对象、突发意外对象、军事特殊性职业对象和低保、低收入、重残无业、特困人员开展困难帮扶援助，发放困难补助56.75万元；上海市拥军优属基金会青浦区分会对退役军人进行突发事件救助，发放救助金5.8万元；对困难退役军人发放困难补助19.45万元。为残疾军人、伤残警察、伤残公务员换发《残疾军人证》等证件。完成享受国家抚恤补助优抚对象的身份确认，完成率100%。"关爱功臣"项目全年开展各类主题活动70余场，服务对象近2500人次，上门走访慰问658人次，电话联络763人次，提供便民服务834人次，上门为优抚对象家庭清洗油烟机、空调800台次。

（张丽婷）

■褒扬纪念工作　全年新增光荣牌悬挂对象14人。清明期间，东乡、西乡烈士陵园接待烈士家属326人次，社会祭扫人员12591人次，异地祭扫6人次；深入开展"守护·2021清明祭英烈"活动，创新"互联网+"祭扫方式，推出"扫码祭扫"，浏览祭扫量逾41177人次；完成烈士沈林荣的墓葬迁入东乡烈士陵园的迁葬工作；协助江苏省南京市、四川省乐山市退役军人事务部门完成2名烈士寻亲工作；协助两户烈属家庭5人次分别到江苏省南通市、浙江省舟山市进行异地祭扫。

（张丽婷）

■做好军休服务工作　开展"春节""八一"军政座谈会，组织军休干部参加区情通报会、区人代会、区年度双拥慰问演出等政治活动。以集体颁授和登门送章的方式为10位军休干部颁发"光荣在党50年纪念章"。加大对年老、失能、体弱军休干部关怀力度，走访军休干部24余人次。生日走访送祝福35次，重大传统节日发放慰问品363份。发掘身边红色资源，以军休服务管理工作及35位军休干部军旅故事回眸为主线，编制《上善青浦，情暖军休》纪念册200份。邀请军休干部走进校园，开展"探寻红色记忆，传承红色基因"主题宣讲，拍摄青浦退役军人专题宣传片。"绿色青浦，情暖军休"社会化服务项目以需求为导向，为军休干部送去优质、便利的全方位服务。家政、接送、家电保养、康复、协助就医、多元化健康理疗、热线服务七大服务项目不断升级优化。

（张丽婷）

双拥工作

■概况　2021年，青浦区以增强军政军民团结为目标，注重弘扬双拥传统，倾力打造上善特色，政策法规落实到位，双拥活动开展经常，在全区形成"全域覆盖、军地互动、双向奉献"的双拥工作格局。将双拥工作纳入各级党委、政府的重要议事日程，纳入经济与社会发展和部队建设总体规划，纳入单位和部门目标责任制，纳入各级领导干部政绩考核内容，纳入全民国防教育内容。区、各街镇双拥工作领导小组注重结合自身特点，发挥"进博会"和长三角一体化的区位优势，开展好新时代双拥工作。全区从事双拥工作的专兼职干部近500人。区退役军人事务工作领导小组以推进退役军人服务站建设和志愿者队伍建设为抓手，全面构建"区—街镇—村居"三级退役军人服务保障体系。落实《青浦区随军家属安置工作办法》《青浦区重点优抚对象医疗费减免补充办法》等规范性文件和配套政策措施。建立党委议军会议制度，召开书记专题会、区委常委会等，讨论研究国防教育、后备力量建设、军人"三后"问题等；落实双拥领导小组会议制度，部署任务，组织双拥述职；落实走访慰问制度，区主要领导坚持两次以上走访慰问驻区部队和优抚对象；落实军地联席会议制度，了解部队需求，及时解决难题；建立党政领导"军营一日"活动制度、全民国防教育活动制度、军民共建制度。

（张丽婷）

■宣传教育　加强双拥阵地建设。注重辖区内7个爱国主义教育基地和2个双拥教育示范基地的日常维护管理和示范引领效应，全年全区接受爱国主义和国防双拥教育人次16.99万人次。推进以陈云纪念馆、东乡烈士陵园、西乡烈士陵园等特色资源为载体的"三公里服务圈"建设，全年输出专题展览、学习讲座、主题活动等国防教育服务5场次。营造双拥宣传氛围。将国防和双拥宣传教育与全民国防教育日、国防形势报告会、"最美退役军人"宣讲结合起来，在区政务平台、"绿色青浦"公众号开设双拥教育专栏，发布双拥专题报道30余条，充分发挥"双拥路""双拥街""双拥林"、双拥宣传公交线路和大型宣传展板、路牌灯箱广告、宣传海报的双拥宣传设施的作用，在全区范围内开展建军节、海军节、空军节的宣传活动，扩大双拥工作影响力。各街镇、村（居）普遍设有双拥宣传栏，形成立体交叉式宣传格局。提升双拥宣传内涵。区委宣传部、国教办、双拥办每年研究制订国防和双拥宣传教育计划，结合时代主题，采取共学共建、文艺联欢等形式，提高双拥宣传影响力和感召力。开展"最美退役军人"评选宣传活动，朱家角水上民兵应急分队被评为市级"最美退役军人"，16人被评为"青浦区最美退役军人"。举行"清明祭英烈""5·14纪念青浦解放"等主题活动。通过"党建引领双拥"系列展板巡回宣传、双拥文化社区行等"八个一"活动深耕细作"上善双拥"。创作1部反映战友情深的文艺作品。

（张丽婷）

■拥军工作　注重实事拥军。“八一”、春节期间，区四套班子领导慰问驻区部队和全区退役军人、优抚对象4.1万余人次，赠送慰问品320万元；“八一”前夕走访慰问一等功臣3人；投入110万元用于部队实事项目建设，为驻区部队改善文化、生活、训练设施，赠送电器设备11台、空调23台、文体器材6件等；改建篮球场1处，改进训练馆照明设备1处。组织“退伍老兵看上海”活动，向300余名青浦服役老兵赠送纪念品。开展“情系边海防官兵”家庭“六送”（即走访慰问送关怀、爱老助老送健康、家属就业送帮扶、子女教育送关爱、保障权益送温暖、尊崇功臣送喜报）活动，对边海防军人和其他部队服役官兵家庭开展慰问、帮困等活动，将其纳入到关爱功臣项目中，常态化开展服务。培训退役军人事务顾问，建立一支包括在册社工、志愿者和联络员的服务队伍。强化行业拥军。开展送科技、送文化、送服务、送法律进军营活动，为部队官兵带去《民法典》《退役军人保障法》、国家安全等知识讲座3场，向部队官兵赠送书籍1000余册；开展法律常识普及教育，为军人军属提供法律咨询，维护军人军属的合法权益。推动社会拥军。鼓励民营企业、社会组织等与驻区部队开展军民共建活动，引导民营企业、社会组织吸纳退役军人就业，推动社会化拥军工作全面开花结果。举办青浦、吴江、嘉善三地退役军人专场招聘会2场，提供岗位1000余个；组织“吴越同舟·商创未来”长三角示范区青浦、吴江、嘉善退役军人工作论坛；北斗西虹桥基地、熊猫机械集团、德力西集团等民营企业每年均拿出一定比例岗位专门用于吸纳退役军人就业。（张丽婷）

■共创共建　开展军民共建活动。驻区部队主动担任校外辅导员、传统教育讲解员、军训指挥员，帮助地方单位开展国防教育活动。派出教官172人次，6829人受训。参与社会稳定防控。驻区部队参加军警联合武装巡逻任务3000余人次，保障群众生命财产安全。第四届“进博会”期间，驻区部队1000余名现役官兵与252名青浦民兵共同执行入沪道口和“进博会”场馆周边安保任务。助力社会事业发展。长期坚持开展学雷锋活动，参加驻地困难户、烈军属和社会公益义务劳动513人次；开展“军徽映夕阳”活动，与全区17家公益养护院结对，定期看望慰问老人；推进“军徽照晨曦”助学兴教，组织团以上干部与11名贫困学生结对帮学，定期给予关怀和帮助。（张丽婷）

安置工作

■概况　接收营以下及专业技术军官6人，5人安置公务员，1人安置参公，做到部队、接收单位、个人三方满意。接收自主就业士兵68人，复员士官1人，开展一站式服务报到并举行迎接仪式，统一参加市局组织的适应性培训。认真落实转业士官接收工作，完成2021年转业士官9人的接收审档审核、录入系统工作，其中1人安置参公单位、7人安置事业单位，1人安置央企。审核符合区接收军休干部15人（含浦东内转1人），做好审档，退休金核对和协助落户工作。安置随军家属1人。（张丽婷）

■常态服务工作　完成26名自主择业干部信息采集和网上年度审验工作；2月、10月，组织参加市服务中心组织的体检；春节、“八一”期间，给予每人800元节日慰问，每月按时审核自主择业金发放数据并上报，确保及时发放。每月按时发放养老金和困难补助；协调街镇服务站走访2020年度医疗自负超过3000元企业军转干部36人并给予医疗帮扶。部分退役士兵社保接续工作稳步实施。按照市工作专班要求高标准做好“清零工作”，常态做好新增人员受理、档案整理资金追索等工作，并协助退役士兵做好兵龄认定工龄工作。（张丽婷）

■教育培训和就业创业工作　完成《关于促进新时代退役军人就业创业工作实施办法》专项政策落地实施，“就业创业示范工作法”进入全国15强；为26名2020年12月份自主就业退役士兵举办适应性培训，开设当前就业热点方向课程；联系区优质职业技能承训机构，梳理品牌培训项目，初步形成区退役军人培训目录；广泛提升学历教育，为29名参加学历教育的退役士兵发放学费补助24.31万元；扶持就业创业。1月，召开“吴越同舟·商创未来”长三角示范区青吴嘉退役军人工作论坛，三地签订《长三角示范区青吴嘉关于促进退役军人就业创业的合作框架协议》。3月，依托区人社局“春风行动”，设立退役军人专区组织退役军人参加春季招聘会。5月，举办首届“示范区·创业营”退役军人创业能力提升专班。6月、11月，组织退役军人专场招聘会。8—11月，举办第二届“戎创”青浦赛区退役军人创业大赛预赛和决赛，4家企业进入决赛。8—11月，开展“送政策进军营”“送技能进军营”活动。在武警三大队、五大队、保障大队为94名驻青部队退役官兵提供就业指导、税收政策和《退役军人保障法》宣讲活动，为驻区部队开展急需的低压电工、美容美发技能储备培训工作。11—12月，面向青浦区就业年龄段退役士兵开展低压电工、网页设计技能培训工作。（张丽婷）

青浦城区俯瞰（区融媒体中心供稿）

ZHENGXIE
SHANGHAISHI
QINGPUQU
WEIYUANHUI

政协上海市青浦区委员会

◎ 编辑 姜依霖

综　述

2021年，区政协准确把握新时代人民政协新方位、新使命，坚持团结和民主两大主题，围绕市委、区委确定的目标任务，积极履行政治协商、民主监督、参政议政职能，更好凝聚共识，着力发挥专门协商机构作用。坚持党对政协工作的全面领导，严格贯彻区委全会精神、区委书记在政协五届五次会议开幕式上的讲话精神，对照区委常委会2021年工作要点，聚焦示范区建设、"进博会"溢出效应放大、新城建设、虹桥国际开放枢纽建设等重大战略任务，精准选择协商议题，编制年度履职"一要点五计划"(即工作要点、主要工作安排、协商计划、调研安排、提案办理专项协商计划、读书活动学习计划)。坚持政协党组、主席会议、常委会、委组界别等学习制度，深入学习贯彻习近平新时代中国特色社会主义思想，党的十九届六中全会，中央、市委、区委政协工作会议精神，推进理论学习常态化。开展党史学习教育，结合建党百年宣传教育，通过潜心自学、专家导学、政企联学等方式，激发委员学习动力。开展"书香政协"建设，创设"1+8+11"读书群组，建立"示范区大讲堂""专委会+课堂""委员书房"三类读书平台，打造"上善书院"和"知道读书会"品牌，开展系列"线上+线下"读书交流活动。聚焦服务国家战略大局、全面跨越式高质量发展、增进社会民生福祉，围绕"聚焦青浦新城建设，提升城市新形象""培育经济增长新动能，推动全域旅游示范区建设情况""坚持依法治区，推进法治社会建设""持续优化营商环境"等议题，以全体会议、常委会议、专题通报会、对口协商，界别协商等形式开展协商活动。发挥民主监督独特作用，围绕青浦新城建设、示范区重大民生建设项目、污染防治攻坚战推进情况、公共卫生服务体系建设、依法治区、全域旅游示范区建设等主题开展知情视察。提升提案监督效能，全年审查立案提案136件并全部办复，报送《提案专报》18期(其中6期得到区委、区政府领导10人次的批示)。强化社情民意信息监督，围绕经济发展、城市建设、民生服务保障等方面，收集社情民意信息912篇，报送市政协641篇，部分得到采用或领导批示。开展调查研究，聚焦青浦新城建设，围绕"加快建设长三角数字干线"，打造创新核示范城区，市、区两级政协联动开展重点课题调研，形成调研报告和常委会建议案。坚持开展主席会议成员集体调研，先后到重固镇、区卫健委、民政局、残联就重固精致小镇建设、完善提升公共卫生服务、养老设施建设、残疾人就业和基本保障等工作情况，开展调研、提出参考建议。有序开展专委会课题调研，围绕立足国际会展之都重要承载区定位做大做强青浦会展经济、新侨在推动青浦全面跨越式高质量发展中的作用、朱家角古镇功能提升等开展调研活动。坚持团结联谊凝聚力量，召开青浦区各界人士庆祝中国共产党成立100周年座谈会。召开党派团体负责人、委组界别工作等座谈会，通报工作情况，征求意见、建议。参加民主党派换届工作会议，为党派团体开展工作、在政协更好发挥作用创造条件。加强同市政协及兄弟区县政协的协同联动，联合开展青浦、吴江、嘉善三地政协主席联席会议、示范区重大民生建设项目视察、企业家委员沙龙、示范区三年行动计划通报会暨生态绿色一体化发展专题议政会、共建示范区政协信息共享平台等活动，举办"相声赏析"艺术沙龙，开展"我为群众办实事"实践活动，组织委员开展促进就业、捐资助学、扶贫帮困等公益活动。全面加强政协党的建设，召开专题党组会议，形成"三张清单"(即问题清单、责任清单、项目清单)。全力支持配合区委第一巡察组对机关党组开展巡察工作，相关问题得到及时有效整改。加强政协党的建设，发挥政协党组在政协工作中把方向、管大局、保落实的领导作用。发挥党支部战斗堡垒作用，机关党支部获得2021年区"先进基层党组织"和"先领"党支部称号。召开五届政协总结会，组织开展课题调研报告、优秀提案及社情民意、工作特色、政协制度等汇编工作。注重品牌建设，"九宫格移动履职"入选2021年上海政协系统优秀工作品牌。宣传政协履职成果，在《联合时报》、政协头条等市级媒体上报道履职活动和委员风采300余篇。　(白玉平)

1月18—21日，中国人民政治协商会议上海市青浦区第五届委员会第五次会议在区会务中心举行　(区政协办供稿)

全体委员会议及常务委员会会议

■区政协第五届委员会第五次会议　1月18—21日在区会务中心举行。会议审议通过五届区政协主席李华桂代表常务委员会所作的工作报告和副主席饶斐文受常务委员会委托所作的五届四次会议以来提案工作情况报告。与会委员列席青浦区第五届人民代表大会第七次会议，听取并讨论区政府工作报告、《关于青浦区2020年国民经济和社会发展计划执行情况与2022年国民经济和社会发展计划(草案)的报告》《2020年预算执行情况和2021年预算(草案)的报告》、法院工作报告、检察院工作报告。开幕式上，区委书记赵惠琴讲话。区领导出席开幕和闭幕会议，并分别参加联组讨论，就“着眼‘两个大局’，全面提升区域治理能力和水平”“围绕强化‘四大功能’要求，进一步推动区域经济高质量发展”“对照‘新青浦、新生活’总体目标，创造现代化高品质生活”“立足示范区建设战略，高起点打造现代化高能级城市”4个专题听取委员意见与建议。会议审议通过《政协上海市青浦区第五届委员会第五次会议决议》。会议期间，共收到提案155件，经审查立案136件。

（白玉平）

2021年青浦区政协常务委员会会议情况表

表7

会议名称	日期	主要内容
区政协五届二十三次常委会议	1月19日	听取小组讨论区委领导讲话和审议政协常委会、提案报告情况的汇报；听取小组讨论区政府工作报告、“十四五”规划和2035远景目标纲要（草案）、计划（草案）报告、预算（草案）报告情况的汇报
区政协五届二十四次常委会议	1月20日	听取小组讨论“两院”（即法院、检察院）报告情况的汇报，听取提案委员会关于提案审查情况的汇报；通过区政协五届五次会议决议（草案）
区政协五届二十五次常委会议	3月18日	副区长顾骏出席。区发改委通报“聚焦青浦新城建设，提升城市新形象”有关情况，政协常委进行建言献策，并开展网上议政活动。学习全国政协十三届四次会议精神，审议通过《区政协2021年工作要点》（草案）、《区政协2021年协商计划》（草案），部分常委口头述职，审议通过有关人事事项
区政协五届二十六次常委会议	6月30日	副区长、青浦公安分局局长姚少杰出席。区司法局通报“坚持依法治区，推进法治社会建设”有关情况，政协常委进行建言献策，并开展网上议政活动。传达学习中共十一届市委十一次全会精神和中共五届区委十二次全会精神，审议通过《政协上海市青浦区委员会各专门委员会工作职责》；审议通过区政协重点课题“建设长三角‘数字干线’，打造‘创新核’示范城区”建议案
区政协五届二十七次常委会议	9月28日	副区长张彦出席。区文化旅游局通报“培育经济增长新动能，推动全域旅游示范区建设”有关情况，政协常委进行建言献策，并开展网上议政活动。审议通过有关人事事项
区政协五届二十八次常委会议	12月14日	区委常委、区纪委书记、区监委代主任叶靖通报2021年党风廉政建设情况；副区长倪向军通报区政协五届五次会议以来提案办理情况、“坚持依法治区，推进法治社会建设”“加强社会治理，推进幸福社区建设”会议监督意见、建议落实情况；听取区法院、区检察院工作情况通报；传达学习党的十九届六中全会和十一届市委十二次全会、区第六次党代会精神，审议通过六届区政协委员名单（草案），审议通过六届区政协一次会议的有关事项；审议通过区政协常委会工作报告（审议稿）和提案工作报告（审议稿）；审议通过有关人事事项。会议决定，六届一次全会将于2022年1月10—13日召开

（白玉平）

专门委员会工作

■概况　2021年，区政协下设提案委员会、经济委员会、人口资源环境建设委员会、农业和农村委员会、教科卫体委员会、社会和法制委员会、文化文史和学习委员会、民族宗教和港澳台侨委员会8个专门委员会。（白玉平）

■专门委员会　专门委员会围绕区委、区政府工作重点以及区政协工作要点开展学习、调研、视察、协商等活动，围绕经济社会发展、社会民生等建言献策，供区委、区政府决策参考。

（卢斐斐）

■提案委员会　围绕“立足国际会展之都重要承载区定位，做大做强青浦会展经济的思考”开展调查研究，形成调研报告。制定提案办理专项协商计划，与区委办、区府办就推动提案二次办理开展对口协商。遴选《关于加强居民小区依法实施规范化管理的建议》等27件提案开展主席、副主席重点协商督办，遴选《关于在关注招商引资的同时也需加强本地“留商”政策的提案》等7件提案开展专委会重点协商促办，遴选《关于帮助出口型和实体型企业开展线上销售的提案》等3件提案开展提案专题视察。对区水务局本届政协提案办理工作开展评估督查。组织编撰《五届区政协优秀提案选编》《五届区政协优秀社情民意信息选编》，开展区政协2021年度优秀提案评选。（卢斐斐）

2021年度青浦区政协优秀提案情况表

表8

序号	案由	提案号	提案单位（人）
1	新冠疫情下关于进一步加强公共卫生应急体系建设的思考与建议	001	农工党区委
2	智慧赋能，深化“两张网”建设	004	农工党区委

（续表）

序号	案由	提案号	提案单位(人)
3	关于全区政务新媒体集约化运营的建议	006	九三学社区委
4	构建长三角一体化功能性技术交易服务平台的建议	010	九三学社区委
5	以建设江南水乡客厅为契机优化青西乡村基础设施的若干建议	027	胡雷激
6	关于如何发挥文化建设在实施乡村振兴战略中的关键作用	031	民进区总支
7	关于“优化青浦道路交通建设管理”的建议	040	范斌
8	关于老旧小区改造的建议——以大盈公寓管理小区为例	043	民建区委
9	助推农民专业合作社健康发展的相关建议	044	民建区委
10	关于在关注招商引资的同时也需加强本地“留商”政策的建议	047	舒振宇
11	关于让青浦这座“全国文明城市”更具品质内涵的建议	053	区侨联
12	合理规划区内重点医疗机构的发展	054	沈卫星
13	关于全面提升盈浦老城厢区域城市能级的建议	065	民盟区委
14	关于加快青浦区直播电商发展的建议	068	区台联
15	关于推广智能梯控系统防范电动自行车上楼充电安全隐患的建议	072	沈健
16	关于对0—3岁婴幼儿托育服务的几点建议	075	蒋晓红
17	全面提升辐射能级，促进公共服务优质均衡发展	079	民盟区委
18	关于发挥科技力量助力我区乡村振兴的建议	087	民革区委
19	关于加快我区红色旅游规划和建设的几点建议	088	民革区委
20	必须重视汽车维修门店占道经营和洗车废水排放问题	109	黄河生
21	关于大数据引领智慧城市建设，打造市域社会治理现代化新青浦的建议	126	周宏美

（卢斐斐）

■经济委员会 围绕“青浦新城产业高质量发展”开展课题调研，形成调研报告。组织企业家委员参与退役军人招聘会。组织委员围绕“2022年预算编制情况”议题与区财政局开展对口协商。开展《关于在关注招商引资的同时也需加强本地“留商”政策的提案》提案促办活动。联合江苏省苏州市吴江区、浙江省嘉兴市嘉善县政协举办企业家委员沙龙活动。（卢斐斐）

■人口资源环境建设委员会 承担市、区政协联动重点课题任务，聚焦青浦新城建设，围绕“建设长三角数字干线，打造创新核示范城区”开展课题调研，形成调研报告。组织委员围绕“土地征收出让情况”议题与区规资局开展对口协商。开展《建议以青浦新城为起点打造智能体建设升级城区管理能力》提案促办活动。（卢斐斐）

■教科文卫体委员会 围绕“优化功能布局，加强资源整合，进一步推动我区义务教育优质均衡发展的思考”开展课题调研，形成调研报告。组织委员围绕“推动托幼一体化发展”议题与区教育局开展对口协商。开展《关于对0—3岁婴幼儿托育服务的几点建议》提案促办活动。（卢斐斐）

■社会和法制委员会 围绕“我区社会基本养老和医疗保险工作落实情况”开展课题调研，形成调研报告。组织委员围绕“我区社会基本养老和医疗保险工作落实情况”议题与区民政局开展对口协商。开展《关于建筑工地民工社保缴纳的几点建议》提案促办活动。协助区政协组织召开“2021年度青浦区退役军人专场招聘会”。（黄现珍）

■文化文史和学习委员会 围绕“青浦区文旅产业高质量发展的研究和思考”开展课题调研，形成调研报告。组织委员围绕“古文化走廊的保护、建设与开发情况”议题与区文旅局开展对口协商。开展《关于艺术融入美丽乡村建设的建议》提案促办活动。编撰《上海之源——从崧泽福泉山到青龙镇》。（张亮杰）

■农业和农村委员会 围绕“关于我区设施农业发展的思考和建议”开展课题调研，形成调研报告。组织委员围绕“农村道路标准化建设情况”议题与区建管委开展对口协商。开展《关于加强农村道路建设和养护的建议》提案促办活动。（卢斐斐）

■民族宗教和港澳台侨委员会 围绕“关于在长三角一体化示范区建设中发挥宗教文化积极作用的研究”开展课题调研，形成调研报告。组织委员围绕“发挥宗教文化在青浦打造江南文化品牌中的积极作用”议题与区文旅局、民宗办等开展对口协商。开展《以建设江南水乡客厅为契机优化青西乡村基础设施的若干建议》提案促办活动。（卢斐斐）

重要活动及重点调研

■举办学习报告会 2月25日,区政协和区委统战部在区会务中心举办学习贯彻党的十九届五中全会精神报告会。上海市委党校马克思主义学院副院长、上海市十九届五中全会宣讲团成员、上海市习近平新时代中国特色社会主义研究中心特聘研究员陈方刘教授作辅导报告。区政协副主席董永元主持报告会。区政协委员,在青市政协委员,区民主党派班子成员,部分区统战成员、统战干部,区政协之友社理事、兴趣小组组长,区政协机关全体干部等参加了学习报告会。

4月14日,区政协联合上海世纪出版集团举办"学党史、守初心、担使命"专题报告会。《火种》作者刘统,结合该书创作体会,作专题党史学习报告。区政协党组书记、主席李华桂,上海世纪出版集团党委委员、总编辑,上海人民出版社党委书记、社长、总编辑王为松出席并致辞,区政协副主席董永元主持报告会。区政协中共党员委员,上海人民出版社、上海印刷(集团)有限公司相关人员,区政协机关全体干部等参加专题报告会。

4月28日,区政协和区委统战部在区会务中心举办"数字经济"学习报告会。上海社会科学院经济研究所所长、上海市经济学会副会长沈开艳教授作辅导报告。区政协副主席董永元主持报告会。区政协主席李华桂,区委常委、统战部部长王凌宇,秘书长张正华,统战部副部长张静等出席报告会。区政协委员,在青市政协委员,部分区统战成员、统战干部,区民主党派班子成员,区政协之友社理事、兴趣小组组长,区政协机关全体干部等120多人参加了学习报告会。 (白玉平)

4月14日,区政协举办"学党史、守初心、担使命"专题报告会暨"书香政协"建设赠书活动 (区政协办供稿)

■重点课题调研 根据上海"五大新城"建设决策部署,聚焦青浦新城建设开展系列调研议政、建言献策。市、区两级政协围绕"打造'长三角数字干线'重要承载区,推动青浦新城建设""加快建设长三角数字干线""打造创新核示范城区"开展重点课题调研,提出前瞻性、针对性、有操作性的意见和建议。 (白玉平)

■多层次协商议政活动 区政协紧扣"服务落实国家战略""全面跨越式高质量发展""增进民生福祉"等议题,着力提升协商议政质量,全年开展各类协商活动16场、网上议政3场,委员参与800余人次,形成协商专报7份,努力发挥专门协商机构作用,为相关工作建言献策。 (白玉平)

2021年区政协多层次协商议政活动情况表

表9

序号	时间	协商名称	协商议政主题及主要议程
1	3月9日	民革、民盟、民建、民进、工商联界别协商	污染防治攻坚战推进情况。区生态环境局通报相关工作情况,界别成员从聚焦污染源头治理、加大环境执法增加违法成本、将生态多样性指标纳入生态环境考核体系等方面提出意见、建议
2	3月18日	常委会议协商	聚焦青浦新城建设,提升城市新形象。副区长顾骏应邀出席,区发改委作情况通报,部分常委从深挖青浦文化元素、打造具有区域标签的特色产业、高标准配置各类医疗资源、优化城市交通规划和管理等方面提出意见、建议
3	4月21日	主席会议专题通报	村居换届选举情况。副区长金俊峰应邀出席,区民政局作情况通报,副主席董永元代表调研组讲话并提出意见、建议
4	4月29日	农工、致公、九三、侨联界别协商	加快推进老旧小区加装电梯。区房管局通报相关工作情况,界别成员围绕老旧小区改造、加强物业管理、筑牢小区自治基础、加装电梯等方面提出意见、建议
5	5月26日	社会和法制委员会对口协商	青浦区社会基本养老和医疗保险工作落实情况。区人社局、医保局、社保中心分别通报相关情况,部分委员围绕数字政府建设、探索解决历史遗留问题、加大政策宣传力度等方面提出意见、建议

（续表）

序号	时间	协商名称	协商议政主题及主要议程
6	5月27日	主席会议专题通报	持续优化营商环境。副区长顾骏应邀出席，区发改委作情况通报，副主席顾啸流代表调研组讲话并提出意见、建议
7	6月18日	文化文史和学习委员会对口协商	古文化走廊的保护、建设和开发情况。区文旅局通报相关工作情况，部分委员围绕更好保护古文化走廊遗址、建设用地指标、进一步做好走廊规划等方面提出意见、建议
8	6月30日	常委会议协商	坚持依法治区，推进法治社会建设。副区长、青浦公安分局局长姚少杰应邀出席，区司法局通报相关工作情况，部分常委从提升法治保障服务国家战略水平、营造良好法治营商环境、深入推进法治政府建设、强化法治宣传教育、注重法治理论研究、培育社会主义法治文化等方面提出意见、建议
9	7月7日	农业和农村委员会对口协商	农村道路标准化建设情况。区建管委通报有关情况，委员们从统筹考虑农田、河道、道路等农村基础建设提升资金使用效率、工作效能以及进一步提升农村道路建设养护标准等方面提出意见、建议
10	7月23日	提案委员会对口协商	提案二次办理工作。区委办、区府办通报相关情况，相关群众、党派成员参与，提案答复要更具针对性和时效性等方面提出意见、建议
11	7月30日	民族宗教和港澳台侨委员会对口协商	发挥宗教文化在青浦打造江南文化品牌中的积极作用。区民宗办通报相关工作情况，委员们从用好资源、加强合作、适应时代、融合发展等方面提出意见、建议
12	9月24日	人口资源环境建设委员会对口协商	土地收储出让。区规资局通报相关工作情况，部分委员从提高思想认识、高质量推进土地收储、提高工作效率等方面提出意见、建议
13	9月28日	常委会议协商	培育经济增长新动能，推动全域旅游示范区建设情况。副区长张彦应邀出席，区文旅局作情况通报，部分常委和委员从整合区域旅游资源、建立青吴嘉等长三角区域旅游合作机制、打造全域旅游智慧体系、依托资源优势开发特色文旅线路等方面提出意见、建议
14	9月29日	教科文卫体委员会对口协商	推动托幼一体化发展。区教育局通报相关工作情况，委员们从合理规划布局，保障人员配备、经费托底，宣传推广"青浦APP"等方面提出意见、建议
15	12月13日	经济委员会对口协商	2022年度预算编制情况。区财政局通报相关工作情况，委员们从财政资金支持新城建设等重大战略、保障医疗教育等民生工程、在通胀周期内扩大融资规模等方面提出意见、建议
16	12月14日	常委会议专题通报	区委常委、纪委书记、监委代主任叶靖通报2021年党风廉政建设情况；副区长倪向军通报区政协五届五次会议以来提案办理情况、"坚持依法治区，推进法治社会建设""加强社会治理，推进幸福社区建设"会议监督意见、建议落实情况

（白玉平）

■专题议政会 7月8日，青浦、吴江、嘉善三地政协联合举办示范区三年行动计划通报会暨生态绿色一体化发展专题议政会。青浦区政协主席李华桂主持会议，副区长倪向军，区政协副主席顾啸流、董永元、王海青，秘书长张正华；苏州市吴江区政协主席李斌，副区长吉伟，区政协副主席王玉英，秘书长钟永林；嘉兴市嘉善县政协主席何全根，副县长吴昊峥，县政协副主席陆才华，秘书长许建嘉等参加会议。长三角生态绿色一体化发展示范区执委会生态和规划建设部部长刘锋专题通报示范区重大建设项目三年行动计划。青浦区生态环境局、吴江区生态环境局、嘉善县生态环境分局介绍了青浦、吴江、嘉善三地生态环境建设与保护工作情况。部分三地政协委员从深化环境联合治理和项目共建共享、建立示范区生态补偿机制、联合打造太浦河国家湿地公园、建立生态协同联动治理机制和删繁就简、三地联动、建设绿色生态示范区和水域自然流通、海绵城市建设、滨水生物多样性修复等方面提出意见、建议。

8月26日，区政协举办"加强和创新社会治理，推进新时代幸福社区建设"专题议政会。区委副书记杨小菁、区政协主席李华桂出席并讲话，区政协副主席董永元主持会议，副主席顾啸流等领导参加会议。会前区政协专门制定了"推进新时代幸福社区建设"工作方案，成立调研议政组。自5月份以来，主席李华桂、副主席董永元等带领委员深入一线、深入社区、深入群众，通过视察、调研、座谈等近20场活动，听取和收集意见、建议。会上，区委推进办主要负责人作情况通报，政协委员围绕党建引领社区建设、社区公共服务有效供给、社区治理效能提升、社区公共管理精细规范等方面提出意见、建议。

（白玉平）

■委员视察活动 3月3日，组织开展"青浦新城建设"视察活动，实地察看正在施工中的崧泽高架（嘉松中路—赵重公路）、绿地中心。

3月11日，组织开展"长三角生态绿色一体化发展示范区重大民生建设项目"青浦、吴江、嘉善政协联合视察，实地察看长三角（上海）智慧互联网医院建设运行情况、复兴路、东航路等跨省道路交通建设情况。

8月12日，市、区政协联合开展"苏

州河两岸公共空间建设工程”专题视察，实地察看元荡生态岸线贯通项目、苏申内港线暨吴淞江工程项目。

8月17日，市、区政协联合开展“‘城中村’改造工程实施情况”专题视察，实地察看徐泾老集镇“城中村”改造项目、蟠龙“城中村”改造项目。

9月9日，组织开展“关于帮助出口型和实体型企业开展线上销售的建议”等三件提案办理专题监督视察，实地察看银科创展和同联产业园。

9月16日，组织开展“培育经济增长新动能，推动全域旅游示范区建设”知情视察，实地察看上海大观园景区和太阳岛国际俱乐部。

11月4日，协助市政协开展“本市宗教工作服务于长三角一体化发展战略的情况”专题年末委员视察，实地察看金泽颐浩禅寺、朱家角镇颂恩堂。

12月15日，组织开展年末大视察，分四组实地察看青浦区再生建材利用中心、上海唯赛勃环保科技股份有限公司、上海真兰仪表科技股份有限公司、上海创力集团股份有限公司、青溪新村1号楼加装电梯、上海民办兰生复旦学校青浦分校新建工程、同济大学可持续发展研究院、东西村幸福社区、元荡生态岸线二期工程、华新示范性社区康复中心、同联产业园、章堰村幸福社区。

（白玉平）

3月3日，区政协开展“青浦新城建设”调研活动 （区政协办供稿）

■**青浦区各界人士庆祝中国共产党成立100周年座谈会** 6月23日在区会务中心召开。区委书记赵惠琴出席并讲话，区政协主席李华桂主持座谈会。区委副书记杨小菁，区委常委、统战部部长王凌宇，区政协副主席顾啸流、董永元、王海青、饶斐文以及历届政协老领导周德海、张布尔、应名勇、沈蕴新等出席座谈会。会上，四届区政协主席应名勇，区政协副主席、农工党区委主委饶斐文等8人分别代表区政协老领导、民主党派、工商联界别、经济界别、中共界别、少数民族界别、侨联界别、科技科协界别等作交流发言。历届区政协老领导，区政协常委，区各民主党派、工商联、人民团体负责人等150余人参加座谈会。

（白玉平）

10月28日，五届区政协工作总结会在区会务中心召开 （区政协办供稿）

■**五届政协总结大会** 10月28日在区会务中心召开。区委书记徐建应邀出席会议并讲话。区政协主席李华桂作五届区政协工作总结报告。区政协党组书记曹卫东，区委常委、统战部部长、区政协党组副书记王凌宇，区人大常委会副主任陶夏芳，区政协主席会议成员、党组成员等出席。会上，组织观看“五届政协回眸”视频短片，向11家“协商于民”政协委员工作站授牌，同时表彰2021年度优秀提案、社情民意先进集体与先进个人。区各民主党派、工商联、有关人民团体负责人，在青市政协委员、区政协委员，区政协之友社副理事长，各街镇党（工）委副书记等参加会议。

（白玉平）

■**列席区人大代表会议** 7月20日，区政协组织委员在区会务中心列席区五届人大常委会第四十三次会议，听取并讨论区政府上半年经济社会发展情况和下半年重点工作安排报告。与会委员围绕区政府工作报告，聚焦“重大国家战略任务”“六稳、六保”“经济高质量发展”“城市精细化管理”“高品质生活”等热点话题和难点问题，从加快实施青浦新城规划建设、打造长三角最具制度竞争力的营商环境、全面推进城市数字化转型、全力抓好民生工程和民生实事、大力打造长三角最具幸福号召力的幸福社区、深入推进乡村振兴战略实施等方面提出意见、

建议。（白玉平）

■**履职实践** 按照规范化制度建设要求，区政协全面梳理现有规章制度，强化总结完善、固化传承，不断健全政协履职制度体系，着力完善协商内容、丰富协商形式、健全协商规则、培育协商文化、提高协商水平。系统总结五年来履职实践，组织开展课题调研报告汇编、优秀提案及社情民意选编、履职工作案例、工作特色、政协制度汇编、履职宣传片、一起走过的五年视频短片等编撰工作。注重履职成果宣传，讲好"青浦政协履职故事"，在《人民政协报》《联合时报》、政协头条等市级媒体和微信公众号上宣传报道履职活动和委员履职风采累计300余篇。

（白玉平）

2021年青浦区政协重要建议和调研报告情况表

表10

序号	重要建议或调研报告	撰写单位
1	青浦新城建设需要关注的问题及建议	市、区政协联合课题组
2	关于打造"长三角数字干线"重要承载区，推动青浦新城建设的调研报告	市、区政协联合课题组
3	关于进一步加强我区储备粮管理的建议	民革区委
4	关于以数字化驱动农村社区智慧治理的建议	民革区委
5	精细管理民宿产业，精准助推乡村振兴	民革区委
6	加快推进"长三角数字干线"建设的建议	民盟区委
7	关于进一步推进我区"双减"工作的几点思考	民盟区委
8	抓住契机、勇于创新，加快新城建设进度	民盟区委
9	真抓实干，以时不我待的紧迫感和使命感加快推动青西地区快速协同发展	民盟区委
10	关于青浦区0—3岁婴幼儿托育服务情况的调研报告	民建区委
11	优化人才公寓服务　广安济济人才乐业——关于青浦新城人才公寓发展的几点建议	民建区委
12	关于做大做强长三角一体化示范区（上海）金融产业园的建议	民建区委
13	互联网时代养老服务模式的新探索	民建区委
14	加强农业面源污染治理　促进农业生态现代化	民建区委
15	建设地下综合管廊　打造长三角一体化示范区城市样板	民建青浦区委
16	"循环使用"推动快递包装物减量化可行性与实施路径探究	民建区委
17	建设长三角生态绿色一体化示范区　要打造农村农业现代化的"双碳"标杆	民进区总支
18	关于多措并举，打造多元托育服务体系的建议	民进区总支
19	关于通过家、社、样联动助力双减政策推行的若干建议	民进区总支
20	保护古镇文化遗产　助推古镇旅游开发	农工党区委
21	依托上海数字化转型　助力数字健康青浦	农工党区委
22	关于中小学劳动教育校外实践场所规范化建设的研究	致公党区总支
23	依托数字化基建　助力打造"上海之门"	致公党区总支
24	关于打造青浦新城产城融合发展新格局的建议	九三学社区委
25	探索长三角示范区创新联合体赋能体系建设与路径的建议	九三学社区委
26	青浦新城青年人才住房保障问题研究和对策建议	团区委
27	激发女性人才创新活力　营造女性发展良好环境	区妇联
28	新侨在推动青浦跨越式发展中的作用思考	区侨联

（白玉平）

附：

政协上海市青浦区第五届委员会主席、副主席、秘书长、副秘书长、常务委员、委员名单

主　席

李华桂(女)

副主席

顾啸流　董永元　王海青(女)
饶斐文

秘书长

张正华(女)

副秘书长

诸福先　徐海燕(女)　朱国健
姚伟明　高　峰

常务委员(按姓氏笔画排列)

王祥修　王翠玲(女)　叶丽君(女)
田春红(女)　朱　斌　朱国健
刘　敏　池学聪　池春燕　纪立军
吴　春　邱宝荣　冷彩花(女)
李世峰　张　静(女)　张春霖
杭　萍(女)　周文娟(女)
周思琴(女)　周豪良　范　斌
姚伟明　顾桂芳(女)　袁国良
徐　农　徐海燕(女)　高　峰
高红宇(女)　高宝霖　高晓生
郭慧清(女)　黄河生　黄银贤
斯朝富　舒振宇　释昌智
谢　玲(女)

委　员

中国共产党上海市青浦区委员会

任建荣　江　怀　李华桂(女)
张　静(女)　张正华(女)　陈金新
周思琴(女)　顾啸流　徐连光
诸福先　董永元

中国国民党革命委员会上海市青浦区委员会

孙彦鸣　周德平　高琳琳(女)
谢　玲(女)

中国民主同盟上海市青浦区委员会

王海青(女)　吴建一(女)　沈　培
高晓生　梅一南

中国民主建国会上海市青浦区委员会

陆景阳　高　峰　高红宇(女)
黄泽伟

中国民主促进会上海市青浦区总支部委员会

郑湘竹(女)　姚伟明　徐　华(女)
裘德荣

中国农工民主党上海市青浦区委员会

朱　斌　吴卫文(女)　周雷平
饶斐文

中国致公党上海市青浦区总支部委员会

毛晓东　闵宏伟　沈卫星　高宝霖

九三学社上海市青浦区委员会

王文军(女)　王淑娟(女)　朱国健
金　炜

无党派人士

沈　健　胡定祥　费　峰
徐海燕(女)

中国共产主义青年团上海市青浦区委员会、上海市青浦区青年联合会

叶丽君(女)　张福奇　陆平一
徐纯晔(女)

上海市青浦区总工会

张文倩(女)　张建锋　袁昌华

上海市青浦区妇女联合会

汤雅清(女)　金　燕(女)
周宏美(女)　郭慧清(女)

上海市青浦区工商业联合会

尹建刚　冯伟琴(女)　池学聪
纪立军　李　燕(女)　李世峰
李言明　李晓东　李锦铭　连国旺
张春霖　陈建华　范　斌　林　琪
林少东　周仕华(女)　周豪良
袁国良　徐　清　徐林元　徐国平
唐炳忠　黄银贤　斯朝富　葛永焕
舒振宇　蔡斌彬

上海市青浦区科学技术协会与科学技术界

卜立新　王　杰　王翠玲(女)
朴东国　刘志斌　余　磊　陈宝荣
费　军　夏登宇　郭正光　黄河生

上海市青浦区台湾同胞联谊会

支屹峤　罗　青

上海市青浦区归国华侨联合会

刘　兵(女)　刘严雄　何悦芳(女)
杭　萍(女)　胡雷激　程培文

社会科学界

王贤诚　邱宝荣　沈红开
沈建芳(女)　陈　峰　莫林明
倪达峰　席晓东　蔡　磊

经济界

干建平　王　力　占玲灵(女)
叶　慧(女)　叶明雯(女)　朱筱安
池春燕　吴佩林　张　悦
张秀红(女)　张振明　陆宏信
陈　炎　赵景秀(女)　徐　农
高剑峰　赖伟春(女)　雷　鹏
虞　骏　蔡云峰

农业界

丁晓欢　朱元宏　吴　健
吴晓燕(女)　余延略　陈春民
钱红弟　龚海明　程光宇

教育界

王祥修　刘艳萍(女)　李　会
冷彩花(女)　张之银　张国成
张金华　姚明明　童晓虹(女)

体育界

王志明　沈　林　陆　萍(女)
顾桂芳(女)　顾爱根

医药卫生界

刘　敏　吴金英(女)　沈丽华(女)
张　琼(女)　陈爱娥(女)　周　峰
洪　斌　唐扣明　蔡红妹(女)
潘俊锋

文化新闻界

王　辉　田惠敏　刘　群
张力华(女)　陈君芳(女)　吴　春
顾琴英(女)　徐　斌　蔡青青(女)

社会福利与社会保障界

陆震宇　徐卫军　郭　樱(女)
黄海忠　董旭华(女)　蒋晓红(女)

少数民族界

田春红(女，土家族)
刘　江(女，土家族)
张　瑶(女，回族)　赵启厚(满族)

宗教界

左慧麟　释昌智　翟仁军

特别邀请人士

马丽娜(女)　王　滨　王海涛
王辉忠　方伟忠　孔　懿　卢敬文
吉　峰　朱红珍(女)　关保英
汤马欢　李　松　杨伟英(女)
吴先侨(女)　沈　健　沈永连
沈盈廷　宋　雁(女)　张小英(女)
张卫兴　陈基东　周文娟(女)
查　生　徐娅芝(女)　郭正梁
唐贵发　唐新明　黄　涛
黄丽华(女)　梁兆贤　谢松峰
鲍长庚　戴秀河

西大盈港双桥（区融媒体中心供稿）

JIJIAN JIANCHA

纪检·监察

◎ 编辑 陈松青

综　述

2021 年，区纪委监委忠实履行党章和宪法赋予的职责，立足监督保障执行、促进完善发展基本职能，依规依纪依法，履行协助职责、监督责任；坚持纠"四风"树新风并举，深化作风建设；贯彻巡视工作方针，履行政治巡察职能责任；坚持不敢腐、不能腐、不想腐一体推进，提高治理腐败效能；持续推进纪检监察体制改革，提升监督工作成效，推动青浦全面从严治党、党风廉政建设和反腐败工作取得新进展。（孙宇晴）

2 月 7 日，中国共产党上海市青浦区第五届纪律检查委员会第六次全体会议在区委党校中心会场召开（区纪委监委供稿）

重要会议和活动

■五届区纪委六次全会 2 月 7 日，中国共产党上海市青浦区第五届纪律检查委员会第六次全体会议在区委党校召开。中共青浦区委书记赵惠琴出席全会并发表讲话。区四套班子领导和区管处级干部出席会议。区委常委、区纪委书记、区监委主任王翔代表区纪委常委会向全会作《贯彻新发展理念，服务新发展格局，为青浦全面跨越式高质量发展迈入现代化新征程提供坚强保障》的工作报告。全会指出：2020 年，在市纪委和区委的坚强领导下，区纪委坚持以习近平新时代中国特色社会主义思想为指导，认真贯彻党的十九大精神，全面落实十九届中央纪委四次全会、十一届市纪委四次全会精神和区委工作部署，增强"四个意识"、坚定"四个自信"、做到"两个维护"，忠实履行党章和宪法赋予的职责，立足监督保障执行、促进完善发展基本职能，坚持稳中求进、实事求是、依规依纪依法，持之以恒正风肃纪反腐，推动纪检监察工作高质量发展取得新进展。全会强调：2021 年是中国共产党成立 100 周年，是"十四五"规划开局之年，也是开启全面建设社会主义现代化国家新征程的起步之年，做好纪检监察工作意义重大。要坚决扛起"两个维护"的政治责任，确保重大决策部署落实落地。要充分发挥协助职责，推动全区上下全面从严治党均衡发展、整体迈进。要持续放大"三不"（不敢腐、不能腐、不想腐）一体叠加效应，推动营造良好政治生态。要持之以恒正风肃纪，严防"四风"反弹回潮。要持续加强对标对表，推动巡察工作高质量发展。要把握监督的基础性、长期性，着力在"治未病"上下更大功夫。要持续推进纪检监察体制改革，把改革成果转化为监督效能。要持续提升队伍高素质专业化水平，下更大气力把队伍建强、让干部过硬。全会审议并通过全会工作报告和全会决议。（孙宇晴）

11 月 25 日，中国共产党上海市青浦区第六届纪律检查委员会第一次全体会议召开（区纪委监委供稿）

■六届区纪委一次全会 11 月 25 日，中国共产党上海市青浦区第六届纪律检查委员会第一次全体会议召开。会议选举叶靖为中国共产党上海市青浦区第六届纪律检查委员会书记，选举胡元强、范国强、金平为副书记，选举胡永青、徐飞、夏剑群、黄涛、杨雪虹为中国共产党上海市青浦区第六届纪律检查委员会常务委员会委员。（孙宇晴）

推进全面从严治党责任落实

■紧盯管党治党主体责任 围绕区管党组织贯彻《党委（党组）落实全面从严治党主体责任规定》情况强化监督检查，督促主体责任全面落实。结合中央巡视反馈问题，制订《落实"四责协同"机制工作提示》，推动各单位形成问题清单和责任清单，加强对各单位领导干部个人责任制项目的审核把关。协助区委围绕青浦区 2020 年度政治生态和近三年来全区政治生态趋势开展分析，

找准突出问题。（孙宇晴）

■加强“一把手”和领导班子监督　贯彻落实党中央印发的《关于加强对“一把手”和领导班子监督的意见》和市纪委监委实施方案要求，强化对各单位“一把手”和领导班子执行民主集中制、廉洁自律等情况的近距离监督。用好上一级纪委书记与下一级党组织主要负责人谈话等机制，强化上级纪委对下级党组织的监督。用好履责约谈制度，推动各级“一把手”抓好下级“一把手”。发挥廉情抄告回告制度作用，督促班子成员履行“一岗双责”。（孙宇晴）

■精准运用监督执纪“四种形态”　全区纪检监察组织运用“四种形态”处理586人次。其中，运用“第一种形态”以约谈函询、批评教育等方式处理449人次，占76.6%；运用“第二种形态”以纪律轻处分、组织调整等方式处理105人次，占比17.9%，惩治极少数、教育大多数的效果显现。坚持宽严相济，落实“三个区分开来”（把因缺乏经验先行先试出现的失误与明知故犯行为区分开来，把国家尚无明确规定时的探索性试验与国家明令禁止后的有规不依行为区分开来，把为推动改革的无意过失与为谋取私利的故意行为区分开来）重要要求，做好跟踪回访和思想政治工作，推动干部放下包袱再出发。用好问责利器，2021年对56名干部因履职不力开展问责。（孙宇晴）

纪检工作

■整治“四风”　坚决查处享乐主义、奢靡之风，对歪风陋习露头就打、反复敲打，对不收敛不收手不知止、顶风违纪的，快查快办、从严查处。中秋、国庆期间对18家餐饮场所开展纠治“四风”明察暗访。2021年，查处享乐主义、奢靡之风问题14件36人，点名道姓通报曝光4起9人。贯彻习近平总书记关于坚决整治形式主义、官僚主义的重要指示批示精神，紧盯各类贯彻落实决策部署搞变通、打折扣、做选择，工作中松劲懈怠、弄虚作假、不担当不作为等突出问题，盯住不放、精准施治。2021年，查处形式主义、官僚主义问题25件53人。（孙宇晴）

■干部廉洁自律监督管理　紧盯元旦春节等重要时间节点加强廉政提醒，营造廉洁过节良好氛围。召开青浦区纠“四风”树新风警示教育大会。严格落实青浦区《关于进一步严格规范领导干部操办婚丧喜庆事宜的若干规定》，加强区管干部报备情况审核，推动“化风成俗”。引导党员干部习惯在受监督和约束的环境中工作生活，带头严格家教家风。（孙宇晴）

■强化以案促改　深入分析典型问题的案发原因和特点，共制发纪律检查建议书、监察建议书39份，推动案发部门以案促改。持续开展“百村千人”活动，拍摄《身边的警醒之七》警示教育片，精选案例编印《青浦区警示教育案例选编》，强化对重点人员廉政警示教育。（孙宇晴）

监察工作

■专项治理群众身边腐败和作风问题　制订《2021年青浦区纪委监委开展群众身边的腐败和作风问题专项治理监督工作方案》，紧盯集体“三资”、医保资金、执法司法等12个领域群众身边腐败和作风问题专项治理。依托专项巡察，牵头推进区粮食购销领域腐败问题专项整治工作。2021年，查处群众身边腐败问题24件51人。（孙宇晴）

■保持惩治腐败高压态势　坚决查处在“三资”管理、土地征收、教育医疗、环境保护等领域违纪违法行为，持续强化“不敢腐”的震慑。2021年，接收信访举报549件次，处置反映问题线索291件、立案121件，给予党纪政务处分131人，采取留置措施5人，涉嫌犯罪移送检察机关3人。（孙宇晴）

■深化纪检监察体制改革　严格执行请示报告制度，向区委请示报告事项41项，向市纪委监委请示报告29项。落实“两个为主”（办腐败案件以上级纪委领导为主，线索处置和案件查办在向同级党委报告的同时必须向上级纪委报告。各级纪委书记、副书记的提名和考察以上级纪委会同组织部门为主）要求，强化上级纪委对下级纪委的领导。推动派驻纪检监察组同驻在部门党委（党组）建立重要情况通报机制，强化对“三重一大”（重大事项决策、重要干部任免、重大项目投资决策、大额资金使用）议事规则等执行情况的全过程监督。区监委围绕廉政教育，首次向区人大常委会报告专项工作，配合区人大开展专题调研，落实区人大常委会审议意见，自觉接受人大监督。（孙宇晴）

■强化监督工作协同　协调配合安徽、北京、辽宁等地12家纪检部门开展审查调查协查取证工作。加强与公检法机关对接，对45名党员干部的违法行为予以党纪政务立案。加强全区政法队伍教育整顿期间线索移送流转的协作配合，处置反映问题线索27件、党纪政务立案10人，给予党纪处分4人次、组织措施14人次。完善“四项监督”工作会议制度，推动纪律监督、监察监督、派驻监督、巡察监督有效衔接。探索开展“室组地”联合办案。定期研判经济责任审计、安全生产事故中发现的问题线索，党纪政务立案13人。（孙宇晴）

巡察工作

■落实巡察全覆盖任务　实现第五届区委任期内巡察全覆盖。紧扣“三个聚焦”（聚焦政治巡察、聚焦问题导向、聚焦成果转化），立足党组织职责使命，重点关注落实区委决策部署、完成区委重点工作情况等，查找问题、纠正偏差。结合村居巡察，形成4份专题报告，向有关职能部门提出意见建议12条。（孙宇晴）

■推动巡察工作规范化　对照市巡视办下发的《区委巡察工作操作指南》，梳理23项制度，完善修订2项、新增14项制度，形成青浦区巡察工作制度汇编，持续完善巡察工作制度建设。以“四巡”制度为抓手，编发巡察提示、巡察情况、巡情抄告、巡察联动共28期。（孙宇晴）

■持续压实巡察整改责任　贯彻《关于加强巡视巡察上下联动的意见》，推动中央指导督导反馈的“主体责任压得不够实”等4个问题，市委巡察指导督导反馈的8条即知即改建议和9个问题，全部完成整改。会同区委组织部、区委巡察办、区委巡察组召开整改会审工作会议，推动巡察监督、整改、治理有机贯通。综合运用巡察成果，移送巡察发现问题线索87件。（孙宇晴）

环城水系公园之上善桥（区融媒体中心供稿）

MINZHU DANGPAI GONGSHANGLIAN

民主党派·工商联

◎ 编辑 姜依霖

综 述

2021 年,青浦区各民主党派、工商联结合中共党史学习教育,认真履行参政党职能,努力提高参政议政能力和水平,各项工作有序开展。全区有民主党派 7 个,民主党派成员 1072 人,新发展成员 73 人,转入 8 人,转出 2 人,去世 2 人。民主党派成员中,有市人大代表 3 人、区人大代表 20 人、区政协委员 47 人。区“两会”期间,各民主党派、工商联提交提案 71 件,其中,获区政协优秀提案 5 件、重要建议和调研报告 31 件;反映社情民意意见、建议 521 件。年内,各民主党派完成换届工作。区工商联认真践行“两个健康”(即非公有制经济健康发展、非公有制经济人士健康成长)工作主题,发挥桥梁和纽带作用,推动工商联工作不断守正创新、健康发展。光彩事业成为区工商联品牌活动。 (姜依霖)

2021 年青浦区民主党派成员人数情况

表 11 单位:人

名称	总人数	增加数		减少数	
		新发展人数	转入人数	转出人数	去世人数
民革青浦区委	151	6	1	0	1
民盟青浦区委	241	18	1	0	0
民建青浦区委	207	16	3	2	1
民进青浦区总支	112	9	0	0	0
农工党青浦区委	128	3	0	0	0
致公党青浦区总支	60	4	1	0	0
九三学社青浦区委	173	17	2	0	0
合计	1072	73	8	2	2

(姜依霖)

民革上海市青浦区委员会

■概况 2021 年,民革青浦区委发展新党员 6 人,转入党员 1 人,党员 151 人,平均年龄 50 岁。其中,高级职称 48 人,占党员数的 31.8%;女性党员 63 人,占党员数的 41.7%;80 年后青年党员 50 人,占党员数的 31.0%;退休党员 36 人,占党员数的 21.2%。区委班子 9 人,支部班子 27 人,工作委员会正副主任 24 人。党员中有市人大代表 1 人、区人大代表 4 人,市政协委员 1 人、区政协委员 12 人。4 月,完成区委换届工作,换届后班子成员 9 人;5 月,经民革青浦区委五届三次会议讨论通过,调整工作委员会组成人员;是月,成立三农工作委员会;6 月,成立监督委员会;11 月,六支部与德清县民革基层委举行支部结对共建,联合党员之家挂牌,各支部与村居就服务乡村振兴和幸福社区建设实践探索开展结对共建。组织党员参加民革市委和区有关部门举办的理论学习会和辅导报告会 10 余次 120 余人次。区委获 2021 年度《团结报》发行征订工作先进集体优秀奖。

(朱圣聪)

4 月 12 日,中国国民党革命委员会上海市青浦区第一次代表大会召开
(民革区委供稿)

■主题教育活动 巩固“不忘合作初心,继续携手前进”主题教育活动成果,深化“四史”及民革党史学习教育,下发组织开展中共党史学习教育的通知。区委获民革中央庆祝中国共产党成立 100 周年网络知识竞赛“市级优秀组织奖”。组织成员到上海孙中山故居纪念馆、杨浦滨江毛麻仓库参观,增进政治认同、思想认同、理论认同、情感认同。6 月,参加区党外人士诗歌朗诵会,承办“博爱悦读会”第八季,青工委组织年轻党员到宋庆龄故居、四行仓库,集体接受革命传统教育;8 月,三农委到练塘镇储备粮公司开展涉农调研活动;9 月,青工委联合《明心》编委会举办摄影培训活动;10 月,退工委组织“九九重阳节,共叙民革情”活动;11 月,党员代表参加

"长三角民革党员艺术作品展"活动。（朱圣聪）

■**参政履职** 围绕加强平安青浦建设、完善重大疫情防控体制机制、青浦新城建设等协商主题建言献策，有效推进科学民主决策。全年开展会议协商6次，约谈协商1次。8—11月，完成专项民主监督的相关工作。形成提案《关于进一步推进我区文明养犬工作的建议》《关于以数字化驱动农村社区智慧治理的建议》《关于进一步提升青浦区社区治理水平的几点建议》《关于精细管理民宿产业，精准助推乡村振兴的建议》《关于城市公共空间治理的几点建议》《以青浦之"质"支撑我区引领长三角核心发展之"实"》，提交2022年区政协全会。（朱圣聪）

■**服务社会** 参与区委统战部组织的"同心善行·送医下乡"青浦区统一战线服务社会活动。发挥法律界党员自身的专业优势，进企业、进学校、进机关开展法律援助、民法典讲座、扶贫帮扶等活动，全年提供法律服务20多次，受益群众数千余人次。做好三农领域服务，于"恋棠春"民革党员之家成立社情民意收集站。（朱圣聪）

民盟上海市青浦区委员会

■**概况** 2021年，民盟青浦区委新增盟员18人，转入盟员1人，去世盟员1人，有盟员241人。六届民盟青浦区委下设11个支部、7个专委会。盟员中有区人大代表8人（人大常委会副主任1人，常委1人），区政协委员11人（常委2人）。2021年是中国民主同盟成立80周年和上海民盟组织建立75周年，是民盟青浦区委换届年。民盟青浦六届区委围绕上海和青浦的重要决策部署，全面加强思想政治建设，认真履行参政党职能，加强自身建设，完成盟区委换届工作以及全年目标任务。全年召开民盟区委主委办公会议4次、民盟区委会议7次；参加区各种报告会和培训班约248余人次；参加政党协商活动6次；提交区政协集体提案14件、社情民意132件，送市政协99件；社会服务3次。4月，完成换届工作，产生第六届委员会委员9人。（曹丽萍）

■**思想政治建设** 深入开展党史学习教育。开展"学党史、悟初心、强信念"主题教育活动，印发党史学习教育方案，开展《中国共产党简史》研读活动。到中共一大纪念馆、国歌馆等场馆现场学习。在《盟讯》开辟党史学习教育专栏，回顾多党合作事业的光辉历程。民盟青浦区委召开专题学习会，深入学习贯彻习近平"七一"重要讲话精神。强化思想宣传。在《盟讯》上开设党史盟史学习教育、新盟员简介等专栏。全年在"上善同心"公众号和盟市委网站刊发30余篇推文。组织盟员参加统战部组织的建党100周年"百年大党风华正茂，同心逐梦共谱新篇"青浦区党外人士诗歌朗诵会、"百年荣光再启动，比学赶超同心行"徒步活动等。（曹丽萍）

■**参政议政** 参与区委统战部牵头开展的6次中共与民主党派的政党协商活动，组织调研小组深入调研，召开专题会议，在协商会上建言献策。开展年度民主监督工作，听取村委会及村民意见，帮助村镇向有关方面呼吁并提出切实可行的建议。抓实提案议案和社情民意等工作。在区政协五届五次大会上，民盟区委提交《关于提升新城环城水系治理的建议》等14件集体提案，1篇作为大会发言。全年，提交社情民意132件，送市政协99件。加强培训，提升履职能力。6月，联合民盟上海政法学院支部在区会务中心召开2021年度思想宣传及参政议政专题培训，民盟中央常委、上海市委专职副主委丁光宏作专题讲座。4月，与民进青浦区总支联合开展社情民意专题培训会，刘俊良作辅导报告。组织4位盟员参加民盟市委社情民意信息培训班。（曹丽萍）

■**社会服务** 深化社会服务品牌。对接医卫支部、法律支部，开展法律咨询、健康咨询和送医、送法进社区活动。6月，在朱家角镇建新村委开展法律科普讲座及健康咨询活动，为120余人提供测血压、血糖、超声、心电图、中医问诊、讲解日常健康知识和自我保健方法，免费发放健康宣传材料、提供法律咨询等服务。助力乡村振兴。法律支部参与审核修订重固镇政府、各村委会及引入的多家第三方机构就实施的项目签订的合同、协议，并就振兴战略细节进行沟通、谈判。做好对口扶贫工作。依托市、区平台，继续关注青浦区与云南省德宏傣族景颇族自治州对口支援项目。精准对接帮扶地区，引导盟员报名教育、医疗等方面的帮扶工作，先后有盟员4人前往云南省支援，2人参加云南省对口支教活动。（曹丽萍）

民建上海市青浦区委员会

■**概况** 2021年，民建青浦区委发展新会员16人，转入会员3人，转出会员2人，去世会员1人，有会员207人，平均年龄47.07岁。大专及以上学历199人，占96.14%；有中高级职称77人，占37.2%；经济界会员153人，占73.91%。全年，四届区委召开4次区委全体会议（含扩大），五届区委召开2次主委会议、4次区委全体会议（含扩大）；下设6个支部，7个专委会。2021年，区委获民建市委2020年度宣传思想工作一等奖，民建市委2020年度参政议政先进组织二等奖，区政协2020年度、2021年度反映社情民意信息工作先进集体。2人被区政协评为2020年度反映社情民意信息工作先进个人，4人被区政协评为2021年度反映社情民意信息工作先进个人。1人获2020—2021年度民建上海市委社会服务工作先进个人。《关于老旧小区改造的建议——以大盈公寓管理小区为例》《助推农民专业合作社健康发展的相关建议》《关于在关注招商引资的同时也需加强本地"留商"政策的建议》获区政协2021年度优秀提案。《民营企业参与乡村振兴问题研究》获2021年中国（天津）非公有制经济发展论坛论文优秀奖。（沈 俐）

■**宣传思想工作** 加强政治理论学习。集中学习《中国共产党统一战线工作条例》、习近平总书记《总结党的历史经验，加强党的政治建设》节选等，学习民建市委，中共青浦区委、区政协、区委统战部等会议和文件精神等。开展党史学习教育。区委制定党史学习教育实施方案，编印《青浦古文化精粹》，组织部分班子成员、老领导及支部主委、专委会主任等到中共一大会址、纪念馆参观学习。开展庆祝中国共产党成立100周年活动。3月,妇女委员会开展以"巾帼心向党,芳华颂百年"为主题的庆祝活动。4月,组织会员参与民建市委"庆祝建党百年征文"活动,报送征文2篇;组织会员参加区委统战部组织的"百年荣光再启程,比学赶超同心行"徒步活动。5月,组建民建青浦区委诗歌朗诵队,排练节目《永远跟党走》,参演区委统战部于6月17日主办的"百年大党风华正茂,同心逐梦共谱新篇"——青浦区党外人士诗歌朗诵会。7月1日,收看庆祝中国共产党成立100周年大会。7月1—15日,举办"致敬百年征程,助力跨越发展"——青浦民建会员书画摄影作品展。全年编发《青浦民建》会刊4期24万字,刊发区委要闻32篇,支部、专委会活动类信息31篇,参政议政类文章8篇,社会服务类11篇,社情民意114篇及征文1篇、学习心得13篇、会员风采1篇;"青浦民建"公众号全年推送各类信息56篇;全年报送民建市委信息54篇,录用50篇(其中叶肇恺撰写的《追思上海青浦区委老领导孙季奇同志》被民建中央录用);报送区委统战部信息45篇,录用39篇。

(沈 俐)

■组织工作 完成区委换届工作。3月30日,召开民建青浦区第五次代表大会。大会选举产生新一届区委班子,9人当选。全年发展会员企业法人2人、民企高管3人、国企3人、民企2人、参公1人、事业2人、教师3人。先后推荐63人次参加民建上海市委、区委统战部等举办的各类培训班。做好民建市委和区人大、政协换届相关工作,产生中国民主建国会上海市第十四次代表大会代表4人,经各选区选举当选区第六届人大代表5人,经各界别推荐担任区第六届政协委员13人。推进建章立制工作,编纂印发《民建青浦区委规章制度汇编(修订)》。营造争先创优。11月12—13日,区委新、老班子部分成员和副秘书长、支部主委、专委会主任等到崇明区开展学习调研,召开两地民建区委组织座谈会、学习调研团成员座谈会等。12月23日,选派各支部代表、骨干会员参加市委开展的"走进民建市委机关——会员活动日"活动。完善组织构架,提升合力。任命阮丽光、陈艺一、舒振宇为副秘书长;调整专委会主任人选,任命参政议政委员会主任、宣传委员会主任、退休会员委员会主任、中青年委员会主任、企业委员会主任、妇女委员会主任、文化体育委员会主任。做好支部与村居结对共建工作。第一支部与金泽镇东西村、第二支部与金泽镇莲湖村、第三支部与夏阳街道青科居委会、第四支部与夏阳街道东盛居委会、第五支部与香花桥街道郏一村、第六支部与赵巷镇崧涵居委会结对共建。

(沈 俐)

■履职工作 市、区"两会"期间,提交并立案提案(建议)23件,其中:市人大建议2件,区人大建议11件,区政协集体提案4件、个人提案6件。区政协五届五次会议闭幕大会上,高峰代表民建区委作题为《加强小区物业管理,建设美丽幸福社区》大会发言,高红宇代表区政协重点课题组、经济委、人资委作题为《关于我区区域战略布局中优化存量资源的几点建议》的大会发言。全年收到调研报告12篇,报民建市委2篇、报区政协作为大会发言材料8篇。收到社情民意126件。整理报送区政协社情民意106件,有57件送市政协市委办公厅(其中3件被市社情民意综合采用、1件报送全国政协、2件转送市有关部门综合、2件获市领导批示);报送民建市委社情民意58件,11件被采用;报送区委统战部57件,18件被采用。履行民主监督职能,开展"践行'人民城市人民建,人民城市为人民'重要理念,民心工程推进情况"专项民主监督,走访调研3次,召开座谈会1场,提出建议12条,撰写专项监督工作情况报告1篇。履行政治协商职能,在区政协组织的"青浦区法治社会建设协商"和区委统战部组织的"平安青浦建设""完善重大疫情防控体制机制,健全公共卫生应急管理体系""青浦新城建设""区六次党代会报告政党协商""民心工程实施推进情况"等各类协商会上建言献策。

(沈 俐)

■社会服务 帮困扶贫活动,捐给上海民建扶帮公益基金会50000元"特殊会费"驰援河南省;捐资助学活动,捐助青浦高级中学6名优秀贫困生,每人每年2000元,合计12000元;敬老爱老活动,到区仁泽赵巷养护院开展"情满重阳,助力健康"活动并送上慰问金2000元;为养老院进行消毒、虫害防治。开展会内慰问活动。春节"送温暖"慰问11人,暑期"送清凉"活动慰问14人。全年,区委领导走访调研会员企业4次。

(沈 俐)

3月30日,中国民主建国会上海市青浦区第五次代表大会在区会务中心召开

(民建区委供稿)

民进上海市青浦区总支

■概况 2021年,民进青浦区总支发展新会员9人,有会员112人,会员中有区人大代表3人、政协委员9人。下设5个支部。认真落实各项新部署新要求,

团结动员区总支和全体会员，紧扣统筹推进常态化疫情防控和经济社会发展工作，履职尽责、凝心聚力。下发党史学习教育实施方案，制订中共党史学习“七个一”主题活动。通过组织专题学习、理论研讨会、主题教育等多种形式，引导总支会员读史、讲史、用史，学会历史思维，以实际行动弘扬民进的优良传统。（怀佳顺）

■组织建设 3月31日，中国民主促进会上海市青浦区第二次会员代表大会召开。会议选举产生民进青浦区第二届总支部委员会，7人当选委员，顾桂芳当选主委，郑湘竹、许众芳当选副主委。各基层支部在“民进上海市委2019—2021年创先争优活动”均获先进基层支部。与村居开展“同心聚力·幸福同行”结对共建，分别与华新镇白马塘村、金泽镇沙港村、香花桥街道民惠二居、重固镇徐姚村、金泽镇爱国村制订工作方案，举行结对共建签约仪式，集聚更多资源和力量服务基层。（怀佳顺）

■参政履职 围绕疫情防控和经济社会发展、青浦新城建设、打造长三角一体化绿色一体化示范区内“双碳”标杆、助力“双减政策”推行等课题开展调研。开展反映社情民意专题培训班，切实增强会员参政履职能力。向民进上海市委、青浦区政协和区委统战部和有关部门提供社情民意90余件、集体提案7件。总支获民进全国反映社情民意信息先进集体、青浦区政协社情民意先进集体等称号。总支对金泽镇开展专项民主监督，对多层住宅加装电梯、“城中村”改造、社区养老服务设施建设等相关政策落实及重点任务推进情况进行梳理，形成专项民主监督报告。推荐总支专家会员参与民进市委专项民主监督组，对口青浦区就幼儿托育相关政策落实及重点任务推进情况进行专项民主监督，形成专项民主监督报告，发表意见、建议10余条。（怀佳顺）

■社会服务 联合民进上海高教联合委、民进上海直属企业支部在长三角一体化示范区（上海）金融产业园联合举办长三角地区民进基层企业家论坛；聚焦民进基础教育主界别，以“规划引领、助推校园文化建设育人育才”为主题开

3月31日，中国民主促进会上海市青浦区第二次会员代表大会召开（民进总支供稿）

6月19日，民进青浦区总支开展中共党史学习教育活动（民进总支供稿）

9月8日，民进青浦区总支专项民主监督组在金泽镇东西村开展调研（民进总支供稿）

展文化沙龙活动；开展2021年民进全国“春联万家·奋进新征程”活动；发挥民进文化界别的优势，用实际行动弘扬和传播中华民族的传统文化；用好爱心会费，资助2名新疆维吾尔自治区学生。 （怀佳顺）

农工党上海市青浦区委员会

■概况 2021年，农工党青浦区委发展新党员3人，有党员128人，平均年龄49.45岁，其中：中高级职称91人，占党员总数71%；医药卫生界65人，占党员总数50.8%；教育界23人，占党员总数18%。党员中有市人大代表1人，区人大代表3人（其中常委1人）、区政协委员10人（其中区政协副主席1人、常委2人）。组织党员到练塘镇东庄村开展党史学习活动，开展党史学习讲座——《历史机遇，造就了今天的共产党》以及红色手工体验活动——制作党徽，参加“百年大党风华正茂、同心逐梦共谱新篇”青浦区党外人士诗歌朗诵会。组织党员深入基层开展课题调研，完成《上海数字化转型助力数字健康青浦》《保护古镇文化遗产 助推古镇旅游开发》《区域检验中心建设与发展的现状分析与思考》等调研报告。区委参与农工党上海市委调研课题，围绕《青浦区在长三角一体化核心示范区背景下的区域医疗中心建设》深入调研并形成调研报告。对口区民政局和朱家角镇，到金泽镇商榻综合为老服务中心、朱家角镇浦泰社区综合为老服务中心的建筑工地、横江村“城中村”改造现场开展专项民主监督，提出建议并形成调研报告。4月7日，中国农工民主党上海市青浦区第三次代表大会在区会务中心召开。大会选举产生农工党上海市青浦区第三届委员会，9人当选委员，在农工党青浦区第三届委员会一次会议上，饶斐文连任区委主委，田惠敏、朱斌、徐海燕当选区委副主委。农工党青浦区委于3月、6月先后获农工党上海市委员会抗击新冠肺炎疫情先进集体、农工党中央脱贫攻坚工作先进集体。农工党区委被区政协评为2021年度反映社情民意信息工作先进集体。 （王 寅）

9月，农工党青浦区委对口朱家角镇开展民心工程专项民主监督 （农工党区委供稿）

4月7日，中国农工民主党上海市青浦区第三次代表大会在区会务中心召开 （农工党区委供稿）

■参政议政 围绕完善重大疫情防控体制机制、健全公共卫生应急管理体系，加强平安青浦建设、提升群众安全感满意度，推进青浦新城规划建设等工作，履行好参政党在政党协商中的作用。提交区政协集体提案10件，其中，《新冠疫情下，关于进一步加强公共卫生应急体系建设的思考与建议》《智慧赋能，深化“两张网”建设》获评区政协年度优秀提案，《建设高水平健康青浦，增进人民健康福祉》在区政协六届一次会议上作大会发言。农工党区委号召党员围绕青浦区经济社会发展的重点问题和百姓关心的热点、难点问题，积极反映社情民意，《关于在2021年春节帮困送温暖专项工作中增配防疫物资的建议》被市政协采用并转送市有关部门，被农工党市委采用报送市政协和农工党中央。 （王 寅）

■社会服务 发挥医卫界别人才优势，组织党员到盈浦街道天恩桥村、朱家角镇等地开展医疗咨询服务，开设医疗知识讲座。5月，承办农工党市委庆祝中国共产党建党百年“初心谋幸福，同心送健康”健康义诊活动，开设血液科、外科、临床营养科、中医科等义诊咨询项目，为约300名群众提供义诊咨询。7月，为庆华社区爱心暑假班活动送课，《少儿武术》《篆刻》《智能机器人》《音乐赏析》等多门课程丰富学生暑期生活。10月，举办"沉浸乡村，幸福同行"——2021年"同心善行，稻花香里说丰年"主题文化集市活动，向淀山湖福利院、朱家角镇环卫工人和林家村80岁以上村民代表等捐赠大米，开幕式上表演快板《伟大开端》、歌曲《在希望的田野上》等。（王　寅）

4月8日，中国致公党上海市青浦区第三次党员大会在区会务中心召开

（致公党总支供稿）

致公党上海市青浦区总支

■概况　2021年，致公党青浦区总支发展新党员4人，转入党员1人，有党员60人。年内，下发党史学习教育实施方案，制定"学习党史守初心·致力为公启新城"主题活动。创作诗歌朗诵作品《我们是光荣的致公党员》在"百年大党风华正茂，同心携手共谱新篇"青浦区党外人士庆祝中国共产党成立100周年诗歌朗诵活动上演出。2021年，总支获青浦区政协社情民意先进集体称号。（怀佳顺）

■组织建设　4月8日，致公党上海市青浦区第三次党员大会召开。选举致公党青浦区第二届总支部委员会委员7人。周敏华当选主委，沈卫星、高宝霖当选副主委。12月25、27日，分别召开第一支部、第三支部和第二支部党员大会，选举产生新一届支部委员会主委、副主委、委员。开展"同心聚力·幸福同行"结对共建，分别与重固镇章堰村、盈浦街道天恩桥村、盈浦街道解放社区制定工作方案，举行结对共建签约仪式。11月13日，青浦区致公之家于青浦区新业路800号揭牌。（怀佳顺）

■参政履职　围绕"疫情防控和经济社会发展""青浦新城建设""中小学校劳动教育校外实践场所规范化建设""助力'双减政策'推行"等课题开展调研、建言献策，向致公党上海市委提交"关于完善幼儿园机构编制配置的建议""关于做好上海市医学相关专业学位研究生落户政策衔接"的建议。全年向市委、区政协和区委统战部和有关部门提供社情民意30余件。对口重固镇开展专项民主监督，通过实地走访、座谈交流、查阅资料、专报反馈等形式，对重固镇在多层住宅加装电梯、"城中村"改造、社区养老服务设施建设等民心工程中相关政策落实及重点任务推进情况进行梳理，形成专项民主监督报告报送区委统战部。（怀佳顺）

11月16日，青浦致公之家揭牌仪式举行　（致公党总支供稿）

■社会服务　与新疆维吾尔自治区贫困地区幼儿园结对，开展定向精准扶贫。支持党员陈伟新到云南省开展对口援建工作。全年，总支获致公党市委脱贫攻坚先进集体，党员闵宏伟获致公党中央脱贫攻坚先进个人，党员毛晓东获致公党中央脱贫攻坚优秀组织工作者，1人获致公党市委脱贫攻坚民主监督先进个人，1人获致公党市委脱贫攻坚先进个人。（怀佳顺）

九三学社上海市青浦区委员会

■概况　2021年，九三学社青浦区委发展新社员17人，转入社员2人，有社员173人。发展的新社员平均年龄38.9岁，其中博士1人、硕士8人。4月，召

开第五次社员代表大会,顺利换届,现有区委委员9人,下设5个支社。社员中有市人大代表1人,区人大代表2人,区政协常委3人、委员12人。社区委获社市委2021年度组织工作先进集体、社市委思想政治和宣传工作先进集体、社市委信息工作先进集体二等奖、社市委参政议政工作先进集体二等奖;获区政协反映社情民意先进集体、区委统战部建言献策优秀组织奖等荣誉称号;在社中央组织的“五史”线上知识竞赛中获社市委优秀组织奖。 (王淑娟)

■思想政治建设 动员52名社员参加社中央组织的“五史”线上知识竞赛,朱伊妮、徐彦尧获社中央优胜个人三等奖,2人获社市委优胜奖,1人获荣誉奖;参加区委统战部举办的“百年大党风华正茂,同心逐梦共谱新篇”青浦区党外人士庆祝中国共产党成立100周年诗歌朗诵会;组织社区委委员,支社班子成员,历届主委、副主委,社内人大代表、政协委员等30余人,在朱家角松涛剧场上文艺党课;参加社市委开展的“先贤”——九三学社上海市委短视频制作邀请赛,陆宗野制作的视频在九三微信公众号上公布供社员学习。 (王淑娟)

■组织工作 4月,社区委召开第五次社员代表大会,选举产生第五届委员会委员。换届后区委班子成员9人,平均年龄41.4岁,均为本科以上学历,其中硕士4人。社区委推荐社内后备干部参加社市委、区委统战部举办的各类培训班。社区委推荐3名社员参加区委统战部举办党外中青班。推荐1名社员参加统战部推荐的挂职锻炼。推荐社员参加社市委举办的参政议政培训班、青年骨干社员培训班、宣传骨干培训班、社情民意工作培训班。做好区政协委员推荐、考察工作,推荐6名社员担任区政协委员。社区委有12名社员通过各界别的推荐进入政协,2名社员当选为区人大代表。 (王淑娟)

■参政议政 社区委撰写提案、书面意见。在区政协五届五次会议上,社内政协委员提交提案17件(其中集体提案5件、个人提案12件),其中,集体提案《关于全区政务新媒体集约化经营的建议》(获区主要领导批示)《关于打造长三角“金融+科技”区域技术交易功能平台的建议》和个人提案《必须重视汽车维修门店占道经营和洗车废水排放问题》被区政协评为优秀提案。重视社情民意和信息工作。发挥“黄河生委员反映社情民意工作室”和社情民意小组的模范带头作用,全年收集社情民意173件,其中全国政协采用2条,社中央采用2条,市领导批示5条,报送全国政协5条,市政协采用25条,市委统战部采用4条。社区委获区政协反映社情民意先进集体,5位社员获区政协先进个人荣誉称号。拓宽课题调研的领域。全年完成课题5个,《关于产城融合发展的建议》《探索长三角示范区创新联合体赋能体系建设与路径的研究》(社市委重点课题)、《关于进一步加强青浦区城市夜间照明建设和管理的建议》《关于建立大数据分类分级管理体系,推动数据要素市场建设的建议》《建立社区四位一体,扎实推进幸福社区建设》均转化为提案提交。履行民主监督职能。根据《中共青浦区委办公室关于中共青浦区委委托青浦区各民主党派、无党派人士开展专项民主监督有关事项的通知》(青委办〔2021〕20号)精神,对香花桥街道、盈浦街道开展专项民主监督,工作组通过现场调研、文本分析、小组讨论、远程协商等方式形成调研报告,对加装电梯、社区养老服务设施工作提出意见、建议。 (王淑娟)

■社会服务 5月6日,分别为润盈生物工程科普基地、蘑幻森林(彭世菇业)、厨见、味农生活馆四家社员之家挂牌,每个社员之家均有青浦九三社员作为联络人。在赵巷和睦村和金泽王港村组织综合活动,现场开展医疗保健科普讲座和医疗咨询。河南汛灾发生后,社区委响应社市委号召,66位社员捐款3.28万元。 (王淑娟)

9月6日,上海市青浦区工商业联合会(总商会)第六次代表大会召开
(区工商联供稿)

青浦区工商业联合会

■概况 2021年,区工商联(总商会)发展新会员102户,有商会11家,会员1625户,个人会员(老会员)5户,私营企业1620户。有执常委187人,其中市政协委员2人,区人大代表4人、区政协委员34人。 (顾毅超)

■特色工作 创新品牌,开启“1+3+11+X”党建模式。“1”即成立一个党建总品牌“惟正笃行,向阳而生”。“3”即根据主品牌内涵,拓展3个子品牌分别为同心引领(主要是加强思想引领、深化理想信念教育等方面),贴心益企(主要是做好娘家人,助力民营经济高质量发展等方面),凝心聚力(主要是发

挥企业家才智资源等优势，围绕中心服务大局等方面）。“11”即指导11个街镇商会建立“一会一党建品牌”，推动党的组织和工作向基层商会全面有效覆盖。“X”即由各企业、金融单位等共同组成联盟理事成员。 （顾毅超）

■**合作共建** 联合区检察院、区司法局召开知识产权司法保护座谈会，结合典型案例进行普法宣传和专题介绍，并交流座谈。到青浦法院西虹桥人民法庭调研，探索“线上+线下”法律服务保障平台。落实《关于建立涉案企业合规第三方监督评估机制的指导意见（试行）》，联合区检察院等单位成立青浦区涉案企业合规第三方监督评估机制管理委员会。指导各街镇商会全部建立“政会银企”综合金融服务点，推动金融服务基层。与区财政局共同举办“政策性批次贷”政策宣讲活动，帮助解决制约中小微企业“融资难、融资贵”问题。与区税务局深入推进“春雨润苗”行动，作为全市首家签订《为纳税人缴费人办实事合作框架》。召开“两送一防”（即送政策、送服务、防风险）行动推进会，帮助企业做好金融服务及防范风险服务。 （顾毅超）

6月29日，青浦区工商联党建中心揭牌 （区工商联供稿）

■**光彩事业** 举办“同心善行、服务社会”企业家真情传递捐赠仪式，向250户因大病、重病等原因致困的家庭捐款50万元。与区妇联签订帮困互助协议，捐赠20万元，帮助困难儿童。与区残联签订合作共建框架协议，捐赠20万元，合作开展“青浦有爱”扶残助困行动。开展青西三镇（即朱家角镇、练塘镇、金泽镇）敬老助老扶贫帮困活动。 （顾毅超）

■**信息宣传** 与新民晚报、区融媒体联合创作、策划、推出“建党百年·腾飞在青浦”沪商精神系列宣传，宣传弘扬践行沪商精神、体现改革开放成就、反映上海和青浦良好的营商环境和展示青浦民营企业风采。区委统战部公众号开设“沪商精神”专栏，开展“民营企业家谈沪商精神”系列推送，诠释民营企业家眼中的沪商精神。 （顾毅超）

青浦博物馆（区融媒体中心供稿）

QUNZHONG TUANTI
群众团体

◎ 编辑 姜依霖

综　述

2021 年,青浦区各群众团体围绕上海市和青浦区重要决策部署,全面加强思想政治建设,认真落实各项部署要求,聚焦主责主业,扎实推进各项工作,为青浦实现全面跨越式高质量发展和服务国家发展战略提供有力支撑。区总工会下辖街镇总工会 11 家,委、局工会 30 家,区属公司工会 8 家,行业工会 8 家(纺织、建筑、旅游、餐饮、物业、环卫、印刷、快递物流)。全区基层工会组织 1972 家(包括工会联合会),涵盖建会单位 1.23 万家,入会会员 29.4 万人。2021 年,获评全国五一劳动奖章 1 人,上海市五一劳动奖状 6 家,上海市五一劳动奖章 11 人,上海市工人先锋号 12 家。全区有团组织 1460 家,团员 14365 人,有专、兼职团干部 2072 人。年内,6 名团员青年获“上海市青年五四奖章”荣誉称号,5 家团组织获“上海市青年五四奖章集体”荣誉称号。4 家团组织获“上海市基层团组织典型选树团(工/总)委”荣誉称号。区妇联辖镇妇联 8 个、街道妇联 3 个、“四新”领域妇联 23 个、村妇联 184 个、居民区妇联 143 个。年内,1 家单位获 2019—2020 年度全国“巾帼文明岗”称号;1 人获全国妇联系统“劳动模范”称号。全区有国家级科普教育基地 7 家、市级科普教育基地 15 家、区级科普教育基地 69 家、科普示范村(居委)51 家、科普村(居委)137 家,科普志愿者 2570 人。区科协获 2021 年全国科技活动周优秀组织单位、2021 年全国科普日活动优秀组织单位等荣誉称号。区文联深入学习贯彻习近平总书记关于做好文联工作的重要指示精神,提高政治站位,强化责任担当,充分发挥文联的组织优势和职能作用,团结带领区文艺工作者积极投身新时代伟大实践,以优秀的作品、优质的服务,展现新作为推动新发展,为繁荣青浦文艺事业,建设“上海之门”作出应有的贡献。区摄协 2 名会员的作品入选“2021 年第十三届上海市摄影艺术展”,其中 1 人作品获艺术类金奖。区侨联扎实推进侨联各项工作,为青浦区经济社会发展贡献侨界力量。开展市侨青总会第二届理事推荐工作。筹备成立区“侨青委”,广泛联系团结侨界青年。开展中国侨联“侨胞之家”建设,香花桥街道“侨缘驿站”获全国侨联系统优秀“侨胞之家”。新建村居层级“侨微家”9 家。完成 1 家五星级、2 家三星级、3 家四星级“侨之家”的创建。全区新增残疾人 443 人,持证残疾人 24882 人,安置残疾人就业 368 人,全额补贴类辅具配发 3860 件,组织 12826 名残疾人参加免费健康体检,发放各项救助资金 4732.75 万元。61 所中小学建立学校红十字会,有 2 所冠名红十字医疗机构、20 个红十字团体会员单位,有红十字服务总站 11 所、红十字服务站 255 所,红十字会员 5 万余人。区红十字会募集日常人道救助款物约 312.4 万元。区红十字会机关党支部被命名为“青浦区先进基层党组织”。（姜依霖）

青浦区总工会

■**概况**　2021 年,区总工会下辖街镇总工会 11 家,委、局工会 30 家,区属公司工会 8 家,行业工会 8 家。全区基层工会组织 1972 家(包括工会联合会),涵盖建会单位 1.23 万家,入会会员 29.4 万人。年内,举办长三角生态绿色一体化示范区工匠论坛,成立青浦、吴江、嘉善三地工匠联盟,签署《长三角生态绿色一体化示范区三地工会选树培育工匠合作协议》。制订《青浦职工劳动和技能竞赛实施方案》,举办“护航进博会,建功新征程——服务保障第四届进博会立功竞赛暨倒计时 50 天启动仪式”,联合开展区政务办“一网通办”“一网统管”专项立功竞赛、公安分局岗位立功竞赛、物业行业职工技能竞赛。规范劳模创新工作室建设,制订创建标准,创建市级劳模创新工作室 1 家,命名区级劳模创新工作室 5 家,选树“青浦工匠”15 人,1 人获评“上海工匠”。开展“百日建会”集中行动,全年新建工会 102 家,行业性、区域性工会联合会入联企业 582 家,新增会员 1 万余人。开展基层组织建设情况排摸,累计排摸单独建会及行业性区域性工会组织 2416 家,覆盖非公企业 6600 余家。参与劳动争议调解、提供法律援助案件 922 件,涉及职工 2591 人,挽回经济损失 6003 万元。各级工会帮扶困难职工 2960 人次,帮扶金额 338 万余元,职工互助保障参保 21 万余人,全年理赔 2418 万元,补贴职工参加健康体检和疗休养 1.4 万人。新办工会会员卡 7000 余张,工会会员专享基本保障覆盖会员 15 万人。新建爱心妈咪小屋 27 家,新建上海市园区(楼宇)健康服务点 6 家,为 30 家企业提供工会和谐劳动关系法律体检。（朱建强）

■**宣教活动开展**　组织开展“心向党跟党走”职工征文大赛、“诵读红色经典,礼赞永恒丰碑”红色诗词诵读比赛、“翰墨丹青映初心,砥砺奋进新征程”青浦吴江、嘉善三地职工书画优秀作品展、陈云精神风范专题展等庆祝建党百年系列活动。打造车站路党史、工运史文化墙。组建青浦区总工会劳动模范(先进工作者)宣讲团,开展巡回宣讲 8 场。开展“奋斗成就梦想,劳动我最光荣”——劳模志愿者服务日活动。向企业配送“公益乐学”免费课程 72 次。开展“大文化、大健康、大安全”职工素质教育培训。联合区心理协会为职工提供线上心理咨询、线下预约服务,完成职工心理健康培训。4 月 23 日,陈云纪念馆党委委员、陈列编研部主任房中作党史学习教育专题报告会,与会人员参观“从上海之源到上海之门——青浦建城 500 年档案史料展”。6 月 17 日,由区总工会、陈云纪念馆联合主办的“陈云精神风范”专题展进企业活动在日立电梯(上海)有限公司启动。7 月 22 日,区总工会与区融媒体中心联合举办“诵读红色经典,礼赞永恒丰碑”庆祝中国共产党成立 100 周年红色诗歌职工朗诵大赛展演活动。（朱建强）

■**开展情暖 2021 年新春致敬新青浦新生活建设者活动**　1 月 14 日,区总工会向全区职工发出“工会有爱,留青过年”的倡议书,投入 100 余万元开展“情暖 2021 年新春致敬新青浦新生活建设者”系列活动,做好“三送三慰问”(“三送”即送春联,送年夜饭,送电影;“三慰问”即走访慰问困难劳模、困难职工,走访慰问防疫职工代表,走访慰问节日坚守的一线职工代表)工作。（朱建强）

■**区劳动争议诉调对接暨劳动争议巡回法庭揭牌**　1 月 28 日,区劳动争议诉调对接暨劳动争议巡回法庭揭牌仪式

在徐泾镇举行，区法院、总工会、人社局、司法局发布《关于进一步加强青浦区劳动争议调裁审对接工作的方案》。（朱建强）

■**区总工会全体会议** 2月26日，青浦区总工会第五届委员会第十一次全体（扩大）会议在区会务中心召开。区人大常委会副主任、区总工会主席赵宏林作题为《贯彻新发展理念，服务新发展格局，团结带领职工群众为开创青浦全面现代化新局面而努力奋斗》的工作报告。会议发布2021年青浦工会服务职工16项实事项目。7月29日，区总工会五届十二次全体（扩大）会议在区会务中心召开，会议部署《青浦区总工会关于加强组织体系建设，激活基层活力三年行动计划（2021—2023年）》。11月18日，区总工会五届十三次全体会议在区会务中心召开，调整增补青浦区总工会第五届委员会委员、常委，高健当选区总工会主席。（朱建强）

■**厂务公开民主管理工作** 3月5日，上海市企事业单位民主管理制度建设推进会在市总工会召开。会上，上海金发科技发展有限公司获全国厂务公开民主管理工作先进，青浦区厂务公开工作领导小组、青浦区练塘镇人民政府、青浦区人民政府香花桥街道办事处获上海市推动厂务公开民主管理先进单位，上海金发科技发展有限公司、圆通速递有限公司、上海天弩食品有限公司获上海市厂务公开民主管理工作先进单位。（朱建强）

■**首批园区（楼宇）健康服务点挂牌** 4月8日，青浦区创建“上海市园区（楼宇）健康服务点”推进会在青浦工业园区召开。会上，区委常委、副区长孙挺等领导为青浦区首批上海市园区（楼宇）健康服务点授牌。区首批园区（楼宇）健康服务点分别设立在徐泾镇金联村、华新镇淮海村、重固镇福泉山村、白鹤镇响新村、盈浦街道双桥社区和香花桥街道青山居委会。（朱建强）

■**举办劳动模范（先进工作者）事迹报告会** 4月28日，青浦区劳动模范（先进工作者）事迹报告会在区会务中心召开。报告会宣讲孙刚、杨丽芳、关立平、王菊莉、徐峰、邵红光6名全国、上海市劳模的先进事迹，绿色青浦APP平台进行全程直播，全区近3万人在线观看直播。（朱建强）

■**法律体检服务** 7月，区总工会组织开展和谐劳动关系法律体检服务，重点帮助企业排查用工法律风险，指导依法组建工会，建立和规范运用集体协商、职代会制度，规范有序实施重大改革调整。完成30家企业法律体检服务，提供专场咨询服务35场，召开各类座谈会42场，走访职工485人次，完成调查问卷1240份，审查企业规章制度及文件186份，排查各类劳动关系隐患46件，覆盖职工8250人。（朱建强）

■**服务保障第四届“进博会”立功竞赛暨倒计时50天启动仪式** 9月15日，“护航进博会，建功新征程”——服务保障第四届“进博会”立功竞赛暨倒计时50天启动仪式在国家会展中心举行，发布“服务保障第四届进博会立功竞赛方案”。（朱建强）

■**签署长三角生态绿色一体化发展示范区职工心理服务合作协议** 10月25日，长三角生态绿色一体化发展示范区职工心理服务一体化研讨会在江苏省苏州市吴江区举行，青浦区总工会、吴江区总工会、嘉善县总工会签署长三角生态绿色一体化发展示范区职工心理服务合作协议，来自上海、苏州等地的心理专家、工会干部、心理服务志愿者代表200余人参加会议。（朱建强）

■**先进典型表彰大会** 10月27日，“守护初心，担当使命”青浦区工青妇先进典型表彰大会暨党史学习教育主题音乐党课在东方绿舟剧场举行。区领导为获奖代表颁奖。上海市工人文化宫茉莉花交响乐团上音乐党课。（朱建强）

■**区政府与区总工会联席会议** 12月14日，2021年度区政府与区总工会联席会议在区政府东裙楼会议室召开。会议通报2020年区政府与区总工会联席会议议题落实情况、2021年各街镇推进政府与工会联席会议情况和工会重点工作推进情况，审议并通过“关于多元化解纠纷矛盾，深化调裁对接工作机制”和“关于完善《关于进一步做好青浦劳模关心关爱和帮扶服务保障工作的实施意见》”两个议题。（朱建强）

■**集体协商技能竞赛** 7月12日，首届长三角地区三省一市工会集体协商技能竞赛在浙江省杭州市举行，来自上海市、浙江省、江苏省、安徽省18支代表队参赛。青浦区总工会选派香花桥街道总工会周佳、金泽镇总工会陆军燕、顺丰同城工会叶淑敏、金发科技工会王大年4人组队参赛，获得“优秀组织单位”，周佳获评“协商能手”。12月17日，区总工会劳动关系部部长李泽威代表上海队参加第二届全国城市工会集体协商竞赛决赛，全国31支代表队155名选手入围决赛，李泽威获“优秀选手”称号。（朱建强）

共青团青浦区委员会

■**概况** 2021年，团区委落实区委和团市委工作要求，坚持以政治建设为统领，围绕立足新发展阶段、贯彻新发展理念、构建新发展格局，着力提升组织力、引领力、服务力和大局贡献度。年内，6名团员青年获“上海市青年五四奖章”荣誉称号，5家团组织获“上海市青年五四奖章集体”荣誉称号。4家团组织获“上海市基层团组织典型选树团（工/总）委”荣誉称号。2021年，团区委依托上海政法学院招募“微笑四叶草”大学生志愿者138人，提供志愿服务62710余人次。其中，提供交通引导30458人次、信息问询18312人次、秩序维护11918人次、应急救助85人次、语言翻译332人次、其他服务1937人次。自2014年起，团区委联合区人才办、区人社局开展“扬帆回青”青浦区优秀大学生社会实践项目。至年底，有68家用人单位提供岗位1555个，用人单位好评率98%；有1314名大学生参加实践活动，学生参与率98%。（邱　兰）

■**青年创业协会** 1月16日，上海市青浦区青年创业协会暨青浦区工商联青年创业者联谊会第二届第一次会员大会在朱家角镇举行。经选举陆平一当选会长，王辉等11人当选副会长，朱敏当选秘书长，倪媛媛等33人当选理事。青浦区委常委、统战部部长王凌宇出席会议并讲话，青创协、青创联、金融服务专委会70余人参加会议。（邱　兰）

■“青生活·爱公益·新征程”青少年圆梦公益行动　1月31日，由团区委、区青联、市慈善基金会青浦区代表处、区融媒体中心联合主办，东方网协办的“青生活，爱公益，新征程”青浦青少年圆梦公益行动线上直播活动落幕，100名小朋友的新年小心愿被点亮。活动围绕五大版块展开，通过4张照片串联起2020年的青春备忘录。直播最后，“2020对话区委书记”的3名青浦代表来到直播间，分享他们当时的所见、所闻、所感。青浦共青团在2020年末向大众征集的“2020暖心故事”也在本次活动中以视频的形式展现在观众面前。本次直播活动吸引超2.7万人次在线观看，点赞量5万+，留言评论超6万条。（邱　兰）

■青年业委会委员联谊会　3月12日，第一届青浦区青年业委会委员联谊会第一次全体大会在区会务中心召开。选举产生联谊会会长、副会长、秘书长等，通过《青浦区青年业委会委员联谊会章程》。新当选的联谊会会长田华代表会员作表态发言。（邱　兰）

■“国旗下成长”主题活动　3月14日，“国旗下成长”上海青少年升国旗暨爱国宣讲主题活动青浦专场在上海青浦区福寿园人文纪念馆举行。仪式上，为升护旗手颁发“国旗下成长”纪念证书，为青少年代表颁发纪念证书。在爱国主义宣讲中，新四军老战士侯更生向少先队员讲述自己的从军岁月。豫英小学少先队员代表们带来集体诗朗诵《有一首歌》。全体参会人员还跟随讲解人员一起参观红色丰碑路线。团区委机关全体人员、夏阳街道青少年及家长代表家庭150余人参加本次活动。10月1日，“国旗下成长”——青浦青少年庆祝中华人民共和国成立72周年升旗仪式在青浦博物馆举行。“理想示范区”讲师团成员张萬婧作《是谁唤起了民族觉醒》的主题宣讲。逸夫小学、东门小学的少先队员们分别带来舞蹈《党是太阳我是花》和大合唱《红旗飘飘》。仪式上，为升护旗手颁发“国旗下成长”荣誉证书，为少先队代表颁发纪念证书。全区150余人青少年及家长代表参加活动。（邱　兰）

■团区委全体会议　3月29日，共青团上海市青浦区第五届委员会第十一次全体（扩大）会议在区会务中心举行。团区委书记沈竹林在会上代表团区委常委会作工作报告，会上传达区委五届十一次全会精神、团市委十五届五次全会精神。会议表彰赵巷镇团委等10家2020年度青浦区红旗团组织和朱家角镇团委等10家2020年度青浦区特色团组织。会议通过委员卸免确认案，为离任的团干部代表颁发纪念证书。7月30日，共青团五届十二次全体（扩大）会议在区教师进修学院报告厅举行。会议围绕“全面提升城市软实力和核心竞争力”主题，利用视频学习习近平总书记在庆祝中国共产党成立100周年大会上的重要讲话精神，传达学习区委五届十二次全会和2021年上海共青团重点工作推进会精神，听取团区委常委会工作报告。（邱　兰）

■“学党史、强信念、跟党走”理论学习　4月16日，由青浦、吴江、嘉善三地团委、党校共同举办的长三角一体化示范区青年理论学习宣讲启动会在长三角一体化示范区（上海）金融产业园举行。会上，发布“学党史、强信念、跟党走”长三角一体化示范区青年理论学习宣讲项目和“理响示范区”青年讲师团标识，举行“理响示范区”青年讲师团授旗仪式和“理响示范区”青年讲师团专家顾问团聘任仪式。会后，“理响示范区”青年讲师团举办第一次集中学习，专家顾问团总顾问李琪带来第一课《学史明理、学史增信、学史崇德、学史力行》，随后讲师团分4个课题组进行首次集体备课。4月26日，“学党史、强信念、跟党走”青浦各界青年党史学习教育座谈会在区政府西裙楼会议室召开，会上，来自不同领域的6位青年代表结合各自的学习经历、工作岗位，就如何学习党史、如何学好党史以及学好党史的意义交流分享。（邱　兰）

■“走进青浦新城”活动　4月29日，市青联、市青企协优秀青年代表一行来到青浦开展“走进青浦新城”活动。青年代表先后参观华为青浦研发中心、蓝色珠链和长三角一体化示范区金融产业园。随后，在金融产业园会议中心召开青年力量与长三角数字干线青春献智论坛。团市委副书记丁波，区委常委、统战部部长王凌宇，市青企协、区青创协代表共同为“上海市青年企业家驻青浦新城联系点”揭牌。同时，聘请市青联、市青企协优秀青年担任青浦新城“数字干线”创新创业导师，并与区青联

4月16日，由青浦、吴江、嘉善三地团委、党校共同举办的长三角一体化示范区青年理论学习宣讲启动会在长三角一体化示范区（上海）金融产业园举行
（团区委供稿）

委员、青年企业家结对，共促成长。本次论坛主要围绕"长三角数字干线"产业发展、人才培养、技术支撑等开展，为青浦新城建设出谋划策。4位市青联、市青企协优秀青年代表作主旨发言，共话改革、共商合作、共谋发展。（邱　兰）

■**五四主题团日活动**　5月4日，"青春心向党，奋进新征程"青浦青少年庆祝中国共产党成立100周年暨纪念五四运动102周年主题团日活动在青浦水城门广场举行。"理响示范区"青年讲师团代表在活动上分别以《长征精神》《从环城水系公园看青浦新城蝶变》为题作首场示范性宣讲。活动现场开展入团宣誓，来自青浦一中的20名学生加入中国共青团，团区委书记沈竹林领誓。新团员代表发表入团感言暨团旗下演讲。启动"青春耀百年，薪火代代传"青浦新城红色足迹寻访。（邱　兰）

■**"六一"主题活动**　5月31日，由区教育工作委员会、区教育局、团区委和少工委主办，青少年活动中心、上海市青少年校外营地——东方绿舟承办的"红领巾心向党，做'上善'好少年"——2021年青浦区少年儿童庆祝中国共产党成立100周年暨"六一"主题活动在上海市青少年校外活动营地——东方绿舟举行。原空军飞行大队政委丁昆源进行国旗下讲话。会上，对"走近陈云爷爷"研学小课题报告评选活动、"接过信仰的火炬，做'上善'好少年"故事演讲比赛、"接过信仰火炬，做'上善'好少年"党史知识竞赛等系列活动作品进行表彰。成立"红领巾巡讲团"，43位教师被聘为青浦区"红领巾巡讲团"成员。（邱　兰）

■**青年交友活动**　6月19日，由团区委、民政局、文旅局、朱家角镇人民政府、上海青旅（集团）有限公司、上海青春在线青少年公共服务中心共同主办的"为爱出发"2021上海青年爱情节暨青浦新城专场青年交友活动在青浦新城知道书院暨青浦名人馆举行。仪式上，副区长孙挺和市青少年服务和权益保护办主任周建军启动本届上海青年爱情节。此外，本届爱情节首场活动之"青浦传奇"大型华服定向交友活动也在青浦朱家角古镇开启。（邱　兰）

5月31日，"红领巾心向党，做'上善'好少年"——2021年青浦区少年儿童庆祝中国共产党成立100周年暨"六一"主题活动在上海市青少年校外活动营地——东方绿舟举行（团区委供稿）

■**"青春青浦·幸福快车"项目启动仪式**　6月29日，"我为群众办实事""青春青浦·幸福快车"项目启动仪式在上海忠斌旅游（集团）有限公司举行，向青年代表赠送党史书籍，为青年志愿服务队授旗。来自6家单位的青年骨干全程参与此次服务项目。（邱　兰）

■**爱心暑托班**　7月5日，爱心暑托班开班。全区11个街镇、21个办班点、30个爱心暑托班、1500多名小学生走进暑托班课堂。本次开班分二期，每班配置督导1人，班主任1人，高校大学生志愿者5人，负责暑托班的日常运营管理。在防疫方面，各个办班点设留观区，每天体温监测2次，安排专业消毒机构每天放学后对各个办班点的重点区域进行全方位消毒。青浦区小学生爱心暑托班由团区委、教育局会同区委宣传部、文明办、信访办等共同主办，被列入区政府实事工程项目。该项目自2014年以来开办111个班，服务小学生超7600人次，参与的青年、学生志愿者超1500人次。（邱　兰）

■**庆祝中国共产党成立100周年活动**　7月8日，青浦区各界青年深入学习贯彻习近平总书记在庆祝中国共产党成立100周年大会上重要讲话精神座谈会在区会务中心召开。会上，区委党校教授鲁家峰以《旗子·镜子·担子》为主题，为青年们作学习习近平总书记"七一"重要讲话精神辅导报告。各界青少年代表12人进行心得分享。来自市、区青年五四奖章获得者代表，荣誉获得者所在单位团组织负责人，各区属单位团组织负责人等出席会议。7月12—16日，由青浦、吴江和嘉善三地团委共同举办的长三角一体化发展示范区青年马克思主义工程示范班暨团青骨干学习贯彻习近平总书记在庆祝中国共产党成立100周年大会上重要讲话精神专题研讨班在上海青年管理干部学院开班。开班仪式上，三地团委领导向学员代表授学员证，上海团校副校长朱红作开班动员。（邱　兰）

■**望道班**　7月16日，青浦区第五期中学生共产主义学校暨望道班开班仪式在长三角一体化示范区（上海）金融产业园举行。开班式上，为新学员代表颁发学员手册及学员证，为青浦区中学生共产主义学校导师颁发聘书；区教育工作党委、团区委与复旦大学马克思主义学院共同签署《关于共同加强青浦区中学生共产主义学校建设合作备忘录》，并发布青浦区第五期中学生共产主义学校暨望道班课程体系；导师代表、新学员代表作表态发言。（邱　兰）

■2021 长三角生态文明教育论坛 9月18日，由上海青年志愿者协会、团区委、上海青年家园民间组织服务中心、青未来公益中心、上海市学校后勤协会、长三角高校后勤协同创新发展联盟共同主办的2021长三角生态文明教育论坛暨走进“五个新城”上海青年志愿者绿色营开营仪式在青浦区金泽镇莲湖村举行。仪式现场，为2021上海青年志愿者绿色营授旗，为营员赠送装备。启动“美丽中国，青春行动”青少年生态文明知识进课堂上海青年志愿者、青年社会组织助力“双减”专项行动。在7所中小学开展试点，推出《拒绝白色污染，争做减塑达人》《绿色低碳生活》《保护地球大气层/保护森林系列科普课程》《保护水环境，争做“河小青”》等12项生态环保系列课程。（邱　兰）

■青浦区青少年发展“十四五”规划编制 11月16日，青浦区青年工作联席会议暨青少年发展“十四五”规划在区政府西裙楼三楼会议室召开。会上，团区委汇报《青浦区青少年发展“十四五”规划》编制情况；与会单位就规划文本展开讨论，并提出意见、建议。经审议，同意向区政府正式报送《青浦区青少年发展“十四五”规划》请示。（邱　兰）

■共青团上海市青浦区第六次代表大会 12月27日，共青团上海市青浦区第六次代表大会在区会务中心开幕。240名代表共同商议青浦共青团和青年工作。区委书记徐建讲话。叶丽君代表五届团区委向大会作了题为《青春心向党，奋进新征程，为加快建设社会主义现代化国际大都市的枢纽门户奋力书写不负时代的青春答卷》的工作报告。（邱　兰）

青浦区妇女联合会

■概况 2021年，青浦区妇女儿童服务指导中心正式运行；青浦区疾病预防控制中心免疫规划科获2019—2020年度全国“巾帼文明岗”称号；重固镇章堰村党支部副书记、副主任、妇联主席陈秋燕获全国妇联系统“劳动模范”称号。2021年，区妇联举办“守护初心，担当使命”工青妇党史学习教育音乐党课、“奋斗百年路，逐梦新征程”妇女干部专题学习、“红色百年，立德树人”国际家庭日主题活动、“一起读党史”亲子红色阅读活动、“WOMAN心向党”女性社会组织和“两新”领域女性感党恩主题活动等，2万余人次参与。开展“五领”（即领学、领讲、领颂、领办、领干）行动，组织5000余名三级妇联执委走基层，参与党史学习3.48万人次，为妇女儿童群众办实事3419件次。（董炜昱）

■妇女儿童权益维护 发布“我为妇女儿童办实事”项目、“四史”宣传教育和妇女民生服务三份清单，推出八大项目78件实事，举办各类主题活动374次，8.65万人次参与。开展“最美家庭”“绿色家庭”“最美庭院”“最美娘家人”常态化寻找活动，通过举办家庭文化节，“探寻时光印记，传承优良家风”老物件寻访，制作“上善好家风”短视频等。依托幸福社区创建，完善区、街镇和村居妇联服务阵地体系建设，为广大妇女儿童家庭提供更多高品质、便利化、专业化的贴心服务。区妇女儿童服务指导中心正式运行，会同西虹桥党群服务中心、示范区党建创新基地、“浦”公英亲子园等区级妇儿服务阵地推出女性成长、家庭教育、儿童启智、文化传承、心理咨询多元课程，累计开展服务356场次，受益群众6.63万人次。街镇家庭文明建设指导中心完善日常管理制度，主动融入社区家庭文明建设。村居妇女之家、妇女微家提档升级，5家妇女之家获评市示范级妇女之家、2家获评提高级妇女之家。创成市级家庭教育指导示范点、亲子阅读指导示范点5个。全面总结评估区妇女儿童发展“十三五”规划实施情况，科学谋划、高起点编制“十四五”专项规划。联合区教育局，成立区级家庭教育讲师团。升级妇女“两病筛查”项目及经费，完成2.85万人普查。优化“姐妹情”互助保险内容，为重症妇女送上理赔金169.6万元。持续开展“邻家妈妈”关爱、“爱心编织，为扶贫加温”行动、“童・幸福”困境儿童帮扶项目，帮扶2000余人次。成功推选市“百优”少年3人、“十佳”少年1人、优秀“邻家妈妈”4人。加大妇女儿童权益和婚姻家庭矛盾纠纷排查调解力度，打造“幸福驿站”维权点。联合区检察院深入开展“检爱同行，共护未来”普法宣讲活动，广泛宣传侵害未成年人案件强制报告制度。签订青浦、吴江、嘉善三地妇联反家暴合作协议，更好守护妇女儿童家庭幸福安康。区婚姻家庭纠纷人民调解委员会获市“十佳调解品牌”提名奖。扎实推进家家幸福安康工程，以“社区动员，共建自治”为目标，采用“一阵地多功能”共享模式，打造家门口妇儿之家。深化市儿友好社区创建成果，指导朱家角镇和金泽镇成功创建市儿童友好社区示范点。针对“双减”（即要有效减轻义务教育阶段学生过重作业负担和校外培训负担），推出“家长智慧课堂”和“上善七彩课程”。实施家庭图书馆项目，深化

3月6日，青浦区妇女儿童服务指导中心正式启用仪式举行（区妇联供稿）

"跨·阅"亲子阅读品牌。围绕建党百年,推出"百年百课,她学她享"课程配送项目,以"点单派单"形式强化服务针对性,全年配送"农村女性智慧课堂""萌趣学法"等100余堂女性儿童特色课程至各级党群、妇儿服务阵地。开展"巾帼心向党,奋斗新征程"三八节系列宣传、"岗岗联动庆百年,巾帼携手谱新篇"主题活动,通过擂台展示、故事分享、班组结对等,发挥典型示范引领作用。 (董炜昱)

■**妇联改革** 突出党建引领主旋律,持续打造"WOMAN+"示范区妇建联盟,拓展"三色堇""五色花""青西她印象"片区妇建联建特色品牌效应。创新"四新"领域妇联组织建设,实现妇联组织和工作覆盖。指导组建白鹤镇养老服务行业"艾佳"妇联等"四新"领域妇联3家。 (董炜昱)

■**服务国家战略** 聚焦两大国家战略,联合江苏省苏州市吴江区、浙江省嘉兴市嘉善县举办"共享她时代"长三角女企业家联盟主题活动,开展"菁英"女性论坛、政策宣讲、"服务进博盛会,绽放巾帼风采"成果展。发挥各级妇联组织和巾帼志愿者服务队作用,开展"服务进博,巾帼在行动"12大服务项目、"护航进博,助力创文"同城行动、"百岗联手亮风采,护航进博会"建功行动、"巾帼奋斗新征程,同心同行展风采"主题活动,发布"WOMAN在行动"专题片。 (董炜昱)

■**建功新城建设** 聚力人民城市建设,发布"WOMAN领跑"计划,推出"筑梦""跨越"等六大项目。开展"巾帼心向党,奋斗十四五"巾帼建功系列行动,实施"青瑛汇创"等女性创新创业合作项目,组织养老服务从业女性精细化技能提升培训6场,累计覆盖万余人次。 (董炜昱)

■**助力乡村振兴** 推出"绽放巾帼风采,助力乡村振兴"项目,推介乡村旅游巾帼线路。指导农村"双学双比"实事项目10个,带动经济效益1130万。联合嘉善、吴江开展"妈妈的味道"长三角女性创业集市,共同宣传名优巾帼农产品。开展"美丽乡村巾帼行,创建美丽庭院,点靓美好生活"主题活动,培育农村新风尚。发放"三下乡"(即文化、科技、卫生"三下乡")书券3万元,丰富农村女性文化生活。 (董炜昱)

6月20日,区村居妇联换届选举工作完成。图为区妇联领导到重固镇新丰村现场指导换届选举工作 (区妇联供稿)

■**完成村居妇联换届** 指导全区村居妇联完成换届工作,全面实现百分百村居"两委"班子成员中有一名女性、百分百村居妇联主席进入村居"两委"班子等五项重点指标。认真落实新一届妇联执委"三进"(即进网格、进议事会、进业委会)工作。举办三期妇联系统新时代基层干部主题培训,通过理论辅导领学、交流活动互学、现场观摩巧学、线上课程自学等方式,实现赋能头雁、提升能力目标。 (董炜昱)

青浦区科学技术协会

■**概况** 2021年,区科协紧紧围绕区委中心工作,广泛普及科学知识,传播科学思想,弘扬科学精神,持续强化"四服务、一加强"("四服务"即服务科技工作者、服务创新驱动发展战略、服务公民科学素质提高、服务党委政府科学决策,"一加强"即加强自身建设)工作职能,支持培育科技人才,完善激励机制,发挥学术交流引领作用,进一步促进科协工作与经济、文化、生活融合发展,切实提高全民科学文化素质,努力为青浦全面跨越式高质量发展迈入现代化新征程提供有力支撑。全区有国家级科普教育基地7家、市级科普教育基地15家、区级科普教育基地69家、科普示范村(居委)51家、科普村(居委)137家,科普志愿者2570人。 (张 峰)

■**发挥党和政府联系科技工作者的桥梁纽带作用** 6月,召开区科协系统传达学习中国科协十大精神工作大会,学习习近平总书记在两院院士大会、中国科协第十次全国代表大会上的重要讲话精神,以及大会报告、中国科协章程、中国科协事业发展"十四五"规划等,研究部署区科协系统贯彻落实举措,发布实施青浦区科普事业"十四五"发展规划。充分发挥科协界别政协委员参政议政的专业优势,围绕"长三角数字干线"、青浦科创"一带三中心"建设等区经济社会发展中的重大科技问题、改革发展稳定中的热点问题、促进企业科技创新中的难点问题等,在开展协商民主、决策咨询、建言献策等方面发挥更大作用。 (张 峰)

■**推动长三角生态绿色一体化科技创新协同发展** 会同苏州市吴江区科协、嘉善县科协,大力开展科技创新合作交流,坚持从党建优势互联、人才交流互动、活动联手互办、基地集成互享、资源共建互惠等方面搭建协同创新发展平台。成立长三角生态绿色一体化发展示范区科普基地联盟,进一步推进青浦、吴江、嘉善三地科普基地的共建共享。举办长三角生态绿色一体化发展示范区企业科协联盟年会；组织科技工作者参加“2021 年长三角科惠万家，协同创新”系列活动；青浦、吴江、嘉善三地科协共同主办第三届“童心向党，科普动起来”家庭创新制作大赛，印发长三角生态绿色一体化发展示范区科普护照 8000 本。（张　峰）

■科普创建工作　东方绿舟公共实训基地获评首批国家级应急消防科普教育基地，青教院附小获评全国气象科普教育基地。新增区级科普示范村居 2 个、科普村居 4 个、科普基地 12 家。至年底，全区有全国科普示范社区 5 家、全国科普教育基地 7 家、上海市科普示范社区 9 家、上海市科普教育基地 15 家、上海市科普示范街镇 2 个。赵巷镇科协获市科协“基层科普行动计划”社区书院项目立项，5 个村居获区级社区书院点培育。持续开展科普项目申报建设，10 个项目获科普资助项目立项，累计拨付扶持资金 93 万元。（张　峰）

■2021 沪港科技合作研讨会在上海青浦和香港同步举办　为进一步服务长三角一体化发展和粤港澳大湾区建设，推动沪港科技创新、产业合作和经济共同繁荣，10 月 21 日，由中国科协指导的主题为“新技术·新业态·新发展”的 2021 沪港科技合作研讨会以线上线下结合形式，在上海青浦和中国香港同步举办。本次会议由上海市科学技术协会、香港工程师学会和青浦区人民政府共同主办。来自上海、香港、澳门、江苏省吴江区、浙江省嘉善县相关学（协）会、高校、科研院所、企业等机构的专家学者、企业精英约 300 人参加会议。（张　峰）

■系列科普活动　举办以“百年回望、崇尚科学、自立自强”“百年再出发，迈向高水平科技自立自强”“瓷绘江山，低碳中国”为主题的 2021 年青浦科技节、2021 年青浦区“全国科普日”、2021 年国际自然保护周等系列活动，多渠道、多形式展现科技创新成果。全区累计开展各类科技、科普活动 300 余场次，30 万余人次通过线上线下参与活动。举办上海市第四届青少年人工智能创新大赛青浦区赛、青浦区首届青少年创新技能挑战赛、第三届“气象小达人”科普竞演大赛、中小学学生科技夏令营等系列活动，1000 余名学生参与活动。（张　峰）

■建站攻关项目　持续推进院士（专家）工作站建设，帮助企业解决关键技术问题，促进产学研合作。新建院士（专家）工作站 3 家。至年底，全区有院士（专家）工作站 44 家，其中院士站 3 家、专家站 41 家。立项院士（专家）工作站项目 17 项，累计拨付扶持资金 108 万元。华测导航的项目“厘米级型谱化移动测量装备关键技术及规模化工程应用”获 2020 年度国家科学技术进步二等奖；康恒环境的项目“垃圾焚烧电厂渗滤液处理及减量化工艺”“垃圾焚烧机械炉排炉 CFD 模拟软件及应用技术”均获 2020 年华夏建设科学技术一等奖。7 个项目成果入围市科协“引智创新成果”精品展。（张　峰）

■优化人才培育机制　依托各街镇科技工作者之家以及工业园区等基层科协，大力开展人才引进、人才培训活动，搭建多层次的人才成长服务平台。指导 4 家企业、园区科协建立科技工作者之家。探索“互联网＋”服务模式，开展“科技工作者之家”网上建家交友活动。与区人才办、融媒体中心联合制作推出 5 期《科创在青浦》系列宣传片，全方位展示科技人才、科技工作者风采。围绕科技工作者的职业发展，做好继续教育和职称申报受理服务。（张　峰）

■学术交流　借助“一网通”等信息技术手段，完善现有区级科技类学（协）会建设管理，指导完成学（协）会年检、行会脱钩等工作。鼓励各学（协）会积极开展学会咨询项目申报、业务学术交流和常态建设，促进学（协）会健康发展。2021 年度青浦区学会 6 项咨询重点项目涉及科技创新服务、科技咨询服务、学术交流研究、科技人才建设等领域。（张　峰）

10 月 21 日，2021 沪港科技合作研讨会在上海青浦和中国香港同步举办
（区科协供稿）

青浦区文学艺术界联合会

■概况　2021 年，区摄协 2 名会员的作品入选“2021 年第十三届上海市摄影艺术展”，其中 1 人作品获艺术类金奖，还有多位会员作品在市文联、市摄协等主办的“光辉百年”主题摄影展、“花开中国梦”第十届中国（上海）花博会美术书法摄影作品展、“五”彩纷“城”——第三届“云间影”摄影艺术展、“邂逅美好社区”——2021 年上海城市空间艺术摄影展等主题活动中获奖或入展；区作协会员在《上海诗歌》《解放日报》《世纪》杂志、《新民晚报》《文学报》《四川文学》《东方城乡报》等省市级报刊发表各类题材的文学作品 40 多篇（首），部分会员出版《一片湖江南》《桥缘》《太阳不能懒》

等书籍；区书法家协会有11名会员在上海市第十届篆隶书法作品展、第四届楷书作品展、第六届草书展、第六届新人新作展、“宋四家”临创书法大赛等赛事中获奖；区民间艺术协会1名会员的灯彩作品入展上海市第四届民间艺术展。《湖畔》杂志每期开设“特约”专栏，面向全国一线作家约稿，相继刊发作品。全年刊发本地作者的小说12篇、散文95篇、诗歌98首。（戴朱慧）

■区文联工作会议 1月16日，青浦区文联年终会议在区会务中心召开。各协会负责人就本协会2020年度的工作做简要回顾，并对2021年的工作作出设想。（戴朱慧）

■区文联理事会议 3月18日，青浦区文联第二届理事会第五次会议在练塘镇政府召开。会议审议通过区文联2020年度先进单位及先进文艺工作者拟表彰名单。10月19日，青浦区文联第二届理事会第六次会议暨协会工作会议在区会务中心召开。各协会交流2021年工作情况和2022年工作设想、商议区文联2022年工作计划、审议关于区文联延期换届事项、审议关于增补区文联第二届理事会成员名单。区文联领导和各协会主要负责人出席会议。（戴朱慧）

■走访老艺术家 2月1日，区文联走访王文耀、张自申、钱昌萍、舒明浩等7位青浦区本土艺术家。（戴朱慧）

■文艺创作 区文联创作、出版《董健吾童年故事》一书，并结合先期出版的《夏瑞芳童年故事》，在区图书馆举办“讲好名人故事，培根塑魂，伴我成长”——少儿绘本阅读分享活动。支持区作家协会与部分区老干部合作，出版印行《东乡战歌》一书，召开由原区作协主席张林根创作的红色纪实作品《龙浦烽火》创作座谈会，追忆青浦红色革命足迹，传承青浦红色基因，用情用力讲好青浦故事。（戴朱慧）

■文艺交流活动 区文联组织本地作者参与青浦、吴江、嘉定庆祝建党100周年文学专刊的撰稿工作，10篇文学作品被刊载。6月25日，长三角一体化江浙沪曲艺（评弹）文艺演出在夏阳街道文艺中心剧场举办。江浙沪三地40多名专业评弹演员、名票及评弹曲艺爱好者同台演出，共庆党的百年华诞。（戴朱慧）

■采风活动 11月17日，区文联到金泽镇开展学习参观活动，30多位会员参加活动。7月12日，区音乐家协会举办庆祝建党100周年“永远跟党走——我向党来唱支歌”主题音乐会活动。6月12日，区作家协会组织开展“寻访上海成长轨迹之旅”及到江苏省苏州市吴江区、浙江省嘉兴市嘉善县的文学采风活动。6—8月，区摄影家协会、区民间艺术协会到浙江省、江苏省有关地区进行采风。5—9月，区美术家协会、舞蹈家协会等在区内开展采风活动。（戴朱慧）

■文学创作研讨会 11月28日，“青浦文学和江南文化”创作研讨会暨第二届青浦作协文学奖活动在区会务中心举行。上海市作家协会、青浦区政协、青浦区文联有关领导和专家出席当天活动。（戴朱慧）

■少儿绘本读书分享会 12月3日，由区文联主办、区图书馆承办的“讲好名人故事，培根塑魂，伴我成长”——少儿绘本阅读分享活动在青浦区图书馆举行。区文联和区文旅局有关领导出席活动。（戴朱慧）

■“百年辉煌，初心不忘”系列活动 12月4—15日，由区文联主办、区书协承办的“百年辉煌，初心不忘”青浦区第四届书法篆刻大展在区文化馆举办。大展评出入展作品40件，其中包含优秀奖作品和提名奖作品各5件。12月19日，由区文联主办、区摄协承办的“百年辉煌，初心不忘”2021青浦区摄影艺术展在区文化馆开幕。大展评选出入展作品100幅。市摄协、区文联、区文旅局有关领导参加开幕式。（戴朱慧）

青浦区归国华侨联合会

■概况 2021年，区侨联扎实推进侨联各项工作，为青浦区经济社会发展贡献侨界力量。年内，加强代表人士培养锻炼。开展市侨青总会第二届理事推荐工作。筹备成立区“侨青委”。组织侨界人士参加新侨人士走进“智慧法院”活动、学习习近平总书记汕头重要讲话精神专题培训班、长三角侨界精英创业创新峰会活动。开展“见初心，共同寻找光明之路”主题学习、“我为群众办实事——为基层群众讲党课”等活动。完成换届工作。区侨联获2020年度全国侨联系统抗击新冠肺炎疫情先进集体。区侨商协会会长屠海鸣获“2020年度全国政协委员优秀履职奖”。（孙艳丽）

■开展“侨心向党”侨界群众庆祝建党100周年主题文化活动 举办青浦、吴江、嘉善三地侨界人士庆祝中国共产党成立100周年摄影征文活动，征集到摄影作品217件、征文79篇，评选出征文一等奖3人、二等奖3人、三等奖6人，摄影一等奖3人、二等奖6人、三等奖9人。6月17日，活动颁奖仪式在区文化馆举行，区委常委、统战部部长王凌宇，区政协副主席董永元等领导为三地获奖代表颁奖。（孙艳丽）

■服务区域发展大局 举办“走进长三角，共享新机遇”——示范区考察行，到浙江省嘉兴市嘉善县学习考察。举办“看青浦，议发展”侨界重阳活动。举办香港上海商会长三角金融产业园访问交流等活动。围绕服务保障“进博会”，动员侨资企业积极参展、采购；鼓励侨界企业为“进博会”电力设施等提供保障；组织侨界志愿者队伍开展进博志愿服务行动。侨界人士积极参政议政，区政协全会期间，区侨联提交4件集体提案，其中1件汇编入大会书面发言，并获优秀提案奖。（孙艳丽）

■海外和新侨工作 拓展与海外侨团合作交流，与意大利亚得里亚华商会举行友好社团签约仪式，开展与浙江省青田助侨联盟交流活动。承办市侨联“百年风华，情系上海”海外侨胞故乡行走进青浦活动。开展“走进侨商”学习交流活动，组织侨商参加长三角创业创新峰会等活动。开展“新侨喜看新时代新青浦，合力助推新发展新生活”新侨活动，到知道书院暨青浦名人馆、环元荡

生态修复及岸线贯通工程及长三角一体化示范区金融产业园参观学习。（孙艳丽）

■实事服务 持续打造“同心”项目，新设宗教场所“同心书屋”，开展“侨心向党，致敬建党百年”等“同心宣讲”。加强日常及重要节点走访慰问，开展“三节送温暖”、关爱侨界空巢老人等工作。开展“2021 年侨界新年帮困送温暖工作”，对 48 名帮困对象送出帮困资金 2.4 万元。开展“点亮心愿——侨界帮扶行动”、敬老节帮困、归侨侨眷困难家庭定期补助项目工作。（孙艳丽）

■基层组织建设 开展中国侨联“侨胞之家”建设，香花桥街道“侨缘驿站”获全国侨联系统优秀“侨胞之家”。推进社区末梢侨界组织覆盖，将村居“侨微家”建设纳入街镇统一战线工作考核指标，新建村居层级“侨微家”9 家。指导相关街镇进一步提升“侨之家”工作水平。年内，完成 1 家五星级、2 家三星级、3 家四星级“侨之家”的创建。（孙艳丽）

■第六次归侨侨眷代表大会 9 月 2 日，青浦区第六次归侨侨眷代表大会在区会务中心开幕。市侨联主席齐全胜，区委副书记杨小菁，区委常委、统战部部长王凌宇，区人大常委会副主任陶夏芳，副区长顾骏，区政协副主席董永元等领导及各镇、街道、委、办、局、园区、区级公司、人民团体的领导和全区归侨侨眷代表 300 余人出席开幕式。大会审议杭萍代表青浦区侨联第五届委员会所作的《凝心聚力，砥砺前行，团结动员广大归侨侨眷和海外侨胞为奋力开创青浦全面现代化建设新局面而努力奋斗》工作报告。选举产生青浦区侨联第六届委员会，徐瑞芳当选新一届区侨联主席，袁曦敏、刘严雄、孙军、胡雷激、查生、谢松峰等当选副主席，袁曦敏兼任秘书长，卜其刚等 28 人当选常委。（孙艳丽）

7 月 21 日，“海外侨胞故乡行”参访团走进青浦（区侨联供稿）

9 月 2 日，青浦区第六次归侨侨眷代表大会在区会务中心开幕（区侨联供稿）

青浦区残疾人联合会

■概况 2021 年，区残联围绕政府实事项目、残疾人保障救助、残疾人康复、残疾人辅具适配、残疾人就业培训、残疾人宣传文体、残疾人维权工作开展。全区有持证残疾人 24882 人，新增残疾人 443 人。按街镇统计：金泽镇 4271 人、练塘镇 3732 人、朱家角镇 3227 人、白鹤镇 2604 人、华新镇 2347 人、香花桥街道 1842 人、盈浦街道 1420 人、赵巷镇 1450 人、徐泾镇 1502 人、夏阳街道 1433 人、重固镇 1054 人。按户籍统计：农业户籍人口 10654 人，非农业户籍人口 14228 人。处于就业年龄段的有 6760 人，占持证残疾人总数的 27.17%。3 月 9 日，“2021 青群荟·服务 +”青浦区深化群团改革品牌项目交流会在区会务中心召开，区残联的《家·无障“爱”》获得最佳服务品牌奖。7 月 9 日，青浦区首例残疾人证“跨省通办”业务成功办理。2020 年 12 月，上海市残联“云助残服务平台”微信小程序正式上线。（陆晟靖）

2021 年青浦区持证残疾人情况表

表 12 单位:人

年龄段	总人数	男	女	残疾类别						
				视力残疾	听力残疾	言语残疾	肢体残疾	智力残疾	精神残疾	多重残疾
合计	24882	12016	12866	2237	3112	184	14377	2096	2495	381
0—5 岁	5	2	3	0	2	0	2	1	0	0
6—15 岁	160	95	65	5	38	2	30	64	10	11
16—55 岁	6760	3554	3206	479	742	68	3076	1153	1131	111
56 岁以上	17957	8365	9592	1753	2330	114	11269	878	1354	259

(陆晟靖)

■残疾人保障救助工作 全年一户多残残疾人家庭救助补贴 15267 户次,金额 163.39 万元;重残门诊大病及住院医疗帮困,补贴 63 人,金额为 15.46 万元;重残门急诊医疗救助,补贴 295 人,金额为 17.53 万元;重残居民医疗保险代缴,参保人数约 3500 人,投入资金 1800 万元。重残居民养老保险代缴,参保人数 2931 人,投入资金 210 万元。发放困难残疾人生活补贴 3801 人,金额 1202.36 万元。发放残疾人交通补贴 40758 人次,发放金额 550.23 万元。为全区持证残疾人投保大重病医疗和团体意外两份保险,投入金额分别为 426.03 万元和 347.75 万元。(陆晟靖)

■残疾人康复工作 全年组织 12826 名残疾人参加免费健康体检,其中重度残疾人上门体检 511 人;为 2490 名残疾人提供居家养护服务,为 172 名机构养护人员发放重残养护金 185 万元;为 157 名持有阳光宝宝卡的残疾儿童发放康复训练补助金约 172 万元;实施白内障复明手术 318 例,投入资金 79.5 元;8957 人享受重残护理补贴,投入资金 1895.04 万元;35 人享受肢体矫治手术及关节置换手术补贴,补贴金额 34.48 万元;27 名盲人通过盲人定向行走考核。 (陆晟靖)

■残疾人辅具适配工作 全年全额补贴类辅具配发 3860 件。为 56 人提供组合适配服务,配发辅具 149 件;安装假肢矫形器 82 例,其中假肢 10 例、矫形鞋 66 例、矫形器 6 例;安装成人助听器 205 例;为 185 名残疾人配发护理用品 31.4 万余片,经费 51 余万元;为 16 位肢体残疾人适配电动类辅具,其中电动护理床 4 件、电动轮椅车 11 辆、电动移位机 1 台;为 316 辆残疾人机动车发放燃油补贴 13.46 万元。 (陆晟靖)

■残疾人就业培训工作 全年安置残疾人就业 368 人(其中分散就业 221 人、集中就业 56 人、公益岗位 2 人、其他 89 人)。应届残疾人大学生 100% 实现就业。扶残涉农经济组织 54 家,帮扶 816 名农村困难残疾人实现劳动增收,其中劳动合同 213 人、劳务合同 603 人。举办水稻种植、瓜果栽培等农业实用技术,保安员专项就业技能、手绘墙画、西式面点等培训班,合计培训 477 人次,203 人获得专项职业能力证书。10 月 21—11 月 3 日,区残联分六批次开展就业申报宣讲活动,累计出席企业 276 家,参加人数 289 人。 (陆晟靖)

■残疾人宣传文体工作 3 月,分别在桥梓湾广场、金泽镇王港村举办主题为"人人享有听力健康"的第二十二个全国"爱耳日"宣传教育活动。5 月 14 日,在吾悦广场举行第 31 次"全国助残日"宣传活动。5 月 13 日、18 日,分别组织区残疾人艺术团前往浙江省嘉兴市嘉善县、江苏省苏州市吴江区参加长三角残疾人文艺汇演。同时,发动街镇残联组织扶残助残活动。6 月 17 日,组织 8 名残疾人参加"百人百作颂百胜、红星照耀百年路"庆祝中国共产党成立 100 周年上海市残疾人主题创作展;组织参加"爱的阳光——庆祝中国共产党成立 100 周年 100 个主题故事"征文活动和"爱的阳光——庆祝中国共产党成立 100 周年"唱响百支颂歌作品征集活动。5 月 27 日,区盲协组织 13 名视力残疾人运动员参加由上海市残奥委员会主办的上海市第三届视力残疾人运动会,

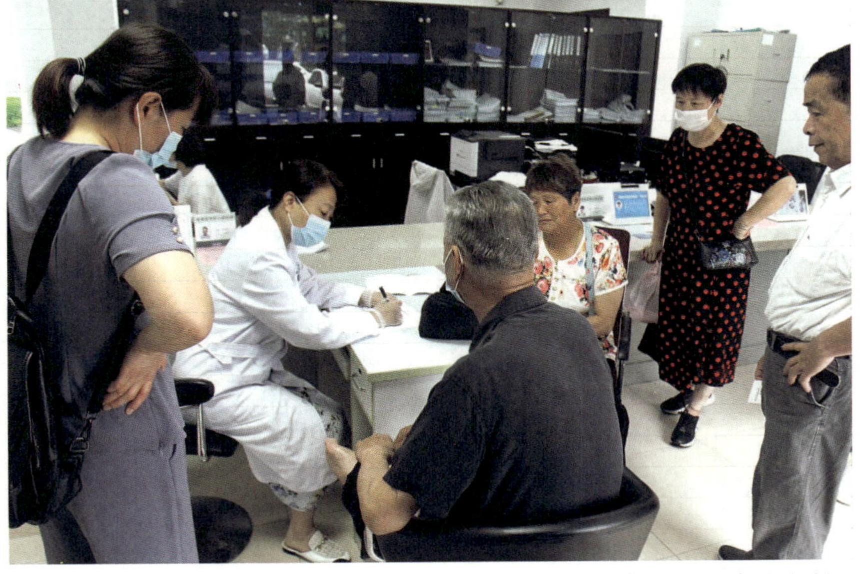

6 月 18 日,区残联在单位业务大厅开展矫型鞋适配工作 (区残联供稿)

5月31日，传承红色基因、共享幸福成果——区残联组织开展千名残疾人看青浦活动 （区残联供稿）

获团体一等奖。 （陆晟靖）

■残疾人维权工作 全年为182户残疾人家庭实施无障碍改造；增设一个残车维修点；接待来访108人次、"12345"市民热线89次、来信2次、国信系统承办件4次，签订《息访承诺书》一人次，通过核实、劝解、说明对信访结果均满意；办理盲人乘车证换证339例，残疾人配偶迁户19例。全年举办法制讲座3次，组织参加线上活动1次。 （陆晟靖）

■中国残联就业服务指导中心到青浦区调研 6月22日，中国残联就业服务指导中心主任赖伟一行到青浦区开展农村困难残疾人帮扶工作调研。调研组来到华新镇叙中村察看正在推进中的幸福社区残疾人康复点建设以及扶残涉农经济组织——上海捞福来蔬菜专业合作社，了解合作社的日常运行管理以及在合作社就业的残疾人的工作、收入等情况。 （陆晟靖）

青浦区红十字会

■概况 2021年，青浦区红十字会围绕党和国家及市、区工作大局，找准工作的结合点和着力点，履行好红十字会法赋予的职责。年内，对"进博会"志愿者、公安干警、机关公务员等重点人群开设专项急救培训，完成第四届"进博会"红十字应急救护志愿者招募活动，有4名志愿者参与展会现场应急救护服务工作。5月8日，与团区委、华新镇在华新镇光明荟洛克公园联合举办纪念第74个世界红十字日主题活动，安排救护技能展示、造血干细胞捐献倡议、红十字志愿者宣誓、文艺表演等内容。全年完成2020年人道救助基金、少儿基金账户审计和公示。 （杨　柳）

■应急救援 在各类人群中开展群众性现场初级急救培训，培训救护员1087人，普及培训16498人；国庆节期间，开展"关爱生命，救在身边"红十字应急救护志愿服务活动，参与活动230余人，受益群众2800余人；到11个街镇开展救护培训督导，对部分AED（即自动体外除颤器）安装单位进行巡检；举办青浦区红十字救护师资教研活动；参与由区应急管理局牵头的"5.12防灾减灾日"集中宣传咨询活动；组织8000余名会员、志愿者参加中国红十字会总会举办的"抗击新冠肺炎疫情暨红十字应急救护知识竞赛"。5月12日，区红十字会在宝龙广场参与由区应急管理局牵头的防灾减灾日宣传活动，演示指导心肺复苏等应急救护技能，发放宣传资料和宣传品，帮助市民掌握避险逃生方法。6月28—29日，上海青浦、苏州吴江、嘉兴嘉善三地红十字会在东方绿舟首次联合开展应急救援队集训。 （杨　柳）

■慈善募捐 全年募集人道救助款物约312.4万元；募集"河南抗洪救灾"专项捐款24.7万余元。通过"火灾救助""造血干细胞移植救助""爱心行动"等项目，为20人次（户）发放帮困款约34.5万元。"六一"儿童节期间，为94名参加少儿住院互助基金的大病、重病儿童和区红十字医院住院患儿发放慰问金约11.5万元；"敬老节"期间，慰问全区540余名90周岁以上社区困难重度失智老人、70周岁以上遗体捐献志愿者，看望夏阳街道养护院遗体捐献登记志愿者和赵巷镇红十字护理医院老人，发放慰问款物约13万元；为"明旸法师帮困助学暨困难家庭青少年健康关怀项目"20名帮困对象发放助学金、牛奶卡5.5万元。为云南省红河哈尼族彝族自治州、德宏傣族景颇族自治州、丽江市、青海省、贵州省等地的困难群体发放款物约422万元。 （杨　柳）

■募捐帮困活动 1月，开展"千万人帮万家"迎春募捐帮困活动，慰问全区困难家庭中肿瘤病患者、麻风病致残者、精神病患者、遭遇意外灾害生活困难者、各种因病致贫家庭中患者和"居家重度失智困难老人人道救助项目"中部分特困老人。区红十字会与区总商会在各街镇联合举办"同心善行，服务社会"——青浦区工商联（总商会）企业家真情传递捐赠仪式，慰问区精神卫生中心住院病人和赵巷镇红十字护理院老人，发放帮困款125.51万元、帮困物资约1.7万元，帮困1926人次。规范实施"为社区重度失智困难老人配送护理用品项目"，对90周岁及以上且长护险评估等级五级及以上老人的申请流程作出优化调整，为1134位老人配送价值约120万元的护理用品，累计服务9998人次；举办6期社区居家老年介护普及培训班，培训317人。 （杨　柳）

■社区服务 将红十字"博爱家园"建设与"幸福社区"建设相结合，到区内20个新时代幸福社区中心建设试点居村开展调研并下发器材；开展2021年"博爱家园"（居村）建设评估验收；在各试点居村开展红十字会"我为群众办实事"实践活动，服务人数500余人。华新镇成功创建为市级"博爱家园"（街镇）。与区内2家冠名红十字医疗机构续签协议。青浦区“阳光爱心团”——青浦区红十字社区志愿服务队队长毛火明获“全国红十字志愿服务先进典型”称号。 （杨 柳）

■遗体、器官捐献 区镇两级红十字会开展人体器官（遗体、角膜）捐献缅怀纪念月活动，慰问人体器官（遗体、角膜）捐献登记志愿者400余人，发放慰问金近4万元。通过网络、报刊、微信等媒介宣传器官捐献工作。至年底，全区人体器官捐献累计登记志愿者2600人，实现38人；全区有遗体捐献登记志愿者616人，实现91人。 （杨 柳）

■造血干细胞捐献 先后在“5.8”世界红十字日主题宣传活动现场、上海政法学院、区委党校、徐泾镇开展4场造血干细胞捐献血样和口腔粘膜拭子采集活动，征募志愿者388人。区委常委、副区长孙挺慰问青浦区第二十一例、第二十二例、第二十三例造血干细胞捐献实现者。全区累计入库志愿者5082人，实现23例（其中2人为2次捐献，2021年实现3例）。 （杨 柳）

■红十字青少年工作 5月29日，区红十字会与上海慈善基金会·青浦“放飞希望”专项基金在东方绿舟联合举办庆祝“六一”国际儿童节活动，慰问困境儿童；做好2021学年孤儿助学帮困金的发放工作。爱心党员为盈浦街道、白鹤镇、金泽镇4名困难儿童捐款20万元。6月1日，区委常委、副区长孙挺到盈浦街道走访慰问大病儿童家庭2户。区红十字会慰问全区参加少儿住院互助基金大病、重病儿童和区红十字医院住院患儿。“六一”慰问活动期间，为94名儿童发放慰问金约11.5万元。10月23日，区红十字会、区教育局与上海市红十字备灾救灾中心携手青浦景泰进修学校，联合开展庆祝上海市红十字会建会110周年暨青浦区红十字青少年社会实践活动。区内近百名红十字青少年参加活动，学习红十字运动基本知识，掌握应急救护知识技能。年内，做好2021学年少儿基金宣传、收费、登记等工作。在全区幼儿机构和各类学校收费单位试点并推开新学年少儿住院互助基金线上缴费。全区有163家单位参加少儿住院互助基金，参加人数97575人，总计收费约1332万元，参加率98.17%。 （杨 柳）

■“敬老日”慰问活动 “敬老日”期间，区、镇两级红十字会走访慰问区内90周岁以上社区重度失智困难老人和部分70周岁以上遗体捐献志愿者；区红十字会慰问夏阳街道养护院遗体捐献登记志愿者和赵巷镇红十字护理医院老人，参加区老龄委在桥梓湾广场主办的敬老日咨询服务活动。为全区540余名老人发放慰问款物约13万元。 （杨 柳）

上海奥特莱斯品牌直销广场（区融媒体中心供稿）

FAZHI JUNSHI

法治·军事

◎ 编辑 姜依霖

综述 / 政法工作 / 法治政府建设

公安 / 检察 / 审判 / 司法行政 / 军事 / 民防工作

综 述

2021 年，全区政法系统以第四届“进博会”安保工作为主线，以提升公众安全感和满意度为目标，践行“人民城市人民建，人民城市为人民”重要理念，推动疫情防控、风险防范等各项工作措施和责任落实，确保全区社会大局稳定和城市公共安全。全区政法工作大力弘扬伟大建党精神，牢记初心使命，忠诚履职尽责，全力做好防范化解重大风险、服务保障经济发展大局、推进市域社会治理现代化、全面推进法治建设、持续深化政法队伍教育整顿等职责任务，努力建设更高水平的平安青浦、法治青浦。公安青浦分局紧扣建党百年安保、公安队伍教育整顿工作主线，围绕三大国家战略和青浦新城规划，依托风险防控新型警务机制建设，统筹推进战疫情、强改革、防风险、保稳定、促发展各项工作，完成建党 100 周年、第四届“进博会”及十九届六中全会等重大活动安保任务。公安工作满意度位列全市第五，获 2021 年度重大安保工作先进单位、考核优秀等次。区检察院坚持以人民为中心的发展思想，认真履行刑事、民事、行政和公益诉讼“四大检察”职能，守护地区安全稳定，狠抓检察队伍教育整顿，提高为群众办实事能力，着力以检察工作高质量发展服务保障青浦经济社会高质量发展。全年共受理移送审查逮捕 1594 人，批准逮捕 1113 人，受理移送审查起诉案件 2062 件 2811 人，向法院提起公诉 1479 件 2094 人。区法院围绕“抓重点、补短板、重协调，推动法院工作高质量发展”的工作思路，倾力服务保障区域大局，依法履行审判职能，践行司法为民宗旨，深化司法体制改革，持续加强队伍建设。区法院获评“2021 年司法宣传和通联工作先进单位”，刑事审判庭获评“上海法院集体嘉奖”，审判监督庭获评“2021 年上海市巾帼文明岗”。区司法局以党史学习教育铸魂，以政法队伍教育整顿砺剑，以全面依法治区为统揽，以高质量法律服务实干笃行。年内，推动出台《法治青浦建设规划（2021—2025 年）》《青浦法治社会建设规划（2021—2025 年）》《青浦区党政主要负责人履行推进法治建设第一责任人职责情况列入年终述职内容工作方案》《青浦区法治建设工作考核指标评分细则》等文件。印发实施《关于在本区开展法治宣传教育的第八个五年规划（2021—2025 年）》。区武装系统坚决贯彻党中央、中央军委决策部署，始终坚持举旗铸魂强根本、聚焦使命保打赢、重心下移打基础、攻坚克难抓落实、多措并举防疫情，各项任务顺利完成。区民防办深入推进落实全国第七次人民防空会议精神，突出开展全区民防工程安全大检查和非公用民防工程监督管理；突出整组人防专业民兵队伍，对接市防办人民防空方案体系，全力配合东部战区部队行动演练；突出城市临战人口疏散接收演练和协调长三角区域民防系统一体化合作，打响城市临战和异地疏散两场演练。（姜依霖）

11 月 3 日，区委常委、政法委书记、区禁毒委主任顾骏（右三）带队到圆通速递开展寄递渠道禁毒联合检查
（区委政法委供稿）

政法工作

■概况 2021 年，全区政法工作全面贯彻落实习近平法治思想、习近平总书记关于政法工作的重要指示精神，大力弘扬伟大建党精神，牢记初心使命，忠诚履职尽责，全力做好防范化解重大风险、服务保障经济发展大局、推进市域社会治理现代化、全面推进法治建设、持续深化政法队伍教育整顿等职责任务，努力建设更高水平的平安青浦、法治青浦。全年，区委政法委着力落实禁毒工作责任，解决突出毒品问题，扎实推进打击毒品违法犯罪各项行动，统筹推进禁毒示范创建、农村毒品治理、禁毒重点整治。（陆诗怡）

■综治工作 围绕建设更高水平平安青浦，依托平安青浦建设协调机制，统筹协调各方资源，每季度召开平安青浦建设协调小组会议。平安青浦建设协调小组分别与 26 个平安青浦建设协调小组成员单位、11 个街镇签订社会治安综合治理（平安建设）责任书。扎实推动平安青浦指标体系考评，调整完善“3+10+65”三级指标设置，将其纳入年度平安建设考评。完成全年 4 次安全感满意度测评。深入开展重点地区整治，44 个治安重点地区全部整治完成。制订《青浦区平安创建活动考评管理办法》，指导各街镇做好“平安示范社区”“平安示范小区”“平安示范单位”“平安社区”“平安小区”“平安单位”等基层平安创建活动及申报。制订《青浦区关于深入推进重点行业领域平安建设工作的意见》，联合公安分局、区建管委、卫健委、教育局、文旅局、市场监管局进一步落实“平安交通”“平安工地”“平安医院”“平安校园”“平安景区”“平安市场”等重点行业领域平安创建活动。组织发动平安志愿者参与元旦春节期间烟花爆竹安全管控、疫情防控、第四届“进博会”社会面防控等工作。落实严重精神障碍患者监护人“以

奖代补”，签订47人，全年未发生肇事肇祸案(事)件。扎实做好见义勇为工作，表彰区级见义勇为先进分子28人，1人被评为市级见义勇为先进分子。进一步深化《青吴嘉政法系统推进高质量平安法治一体化合作框架协议》，签订《长三角生态绿色一体化发展示范区政法系统推进高质量平安法治一体化合作备忘录》。 (陆诗怡)

■**政法综治宣传工作** 开展政法队伍教育整顿主题宣传，在媒体播发宣传报道2412篇，其中中央媒体报道93篇，市级媒体宣传报道975篇。组织开展“十大政法英模”评选活动，制作政法队伍教育整顿动漫宣传片，在城区主干道布置宣传招风旗228个。成功举办“四叶草杯”防范电信网络诈骗优秀公益短视频评选活动，共征集1000多部优秀的反诈宣传短视，在全区投放“四叶草”反诈优秀短视频100余部。开展新媒体宣传，青浦政法综治网发文12834余篇，平安青浦微信公众号发文2068余篇，微博发文792余篇，阅读量超过850万。 (陆诗怡)

■**执法监督工作** 参与政法队伍教育整顿活动，开展涉法涉诉信访案件攻坚化解，共计化解案件667件次，化解率98.2%；开展各类执法司法案件“回头看”评查活动6项；研究制订《关于进一步加强执法司法监督工作的实施意见(试行)》，要求于8月探索建立“青浦区执法司法监督情况月报机制”，助推教育整顿走深走实，成为全市首家开展政法队伍建设巡查的区级单位。

(陆诗怡)

■**禁毒工作** 开展禁毒宣传“六进”(即进家庭、进社区、进农村、进场所、进学校、进单位)活动；推进禁毒工作标准化创建、禁毒示范城区、社区(小区)创建、医疗机构特殊管理药品监管监测建设、626平台建设等重点工作；有序开展社会面吸毒人员分类评估、综合干预、平安关爱、禁种铲毒、打击在食品中添加罂粟壳、涉毒隐患排查、重点行业从业人员毛发筛查等专项行动，全面落实各项管控帮教措施，提升毒品综合治理效能。 (陆诗怡)

■**服务保障第四届“进博会”** 区委政法委围绕“越办越好”总要求，强化主场意识，树牢底线思维，从严从实从细落实防风险、护安全、保稳定各项措施，“进博会”期间实现“零失控”“零上访”“零滋扰”“零肇事”“零焚烧”。落实国家安全重点领域月例会制度，研究落实重大风险防范化解措施。深入开展集中治理重复信访和化解信访积案“百日攻坚”行动，先后化解210件突出信访矛盾。完成轨道交通17号线西延伸动迁等26个项目稳评。加强特殊人群服务管理，确保“应管尽管”“应收尽收”。部署开展影响社会稳定矛盾问题摸排化解集中攻坚行动。组织开展涉毒隐患排查整治，累计排查企业1038家、出租房(厂)11.15万户。强化“进博会”法治保障，区法院审理涉“进博会”案件73件、涉外商事案件46件、涉会展业案件107件，案件调撤率65%以上；区检察院提供“涉博”法律监督等检察保障；区司法局发挥职能作用，调解“涉博”矛盾纠纷30件。深化群防群治，组织发动5400余名平安志愿者、社保队员和综治干部参与治安巡逻、隐患排查、社区巡防、站点守护、护校安园、道口河口管控、重点目标防控、重点人员稳控、宾旅馆巡查等社会面防控工作，累计执勤9.8万余人次。先后制订《进博会期间涉稳突发事件快速处置方案》等30余项方案预案并开展20余次实战演练，防范应对各类群体性、突发事件。启动“每日晨会”“一日两报”等战时维稳机制，强化维稳安保态势的动态感知和实时掌控能力。加强信访维稳工作量化考评、实地督查和抽查巡查力度，区委、区政府分管领导带队先后开展2轮信访维稳和社会面防控专项督查，压紧压实街镇属地责任和部门监管责任。

(陆诗怡)

■**市域社会治理现代化试点工作** 明确工作方向，把准“方向盘”。制定《2021年青浦区推进市域社会治理现代化试点工作要点》，围绕“十个一”(即设立一个专班、开展一次创建工程、挂牌一个中心、每季度开展一次交流、落实每月一通报、编印一本书、召开一次论坛、命名一批示范点、拍摄一部宣传片、开展一次调研)活动，大力推进市域社会治理现代化试点工作。激发创新活力，争当“排头兵”。组织开展“一领域一特色、一街镇一品牌、一村居一亮点”为主题的市域社会治理创新案例创建活动，在全区范围内挖掘市域社会治理优秀案例，增强品牌意识，形成一批可复制、可推广的经验做法。共收到创新实践案例项目431个，交流案例88个，形成案例汇编4本。组织开展“党建引领市域社会治理示范点”命名活动，命名“党建引领市域社会治理示范点”40家。青浦区作为第三次全国市域社会治理现代化试点工作交流会书面交流地区，展示和交流试点经验。加强各方协作，打好“组合拳”。联合试点工作各成员单位开展全区市域社会治理现代化试点工作中期评估，完成自评报告，建立区级档案库。为提升长三角地区市域社会治理工作水平，青浦、吴江、嘉善三地政法部门与上海政法学院联合举办“长三角一体化示范区市域社会治理现代化研究基地揭牌仪式暨研讨会”。“三地一校”以政校资源共享、优势互补为切入点，通过不断完善合作机制、拓宽合作领域、丰富合作模式，实现在人才共育、课题研究、矛盾化解等领域的深入合作与交流，共同推进长三角一体化示范区市域社会治理现代化。与上海政法学院合作，开展市域社会治理专题调研。全年，课题组到12个村居开展“学者走村居”活动。 (陆诗怡)

法治政府建设

■**概况** 2021年，青浦区坚持以学习贯彻习近平法治思想为主线，纵深推进法治政府建设，稳步推进行政复议体制改革，不断强化各级党政领导干部的法治意识、法治思维、法治观念，着力强基础、补短板、增长板，各项工作取得新进展。 (朱文怡)

■**党政主要负责人履行推进法治建设第一责任人职责** 完善依法治区“一办三组”(即区委全面依法治区委员会办公室，司法协调小组、执法协调小组、守法普法协调小组)组织构架，增设行政检察协调小组，发挥行政检察支持、监督和促进依法行政的职能作用。制订《关于全面加强和改进本区基层法治建设的实施意见》《关于进一步做好法治乡村示范建设工作的意见》《2021 年青浦区人民政府重大行政决策事项目录》等文件。强化领导干部法治教育培训，全区各处级单位党委（党工委、党组）中心组开展法治专题学习。推进党政主要负责人年终述法工作。将法治政府建设纳入地区发展总体规划和年度工作计划，开展党政主要负责人履行法治建设第一责任人职责及法治政府建设专项督察。（朱文怡）

■**政府职能依法全面履行** 深化数字化政务服务效能，政务服务重点领域和高频事项基本实现"一网、一门、一次"。落实"证照分离"改革全覆盖试点事项，启动"一业一证"试点工作。全国首创"跨省通办"综合受理服务窗口。推行行政审批制度改革，加大简政放权力度。加强对审批调整、简化审批流程的长效管理，推进取消、调整和下放行政审批事项的落实和衔接工作。提升政务服务水平。全面普及行政审批服务"马上办、网上办、就近办、一次办、自助办"。落实政务服务标准和规范，完善首问负责、一次告知、自助办理等制度。实行本级政府全部行政审批事项清单目录化、编码化、动态化管理。

（朱文怡）

■**行政执法改革** 推进行政执法体制改革，组建街镇综合行政执法队，明确综合行政执法职能。完善行政执法程序，全面推行行政执法公示、执法全过程记录、重大执法决定法制审核三项制度。建立行政执法日常检查监督机制，开展行政执法案卷评查。加强行政执法与刑事司法衔接，建立完善行政执法机关、公安机关、检察机关、审判机关信息共享、案情通报、案件移送制度。充分运用和发挥"两法平台"（即行政执法与刑事司法信息共享平台）的效能，对行政执法案件做到"应录尽录"。推进区域行政执法协作，青浦、吴江、嘉善三地开展长三角一体化示范区行政处罚案卷互评。青浦、苏州、嘉兴签署《青苏嘉毗邻区行政执法监督一体化合作框架协议》，推动建立毗邻区行政执法监督机制。（朱文怡）

■**接受社会各界监督** 接受人大监督、政协监督，落实建议提案办理工作责任制，坚持领导督办、部门负责。发挥审计监督作用，持续推进审计全覆盖和审计整改工作。聚焦防范化解重大风险、保障和改善民生、促进权力规范运行等重点，履行审计职能，促进财政资金提质增效。接受司法监督，制订《青浦区行政机关应诉规则》，持续推动行政机关负责人积极出庭应诉，规范和督促各行政机关行政应诉工作。组织开展全区首次行政诉讼负责人出庭、旁听、讲评"三合一"活动。（朱文怡）

■**行政复议** 稳步推进全区行政复议体制改革，完成区政府行政复议委员会组建工作，建立健全行政复议委员会制度，完善行政复议工作机制，切实发挥行政复议化解行政争议主渠道作用。全年共收到行政复议申请 560 件，受理 505 件。审结案件 547 件（含上年存案 144 件），纠错率 2.19%。（朱文怡）

公 安

■**概况** 2021 年，公安青浦分局紧扣建党百年安保、公安队伍教育整顿工作主线，围绕三大国家战略和青浦新城规划，新型警务机制建设，统筹推进战疫情、强改革、防风险、保稳定、促发展各项工作，完成中国共产党成立 100 周年、第四届"进博会"及十九届六中全会等重大活动安保任务。全区公安工作满意度和总体治安环境满意率均继续呈上升趋势。公安工作满意度位列全市第五，获 2021 年度重大安保工作先进单位、考核优秀等次。全区报警类警情比上年减少 30%，保持连续五年下降。其中，诈骗类、盗窃类警情分别比上年减少 8.9%、14.4%，亡人交通事故数比上年减少 24%。在保持命案、抢案全破基础上，"两入""八类"（"两入"即入室盗窃、入户盗窃，"八类"即故意杀人、故意伤害、强奸、抢劫、贩卖毒品、放火、爆炸、投放危险物质）案件破案率首次实现 100%，先后破获部督"2002.1.13"劫车杀人案、"1999.3.25"故意杀人案等多起积年命案，及时妥善处置了"特斯拉展台维权事件""5.8 故意杀人并持刀劫持人质"等重大敏感案事件。（李书筠）

■**推进动态隐患清零** 成立分局"动态隐患清零"领导工作小组，探索形成"四清一看一查"（"四清"即包干清、集中清、协同清、智慧清，"一看"即回头看，"一查"即查落实）清零机制。制订《青浦区治安复杂区域整治办法（试行）》，梳理排摸形成治安、交通、反恐、人口、消防 5 类 28 项治安复杂区域重点整治"一点一方案"。针对劳务派遣用工混乱问题，会同相关快递企业联合开发集"劳务派遣管理""治安信息采集"等 5 种功能于一体的"零工治理"小程序。深入排查全区治安、交通、反恐等隐患 2.5 万余条，人均清零隐患 13.7 条，清零率 99.8%。（李书筠）

■**服务地区发展大局** 会同区相关职能部门先后组织开展"剑网行动"等 7 项知识产权行政保护行动，严打涉企、涉商犯罪活动，追缴赃款 7268 万元。"双十一"电商购物节期间，在货运量比上年增加 40% 的基础上，协调属地政府开辟临时停车场，确保不发生大面积长时间交通拥堵。推进"警校家社"联动机制，优化校园周边道路秩序，交通秩序类警情比上年减少 9.1%。深入推进派出所窗口规范化建设和"放管服"改革，加强对老年人申请办理业务的接待指导，为 70 周岁以上腿脚不便的老年人提供上门服务 200 余人次，服务满意度达 100%。（李书筠）

■**推动风险防范平台体系建设** 建立综合情报研判平台实体化运作格局，形成分工响应、平台优化、联席会商等工作机制，推动形成架构合理、资源共享、机制贯通、融合共进的情报工作新生态。加大社会数据汇聚力度，加强关联分析和专题研判，围绕不放心的"人、地、事、物、网"加强前期预警，源头防控，成功辅助侦破"9.27"青浦 G2 高速公路跨线桥故意杀人案及"11.23"预谋实施抢劫案。（李书筠）

■**第四届"进博会"安保工作** 全面建立战时安保指挥架构，全区范围由外至内构筑"六道屏障"，全域过滤"黑天鹅""灰犀牛"隐患，部署分局 618 名警力至 15 个专业工作组和 8 个安保责任区。现场落实"人证初审关口前移""两道过滤线防护"和"测温验证一体化”等3项疫情防控措施。开发“国展随码行”应用场景，获取一键导航、餐饮、停车、报警等自助便捷服务。自10月24日零时起，国家会展中心安保警戒区实施全封闭管理，明确人、车通行规则，每日在安保警戒区周界部署安保力量实施值守和巡逻警戒，对21个重点部位、区域叠加落实防控措施。（李书筠）

■**深化智慧公安建设应用** 推进并落实网络安全责任，开展分局数据安全自查、信息化合作企业和人员专项整治及分局敏感信息数据清除工作。定制开发59个模型，在打击防范、交通管理、警情分析、疫情防控等方面发挥作用。其中，高风险企业交通要素分析模型获上海市公安局动态隐患智慧清零模型评比二等奖。依托模型破获各类案件32起，抓获违法犯罪嫌疑人37人、在逃人员28人，发现并上报疫情高风险人员4058人。（李书筠）

■**推进法治公安高质量发展** 启动“1+18”（“1”即分局执法办案管理中心，“18”即全面推进派出所案管室建设应用）执法办案管理体系建设，在分局18家派出所建成执法管理室，并落实专人进行警情巡查、案件审核、物证管理、案卷管理，实现执法办案各环节闭环管理。通过“四着力、四提升”，全面夯实派出所综合性战斗实体，如实受立案规范率96.6%，列全市第二。（李书筠）

■**长三角一体化示范区警务合作** 与嘉善县公安局、苏州市吴江区公安局推进落实《长三角生态绿色一体化发展示范区警务工作协议》《长三角区域一体化发展示范区警务合作二十八条措施》，继续推动《长三角生态绿色一体化发展示范区警务合作任务书》落实落地，在风险防控共同应对、重大安保活动联合管控、水域联巡联防联控、党建引领等方面形成“C位长安”“红邻聚”“河长+警长+检察长”等5项协作机制，实现从“手拉手”到“心连心”。青浦、吴江、嘉善三地电信网络诈骗警情分别比上年减少13.7%、20.1%、12.9%，并依托淀山湖联合巡航打击机制，侦破5.2全市内河流域最大非法捕捞案件。（李书筠）

■**防阻电信网络诈骗** 建成实体化区级“反诈分中心”，牵头建立区级联席会议制度，每季度召开区打击电诈联席会议。制发《青浦区预防和打击电信网络新型违法犯罪考核评价细则》，接收、处置“联动劝阻”“精准宣传”反诈见面劝阻预警40794起，见面率99.8%，成功劝阻潜在被害人350余人次。全年电信网络诈骗既遂案件接报1914起，比上年减少13.7%；立案1243起，比上年减少17.8%。（李书筠）

■**疫情防控** 对标防疫要求，配合区卫生健康部门落实集中隔离点管控，维护疫苗接种点安全有序，高效协助完成1.2万人次流调排查，快速妥善处置“11.25”青浦区赵巷涉疫事件。结合“我为群众办实事”活动，出台“员工集中流调”“老年人出入境证件快速受理通道”等7项便民举措，做到防疫、便民统一。自监所封闭式勤务模式开启以来，青浦分局已开展警力增援7轮次、23批次，共496人次。（李书筠）

■**深化市域社会治理** 制定28项任务清单，并将推进市域社会治理写入《2021年公安工作任务书》。制订《青浦分局推进派出所“一室两队”警务运行模式指导意见（试行）》《深化社区警务工作三年行动计划》，推动社区警务深度融入基层治理，形成赵巷“课堂间”、金泽“莲湖红马甲”等社区警务样板间，分局崧润路派出所获评上海公安机关“枫桥式派出所”。开展交通大整治行动50余次，设置临检卡点1600余处，出动警力6500余人次；查处各类交通违法行为24.8万余起，比上年增加75.6%。（李书筠）

■**成功处置“5.8”故意杀人并持刀劫持人员案件** 5月8日10时许，青浦分局接报一起故意杀人并持刀劫持人质案，犯罪嫌疑人仲某（男，27岁，四川省广元县人）被当场一枪击毙，人质余某英（女，38岁，福建省将乐县人）安全获救。副市长、市局党委书记、局长舒庆第一时间坐镇市局指挥中心，通过现场4G图传画面了解情况，远程指挥处置工作。（李书筠）

■**侦破青浦“1.18”特大投资理财诈骗案** 1月18日11时许，青浦分局接报一起投资理财诈骗案，被害人冯某梅（女，51岁，上海市静安区人）通过珍爱网结识一男子，后被骗人民币748万元。分局即成立专案组开展侦查。经查，作案人员通过后台调整“海富”APP投资软件的手续费、杠杆系数、留仓费等手段，造成被害人投资钱款亏空的假象，以此骗取被害人钱财。2021年2月，专案组在河南抓获盛某雨（男，25岁，河南邓州人）、盛某盼（男，31岁，河南邓州人）等8名犯罪嫌疑人。该案的侦破工作在2021年度“刑警803破案奖”评比中被评为“金奖”。（李书筠）

■**侦破“青浦‘1997.5.7’故意杀人案”** 1997年5月7日，青浦分局西岑派出所接报，西岑镇西蔡村淀山湖堤岸边小树林内发现一具无名女尸。经现场勘验和尸检，确认被害人系他杀，即立案侦查，囿于当时条件未能破案。2021年3月11日，青浦分局运用DNA和Y-STR检验技术比对获得关键线索，在江苏省淮安市板闸佳苑7号抓获潜逃近24年的犯罪嫌疑人马某春（男，53岁，江苏省淮安市人）。经审讯，嫌疑人马某交代将被害人杀害的犯罪事实。该案的侦破工作在2021年度“刑警803破案奖”评比中被评为“银奖”。（李书筠）

检　察

■**概况** 2021年，区检察院坚持以人民为中心的发展思想，认真履行刑事、民事、行政和公益诉讼“四大检察”职能，守护地区安全稳定，狠抓检察队伍教育整顿，提高为群众办实事能力，着力以检察工作高质量发展服务保障青浦经济社会高质量发展，总体保持向好发展态势。全年共受理移送审查逮捕1594人，批准逮捕1113人，受理移送审查起诉案件2062件2811人，向法院提起公诉1479件2094人。突出打击恶性暴力犯罪，批准逮捕故意杀人、抢劫、强奸和故意伤害等犯罪嫌疑人69人。聚焦城市公共安全问题，首次以高空抛物罪对一起案件提起公诉，保障群众“头顶安全”。从严惩治“购车骗贷”等新型诈骗犯罪,依法办理非法经营境外期货案、杜某某等人敲诈勒索案等重大案件。做好全国"两会"、建党100周年、第四届"进博会"等重大节点的涉检稳控工作,深入开展集中治理重复信访,实行检察长包案制度,通过释法说理、公开听证、属地联动等方式,办结3起重复信访件。落实"群众信访件件有回复",共处理群众来信来访来电1055批次,实现7日内程序回复、3个月内结果答复100%。开展"司法救助助力巩固拓展脱贫攻坚成果助推乡村振兴"专项活动,对10名农村地区因案致贫、增贫、返贫的当事人开展救助。（徐 梦）

■未成年人司法保护 聚焦校园安全,落实涉性侵害违法犯罪人员从业限制制度,联合区教育局等相关部门开展学校、幼儿园、培训机构、托育机构教职员工违法犯罪记录筛查。以未检创建35周年为契机,开展"检爱同行,共护未来"未成年人保护法律监督专项行动,围绕"一号检察建议"落实、罪错未成年人特殊矫治教育、未成年人网络保护问题等依法开展监督。联合区妇联开展"蓝丝带"妇女儿童维权活动,组建检察官志愿者队伍定点对接各街镇,开展普法宣传、释法说理工作,形成妇女儿童权益保护合力。（徐 梦）

■优化区域法治化营商环境 成立知识产权检察官办案团队,集中履行刑事、民事、行政和公益诉讼"四合一"职能,设立长三角生态绿色一体化发展示范区知识产权保护中心,依法办理全链条假冒"LV"注册商标案等一批侵权案件。推进企业合规试点工作,建立第三方评估监督机制,聘请专家、学者、律师等设立专业人员名录库。从严惩治故意邮寄危化品敲诈多家知名物流企业的犯罪行为,办理的宏誉公司拒不执行判决立案监督案入选最高人民检察院"涉非公经济立案监督"主题指导性案例的案件。（徐 梦）

■检察一体化 联合江苏省苏州市吴江区检察院、浙江省嘉兴市嘉善县检察院深化协同发展,重点推进检察惠企服务、协同治理、公共服务、智库建设、重点工程护航、大数据互联互通和党建品牌建设等同城化项目。牵头签订《长三角一体化示范区重罪案件跨域专业检察官会议实施办法》《长三角生态绿色一体化发展示范区检察机关公开听证实施细则(试行)》等机制,共享司法资源,形成打击合力,推动青吴嘉检察一体化落细落实。（徐 梦）

■社会综合治理 联合职能部门排查涉窨井盖、高空抛物、外挂墙体等公共安全隐患160余处,针对台风后某小区近500户居民家出现外墙渗水及部分外立面出现开裂和脱落现象,向相关单位制发检察建议,及时厘清安全责任。加强社会治理问题分析,对案件中发现的劳务中介管理、智慧物流和文物保护等领域的管理问题和机制缺漏,以检察建议、情况反映等形式提出完善建议。前往北京银行等金融机构开展反诈反洗钱专题讲座,提出严格落实银行内控制度、用好大数据加强防控、强化防骗宣传等对策,推动金融监管法治化。（徐 梦）

3月11日,区检察院召开检察队伍教育整顿动员部署会（区检察院供稿）

■刑事诉讼监督 监督公安机关依法立案8件,追捕到案61人、追诉到案60人,对认为确有错误的刑事裁判,依法提出或提请上级院抗诉2件。强化刑罚执行和监管活动监督,就刑期折抵错误、法律文书未送达等问题,制发纠正违法通知书、检察建议42件。聚焦"纸面服刑"问题,与区看守所、社区矫正部门核查30年来减刑、假释、暂予监外执行等重点案件67件,集中清理犯罪嫌疑人、被告人未依法收押,判处实刑罪犯未依法交付执行刑罚等情况。（徐 梦）

■民事检察 全年共办理各类民事检察监督案42件,审结28件,向二分院提请抗诉并获支抗1件。深化重大、疑难、复杂民事监督案件听证工作,邀请律师、人民监督员参与涉土地司法拍卖等案件公开听证,提升监督公信力。聚焦农民工、消费者等弱势群体合法权益,前往区人社局、市场监督管理局开展支持起诉相关调研,探索构建线索双向移送协作机制,形成弱势群体权益保护合力。联合青浦、吴江、嘉善三地检察院、法院、税务局九部门,建立司法案件涉税证据跨区域调取、司法强制执行税收征管和破产案件涉税处置协作机制,构建司法税收共治模式。（徐 梦）

■行政检察 全年共办结行政检察案件144件,制发检察建议32件,均获回复采纳。深化行政争议实质性化解工作,完善"监督+支持""听证+化解"工作模式,共化解行政争议37件。探索行政非诉执行案件争议化解,开展土地执法查处领域行政非诉执行专项监督,就一起涉农用地行政处罚非诉执行案件开展争议化解,提出落实占补平衡制度等方案。（徐 梦）

■公益诉讼 聚焦生态环境资源、国有财产、公共安全、公民个人信息等领域,开展检察公益诉讼，共受理公益诉讼案件线索116件，制发诉前检察建议71件，磋商告知函33件，发布民事公告12件，向法院提起刑事附带民事公益诉讼5件。守护绿色生态，牵头建立本区“河长＋警长＋检察长”联动机制，联合吴江、嘉善检察机关开展联合巡航，排查影响长江沿线环淀山湖、太浦河流域生态情况，实现公益诉讼线索同步推进、共同治理。开展“护红色历史文物、献建党百年华诞”专项活动，就辖区内部分红色文物坍塌受损、标语脱落等情况，督促主管部门修缮保护，在全市率先建立“红色革命文物检察公益诉讼保护示范点”，凝聚红色文物保护合力。（徐 梦）

6月23日，区检察院开展“检察开放日”活动（区检察院供稿）

■落实检察为民 把“当下治”和“长久立”结合起来，开展“人民检察为人民”大讨论活动，引导干警立足岗位出谋划策，让检察为民融入每一件实事中，让公平正义体现在每一起案件中。坚持把“我为群众办实事”作为深化检察队伍教育整顿实践载体，打造“律师‘互联网’阅卷”“公益诉讼守护美好生活”“送法进校园，守护明天”等23个“检察为民”实事项目，建立服务保障民营企业等20项工作机制，切实将教育整顿成效转化为务实举措和制度成果，推动教育整顿常态长效。（徐 梦）

■检务公开 开展律师互联网阅卷试点工作，做到申请当日来、当日审、当日录、当日转，实现律师阅卷从“最多跑一次”升级为“一次也不用跑”。推进人民监督员工作，针对不起诉案件、刑事申诉案件公开审查听证，开展人民监督员活动35次，监督检察办案活动57件次。加强新媒体矩阵建设，发布原创微信189条、抖音40条、播报微博700余条，打造“青检小剧场”“我为群众办实事”等特色栏目，参与拍摄央视《夜线》《案件聚焦》等法治宣传片60余部，撰写的新闻稿件在《检察日报》《法治日报》等媒体上刊登200余篇。（徐 梦）

审 判

■概况 2021年，区法院围绕“抓重点、补短板、重协调，推动法院工作高质量发展”的工作思路，倾力服务保障区域大局，依法履行审判职能，践行司法为民宗旨，深化司法体制改革，持续加强队伍建设。（朱婷婷）

■惩治重点领域犯罪 依法高效审结各类刑事案件1512件，对2151名被告人作出有罪判决。依法严惩故意伤害、抢劫等严重暴力犯罪126件，保障群众人身安全。依法审结危险驾驶、高空抛物等危害公共安全和社会管理秩序犯罪案件289件，审理青浦区首例高空抛物入刑案。依法审结非法吸收公众存款等侵犯公民财产犯罪388件，稳妥审理对区域社会影响较大的涉“阜兴系”非法吸收公众存款案。落实《示范区法院涉疫案件审判执行意见》，审结伪造印章诈骗案，对利用疫情防控措施的犯罪行为依法严惩。（朱婷婷）

■化解民商事纠纷 严格规范商事行为，审结各类商事案件11438件。加大产权司法保护力度，审结涉民营企业买卖合同、股权转让案件1285件，保障企业合法权益。依法维护金融安全，审结金融借款、票据追索、保险理赔等金融案件7661件，规范资本市场秩序。强化民生权益保障，审结各类民事案件13067件。审结婚姻家庭、赡养抚养、继承等家事纠纷1351件，审理“可视门铃侵犯邻居隐私案”，明确安装监控不得侵扰他人生活安宁，确立邻里间权利行使边界。维护和谐劳动关系，妥善审结劳动争议案件983件，追回劳动报酬0.76亿元，审理“劳动者为父奔丧被辞退案”，明确用人单位必须在法律规则和道德准则内行驶管理权，被多家中央主流媒体报道点赞，浏览总量超10亿。依法保障房地产市场规范有序发展，审结房屋买卖、租赁等房地产案件1914件。加大司法救助力度，办结司法救助案件39件，救助金额361.12万元，维护弱势群体合法权利。（朱婷婷）

■健全解决执行难长效机制 全年执结案件12962件，实际执行到位金额10.79亿元。严打拒执抗执行为，限制乘坐飞机、高铁、高消费等11313人次、失信被执行人名单9906人次。深化网络司法拍卖，委托拍卖181件，网拍成交率91.89%，成交总价3.28亿元。加强示范区执行协作，会签《执行在线迭代升级合作框架协议》，实现高频事项一网通办。加大执行积案化解力度，涉“东兴公司”二十余年执行老案通过在建地块转让、烂尾楼爆破拆除等措施，得到实质性推进。（朱婷婷）

■推进长三角一体化示范区司法协作 完善人民法庭协作格局，会签《示范区12家法庭工作联盟备忘录》《党建“六融”协议》。定期召开跨域专业法官会议，联合评选并发布典型案例30篇，促进适法统一。强化示范区诉讼服务

10月21日，长三角一体化示范区法院党建"六融"签约仪式举行

（区法院供稿）

专窗建设，发布《税收司法精诚共治展望方案》，签署《涉税证据跨区域调取合作协议》，解决涉税证据跨域调取难题。推进环境资源司法协作，开展非法捕捞水产品案巡回审判和增殖放流活动。

（朱婷婷）

■服务保障第四届"进博会" 注重诉讼服务，组建跨院服务保障团队，走进展馆现场接受法律咨询、引导纠纷化解。注重多元解纷，发挥专业商事调解组织优势，推进全流程网上办案，实现80%以上涉"进博会"案件网上立案，95%以上庭审"无人记录"，六成案件审理天数低于45天，案件调撤率超过70%。强化规则引领，召开新闻发布会，发布涉进博会典型案例和审判白皮书，明示裁判规则。 （朱婷婷）

■优化法治化营商环境 对标服务保障虹桥国际开放枢纽和青浦新城建设要求，对照世界银行营商环境评估指标，制发《加强案件审限管理实施细则》，营造国际化、法治化、便利化营商环境。加强与区行政机关、工商联、行业协会、专业商事调解组织合作，为中外商事主体提供多元解纷服务。推动符合条件的执行不能案件及时转入破产程序，共计审结破产案件32件，让危困企业脱困重生、僵尸企业快速出清。针对审理中发现的共性问题，发送司法建议书25份和审判白皮书5篇，完善长效工作机制。 （朱婷婷）

■优化诉讼服务 运用"移动微法院""12368"诉讼服务平台，推进跨域立案，探索异步审理，为当事人节省成本、提供便利。与区司法局联合举办"网上立案"操作培训，向群众推介"12368"平台使用方法，全面运用立案"智能审查"系统，确保及时立案。开展暖心诉服行动，强化诉讼服务智慧舱使用，优化诉讼服务中心窗口功能，对涉老、残障等弱势人群开启绿色通道，让诉讼服务更贴近民心。全面落实胜诉退费，全年共实退"胜诉退费"、调解撤诉减半收费等0.67亿元。 （朱婷婷）

■深化一站式多元化解 完善各类调解联动工作体系，做强与人民调解、司法调解、专业调解的诉调衔接工作，形成非诉方式挺前、诉讼托底的分级化解模式。发挥青东法庭、朱家角法庭扎根基层、贴近群众的优势，加强辖区易发多发纠纷的源头治理。发挥西虹桥法庭集中审理辖区涉外商事案件的专业优势，实现与市司法局"上海司法智慧调解平台"和部分专业性调解组织平台的在线对接，提供在线调解、司法确认、起诉立案等一站式服务，构建涉外商事争端一站式纠纷解决机制。 （朱婷婷）

■提升群众法治意识 注重将审判资源转化为普法资源，全年发布微信公众号推文254篇，单篇推文阅读量最高达1.4万余人次，微信公众号（上海青浦法院）获"上海法院最具活力微信公众号""上海法院五佳微信账号"等称号。组织编发《青法之窗》《青法说案》《青浦审判》《青浦法院年报》18000余份。开展进社区、进校园、进企业"百校百讲""法治随行"专项活动，让鲜活案例成为全民共享的法治公开课。区法院被人民法院新闻传媒总社评为"2021年度司法宣传和通联工作先进单位"。

（朱婷婷）

■落实司法责任制 持续发挥院庭长带头办理疑难复杂新类型案件的示范作用，审结案件9844件，占全院结案数24.69%。完善专业法官会议实施细则，严格规范案件提请范围，召开专业法官会议649次。强化审判团队建设，科学配置各审判团队员额法官和辅助人员，实现扁平化管理。制订关于加强审限管理、规范诉前调解实施细则，实行分节点分层级管理，规范审执工作流程。

（朱婷婷）

■深化民事诉讼繁简分流改革 全年简易程序适用率78.16%，平均审理天数46.45天；审结小额诉讼案件3211件，平均审理天数15.35天；31.54%的公告案件继续适用简易程序审理；以独任制审结普通程序1382件；受理司法确认案件136件。探索劳动争议巡回法庭试点工作，同步设立巡回仲裁庭、职工法律援助中心和劳动争议调解工作室，制作调解工作手册，安排劳动争议团队法官指导调解工作，实现近75%的劳动争议纠纷化解在诉前。

（朱婷婷）

■深化全流程网上办案 强化庭审改革系统运用，逐步扩大庭审记录方式改革案件适用范围，提高适用数量，提升审判效率。青浦法院庭审记录改革适用率47.71%，高于全市法院均值15.53个百分点。开展电子送达工作，运用电子送达方式向当事人送达诉讼文书11758次，电子送达成功11463次，电子送达成功率97.49%。 （朱婷婷）

■推进电子卷宗单套制归档试点工作 成立电子档案单套制归档试点工作

小组，制发《“单套制”电子诉讼档案管理实施细则(试行)》。组织扫描人员和书记员实操培训，提升卷宗流转、编目、复核效率。组织文书智能辅助系统操作培训，引导法官充分运用案件信息自动生成等功能，减少文书制作录入工作量。电子卷宗覆盖率99.77%，电子卷宗可用率84.53%，卷宗电子化率92.15%，试点工作取得一定成效。

（朱婷婷）

■接受各界监督　回复区人大关于优化营商环境等方面的意见、建议，向区政协专题通报服务保障经济社会发展、审判执行等工作情况，邀请人大代表、政协委员、特邀监督员视察法院、旁听庭审。主动接受监察监督和法律监督，深入贯彻落实监察法，支持配合监察机关开展监督检查工作。依法接受检察机关诉讼监督，邀请检察长列席审委会，认真办理检察建议。广泛接受社会监督，公开审判流程信息25932条，组织庭审直播1514场，网上公开裁判文书19623份，确保司法权在阳光下运行。落实人民陪审员法，选增192名人民陪审员，参审案件1178件。

（朱婷婷）

司法行政

■概况　2021年，区司法局以党史学习教育铸魂，以政法队伍教育整顿砺剑，以全面依法治区为统揽，以高质量法律服务实干笃行。出台《法治青浦建设规划(2021—2025年)》《青浦法治社会建设规划(2021—2025年)》《青浦区党政主要负责人履行推进法治建设第一责任人职责情况列入年终述职内容工作方案》《青浦区法治建设工作考核指标评分细则》等文件。稳步推进行政复议体制改革，推动青浦区行政复议局挂牌成立，推动行政争议实质化解。制定印发《青浦区行政机关行政应诉工作细则》。（朱文怡）

■法治社会建设　全面总结“七五”普法工作经验，印发实施《关于在本区开展法治宣传教育的第八个五年规划(2021—2025年)》。建成“青浦法治广场”投入使用，金泽镇莲湖村入选第八批“全国民主法治示范村”。持续开展中小微企业法治体检活动，开展百所联百会活动，组建“青浦区百所联百会律师志愿服务团”，夯实普法“最后一公里”。（朱文怡）

■提升公共法律服务水平　制订《青浦区关于加快推进公共法律服务体系建设的实施办法》，强化政务服务“好差评”点评结果运用，提升政务服务效能。公共法律服务中心增设手语服务，为老年群体发放便民服务卡，加大村居公共法律服务工作室检查力度，推进全区公共法律服务发展更均衡、服务更优质。

（朱文怡）

■平安青浦建设　开展矛盾纠纷大排查，发挥人民调解“第一道防线”作用。全区人民调解组织共受理各类矛盾纠纷9427件，调解成功率98.08%。加强特殊人群管控，每月开展研判督导，深入推进社区矫正执法责任制建设年活动，落实精准帮扶。至年底，全区共有在册社区矫正对象448人。安置就业1491人(含享受低保、城镇保、农保、责任田安置等)，安置率99.9%。落实帮教1491人，落实帮教率99.9%。

（朱文怡）

■青浦区社区矫正管理局成立　为贯彻落实《中华人民共和国社区矫正法》，2月9日，“上海市青浦区社区矫正管理局”在青浦区社区矫正中心正式挂牌。

（朱文怡）

■签署《“青吴善”法律援助共建合作框架协议》　5月19日，长三角一体化公证、法援活动在江苏省苏州市吴江区召开。当日，青浦、苏州吴江、浙江嘉善三地共同签署《“青吴善”法律援助共建合作框架协议》，并就三地法律援助、公证发展情况、如何有效落实三地法律援助、公证“一网通办”开展交流、座谈。

（朱文怡）

■区委全面依法治区委员会会议暨全面依法治区工作会议　7月29日，青浦区召开区委全面依法治区委员会会议暨全面依法治区工作会议，深入贯彻中央全面依法治国工作会议、市委全面依法治市工作会议精神，推进全面依法治区，提升法治青浦建设整体水平。

（朱文怡）

■青浦区行政复议局挂牌成立　为贯彻落实《上海市行政复议体制改革实施方案》文件要求，推进全区行政复议体制改革，完善行政复议工作机制，7月27日，青浦区行政复议局正式挂牌成立。8月1日起，代表区政府集中行使行政复议管辖权。全年共收到行政复议申请560件，受理505件。审结案件547件(含上年存案144件)，纠错率2.19%。（朱文怡）

■开展行政机关负责人出庭、旁听、讲评“三合一”活动　9月22日，青浦区开展2021年度行政机关负责人出庭、旁听、讲评“三合一”活动，选取典型案件进行在线庭审。年内，行政负责人出庭率为87.88%。领导干部等“关键少数”的法治意识明显提升。（朱文怡）

■全面依法治区委员会办公室(扩大)会议　10月22日，青浦区委全面依法治区委员会办公室召开(扩大)会议。会议讨论并审议《青浦区党政主要负责人履行推进法治建设第一责任人职责情况列入年终述职内容工作方案》《青浦区关于开展法治建设示范创建活动的工作方案》《青浦区法治建设工作考核指标评分细则》等文件。（朱文怡）

■法治文化阵地建设　选取崧泽广场建设落成区级“法治广场”。10月22日，“青浦法治广场”落成仪式成功举办。持续推进“法理堂”建设，为群众提供家门口的矛盾纠纷化解点。至年底，全区共建成“法理堂”150家。推动“智慧云法理堂”落户幸福社区。

（朱文怡）

■青苏嘉毗邻区行政执法监督一体化合作框架协议签约仪式　10月26日，青苏嘉毗邻区行政执法监督一体化合作框架协议签约仪式在江苏省苏州市举行。上海市青浦区司法局、江苏省苏州市司法局、浙江省嘉兴市司法局共同签署《青苏嘉毗邻区行政执法监督一体化合作框架协议》，携手推动三地行政执法深度合作、协同发展。

（朱文怡）

■**法治宣传教育工作会议暨“八五”普法启动大会**　12月7日，青浦区召开法治宣传教育工作会议暨“八五”普法启动大会，对区“七五”普法工作进行总结回顾，对“八五”普法工作重点进行解读。（朱文怡）

■**刑事法律援助工作**　启用看守所法律援助工作站及远程视频会见系统，切实提高刑事案件办理效率。在上海市第三看守所设立值班律师工作站，保障看守所在押人员的合法权益。落实《关于开展刑事案件认罪认罚从宽制度试点工作实施细则（试行）》。（朱文怡）

■**百所联百会活动**　制订《青浦区“百所联百会”机制的实施意见》，组建“青浦区百所联百会律师志愿服务团”，深入全区各个商会，协助工商联、商会做好会员企业法律咨询、普法宣传、权益维护、纠纷调解等工作。推动区工商联、商会根据需要聘请律师担任法律顾问。（朱文怡）

■**推进矛盾多元化解**　加强诉调对接，区法院、总工会、人社局、司法局联合发布《关于进一步加强青浦区劳动争议调裁审对接工作的方案》，设立劳动争议巡回法庭、劳动争议调解工作室。完善大调解格局，会同市场监管局共同成立青浦区消费纠纷调委会，为市场主体提供高效、便捷的消费纠纷解决途径。推进知识产权“严保护、大保护、快保护、同保护”格局建设，全年新增知识产权工作室5家。（朱文怡）

■**司法所建设**　印发《青浦区关于贯彻落实〈关于全面加强新时代司法所建设，切实提升基层法治水平的意见〉的实施方案》，成立工作督促小组，发挥司法所服务基层法治政府作用，加大对重大行政执法、重大合同的法治审核力度。（朱文怡）

军　事

■**概况**　2021年，青浦区武装系统坚决贯彻党中央、中央军委决策部署，始终坚持举旗铸魂强根本、聚焦使命保打赢、重心下移打基础、攻坚克难抓落实、多措并举防疫情。深化巩固主题教育。制订党史学习教育方案计划，采取领导宣讲、个人自学等多种形式，同步参加上级组织的辅导授课，利用橱窗搞好宣传，抓好指定书目阅读，为全部人员配发反映军事题材图书《朝鲜战争》《血战长津湖》，编印《党史学习教育材料汇编》，推动党史学习教育。持续推动党管武装工作制度落实。3月，青浦区组织召开2021年度党管武装工作会议，区委书记赵惠琴出席会议并为新年度武装工作定目标、明责任、提要求；落实专武干部教育培训、资格认证、考核考评、工作述职、调整交流等制度规定，规范基层专武干部兼职，确保专武干部“姓武”“专武”；10月，警备区组织“武常委”履职情况专项考核，青浦区人武部在全区名列前茅；11月，区委书记徐建到警备区参加新任职人武部党委第一书记集体谈话；11月，组织新任职基层武装部政治教导员集体谈话，并统一颁发专武干部任职命令状；12月，组织11个街镇党工委书记进行党管武装和双拥工作述职。（陆　程）

■**训练考评**　突出专武干部培训。2月，组织民兵工作业务培训，编印《民兵工作应知应会手册》，在专武干部队伍中开展“学法、知法、用法”活动。突出专业分队联训。注重发挥两个市级民兵训练基地教学组训功能。7月，承办两期水上专业联训任务，其间依托集训队落实二级响应要求，完成180人集中备勤，全力做好“烟花”台风防抗工作。8—10月，承办两期全市无人机专业联训。选派综合应急、工程机械、公路护路、公路运输、防化救援、通信保障等专业骨干到外区参加专业联训。突出在岗训练考评。7月，指导街镇对接制订训练方案计划，按照“街镇主导、区人武部督导、编兵单位落实”的方式完成医疗救护、装备保障、油料保障3类专业训练任务。（陆　程）

■**专项任务训练**　3—8月，徐泾镇无人机分队出海担负试验和联合警巡任务，完成试验任务专项报告。4月、9月，根据军地应急响应预案，先后完成长三角跨区水域应急救援实战拉动演练和青浦区防汛救灾应急演练。6月21—25日，组织本级机关和空军后备兵员参加战区演练，实践检验后备兵员精准储备工作质效。6—9月，协调组织辖区华测导航、寰鹰航空2家企业高标准完成“上海会议”人装结合展示任务。10月29日—11月11日，组织民兵编组3队，担负西虹桥区域大客流疏导及展馆外围管控、配合公安参加核心区外围巡逻守控、“低慢小”目标侦搜反制及社会面情况搜报3项任务。（陆　程）

■**后备力量建设**　抓好业务培训和潜力调查。2月，组织专武干部民兵工作业务培训，编印《民兵工作应知应会手册》。3月，采取属地摸排与行业校核相结合，重点弄清高科技领军企业潜力和2016年以来退役军人信息底数。4月，牵头组织区国动委联络员会议，部署任务，组织培训，展开潜力数据会审。编实后备力量。根据警备区整组方案，分年度整组点验、组织整改完善和直前迎考3个阶段统筹推进年度工作。部党委先后4次召开任务协调对接会。5—6月，重点对全区基干民兵编组信息、官兵相识、党组织预建、体检政考等情况进行普查，与3名新任职镇武装部教导员谈话。6月，接受警备区民兵整组第一阶段检查考评，综合排名全市并列第六。完成兵员征集任务。围绕“四个确保”（即确保兵员质量、确保廉洁征兵、确保疫情防控成效、确保年度征兵任务圆满完成）的目标要求，完成上海市政府和警备区赋予青浦区春、秋两季66名新兵征集任务。（陆　程）

■**国防教育宣传活动**　协调区委宣传部利用青浦报、青浦电视台、“绿色青浦”公众号等媒体平台开设国防教育专栏，推进国防教育进机关、进企业、进校园、进社区、进农村。9月18日，会同区委宣传部、退役军人事务局、民防办等相关单位开展“迈向强军新征程、军民共筑强军梦”第二十一个全民国防教育日线上宣传教育活动，组织防空警报试鸣，增强国防观念和忧患意识。（陆　程）

■**双拥工作**　会同区相关部门召开双拥工作推进会、讲评会，主动对接军地需求，解决军嫂安置、军娃上学、军转安置和学生军训等重点难点问题；年初，开展“献爱心、送温暖”活动，慰问孤寡老人、困难群众和军(离)休所;“八一”前夕,区四套班子成员走访慰问各驻区部队,参加军事日活动;第三季度,组织召开驻区部队联席会议,牵头驻区部队参加和支持地方经济建设,常态化开展“军徽照夕阳”“军徽映晨曦”“爱心献孤老”等拥政爱民活动,组织动员民兵担负疫情防控、抢险救灾、治安联防、“进博会”安保备勤等任务。 (陆 程)

民防工作

■概况 2021年,区民防办深入推进落实全国第七次人民防空会议精神,突出开展全区民防工程安全大检查和非公用民防工程监督管理;突出整组人防专业民兵队伍,对接市民防办人民防空方案体系,全力配合东部战区部队行动演练;突出城市临战人口疏散接收演练和协调长三角区域民防系统一体化合作,打响城市临战和异地疏散两场演练。年内,制订《青浦区服务保障进博会民防工程检查方案》,成立进口博览会服务保障工作领导小组,对国家会展中心重点区域的民防工程实施安全检查,制定风险预案。全年,12项政务服务事项均实现全程网办,网上办结率100%。完成民防工程竣工备案项目27个,民防建筑面积20.95万平方米,民防使用面积17.73万平方米。全区民防工程建筑面积215.63万平方米,使用面积达188.46万平方米,按户籍人口计算人均使用面积5.27平方米,排在全市前列。全年办理行政协助项目155个,其中联审平台项目72个、建设用地使用权招拍挂出让42个、民防工程拆除审批1个、民防工程档案接收12个、缴纳民防工程建设费48个,共1413.3万元。

(胡吴頔)

■民防队伍建设 4月,组织2期“2021年青浦区基层民防骨干培训班”,全区各街镇武装部干事、各村居民防工作站干部、民防志愿者共341人参加培训。主要内容是街镇、村居民防工作基本内容和方法、民防工程管理、警报器管理、应急救援等。5—6月,深入青发集团、青浦供电所、青浦电信公司等单位开展民防专业队伍建设调研,协调区建管委、区卫健委等单位完成辖区8支700人的人防专业队伍组建、3支75人阵地抢险抢修队伍整组任务,每支队伍按照要求制定相关训练方案和应急预案,定期组织学习并开展岗位训练,适时参加各类区级保障和演习任务;共建救援志愿者队伍,打造有影响力的民防志愿服务项目,完善青浦城市安全体系建设,提高民防救援应急能力。10月,组织43名人防专业队伍骨干培训,提高队伍管理训练能力。 (胡吴頔)

■演练活动 4月,会同普陀区、静安区、杨浦区民防办召开异地临战人口疏散演练协调会并制订演练方案。为配合“9・18”防空警报试鸣,9月4—18日,青浦电视台、各街镇户外显示屏、小区显示屏滚动播放人防专题片和人防集中宣传口号。集中力量开展民防知识“进机关”“进党校”“进社区”“进企业”“进学校”“进网络”活动,不断提高民防知识宣传面。9月18日,全市进行防空警报试鸣,青浦区参加试鸣警报器113台全部鸣响。11个街镇、62所中小学、工业园区共约13.7万人开展防空防灾演练,其中赵巷镇崧涵居委会组织150余人的紧急隐蔽疏散科目演练直播。全区62所中小学校开展人防专题讲座,并组织7.3万名师生进行疏散演练。12月,四区民防办按照既定预案组织规模达300人的“沪盾—单元.2021B”城市临战人口疏散接收演练。

(胡吴頔)

■“5・12”系列宣传周活动 参加由区应急管理局牵头组织的“5・12”宣传活动。5月,会同区应急局在宝龙广场组织“5・12防灾减灾日”宣传咨询活动,发放宣传资料13000余份,展示各类宣传图板367块,延伸民防宣传覆盖面。

(胡吴頔)

■民防工程建设 为贯彻落实市民防办《关于利用公用民防工程(含退序工程)积极支持并参与停车难综合治理工作的指导意见》,年初,对白玉兰广场民防工程地下一层商铺进行改建立项,投资341.75万元,改建面积1718.93平方米,增加30余个停车位;7月,开工建设;12月,竣工交付使用。根据民防办民防规划,按照Ⅱ类应急避难场所建设标准,总投资360万元,于8月完成徐泾中学应急避难所建设,在应急情况下可安置1200余人。年初,民防办与上海蓝天应急救援服务中心签订共建协议,共建青浦民防蓝天科普基地。5月7日,挂牌成立“青浦民防蓝天科普基地”,定期组织民防知识宣传、应急知识培训,全年共接待、培训人员865人次。8月,主办以“走进人民防空,关注生命安全”为主题的政府开放日活动,提升居民国防意识和防灾减灾意识。完成30个“民防应急箱”的购置和配置工作,全区共配置“民防应急箱”375个,完好率95%以上。依照具备民防、防震、急救等功能,全年完成盈浦街道崧子浦小区和顾会浦小区,夏阳街道的新城盛景A区、B区共4个居民小区的民防综合减灾小区建设。 (胡吴頔)

■民防工程管理 民防办开展民防工程今冬明春火灾防控专项整治、消防安全大排查大整治专项行动及防台防汛安全检查等活动,全年职能部门检查非公用民防工程1340个次,整改隐患81处,开具行政处罚单6份,确保工程隐患早发现、问题早解决、隐患早排除。根据市民防办《关于开展本市民防工程人防门专项整治工作的通知》的要求,对218个2013年后建成、使用业态为汽车库的非公用民防工程进行安全检查,通过检查整治解决近期巡视和检查中发现的民防工程人防门拆卸和管养缺失共性问题,加强全区民防工程维护使用管控,确保民防工程战时防护效能和民防工程平战转换功能的有效可靠。制订《2021年青浦区民防工程城市管理精细化工作实施方案》,开展公用民防工程安全检查,落实工作部署,下发到各公用民防工程使用单位,与工程使用单位签订公用民防工程安全责任书,明确公用民防工程使用安全管理事项,落实每月至少1次的安全大检查;完成20个非公用民防工程宣告牌的图版制作及安装工作。年度落实13个退出序列民防工程隐患治理工作,并开展隐患再排查整治,对已完成治理的退序工程民防工程安全情况开展“回头看”活动,形成闭环管理机制,建立健全退出序列民防工程基础档案数据信息和隐患治理工作处置档案信息管理,做到民防

退出序列工程“一档一卡”。(胡吴頔)

■人防指挥所要素建设　完成“216”指挥所中央空调冷却塔和卫生间排污泵的更换工作,保障“216”指挥所的正常使用。坚持日常巡检制度,定期组织发电机、消防、空调、指挥要素等维保单位到现场检测调试,随时掌握设施设备情况。每逢节假日前,对风、水、电基础设备及指挥通信要素系统设备进行安全检查,避免发生漏电等故障情况。(胡吴頔)

■人防警报通信建设　建设全区超短波数字集群人防应急专用通信网络项目建设。10月,完成东方绿舟和区政府2个400兆中继站的建设,形成覆盖全区、功能完善、组网灵活、可靠性高、安全保密、可扩展性和可管理性的人防超短波数字集群通信系统。加强联通训练,定期组织充电、调试、检查和卫星图像及音频信号互传,常态落实通信设备试联试通,卫星通信接通率95%、800兆集群终端设备完好率100%、短波设备完好率98%。完成重固佳兆业、赵巷豪车汇、西虹桥壹号5处电声防空警报器新建任务和工商信息学校、中山医院、逸夫小学等8处电动警报器的更新任务。完成香花桥街道办事处新址、朱家角兰生复旦、朱家角红房子医院的防空警报器专用房建设。全区共有警报器114台,电动警报器70台、电声警报器44台,电声警报器占比38.6%。全年警报器专管员例行检查1338台次,维保单位检查114台次,自行检查114台次,合计检查1566台次,发现问题7处,完成整改7处。上半年组织专业队伍对全区50台防空警报器进行了油漆保养,10台防空警报器进行维修,做到质量统一,颜色一致,无人为卡死,警报器完好率达100%,确保警报试鸣时无设备安全事故发生。(胡吴頔)

NONGYE NONGCUN

农业·农村

◎ 编辑 赵 峰

综 述

2021 年，青浦区农业总产值 21.96 亿元，比上年增长 3.3%。粮食种植面积 8314.24 公顷，比上年增长 1.4%。水稻平均单产 8355 千克/公顷，比上年增长 1.1%。蔬菜上市量 38.8 万吨，比上年增长 0.2%，其中绿叶菜年上市量 24.1 万吨，比上年增长 2.9%。全年水产品养殖产量 1.28 万吨，比上年减少 2.71%。制订《青浦区乡村振兴“十四五”规划》。

加强农业品质保障。107 家企业 165 个产品获得绿色食品认证，认证面积 5013.33 公顷。创建粮食绿色高质高效示范方 25 个，1403.72 公顷，占全区水稻种植面积的 16.9%。绿色粮食获证产量折算稻谷约 20396.36 吨，占全区粮食总产量的 30.09%；绿色蔬菜（含草莓和食用菌）获证产量 138710 吨，占蔬菜总产量的 35.08%；绿色果品获证产量 2315 吨，占果品总产量的 19.42%。创建 4 个市级生态循环农业示范基地，创建（含复审）3 家国家级健康养殖示范场，水产养殖推广绿色生产面积 1348.88 公顷。

推进新农村建设和乡村振兴。7 个村成功创建为 2021 年度市美丽乡村示范村；4 个村成功创建 2020 年度市乡村振兴示范村，启动 2 个村 2021 年度市乡村振兴示范村创建工作。全区有市美丽乡村示范村 33 个、市乡村振兴示范村 8 个。实施农村人居环境优化工程和区级美丽乡村示范村建设同创“二合一”工程，全年完成 58 个村 44 个“二合一”工程。

开展农村土地承包权日常管理。土地流转公开交易市场有序运行，农用地总面积 22572.53 公顷、农户承包地 10931.07 公顷、登记承包农户 52624 户。创建国家级示范社 6 家、市级示范社 25 家、市级龙头企业 4 家。农产品产销能力逐年递增，年产值超亿元的经营主体 3 家，超过千万的 16 家，农产品区域公用品牌“淀湖源味”33 家子品牌年产值 6.8 亿元。2021 年度全区休闲农业和乡村旅游接待旅游 125 万人次，营业收入 10609.5 万元。

深化农村产权制度改革。全区 74 家村经济合作社实现收益分配，参与分红成员 145092 个，年度分红总额 8179.81 万元，年度人均分红 563.77 元。落实 2020 年度农村生活困难农户帮扶资金 323.13 万元。探索盘活存量宅基地及其农房，开展全区农民建房审批工作，审批 1910 户。挖掘驻村指导员在驻村工作期间典型案例和经验，开展第二批驻村指导员选派工作，30 人入选，开展驻村工作。（武滢凯）

种植业·养殖业

■概况 2021 年，全区粮食面积 8314.24 公顷，比上年增加 114.24 公顷，增长 1.4%；总产量 6.97 万吨，比上年增 0.2 万吨，增长 2.0%。水稻平均单产 8355 千克/公顷，比上年增长 1.1%；总产值 20921.5 万元，增长 10.2%；销售价格 3000 元/吨，比上年增加 200 元/吨。全区水稻统一免费供种，良种覆盖率 100%。

全区水产养殖占地面积 1854.33 公顷，养殖水面积 1389.53 公顷，比上年减少 3.45%。全年水产品养殖产量 1.28 万吨，比上年减少 2.71%。渔业总产值 33774 万元，比上年增长 15.1%。全区畜禽养殖产业结构调整，无规模化养殖场存续，全年畜牧业总产值 0.03 亿元，比上年增 13.7%。其中家禽累计出栏 6.5 万羽，比上年增加 50.8%。

开展水产养殖尾水治理项目建设。设置 24 个渔业水质监测点（全部进行 GPS 定位），覆盖养殖面积 1333.3 余公顷，分上半年和下半年，对水体的温度、透明度、pH 值、溶解氧、氨氮和亚硝酸氮等 9 个主要水质指标进行检测，获得监测数据 860 余个。开展鲢鱼、翘嘴鲌、罗氏沼虾、日本沼虾、甲鱼 5 个主要养殖品种水产病害监测，按月报送全国水产养殖动植物病情测报系统。

（金顺健）

■粮食绿色高效示范方创建 以点带面，推动全区粮食产业转型升级和高质量发展。创建粮食绿色高质高效示范方 25 个，1403.72 公顷，占全区水稻种植面积的 16.9%，涉及 8 个镇 2 个街道。其中，千亩示范方 11 个，930.21 公顷；百亩示范方 14 个，473.51 公顷。示范点水稻平均产量每公顷 8340 公斤，每公顷经济效益 18810 元，比上年增长 98%。全区 14 个示范方获得市级粮食绿色高质高效创建优秀示范方称号。

（朱吉明）

青浦现代农业园区核心区的标准化大棚 （青浦现代农业园区供稿）

■草莓绿色防控技术示范点建设 推广示范草莓绿色防控技术，确保地产草莓的品质和安全。2020—2021 年，全区建成草莓病虫害绿色防控示范区 133.3 公顷，建立示范点 19 个，其中核心示范点 1 个、整村制示范点 1 个、草莓合作社示范点 17 个。核心示范点位于白鹤镇上海永胜瓜果专业合作社，面积 3.33 公顷；整村制示范点为白鹤南巷村。建立病虫害测报点 1 个，位于上海绿延有机农产品专业合作社，测报点设置观测圃 1 个、定点观测大棚 2 个。示范点全生育期平均化学农药使用量 479.2 克/亩，比全区草莓平均使用量减少

34.25%。草莓绿色防控示范点补助资金61万元。（朱吉明）

■农业项目建设 2019—2021年，涉农类建设项目34个，总投资8.42亿元。2019年，涉农项目9个，其中高标准农田项目3个，完成区级验收；都市现代项目4个，水产养殖尾水治理项目2个，均完成市级验收。2020年，涉农项目14个，在建5个、完工9个。2021年，涉农项目11个，赵巷和睦村优质水果绿色高效生产基地（一期）建设项目等6个都市现代农业项目正在办理“一书一证”等前期用地手续，重固镇福泉山村粮田建设项目、练塘镇浦南村2个高标准农田项目完成前期手续办理并开工，3个水产养殖尾水治理项目正在招投标。（庄岚峰）

■“菜篮子”工作 全面完成市农业农村委下达的蔬菜考核任务。全区常年蔬菜种植面积平均在2866公顷，比上年增长4.9%，其中绿叶菜种植面积1367公顷，比上年增长2.6%。全年蔬菜三播面积11536公顷次，比上年增长2.2%。蔬菜上市38.8万吨，比上年增长0.2%，其中绿叶菜年上市量24.1万吨，比上年增长2.9%。蔬菜现行价总产值1349340万元，比上年增长24.9%；蔬菜平均混合价3477元/吨，比上年增长24.7%。区特色茭白种植面积2069公顷次，比上年增长0.4%；总产量8.94万吨，比上年增长2.1%；总产值3.9亿元，比上年增长5.1%。（王桂英）

青西郊野公园“有莓有果园”智能化大棚一角（青浦现代农业园区供稿）

■疫情防控期间绿叶菜抢种补种 落实1月12日市政府关于地产蔬菜生产和保供工作专题会议精神，于1月14日举行全区地产蔬菜生产和保供工作专题会议。制订《青浦区关于做好2021年冬季地产蔬菜生产和保供工作实施方案》，以600公顷绿叶菜核心基地为重点，在1月15日—2月28日，下达333.3公顷绿叶菜抢种补种工作。实际完成绿叶菜抢种补种425.6公顷，超额完成任务。对抢种333.3公顷绿叶菜的生产经营者由区财政安排96.575万元专项资金，用于种子、农药和农膜等物资补贴。（王桂英）

■地产蔬菜安全监管 加强蔬菜安全监管和风险评估，开展高效低毒低残留补贴农药的组织推广服务。按照亩用量150元补贴农药额度，通过政府采购补贴农药36.07吨，涉及67个品种。农药采购总金额646.04万元，其中市、区财政补贴387.62万元，自筹资金258.41万元；全年补贴农药采购目录中21种生物源农药，13.99吨，占全年补贴农药的38.8%。推进“神农口袋”数字农业生产管理系统建设，267家合作社、农业企业、家庭农场、种植户纳入“神农口袋”数字农业生产管理系统，蔬菜面积2800公顷。（王桂英）

■绿叶菜规模化生产基地考核 发布《青浦区2021年蔬菜绿色标准化生产考核奖励实施方案》，对全区37家627公顷绿叶菜规模化生产基地开展长效管理。经考评优秀7家、良好24家、合格3家、不合格3家。按照考核结果分别给予250—350元/亩的奖补，发放奖补资金268.82万元。（王桂英）

■绿色农产品认证 全区有107家企业165个产品获得绿色食品认证，比上年增加19家企业41个产品；绿色食品

上海世鑫蔬菜种植专业合作社于2018年12月获得绿色农产品立牌（区农业农村委供稿）

认证总面积 5013.33 公顷，比上年增加 346.67 公顷；绿色食品认证产量（稻米按 1.47 折算成稻谷）161421.36 吨，比上年增加 13435.3 吨；绿色食品认证率 32.89%，比上年增加 1.69 个百分点。其中，绿色粮食获证产量折算稻谷约 20396.36 吨，占全区粮食总产量的 30.09%，比上年增长 2.44%；绿色蔬菜（含草莓和食用菌）获证产量 138710 吨，占蔬菜总产量的 35.08%；绿色果品获证产量 2315 吨，占果品总产量的 19.42%。（朱卫芳）

■农作物种质资源普查利用 3 月，农业农村部决定在全国范围内开展农作物、畜禽、水产种质资源普查。年内，青浦区全面查清全区农作物种质资源，修改完善 3 个年度普查表和 229 份种质资源的征集表和调查表。就地保存的种质资源，寄往国家种质资源库（果树资源 2 份、水生作物资源 21 份）。开展种质资源普查、收集和利用宣传、座谈 250 人次，发放宣传资料 500 份、新品种介绍 1000 份，鼓励农户保护好、收集好“老种子”。开展种质资源利用项目青浦“练塘茭白”种质资源保护和应用研究，建立青浦区茭白品种资源圃，按照“三选三定”（“三选”即初选、复选、定选；“三定”即定具有本品种特征特性要求的种株，定选择种株分蘖性强、分蘖紧凑、孕茭率高、采收期集中的茭墩，定只型大、茭肉洁白、无雄茭、灰茭、病株的健康种茭墩）方法对区内主栽茭白品种进行提纯和复壮，提高现有茭白品种的种性纯度。（朱吉明）

■畜禽养殖 区内畜禽养殖均为散养户和家养户，养殖户 2601 户（不包括犬）。主要畜禽圈存情况，牛圈存 14 头，羊圈存 2941 头，马圈存 207 匹，鸡圈存 32846 羽，鸭圈存 24243 羽，鹅圈存 2471 羽，鸽子圈存 13908 羽，珍禽圈存 1227 羽，犬 16723 头。（王曲直）

■推广水产养殖绿色生产方式 依据环境条件、硬件条件、生产管理和排放要求等绿色生产必须满足的条件，筛选 40 余家水产养殖场 1200 余公顷，开展水产绿色生产工作。重点开展减排减药、水质监测、生产日志记录、投入品管理等工作，推进绿色健康养殖。开展操作规程培训、指导。11 月，经市农业农村委考核，确认全区水产养殖绿色生产面积 1348.88 公顷。全面开展水产养殖用药减量行动，全年渔用药物使用量比上年减少 5% 以上。（张　铷）

■启动水产养殖种质资源普查 制定《第一次青浦区水产养殖种质资源普查实施方案》，建立区、镇两级普查员队伍，普查员 20 人。8 月起，区内所有养殖场户进行审核填报，全年普查主体 466 个，系统录入主体 412 个，对已完成文件进行及时存档备案，完成基本情况普查。（张　铷）

■增殖放流活动 分别在环城水系公园水城门、白鹤镇东方村和元荡交界水域开展增殖放流活动，放流鲢、鳙、鲤、鲫、翘嘴鲌、细鳞鲴等鱼苗 15 万公斤，500 余万尾；放流鲤、鲫、鲢和鳙等夏片（夏天的寸片，即夏天 3—3.5 厘米长度的鱼苗）400 万尾。（张　铷）

农业产业化

■概况 2021 年，全区有国家级示范社 6 家、市级示范社 25 家、市级龙头企业 4 家。农产品产销能力逐年递增，年产值超亿元的经营主体 3 家，超过千万的 16 家，农产品区域公用品牌“淀湖源味”33 家子品牌年产值 6.8 亿元。种植水稻 8133.33 公顷，产业化率 41.9%，绿色稻米产业化率 68.85%。塘郁村获评中国休闲美丽乡村，全区休闲农业和乡村旅游接待旅游 125 万人次，营业收入 10609.5 万元（其中农副产品收入 3236 万元）。发放 2020 年度金融扶持、营销奖补等 9 项产业化补贴资金 502.07 万元，拨付农业保险财政补贴资金 3388.02 万元。1 人获评全国创新创业带头人，2 人进入第五届全国创新创业总决赛，分别获得三等奖、优胜奖。分层分类实施精准培训，开设高素质农民培训班 6 个，培训学员 230 人；继续教育开设 4 个班，培训 125 人。认定新型职业农民 241 人。单项引导性技术培训 1545 人次，专门业务培训 1803 人次，农业技能人才培训 170 人。

建立 25 个水稻绿色防控核心示范点，示范面积 1404 公顷，辐射面积 3208 公顷。粮食和蔬菜种植推广应用商品有机肥 2 万吨。指导开展《卤虫虾片中 EHP 感染力评价及其应用》《暗纹东方鲀商品鱼立体生态养殖技术》等 4 项青浦区产学研项目，指导开展《罗氏沼虾新品种“南太湖 2 号”的引种与池塘养殖试验》等 7 项科技发展基金项目。

有农业农村招商资源 31 项，其中农业 24 项、其他乡村产业 7 项。17 个项目，计划投资 18.71 亿元，涉及土地 414.39 公顷。其中，签约 13 个，流转 327.73 公顷；洽谈中 4 个项目，拟流转面积 86.67 公顷。（陆春燕）

2021 年青浦区国家级农民专业合作示范社情况表

表 13

序号	合作社名称	地址	主要产品	经营规模（亩）	2021 年产值（万元）
1	上海森鑫水产品专业合作社	青浦区金泽镇河祝村 303 号南侧	水产	723	535
2	上海泖河水产品专业合作社	青浦区练塘镇四联路渔珠场 1 号	水产	980	1600
3	上海世鑫蔬菜种植专业合作社	青浦区朱家角镇安庄村 588 号	蔬菜、大米	830	3600
4	上海彰显渔业专业合作社	青浦区夏阳街道王仙村 588 号	水产	510	4878

（续表）

序号	合作社名称	地址	主要产品	经营规模（亩）	2021 年产值（万元）
5	上海绿椰农业种植专业合作社	青浦区练塘镇芦潼村蒸南路 54 号	蔬菜、水产	800	4200
6	上海泽福食用菌种植专业合作社	青浦区练塘镇菱浜村 498 号	菌菇	400	2500

（李哲豪）

2021 年青浦区市级农民专业合作示范社情况表

表 14

序号	合作社名称	地址	主要产品	经营规模（亩）	2021 年产值（万元）
1	上海优禾谷农产品专业合作社	青浦区练塘镇东庄村庄圩 119 号	大米	544	330
2	上海泖塔茭白专业合作社	青浦区朱枫公路 1603 号	蔬菜	187	660
3	上海春昌蔬果专业合作社	青浦区重固镇新丰村 1008 号	蔬菜	918	4100
4	上海捞福来蔬菜专业合作社	青浦区叙中村叙北路 260 号	蔬菜	1114	7436
5	上海浦信蔬果专业合作社	青浦区白鹤镇杜村胥沟路 337 号	蔬菜、水果	500	7285
6	上海惠丰果蔬专业合作社	青浦区白鹤镇青龙村 135 号	蔬菜、水果	360	4400
7	上海盈鹤蔬菜专业合作社	青浦区白鹤镇塘湾村吴介角队	蔬菜	1200	716
8	上海先福蔬果专业合作社	青浦区外青松公路 3922 号	蔬菜、水果	2480	1128
9	上海联腾农家乐专业合作社	青浦区白鹤镇红旗村委会对面	水产	262	233
10	上海恒尚源农业种植专业合作社	青浦区练塘镇东淇村东叙 118 号	大米	1040	4250
11	上海徐练农产品专业合作社	青浦区练塘镇徐练村徐南 97 号 1 室	大米	917	200
12	上海其立农机服务专业合作社	青浦区练塘镇徐练村徐南 97 号 102 室	大米	0	350
13	上海锦乐蔬菜专业合作社	青浦区徐泾镇徐晔路 88 号	蔬菜	505	2500
14	上海农康蔬菜专业合作社	青浦区徐耀路 18 号	蔬菜	400	1000
15	上海大莲湖果业专业合作社	青浦区金泽镇莲湖路 218 号	水果	423	400
16	上海光旭农产品专业合作社	青浦区练塘镇泾花村 181 号	大米	500	165
17	上海联谷农机专业合作社	青浦区练塘镇蒸浦村蒸南 161 号	大米	980	285
18	上海新君宴蔬果专业合作社	青浦区重固镇回龙村 888 号	蔬菜	515	8300
19	上海永胜瓜果专业合作社	青浦区启圣路 253 号	水果	200	350

（李哲豪）

2021 年青浦区市级龙头企业情况表

表 15

序号	合作社名称	地址	主要产品	经营规模（亩）	2021 年产值（万元）
1	上海弘阳农业有限公司	青浦区白鹤镇青龙公路 588 号	蔬菜	435	5700
2	上海义林食品有限公司	青浦区白鹤镇纪鹤公路 6725 号	南北干货	—	17315
3	上海瑞轩食品有限公司	青浦区蒸夏路 89 弄 16 号	牛肉	—	22000
4	上海禾文农业科技有限公司	青浦区华丹路 108 号	蔬菜	—	15600

（李哲豪）

■**经营主体培育** 推进2020年上海太来果蔬专业合作社、上海世鑫蔬菜种植专业合作社、上海捞福来蔬菜专业合作社、上海春昌蔬果专业合作社、上海呈然农产品专业合作社、上海绿椰农业种植专业合作社6个都市蔬菜优势特色产业集群建设项目，投资2080.45万元。启动2021年度上海禾文农业科技有限公司、上海彭世菇业有限公司、上海牵然农业专业合作社3个都市蔬菜优势特色产业集群续建项目，计划总投资2352.15万元。推进2021年泖峰、上海绿椰农业种植专业合作社2家农产品产地冷藏保鲜库建设项目，计划总投资496.3万元。

（李哲豪）

■**农业品牌建设** 2021年，有33家合作社自愿申请加入区域公用品牌"淀湖源味"，产值6.8亿元。组织推荐15家合作社，参加全国农交会、金秋大联展、新春大联展；13家合作社参加地产优质桃等农产品评优推介活动；推荐4家合作社参加农产品进公园展示展销；推荐1家龙头企业参加农业产业化交易会。配合建设鱼米之乡产销服务平台，平台上青浦馆分设淀湖源味、特色农产、美丽乡村、乡游攻略、阿拉推荐等5个窗口，全区31家合作社入驻。组织开展稻米产销对接和宣传推介，全区大米品牌44个，品牌化销售3757.52万元。组织策划"庆丰收、感党恩"——2021年中国农民丰收节暨第十届青浦薄稻米品鉴会、"茭美练塘，幸福中国"——2021上海练塘茭白节暨古镇旅游文化节、"共尝优果优品，共享健康生活"——第九届青浦枇杷文化旅游节暨绿色农产品展示展销会等活动。

（汪月霞）

■**休闲农业与乡村旅游** 发掘农业多种功能和乡村多重价值，优化休闲农业和乡村旅游布局，集成美丽乡村、郊野公园、农家书屋、休闲园区等农文旅资源，遴选郊野踏春、古镇寻访游乡村寻梦、林下采摘游等乡村精品旅游线路。2021年，推出精品旅游线路线5条，包括丰收节旅游线路线1条、春夏旅游线路线2条、秋冬旅游线路2条。全区休闲农业和乡村旅游共接待旅游人次125万人，营业收入10609.5万元，其中农副产品收入3236万元。

（汪月霞）

2021年青浦区休闲农业精品旅游线路情况表

表16

序号	线路名称	线路点位
1	"庆丰收、感党恩"丰收游（丰收节精品旅游线路）	牧岛→优禾谷→林下菌菇→可·美术馆→乐稻心田→薄荷香文苑
2	"郊野踏春，古镇寻访"游（春夏精品旅游线路）	蔡伯伯生态农庄→金泽古镇→莲湖村（湖上莲花）→郊野公园→朱家角古镇→联怡枇杷乐园
3	"乡村寻梦，林下采摘"游（春夏精品旅游线路）	张马村寻梦源→林家村农家书屋→东庄村林下菌菇采摘→东庄村蓝莓采摘→东庄村厨见体验→东庄村咖啡体验
4	"魔幻森林，梦幻田园"游（秋冬精品旅游线路）	张马村寻梦源→东庄村林下菌菇采摘→联怡枇杷乐园→朱家角古镇
5	青浦郊野美丽乡村游（秋冬精品旅游线路）	青西郊野公园（莲湖村）→湖上莲花农家乐→蔡浜村→蔡伯伯生态农庄→金泽古镇

（汪月霞）

10月，上海太来果蔬专业合作社工作人员在田间劳作

（区农业农村委供稿）

■**太来果蔬专业合作社创业创新项目** 上海太来果蔬专业合作社成立于2010年，有蔬菜基地47公顷。农民到合作社务工或者租种合作社地块，种植合作社主推的单品蔬菜（广东菜心、米苋、大叶蓬蒿）。投入1500万元建立绿色蔬菜基地种植中心、净菜加工包装中心、分拣配送中心、客户服务中心，配送车辆30多辆，和生鲜电商、部队、学校、医院、企事业单位食堂建立协作关系，直接配送蔬菜到客户。与周边11家合作社协作，种植指定的蔬菜，有333公顷，由太来合作社收购、加工、经销。2020年，生产蔬菜5000多吨，蔬菜营业收入1.3亿元。2021年11月5日，合作社理事长王印获第五批全国农村创业创新优秀带头人称号，上海有4人获得此称号。12月，创业创新项目《"一棵菜"成就"三产融合"》

代表上海市参加农业农村部第五届全国农村创业创新项目创意大赛，获得三等奖。全年生产蔬菜6000吨，蔬菜营业收入1.8亿元。（李哲豪）

■启动数字农场示范基地建设3项 长三角水稻生产全程机械化科研基地。位于练塘镇双菱村和东库村万亩粮田，面积47.73公顷，投资1200万元。项目包括智能农机解决方案、智能排灌解决方案、农业数据感知终端、地理信息与通讯系统、数据库和展示中心等。年末，建成水稻全程生产的机械化、数字化、智能化的无人作业节能生态基地。

赵巷镇沈泾塘村的草莓数字产业基地。位于赵巷镇沈泾塘村，总面积19.6公顷，总投资3000万元，由上海三共农业专业合作社投资建设。项目包括以设施农业为主的科研共享平台、生产管理控制和数据可视化数字化平台。年末，初步建成草莓立架栽培高新技术展示区、科研共享平台。

绿椰鱼菜共生数字化示范基地。位于练塘镇芦潼村，投资200万元，由绿椰合作社投资建设。项目包括"鱼—虾—菜"生态循环种养模式绿叶菜生产智能化管控系统研究与构建、鱼虾生产智能化管控系统研究与构建、营养多级利用技术研究与示范和"鱼—虾—菜"智能化生态循环种养模式标准化技术研究。年末，建成"鱼—虾—菜"数字化生态循环种养系统。（陈思远）

■上海市科技兴农项目立项4个 2021年，市科技兴农项目批复立项4个，项目资金599.62万元。其中，上海弘阳农业有限公司《设施青菜绿色轻简化高效栽培技术集成示范》，50万元；上海西翼农业专业合作社《绿肥油菜—鸭稻共生高效轮作模式研究与示范》，49.87万元；心意植保(上海)农业科技有限公司《无人农场飞防植保关键技术研究与应用》，200万元；上海百茸食用菌有限公司《重固镇农业废弃物资源化利用及稻田生态栽培技术研究与示范》，299.75万元。（陈思远）

■绿叶菜生产基地推广应用绿色防控技术 完善世鑫、春昌等6个"三诱一网一布"绿色防控集成技术示范点建设，应用绿色防控技术118.7公顷。32家绿叶菜生产核心基地，应用绿色防控技术615.1公顷。全区合计733.8公顷。（王桂英）

■优质水稻新品种选育 年内，2020年自主选育的优质高产特早熟水稻新品种"青早香软18"和优质晚粳稻新品种"青香软526"通过市主要农作物品种审定。新选育的特色优质长粒粳新品种(系)"青香软20"参加上海市水稻新品种区域试验和上海市水稻新品种生产试验。《优质长粒软香粳稻"青香软20"的选育与示范》列入2021年度青浦区科技发展基金项目。优质晚粳稻新品种"青香软526"在区内推广种植，逐步替代抗性日趋退化的优质稻"青香软粳"。（胡大明）

■渔业科技入户工程 在金泽、练塘、朱家角、赵巷、夏阳等街镇遴选150户科技示范户和30家星级合作社和标准化场，由区17位技术指导员每人结对10户示范户、1到2家水产合作社(标准化场)开展渔业科技入户工程。全年，科技指导员入户指导300余人次，发放宣传资料1500余份。（沈家佳）

■农机推广 2021年，上海弘阳农业有限公司白鹤镇杜村基地完成创建市级蔬菜机器换人示范基地项目；完成水稻机械化种植面积7466.7公顷，其中机插秧面积4053.3公顷、机直播3413.3公顷。推进水稻机械化侧深施肥技术的应用，推广应用面积1100公顷。与上海农业科学院合作申报长三角水稻生产全程机械化科研基地(上海)建设项目。（陈　伟）

■农机监理 2021年，开展农机具年度检验，检测拖拉机433台、联合收割机175台、其他各类农机具189台；完成新机械上牌57台，其中收割机25台、拖拉机32台。注销联合收割机和中型拖拉机85台，其中收割机33台、拖拉机52台。全年区级农机购置项目补贴农机具34台(套)，主要为蔬菜、林果机械，区级补贴资金106.66万元。市级农机购置项目补贴农机具230台(套)，三级补贴资金1312.17万元，其中中央及市补贴资金680.62万元、区补贴442.26万元。（陈　伟）

美丽乡村建设与乡村振兴

■概况 2021年，持续开展美丽乡村示范村、乡村振兴示范村创建，"全覆盖"、"全要素"实施农村人居环境优化工程。制定《青浦区乡村振兴"十四五"规划》。年末，全区市级美丽乡村示范村33个、市乡村振兴示范村8个。（沈雪明）

■美丽乡村示范村建设 下发《关于切实做好本区2021年度市级美丽乡村示范村创建工作要点的通知》，组织推进市级美丽乡村示范村创建工作，重固镇

市级美丽乡村示范村王港村村庄风貌　　（区农业农村委供稿）

回龙村，白鹤镇太平村、曙光村，朱家角镇张巷村，练塘镇泾花村，金泽镇王港村，夏阳街道塘郁村7个村成功创建为2021年度市美丽乡村示范村。年末，全区市级美丽乡村示范村33个，继续保持全市前列。（沈雪明）

■乡村振兴示范村建设　赵巷镇和睦村、重固镇章堰村、朱家角镇林家村、练塘镇徐练村4个2020年度市乡村振兴示范村创建通过验收。年末，全区市乡村振兴示范村8个。启动2021年度重固镇新丰村、金泽镇岑卜村2个上海市乡村振兴示范村创建。（沈雪明）

■农村人居环境优化工程　制订《青浦区农村人居环境优化工程实施方案》，"全覆盖""全要素"推进青浦区农村人居环境优化工程，对规划保留保护村实施农村人居环境优化工程和区级美丽乡村同创"二合一"工程。全年完成58个村农村人居环境优化工程、44个"二合一"工程项目。结合"三大整治"，紧扣"房、田、水、路、林、村"六大要素，持续推进农村人居环境整治村庄清洁行动。完成农村问题厕所摸排整改、开展村庄清洁行动春季战役、迎建党百年田园清洁月、迎国庆村庄清洁月（周）等专项行动。全年清理三乱（乱张贴、乱涂写、乱刻画）12555平方米，清除小粪缸及废弃坛罐600只，清理村内河沟（塘）2309公里，清理田间窝棚5556平方米，处置农业废弃物1968吨，清理垃圾51478吨，整治杂边地、抛荒地12.6公顷。（沈雪明）

农村综合改革

■概况　深化农村综合改革。开展农村土地承包权日常管理工作，规范农村土地经营权流转，土地流转公开交易市场有序运行。指导3家经联社完成建账工作，74家经济合作社实现年度收益分配。全区11个街镇集体产权交易分中心平稳运营。农村综合帮扶项目有序运行，落实2020年度农村生活困难农户帮扶资金323.13万元。开展全区农民建房审批工作，探索盘活存量宅基地及其农房。各街镇经联社完成组织构架，形成农村集体产权关系变更方案，9个街镇完成一级公司股权变更。完成赵巷镇、徐泾镇、重固镇3个镇级经济联合社建账工作。（唐国平）

■农村承包地日常管理　全区11个街镇191个村居，涉及2296个村民小组，农用地总面积22572.53公顷。农用地总面积按集体所有者类型分，村级所有2539.96公顷、组级所有20032.57公顷；农用地总面积按承包情况分，农户承包地10931.07公顷、自留地1465.01公顷，其他13106.47公顷。农村土地承包农户55067户、农村土地承包经营权确权登记农户52624户，权证变更292户，其中变更133户、注销159户。农村土地统一委托流转总面积15241公顷，委托期至2029年，农村土地经营权统一委托流转率超过91%，其中农户土地承包经营权统一委托流转率94%。年内签订对外流转合同1431份，涉及面积9010公顷。（莫跃辉）

■农村土地承包经营权流转公开交易市场　全区8个街镇（除赵巷镇、徐泾镇和盈浦街道外）挂牌成立上海农交所农村土地流转交易中心街镇分中心。金泽分中心被评为2021年上海市农村土地流转公开交易市场示范分中心。全年挂牌土地流转项目1181个，公开流转交易7869公顷，流转交易金额1.6亿元。（莫跃辉）

■农村集体产权交易分中心　2021年，农村集体产权交易分中心平台交易562宗，签订租赁协议年租金8525万元，比上轮协议租金7576万元增长12.52%。交易涉及房屋面积20.57万平方米、土地面积72公顷。（陈晓俊）

■村社分账运行　完成11个街镇资产经营管理公司专项监督审计。完成全区11个街镇191个村委会、合作社的财务公开数据核查工作。徐泾镇民主经济合作社、重固镇徐姚经济合作社完成村级集体经济组织规范运行试点。（朱　缨）

■村经济合作社收益分配　全区有74家村经济合作社实现收益分配，参与分红的村级集体经济组织成员有145092个，年度分红总额8179.81万元，人均分红563.77元，每股分配19.42元，户均分红1764.91元。（朱　缨）

■宅基地审批制度改革　2019年，《上海市农村村民住房建设管理办法》（沪府令16号）颁布。至2021年年末，全区审批农民建房1910户。走访调研朱家角镇张马村、重固镇徐姚村和练塘镇东庄村开展存量宅基地及农房盘活利用工作，形成两个调研案例。（胡　昱）

■农村集体经济发展　2021年，全区农村集体经济造血项目运营54个，项目投资额22.29亿元，年租金1.2亿元。"百村基金"项目在2020年完成2019年收益分配，72.30万元。区级出口加工区旧厂房出租项目（于2017年8月出资1.46亿元收购原上海迪顺实业有限公司土地、厂房等资产，由上海携利实业发展有限公司运营）完成2020年度审计。（张娟娟）

■农村综合帮扶工作　推进帮扶项目建设，购置类项目新城一站C商业（崧泽华城生活汇）项目，自2021年起全权委托区内国资公司上海角里资产经营有限公司运营管理并约定收益；建设类项目库克项目和高新F1项目于年内竣工，将于2022年产生项目收益；向区财政申请拨付6.56亿元至区内农业领域帮扶类企业上海青浦拓村科技发展有限公司，拨付资金占帮扶项目建设资金总额的88%。落实2020年度农村生活困难农户帮扶措施，涉及各级帮扶资金323.13万元。按照市委组织部、市农业农村委选派优秀干部支持市经济相对薄弱村发展工作要求，总结第一批驻村指导员30人工作，挖掘驻村指导员在驻村工作期间典型案例和经验。开展第二批驻村指导员选派工作，30人入选。3月，开始为期20个月的驻村工作。（陈晓俊）

农业执法检查

■概况　2021年，查处各类涉农违法案件141起，罚没款35.56万元；出航1086船次，销毁、取缔涉渔"三无"（无船籍港、无船名船号、无船舶证书）船舶

农产品质量安全中心开展动物疫病监测和流行病学调查

（区农业农村委供稿）

38艘；完成市区两级监督抽样669批次；6月，获农业部颁发的全国农业综合行政执法示范单位称号。开展全区农作物病虫草鼠害测报和防治工作，水稻病虫草害发生面积99453.3公顷次，防治面积147493.3公顷次，挽回稻谷损失37700吨。蔬菜病虫害发生面积15666.7公顷次，防治面积43666.7公顷次，挽回损失37179吨。

开展地产蔬菜农残速测工作，全年完成蔬菜速测样品101037份，合格率100%。开展水产品疫病监测和病害防治工作，水产品药残市级抽检34件，药残抽检合格率100%。开展动物疫病监测。（秦　祎）

■**查处涉农违法案件**　查处各类涉农违法案件141起，罚没款35.56万元，没收渔具576件、渔获物15041公斤。其中未依法取得捕捞许可证进行捕捞案36起，违反禁渔期的规定擅自进行捕捞案31起，使用电鱼的方法进行捕捞案34起，毒鱼案件1起，动物卫生案件24起，兽药案件1起，农药案件10起，种子案件2起，农产品案件1起，农机案件1起。禁渔期内，协助公安机关侦查、刑事追溯电捕鱼案件52起，涉及违法人员93名。（金凌艳）

■**整治涉渔"三无"船舶**　出航1086船次，参加市级"2021使命"渔业联合执法专项行动6次，开展"青雷护渔"全区性打击非法捕捞执法行动5次。集中销毁涉渔"三无"船只24艘，配合街镇取缔涉渔"三无"船只、泡沫筏子等14艘；深入主要水产村、大型河道港口、停泊点排摸"三无"船只2次。（蒋雨露）

■**落实农药经营行政许可制度**　2021年，接受农药经营许可申请5家，受理5家。通过现场核查，责令整改，最终发放农药经营许可证5家。受理3家农药经营许可证信息变更，1家农药经营许可证注销。至年末，发放农药经营许可证55张。（蔡美红）

■**市级动植物检疫**　完成市级监督抽样207批次。其中，市级水产品例行监测任务34份、水生动物疫病专项监测任务20份，6份样品检测结果为阳性。处置阳性样品，对同批次样品做深埋处理，对养殖相关生产设施进行彻底消毒净化，对孵化桶进行隔离观察，杜绝病毒的传播。抽检全区肉羊养殖户，快速检测羊血样本81份，检测结果均为阴性。市级农药残留监督抽样蔬菜12批次、草莓60批次，全部合格，农药残留合格率100%。（蔡美红）

■**区级地产农产品抽检**　完成区级挂图作战监督抽样462批次。其中，水产品32批次、兽药产品12批次，检验结果均合格；畜禽产品13批次，其中1份散养户禽蛋样品检测结果不合格，下达责令改正通知书，对同批次产品现场监督销毁；蔬菜170批次、草莓25批次、其他水果120批次、菌菇5批次、稻谷85批次，抽检发现不合格样品1个，为上海金瓶果蔬专业合作社的芥兰产品，对该合作社进行立案查处，处以20000元罚款，没收违法所得9600元。（蔡美红）

■**地产畜产品防疫**　全年免疫高致病性禽流感152605羽次，鸡新城疫108976羽次，鸭瘟18289羽次，口蹄疫6071头次，小反刍兽疫5516头次，山羊痘2797头次，狂犬病17642头次。（杨　晖）

■**动物流行病学调查**　开展定点流行病学调查2次，分别是5—7月、9—11月，涉及11个街镇的22个场(户/点)。

农产品质量安全中心开展犬只狂犬病防控工作

（区农业农村委供稿）

结果显示家禽高致病性禽流感免疫效果良好，常见疫病主要为呼吸道和腹泻类疾病，临床诊断以大肠杆菌感染为主。犬猫狂犬病免疫效果良好，常见疫病呈现季节性特点，春秋季多发犬细小病毒病、犬瘟热、猫瘟、猫疱疹病毒病等传染性疾病，夏季多发真菌性皮肤病和寄生虫病。（杨　晖）

■犬只狂犬病防控　区农业农村委发文认定狂犬病免疫点 30 个，其中街镇兽医站 11 个、宠物诊疗机构 19 个。全区有狂犬病防疫示范村（小区）27 个。全年免疫犬只 17642 头次，比上年增长 5.9%。开展社区和村委防控宣传活动 7 次，发放宣传资料 1000 余份，接待各类咨询 500 余人次，为 300 余只犬猫提供免费免疫接种和办证服务。在赵巷镇崧湖居委开展为期 3 个月的流浪猫 TNR（捕获、绝育、放归）工作，对捕捉到的 20 只流浪猫实施绝育手术，并进行狂犬病疫苗免疫后进行标记、放归。（杨　晖）

■病虫草鼠害监控　开展水稻病虫草鼠害监测。以区有害生物预警与控制区域站为核心，与夏阳街道、白鹤镇、练塘镇、金泽镇等 5 个街镇测报点形成测报网络。报送上海市农业有害生物预警系统数据 1033 条、全国农作物重大病虫害数字化监测预警系统数据 154 条，发出“五日报”30 期、病虫情报 9 期。全区水稻病虫草害发生面积 99453.3 公顷次，防治面积 147493.3 公顷次，挽回稻谷损失 37700 吨。开展蔬菜病虫害预测预警监测。利用朱家角世鑫、重固春昌、练塘恒尚源、练塘茭白 4 个测报点，通过上海市农业有害生物预警系统平台，及时上传调查数据 5380 条，全年发布蔬菜病虫害发生趋势与防治方面的蔬菜科技简报《蔬菜科技》15 期，其中病害 6 期、虫害 9 期。全区蔬菜病虫害发生面积 15666.7 公顷次，防治面积 43666.7 公顷次，挽回损失 37179 吨。（刘　彬）

青浦现代农业园区

■概况　上海青浦现代农业园区发展有限公司 1999 年 3 月始建于香花桥镇，2002 年 10 月西移扩建至练塘镇蒸淀地区，规划面积 17.07 平方公里。下辖上海青浦储备粮管理有限公司、上海绿色科技园区有限公司、上海青西绿色大米储运有限公司、上海青浦现代农业园区生态农场有限公司、上海青浦现代农业园区恒益蓝莓科技有限公司、上海良金种业发展有限公司、上海青浦农业投资管理有限公司 7 家全资子公司；上海自在青西农业发展有限公司 1 家混合制公司。流转土地 735.12 公顷。有 49 家实地型落户企业，开展水稻、蔬菜、林果、园林、花卉等种植，全部开展农产品无害化生产，其中 2 家企业通过有机认证、6 家企业通过绿色认证、其他企业 41 家。围绕“发展现代农业，发挥示范带头作用，引领带动周边地区农民致富、农业增效”的定位要求，推动农业适度规模经营。全年实现农业产值 1.15 亿元，比上年增长 8.5%。

推进全员招商。全年实现税收 3.4 亿元，比上年增长 48%；区级税收 1.04 亿元，比上年增长 46%。新增注册企业 550 户。与上海夏维实农业科技有限公司签订共建农业经济战略合作协议，在智慧农业、科创农业等领域开展合作共建。成立农业安全生产检查小组，每天例行安全检查，开展消防应急演练 3 次，保障粮食生产、加工、储存等企业消防安全。做好“烟花”“灿都”等台风防御工作。加强农产品检测力度，每月完成区级 400 个蔬菜样品抽检及市级部门不定期抽查，合格率达到 100%。种植“艺术稻田”0.8 公顷，以黄色、紫色、黑色、白色 4 种颜色水稻构成庆祝中国共产党成立 100 周年图案。邀请 20 世纪 50 年代初淀山荡下乡知青，制作献礼庆祝中国共产党成立 100 周年党史专题片《重走知青路，奋进新征途》。6 月 10 日，与上海自在青西农业发展有限公司联合举行蛙稻米品牌推介暨 2021 年播种仪式。6 月 11 日，举行青浦现代农业园区 2021 年嘉年华暨蓝莓采摘季活动开幕仪式。9 月 28 日，以“百年风华感党恩，产业兴旺庆丰收”为主题，启动青浦现代农业园区庆祝 2021 年“中国农民丰收节”主题活动。（舒雅娟）

青浦现代农业园区庆祝建党 100 周年“艺术稻田”全景
（青浦现代农业园区供稿）

■特色产业　持续推进“特色林果、优质种源、品牌水稻、设施菜田、特种水产、生态园林”六大产业片建设，打造“一粒米、一只菇、一棵菜、一枚果”的四大特色品牌。年内，水稻种植面积 223.87 公顷，总产量 0.13 万吨。食用菌种植面积 4.37 公顷，包含香菇、平菇、黄金针菇、大球盖菇、羊肚菌等品种，总产量 0.13 万吨。蔬菜种植面积 43.53 公顷，其中绿叶菜 33.00 公顷，总产量 0.63 万吨。林果种植面积 68.87 公顷，包含梨、桃、蓝莓、葡萄、柿等品种，总产量 0.12 万吨。花卉种植面积 185.07 公顷，总产量为盆栽花 2150 万盆、盆栽观叶植物 1462 万盆、草坪 44.13 公顷。（舒雅娟）

■产业规模化经营　上海自在青西农业发展有限公司种植绿色稻米 513.33 公顷，辐射练塘、朱家角、金泽三镇。上海青西绿色大米储运有限公司全年加工稻谷 0.50 万吨，服务周边，烘干稻谷

11月1日，青浦区2021年度秋粮收购开始，工作人员在扦样
（青浦现代农业园区供稿）

0.48万吨。落实蔬菜基地整改方案，推进区域内千亩花卉景观示范基地建设。整合特色林果产业基地，形成千亩特色水果示范基地。联合练塘镇，推进千亩林下菌菇复合生产示范基地建设。
（舒雅娟）

■**农业项目建设**　推进都市现代农业项目3项，其中，绿色大米综合研发加工储运中心项目投产运营，有机肥配套中心项目和活体菌菇工厂化生产设备升级与改造项目正在建设中。完成小型项目建设22项，总投资704.11万元。
（舒雅娟）

■**产学研合作**　加强与高等院校和科研院所合作，开展市级科研项目2项、区级科研项目3项。与同济大学新农村研究院、上海市环境科学研究院签订战略合作协议，与上海市环境科学研究院共建农业生态环境保护综合试验基地。组培繁育草莓新品种“申琪”“海丽甘”2万株；扩繁蓝莓新品种“绿宝石”“优瑞卡”2万株，盆栽“绿宝石”单株产量0.76千克，达到高产标准。申报通过“上海市生态循环农业示范基地”“上海市学生劳动教育基地”。通过“青浦区爱国主义教育基地”复审。
（舒雅娟）

■**上海青浦储备粮管理有限公司**　于2020年10月，上海青浦储备粮管理有限公司由上海青浦发展（集团）有限公司划转至园区。公司注册资本3000万元，地处青浦区练塘镇钟联村。主要职责是接受青浦区粮食和物资储备局下达的计划和行政指令，负责区内产粮的政策性收购和粮食储备规模落实、库存及轮换管理、应急保供等工作。2021年，完成公司部门设置和人员招聘，有员工24人。有粮库2个，其中练塘粮库为直属粮库，朱家角安庄粮库为代储粮库。11月1日，正式开始收购储备粮，在全区设置练塘镇、朱家角镇、金泽镇（商榻地区）、香花桥街道、赵巷镇、白鹤镇6个收购点。年内，完成全区年度1.68万吨稻谷和0.20万吨成品大米收储任务。
（舒雅娟）

■**蓝莓文化体验园**　始建于2013年9月，位于练塘镇老朱枫公路6800弄，占地面积17.33公顷。园内种植奥尼尔、夏普兰、薄雾、莱格西等10个蓝莓品种，设有蓝莓采摘、盆栽蓝莓、亲子课堂等多个娱乐项目。5月29日，蓝莓文化体验园对外开放年度蓝莓采摘活动。年内接待游客1.6万人次。（舒雅娟）

■**“蘑幻森林”农旅融合项目**　3月8日，“蘑幻森林”项目投入试运营。位于练塘镇东庄村，由上海彭世菇业有限公司投资建设，占地16.4公顷。是集食用菌种植、菌菇采摘、休闲观光、乡村旅游、科普教育为一体的农旅融合项目。每周接待游客约0.15万人次。至年末，接待游客1.2万人次。（舒雅娟）

■**“四季”科普系列活动**　发挥上海市科普基地、青浦区青少年科普教育基地作用，开展“春日绿蔬”“夏日蓝趣”“秋日稻香”“冬日素菇”科普系列活动，年内开展科普活动15次，参与0.12万人次。
（舒雅娟）

上海彭世菇业有限公司“蘑幻森林”农旅融合项目
（青浦现代农业园区供稿）

曲水园（区融媒体中心供稿）

GONGYE JIANZHUYE

工业·建筑业

◎ 编辑 赵 峰

7月28日，位于青浦工业园区的上海唯赛勃环保科技股份有限公司在上交所科创板上市，成为青浦区科创板上市第一股。图为区委书记赵惠琴、副区长倪向军等出席上市敲锣仪式 （区经委供稿）

综 述

2021年，青浦区继续做好“六稳”工作、落实“六保”任务。全年完成规模以上工业产值1771.5亿元，比上年增长9.4%，产值创历史新高；完成工业固定资产投资66.6亿元，比上年增长1%。“四个一批”业项目出让14个、开工27个、竣工13个、投产10个。上市企业5家。7月28日，位于青浦工业园区的上海唯赛勃环保科技股份有限公司在上交所科创板上市，实现青浦区科创板上市“0”的突破。

施工企业1775家，包括市管一级企业52家、市管二级及不分级62家，区管1661家企业，比上年增加551家。区管企业中，三级资质378家（总承包企业168家、专业承包企业210家）、劳务资质企业206家、区管二级企业954家、区管不分级企业123家。（潘艺明　方　芳）

2021年青浦区按登记类型规模工业企业主要经济指标情况表

表17

指标	企业数（户）	亏损企业（户）	工业总产值（万元）	平均用工人数（人）	资产总计（万元）	所有者权益（万元）	实收资本（万元）	营业收入（万元）	主营业务收入（万元）	利润总额（万元）	亏损额（万元）	税金总额（万元）	应缴增值税（万元）
总计	894	179	17937144	177746	24333163	13414976	5267930	20292495	19889366	1397069	175466	465929	379793
国有	1	0	2884	22	14699	8080	5380	3404	3404	1277	0	53	24
股份合作	1	0	10041	281	5578	1149	328	10041	10041	41	0	162	152
国有独资公司	12	4	303084	2014	1062130	741456	292577	351370	311217	-12496	21256	9631	7884
其他有限责任公司	76	11	1507497	9733	1726445	654291	376399	1663084	1614902	105312	8580	32194	25621
股份有限公司	12	1	511622	3652	1058716	619595	152801	521067	511245	60357	408	24086	20894
私营独资	24	4	145095	1357	196297	85872	13701	142140	139738	10941	856	9936	9238
私营合伙	6	0	85319	862	75016	49160	9720	83307	83307	7888	0	2132	1842
私营有限责任公司	415	90	4839189	39298	6446873	3238401	1107443	5295978	5211423	280965	63429	134096	109650
私营股份有限公司	40	5	1418028	8758	4231597	2805204	527512	1942548	1918991	199586	8385	52399	44048
与港澳台商合资经营	21	4	469863	48771	841912	529991	414934	480270	465518	33187	1417	5872	3708
与港澳台商合作经营	6	0	113027	1094	85022	50739	23584	128158	128119	10902	0	5026	4376
港澳台商独资	56	18	1182307	13215	1073001	633774	279521	1229574	1210040	80139	17381	32744	27355
港澳台商投资股份有限公司	3	2	151465	1242	303763	152606	36571	170583	169227	22297	6639	5488	4421
中外合资经营	26	6	1668857	6404	1473067	779898	285253	1772146	1727277	87225	1605	16543	11436
中外合作经营	9	1	234424	2373	253958	125589	71626	269874	251110	3379	1009	2578	1802
外资企业	183	33	5176030	38203	5384147	2871404	1653993	6108735	6013712	488283	44503	132338	107152
外商投资股份有限公司	3	0	118413	467	100942	67768	16588	120216	120095	17786	0	652	190

（区统计局）

2021年青浦区分地区规模工业企业主要经济指标情况表

表 18

指标	企业数（户）	亏损企业（户）	工业总产值（万元）	平均用工人数（人）	资产总计（万元）	所有者权益（万元）	实收资本（万元）	营业收入（万元）	主营业务收入（万元）	利润总额（万元）	亏损额（万元）	税金总额（万元）	应缴增值税（万元）
总计	894	179	17937144	177746	24333163	13414976	5267930	20292495	19889366	1397069	175466	465929	379793
赵巷镇	9	3	164841	1274	321952	189744	40183	185162	180453	29246	1868	6524	5429
徐泾镇	36	6	612410	7399	896023	492702	173110	719371	709728	27661	14404	26097	23481
华新镇	116	15	2048627	14577	2322583	1022592	458562	2363162	2303187	133105	5986	52782	44650
重固镇	3	2	82088	493	164399	68396	48510	74719	74592	-3142	3153	6597	5426
白鹤镇	88	22	766491	6326	810332	334244	154714	790730	756324	16599	17284	21506	18580
朱家角镇	61	13	930581	6236	1529576	857668	195220	1164335	1143003	100325	4910	11439	9137
练塘镇	68	12	844903	7985	925351	436310	196414	941224	921814	31914	11929	16721	13729
金泽镇	23	3	553017	6447	647078	432459	242187	578783	572317	27911	351	2739	1082
青浦工业园区	473	97	11482013	123359	15015662	8304455	3370155	12961712	12745333	1006552	85343	305835	244959
西虹桥公司	4	0	209546	926	418288	268156	71918	200153	200130	24777	0	11546	10197
青发集团	3	2	96124	721	487378	381304	104922	120766	91003	-20180	20180	2451	2067
市西软件园	2	1	31629	317	557421	494119	172167	71879	71417	14280	8176	1519	1253
文旅公司	8	3	114875	1686	237121	132825	39869	120498	120066	8022	1883	173	-196

（区统计局）

2021年青浦区分行业规模工业企业主要经济指标情况表

表 19

指标	企业数（户）	亏损企业（户）	工业总产值（万元）	平均用工人数（人）	资产总计（万元）	所有者权益（万元）	实收资本（万元）	营业收入（万元）	主营业务收入（万元）	利润总额（万元）	亏损额（万元）	税金总额（万元）	应缴增值税（万元）
总计	894	179	17937144	177746	24333163	13414976	5267930	20292495	19889366	1397069	175466	465929	379793
农副食品加工业	10	5	198135	1581	135704	42023	16921	258998	255122	-2560	5425	4748	4116
食品制造业	23	5	624805	7072	674529	370901	146045	663329	655598	42340	12447	26359	22611
酒、饮料和精制茶制造业	2	0	20969	281	13854	5560	2787	19603	19603	1472	0	852	617
纺织业	20	5	277960	1822	230079	124621	65406	291406	291140	11986	1351	-210	-757
纺织服装、服饰业	29	9	218179	3599	237745	74746	71472	222365	217701	3078	3430	1351	628
皮革、毛皮、羽毛及其制品和制鞋业	7	1	147273	2194	198927	130553	28091	144836	140892	10051	15	-1120	-1437
木材加工和木、竹、藤、棕、草制品业	10	1	171247	1284	154143	66880	31877	191371	180451	9774	1141	8773	4356
家具制造业	23	7	180751	2329	183920	66895	25832	187516	183139	28360	1069	5834	4883
造纸和纸制品业	20	5	539914	3268	804022	526135	161231	1014529	1002100	126692	3855	32806	27334

（续表）

指标	企业数（户）	亏损企业（户）	工业总产值（万元）	平均用工人数（人）	资产总计（万元）	所有者权益（万元）	实收资本（万元）	营业收入（万元）	主营业务收入（万元）	利润总额（万元）	亏损额（万元）	税金总额（万元）	应缴增值税（万元）
印刷和记录媒介复制业	17	6	225266	3569	249651	156279	97388	231848	225768	5846	2362	4047	3125
文教、工美、体育和娱乐用品制造业	11	4	90292	1606	113370	33594	35559	92844	90506	-4922	7493	1017	606
石油加工、炼焦和核燃料加工业	5	0	20334	131	19854	12742	5834	25905	25905	2217	0	624	409
化学原料和化学制品制造业	59	12	1689269	52416	2519946	1636164	529029	1875173	1831401	176654	26010	67771	56594
医药制造业	23	2	437637	4304	968077	681465	145171	469582	462689	79109	4377	27205	23718
化学纤维制造业	4	0	120624	390	93475	45434	35297	121360	119543	5018	0	2277	1807
橡胶和塑料制品业	94	18	1580919	13887	2553871	1588978	542246	2166979	2110612	123896	18362	32171	26312
非金属矿物制品业	42	5	817923	3679	1242262	467438	181177	875719	855093	37426	3160	22804	19324
黑色金属冶炼和压延加工业	4	1	138601	250	77838	44595	22738	141255	140772	15051	609	2920	2414
有色金属冶炼和压延加工业	8	2	124533	1304	168608	97886	24675	177267	174690	12102	601	2657	2323
金属制品业	74	8	1110488	10509	1539194	668150	246737	1243330	1232304	111935	2257	35559	30314
通用设备制造业	129	28	2687279	18632	3060702	1654940	660253	2673267	2636452	206050	16417	47449	35715
专用设备制造业	69	15	1223272	7457	1827211	943536	479627	1230997	1223912	91578	17680	27732	22560
汽车制造业	54	9	1856976	10297	1927779	740212	313363	2233203	2164693	95615	7827	39820	33855
铁路、船舶、航空航天和其他运输设备制造业	8	3	181720	1896	302805	215574	121548	246259	246197	5375	1495	2578	1322
电气机械和器材制造业	78	15	1510220	11689	1944648	1025074	420833	1662800	1616727	69560	7869	28781	22690
计算机、通信和其他电子设备制造业	37	7	702843	6685	1303142	901361	469110	763334	753120	75162	7127	12782	10542
仪器仪表制造业	16	1	392939	2771	589004	371313	102423	404855	403265	45728	126	16044	14161
其他制造业	4	2	53737	1196	79043	58920	20600	54623	53103	6113	213	2315	2030
废弃资源综合利用业	3	1	84902	298	168792	76548	35618	81047	79762	1315	2568	6148	5355
金属制品、机械和设备修理业	1	0	343235	374	220959	92474	28658	343235	343235	15220	0	444	0
电力、热力生产和供应业	3	0	32506	75	102461	35623	40265	34609	34585	2745	0	492	-99
燃气生产和供应业	2	1	81104	405	141226	115238	103000	73656	72593	-163	272	1125	974
水的生产和供应业	5	1	51293	496	486326	343126	57122	75396	46692	-12752	19908	1776	1393

（区统计局）

2021 年青浦区战略性新兴产业规模工业企业主要情况表

表 20

指标	企业数	产值	指标	企业数	产值
总计	143	4294203	其他	26	686496
按行业领域分			按地区分		
新能源	5	116591	赵巷镇	1	18926
高端装备	34	1533863	徐泾镇	8	114472
生物	39	601300	华新镇	14	238203
新一代信息技术	11	376285	重固镇	2	80468
新材料	38	1403703	白鹤镇	10	76850
节能环保	17	372631	朱家角镇	6	325654
按经济类型分			练塘镇	10	187419
国有集体	2	78446	金泽镇	1	10213
私营	59	1392636	青浦工业园区	88	2977106
港澳台	20	601326	西虹桥公司	1	191983
外资	36	1535300	青发集团	2	72911

说明:行业之间数据存在交叉计算情况,数据由市统计局统一测算后反馈。（区统计局）

工 业

■概况 2021 年,青浦区完成规模以上工业产值 1771.5 亿元,比上年增长 9.4%;工业固定资产投资 66.56 亿元,其中纯制造业(不含水电)58.5 亿元、其他 8.06 亿元。

完成氢能产业扶持申报、审核、拨付工作,开展“零碳青浦”相关研究;推荐青氢科技申报 2021 年度上海市燃料电池汽车示范应用项目。探索存量项目培育。发挥工业用地增容费减免等政策红利,以“正负面清单”为标准,在把好“准入关”的前提下,简化项目评估评审,探索推广审批事权下放,鼓励和支持存量企业增资扩产。开展经济数字化转型调研,拟定《青浦区经济数字化转型行动方案(2021—2023)》。梳理智能工厂储备企业名单,召开智能工厂工作部署会,研究制定区级标准和扶持政策。3 月 1 日,市经信委主任吴金城、副主任阮力一行到青浦新城调研,区委副书记、区长余旭峰,副区长倪向军陪同调研。（潘艺明）

■工业总体生产情况 2021 年,874 家规模以上工业企业完成产值 1771.51 亿元,比上年增长 9.4%。12 月,产值 186.59 亿元,为年内基最高,比年内次高月(11 月)多 17.57 亿元。

企业规模角度分析。微型企业全年保持两位数的增长,完成产值 27.89 亿元,比上年增长 15.2%。中型企业增速第二,全年产值 753.21 亿元,比上年增长 10.7%。小型企业全年产值 823.47 亿元,增长 9.8%。大型企业增速最低,全年完成产值 166.94 亿元,增长 1.3%,低于全区平均增幅 8.1 个百分点。

企业所有制角度分析。2021 年,国有集体企业规模以上工业产值 40.32 亿元,比上年增长 13.8%;私营企业产值 624.11 亿元,增长 9.6%;其他企业产值 195.11 亿元,增长 14.7%;三资企业产值 911.97 亿元,增长 8.1%。三资企业中,外商投资类型企业产值 721.83 亿元,增速 6.7%。（潘艺明）

■工业分行业情况 化学纤维和再生资源利用业发展迅速。2021 年,33 个行

3 月 1 日,市经信委主任吴金城(前右三)、副主任阮力(前右一)一行到青浦新城调研,区委副书记、区长余旭峰(左四),副区长倪向军(前右二)陪同调研（区经委供稿）

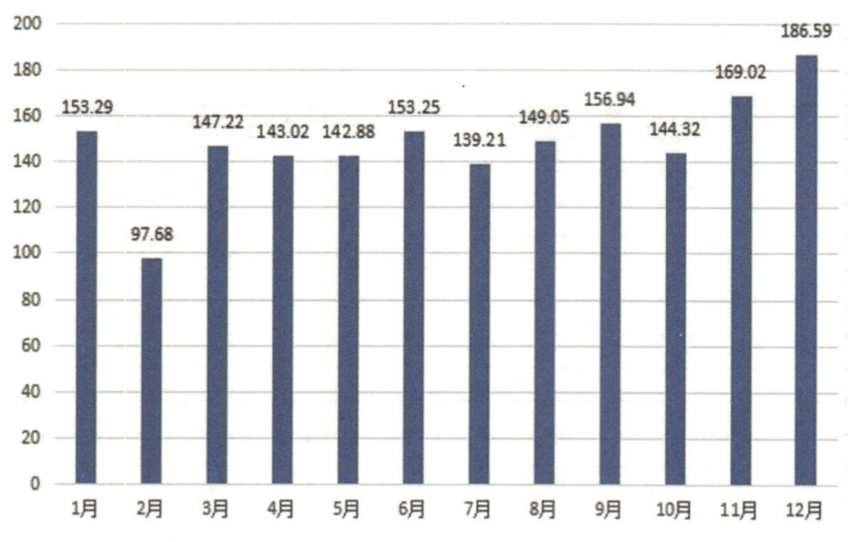

图4 2021年青浦区规模以上工业企业单月产值情况(单位:亿元)

业中,29个行业工业总产值比上年增长,占全区行业数近八成,增速超过全区平均水平的有15个。其中,化学纤维制造业和废弃资源综合利用业增速超过50%。化学纤维制造业企业全区有3家,其中英威达特种纤维(上海)有限公司2020年受疫情影响生产线停运,2021年产值增长显著;废弃资源综合利用业企业全区3家,其中上海燕龙基再生资源利用有限公司和上海巨浪环保有限公司进行技术改造,分别引进德国生产线,产值大幅提升。

十大行业有效拉动增长。2021年十大行业实现产值1362.55亿元,比上年增长10.0%,拉动全区规模以上工业增速提高1.8个百分点,一半行业增速优于全区平均水平。专用设备制造业产值125.79亿元,增长18.6%,全年保持月增幅15%以上。海德堡印刷设备(上海)有限公司生产的印刷机械产品更新、配置升级,产值大幅提升。其次是化学原料和化学制品制造业,产值167.07亿元,增长13.5%,高于全区平均水平4.1个百分点。

(潘艺明)

■战略性新兴产业增速保持领先增长 2021年,全区143家战略性新兴产业(制造业部分)实现规模工业产值429.42亿元,比上年增长11.8%,高于全区规模以上工业产值可比增速4%。

(潘艺明)

■新一代信息技术产业增长速度高于全市平均19.6个百分点 新一代信息技术产业为青浦区战略性新兴产业。实现产值37.63亿元,可比增长20.5%,高于全市平均增速19.6个百分点。年内,半导体封测行业的市场规模持续增长,紫光宏茂微电子(上海)有限公司作为先进封测企业,接收到国内大客户的订单量增加迅速,全年销售额比上年增长一倍,带动该产业产值大幅提升。

(潘艺明)

■新能源产业持续增长 新能源行业为青浦区战略性新兴产业。延续上年开始的发展态势。2021年,在上海青浦燃气有限公司和上海西电高压开关有限公司的带动下,产值11.66亿元,比上年增长18.1%,高于全市平均增速2%。

(潘艺明)

■产业结构调整完成339项 全年调整企业项目339个,涉及土地132.27公顷。推进市级重点区域调整项目。其中,白鹤镇中小河道周边工业企业重点区域调整专项170家企业,涉及用地67.07公顷,全部完成调整并通过市级验收;徐泾镇西虹桥徐泾科创园重点区域调整专项54家企业,完成调整40家;练塘镇蒸淀社区重点区域调整专项50家企业,完成调整31家。

(潘艺明)

■区级产业园区建设 制订《青浦新城"一城一名园"工作方案》,修订出台《青浦区特色产业园区(平台)创建认定及发展扶持管理办法》,制订《青浦区特色产业园区建设三年行动方案(2021—2023年)》。全年新增区级特色产业园区1家,为徐泾镇的虹桥奇点科创园,位于华徐公路628号。年末,全区特色产业园区33家。(潘艺明)

■支持企业科技创新 全年组织开展3批次区技术改造项目申报工作,申报项目39个。完成对2020年第三批、2021年前两批区技术改造项目验收工作,核定投资额并下达扶持资金,开展2021年第三批项目验收。配合开展市级技改项目验收工作,落实配套扶持资金。开展2021年度青浦区企业技术中心申报和评审工作,认定18家企业为年度区级企业技术中心。

(潘艺明)

■企业节能减排与能源保障 分解下达工业领域能耗"双控"目标,督促重点能耗企业落实节能工作。举行2021年青浦区工业节能领域培训会、朱家角工业园区清洁生产审核专场培训会,开展节能宣传周活动。组织开展年度区工业节能降耗专项扶持资金申报,发动企业申报市工业节能和合同能源管理专项资金项目,落实各项扶持资金。推动工业企业实施清洁生产审核、绿色制造体系建设。

(潘艺明)

■市西软件信息园 推进基础设施建设,南区骨架路网形成,基本满足园区企业出行需求。2018—2021年,引入优质集成电路项目(上海精测、东芯半导体、瀚薪科技)、软件信息项目(爱湃斯科技、耘瞳科技)、工业软件项目(蕴硕物联、尚乎数码)、SaaS(Software - as - a - Service,通过网络提供软件服务)项目(埃林哲、百望云、中税网)等。至2021年,落户企业377家。2021年,推动供地项目建设,上海精测项目处于室内外装修阶段,慧石科技项目处于地下室结构施工阶段,创骋速珂项目年末竣工,纽方项目10月完成地块摘牌。12月10日,落户园区的东芯半导体股份有限公司(股票代码688110)成功在上交所科创板上市。2021年,全口径税收1.6亿元,区级收入4839万元。

(戚久珩)

位于上海市青浦区崧盈路899号的上海唯赛博环保科技股份有限公司生产车间 （青浦工业园区供稿）

■生物医药产业 制订形成《青浦区促进生物医药产业高质量发展行动方案（2021—2023年）》（青府办发〔2021〕37）、《关于推动青浦区生物医药产业高质量发展的若干政策》（青经规〔2021〕1号），锁定的55家规模以上生物医药制造业企业预期实现产值141亿元；举办"数"联长三角，"智"造大健康—青浦区生物医药产业发展大会，向与会企业宣传青浦区生物医药产业发展行动方案和专项政策。 （潘艺明）

■5家企业上市 新炬网络（605398）、永茂泰（605208）分别于1月21日、3月8日在上海证券交易所主板上市。唯赛勃（688718）、东芯股份（688110）分别于7月28日、12月10日在上海证券交易所科创板上市。安能聚创（09956. HK）于11月11日在香港证券所上市。年末，全区上市企业30家。其中，直接上市27家，包括上海证券交易所主板12家、科创板2家，深圳证券交易所主板2家、创业板7家，中国香港证券交易所3家，美国纽约证券交易所1家；借壳上市企业3家，包括上海证券交易所主板1家，深圳证券交易所主板2家。 （潘艺明）

2021年青浦区上市企业情况表

表21

序号	企业名称	上市板块（股票代码）	上市时间	备注
1	上海新朋实业股份有限公司	深圳主板（002328）	2009年12月30日	
2	上海安诺其纺织化工股份有限公司	创业板（300067）	2010年4月21日	
3	上海科泰电源股份有限公司	创业板（300153）	2010年12月29日	
4	上海汉得信息技术股份有限公司	创业板（300170）	2011年2月1日	
5	上海永利带业股份有限公司	创业板（300230）	2011年6月15日	2015年6月24日增发
6	上海天玑科技股份有限公司	创业板（300245）	2011年7月19日	
7	上海巴安水务股份有限公司	创业板（300262）	2011年9月16日	
8	上海福寿园实业发展有限公司	港交所（01448. HK）	2013年12月19日	
9	上海创力集团股份有限公司	上海主板（603012）	2015年3月20日	
10	上海全筑建筑装饰集团股份有限公司	上海主板（603030）	2015年3月20日	
11	上海沪工焊接集团股份有限公司	上海主板（603131）	2016年6月7日	
12	圆通速递股份有限公司	上海主板（600233）	2016年10月20日	借壳上市
13	中通快递股份有限公司	纽交所（ZTO）	2016年10月27日	

（续表）

序号	企业名称	上市板块（股票代码）	上市时间	备注
14	上海元祖梦果子股份有限公司	上海主板（603886）	2016 年 12 月 28 日	
15	申通快递股份有限公司	深圳主板（002468）	2016 年 12 月 30 日	借壳上市
16	上海荣泰健康科技股份有限公司	上海主板（603579）	2017 年 1 月 11 日	
17	韵达控股股份有限公司	深圳主板（002120）	2017 年 1 月 18 日	借壳上市
18	上海华测导航技术股份有限公司	创业板（300627）	2017 年 3 月 21 日	
19	亚士创能科技（上海）股份有限公司	上海主板（603378）	2017 年 9 月 28 日	
20	德邦物流股份有限公司	上海主板（603056）	2018 年 1 月 16 日	
21	上海普利特复合材料股份有限公司	深圳主板（002324）	2009 年 12 月 18 日	2018 年 5 月迁入
22	中国核工业建设股份有限公司	上海主板（601611）	2016 年 6 月 6 日	2018 年 5 月迁入
23	上海永升物业管理有限公司	港交所（01995. HK）	2018 年 12 月 17 日	
24	上海华培动力科技股份有限公司	上海主板（603121）	2019 年 1 月 11 日	
25	上海永冠众诚新材料科技（集团）股份有限公司	上海主板（603681）	2019 年 3 月 26 日	
26	上海新炬网络信息技术股份有限公司	上海主板（605398）	2021 年 1 月 21 日	
27	上海永茂泰汽车科技股份有限公司	上海主板（605208）	2021 年 3 月 8 日	
28	上海唯赛勃环保科技股份有限公司	科创板（688718）	2021 年 7 月 28 日	
29	上海安能聚创供应链管理有限公司	港交所（09956. HK）	2021 年 11 月 11 日	
30	东芯半导体股份有限公司	科创板（688110）	2021 年 12 月 10 日	

（潘艺明）

■4 个项目参加市重大项目集中开工仪式 1 月 4 日，上海市举行重大项目集中开工活动。全市 64 个重大项目集中开工，总投资 2734 亿元，涉及高端产业、科技创新、基础设施和重大民生等领域。青浦区有 4 个项目参加，分别是美的上海全球创新园、上海漕河泾赵巷科技绿洲三期项目、大美时代视听大数据产业园和容钛智能大厦。（1）美的上海全球创新园项目。投资 50 亿元，位于西虹桥商务区。规划建设美的集团面向全球的科技研发中心，发展智慧家居板块、工业互联网、智能供应链三大板块业务。（2）上海漕河泾赵巷科技绿洲三期项目。投资 21.4 亿元，位于市西软件园。聚焦工业软件、物联网两大领域，建设软件信息集聚区。（3）大美时代视听大数据产业园项目。投资 10 亿元，位于青浦工业园区。规划建设“视听产业园”。（4）容钛智能大厦项目。投资 9.5 亿元，位于徐泾。由崧雅路分为东西两个区块，通过空中连廊和地下连通道相衔接，规划建设以先进智能技术（机器人）为主导方向、多功能的产业园区与服务平台。 （潘艺明）

1 月 4 日，青浦区 4 个项目参加上海市举行的重大项目集中开工仪式，图为上海漕河泾赵巷科技绿洲三期项目开工仪式现场 （区经委供稿）

青浦工业园区

■概况 2021 年，青浦工业园区完成税收 138.72 亿元，比上年增长 7.60%；规模以上企业工业产值1136.70亿元，比上年动态增幅9.6%，静态增幅10.9%；合同外资6.00亿元；全社会固定资产57.30亿元，比上年增长9.70%；社会消费品零售总额完成7.02亿元，比上年增长31.20%。在2021年度上海市开发区综合评价排名第六，上海市开发区综合评价大型开发区排名第四，上海市开发区开发主体综合实力排名第三。12月31日，编制完成《青浦工业园区发展建设"十四五"规划》。

上海青浦工业园区发展（集团）有限公司直属公司7类14家。其中，经济小区8家，分别是上海西部经济城有限公司、上海青浦工业园区创业投资有限公司、上海青浦商城实业有限公司、上海青浦科技园发展有限公司、上海中纺科技城有限公司、上海青佳经济发展有限公司、上海雄风投资管理有限公司、青浦工业园区创业中心有限公司；其他直属公司6家，分别是上海青浦工业园区企业服务管理有限公司、上海高新技术成果转化基地开发有限公司、上海浦西建设工程管理有限公司、上海纺科投资有限公司、上海青浦工业园区物业管理有限公司、上海群腾企业服务有限公司。上海青浦工业园区发展（集团）有限公司、上海青浦工业园区创业投资有限公司获2019—2020年度上海市文明单位。（周丽仙）

■500强企业23家 青浦工业园区有海内外优质企业3400余家，包括23家世界500强企业、147家行业龙头企业、37家上市及关联企业、326家高新技术企业等。有2021年度青浦区百强优秀企业43家、创新创业优秀人才团队39家、优秀平台4家、制造十强7家、增速十强4家。世界500强企业中，日本企业8家、中国香港企业4家、美国企业2家、丹麦企业2家、新加坡企业2家、法国企业1家、德国企业1家、荷兰企业1家、中美合资企业1家、中德合资企业1家。（周丽仙）

2021年青浦工业园区世界500强企业情况表

表22

序号	企业名称	外商国别	投资总额（万美元）	注册资本（万美元）	合同外资（万美元）
1	斯伦贝谢油田设备（上海）有限公司	新加坡	16760	6074	6074
2	日立电梯（上海）有限公司	日本	6000	4000	1120
3	上海普惠飞机发动机维修有限公司	中国/美国	9950	3950	1935.5
4	王子奇能纸业（上海）有限公司	日本	2980	1324	1324
5	派克汉尼汾工业液压技术（上海）有限公司	中国香港	2500	1000	1000
6	上海菱重增压器有限公司	日本	1115	850	467.5
7	王子包装（上海）有限公司	日本	1298.23	737.95	737.95
8	花臣香精香料（上海）有限公司	中国香港	1000	600	600
9	法荷航空附件服务（上海）有限公司	法国	1169.2425	584.62125	591.427
10	帝人医疗器械（上海）有限公司	日本	1250	500	500
11	日立汽车系统制造（上海）有限公司	日本	473.148	473.148	473.148
12	上海华新顿－阿姆斯壮金属制品有限公司	美国	782.62	391.31	391.31
13	巴斯夫电子材料（上海）有限公司	德国	725.8	384.4	384.4
14	本特勒机械贸易（上海）有限公司（迁址）	中国/德国	536.34	383.1	383.1
15	依工汽车零部件（上海）有限公司	美国	310	210	210
16	王子物流（上海）有限公司	日本	135.65	109.24	109.24
17	艾默生自动化流体控制（上海）有限公司	新加坡	2500	1260	1260
18	日立汽车系统部件（上海）有限公司	日本	6000	2100	2100
19	上海罗门哈斯化工有限公司	丹麦	5885	2785	2785
20	安道拓（上海）座椅有限公司	中国香港	1000	600	600
21	上海腾讯信息技术有限公司	中国香港	30000	4525	4525
22	希悦尔（中国）有限公司	荷兰	21000	7600	7600
23	奎克化学（中国）有限公司	丹麦	2259	1125	1125

（周丽仙）

■**产业能级提升** 对标上海市“3+6”(集成电路、生物医药、人工智能三大先导产业,电子信息、生命健康、汽车、高端装备、先进材料、时尚消费品六大重点产业)新型产业体系,建设生药医药、氢能、人工智能、数字信息、民用航空、新材料等六大特色产业,推动形成高端装备、新材料、电子信息等3个百亿级产业集群。

全年引大引强引实32家,新增亿元注册以上项目28家。经济小区(8家)全年完成税收64.34亿元,其中医疗器械产业产税5.52亿元。有亿元楼宇2幢(上海移动智地生产性服务业功能区、8090电子商务特色产业园)、5000万元至亿元楼宇1幢(上海尚之坊时尚文化创意园)。有特色产业园13家,分别是上海移动智地生产性服务业功能区、上海张江云立方生产性服务业功能区、上海尚之坊时尚文化创意园、8090电子商务特色产业园(盈港东路)、2025科创园、红隅科创园、凯利泰医疗产业园、集池宇科创园、冠瑞(上海)医疗科技产业园、天睿航空服务产业园、爱仕达智能谷产业园、晨讯制造产业园和纺科基地。

产业结构调整企业49家20公顷。其中综合整治腾退企业地块6个14.67公顷。清退违法违规企业53家。

青浦综合保税区成功签约上海鲲峰航空科技有限公司无人机集团、上海诺银机电科技有限公司、上海名联供应链管理有限公司等一批重大项目,总投资3亿美元。

5月,在青浦新城城市推介大会上,园区上海国富氢能技术装备有限公司、康桥资本(康璞(上海)医疗科技有限公司)、上海征世科技股份有限公司等11个产业项目成功签约,总投资290亿元。 (周丽仙)

■**“四个一批”项目有序推进** 全年完成娇丹娜、法信、众国等土地出让13个、开工12个、竣工8个、投产6个。其中6个投产项目分别为:(1)纳峰新能源科技(上海)有限公司新建厂房项目于5月投产。总投资39175万元,建筑面积66000平方米。2021年,产值4.5亿元,税收1600.61万元。(2)上海莲盛泵业制造有限公司新建厂房项目(由上海鑫泷机械科技有限公司投资)于12月投产。总投资9800万元,建筑面积32690平方米。(3)上海青浦再生建材有限公司建筑材料再生利用项目于10月投产。总投资41000万元,建筑面积47733平方米。(4)上海华诗达环保科技有限公司新建厂房于12月投产。总投资2500万元,建筑面积8775平方米。(5)上海华艺幕墙有限公司扩建厂房项目于12月投产。总投资2500万元,建筑面积4383平方米。(6)希悦尔(中国)有限公司扩建项目于12月投产。总投资1040万元,建筑面积1049平方米。

(周丽仙)

5月,青浦工业园区“日立公寓”完成改造并投入使用(青浦工业园区供稿)

■**营商环境持续优化** 青浦行政服务中心园区分中心拓展服务内容,新增生物医药指导服务工作站、商标、专利申请咨询、无差别受理综合服务窗口;新设“一网通办”自助服务终端,可自助办理16项政务服务事项。受理专项产业扶持项目64个、扶持资金2.77亿元,申报复评高新技术企业122家,资助企业完成PCT(国际专利)申请30件、发明专利申请67件、实用新型专利申请173件。 (周丽仙)

■**永利股份公司承接原工产有色金属公司土地** 上海永利带业股份有限公司盘活上海工产有色金属有限公司低效土地1.6公顷,投资建设公司全球总部、研发中心及智能工厂,总投资2亿元,项目一期主体结构进入施工阶段。永利带业公司创建于1989年,主要从事各类轻型输送带的研发、生产及销售。2021年,税收372.25万元。

(周丽仙)

■**青浦生命科学园** 4月,获上海市特色产业园区(生物医药)授牌,成为上海市首批六大生物医药产业制造业基地之一。10月,在“数”联长三角“智”造大健康——青浦生物医药产业发展大会上,上海观道生物科技有限公司等5个生物医药项目集中签约,总投资25.15亿元。生命科学园规划面积3.65平方公里,属于国家级张江高新区青浦园,第二批14家市级特色产业园区之一。落户上药杏灵科技药业股份有限公司、上海宝龙药业股份有限公司、上海赛伦生物科技股份有限公司、上海辰光医疗科技股份有限公司等一批优质生物医药企业。(周丽仙)

■**园区“日立公寓”投入使用** 5月,青浦工业园区“日立公寓”完成改造并投入使用。青浦工业园区以职工家园内3号楼为试点,将整栋宿舍楼提供给日立电梯公司,由公司定制装修方案,园区提供居住登记、安保等配套服务。公寓为6层单体建筑,总建筑面积6430平方米。有单人间、双人间和四人间共119间,满足企业从培训实习工到专业人才的居住要求。底层有公共文化休憩空间,设有时尚超市和咖啡吧。 (周丽仙)

■**氢能叉车示范项目运营启动** 7月15日下午，青浦区氢能叉车项目商业化发展工作研讨会暨青浦工业园区氢能叉车示范项目运营启动仪式活动举行。活动由青浦工业园区主办，上海燃料电池汽车商业化促进中心、上海长三角氢能科技研究院、山西美锦能源股份有限公司、翼迅创能新能源科技有限公司协办，组织上海名联供应链管理有限公司、上海永茂泰汽车零部件有限公司、上海佳吉快运有限公司、上海韵达货运有限公司、上海德邦物流有限公司等11家企业参加，现场进行氢能产业发展专项基金、叉车运营平台以及氢能叉车主机和服务公司等项目的签约仪式。项目位于青浦综合保税区内（北青公路8118号）。（周丽仙）

7月15日，青浦工业园区氢能叉车示范运营启动仪式举行，现场展示氢能叉车（青浦工业园区供稿）

■**上海唯赛勃环保科技股份有限公司在上交所科创板上市** 7月28日，上海唯赛勃环保科技股份有限公司在上海证券交易所科创板上市（唯赛勃科技，688718），成为2021年青浦区企业上市第三股、青浦科创板上市第一股。区委书记赵惠琴、副区长倪向军出席上市敲锣仪式。

资料链接：唯赛勃科技公司位于青浦区崧盈路899号。于2001年8月28日在青浦出口加工区成立。主要生产环保型水处理设备的各种压力容器。产品处于膜分离产业链的上游核心价值环节。在反渗透膜及纳滤膜系列产品方面，具有独立知识产权，达到国际先进水平。2021年，产值16690万元，税收422.01万元。（周丽仙　潘艺明）

■**承接进口博览会溢出效应** 11月5—10日，第四届中国国际进口博览会上，园区参展企业12家。期间，园区企业拜尔斯道夫中国公司—妮维雅（上海）有限公司首次参加进博会。上海工程技术大学与园区企业上海征世科技股份有限公司签署合作协议，德国永恒力公司与园区企业上海翼迅创能新能源科技有限公司签署合作协议。（周丽仙）

■**拜尔斯道夫中国公司—妮维雅（上海）有限公司全球创新中心项目启动** 11月7日，项目启动仪式举行。市商务委二级巡视员李泓，区政协副主席顾啸流等出席启动仪式。拜尔斯道夫中国公司—妮维雅（上海）有限公司成立于1994年。2009年，妮维雅（上海）有限公司新工厂在青浦工业园区投入使用。全球创新中心是拜尔斯道夫集团除德国总部之外的全球第二大研发中心，总投资1000万欧元。（周丽仙）

■**上海张江高新青浦园扩园** 12月，张江高新青浦园空间调整获批，面积由1978.67公顷扩大至2193.51公顷，增加214.84公顷。其中青浦工业园区范围内由1499.77公顷扩大至1570.95公顷，增加71.18公顷（为移动智地产业园、尚之坊产业园、崧秋路地块周边区域），其他产业区块范围内增加143.66公顷（包括网易上海国际文创科技园、库克医疗器械园、徐泾104产业地块、金泽虹桥港路地块、华为青浦研发中心等范围内增加207.83公顷，西虹桥商务区、市西软件信息园等范围内调减64.17公顷）。（周丽仙）

建筑业

■**概况** 2021年，全区在建工程313项，比上年增长4%；总建筑面积1303.1万平方米，比上年增长6%；总工程量877亿元，比上年增长19.6%。其中，住宅工程58项，建筑面积432.4万平方米，工程量214.3亿元；其他项目255项，建筑面积870.7万平方米，工程量662.7亿元。（方　芳）

■**绿色建筑和节能工作** 组织4场关于绿色建筑、装配式建筑、BIM（Building Information Modeling，建筑信息模型）技术应用等的建筑节能专项培训。开展2021年度装配式建筑专项检查，抽查在建工程3个。完成可再生能源应用项目6个17.40万平方米，既有公建改造项目5个、建筑面积5.88万平方米，完成既有公建能源审计8个项目。对在建项目中即将竣工的国家机关办公建筑和大型公共建筑开展能效测评分项计量检查。（方　芳）

■**既有玻璃幕墙建筑检查** 对既有玻璃幕墙建筑采用“云幕墙”平台进行管理，在平台上建档181幢，每年组织专业第三方机构对全区11街道（镇）全覆盖进行安全专项检查。2021年，181幢楼宇中未发现特别严重安全隐患，安全状况总体处于可控范围。（方　芳）

■**建设项目服务审批** 施工许可：完成施工许可项目372个，总建筑面积518.4万平方米，其中建设工程联审共享平台审批项目366个。竣工备案：完成竣工备案项目239个，总建筑面积399.97万平方米，其中建设工程联审共享平台综合验收项目81个、小型项目

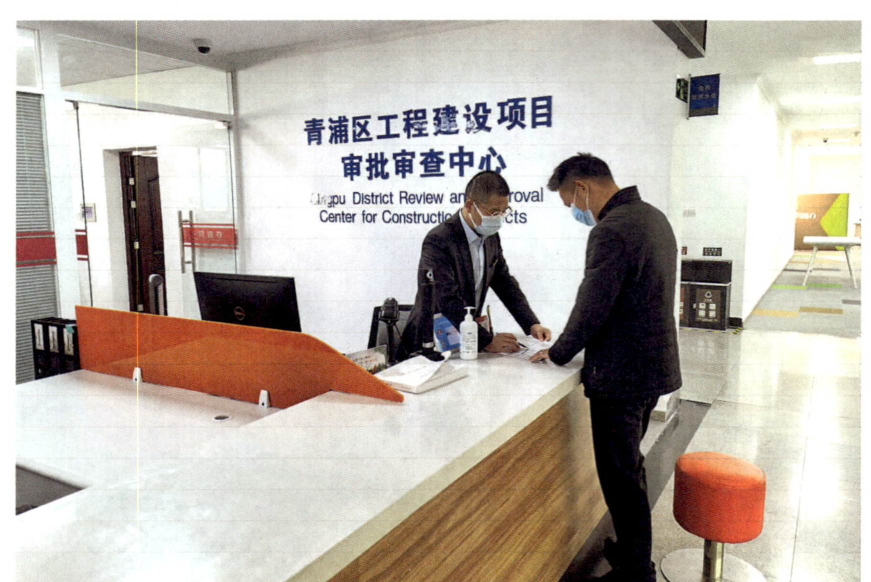

11月1日，位于青浦区外青松公路6189号区行政服务中心的青浦区工程建设项目审批审查中心综合受理大厅正式运行（区建设管理委供稿）

23个。资质申请：新申请资质审批企业583家，增项87家。年末，注册于青浦区的施工企业1775家，包括市管一级企业52家、市管二级及不分级62家、区管企业共1661家，比去年增加551家。抗震设防审查：共受理项目11个，包括住宅项目1个、公共项目5个、工业项目5个。建设工程竣工验收：牵头完成100个建设工程竣工验收，其中综合验收75个、低风险项目验收17个、低风险产业类项目8个。消防设计审查、消防竣工验收、备案：完成方案征询项目119个、设计审查项目3个、竣工备案项目110个、竣工验收项目73个。安全生产许可证：企业通过告知承诺制电子化审批系统，完成安全生产许可事项申请516项、正常延期174项、重新申请4项，总计694项。（方　芳）

SHANGMAO FUWUYE

商贸 · 服务业

◎ 编辑 赵 峰

综述 ／ 商业 ／ 现代服务业 ／ 对外贸易 ／ 招商引资
供销合作 ／ 粮油管理 ／ 烟草专卖 ／ 西虹桥商务区

综 述

2021 年,全区商品销售总额 1513.2 亿元,比上年增长 16.6%。社会零售品总额 574.3 亿元,比上年增长 10.6%。服务业固定资产投资 184.46 亿元,比上年增长 18.7%。外贸进出口 791.66 亿元,比上年增长 11.92%。跨境电商订单 786.2 万单,比上年增长 63.3%。9 个"6 天 +365 天"功能性平台实现税收 1.6 亿元。

吸收合同外资 27.93 亿美元,比上年增长 40.9%;实到外资 9.52 亿美元,比上年增长 5.8%。服务业引大引强引实完成 129。全区新增 1 亿元以上注册类企业 152 户,新增注册资金 738.24 亿元。"四个一批"项目完成 8 个项目出让、4 个项目开工、5 个项目竣工、4 个项目投产。（吴晓东）

商 业

■概况 2021 年,全区商品销售总额 1513.2 亿元,比上年增长 16.6%;社会零售品总额 574.3 亿元,比上年增长 10.6%。优化商业布局。百联青浦购物中心(原优迈广场)和华新朋联国际购物中心完成提质升级。发展"首发经济""首店经济"。3 月 28 日,上海德宝北青汽车服务有限公司宝马汽车城市展厅签约发布会在淀山湖大道 866 弄的东渡悦来城举行。10 月 15 日,青浦企业上海荣泰健康科技股份有限公司"荣泰"品牌入选上海商业联合会发布的 2021 年度上海市首发经济引领性本土品牌榜单。GOLF 青浦百联奥特莱斯店、老佛爷百货首位奥特莱斯店、小句号青浦万达茂店等品牌入户青浦,成为"上海首店"或"青浦首店"。实施农贸市场新建改建。新建华志路菜市场、凤坚塘菜市场和重固新菜场 3 家菜市场,改建 4 家菜市场。全区有 46 家菜市场。（吴晓东）

■早餐工程建设 2021 年,坚持政府引导与市场主导相结合,在产业园区、大型居住社区、地铁沿线以及商务楼宇、菜市场等重点区域填补早餐服务的空白点。新增早餐网点 29 处,升级 23 处。9 月,发布的上海市"早餐地图"中,全区有 232 家早餐网点获得"上海早餐"标识。11 月 13 日市政府召开的上海市早餐工程建设推进会上,上海肯德基有限公司赵巷镇店、上海罗森便利有限公司城中东路 249 号店、上海罗森便利有限公司福泉山路店、上海金拱门食品有限公司(麦当劳)新风路店、上海福满家便利有限公司(全家)徐民路店 5 家单位获评上海市早餐工程示范点称号。（吴晓东）

■"联美首位 SHOWAY"开业 1 月 28 日,位于上海国家会展中心西侧的"联美首位 SHOWAY"一期开业。首位一期为奥特莱斯模式,汇聚众多国内外名品,设动感时尚、贵族上城两大主题区域。9 月 13 日,联美首位项目参加上海市重点消费地标和品牌首店签约仪式,全市有 15 个重点消费地标和 12 家品牌首店签约。青浦区副区长倪向军参加仪式并与联美首位签约。项目分为三期,分别为一期奥特莱斯(已开业)、二期商业及办公楼和三期百老汇剧院及酒店。（吴晓东 钟 犇）

3 月 24 日,市委副书记、市长龚正(中)一行走访北斗西虹桥基地
（西虹桥商务区供稿）

■长三角一体化示范区"五五购物节" 4 月 30 日,以"最江南、购青浦、享生活"为主题的长三角一体化示范区"五五购物节"活动在位于青浦区蟠中东路 188 弄的青浦联美首位商圈正式开幕。开幕式上,青浦区、吴江区和嘉善县三地商务部门签订《长三角一体化示范区绿色商场推进合作协议》,成立"长三角地区异地异店线下 7 日无理由退换货"服务承诺企业联盟,发布示范区数字人民币应用场景。

活动期间,推出"示范区品牌展销季""生态绿色引领季""数字消费体验季""夏日夜市狂欢季""进博商旅联动季""信息消费畅享季""家居出行惠民季""文明餐饮品尝季""红色文旅起航季""'镇企优品'主题季"十大主题,开展各类活动 148 场次,涉及商家(柜台)1660 个,发放购物券 434.70 万元。第二季度青浦区实现社会消费品零售总额 145.35 亿元,比上年增长 10%。五一、端午期间,20 家监测企业分别实现销售额 4.6 亿元和 2.5 亿元,比上年增长 15% 和 18%。活动于 6 月底结束。

7 月 22 日,购物节青浦区成果发布会在青浦万达茂举行。会上,发布《2021 青浦区五五购物节总结》,评出 11 个奖项。朱家角古镇、东方绿舟和上海张马景区为 2021 年青浦区五五购物节最受欢迎景区;朱家角安麓、上海朱家角皇家郁金香花园酒店和国家会展中心上海洲际酒店为最受欢迎酒店;上海青浦乔家栅食品有限公司(最亲民老字号)、上海邵万生食品公司(最具品牌老字号)和青浦金泽赵家豆腐店(最具历史老字号)为最受欢迎老字号;上海锐嘉科实业有限公司和上海享数文化传媒有限公司的直播平台为优秀直播服务平台;上海沪香果业专业合作社

（联怡枇杷园）、上海太来果蔬专业合作社和上海优禾谷农产品专业合作社获得地产农产品销售优胜奖；妮维雅（上海）有限公司、上海中华药业有限公司和上海粮全其美食品有限公司为产业融合优秀企业；朱家角古镇、奥特莱斯商场、上海美帆游艇俱乐部为数字人民币示范应用场景；青浦绿地贸易港为优秀进博商品展销平台；老佛爷联美店、撸猫馆万达茂店和新发现吾悦广场店为"五五购物节"期间新开业的青浦首店代表；青浦宝龙广场、夏都小镇、吾悦广场为夜生活地标；青浦宝龙广场、青浦万达茂、山姆会员店为消费新地标。

（吴晓东）

■绿地全球贸易港进博集市　4 月 30 日，区内企业绿地全球商品贸易港在上海南京路建设全国首个"进博会"消费主题业态集市。集市经营面积 550 平方米，集合 40 个国家和地区超过 5000 款"进博会"同款特色商品。开业至年末，日均销售额超过 15 万元、日均客流超过 1 万人次，成为市民游客体验进博商品和国别文化的热门场所。

（吴晓东）

2021 年青浦区大型购物商圈情况表

表 23

序号	名称	街镇	地址	开业日期	占地面积（平方米）
1	合生新天地	赵巷镇	青浦区嘉松中路 5999 弄	2013 年 3 月	73669
2	百联奥特莱斯广场（上海青浦店）	赵巷镇	青浦区沪青平公路 2888 号	2006 年 4 月	122174
3	元祖梦世界	赵巷镇	青浦区嘉松中路 6200 号	2021 年 12 月	43653
4	青浦宝龙广场	赵巷镇	青浦区汇金路 590 号	2018 年 9 月	52400
5	夏都小镇	徐泾镇	青浦区沪青平公路 1583 号	2019 年 4 月	110141
6	虹桥食尚天地	徐泾镇	青浦区沪青平公路 1899 号	2017 年 8 月	13424
7	永业购物中心	徐泾镇	青浦区沪青平公路 1829 号	2008 年 7 月	39649
8	绿地全球商品贸易港	徐泾镇	青浦区诸光路 1588 弄 1 号	2018 年 11 月	184293
9	联美首位奥特莱斯一期	徐泾镇	青浦区蟠中东路 188 弄	2021 年 1 月	44300
10	博隆商业广场	华新镇	青浦区华腾公路和新府中路交叉口西北角	2018 年 12 月	37661
11	青浦光明荟	华新镇	青浦区新府中路 1399 弄	2019 年 10 月	81433
12	新角里广场	朱家角镇	青浦区新风路 160 号	2015 年 1 月	28996
13	朱里雅集（尚都里）	朱家角镇	青浦区新风路 288 弄	2021 年 7 月	23690
14	凯特利广场	夏阳街道	青浦区公园路 458 号	2006 年 11 月	8985
15	富绅商业中心	夏阳街道	青浦区公园东路 1289 弄	2013 年 12 月	38088
16	青浦绿地缤纷城	夏阳街道	青浦区外青松公路 5999 号	2019 年 12 月	19098
17	百联青浦购物中心	盈浦街道	青浦区盈港路 1560 号	2022 年 1 月	49036
18	东方商厦（青浦店）	盈浦街道	青浦区公园路 700 号	2005 年 12 月	3200
19	青浦吾悦广场	盈浦街道	青浦区淀山湖大道 218 号	2014 年 12 月	46000
20	青浦万达茂	盈浦街道	青浦区淀山湖大道 851 号	2019 年 6 月	89400
21	东渡蛙城	盈浦街道	青浦区淀山湖大道 1088 号	2020 年 12 月	68027
22	399 广场	盈浦街道	青浦区淀山湖大道 399 号	2017 年 1 月	18182

（吴晓东）

2021 年青浦区标准化菜市场情况表

表 24

序号	名称	街镇	地址
1	赵巷菜市场	赵巷镇	青浦区赵巷镇镇中路 518 号
2	北崧菜市场	赵巷镇	青浦区赵巷镇和睦村和睦路 101 号
3	中泽菜市场	赵巷镇	青浦区赵巷镇中泽路 102 号
4	崧文南路菜市场	赵巷镇	青浦区赵巷镇崧文南路 170 号

（续表）

序号	名称	街镇	地址
5	秀源路菜市场(示范)	赵巷镇	青浦区赵巷镇秀源路288号
6	南淀浦河路菜市场(示范)	赵巷镇	青浦区赵巷镇秀涓路300号
7	徐泾菜市场	徐泾镇	青浦区徐泾镇明珠路258号
8	民主村菜市场	徐泾镇	青浦区徐泾镇谢卫路230弄21号
9	徐盈菜市场	徐泾镇	青浦区徐泾镇诸陆西路852号
10	徐泾东菜场	徐泾镇	青浦区徐泾镇二联村徐灵路151弄
11	陆家角菜市场	徐泾镇	青浦区徐泾镇尚鸿路939弄1—33号
12	凤溪菜市场	华新镇	青浦区华新镇凤溪社区新凤路1871号
13	华新菜市场	华新镇	青浦区华新镇华新街460号
14	绿晟菜市场	华新镇	青浦区华新镇新凤中路466号
15	新风菜市场(示范)	华新镇	青浦区华新镇凤霞路605号
16	凤坚塘菜市场(示范)	华新镇	青浦区华新镇凤雅路凤坚塘路路口
17	华志菜场	华新镇	青浦区华新镇华志路
18	重固菜市场	重固镇	青浦区重固镇福泉路360号
19	重固新菜场	重固镇	青浦区重固镇联茂路2号1—2层
20	练塘菜市场	练塘镇	青浦区练塘镇练北路140—148号
21	小蒸菜市场	练塘镇	练塘镇练塘镇小蒸社区贞溪南路219号
22	白鹤菜市场	白鹤镇	青浦区白鹤镇外青松公路2936号
23	赵屯菜市场	白鹤镇	青浦区白鹤镇赵屯社区新赵路57号
24	沈巷菜市场	朱家角镇	青浦区朱家角镇沈砖路772号
25	淀湖菜市场	朱家角镇	青浦区朱家角镇祥凝浜路139弄1号
26	泰安菜市场	朱家角镇	青浦区朱家角镇浦泰路1号
27	朱家角菜市场	朱家角镇	青浦区华新镇朱家角漕平路43号
28	商榻菜市场	金泽镇	青浦区金泽镇商榻急水港大桥西侧
29	莲盛菜市场	金泽镇	青浦区金泽镇莲盛社区莲湖路80号
30	西岑菜市场	金泽镇	青浦区金泽镇练西公路4199弄46号
31	金泽菜市场	金泽镇	青浦区金泽镇金溪路2号
32	城东菜市场	夏阳街道	青浦区夏阳街道浦仓路185号
33	界泾港菜市场	夏阳街道	青浦区夏阳街道界泾港浦仓路北侧
34	朋联菜市场	夏阳街道	青浦区夏阳街道盈港东路8237号
35	夏阳菜市场(示范)	夏阳街道	青浦区夏阳街道华青南路515号
36	左邻右里菜市场	夏阳街道	青浦区夏阳街道崧文路300弄9号
37	三元河菜市场	盈浦街道	青浦区盈浦街道城中西路258号
38	庆华菜市场	盈浦街道	青浦区盈浦街道庆华一路118号
39	万寿菜市场	盈浦街道	青浦区盈浦街道万寿路青赵路口
40	漕盈路菜市场	盈浦街道	青浦区盈浦街道盈港路1755弄186号
41	八字桥菜市场	盈浦街道	青浦区盈浦街道胜利路502号
42	怀盛菜市场(示范)	盈浦街道	青浦区盈浦街道淀山湖大道399弄1号楼
43	五浦汇菜市场	盈浦街道	青浦区盈浦街道赵屯浦路与崧子浦路交叉路口东侧
44	香花桥菜市场	香花桥街道	青浦区香花桥街道普光路49号
45	大盈菜市场	香花桥街道	青浦区香花桥街道大盈社区襄城街35号
46	民惠菜市场	香花桥街道	青浦区香花桥街道久远路1449号

（吴晓东）

2021 年青浦区大型超市情况表

表 25

序号	名称	街镇	地址
1	山姆(上海)超市有限责任公司	赵巷镇	青浦区业锦路 483 弄 1—26 号
2	永辉超市盈港东路店	赵巷镇	青浦区汇金路 606 弄
3	家乐福超市徐泾店	徐泾镇	青浦区沪青平公路 1829 号 1—3 层
4	麦德龙超市青浦店	夏阳街道	青浦区崧文南路 177 号 B1
5	家乐福会员店	夏阳街道	公园东路 1289 弄 2 号
6	世纪联华盈港路店	夏阳街道	青浦区盈港路 555 号
7	世纪联华漕盈路店	盈浦街道	青浦区盈港路 1666 弄 36 号地下 01—02 层
8	家乐福吾悦店	盈浦街道	青浦区淀山湖大道 218 号
9	永辉超市万达店	盈浦街道	青浦区盈浦街道淀山浦社区淀山湖大道 851 号
10	世纪联华东方商厦店	盈浦街道	青浦区公园路 700 号

(吴晓东)

现代服务业

■概况　2021 年,全区服务业固定资产投资实际完成 184.46 亿元,其中,商贸业投资 75.08 亿元、房地产投资 109.38 亿元(包括办公楼投资 45.93 亿元、商业营业用房投资 48.23 亿元、其他投资 15.22 亿元)。

“四个一批”项目,完成开工项目 4 个(网易、北斗时空、山鹰国际、绿地市西科技园),竣工项目 5 个(虹泾物华、昌浦、洛宾魔都里、博万兰韵、绿地中心),投产项目 4 个(联美商业、中核建酒店、虹泾物华、洛宾魔都里)。

7 月 15 日,发布《青浦区加快推进现代服务业高质量发展实施细则》。细则围绕青浦区主导产业和特色产业、加快形成 4—6 个千亿级产业集群和 8—10 个百亿级产业平台的目标,分现代物流、会展服务、现代商贸、电子商务、软件信息、文创旅游、金融服务和其他服务业 8 个方面,通过财政资金的引领和撬动作用,支持和鼓励服务业企业加快创新发展,提升经营能力,做大产业规模。11 月 29 日,发布《青浦区现代服务业发展“十四五规划”》。规划以“321 + X”(大物流、大会展、大商贸三大主导服务业,智能制造服务业、软件信息技术服务业两大支撑服务业,文化创意新业态和若干新兴服务业领域)现代服务业体系和总部经济、平台经济、楼宇经济新经济形态作为青浦区发展服务业的基础方向,推进服务业与信息技术、数字技术、网络技术、智能制造等融合发展,以新一代信息技术构建“长三角数字干线”。　(吴晓东)

■区服务业十强企业　中通快递股份有限公司、上海韵达货运有限公司、圆通速递有限公司、申通快递有限公司、极兔速递有限公司、上海海思技术有限公司、上海安能聚创供应链管理有限公司、震坤行工业超市(上海)有限公司、上海顺衡物流有限公司、威马汽车新能源汽车销售(上海)有限公司、上海德邦物流有限公司、美的集团(上海)有限公司、上海奥特莱斯品牌直销广场有限公司被评为 2021 年度服务业十强企业。

上海韵达运乾物流科技有限公司、网易(上海)网络有限公司、极兔速递有限公司、上海森那美汽车实业有限公司、上海奥克贸易发展有限公司 5 家服务业企业被评为 2021 年度青浦区发展增速十强企业。　(吴晓东)

■总部经济培育　4 月 20 日,《青浦区促进总部经济发展的实施办法》发布,自 5 月 18 日施行。办法聚焦加快发展总部型经济,通过培育并引进一批高能级总部落地,力争“十四五”末期集聚市级及以上总部不少于 50 家。2021 年,虹桥国际中央商务区青浦片区集聚美的、安踏、银科控股、库克医疗、中核建、威马汽车等总部型企业。全区落户跨国公司地区总部 6 家,分别是天田(中国)有限公司、希悦尔投资管理(上海)有限公司、尤妮佳(中国)有限公司、奎克好富顿投资管理(上海)有限公司、上海银科创展投资集团有限公司、英富曼企业管理(上海)有限公司;外资研发中心 3 家,分别是上海晨兴希姆通电子科技有限公司研发中心、上海大昭和有限公司研发中心和日立电梯(上海)有限公司研发中心。有 9 家市级认定贸易型总部、37 家市级认定民营企业总部以及 22 家区级认定国内企业(地区)总部。

(吴晓东)

■市服务贸易示范基地新增 3 家　2021 年,根据《上海市商务委员会关于印发〈上海市服务贸易示范基地和示范项目认定管理办法〉的通知》(沪商规〔2020〕9 号)要求,经区商务委初审并推荐,中国北斗产业技术创新西虹桥基地、中采服务贸易产业园、银科金融中心 3 家企业(园区)获认定。2020 年,获得认定 2 家分别为西软件信息园和西虹桥商务区。年末,全区有 5 家市服务贸易示范基地。

2021 年青浦区总部企业情况表

表 26

序号	总部类型	企业名称	所属街镇
1	跨国公司地区总部	天田(中国)有限公司	工业园区
2	跨国公司地区总部	希悦尔投资管理(上海)有限公司	工业园区
3	跨国公司地区总部	尤妮佳(中国)有限公司	工业园区
4	跨国公司地区总部	奎克好富顿投资管理(上海)有限公司	工业园区
5	跨国公司地区总部	上海银科创展投资集团有限公司	西虹桥
6	跨国公司地区总部	英富曼企业管理(上海)有限公司	西虹桥
小计		6 家	
1	外资研发中心	上海晨兴希姆通电子科技有限公司	工业园区
2	外资研发中心	上海大昭和有限公司	工业园区
3	外资研发中心	日立电梯(上海)有限公司	工业园区
小计		3 家	
1	市级认定贸易型总部	圆通速递有限公司	华新
2	市级认定贸易型总部	申通快递有限公司	重固
3	市级认定贸易型总部	德邦物流股份有限公司	徐泾
4	市级认定贸易型总部	上海韵达货运有限公司	华新
5	市级认定贸易型总部	中通快递股份有限公司	华新
6	市级认定贸易型总部	上海安能聚创供应链管理有限公司	华新
7	市级认定贸易型总部	壹米滴答供应链集团有限公司	徐泾
8	市级认定贸易型总部	上海则一供应链管理有限公司	徐泾
9	市级认定贸易型总部	极兔速递有限公司	华新
小计		9 家	
1	市级民营企业总部	中通快递股份有限公司	华新镇
2	市级民营企业总部	上海韵达货运有限公司	华新镇
3	市级民营企业总部	申通快递有限公司	重固镇
4	市级民营企业总部	德邦物流股份有限公司	徐泾镇
5	市级民营企业总部	圆通速递有限公司	华新镇
6	市级民营企业总部	上海熊猫机械(集团)有限公司	青浦工业园区
7	市级民营企业总部	上海创力集团股份有限公司	青浦工业园区
8	市级民营企业总部	上海康恒环境股份有限公司	青浦工业园区
9	市级民营企业总部	亚士创能科技(上海)股份有限公司	青浦工业园区
10	市级民营企业总部	上海安诺其集团股份有限公司	青浦工业园区
11	市级民营企业总部	上海福寿园实业集团有限公司	青发集团
12	市级民营企业总部	上海永茂泰汽车科技股份有限公司	练塘镇
13	市级民营企业总部	上海巴安水务股份有限公司	练塘镇
14	市级民营企业总部	上海中昊针织有限公司	徐泾镇

（续表）

序号	总部类型	企业名称	所属街镇
15	市级民营企业总部	上海永利带业股份有限公司	徐泾镇
16	市级民营企业总部	上海荣泰健康科技股份有限公司	朱家角镇
17	市级民营企业总部	上海金发科技发展有限公司	朱家角镇
18	市级民营企业总部	上海东隆羽绒制品有限公司	金泽镇
19	市级民营企业总部	上海普利特复合材料股份有限公司	赵巷镇
20	市级民营企业总部	上海全筑控股集团股份有限公司	朱家角镇
21	市级民营企业总部	上海汉得信息技术股份有限公司	青浦工业园区
22	市级民营企业总部	书香门地集团股份有限公司	青浦工业园区
23	市级民营企业总部	南极电商（上海）有限公司	西虹桥
24	市级民营企业总部	上海华测导航技术股份有限公司	西虹桥
25	市级民营企业总部	上海则一供应链管理有限公司	徐泾镇
26	市级民营企业总部	壹米滴答供应链集团有限公司	徐泾镇
27	市级民营企业总部	上海义达国际物流有限公司	徐泾镇
28	市级民营企业总部	极兔速递有限公司	华新镇
29	市级民营企业总部	上海巧厨网络科技有限公司	重固镇
30	市级民营企业总部	上海永冠众诚新材料科技集团股份有限公司	朱家角镇
31	市级民营企业总部	美的集团（上海）有限公司	西虹桥
32	市级民营企业总部	上海奥克贸易发展有限公司	西虹桥
33	市级民营企业总部	上海群鲤服饰有限公司	西虹桥
34	市级民营企业总部	上海沪工焊接集团股份有限公司	文旅集团
35	市级民营企业总部	上海郑明现代物流有限公司	文旅集团
36	市级民营企业总部	上海毓恬冠佳科技股份有限公司	青浦工业园区
37	市级民营企业总部	旭辉集团股份有限公司	练塘镇
小计		37 家	
1	区级认定国内企业（地区）总部	德邦物流股份有限公司	徐泾镇
2	区级认定国内企业（地区）总部	上好佳（中国）有限公司	徐泾镇
3	区级认定国内企业（地区）总部	上海元祖梦果子股份有限公司	赵巷镇
4	区级认定国内企业（地区）总部	上海巴安水务股份有限公司	练塘镇
5	区级认定国内企业（地区）总部	上海安诺其纺织化工股份有限公司	青浦工业园区
6	区级认定国内企业（地区）总部	上海天玑科技股份有限公司	练塘镇
7	区级认定国内企业（地区）总部	上海汉得信息技术股份有限公司	青浦工业园区
8	区级认定国内企业（地区）总部	日泰（上海）汽车标准件有限公司	青浦工业园区
9	区级认定国内企业（地区）总部	南极人（上海）纺织科技股份有限公司	西虹桥
10	区级认定国内企业（地区）总部	上海熊猫机械（集团）有限公司	青浦工业园区
11	区级认定国内企业（地区）总部	圆通速递有限公司	华新镇
12	区级认定国内企业（地区）总部	上海创力集团股份有限公司	青浦工业园区

（续表）

序号	总部类型	企业名称	所属街镇
13	区级认定国内企业（地区）总部	威马汽车科技集团有限公司	西虹桥
14	区级认定国内企业（地区）总部	亚士创能科技（上海）股份有限公司	青浦工业园区
15	区级认定国内企业（地区）总部	上海永冠众诚新材料科技集团股份有限公司	朱家角镇
16	区级认定国内企业（地区）总部	上海荣泰健康科技股份有限公司	朱家角镇
17	区级认定国内企业（地区）总部	上海全筑控股集团股份有限公司	朱家角镇
18	区级认定国内企业（地区）总部	美的集团（上海）有限公司	西虹桥
19	区级认定国内企业（地区）总部	上海真兰仪表科技股份有限公司	青浦工业园区
20	区级认定国内企业（地区）总部	壹米滴答供应链集团有限公司	徐泾镇
21	区级认定国内企业（地区）总部	上海沃骋有色金属有限公司	新城公司
22	区级认定国内企业（地区）总部	上海瀚薪科技有限公司	青发集团
小计		22 家	

（吴晓东）

对外贸易

■概况 2021 年，青浦区出台《青浦区出口信用保险保费扶持资金操作细则》，继续优化外贸企业服务。开展“保转展”“展转跨”等业务，提升贸易便利化水平。全年外贸进出口 791.66 亿元，比上年增长 11.92%。其中，出口 432.66 亿元，比上年增长 10.85%；进口 359.00 亿元，比上年增长 13.25%。

跨境电商订单 786.2 万单，比上年增长 63.3%。9 个“6 天 +365 天”功能性平台实现税收 1.6 亿元。

6 月 18 日，青浦区政府与中国信保上海分公司在上海中昊针织有限公司联合举行以“学党史、办实事，助力青浦区外贸新发展”主题的重点企业座谈会。青浦区副区长倪向军、中国信保上海分公司总经理陆栋、中昊总经理高宝霖等出席会议。9 月 15 日，绿地贸易港（虹桥）国际贸易公共服务平台发布仪式举行。11 月 10 日，市发改委副主任彭一浩一行到青浦区，调研上海增利国际物流有限公司和斯伦贝谢油田设备（上海）有限公司、青浦综合保税区，区委常委、副区长金俊峰出席。（吴晓东）

9 月 15 日，绿地贸易港（虹桥）国际贸易公共服务平台发布仪式举行

（区商务委供稿）

■联合国国际采购项目正式启动 6 月 28 日，商务部中国国际经济技术交流中心、联合国开发计划署、联合国项目事务署、上海市青浦区人民政府及上海灿辉投资发展有限公司 5 家单位共同发起实施的“联合国/国际组织可持续采购服务、信息分享与能力建设项目”在青浦同联产业园区正式启动。启动仪式上，5 家发起方现场签约，授予中国医药保健品进出口商会、中国机电产品进出口商会、上海市会展行业协会、中国国际贸易促进委员会（中国国际商会）培训中心核心合作伙伴证书。项目帮助中小企业建立与国内外相关组织机构的合作关系，搭建联通国际国内市场的桥梁。区委书记赵惠琴，商务部中国国际经济技术交流中心代主任张翼，区委副书记、代理区长徐建，商务部驻上海特派员徐兴锋，区委副书记杨小菁，市商务委二级巡视员李泓，副区长倪向军等出席启动仪式。11 月 30 日，2021 年联合国国际采购大会采取视频连线方式举行。区委副书记、代理区长杨小菁，联合国开发计划署、驻华代表白雅婷，商务部中国国际经济技术交流中心副主任张翼，联合国项目事务署亚洲司司长桑贾伊·马瑟，市商务委员会副主

任申卫华，市虹桥国际中央商务区管理委员会副主任孔福安，区委常委、副区长、“联合国采购”项目本国项目主任金俊峰等通过视频连线方式出席。

（吴晓东）

■4 家企业入选 2020 年度上海市外资企业百强榜单 9 月 28 日，在上海环球港凯悦酒店举行的 2021 年上海市外商投资企业百强发布会上，青浦区尤妮佳生活用品（中国）有限公司（位列第 83 位）获上海市外商投资企业纳税贡献百强企业称号；上海美蓓亚精密机电有限公司（位列第 34 位）、福维克家电有限公司（位列第 46 位）、上好佳（中国）有限公司（位列第 75 位）获上海市外商投资企业创造就业百强企业称号。

（吴晓东）

招商引资

■概况 2021 年，青浦区吸收合同外资 27.93 亿美元，比上年增长 40.9%。新设外资企业 237 家（含并购 38 家）、迁入 57 家、增资 62 家。其中，制造业项目 27 个项目，2.34 亿美元，占吸收合同外资总额的 8.4%；服务业 329 个项目，25.60 亿美元，占吸收合同外资总额的 91.6%。1000 万美元以上项目 33 个（包括 23 个新设、2 个迁入、8 个增资），24.66 亿美元，占吸收合同外资总额的 88.3%。

实到外资 9.52 亿美元，比上年增加 5.8%。制造业 0.25 亿美元，占实到外资总额 2.6%；服务业 9.27 亿美元，占实到外资总额 97.4%。1000 万美元以上 11 家企业，8.27 亿美元，占实到外资总额 86.8%。

服务业引大引强引实完成 129 家。全区新增 1 亿元以上注册类企业 152 户、新增注册资金 738.24 亿元。“四个一批”项目土地出让方面，完成山鹰集团总部、弘阳集团、德邦总部、纽方信息、龙信集团总部、云砺信息、恒文集团和枇杷园 8 个项目的土地出让。

举办 2021 拥抱进博首发季、第四届进博会溢出效应论坛、第二届品质生活国际论坛、2021 康复辅助器具产业创新论坛等系列投资促进活动。推出绿地全球商品贸易港—联美首位、西郊农产品交易中心、青浦新城规划展示—青浦工业园区、夏都小镇—奥特莱斯 4 条对接“进博会”特色投资考察路线，向海内外客商展现青浦城市形象。

（吴晓东）

■招商百人团 深化打造招商百人团品牌，围绕“虹桥国际开放枢纽、五大新城、长三角绿色生态一体化示范区”三大战略，成立 400 人的“招商百人团”专业队伍。4 月 18 日，“商务百人团”启动暨开班仪式在国家会展中心举行。7 月 29—30 日，区商务委会联合区人社局，举行“青能浦卓——青浦区‘商务百人团’职业培训班”，华东师范大学副教授陆建平、上海财经大学教授丁健等授课。按照“参展商变投资商”要求，招商百人团通过“进博会”展前沟通、展中对接、展后跟等形式，梳理近 3000 家参展企业和 500 家重点企业名单，对接企业 1123（家）次。11 月 7 日，第四届“进博会”期间，区政府与数字经济领域头部企业安永中国企业咨询有限公司和云砺信息科技有限公司签署战略合作协议；妮维雅公司全球创新中心正式启动；永恒力公司与翼讯创能公司签署氢能叉车采购协议。（吴晓东）

■参加多个市级重大项目集中开工和签约仪式 1 月 4 日，美的上海全球创新园、上海漕河泾赵巷科技绿洲三期项目、大美时代视听大数据产业园和容钛智能大厦 4 个项目（共 90.9 亿元）参加上海市重大项目集中开工活动。1 月 15 日，上实长三角、宝能智慧物流和震坤行 3 个项目（共 7.6 亿美元）参加上海市外资项目集中签约仪式。4 月 7 日，青浦新城“长三角数字干线”品牌、青浦生命科学园等 16 个项目参加 2021 上海全球投资促进大会签约仪式。7 月 28 日，浩亚集团智能产业基地、TCL 华东产业基地 2 个项目（共 1.3 亿美元）参加上海市外资项目集中签约仪式。9 月 24 日，百老汇文化商业综合体、山鹰国际总部等 10 个项目（总投资额 75 亿元）参加虹桥国际中央商务区重大项目集中启动仪式。11 月 16 日，在 2021 上海城市推介大会上，区政府与肯耐珂萨云计算有限公司签署 1.5 亿美元投资意向协议，推动人力资源专业服务业务。

（吴晓东）

■商务圆桌会 4 月 6 日，青浦区政企合作商务圆桌会启动仪式暨首期服务青浦新城建设主题活动举行，市商务委副主任诸旖、副区长彭一浩出席。7 月 9 日与 9 月 28 日，第二期、第三期圆桌会分别在轮值企业妮维娅（上海）有限公司、福维克家电有限公司举行。11 月 8 日，“进博会”期间，以“共享进博机遇共绘发展蓝图”为主题的重点项目圆桌会举行，区委副书记、代理区长杨小菁，区委常委、副区长金俊峰出席。通过与企业家代表“面对面”的交流沟通，了解企业发展需

11 月 7 日，区政府与安永中国企业咨询有限公司和云砺信息科技有限公司签署战略合作协议 （区商务委供稿）

5月28日，青浦新城城市推介大会在国家会展中心举行 （区商务委供稿）

求，帮助解决实际问题，会上，惠泰医疗、契胜科技等11家重点企业与青浦区签署落户意向协议。 （吴晓东）

■青浦新城城市推介大会 5月28日，在国家会展中心举行。区委书记赵惠琴，区委副书记、代区长徐建等出席。赵惠琴致辞，徐建作主题推介。大会上，举行产业项目及全球招商合作伙伴和投资顾问签约仪式。产业项目合作框架协议有43个签约，包括总部经济项目10个，数字经济和智慧物流项目12个，城市开发建设和投资咨询项目13个，氢能、电子信息等特色产业项目8个，项目意向总投资超过1000亿元。与10家全球招商合作伙伴签约。与18家金融机构举行授信签约仪式。

（吴晓东 胡蝶飞）

2021年青浦区合同外资1000万美元以上项目情况表

表27

序号	类型	所属区域	企业	合同外资（万美元）
1	新设	华新镇	上海云速通智能科技有限公司	10000
2	新设	重固镇	上海汇智森供应链有限公司	1000
3	新设	重固镇	澜辰及第（上海）供应链管理有限公司	1000
4	新设	朱家角镇	金崛科技（上海）有限公司	5000
5	新设	练塘镇	上海美库禾昶集供应链管理有限公司	2528
6	新设	金泽镇	上海上实长三角生态发展有限公司	44622
7	新设	西虹桥公司	库克医疗器械（上海）有限公司	1000
8	新设	西虹桥公司	上海启源芯动力科技有限公司	1057
9	新设	西虹桥公司	亚玛芬体育（中国）有限公司	1545
10	新设	西虹桥公司	联汇（上海）实业有限公司	1546
11	新设	青发集团	上海瑞复高实业发展合伙企业（有限合伙）	4635
12	新设	青发集团	上海佑医欣健康管理有限公司	1000
13	新设	青发集团	中恒智慧新能源发展（上海）有限公司	1200
14	新设	青发集团	上海肯耐珂萨云计算有限公司	15000
15	新设	工业园区	上海易努实业有限公司	3500
16	新设	工业园区	上海科泰安特优电力设备有限公司	1818
17	新设	工业园区	上海熠通智慧科技有限公司	10000
18	新设	工业园区	上海瑞泰金属表面处理工程有限公司	1000
19	新设	工业园区	上海鲲峰航空科技有限公司	15000
20	新设	工业园区	上海承华睿安能源集团有限公司	5000
21	新设	工业园区	康墣（上海）医疗科技有限公司	2000
22	新设	工业园区	上海根莱美妍企业发展有限公司	7500

（续表）

序号	类型	所属区域	企业	合同外资（万美元）
23	新设	工业园区	灏桠供应链（上海）有限公司	2000
24	迁入	徐泾镇	绿巨人能源有限公司	49900
25	迁入	工业园区	力新仪器（上海）有限公司	1750
26	增资	徐泾镇	上海德达医院有限公司	6000
27	增资	赵巷镇	上海锦庐信息科技咨询有限公司	3250
28	增资	练塘镇	震坤行工业超市（上海）有限公司	19067
29	增资	西虹桥	中至道国际供应链有限公司	10000
30	增资	青发集团	上海韵达运乾物流科技有限公司	9608
31	增资	工业园区	上海甄云信息科技有限公司	2212
32	增资	工业园区	上海序章科技有限公司	1000
33	增资	工业园区	金汇通创意设计（上海）有限公司	4830
合计				246568

2021 年青浦区实到外资 1000 万美元以上项目情况表

表 28

序号	所属区域	企业	实到外资（万美元）
1	徐泾镇	上海德达医院有限公司	7950
2	徐泾镇	壹米滴答供应链集团有限公司	5759
3	赵巷镇	上海锦庐信息科技咨询有限公司	3250
4	练塘镇	震坤行工业超市（上海）有限公司	19067
5	金泽镇	上海实旸企业管理合伙企业（有限合伙）	7644
6	金泽镇	上海上实长三角生态发展有限公司	6081
7	青发集团	上海韵达运乾物流科技有限公司	2368
8	工业园区	上海甄汇信息科技有限公司	1200
9	工业园区	上海甄云信息科技有限公司	2300
10	工业园区	上海序章科技有限公司	1185
11	工业园区	上海梁允企业管理合伙企业（有限合伙）	25887
合计			82691

（吴晓东）

供销合作

■概况 2021 年，区供销社系统下设环城、徐泾、华新、重固、白鹤、朱家角、练塘、金泽 8 家基层供销社，有青浦商业公司、盛浩投资公司 2 家控股企业，参股泽鹏实业公司、新晟辉实业公司、重霄实业公司、联销经贸公司、源森实业公司、新泽晟实业公司、润泉实业公司、煤炭合作公司、上海农商银行 9 家企业。年末，区社在职职工 35 人，总收入 4048.25 万元，利润总额 1445.20 万元，净利润 1436.40 万元。（夏禹成）

■为农综合服务 4 月 9 日，开展供销便民店视觉识别系统设计工作。4 月 22 日，正式启动 2021 年供销便民店升级改造工作。9 月 15 日，与区人社局、财政局联合下发《关于进一步促进青浦区高校毕业生就业创业的通知》，依托为农服务站为大学生提供创新创业平台。12 月 27 日，完成幸福社区便民店徐练村、林家村等 23 个点位的供销便民店升级改造验收工作，总投资超过 200 万元。年末，全区为农服务站 216 个，商品销售总额 11010.41 万元（其中卷烟 9829.67 万元、非卷烟 1180.74 万元）；为 2 名大学生提供创业见习机会。

（夏禹成）

■城乡社区商业 1 月 22 日，青浦供销进口商品体验馆在城中东路 677 号开业，同日在青浦区融媒体中心绿色青浦 APP 平台开展“供享生活”专场直播活动。9 月 18 日，夏阳街道幸福社区城中

5 月 28 日,“示范区供销社老字号”暨“供销市集”嘉年华活动在青浦区桥梓湾商业广场举行 (区供销社供稿)

片区供销智慧超市在城中东路 56 号开业。全年依托青浦供销进口商品体验馆、智慧超市开展团购配送业务 100 余次,举办各类品牌促销推介活动 20 余次,实现销售收入 330 万元。(夏禹成)

■“供销市集”品牌展示展销 3 月 7 日,推出原创为农服务展示展销品牌“供销市集”,华新供销社、白鹤供销社、朱家角供销社、练塘供销社在华新绿晟农贸市场联合举办首次“供销市集”线下展示展销活动。5 月 28 日,在青浦区桥梓湾商业广场举行“示范区供销社老字号”暨“供销市集”嘉年华活动,吸引 32 家企业、超过 400 种产品参展。同日在区供销云平台(区供销社官方认可并指定的第三方线上多媒体平台)开展“示范区供销社老字号”暨“供销市集”嘉年华系列直播带货活动,展销 30 种优质农副产品,平台观看者超过 4 万人次。全年在徐泾、华新、重固、白鹤、朱家角、练塘、金泽七镇开设 7 个线下分销点,举办农副产品展示展销活动 10 次。 (夏禹成)

■政府物资保障 3 月 16 日,与区农委签订《2021 年青浦区水稻和蔬菜补贴农药统供配送实施方案》,承接青浦区水稻农药统供配送工作,全年完成 22 种 43.98 吨的水稻农药配送,覆盖农田 12.3 万亩。7 月 25 日,启动位于香大路 1611 号的应急物资仓库建设。11 月 3 日,通过公开竞标取得区政府应急物资采购资格。11 月 20 日,完成位于香大路 1611 号的应急物资仓库验收工作。12 月 30 日,完成 13 种 35405 件物资的采购入库工作。 (夏禹成)

11 月 1 日,青浦区秋粮收购开始。图为练塘筒仓

(青浦现代农业园区供稿)

粮油管理

■概况 4 月 15 日,国务院新修订《粮食流通管理条例》实施。青浦区加强和改善粮油行业宏观调控、市场监管、行业指导、协调服务等职能,健全储备粮油体系,维护粮食流通秩序。全年储粮无安全生产事故。全区有 67 家粮食应急供应网点,23 个帮困粮油供应网点,3 家应急加工企业,发放副食品补贴 40.79 万元。轮换销售储备粮 18011.02 吨,收购秋粮 18287.35 吨。

(吴晓东)

■秋粮收购 研究制订秋粮收购工作方案,加强 6 个粮食收购点各项服务措施。制订《倒伏受灾稻谷应急收购方案》,对受污损粮食实施定点托底收购,尽可能减少农民损失,保护农民种粮积极性。当年收购粮食 18287.35 吨,其中倒伏粮食 1386.96 吨。 (吴晓东)

9月，稻香村海烟商行完成装修重新营业　　（区烟草专卖局供稿）

■粮库安全监督检查　区粮食和物资储备局根据时间节点和特殊的气候条件，对粮库进行安全检查。开展仓储安全生产监督检查和节前安全综合检查。指导企业开展安全生产事故隐患排查。开展粮库防汛防台安全监督检查。在梅季汛期，排查粮库安全隐患，部署防汛保库工作。灿都、烟花台风登录期间，区粮食和物资储备部门和区储备粮公司进入紧急戒备状态，加强人手监管储备粮库和防汛防漏，实施一日一报制度。（吴晓东）

■粮油质量抽检　区粮食和物资储备局增强对储备粮出入库和帮困（应急）粮油供应网点粮油质量检查力度，全部委托具有资质的第三方专业机构进行扦样检测。共检测22批次出库储备粮，覆盖率100%；检测帮困和应急供应点粮油286批次。被检测粮油的食品安全质量指标和农药残留指标均合格。（吴晓东）

烟草专卖

■概况　上海市青浦区烟草专卖局成立于1991年1月。上海烟草集团青浦烟草糖酒有限公司成立于1995年3月。公司下属直属门店有9家，经营范围主要为卷烟批发、烟酒零售。获2021年度青浦区百强优秀企业。2021年，有效终端客户4086户，其中现代终端客户406户。（沈静芳）

■卷烟营销　2021年，青浦烟草糖酒有限公司持续优化市场布局，升级营销策略，继续深化精准营销，加强专业技能培训，提升营销队伍建设规范度，为营销一体化改革做准备。聚焦集团产品，提升数据营销能力，探索建立消费者信息库，推进消费驱动的培育模式。开展终端分类建设，重点培育高质量客户，强化规范经营，提升核心客户群体建设质量和规模。深化和区各级行政事业单位合作，优化吸烟点建设布局，推进吸烟点维护工作质量，共同建设文明吸烟环境。（沈静芳）

■专卖管理　提升制度执行力，补齐市场监管短板。根据诚信体系建设要求，对市场进行差异化管理，提高管理效能。侦办上海市一起较大规模的烟丝制售案件——“9.15河北省保定市烟丝案”，探索与常熟烟草专卖局跨省重大案件协作机制。聚焦行政许可优化办证服务，深化零售许可政务效能。拓展申请渠道，以“随申办”市民云APP为载体，持续跟踪移动端业务办理，优化业务流程，提升服务体验。提升行政处罚工作的规范严谨，按照相关法律、法规执行，把好案件程序关、证据关，提升执法规范度。提高专卖执法人员文明执法、依法行政水平。（沈静芳）

西虹桥商务区

■概况　成立于2010年3月，规划面积19.6平方公里，范围东起小涞港，西至G15沈海高速，北起G2京沪高速，南至G50沪渝高速，由上海西虹桥商务开发有限公司负责开发管理。上海西虹桥商务开发有限公司，注册资金11.30亿元。下属上海西虹桥创业服务有限公司、上海西虹桥投资管理有限公司、上海西虹桥企业服务有限公司3家直属子公司。2021年，商务区全口径税收35.08亿元，比上年增长74.5%；区级税收13.28亿元，比上年增长103.7%；全社会固定资产140.4亿元，比上年增长31.3%；社零28.9亿元，比上年增长17.5%；规模以上工业产值20.5亿元，比上年增长2462.5%；合同外资1.8亿美元。年内，新设企业869户，有效纳税215户；引大引强引实83户；新增注册1亿元以上企业23户，共注册资金207.9亿元。出让地块3幅，面积13.42公顷，出让金额101.65亿元。（钟　犇）

■中国北斗产业技术创新西虹桥基地　位于西虹桥商务区，有高泾路和高光路两个园区，总面积7.4万平方米。2021年，新驻企业168家，在册企业482家。全年销售收入54.7亿元、税收2.03元。其中，华测导航公司、联适导航公司、威固信息公司、普适导航公司、仪耐新材料公司、双微导航公司、川土微公司、海积信息公司等企业年度营收破亿元。集聚上海70%的北斗导航与定位应用强关联企业，百余家企业打通北斗导航全产业链，骨干企业和小微企业成片、组团式拓展行业。4月24日，2021上海北斗产业发展研讨会在基地举行。5月7日，首届长三角国际应急减灾和救援博览会在国家会展中心（上海）开幕，基地内16家企业参展。7月

9 日,融创联盟百年百企战略发展圆桌论坛在北斗西虹桥基地举行。10 月 22 日,2021 沪港科技合作研讨会——上海青年科技人才专题圆桌论坛在基地举行。10 月 28 日,首届上海融合发展创新专业赛北斗导航分赛在基地举行。上海西虹桥导航产业发展有限公司的“北斗人家”科创教育品牌获得上海市学生(青少年)科创教育基地和上海科普教育创新奖称号。 (钟 犇)

6 月 17 日,区领导到北斗西虹桥基地调研 (西虹桥商务区供稿)

■**中核科创园** 位于上海市青浦区蟠龙路 500 号。2017 年起,由上海中核科创园发展有限公司签约投资建设,2021 年 2 月,建成启用。占地 13.73 公顷,是集总部办公楼、酒店、住宅公寓一体的大型综合体,专业从事科创园建设、高新技术成果转化、能源与环保、民用核能技术、房地产开发与物业管理等业务。总建筑面积 55 万平方米(其中写字楼 14 万平方米),含甲级写字楼、滨水办公总部、会议中心。2021 年 11 月 29 日,中国核工业建设股份有限公司总部正式迁址至中核科创园。年末,入驻企业数量 5 家,总体营业收入 88.95 亿元,总体净利润 8.48 亿元。入驻企业有中国核建股份公司、核建国际、中核检修、中核机械、中核同创。 (钟 犇)

11 月 29 日,中国核工业建设股份有限公司正式迁址至上海市青浦区蟠龙路 500 号中核科创园 (西虹桥商务区供稿)

■**上海华测导航技术股份有限公司第四次获得国家级科技奖** 位于上海青浦区高泾路599号。创建于 2003 年,是一家集高精度 GNNS(全球导航卫星系统)相关软硬件产品研发、生产、销售于一体的“国家火炬计划重点高新技术企业”。获得中国地理信息产业百强企业、第十二届中国卫星导航年会北斗卫星导航应用推进贡献奖等称号。2021 年 6 月 8 日,协办的新型测绘赋能数字化转型科技论坛在上海举行,300 余位全国测绘地理信息领域专家和技术人员参会。8 月 16 日,参与编制的《实景三维中国建设技术大纲》由自然资源部办公厅印发。9 月 23 日,参与研制的厘米级型谱化移动测量装备关键技术及规模化工程应用项目获国家科学技术进步二等奖,成为公司第四次获得的国家级科技奖项。年末,产值 19.10 亿元,税收 1.003 亿元。 (钟 犇)

■**上海威固信息技术股份有限公司研发首款全国产单芯片存算一体固态存储器** 位于上海市青浦区高泾路 599 号 1 幢 2 层 208 室,成立于 2013 年。在北京、无锡、成都、西安、美国硅谷以及韩国首尔等地设有分支机构。为各类企业数据中心提供高速与智能的数据应用解决方案。2021 年 7 月 19 日,入选国家级专精特新“小巨人”企业。9 月,完成 C + 轮融资 3 亿元,由深创投、前海股权基金、智慧互联电信方舟、超越摩尔基金等多家知名机构共同投资。11 月,首款全国产单芯片存算一体固态存储器——威固 SC10 系列 SCSSD 研发成功。年末,产值 19863.57 万元,984.64 万元。 (钟 犇)

■**上海联适导航技术股份有限公司** 成立于 2015 年,位于青浦区高泾路 599 号。公司从事高精度北斗卫星导航业务,主要产品为农机自动驾驶系统,应用于智慧农业领域。与中国农业大学、南京航空航天大学、南京农业大学、上海交通大学组建研究生实践教学基地、无人驾驶车辆卫星导航技术联合实验室、智慧农场联合实验室、农机装备无人驾驶联合研发中心等产学研机构。有知识产权160多项,其中发明专利已授权22件,参与起草国家标准2项。2021年,公司农机自动驾驶系列产品装机14795台,占市场主导。产值2.1亿元,税收1800万元。（钟 犇）

■**“进博会”招商** 举办第四届承接中国国际进口博览会溢出效应论坛、绿地集团跨境采购签约仪式、长三角民营企业总部集聚区推介暨项目集中签约大会、2021康复辅助器具产业创新论坛、虹桥会展产业园揭牌仪式等10余场活动。组建小彩虹招商团,创新“彩虹招商分类法”,对招商目标分别用不同颜色进行标注,按照优先序列有计划、有重点地开展招商工作,提升招商针对性和成功率。沿用并改善“1+N”(1个参展企业+N个招商专员)联合招商模式,提前排摸企业采购意向,列出重点招商对象,精准出击,推动一批优质“进博会”参展企业和首创性项目落地,实现区域发展与“进博会”的深度融合。（钟 犇）

■**美的上海全球创新园区建设启动** 1月28日,项目正式动工。位于西虹桥19-02、21-02商办用地,总规划用地8.07公顷,规划建筑面积36万平方米,项目总投资62亿元。业务将覆盖智慧家居、楼宇科技、机器人与自动化、智能芯片研发等领域。面向全球引进8000至10000名全球高端研发人才。将应用美的自研的智慧楼宇管理系统和智能产品。（钟 犇）

5月18日,银科控股总部大楼——银科金融中心落成启用（西虹桥商务区供稿）

■**青浦区世界外国语高级中学建设项目启动** 4月6日,世界外国语高级中学项目在西虹桥蟠中路北侧26-05地块正式开工。项目占地26875.1平方米,规划建筑面积58997.6平方米。世界外国语全部项目包括建设12年一贯制学校。学校延续上海市世界外国语小学和中学的教育风格,是世外教育集团在上海开办的第一所贯穿幼儿园到高中的旗舰学校。幼儿园、小学部与初中部已投入使用。（钟 犇）

■**长三角产业互联网总部基地启用仪式暨上海产业互联网有限公司入驻仪式** 4月8日,仪式在西虹桥商务区举行。由上海产业互联网有限公司与西虹桥商务开发有限公司合作建设的“长三角产业互联网总部基地”正式启用。活动中,上海产业互联网有限公司与老虎新材料、新日升传动、戴西软件、眼控科技等公司签署意向入驻协议,共同参与长三角产业互联网总部基地建设。市经信委陈长民巡视员与区人大常委会主任朱明福为上海长三角产业互联网促进中心揭牌。（钟 犇）

■**银科控股总部大楼启用** 5月18日,银科控股总部大楼——银科金融中心启用仪式在青浦西虹桥商务区举行。银科金融中心位于徐民路88号,西虹桥商务区核心地段,占地面积2.7万平方米,建筑面积11.8万平方米。为跨国公司银科控股地区总部之一,公司转型为一家以科技和新经济双驱动的金融服务企业。2021年,银科控股营业收入为49亿元,纳税总额为6.4亿元,其中在青浦区纳税额2.66亿元。（钟 犇）

5月13日,浙江省委书记袁家军(左二)一行到北斗西虹桥基地调研（西虹桥商务区供稿）

■**8个项目参加虹桥国际中央商务区“三个一批”重大项目集中启动仪式** 9月24日,虹桥国际中央商务区一批重大项目集中签约、一批功能性平台集中展示、一批重大工程集中开工仪式在闵行区生物医药总部园区开工现场举行。青浦区西虹桥商务区8个项目参加启动仪式,包括报喜鸟集团长三角总部、弘阳集团总部项目、国惠环境上海总部、联合水务采购中心、三棵树总部5个重大签约项目,百老汇文化商业综合体项目和蟠龙城中村改造06－04地块配套项目2个重大工程项目,虹桥国际会展产业园重要功能性平台项目。

(钟　犇)

■中国核工业建设股份有限公司总部迁入中核科创园　11月29日,公司总部迁入青浦区蟠龙路500号中核科创园。公司于2008年1月8日成立。是一家以核电工程、工业和民用工程建设等为主营业务的大型国有控股上市企业(601611,中国核建)。在核电工程领域,为中国核电工程建设领域历史最久、规模最大、专业一体化程度最高的企业,是全球唯一一家连续30余年不间断从事核电建造的企业。2021年,实现营业收入837.2亿元,比上年增长15%;净利润15.33亿元,比上年增长12.7%。

(钟　犇)

■毕威泰克全球康养总部落户小咖云智慧康养西虹桥总部产业园　12月30日,毕威泰克全球康养总部开业典礼暨战略发展合作签约仪式在青浦西虹桥商务区举行,宣布与小咖云智慧康养西虹桥总部产业园合作,建设长三角康养产业的总部高地和国际贸易平台。毕威泰克公司,1995年创立于德国,业务覆盖15个国家1200多家医院的30多万个终端,为智能医护整体解决方案(AIoT/互联网+护理)的全球领军企业。项目位于青浦西虹桥虹桥世界中心L1楼。小咖云智慧康养西虹桥总部产业园总面积3公顷;规划面积16300平方米。2021年,有64家企业入驻,连续举办4届"RAIF康复辅助器具产业创新论坛"。

(钟　犇)

KUAIDI WULIU HUIZHAN

快递物流·会展

◎ 编辑 赵 峰

综 述

2021 年，青浦区以全面建设上海商贸服务型国家物流枢纽为核心抓手，充分发挥“全国快递行业转型发展示范区”引领作用。快递业务收入完成 1377.3 亿元，比上年增长 22.8%，占全市的 80.3%，占全国的 12.7%。e 通世界产业园作为智慧物流产业园，集聚 300 余家物流相关企业，于 9 月成为虹桥国际中央商务区集中揭牌的 9 个重要功能性平台之一。

全年举办展览活动 34 个（不包括“进博会”），展览总面积 422.6 万平方米，观展超过 400 万人次。全年新增会展企业 35 家、会展业实现税收 1.7 亿元。（吴晓东）

11 月 5—10 日，第四届中国进口博览会期间，拜尔斯道夫中国公司—妮维雅（上海）有限公司在 6.1 号馆内，展示美妆护肤领域产品　（青浦工业园区供稿）

快递物流

■概况　全区快递业务收入 1377.3 亿元。有 235 家快递业务经营许可企业和 139 家规模以上交通运输企业。各企业全面实行自动化分拣，机器人、无人仓、大数据、云计算、人工智能等新技术渗透到快递各环节。4 月 27 日上午，在上海世博展览馆举行的 2021 上海国际快递物流博览会上，青浦德邦公司的 AI 防暴力分拣设备等科技产品参加展会。（吴晓东）

■数字化保障快递业务　引导快递企业转型升级，对分拣、运输、投递等环节加强数字化建设，提升智慧管理能级。中通快递利用信息化手段加强对业务的赋能，实现全链路的数据拉通，整合形成云仓、快运、冷链、星联等数字化生态链。韵达速递以数字化为核心驱动力，使用一系列数字化管理工具和智能设备，实现从前端揽收到末端派送各环节链路连通，增效增能。圆通速递以管理驾驶舱为载体，构建覆盖全网车辆、驾驶员的监控监管系统，通过大数据建模实时动态优化快件中转路由，提升快件整体时效水平。申通快递实施“ALL－IN－Cloud”战略，引入云原生技术，组建“管家系”产品矩阵，建立数据化决策体系，实现全业务流程数字化。（吴晓东）

位于上海市青浦区北青公路 8228 号的上海名联供应链管理有限公司（青浦工业园区供稿）

■青浦区邮政分公司 EMS 业务　2021 年，青浦区邮政分公司推进寄递业改革，构建统一管控的寄递网络运营体系，提升管控效率、运营效益、资源效能。推进网络作业改革，打破行政区划，优化网络节点布局，压缩网络层级，提高运输管控和效能水平。推进揽投网络改革，加大自提网络建设，搞活揽投两端，激发经营活力。各环节生产质效明显提升，收寄、处理、运输、投递等环节提质增效，实现“保客户、提份额，保畅通、提形象，保质量、提体验，保安全、提品质”目标。年末，青浦区邮政分公司营业网点有 24 个，EMS 年快递业务 1184995 件。（吴晓东）

■极兔 68 亿元收购百世快递中国业务

10 月 29 日，极兔速递有限公司和百世集团共同宣布，极兔速递以约 68 亿元的价格收购百世集团的国内快递业务。双方优化在中国市场的末端网络布局，推进网络精细化运营。2021 年，极兔速递日均单量在 2000 万—2200 万之间，百世快递日均单量约为 2500 万，二者合并后，极兔速递日均单量可达4600万单，占全国快递市场份额的14%，仅次于中通、韵达和圆通。

（吴晓东）

■快递总部集聚青浦区 全国快递行业市场占有率前六的企业（中通、申通、圆通、韵达、极兔、顺丰）中有5家全国总部均位于青浦区。顺丰在青浦区有华东区域总部（于2013年成立）。青浦区"全国快递行业转型发展示范区"引领作用得到发挥。

（吴晓东）

2021年青浦区快递物流总部企业情况表

表29

序号	品牌	公司全称	总部性质	区域	地址
1	申通快递	申通快递有限公司	全国总部	重固	青浦区重固镇重达路58号
2	圆通速递	圆通速递有限公司	全国总部	华新	青浦区华新镇华徐公路3029弄18号
3	中通速递	中通快递股份有限公司	全国总部	华新	青浦区华新镇华志路1685号
4	韵达快运	上海韵达货运有限公司	全国总部	华新	青浦区盈港东路6679号
		上海韵达速递有限公司		工业园区	
5	德邦	上海德邦物流有限公司	全国总部	徐泾	青浦区徐泾镇明珠路1018号
6	顺丰速运	上海顺衡物流有限公司	区域总部	华新	青浦区华新镇华南路555号
7	壹米滴答	壹米滴答供应链管理有限公司	全国总部	徐泾	青浦区徐泾镇华徐公路685弄e通世界南区A座10层
8	极兔	上海极兔速递有限公司	全国总部	华新	青浦区华新镇华隆路1777号5幢1003
9	跨越	上海领速物流有限公司	区域总部	华新	青浦区华新镇华南路169号2幢-3

（吴晓东）

■安能物流上市 11月11日，上海安能聚创供应链管理有限公司（安能物流，9956.HK）在上海浦东香格里拉酒店通过与香港联合交易所远程连线的形式，完成香港联交所主板"云上市"仪式，成为青浦区第29家上市企业。区委书记徐建，区委副书记、区长杨小菁出席。

资料链接：安能物流是注册于青浦区的零担快运头部企业，2010年在青浦成立。至2021年，致力成为中国物流最有效率的连接者，单日货量峰值突破51000吨，是国家AAAAA级综合服务型物流企业，位居行业第一。2018—2020年，安能物流的零担收入分别是48.13亿元、53.35亿元、70.82亿元。

（吴晓东）

会 展

■概况 2021年，在国家会展中心（上海）举办展览活动34个（不包括"进博会"），展览总面积422.6万平方米，观展超过400万人次。全年新增会展企业35家、实现会展业税收1.7亿元。

国家会展中心（上海）位于徐泾镇，为中华人民共和国商务部和上海市人民政府合作共建项目，由国家会展中心（上海）有限责任公司负责运营管理。

（吴晓东 钟 犇）

■西虹桥商务区支持会展业发展 西虹桥商务区坚持以国家会展中心为核心标志的会展品牌引领战略，优化服务、配套、管理，助力国家会展中心发展，配合推进长三角城市会展联盟等合作机制，承办大型高端国际性展会活动，推动联合国亚洲采购中心项目建设，继续做大做强"6+365"平台。引进国际知名会展企业总部、境内外专业组展机构及上下游配套企业，做大会展经济规模。培育壮大会展产业链、提升价值链，推动会展业提质升级。（钟 犇）

■青浦企业参加首届长三角国际应急减灾和救援博览会 5月7—9日，以"应急防灾减灾护航新时代经济社会发

11月11日，上海安能聚创供应链管理有限公司在香港联合交易所上市，上市庆祝仪式在上海浦东香格里拉酒店举行 （区商务委供稿）

11 月 6 日，青浦区赵巷镇"6＋365"众采交易服务平台意向采购签约仪式在赵巷科技绿洲园区举行　（区商务会供稿）

展"为主题的首届长三角国际应急减灾和救援博览会，在国家会展中心（上海）举行。西虹桥公司联合北斗西虹桥基地，华测导航、联适导航、西虹桥导航技术、新智道枢、海积信息、诺力智能、海翊智能、戎慧智能、瀚界科技、尚远通讯、仪耐新材料、瞰景科技、网博网络、鹰方信息等与应急产业相关的优质企业共同参展国际应急博览会。展位位于 7.1H 场馆 A006 展位。北斗西虹桥基地携手基地内 16 家与应急产业相关参展。　（钟　犇）

■虹桥国际会展产业园揭牌　6 月 1 日，揭牌启动仪式在西虹桥商务区举行。区委副书记、代理区长徐建致辞，区委书记赵惠琴，上海虹桥商务区管委会党组书记、常务副主任闵师林共同为产业园揭牌。产业园位于西虹桥商务区，邻近国家会展中心，规划建设会展产业集聚区、联合办公区、创新企业孵化区、研究培训区四大功能区。启动仪式上，虹桥商务区管委会、国家会展中心运营中心、上海市会展行业协会、青浦区商务委、西虹桥公司共同签署共建虹桥国际会展产业园项目战略合作协议。西虹桥公司分别与国际展览、英富曼、云上会展、中贸美凯龙等 10 家会展行业领军企业签署合作协议。年末，有国际展览、英富曼、云上会展、中贸美凯龙等 164 家会展企业入驻园区。　（吴晓东　钟　犇）

■青浦企业签下第四届"进博会"上海交易团首单　11 月 5 日，第四届"进博会"开幕首日，在国家会展中心进博会现场，青浦西虹桥商务区企业云嘟（上海）科技有限公司与参展商行云物流商贸（香港）有限公司签署 7 亿美元采购意向订单，订单内容涉及智能家居类产品，成为第四届"进博会"上海交易团"首单"。区委书记徐建，区委副书记、代理区长、青浦交易分团团长杨小菁，市商务委副主任、上海交易团副秘书长申卫华等出席并见证签约。青浦连续四届"进博会"签下上海交易团首单。　（吴晓东　钟　犇）

■绿地贸易港（虹桥）国际贸易公共服务平台　9 月 15 日，在上海市正式发布。上海虹桥商务区管委会副主任、中国国际进口博览局副局长孔福安，副区长倪向军等出席活动。平台集交易促进、供应链管理、产品追溯、品牌营销、贸易金融、大数据服务、价格指数发布等功能于一体。年内，实现乌兹别克斯坦甜瓜中国首发、斯里兰卡客商投资开业中国首店、爱尔兰国家馆贸易订单落地等项目。　（吴晓东）

■赵巷众采平台成功签约 9000 万美元订单　11 月 6 日，青浦区"6＋365"平台之一的"众采交易服务平台"意向采购签约仪式在长三角赵巷科技绿洲园区举行，区政协副主席顾啸流出席活动并致辞。采购仪式上，众采平台受上海泓瑞食品有限公司的委托，与跨国肉业巨头 JBS 集团下属荷兰 SEARA MEATS 公司和美国 JBS SWIFT 两家公司签订总计 9000 万美元的采购意向合同。

资料链接：赵巷"6＋365"众采服务平台于 2019 年在赵巷镇挂牌成立，由中国商业联合会、中国合作贸易企业协会、中国对外贸易经济合作企业协会 3 家协会联合组建，以实现永不落幕的进口博览会为目标。泓瑞食品公司在中国肉类进口行业排名前十，2017 年成立自有品牌"帕尔司（pales）"，为京东平台上猪肉销量第一、牛肉销量前五的电商品牌。JBS 集团总部位于巴西，是巴西最大的跨国食品加工集团，年销售额超过 500 亿美元，在财富全球 500 强中排名第 191 位。　（吴晓东）

LUYOUYE
旅游业

◎ 编辑 赵 峰

综　述

2021 年，青浦区旅游业融入上海世界著名旅游城市建设，打造集人文历史体验、水乡度假休闲、商务会展交流、运动健康养生等于一体的高品质全域性旅游目的地。全区主要旅游景区（点）43 家，其中国家 A 级景区 9 家。有星级饭店 9 家、A 级旅行社 18 家、备案民宿经营主体 12 家。全年旅行社、旅游饭店、旅游景区接待游客 742.58 万人次，比上年增长 97.93%；全区旅游总收入 90.23 亿元，比上年增长 106.24%。

（陆佳欢）

旅游市场开发

■概况　2021 年，围绕“上海之门”内涵，挖掘和展示青浦特色，创新旅游产品宣传推介，强化青浦旅游资源整合输送，开展长三角生态绿色一体化发展示范区建设，全方位展示和宣传青浦旅游形象，聚焦中国共产党成立 100 周年深挖区内红色旅游资源，挖掘乡村特色，推动乡村旅游市场，扩大青浦旅游影响力和知名度。10 月 18 日，青浦崧泽遗址被公布为上海市唯一入选中国“百年百大考古发现”项目。青龙镇遗址被国家文物局公布为“十四五”时期中国 150 处大遗址之一，为上海唯一入选遗址。年内，青浦区朱家角镇张马村入选 2021 世界旅游联盟——旅游助力乡村振兴案例。章堰村文化馆、可・美术馆、薄荷香文苑书屋、环城水系公园上善广场、青溪园入选市文旅局公布的 100 个上海市“家门口的好去处”名单。

（陆佳欢）

■旅游交易会及推介会　3 月 17 日，参加上海市文化和旅游局和《旅游时报》社联合主办的 2021 年四季上海文化旅游消费信息春季发布会暨职工“爱上海、游上海”活动启动仪式。4 月 1 日，组织朱家角古镇、上海大观园、东方绿舟、联怡枇杷乐园、美帆游艇俱乐部、阿特麦文化创意产业园等文旅企业参加在上海世博展览馆举行的首届上海国际旅游产业博览会。7 月 9 日，协助开展湖州・南浔文旅推介会暨畅游“水晶晶南浔”之旅（上海站）活动。7 月 12 日，协助开展青海都兰长三角文化旅游（上海青浦）推介会。7 月 23 日，在国家会展中心上海洲际酒店举行“将养心肺・乐享呼吸”——将乐县旅游康养上海推介会。9 月 28 日，组织青西郊野公园二期等项目参加上海市旅游投资促进主题推介大会。

（陆佳欢）

■跨地区旅游交流活动　3 月 11 日，在张马景区旅游咨询服务中心举行 2021 年青浦吴江嘉善旅游公共服务工作通气会。5 月 15 日，组织朱家角古镇、上海张马景区、上海联怡枇杷乐园参加在上海徐汇区举行的“嘉善——我梦中的江南水乡”2021 浙江・嘉善数字文旅（上海）推介会。7 月 13 日，与福建省三明市将乐县文体和旅游局商谈两地客源市场对接及旅游产品合作事宜。7 月 22 日，2021 年长三角生态绿色一体化发展示范区“五五购物节”青浦区成果发布会举行。9 月 6 日，长三角湖区旅游联盟第一次工作会议在青浦举行。

（陆佳欢）

■长三角旅游湖区联盟成立　9 月 6 日，长三角湖区旅游联盟第一次工作会议在青浦区举行。青浦、吴江、嘉善、昆山四地文旅部门签订联盟协议，确定推动四地旅游资源的融合发展，共同打造“世界湖区”的文化旅游品牌。会议形成以联盟主席牵头、秘书处协调的固定工作机制，由发起单位轮值联盟主席，轮值期为一年。首届联盟轮值主席由青浦区文化和旅游局担任。（陆佳欢）

■特色旅游资源宣传　策划开展一系列特色主题宣传活动。1 月，以“‘青’彩四季・踏花寻春”“‘青’彩四季・心动一‘夏’”“香满秋・一起游”和“辞旧岁・寻年味”为全年主题，推出《青浦“原年人”必备乐嗨攻略》和“游园迎新之旅”“文化寻源之旅”“古镇民俗之旅”“亲子休闲之旅”“美食游购之旅”“乡野寻趣之旅”“红色印记之旅”7 条“嗨玩青浦”线路。2 月，以梅花、白玉兰、樱花、油菜花、海棠、薰衣草、枇杷、蓝莓等为主题，推出 4 条春季 48 小时线路。5 月，推出夏季青浦文旅产品，挖掘朱家角夜游、寻梦源璀璨灯海烟花节、东方绿舟 MILO 音乐节、太阳岛沙滩泳场等夏季文旅资源，结合七夕、中秋节节日以及夏季夜游资源，制作发布夜游视频。9 月，以“香满秋，一起游”为主题，推出秋季“‘桂’在香遇”“持螯品菊”“银杏古韵”“‘进博’夜购”“最美乡村”5 条秋游线路。12 月，围绕辞旧迎新，网罗应季好景好货主题，推出“游园祈福”“看戏观展”“美食美购”等活动。

（陆佳欢）

旅游景区

■概况　指导区内景区和旅游企业开展创 A、升 A 和景区复核等工作。以朱家角 AAAAA 创建为契机，牵头谋划朱家角古镇业态高质量提升工作，着力打响“高颜值　最江南”的品牌效应。年末，全区有国家 A 级景区 9 家，其中，国家 AAAA 级旅游景区 6 家，分别为朱家角古镇、上海市青少年校外活动营地——东方绿舟、上海大观园、陈云故里・练塘古镇、上海联怡枇杷乐园、上海张马景区，国家 AAA 级旅游景区 3 家，分别为福泉山遗址、上海崧泽遗址博物馆、金泽古镇。　（陆佳欢）

■东方绿舟　地处淀山湖畔，占地 373.33 公顷，其中水域面积 133.33 公顷。由智慧大道区、勇敢智慧区、国防教育区、生存挑战区、科学探索区、水上运动区、体育训练区、生活实践区 8 大园区组成，有智慧大道、仿真航空母舰、潜艇、湖滨广场、渔人码头等 16 处景点和户外攀岩、趣桥体验、野营烧烤、水上运动、拓展训练等 30 余项活动项目。4 月 4 日，由安徽省双乐皮影戏艺术团配送的“秀江南　享‘青’彩”专题活动在东方绿舟开演，配送活动由区文旅局主办，区文化资源配送中心和朱家角东方绿舟度假村共同承办。5 月 1—3 日，举行草莓音乐节。5 月 11 日，举行以“秉承‘长征精神’延续‘薪火长征路’”为主题的红军足印纪念园开园仪式。6 月 5 日，举行第三届上海市学生生态环保节开幕式暨高校生态文明志愿服务总队专题培训活动。7 月 17—18 日，举行 2021Milo 音乐节。7 月 24—25 日，开展“小手牵大手　抗疫一起走”安全实训亲子体验日。10 月 16 日，举行第十三届上海模型节开幕式。全年接待游客

70.73 万人次。（陆佳欢）

■朱家角古镇 西临淀山湖、小淀山，北环大淀湖，占地面积1.04平方公里。有9条老街、千余栋明清建筑、36座古桥，有城隍庙、圆津禅院、课植园、席氏厅堂、大清邮局、上海手工艺朱家角展示馆等景点。5月1日—10月31日，朱家角古镇推出夜游活动。6月14日端午节当天，“建筑可阅读”微旅行活动在朱家角古镇举行。7月17日，“千年古韵，礼乐九州”中南朱里雅集首届传统文化旅游月开启。10月5—7日，第十五届朱家角江南水乡音乐节举行。12月11日，“丝竹不乱耳”萧文化系列分享会在课植园内首次开演。全年接待游客328.62万人次。（陆佳欢）

10月5—7日，第十五届朱家角江南水乡音乐节举行（区文化旅游局供稿）

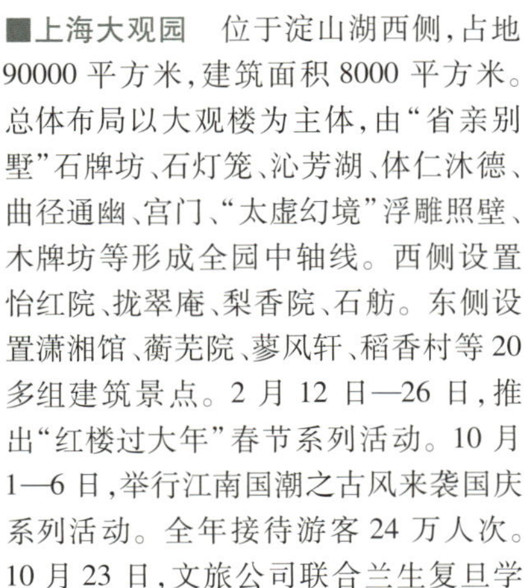

■上海大观园 位于淀山湖西侧，占地90000平方米，建筑面积8000平方米。总体布局以大观楼为主体，由“省亲别墅”石牌坊、石灯笼、沁芳湖、体仁沐德、曲径通幽、宫门、“太虚幻境”浮雕照壁、木牌坊等形成全园中轴线。西侧设置怡红院、拢翠庵、梨香院、石舫。东侧设置潇湘馆、蘅芜院、蓼风轩、稻香村等20多组建筑景点。2月12日—26日，推出“红楼过大年”春节系列活动。10月1—6日，举行江南国潮之古风来袭国庆系列活动。全年接待游客24万人次。10月23日，文旅公司联合兰生复旦学校组织“回归自然，感受郊野”和“走进大观园，解读《红楼梦》”2场定制化研学活动，近1200名学生参加。活动中，推广“狮狮如意”文创产品。（陆佳欢）

■陈云故里·练塘古镇 2016年3月，成为国家AAAA级旅游景区。练塘古镇位于苏、浙、沪三省交汇处，以“鱼米之乡”“茭白之乡”闻名。历史悠久，明清建筑群总面积10.1万平方米。有经确认的省市级文物保护单位2处、区县级文物保护单位9处、已登记的不可移动文物8处。2000年6月，陈云故居暨青浦革命历史纪念馆在练塘镇建成开馆。2013年5月，经中央批准更名为陈云纪念馆。占地面积4.1公顷，由铜像广场、主馆、陈云故居、陈云手迹碑廊和长春园组成。主馆分展厅、文物厅、缅怀厅以及青浦革命历史陈列厅4个部分。

练塘古镇。3月15日，“上海市‘农机3·15’消费者权益日活动暨放心农机下乡现场会”在青浦区练塘镇举行。4月24日，联动上海“五五购物节”锦溪专场暨2021年长三角水乡古镇特色糕点品鉴大赛在昆山锦溪举行，由练塘镇选送的“练塘茭糕”获得大赛金奖。9月30日，以“‘茭’美练塘，幸福中国”为主题的第十三届中国农民丰收节活动之2021上海练塘茭白节暨古镇旅游文化节在可·美术馆开幕。

陈云纪念馆。2月14日，举行“奋斗百年路、启航新征程——‘人人讲党史’情景党课展演”活动。4月9日，与南昌市文化广电新闻出版旅游局联合主办，由南昌市小平小道陈云旧居陈列馆承办的“改革开放从这里走来——庆祝建党100周年专题展”开展仪式在陈云纪念馆举行。5月18日，举行“峥嵘百年、与党同行”——庆祝中国共产党成立100周年专题文化配送启动仪式。7月1日—8月14日，与上海鲁迅纪念馆联合在上海鲁迅纪念馆“奔流艺苑”专题展厅举办“永远跟党走——党史中的陈云”展览。7月21日，陈云纪念馆举办的“百年风华铸丰碑”——红色故

12月11日，“锦绣江南，乐聚大观”第二届江南国潮节在大观园举行，图为练塘糕团制作技艺现场（区文化旅游局供稿）

事大讲堂在朱家角景苑举行。7月22日，与陈云思想生平研究会联合在上海市举办“陈云与党的历史——庆祝中国共产党成立100周年”学术研讨会，全国各地的近百位专家学者参加会议。11月3日，与上海工程技术大学共建签约仪式暨陈云曲艺党课进校园活动在上海工程技术大学图文信息中心举行。11月23日上午，与中共国家电投党校上海电力分校共建签约揭牌仪式在陈云纪念馆举行。全年接待游客28.43万人次。（陆佳欢）

张马景区寻梦源薰衣草花田（区文化旅游局供稿）

■福泉山遗址 位于青浦区重固镇西，占地1公顷，于1962年发掘。遗址完整保留距今6000—7000年各个时期的文化叠压遗存。有新石器时代的马家浜文化、崧泽文化、良渚文化、广富林文化、马桥文化以及战国、汉代等时期遗存，出土玉器、石器、陶器等各类文物3000余件，被考古学家誉为“中国的土筑金字塔”“古上海的历史年表”。11月，开展反恐、消防演习活动。全年接待游客1.06万人次。（陆佳欢）

■上海联怡枇杷乐园 位于青浦区外青松公路7166号，占地58.67公顷。有精品枇杷种植区、枇杷科普长廊区、新品种示范区等生态旅游区域，大型节能生态绿色餐厅、生态环保度假客房、全天候生态会议中心等设施。定期举行的联怡枇杷节以及暑期的亲子田间课堂。5月15日，以“共尝优果优品，共享健康生活”为主题的第九届青浦枇杷文化旅游节暨绿色农产品展示展销会举行。全年接待游客44.64万人次。（陆佳欢）

■张马景区 位于朱家角镇南端张马村，泖河边，距离朱家角古镇景区6公里。2019年10月，被批准为国家AAAA级旅游景区。景区一期1.02平方公里，包括莫家村和施家浜2个自然村，寻梦源和农情园2个园区，有游客服务中心和泖塔文化广场，有義田民宿、梦源居2家民宿。2月26日—4月5日，举行首届樱花节暨春季花海旅游季。5月15—6月15日，举行首届薰衣草文化月。5月21日，在张马景区旅游咨询服务中心举行“乡恋江南文化，乡约文明之旅”——2021年青浦区文旅融合赋能乡村振兴暨文明旅游宣传活动。7月16日—9月30日，举行寻梦源璀璨之夜嘉年华。11月，入选2021世界旅游联盟——旅游助力乡村振兴案例。全年接待游客18.08万人次。（陆佳欢）

1月28日，全国政协常委、中央文史研究馆馆员、复旦大学教授葛剑雄在知道书院作书院首场讲座《江南文化中的上海》（区文化旅游局供稿）

■环城水系公园 青浦环城水系公园由淀浦河、油墩港、上达河、西大盈港4条约21公里（内外圈共计约43公里）骨干河道及两岸景观组成（骨干河道围合在内的区域约24平方公里，为青浦新城核心区）。于2016年11月开工建设，2019年12月，贯通建成。新建31座桥梁，新建内外两环约43公里滨水绿道，形成200公顷滨水开放空间。更新改造28公里河岸，新增10.67公顷水面，10.67公绿地、林地。有足球、篮球、网球、极限运动等35处休闲运动健身场地，骑行道长度约26公里、步行道长度约22公里，码头18座。从建筑物式样、雕塑小品等方面系统展示青浦特色水文化、漕运文化、先民文化、红色文化、民俗文化。特色景观有清代特色的水城门、知道书院。

1月28日，知道书院暨青浦名人馆开院仪式在青溪园知道书院门前广场举行。开院仪式后，全国政协常委、中央文史研究馆馆员、复旦大学教授葛剑雄作书院首场讲座《江南文化中的上海》。

知道书院于2019年6月开始动工兴建，历时一年半。位于青溪园内，西邻万寿古塔，是环城水系公园中的文化亮点工程，占地4000平方米，建筑面积1354米，其中青浦名人馆建筑面积950平方米。书院建筑沿袭中式书院风格，呈严谨的中轴线对称式布局，采用白色外墙涂料粉刷、灰色筒瓦等材料，展现传统色彩及机理特色，以中式园林为主导。书院有青浦名人馆、讲书堂、藏书阁等区域。

青浦名人馆设青浦“古代名人”“近代名人”和“现代名人”3个部分，汇集故宫博物院、上海博物馆等收藏的大量文献资料，图文并茂，采用沉浸式影院、互动多媒体等形式立体展示陆机、夏瑞芳、陈云、吴文俊等44位青浦杰出人物的生平事迹，是全市首家区域性名人展示馆。（陆佳欢）

5月1日，国家级非遗名录“青浦田山歌”实景剧《乡音归来》在青西郊野公园首演（区文旅公司供稿）

■崧泽遗址博物馆 坐落于全国重点文物保护单位——崧泽遗址，地处上海市青浦区赵巷镇崧泽村，建筑面积3680平方米。主展厅由“发现崧泽遗址”“走进崧泽社会”“传承崧泽遗产”三部分组成，集中展示上海早期人类文化发展的历史进程。崧泽遗址发现于1957年，是上海最古老的原始社会遗址，被誉为“上海之源”。10月18日，被公布为“百年百大考古发现”之一。全年接待游客2.73万人次。（陆佳欢）

■金泽古镇 位于青浦境域西南，始建于唐代，1300多年历史。拥有源远流长的庙桥文化，承载着“桥桥有庙，庙庙通桥”的独特文化景观。存宋元明清四朝古桥7座，其中宋代的普济桥是上海保存最完整、年代最早的单孔石拱桥。一年两次的金泽庙会，衍生出民俗、饮食、演艺等地方文化。有青浦田山歌、宣卷、阿婆茶、烙画、篰具制作技艺等非遗项目。1月15日，“筑梦乡村·幸福小康”——金泽镇美丽乡村东西村“村晚”在该村村民活动中心举行，活动由区文化馆、镇文体中心、东西村村民委员会联合组织。4月9日，2021年长三角一体化阅读联盟合作项目启动暨签约仪式在金泽镇莲湖村青浦图书馆馆外服务点举行。全年接待游客40.78万人次。（陆佳欢）

■青西郊野公园 位于青浦区西南部，东至山泾港，规划路，西至练西公路，南至南横港，北至淀山湖，规划总面积22.35平方公里。物种资源丰富，“湖、滩、荡、岛”纵横交错，湿地、湖泊、河流、森林，形成多样化的生态系统，是上海市唯一一个以湿地为特色的郊野公园。一期开放区域4.6平方公里，2016年10月开园，以大莲湖为中心，挖掘、利用原有地理、生态等资源，以湿地、生态、自然、休憩为主题，建设水乡农田示范区、生态保育功能区、渔村休闲体验区三大功能片区，主要景观有水上森林、杉林鹭影、青韵野径、湿地湾堰、水漾湿地、芦雪迷踪等。其中15公顷的水上森林上海独有，被誉为池杉奇观。保留具有江南水乡格调的村庄——莲湖村，为首批市级乡村振兴示范村。2021年5月1日，国家级非遗名录“青浦田山歌”实景剧《乡音归来》举行首演。全年“田山歌”《乡音归来》实景演出8场，800余人参与演出活动，衍生农业文化类文创产品（茭白叶编织、香囊、羮糕）展出。全年主营业务收入332.6万元，接待游客60万人次。（丁启涛）

2021年青浦区主要旅游景区（点）情况表

表30

名称	地址	电话	备注
朱家角古镇	青浦区朱家角镇	59240077	AAAA
上海大观园	青浦区金商路701号	59262089	AAAA
陈云纪念馆	青浦区练塘朱枫公路3516号	59257184	AAAA
练塘古镇	青浦区练塘镇	59258166	AAAA
东方绿舟	青浦区沪青平公路6888号	59233000	AAAA
联怡枇杷乐园	青浦区外青松公路7166号	39270218	AAAA

（续表）

名称	地址	电话	备注
张马景区·寻梦源	青浦区朱家角镇沈太路 2365 号	62758862	AAAA
张马景区·太阳岛度假区	青浦区朱家角镇沈太路 2588 弄	61869688	AAAA
福泉山遗址	青浦区重固镇福泉山路 658 号	59780912	AAA
上海崧泽遗址博物馆	青浦区沪青平公路 3993 号	59755777	AAA
金泽古镇	青浦区金泽镇	59260008	AAA
上海曲水园	青浦区公园路 612 号	59737044	
青西郊野公园	青浦区金泽镇紫莲路 500 号	69835188	
莲湖村	青浦区金泽镇蔡浜村	59281381	
蔡浜村	青浦区金泽镇莲湖村	59271153	
东庄村	青浦区练塘镇东庄村	59811160	
青浦博物馆	青浦区华青南路 1000 号	33860430	
青浦图书馆	青浦区青龙路 60 号	33860403	
青溪园	青浦区淀浦河南侧青松路西侧至柘泽塘	69719909	
可·美术馆	青浦区练塘镇金田路 428 号	59256115	
彩虹桥	青浦区绿湖路 961 号	—	
元荡生态岸线	青浦区元荡湖	—	
凯博农庄	青浦区外青松公路 7188 号	59710077	
四季百果园	青浦区朱家角镇盛家埭	59238112	
上海大千天鹅湖庄园	青浦区朱家角镇西洋淀 1 号	59238800	
草莓姑娘庄园	青浦区白鹤镇金项村启圣路 253 号	13524092855	
万达儿童乐园/汽车乐园	青浦区淀山湖大道 851 号青浦万达茂 A 区 2F/B 区 3F	4000213366	
元祖梦世界	青浦区赵巷镇嘉松中路 6200 号	61897155	
百联奥特莱斯	青浦区沪青平公路 2888 号(嘉松中路 5555 号)	59756060	
夏都小镇	青浦区沪青平公路 1583 号	39887160	
绿地全球商品贸易港	青浦区诸光路 1588 弄 1 号	69787801	
首位奥特莱斯	青浦区蟠中东路 188 弄	60259786	
报国寺	青浦区朱家角镇淀峰村	69247826	
青龙寺	青浦区白鹤镇青龙村	69744481	
天光寺	青浦区练塘镇练东村泖口 600 号	59849901	
岑卜村绿地水韵农庄	青浦区金泽镇岑卜村 220 号	59255557	
水上运动场	青浦区朱家角镇山湾盈朱路 289 号	59233162	
银涛高尔夫	青浦区沪青平公路 2222 号	59767998	
美帆游艇俱乐部	青浦区金商公路 588 号	59262835	
弘阳农业	青浦区杜村公路 337 号	59741205	
西郊国际农产品交易中心	青浦区华新镇华徐公路 3833 号	69798888	
上海人文纪念公园	青浦区外青松公路 7270 弄 600 号	54255151	
草莓之乡白鹤	青浦区外青松公路 2753 弄 69 号	39821622	

（陆佳欢）

旅游节庆

■概况 2021年，青浦旅游市场突出青浦地方特色，巩固提升“五五购物节”、上海青浦淀山湖文化艺术节暨旅游购物节、白鹤草莓节、枇杷文化旅游节、练塘茭白节等品牌节庆活动的举行水平，激发市场活力，带动旅游消费。 （陆佳欢）

■2021年第十二届上海白鹤草莓文化节 12月28日，2021第十二届上海青浦白鹤草莓文化节在“中国草莓之乡”青浦区白鹤镇开幕。草莓节以“振兴‘莓’好乡村，‘鹤’彩幸福生活”为主题。活动仪式上，白鹤镇与青浦区对口帮扶地区云南省德宏傣族景颇族自治州芒市签订战略合作框架协议，白鹤草莓芒市实验基地揭牌。现场展示白鹤、芒市优质农产品，线上渠道销售同时对外发布。 （陆佳欢）

■2021年上海练塘茭白节暨古镇旅游文化节 9月30日—10月4日，“茭美练塘，幸福中国”——2021上海练塘茭白节暨古镇旅游文化节在练塘镇举行。主会场位于可·美术馆，馆内设茭白主题体验馆、咖啡美食街、艺术宫殿、音乐节、集印章抽奖享民宿等活动，展示茭白编织立体画、茭白主题水墨画、油画等。分会场位于东庄村、徐练村、太北村3个村的田野间，设立红色足迹徒步行、徐练十二景游览活动、田间茭白采摘观摩、儿童娱乐游戏等活动。 （陆佳欢）

■2021年上海青浦淀山湖文化艺术节暨旅游购物节 9月25日—10月17日，淀山湖文化艺术节暨旅游购物节在青浦区举行。通过整合区域内优质会商文体旅农等资源，打造“好吃”“好看”“好购”“好玩”“好住”全域旅游新产品。聚焦红色旅游、乡村振兴、青浦新城建设、文旅商农联动、长三角一体化等相关主题，侧重线上线下联动、多业跨界融合。 （陆佳欢）

■小长假旅游接待 元旦3天假期。区内朱家角古镇、东方绿舟、大观园等11家定点旅游统计景区（点）接待游客7万人次，实现门票收入20.3万元，上海奥特莱斯品牌直销广场销售收入10092.6万元。

清明3天假期。各主要景区（点）接待人次及旅游收入较上年均有小幅下降。区内朱家角古镇、东方绿舟、大观园等11家定点统计景区（点）接待游客16.03万人次，实现门票收入180.8万元。上海奥特莱斯品牌直销广场销售额8126万元。

“五一”5天假期。朱家角古镇、东方绿舟、大观园等10家定点统计景区（点）接待游客31.91万人次，实现门票收入365.56万元。上海奥特莱斯品牌直销广场销售收入17050万元。

“中秋”3天假期，晴天。10家定点统计景区（点）接待游客13.14万人次，实现门票收入111.52万元。上海奥特莱斯品牌直销广场销售收入7819万元。 （陆佳欢）

■“黄金周”旅游接待 春节8天假期，11个定点统计景区（点）接待游客34.62万人次。购物旅游市场火爆，区内主要商圈推出新春促销活动，其中奥特莱斯品牌直销广场销售额1.99亿元。

国庆7天假期，全区接待游客96.76万人次。其中，9个A级景区（点）接待游客47.35万人次，比上年增长10.26%；实现景区门票营业收入639.75万元，比上年增长33.8%。其他文旅场所接待游客49.41万人次。1—7日，朱家角古镇吸引游客量21.3万人次，比上年增长12.9%。住宿市场，定点度假酒店，1—6日出租率95%。购物旅游市场火爆，奥特莱斯品牌直销广场7日销售额2.53亿元。 （陆佳欢）

行业管理

■概况 2021年，强化旅游安全管理，主动实施行业安全管理措施，开展行业消防安全教育，推进文旅行业消防安全标准化建设，实施行业安全检查，落实重点区域、重点节点安全保障，开展第四届“进博会”行业消防安全和“进博会”保障工作。推进朱家角古镇AAAAA创建。开展区内“平安景区”创建，2021年度，共有8家景区参与平安景区创建，其中3家授予平安示范景区称号，5授予平安景区称号。在文化和旅游行业开展制止餐饮浪费行为培养节约习惯推进工作。

年末，全区星级宾馆9家，其中五星级宾馆1家（上海朱家角皇家郁金香花园酒店）、四星级宾馆1家（上海迪利特大酒店）；旅行社62家，其中A级旅行社18家（AAAA级旅行社2家、AAA级旅行社16家）；已备案民宿经营主体12家。 （陆佳欢）

3月28日，“五湖耀新城·文旅润民心”2021年上海市民文化节开幕

（区文化旅游局供稿）

青浦区 A 级旅游景区最大承载量情况表

表 31

景区名称	景区等级	日承载量(人次)	瞬时承载量(人次)
陈云故里·练塘古镇	AAAA	31220	14886
上海大观园	AAAA	20000	5271
上海朱家角古镇	AAAA	58313	18077
上海市青少年校外活动营地——东方绿舟	AAAA	110188	55094
上海联怡枇杷乐园	AAAA	10540	5270
上海张马景区	AAAA	50000	30000
上海福泉山遗址景区	AAA	2660	500
上海崧泽遗址博物馆	AAA	500	100
上海金泽古镇	AAA	50000	20000

(陆佳欢)

■**国家 A 级旅游景区评定复核** 指导2家(AAAA 级景区陈云故里·练塘古镇景区、上海张马景区)开展复评准备工作。邀请市社科院和市旅游协会景区分会的有关专家对3家 AAA 景区(上海福泉山遗址景区、上海崧泽遗址博物馆、上海金泽古镇)开展复核。2021 年,全区5家 A 级景区完成验收。

(陆佳欢)

位于朱家角镇西井街54弄、56弄的井亭民宿

■**旅游安全监管** 围绕统筹房源供给、住宿价格稳定、服务质量提升三大重点任务,做好第四届"进博会"旅游住宿保障工作。举行"展技能、优服务、保安全,文旅同心、进博同行"青浦文旅行业服务保障进博会誓师大会。区文旅局会同发改委实行第四届"进博会"价格监测工作,将全区12家原有酒店纳入审价、监测范围。对21家新开业酒店、1家重新装修酒店价格申报进行指导并审核。 (陆佳欢)

■**旅游公共服务** 深化对朱家角镇、练塘镇、金泽镇、张马景区、枇杷园景区旅游咨询服务中心的指导和管理。在各中心设立公共阅读空间,经常性开展公共阅览服务,打造亲子阅读区域。依托朱家角的田山歌、摇快船等非遗资源,为咨询服务中心注入和导入特色的江南文化服务。推出红色旅游攻略图,以轨交17号线为脉络,由东到西,串联起青浦红色旅游的线路图。依托旅游公司、咨询中心、景区(点)、美丽乡村等条块资源,举行"乡恋江南文化,乡约文明之旅"2021 年青浦区文旅融合赋能乡村振兴暨文明旅游宣传活动。深化青吴嘉旅游公共服务联席会议机制。推动旅游厕所从"有没有"向"好不好"转变,全区有旅游厕所99个。

(陆佳欢)

■**新增旅行社分社2家** 分别为泰州市中航国际旅行社有限公司(分社)、福建中信国际旅行社有限公司上海分公司,经营境内旅游业务、入境旅游业务。泰州市中航国际旅行社有限公司(分社)注册地址为上海市青浦区青赵公路90号;福建中信国际旅行社有限公司上海分公司注册地为上海市青浦区诸光路1588弄530号407室。年内,因新冠肺炎疫情暂缓 A 级旅行社评定复核工作。 (陆佳欢)

■**民宿准入和评定** 依托《青浦区乡村民宿发展实施细则》《青浦区古镇民宿发展实施细则》,建立联席会议制度,规范申办流程。完善区镇两级民宿备案工作机制,区民宿联席办形成《青浦区民宿备案初审意见表》,强化和落实属地初审制度。开展民宿备案、复核审查和开办指导。全年颁发民宿备案证明8张,复核审查14张。全区经营主体12家,民宿场所15处,发放民宿备案证明21张。3月,位于张马景区的梦源居被

授予市级四星级乡村民宿。年末，全区有義田民宿、梦源居2家四星级乡村民宿。参照《上海市乡村民宿服务质量等级评定细则》有关要求，井亭民宿于8月被授予区黑金门级古镇民宿。

（陆佳欢）

2021 年青浦区星级饭店情况表

表 32

名称	地址	电话	星级
上海朱家角皇家郁金香花园酒店	青浦区朱家角浦祥路 79 号	39233333	五星
上海迪利特大酒店	青浦区华新镇华腾路 288 号	39777888	四星
上海群略商务发展有限公司青浦宾馆	青浦区城中北路 79 号	59850688	三星
上海虹珠苑宾馆	青浦区朱家角镇复兴路 333 号	60829898	三星
上海南华苑度假村	青浦区华新镇华腾路 969 号	59794100	三星
上海伊百花园	青浦区西岑练西路 4085 号	59295779	三星
上海东方绿舟度假村	青浦区沪青平公路 6888 号	59233000	三星
中石化上海会议中心	青浦区沪青平公路 8700 号	59262960	三星
上海珠街阁大酒店	青浦区朱家角祥凝浜路 118 号	59230000	三星

（陆佳欢）

2021 年青浦区 A 级旅行社情况表

表 33

名称	地址	电话	等级
上海联航国际旅行社有限公司	青浦区城中东路 30 号	69715879	AAAA
上海景泰国际旅行社有限公司	上海市青浦区淀山湖大道 399 弄 1 号 311 室	69729700	AAAA
上海海贝国际旅行社有限公司	上海市青浦区外青松公路 6086 号	69218564	AAA
上海太阳岛旅行社有限公司	青浦区练塘镇朱枫公路 3501 号	59257918	AAA
上海昊鹰旅行社有限公司	青浦区盈港路 453 号港隆国际 1620 室	69223956	AAA
上海务实商务旅行社有限公司	青浦区欧洲街 84 弄 2 号	59731262	AAA
上海京申旅行社有限公司	上海市青浦区浦仓路 500 弄 12 号	59731999	AAA
上海育星旅行社有限公司	上海市青浦区外青松公路 6082 号	59720858	AAA
上海众兴国际旅行社有限公司	上海市青浦区振盈路 87 号 1122 室	69200077	AAA
上海青浦旅游总社有限公司	青浦区城中东路 12 号	69714992	AAA
上海小月国际旅行社有限公司	青浦区朱家角镇油车浜路 81－1 号	64012098	AAA
上海昱辰国际旅行社有限公司	青浦区朱家角镇新风路 185 弄 2 号 205 室	39275152	AAA
上海夏阳旅行社有限公司	青浦区外青松公路 5529 号 104 室	59729888	AAA
上海玺然国际旅行社有限公司	沪青平公路 5630 号 1 幢 203 室	51516550	AAA
上海霞逸旅行社有限公司	上海市青浦区盈浦街道淀山湖大道 866 弄 9 号 418 室	69711199	AAA
上海青倾国际旅行社有限公司	青浦区漕穗北路 118 弄 146—148 号	39789188	AAA
上海奇胜旅行社有限公司	上海市青浦区漕程路 221 弄 28、30 号 1 层	59851766	AAA
上海晟鑫旅行社有限公司	青浦区新海路 76 号	59731267	AAA

（陆佳欢）

2021 年青浦区已备案民宿经营主体情况表

表 34

<table>
<tr><th colspan="2">名称</th><th>民宿类型</th><th>地址</th><th>电话</th></tr>
<tr><td colspan="2">羲田民宿</td><td>乡村民宿</td><td>青浦区朱家角镇张马村星光 302 号</td><td>18221080879</td></tr>
<tr><td colspan="2">梦源居</td><td>乡村民宿</td><td>青浦区朱家角镇张马村星光 286 号</td><td>13681949918</td></tr>
<tr><td rowspan="3">金泽工艺社</td><td>蓬莱岛</td><td rowspan="3">乡村民宿</td><td>青浦区金泽镇下塘街 1 号</td><td rowspan="3">18930419567</td></tr>
<tr><td>小瀛洲</td><td>青浦区金泽镇下塘街 1 号</td></tr>
<tr><td>枇杷墅</td><td>青浦区金泽镇沪青平公路 9517 号</td></tr>
<tr><td colspan="2">井亭民宿</td><td>古镇民宿</td><td>青浦区朱家角镇西井街 54 弄、56 弄</td><td>18621953150</td></tr>
<tr><td colspan="2">草莓苑</td><td>乡村民宿</td><td>青浦区白鹤镇兴利路 157 号</td><td>13913228118</td></tr>
<tr><td colspan="2">老谷仓</td><td>乡村民宿</td><td>青浦区金泽镇陈新路 585 号</td><td>18930665757</td></tr>
<tr><td colspan="2">朱家角雪堂民宿</td><td>古镇民宿</td><td>青浦区朱家角镇沙家埭村 7 队</td><td>13901995632</td></tr>
<tr><td colspan="2">恋塘三赏</td><td>乡村民宿</td><td>青浦区练塘镇东庄村蒸东 73 号</td><td>13601631131</td></tr>
<tr><td colspan="2">青西乡里宿</td><td>乡村民宿</td><td>青浦区金泽镇莲湖村谢庄 61 号</td><td>13901794478</td></tr>
<tr><td colspan="2">乐稻心田</td><td>乡村民宿</td><td>青浦区朱家角镇周家港村 281 号</td><td>13818864441</td></tr>
<tr><td colspan="2">山二一宅</td><td>乡村民宿</td><td>青浦区金泽镇岑卜村 321 号</td><td>13916617161</td></tr>
<tr><td rowspan="2">一稻</td><td>一稻 · 朴宿</td><td rowspan="2">乡村民宿</td><td>青浦区赵巷镇方夏村方西 35 号</td><td rowspan="2">13671808597</td></tr>
<tr><td>一稻 · 乡村研居所</td><td>青浦区赵巷镇方夏村方西 36 号</td></tr>
</table>

（陆佳欢）

10 月 23 日，兰生复旦学校学生参加“走进大观园，解读《红楼梦》”研学活动
（区文旅公司供稿）

JINRONG
金 融

◎ 编辑 赵 峰

综述 ／ 银行 ／ 保险
证券 ／ 金融服务

综述

2021 年，全区金融业增加值 54.83 亿元，比上年增长 6.7%，占全区地区增加值的 4.2%。有银行 29 家、经营网点 138 个，小额贷款公司 4 家，商业保理公司 5 家，典当行 9 家，融资租赁公司 1 家。新增场外市场挂牌企业 12 家，其中上海股交中心 12 家。年末全区 29 家银行各项存款余额 2522.37 亿元，比上年增长 14.6%。其中，单位存款余额 1287.74 亿元，比上年增长 12.1%；个人存款余额 1153.37 亿元，比上年增长 13%；结构性存款余额 41.07 亿元，比上年增长 32.5%；金融机构存款余额 40.18 亿元。各项商业贷款余额 1440.48 亿元，比上年增长 12%。其中，单位贷款余额 750.07 亿元，比上年增长 8.5%；个人贷款 657.53 亿元，比上年增长 14.2%；其他贷款余额 32.88 亿元。公积金贷款 204.41 亿元，比上年增长 6.7%。

推进金融发展规划研究。完成《青浦区金融业发展“十四五”规划》编制工作。会同市金融局、长三角一体化示范区执委会开展绿色金融改革创新工作研究，5 月 8 日，到国家发改委、中国人民银行总部专题汇报，汇报内容包括：青浦区围绕绿色低碳高质量发展目标要求，加强跨省域、跨地区的一体化绿色金融改革创新，创新绿色金融发展，支持产业绿色转型升级。

建设长三角一体化示范区金融高地。长三角一体化示范区金融产业园于 2020 年 5 月成立，引入和服务各类泛金融及非金融类企业，集聚基金规模 1500 亿元。与联储证券签署营业部落户协议，推进中美绿色基金、联合产权交易所分支机构、上海证券交易所分支机构等落地园区。

推进数字人民币试点。聚焦“三农”（农业、农村、农民）、特色产业、跨域创新等领域，推进数字人民币试点工作，金融数字化赋能绿色农业、赋能商贸文旅、赋能一体化发展，实现秋粮收购及农业保险赔付、古镇旅游消费购物、跨区域税费缴纳、跨区域特色供应链金融、跨区域公共交通、跨区域异地公积金提取等领域开通数字人民币的使用，聚焦“进博会”开展数字人民币运用场景的研究，以数字人民币助力放大进博溢出效益。

提升金融赋能实效。研究制订现代服务业实施细则金融服务扶持条款，形成 13 条可落地、可操作的“金融一揽子政策”。2021 年，向 15 家基金公司及 1 家融资租赁企业扶持 2133 万元。聚焦青浦新城建设重要战略，邀请 18 家银行、保险、证券、基金企业参加金融赋能青浦新城高质量发展综合授信及倡议仪式。6 月 10 日，在陆家嘴论坛上，“五个新城”与五大银行（中国工商银行、中国农业银行、中国银行、中国建设银行、交通银行）签署金融支持新城建设战略合作协议。青发创投基金基金运转有序，参股市场化基金 9 只，撬动社会资本 58.8 亿元，扶持精测半导体、东芯半导体、肯耐珂萨等青浦优质企业，所投项目有 9 家企业启动 IPO（首次公开募股）上市工作。

完善金融人才机制。依托“青峰”人才扶持政策体系，会同区人才服务中心开展金融人才专项扶持前期研究工作，为区金融业发展汇聚人才支撑。举办“慧政学堂”青浦区领导干部金融专题培训班，提升领导干部对经济金融领域相关知识的储备。

金融业监管与稳定。开展小贷公司、商业保理公司、融资租赁公司、典当行日常监管工作，确保四类机构平稳运行。建立金融安全领域防范化解重大风险工作协调机制、处置非法集资工作机制等。加强跨部门、跨领域的安全风险综合研判分析，协同联动开展防范化解工作，依托“双随机一公开”工作机制加强地方金融组织事中事后监管，坚决守住不发生系统性区域风险的底线。根据市证监局部署，开展全区 47 家私募投资基金风险防范处置工作。12 月 22 日，举行区 2021 年度金融稳定工作推进会。（凌娥 管忆晨）

2021 年青浦区部分金融机构情况表

表 35

单位名称	地址	邮编	电话
中国农业发展银行上海市青浦区支行	青浦区青湖路 977 号	201799	69714290
中国工商银行股份有限公司上海长三角一体化示范区支行	青浦区城中东路 485 号	201799	59720088
中国农业银行股份有限公司上海长三角一体化示范区支行	青浦区公园路 8 号	201799	69721333
中国银行股份有限公司上海市青浦支行	青浦区城中东路 608 号	201799	59729942
中国建设银行股份有限公司上海长三角一体化示范区支行	青浦区城中东路 550 号	201799	59725555
交通银行股份有限公司上海长三角一体化示范区分行	青浦区珠湖路 502 号	201713	59733533
中国邮政储蓄银行股份有限公司上海青浦区支行	青浦区公园路 268 号	201799	59728113
上海浦东发展银行股份有限公司青浦支行	青浦区城中东路 699 号	201799	59722887
上海银行股份有限公司青浦支行	青浦区青安路 39 号	201799	59723023
上海农村商业银行股份有限公司青浦支行	青浦区公园路 399 号	201799	59717080
平安银行股份有限公司上海青浦支行	青浦区城中北路 735 号	201799	59855555
中国光大银行股份有限公司上海青浦支行	青浦区青松路 22 号	201799	59726307
中信银行股份有限公司上海青浦支行	青浦区青湖路 992—998 号	201799	69721961
兴业银行股份有限公司上海青浦支行	青浦区公园东路 1608 号	201799	69728295

（续表）

单位名称	地址	邮编	电话
中国民生银行股份有限公司上海长三角一体化示范区支行	青浦区青湖路 818 号	201799	69728100
广发银行股份有限公司上海青浦支行	青浦区华青南路 489 号	201799	33863939
华夏银行股份有限公司上海青浦支行	青浦区城中北路 780 号	201799	69795577
杭州银行股份有限公司青浦支行	青浦区青湖路 860 号	201799	69237216
浙江泰隆商业银行股份有限公司上海青浦支行	青浦区青湖路 788 号	201799	69225992
大连银行股份有限公司上海青浦支行	青浦区港俞路 899 号	201799	60671215
北京银行股份有限公司上海青浦支行	青浦区公园路 99 号	201799	39225666
上海青浦惠金村镇银行股份有限公司	青浦区浦仓路 528 号	201799	39272812
浙江稠州商业银行股份有限公司上海青浦支行	青浦区公园东路 1818 号	201799	59808919
浙江民泰商业银行股份有限公司上海青浦支行	青浦区城中西路 91 号	201799	59801099
宁波通商银行股份有限公司上海青浦支行	青浦区港俞路 863 号	201799	60587666
招商银行股份有限公司上海青浦支行	青浦区城中西路 1 号	201799	59865555
宁波银行股份有限公司上海青浦支行	青浦区盈港路 1188 号	201799	31162701
温州银行股份有限公司上海青浦支行	青浦区盈港路 642 号、644 号、646 号	201799	69833653
江苏银行股份有限公司上海青浦支行	港俞路 901 号	201799	59800580
中国人民财产保险股份有限公司上海市青浦支公司	青浦区城中东路 2 号	201799	59711629
中国人寿保险股份有限公司上海市青浦支公司	青浦区城中西路 18 号	201799	59737923
中国平安人寿保险股份有限公司上海分公司青浦公园东路营销服务部	青浦区公园东路 1289 弄 26 号楼富绅商业中心 7—8 楼	201799	59250868
平安财产保险股份有限公司上海市青浦支公司	青浦区公园东路 1606 号 5 楼	201799	—
太平洋安信农业保险股份有限公司上海青浦支公司	青浦区清河湾路 980 号 110 室	201799	39885133
中国太平洋财产保险股份有限公司上海市青浦支公司	青浦区公园东路 1590 号 5 层	201799	69730817
中华联合财产保险股份有限公司上海市青浦支公司	青浦区公园东路 1590 号富绅国际 E 座 202	201799	59720555
中国大地财产保险股份有限公司上海市青浦支公司	青浦区赵巷镇沪青平公路移动智地园区	201799	69783666
建信人寿保险股份有限公司青浦营销服务部	青浦公园东路 1289 弄 26 号 16 楼	201799	59712115
申万宏源证券有限公司上海青浦公园路营业部	青浦区公园路 232 号	201799	69718312
中信建投证券股份有限公司上海青浦营业部	青浦区城中东路 485－1 号	201799	59728139
上海证券有限责任公司青浦营业部	青浦区城中东路 566 号	201799	59738888
上海证券有限责任公司青浦明珠路证券营业部	青浦区徐泾镇明珠路 145 号	201702	69760500
海通证券股份有限公司青浦区青湖路营业部	青浦区青湖路 780 号	201799	39287352
东方证券股份有限公司上海公园东路证券营业部	青浦区公园东路 1606 号 D 座	201799	39292555
广发证券股份有限公司上海淀山湖大道证券营业部	青浦区淀山湖大道 150 弄 32 号	201799	39277800
长江证券股份有限公司上海沪青平公路证券营业部	青浦区沪青平公路 1818 号 105 室	201799	59840131

（赵 峰 管忆晨）

银 行

■概况 2021 年，全区有各类银行 29 家，比上年增加 1 家。各银行本部均分布于青浦城区。各银行营业网点 138 个，比上年增加 1 个；从业人员 2511 人，比上年减少 6 人。3 月，中国农业银行股份有限公司青浦支行更名为中国农业银行股份有限公司上海长三角一体化示范区支行，中国民生银行股份有限公司上海青浦支行更名为中国民生银行股份有限公司上海长三角一体化示范区支行。各银行参与青浦区经济社会发展，配合区政府搭建政银联动平台。6 月 10 日，中国工商银行、中国农业银行、中国银行、中国建设银行、交通银行在陆家嘴论坛上与区政府签署金融服务五个新城战略合作协议。13 家银行参加金融赋能新城高质量发展授信签约及倡议仪式，参与青浦新城的开发建设。部分银行配合推进数字人民币试点工作，分工协作，注重普惠金融、着眼为农赋能、探索跨域联动，形成多项有区域特色的试点项目。各银行高质量落实各项创建全国文明城市迎检指标，配合区政府开展复检工作。面对新冠疫情对企业健康发展的影响，各银行配合区政府开展疫情期间对企业的金融支持工作。

（凌 娥 王亮吉 管忆晨）

2021 年青浦区金融机构存贷款情况表

表 36 单位:万元

指标	2019 年末	2020 年末	2021 年末
金融机构存款余额	19835754	22006221	25223712
#单位存款	10399000	11485962	12877405
个人存款	8733993	10209652	11533732
#储蓄存款	8572644	10062485	11116025
金融机构贷款余额	10946886	12866280	14404777
#单位贷款	5562583	6910918	7500677
个人贷款	5276650	5758802	6575332
#个人住房贷款	4606550	3751562	4252518
公积金贷款	1781583	1914904	2044059

(区统计局)

2021 年青浦区银行机构业务情况表

表 37

单位名称	存款余额(亿元)	贷款余额(亿元)	营业网点数(个)
农业发展银行青浦区支行	2.03	19.72	1
工商银行长三角一体化示范区支行	211.98	179.73	12
农业银行长三角一体化示范区支行	461.46	202.55	24
中国银行青浦支行	218.08	184.14	8
建设银行长三角一体化示范区支行	308	237.5	12
交通银行长三角一体化示范区支行	63.36	70.33	3
邮政储蓄银行青浦区支行	69.72	25.98	22
浦发银行青浦支行	142.74	44.91	6
上海银行青浦支行	130.5	31.7	6
上海农商银行青浦支行	469.7	213.78	22
平安银行青浦支行	59.2	5.2	2
光大银行青浦支行	42.98	17.91	2
中信银行青浦支行	20.61	18.74	1
兴业银行青浦支行	76.69	13.74	1
民生银行长三角一体化示范区支行	47.16	13.47	1
广发银行青浦支行	19.05	3.12	1
华夏银行青浦支行	13.55	7.34	2
杭州银行青浦支行	18.23	18	1
泰隆银行青浦支行	20.17	14.30	2
大连银行青浦支行	19.8	4.1	1
北京银行青浦支行	23.65	76.22	2
上海青浦惠金村镇银行	3.01	5.10	1
稠州银行青浦支行	6.2	4.3	1
民泰银行青浦支行	5.58	2.60	1
宁波通商银行青浦支行	11.9	5.8	1
招商银行青浦支行	39	9.3	1
宁波银行青浦支行	10.5	7.5	1
温州银行青浦支行	4.67	2	1
江苏银行青浦支行	0.63	1.44	1

■中国农业发展银行上海市青浦区支行 2021年，履行政策性银行服务国家粮食安全的政治责任。参与地方粮食储备体系建设。发放地方储备粮贷款5687.60万元、地方储备粮油轮换贷款6849.48万元、购销企业粮油收购贷款862万元；收回地方储备粮贷款5933.14万元、地方储备粮油轮换贷款1280万元、购销企业粮油收购贷款4000万元。定期检查储备粮库存和质量，实现储备粮采购、保管、轮换、销售全程动态跟踪管理。年末，各项贷款余额19.72亿元，各项存款余额为2.03亿元，实现账面利润1848.74万元，收贷收息率100%，不良贷款为零。网点1个，从业人员17人。（董文莉）

11月4日，农业发展银行青浦区支行工作人员走访秋粮收购点（农业发展银行青浦区支行供稿）

■中国工商银行股份有限公司上海长三角一体化示范区支行 2021年，优化网点布局。5月，淀山湖大道支行在盈浦街道淀山湖大道150弄114号新设开业，华新支行迁入华新镇新府中路1704号新址开业。9月，赵巷支行迁入赵巷镇镇泽路365号新址开业。11月，重固支行在重固镇重固大街918号新设开业。12月，朱家角支行在朱家角镇新风路168号重新装修开业。服务区域经济。3月，牵头与青浦区财政局、市中小微企业政策性融资担保基金管理中心举行"批次贷"合作协议签约仪式，共同搭建"政府+担保+银行"政策性融资服务平台。参与推进长三角一体化示范区重点项目，与华为等7个上海地区创新产业类项目合作。获"进博会"城市服务保障领导小组办公室感谢信。实现数字人民币本跨区域、示范区跨区域缴费业务，持续推进贵金属定制业务。完成5个物流转运中心项目开贷和审批，物流板块贷款净增4.54亿元，贷款余额占法人贷款比例增长2.4%。服务小微企业客户，客户净增216户，全年银保监口径普惠指标完成率112%。支行营业厅党支部被评为上海金融系统先进基层党组织。全年开展志愿服务95次，金融知识宣讲及上门服务70余次。年末，支行本外币各项存款余额211.98亿元，比年初增加13.85亿元。本外币各项贷款余额179.73亿元，比年初增加25.71亿元。下辖网点12个，从业人员282人。（王书贤）

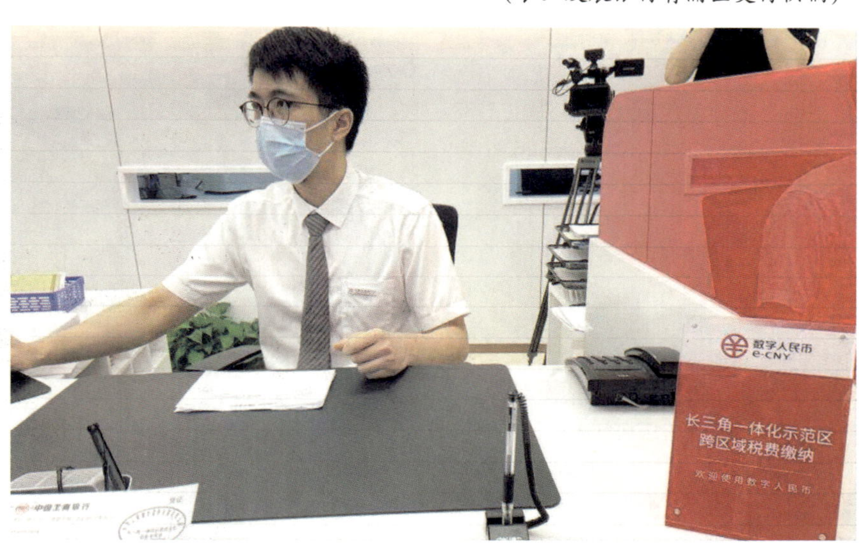

7月，工商银行示范区支行实现数字人民币示范区跨区域税费缴纳业务（工商银行长三角一体化示范区支行供稿）

2021年中国工商银行上海长三角一体化示范区支行网点情况表

表38

网点名称	地址	邮编	电话号码
工商银行上海示范区支行营业厅	青浦区城中东路485号	201799	59738201
工商银行徐泾支行	青浦区徐泾镇京华路77、81、83号	201702	59768719
工商银行华新支行	青浦区华新镇新府中路1704、1706、1708、1710、1712号	201708	59791425
工商银行青湖路支行	青浦区青湖路787号	201799	61249732

（续表）

网点名称	地址	邮编	电话号码
工商银行赵巷支行	青浦区赵巷镇镇泽路 365、367 号	201703	59751021
工商银行工业园区支行	青浦区清河湾路 907 号	201799	69228671
工商银行盈港路支行	青浦区盈港路 562 号	201799	59714101
工商银行朱家角支行	青浦区朱家角镇新风路 168 号	201713	59241986
工商银行白鹤支行	青浦区白鹤镇外青松公路 2965 号	201799	59740136
工商银行汇金路支行	青浦区盈港东路 7792 号	201707	69767608
工商银行淀山湖大道支行	青浦区盈浦街道淀山湖大道 150 弄 114、116 号	201799	39848056
工商银行重固支行	青浦区重固镇大街 918 号	201799	69790157

（王书贤）

■中国农业银行股份有限公司上海长三角一体化示范区支行　3 月 8 日，中国农业银行股份有限公司上海青浦支行正式更名为中国农业银行股份有限公司上海长三角一体化示范区支行。深度融入区域经济发展。以优质金融服务助力区内 5 个重大项目，提供 4.88 亿元信贷支持。为区内 599 家中小微企业提供 71.74 亿元信贷支持。推进服务升温工程。在全行 24 个网点设置电子屏，宣传反电信诈骗、反洗钱、金融知识普惠宣传内容。配备适老服务设施、服务窗口和专业人员。推进数字化转型步伐。加强网点行长、客户经理、运营人才 3 支队伍建设，上线“智迎客”等数字化综合营销服务工具，以兼顾结果评价和转型过程引导的方式优化和提升数字化管理水平。

年末，各项存款余额 461.46 亿元，比上年增长 2.23%；各项贷款余额 202.55 亿元，比上年增长 19.30%。有营业网点 24 个。获得 2021 年度青浦区百强优秀企业称号。（赵　琰）

3 月，农行上海示范区徐泾支行参加开展进乡村金融知识宣讲活动

（农业银行长三角一体化示范区支行供稿）

2021 年中国农业银行股份有限公司上海长三角一体化示范区支行网点情况表

表 39

网点名称	地址	邮编	电话
农业银行城中支行	青浦区城中北路 5 号	201799	20731952
农业银行赵巷支行	青浦区赵巷镇赵兴路 97 号	201703	20731957
农业银行徐泾支行	青浦区徐泾镇盈港东路 1755 号	201702	20731961
农业银行华新支行	青浦区华新镇新益路 445 号	201708	20731965
农业银行凤溪支行	青浦区华新镇凤星路 1535 号	201705	20731969
农业银行重固支行	青浦区重固镇赵重公路 2778 弄 128 号	201706	20731973
农业银行白鹤支行	青浦区白鹤镇外青松公路 2688 号 588 号	201709	20731977

（续表）

网点名称	地址	邮编	电话
农业银行赵屯支行	青浦区白鹤镇赵屯社区梅桥街8号	201711	20731981
农业银行大盈支行	青浦区香花桥街道大盈社区大盈路391号	201712	20731985
农业银行出口加工区支行	青浦区香花桥街道北青公路9221号	201707	20731989
农业银行营业部	青浦区青浦镇公园路8号	201799	20731993
农业银行工业园区支行	青浦区青安路228号	201700	20731998
农业银行朱家角支行	青浦区朱家角镇美周路36号	201713	20732001
农业银行沈巷支行	青浦区朱家角镇沈巷社区沈巷路103号	201714	20732005
农业银行盈浦支行	青浦区港俞路855号	201799	20732008
农业银行练塘支行	青浦区练塘镇练新路94号	201715	20732011
农业银行盈港路支行	青浦区盈港路1002号	201799	20732014
农业银行西岑支行	青浦区金泽镇西岑社区西虹街365号	201721	20732017
农业银行金泽支行	青浦区金泽镇金溪路287号	201718	20732020
农业银行商榻支行	青浦区金泽镇商榻社区商周路25号	201719	20732023
农业银行环城支行	青浦区城中东路228号	201799	20732026
农业银行夏阳支行	青浦区青湖路746号	201799	20732029
农业银行开发区支行	青浦区赵巷镇华科东路218号	201799	20732032
农业银行西虹桥支行	青浦区徐泾镇诸光路1588弄68号	201702	20732084

（赵　琰）

■**中国银行股份有限公司上海市青浦支行**　2021年，服务地方经济。5月，在青浦新城城市推介大会上，市分行行长与13家金融机构代表共同签署金融赋能新城高质量发展授信战略合作协议。到科技型产业园区开展营销，推广科技履约贷、高新贷、科创贷、知惠贷等业务，发放贷款4550万元。落地分行首笔"中银高新贷3.0"产品，融资800万元。对接区知识产权局，举办"知你所愿，惠企未来"青浦区知识产权金融政策宣介会，发放知识产权质押融资贷款2300万元。

年末，人民币客户存款日均余额184.91亿元，比年初新增21.28亿元。人民币客户贷款时点余额183.32亿元，比年初新增14亿元。有营业网点8家。

（陆楚楚）

10月25日，中国银行青浦支行举办"知你所愿，惠企未来"青浦区知识产权金融政策宣介会　（中国银行青浦支行供稿）

2021年中国银行股份有限公司上海市青浦支行网点情况表

表40

网点名称	地址	邮编	电话号码
中国银行上海市青浦支行营业部	青浦区城中东路608号	201799	59729443
中国银行上海市徐泾支行	青浦区徐泾镇京华路205号	201702	59763450
中国银行上海市青湖路支行	青浦区青湖路822号	201799	69732601
中国银行上海市朱家角支行	青浦区朱家角镇祥凝浜路351号	201713	59245900

（续表）

网点名称	地址	邮编	电话号码
中国银行上海市凤溪支行	青浦区华新镇凤中路 267 号	201705	59771459
中国银行上海市华科路支行	青浦区华科路 155 弄 163、169 号	201799	59813725
中国银行上海市华新支行	青浦区华新镇新府中路 1730、1732、1734、1736 号	201708	39299881
中国银行上海市赵巷支行	青浦区赵巷镇嘉松中路 5888 号 116A 室	201703	59730122

（陆楚楚）

■中国建设银行股份有限公司上海长三角一体化示范区支行 2021 年，服务区域经济建设。5 月，建设银行重固徐姚村“乡村振兴港湾”揭牌暨“裕农乐游”平台上线、“健康乡村行”活动发布仪式举行。推进乡村振兴措施落地，在区内建设“裕农通”普惠金融服务点 238 个，184 个行政村全覆盖、全活跃。上线总行系统首个全国性互联网医疗场景数字账户出海（即在第三方平台嵌入建行账户开立业务）项目——“微医数字账户”。年末，该平台对公客户 339 户，对私客户 3161 户。普惠金融领域贷款余额 34.2 亿元，比年初新增 9.9 亿元。与上海市中小微企业政策性融资担保基金管理中心、区财政局共同搭建“政府＋担保＋银行”政策性融资服务联动平台，合作开展“批次贷”业务。实践“绿色＋普惠＋乡村振兴”的新金融模式，申报《青浦区“白鹤草莓贷”贷款集群方案》。

5 月 9 日，中国建设银行上海分行首家“乡村振兴港湾”揭牌暨“裕农乐游”平台上线，健康乡村行活动发布仪式在重固镇徐姚村举行

（建设银行长三角一体化示范区支行供稿）

年末，对公存款余额 146 亿元，比年初新增 9.57 亿元；个人存款余额 162 亿元，比年初新增 16.3 亿元。贷款余额 237.5 亿元，比年初新增 35.4 亿元。有营业网点 12 个，从业人员 282 人。

（吴惠英）

2021 年中国建设银行股份有限公司上海长三角一体化示范区支行网点情况表

表 41

网点名称	地址	邮编	联系电话
建设银行长三角一体化示范区支行	青浦区城中东路 550 号	201700	59725555
建设银行徐泾支行	青浦区徐泾镇京华路 85 号	201702	59760395
建设银行赵巷支行	青浦区赵巷镇赵兴路 92 号	201703	59752199
建设银行华新支行	青浦区华新镇新府中路 1780 号	201708	59799993
建设银行白鹤支行	青浦区白鹤镇鹤如路 60 号	201709	59741327
建设银行城中支行	青浦区公园路 718 号	201700	59734724
建设银行朱家角支行	青浦区朱家角镇祥凝浜路 363 号	201713	59240243
建设银行练塘支行	青浦区练塘镇练新路 58 号	201715	59251744
建设银行城东支行	青浦区崧泉路 1069 号	201700	59781059
建设银行北门支行	青浦区城中西路 302—310 号	201700	59853904
建设银行新城支行	青浦区公园东路 1600 号	201700	39790050
建设银行重固支行	青浦区赵重公路 2777 弄 5 号	201706	59868969

（吴惠英）

11 月 4 日，交通银行示范区支行为“进博会”参展单位提供上门服务

（交通银行长三角一体化示范区支行供稿）

■交通银行股份有限公司上海长三角一体化示范区支行 2021 年，推进同城一体化发展。入选长三角一体化示范区执委会举办的《制度创新经验复制推广观摩研讨班》教学点，接待全国性高级别观摩人员 200 人，展示交通银行实施《示范区金融十六条》阶段性成效。全年参与异地联合授信 170 亿元，参与异地联合贷款近 20 亿元，发放长三角区域产业链贷款 1840 万元。

探索数字化应用场景。接力“五五购物节”，联动长三角一体化示范区内商户，在青浦、吴江等古镇景区餐饮等多个行业、超过 200 家商户，探索建设古镇数字人民币消费场景，获得青浦区政府推广优秀奖励。联动长三角互联网医院、青浦区中山医院等医疗行业，推进“信用就医”数字医疗场景，全年新增社保卡 1528 张。履行社会责任。为“进博会”参展单位提供特色化上门服务。完成冬季奥林匹克运动会普通纪念钞现场兑换工作。面向残障人群、社区居民等不同群体开展金融风险及消费者权益保护知识普及宣讲 15 次。

年末，本外币各项存款余额 63. 36 亿元，比年初增加 6. 78 亿元；本外币各项贷款余额 70. 33 亿元，比年初增加 17. 22 亿元。下设营业部、青浦支行、徐泾支行 3 个网点，正式员工 85 人。

（徐雯艳）

2021 年交通银行股份有限公司上海长三角一体化示范区分行网点情况表

表 42

网点名称	地址	邮编	电话
交通银行长三角一体化示范区分行	青浦区珠湖路 502、506、508 号	201713	59241533
交通银行青浦支行	青浦区公园路 348 号	201799	59733533
交通银行徐泾支行	青浦区沪青平公路 1915 号	201702	59762149

（徐雯艳）

■中国邮政储蓄银行股份有限公司上海青浦区支行 2021 年，优化网点布局。6 月，机关部室整体搬迁至盈港路 999 号新营运大楼（原址公园路 268 号于 10 月停止使用）。8 月，赵屯支行停止营业。10 月，商榻支行更名公园路支行，迁入公园路 222 号新址开业。12 月，完成新府中路支行新址装修、开业许可的报备工作。

推动数字人民币推广和场景建设。发展个人数字钱包 26114 户，推广数字人民币应用场景，开立商户数字人民币 484 户。坚持绿色金融。提供差异化信贷政策支持，绿色信贷放款 1478 万元；成为奉贤区奉贤新城 FXC1 - 0016 单元 27 - 06 地块商品住宅项目银团牵头银行。

10 月 1 日，邮政储蓄银行公园路支行在公园路 222 号新址开业

（邮政储蓄银行青浦区支行供稿）

年末，个人存款余额60.70亿元，公司存款余额9.02亿元；零售条线各项贷款余额17.95亿元，公司条线各项贷款余额8.03亿元。有邮储网点22家，其中自营网点6家、代理机构（邮政部门）16家。（沈婷莉）

2021年中国邮政储蓄银行股份有限公司上海青浦区支行网点情况表

表43

网点名称	地址	邮编	电话
邮政储蓄银行青浦区徐泾镇支行	青浦区盈港东路1852号	201702	39250301
邮政储蓄银行青浦区新桥路支行	青浦区香花桥社区新桥路595号、597号、599号	201707	39780027
邮政储蓄银行青浦区华新镇新府中路支行	青浦区华新镇新府中路1748号	201708	39790018
邮政储蓄银行青浦区朱家角镇支行	青浦区朱家角镇美周路2号	201713	59239818
邮政储蓄银行青浦区公园路支行	青浦区公园路222号1层东侧室	201799	59728113
邮政储蓄银行青浦区支行	青浦区盈港路999号	201799	35905828
邮政储蓄银行青浦区徐泾营业所	青浦区徐泾镇京华路133号	201702	59760000
邮政储蓄银行青浦区赵巷营业所	青浦区赵巷镇赵兴路52号	201703	69751287
邮政储蓄银行青浦区凤溪营业所	青浦区华新镇凤星路1460号	201705	59770018
邮政储蓄银行青浦区重固营业所	青浦区重固镇福泉山路478号	201706	59781224
邮政储蓄银行青浦区香花营业所	青浦区青浦镇北青公路9335号	201707	59701143
邮政储蓄银行青浦区华新营业所	青浦区华新镇华新街608号	201708	59791785
邮政储蓄银行青浦区白鹤营业所	青浦区白鹤镇外青松公路2980号	201709	59747166
邮政储蓄银行青浦区大盈营业所	青浦区香花桥街道大盈路412号	201712	59222120
邮政储蓄银行青浦区沈巷营业所	青浦区朱家角镇沈巷社区万步路50号	201714	59830714
邮政储蓄银行青浦区练塘营业所	青浦区练塘镇练新路90号	201715	59251715
邮政储蓄银行青浦区小蒸营业所	青浦区练塘镇小蒸社区贞溪南路205号	201716	59811716
邮政储蓄银行青浦区蒸淀营业所	青浦区练塘镇蒸淀社区蒸兴路127号	201717	59820717
邮政储蓄银行青浦区金泽营业所	青浦区金泽镇金溪路292号	201718	59260718
邮政储蓄银行青浦区西岑营业所	青浦区金泽镇西岑街397号	201721	59294721
邮政储蓄银行青浦区莲盛营业所	青浦区金泽镇莲湖路28号	201722	59271722
邮政储蓄银行青浦区城中营业所	青浦区青浦镇城中东路42、44号	201799	69712400

（沈婷莉）

5月28日，浦发银行出席青浦新城城市推介大会，作为首批金融授信企业与区政府签约（浦发银行青浦支行供稿）

■上海浦东发展银行股份有限公司青浦支行 2021年，深化区域合作。5月，参加青浦区新城推介大会，成为首批金融赋能新城高质量发展的合作银行之一。8月，中标华为青浦研发基地融资项目，是唯一中标的股份制商业银行。9月，参加长三角生态绿色一体化发展示范区开发者大会，签署《水乡客厅银企战略合作协议》。11月，作为银团牵头行成功完成“俞家埭”城中村改造项目审批并放款。

创新金融服务。启用对公综合自助设备开户远程见证、授权、签约等新流程，服务实体经济、小微企业。为区财政局开发批量代付合并记账功能项目，提供个性化金融服务方案，提升支付结算效率。为重点代发工资客户提供代发铁三角差异化服务方案，提高服务品质。全年代发 66.59 亿元，比上年增长 47.62%。

履行社会责任。完成全行首单沪皖合作制造业中长期绿色固定资产项目贷款，发放 2.5 亿元。5 月，举行独家冠名的青浦区“喜迎百年华诞，共筑青浦质量”红色主题定向挑战赛。6 月，参加长三角执委会绿色共同体第一次会议，成为长三角生态绿色一体化发展示范区绿色低碳发展行动共同体创始成员之一。

年末，支行存款余额 142.74 亿元，贷款余额 44.91 亿元。营业网点 6 个，员工 109 人。 （范家焕）

2021 年浦东发展银行股份有限公司上海市青浦支行网点情况表

表 44

网点名称	地址	邮编	联系电话
浦东发展银行青浦支行	青浦区城中东路 699 号	201799	59739692
浦东发展银行徐泾支行	青浦区徐泾镇盈港东路 1928 号	201702	59765268
浦东发展银行华新支行	青浦区华新镇新府中路 1676 号	201708	59790690
浦东发展银行汇金支行	青浦区秀源路 600 号	201703	59720059
浦东发展银行朱家角支行	青浦区珠湖路 510 号	201799	59203760
浦东发展银行临空支行	长宁区金钟路 633 号	200335	32523600

（范家焕）

■上海银行股份有限公司青浦支行

2021 年，推进重大项目建设。围绕长三角一体化及青浦新城建设规划，参与青浦新城建设项目融资、青东五镇建设改造项目，加强大型资产项目落地。支持区域实体经济发展。加快数字化转型，加强对各级经济园区内实体企业信贷支持。推进普惠金融、科创金融和民生金融，实现普惠金融投放 5.9 亿元，比上年增长 97%。以合规经营、安全生产为前提，提升资产质量管理，实现对公资产业务无不良余额。履行社会责任。开展金融宣传，提供金融便民服务，服务“进博会”、服务社区，向社区居民宣传反洗钱、反诈骗等金融知识。

上海银行股份有限公司青浦支行 （上海银行青浦支行供稿）

年末，本外币存款余额 130.5 亿元，其中企业存款余额 82.5 亿元、储蓄存款余额 48 亿元。贷款余额 31.7 亿元，其中企业贷款余额 20.9 亿元、个人贷款余额 10.8 亿元。网点 6 个，员工 109 人。 （王继峰）

2021 年上海银行股份有限公司青浦支行网点情况表

表 45

网点名称	地址	邮编	电话
上海银行青浦支行	青浦区青安路 39 号	201700	59723023
上海银行徐泾支行	青浦区徐泾镇盈港东路 1548 号	201702	59766421
上海银行青浦新城支行	青浦区秀禾路 366 号	201700	59853963
上海银行华新支行	青浦区华新镇华腾路 518 弄 2 号	201708	59795336
上海银行赵巷支行	青浦区赵巷镇赵中路 1 号	201703	59756383
上海银行凤霞路支行	青浦区华新镇凤霞路 528 号	201708	59717839

（王继峰）

■**上海农村商业银行股份有限公司青浦支行** 2021 年，支持区域建设。与区政府达成新城建设战略合作共识，参与盈浦街道城中村、青东五镇等区域重大项目建设。发展普惠金融。打通"政府＋担保＋园区＋银行"四方合作支持小微企业的快速通道。完成区内首批"园区批次贷"业务，累计放款 55 户 3.53 亿元；成为农业园区批次贷业务唯一合作银行，放款 22 户 5120 万元。

践行社会责任。与区农委、区发改委联合举办上海农商银行杯第一届长三角绿色生态一体化发展创新大赛、2021"科创投"杯海聚英才全球创新创业大赛等。获 2019—2020 年度上海市文明单位，徐泾支行获 2020 年度"金调之星"金牌网点称号。与区经委、练塘镇、青浦现代农业园区、上海起帆电缆股份有限公司等单位开展联组学习和共建签约活动，实现政银、银园、银企间党建联建和业务发展共赢。

9 月 22 日，"上海农商银行杯"第一届长三角绿色生态一体化发展创新创业大赛举行。图为参赛者王印作《"一颗菜"成就"三产融合"》讲演

（上海农商银行青浦支行供稿）

年末，各项存款余额 469.7 亿元，比年初增长 12.3%；各项贷款余额 213.78 亿元，比年初增长 18%。营业网点 22 个，在册员工 358 人。 （陈 阳）

2021 年上海农村商业银行股份有限公司青浦支行网点情况表

表 46

网点名称	地址	邮编	电话
上海农商银行青浦支行	青浦区公园路 399 号	201700	59717917
上海农商银行赵巷支行	青浦区赵巷镇赵兴路 94 号	201703	59754374
上海农商银行徐泾支行	青浦区徐泾镇盈港东路 1775 号	201702	59760508
上海农商银行华新支行	青浦区华新镇新府中路 1678、1680、1682、1684 号	201708	59797748
上海农商银行凤溪支行	青浦区华新镇凤星路 1531 号	201705	59770039
上海农商银行重固支行	青浦区重固镇北青公路 6388 号 1404 室	201706	59788328
上海农商银行福泉分理处	青浦区重固镇福泉山路 489 号	201706	59781223
上海农商银行白鹤支行	青浦区白鹤镇外青松公路 2727 号	201709	59746716
上海农商银行赵屯支行	青浦区白鹤镇赵江路 201 号	201711	59211861
上海农商银行香花桥支行	青浦区北青公路 9318 号	201707	59702043
上海农商银行大盈支行	青浦区新桥路 761 弄 7 号、8 号	201712	59221398
上海农商银行环城支行	青浦区青湖路 885 号	201700	59715355
上海农商银行盈中支行	青浦区淀山湖大道 347 号	201700	59729451
上海农商银行朱家角支行	青浦区朱家角镇祥凝浜路 98 号	201713	59245078
上海农商银行沈巷支行	青浦区朱家角镇沈巷路 89 号	201714	59830625
上海农商银行练塘支行	青浦区练塘镇练新路 129 号	201715	59253992
上海农商银行小蒸分理处	青浦区练塘镇共喜路 202 号	201716	59812475
上海农商银行蒸淀支行	青浦区练塘镇朱枫公路 6338 号	201717	59821112

（续表）

网点名称	地址	邮编	电话
上海农商银行金泽支行	青浦区金泽镇金溪路 235 号	201718	59261081
上海农商银行莲盛支行	青浦区金泽镇镇中路 53 号	201722	59272891
上海农商银行商榻支行	青浦区金泽镇商蔡路 48 号	201719	59282973
上海农商银行西虹桥支行	青浦区徐泾镇诸光路 1111 号	201702	69766961

（陈　阳）

■江苏银行股份有限公司上海青浦支行　11 月 12 日，在港俞路 901 号开业。营业面积 436.6 平方米。为江苏银行首批绿色支行。坚持扎根青浦，为区域发展和广大客户提供优质金融服务。年末，本外币存款余额 6228 万元，本外币贷款余额 14403 万元。从业人员 13 人。

加强渠道建设。11 月，与区工商联江苏商会举办“友好商会，友好银会”签约活动。走访区发改委、经委、科委等政府主管部门，青浦工业园区、移动智地、e 通世界、云立方等各类园区，参与区创新创业大赛，走访青发集团、新城集团等主要政府融资平台，及时掌握政府融资动向，争取业务机会。

开展金融金融宣传。通过加强与社区、企业的党建共建关系，开展金融知识宣传，服务社区、企业。开展“反电信诈骗宣传”“反假币宣传”“金融知识小讲堂”“爱心送温暖”等特色活动，走访移动智地、E 通世界，参与知识产权质押融资宣讲活动，拓展客户渠道，深挖客户需求。（朱佳燕）

11 月 12 日，江苏银行上海青浦支行在港俞路 901 号开业

（江苏银行青浦支行供稿）

保　险

■概况　2021 年，全区有保险公司分支机构 9 家。各保险公司大多分布于青浦城区。服务地方经济，加强金融风险防控，提升员工专业知识和风险合规意识，助力青浦区全面跨越式发展。

（凌　娥　管忆晨）

■中国人民财产保险股份有限公司上海市青浦支公司　位于青浦区城中东路 2—8 号。2021 年，贯彻集团“卓越保险战略”，以党建为统揽，以客户为中心，重组销售队伍队形，加强渠道建设。开展“互联网应用系统风险自查”“金融许可证和保险许可证自查”“单证‘回头看’”等专项排查工作。年末，实现保费收入约 1.6 亿元，在册人员 49 人。

服务乡村振兴。将农业保险作为服务“三农”和脱贫攻坚的主阵地、主渠道，持续为 2.5 万户农村家庭提供家财险和意外险保障，近 3 年累计给付保险金超 1000 万元。推动农村建房保险，将农村灾害预警、经济补偿与社会治安综合治理结合，推动平安农村建设。

服务绿色环保。支持长三角生态绿色一体化发展示范区建设，向示范区执委会提交绿色保险建议书，倡议通过建立“政府 + 企业 + 保险 + 第三方”的四位一体绿色金融体系，推动企业绿色发展，创新绿色金融服务，助力产业和城市的绿色低碳发展。（陆诗垚）

■中国人寿保险股份有限公司上海市青浦支公司　2021 年，坚持聚焦价值增长、聚焦“大个险”，加强员工培训，服务地方经济。开展党史学习教育活动。年末，总保费 9758 万元，比上年增长 1.74%。有网点 2 个。在册人力 391 人。

（陆文霆）

■中国平安人寿保险股份有限公司上海分公司青浦公园东路营销服务部　位于青浦区公园东路 1289 弄 26 号楼 7—8 楼。2021 年，在平安集团“金融 + 科技”的战略指引下，坚持以客户为中心，均衡发展各渠道。持续推进全面改革转型，通过“渠道 + 产品”双轮驱动，打造数字寿险新模式。全年保费收入约 1 亿元，内勤员工 16 人，外勤队伍约 300 人。

推出“平安臻享 run”健康服务重疾险产品。构建多层次产品结构，拓展服务边界，丰富“产品 + 服务”体系。推动 AI 技术与保险业务深度融合，多模态对话机器人技术应用于人员招聘、专业培训、展业支持、客户服务、经营管理等业务场景。通过知鸟培训、合规督导日、合

规之窗等路径加强内勤员工及保险代理人合规意识。开展“乱象整治”“自查自纠”“反洗钱宣传”活动。（朱傲婧）

■平安财产保险股份有限公司上海市青浦支公司 于1997年成立。位于青浦区公园东路1606号5楼。成立初期年保费收入规模200万元，员工5人。2021年，青浦支公司获得上海市农业保险业务资质。坚持服务国家战略，开展适度竞争，维护农业保险市场秩序，优化机构布局、完善农业保险基层服务网络。有较为完备的经营体系和标准化服务能力。为员工及客户提供移动在线培训平台，建立高效培训体系。年末，保费收入10274万元。有员工32人。

（崔玉凤）

7月20日，太平洋财产保险青浦支公司开展员工技术大比武活动

（太平洋财产保险青浦支公司供稿）

■太平洋安信农业保险股份有限公司上海青浦支公司 2021年，安信农业保险股份有限公司上海青浦支公司更名为太平洋安信农业保险股份有限公司上海青浦支公司。全年完成总保费收入1.06亿元，比上年增长16.5%，其中农险保费收入8817万元。接报案5560件，比上年增加1951件，增长54.1%。所有有效报案全部受理，无拒赔案件。全年赔款8749万元。

提升大灾理赔服务水平。7月，台风“烟花”登陆，青浦农业受灾，接报案250余起。启动绿色通道预赔付，为5家损失重大的蔬菜种植合作社提供首批预赔付款75万元。按照总公司部署的“烟花”台风应急预案，开通快赔绿色通道，全部案件初勘工作在接报案后一周内完成。赔款超过1500万元。

探索农业保险创新险种。7月，启动淡水养殖高温气象指数保险，每亩保费130元，由镇级财政提供补贴。为5962.26亩鱼塘提供保险保障，降低连续高温天气对淡水养殖的不利影响。

宣传金融知识。3月，开展“以人民为中心，增强金融消费者获得感”主题消费者权益保护教育宣传周活动。6月，开展“远离非法集资”“反洗钱”等主题宣传活动。（陈卫钦）

■中国太平洋财产保险股份有限公司上海市青浦支公司 位于青浦区公园东路1590号。成立于2003年1月。2021年，继续发挥地理优势，组织专业团队进驻“进博会”会场，服务保障第三届“进博会”。在青浦区财产保险业中排名第一。年末，实现签单保费19231万元，其中车险保费9119万元，非车险保费10113万元。赔款10203万元。有员工32人。

服务地方经济。推进长三角生态绿色一体化发展示范区绿色保险业务，与金泽镇政府签订生态绿色环境救助责任保险协议。继续实施与青浦区政府签订的社区综合保险合作协议，实现社区综合保险的全区覆盖。在市住建委的推动下，与区房管局、建交委合作，实现区内IDI保单（工程质量潜在缺陷损失保险）70%的市场份额，实现IDI承保、风控、理赔一体化的全流程服务。

（徐 清）

中华联合财险青浦支公司营业场所 （中华联合财险青浦支公司供稿）

■中华联合财产保险股份有限公司上海市青浦支公司 成立于2003年，位于上海市青浦区公园东路1590号富绅国际E座202室。总公司为全国唯一一家以“中华”冠名的国有控股保险公司。2021年，支公司坚持“服务至上、信守承诺、回报社会”的服务宗旨。全年保费收入3170万元。有正式员工8人。

（沈可铮）

■**中国大地财产保险股份有限公司上海市青浦支公司** 成立于2012年7月，位于赵巷镇沪青平公路移动智地园区。2021年，坚守防控底线，推动销售人力扩量提质、优化业务员结构，增强持续发展能力。开展风控合规、非法集资排查、洗钱风险自查自纠等专项排查活动，坚守风险防范底线。利用视频会、支公司例会，向销售人员进行防范风险宣导活动。通过LED显示屏，宣传海报等形式开展宣传，提升员工和代理人的风险意识。2021年，保费收入2181.2万元，其中车险1305.5万元、财产险631.3万元、意外险232.4万元、健康险12.1万元。（陆宝明）

■**建信人寿保险股份有限公司青浦营销服务部** 位于青浦公园东路1289弄26号16楼。2021年，加强风险防控。开展“加强个人信息保护，提升反洗钱意识”“2021防范非法集资，反洗钱”“内控合规建设年”等活动。张贴海报，向客户发放知识手册，提升客户防范风险意识。年末，保费收入153万元。在册43人。（艺 杰）

证 券

■**概况** 12月24日，国联证券股份有限公司上海港俞路证券营业部整体搬迁至长宁区虹桥路1438号1幢1503A（名义楼层18层），更名为国联证券股份有限公司上海虹桥路证券营业部。年末，全区证券公司分支机构有8家。各证券营业部严把风控关，定期开展反洗钱和证券法规宣传工作。提高从业人员业务能力，用自身专业价值服务好更多青浦区个人投资者和优质中小企业。紧抓北交所（北京证券交易所）业务风口，举办各类投资者教育专题讲座，加大北交所开户力度。（凌 娥 管忆晨）

中信建投证券青浦营业部 （中信建投证券青浦营业部供稿）

■**申万宏源证券有限公司上海青浦区公园路证券营业部** 成立于1993年，位于青浦区公园路232号1—2层，营业面积1375平方米，在编员工19人。营业部设置业务办理区、客户咨询区、客户体验区、投资者教育区和中大户室。2021年，营业部将党建与业务融合发展，深化业务转型发展。开展疫情防控和合规风险管控。坚持“以客户为中心”，为客户提供全面的综合金融服务。创新发展模式，开展“我是大麦王”“追求卓越、奋战150天”等活动。年中，加大北京证券交易所开户力度，做好客户服务工作。全年，资产规模2.7亿元，基金投资顾问产品837万元。（李林静）

■**中信建投证券股份有限公司上海青浦证券营业部** 位于青浦区城中东路485号3幢1—2层，于2021年2月完成原址重新装修改造，有营业面积584平方米。全年举办多场投资者宣导会，向客户进行投资理念宣传，引导客户进行多元化资产配置。推进公司财富管理转型升级。2021年，新开账户1486户。主营业务收入3840万元。（吴颖锋）

海通证券青湖路营业部 （海通证券青湖路营业部供稿）

■**海通证券股份有限公司上海青浦区青湖路证券营业部** 位于青湖路780号，有员工13人。2021年，坚持以客户为中心的服务理念，致力于通过海通证券国内领先的综合平台优势为客户创造价值。全年营业收入2124万元，客户58941人，资产规模75.26亿元。

优化交易软件终端各项功能，围绕“e海通财”品牌，打造一站式综合金融服务平台，利用金融科技赋能客户交易，为零售客户提供资讯、咨询、策略、配置、直播等多类服务场景。营业部全年新增客户5695户，客户数历年保持高增长。借助总公司资本实力、多样化的投融资服务手段及健全的风控能力，新增服务多名高净值客户，全年余额比上年增长111%。财富管理日均规模6.52亿元，全年比上年增长117%。（郑坤昌）

■上海证券有限责任公司青浦明珠路证券营业部　位于青浦区徐泾镇明珠路145号。营业部面积179.27平方米，设置业务办理区、客户体验区、客户咨询区、投资者教育区、客户洽谈区、培训区。交易全部为网上交易。举行证券沙龙活动。开展金融超市服务，代销金融产品，办理各类创新业务。开展反洗钱工作和投资者教育活动。10月27日，邀请投资者到营业部现场，开展以“牵手北交所共迎新起点”为主题的投资者教育专题讲座。2021年，股票、基金交易136.8亿元；新增客户971户，年末实有客户8318户。（陆计静）

■东方证券股份有限公司上海青浦区公园东路营业部　2021年，注重投资者教育，严把风控关，全年没有发生交易风险事故。开展证券法规宣传和反洗钱宣传活动，参与打击非法证券交易，保护投资者权益。为区内多家上市公司和机构提供金融服务。通过公司优质资产管理品牌东方红、汇添富、严选市场等优秀产品，引导投资者合规投资，理性投资，取得良好收益。筹划营业部于2022年迁入五库浜路291号。年末，托管可交易金融资产29亿元，比上年增长69%。销售理财产品15亿元。服务客户1.5万人。在册员工13人。（蔡诗琦）

■广发证券股份有限公司上海淀山湖大道证券营业部　位于青浦区淀山湖大道150弄32号，营业场所面积286平，设有业务办理区、投资者教育区、洽谈区、客户咨询区。交易方式全部为网上交易。在新冠疫情期间，优化线上业务，便利客户非现场办理，为客户提供优质、人性化的服务。举办证券沙龙活动、投资者教育活动，代销金融产品，开展反洗钱工作，探索业务创新。2021年，联合银行网点、奥迪4S店、咔茶等举办多场沙龙活动，推广营业部的财富管理理念。全年股基交易175亿元，新增客户3027户。（孙恒馨）

■长江证券股份有限公司上海沪青平公路证券营业部　成立于2017年4月，位于青浦区沪青平公路1818号105室。面积103平方米。与青浦大多数银行建立合作关系，服务区域经济，服务青浦区投资者。定期开展投资者教育、反洗钱和业务培训。2021年，新增客户1663户。重点产品标准销量1.8亿元。（俞　捷）

4月11日，广发证券淀山湖大道营业部员工到漕河泾赵巷科技绿洲开展投资策略主题分享活动（广发证券淀山湖大道营业部供稿）

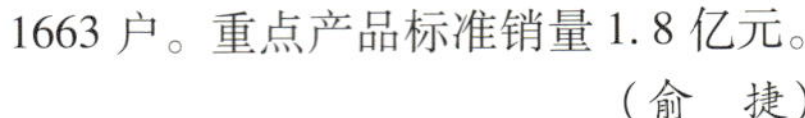

金融服务

■概况　2021年，全区小额贷款公司4家、商业保理公司5家、融资租赁公司1家、典当行8家。长三角一体化示范区（上海）金融产业园聚集金融类企业104家。5月，青浦发展创业投资引导基金更名为崧源基金。6月，上海汇鼎典当有限公司注册地址从青浦区徐泾镇诸光路1588弄286号1001室变更至闵行区沪青平公路391弄88号21室。（凌　娥　管忆晨）

■长三角一体化示范区（上海）金融产业园经济发展有限公司　公司于2020年5月11日成立。负责管理长三角一体化示范区（上海）金融产业园。至2021年，金融产业园聚集金融类企业104家，基金管理规模突破1500亿元。入驻金融类项目155个，包括中美绿色睿纷钛（上海）私募投资基金合伙企业（有限合伙）、静瑞私募基金管理（上海）有限公司等；引入多家重要机构，包括中国知识产权发展联盟长三角一体化服务业专委会、长三角绿色低碳发展行动共同体绿色产业发展促进中心、联储证券青浦营业部等；举办各类活动及会议100多场，包括碳中和项目启动会、长三角科创产业服务计划启动会、2021中国纺织服装中小企业创新创业大赛全国总决赛等。全年完成全口径税收11.98亿元，完成区级税收3.32亿元。（戢久珩）

■青浦发展创业投资引导基金更名为崧源基金　青浦发展创业投资引导基金成立于2015年，于2021年5月完成工商变更，正式更名为“崧源基金”。崧源基金主要有参股基金（FOF）和直投项目两种投资模式，设立三期，总规模24亿元。至2021年底，基金实到资本13.5亿元，出资9.66亿元，投资18个项目。其中，崧源基金一期所投资的FOF参股基金投资青浦企业15家、5.43亿元，所参股基金实现2.06倍反投青浦企业。基金参股的区内企业肯耐珂萨、蛟腾医疗、精测半导体、东芯半导体、光惠激光等，均逐渐发展成为行业领先企业。2021年，举行基金公司路演活动，帮助区内潜在龙头企业"光惠激光"获得融资5000万元。分别于3月4日、9月8日，举行上海青浦发展创业投资引导基金2021年专家评审会。7月15日，上海青浦发展创业投资引导基金2021年崧源论坛暨青浦区优秀创业企业投融资路演活动在长三角金融产业园举行。9月，崧源基金三期"崧源眸远"成功中国证券投资基金业协会备案。

百村基金（由崧源基金管理）总规模4.46亿元，2018年10月—2019年4月，完成首期1.15亿元的资金募集。

（戢久珩）

7月15日，2021上海青浦发展创业投资引导基金暨青浦区优秀创业企业投融资路演活动在长三角金融产业园举行　（青浦发展集团供稿）

2021年青浦区小额贷款公司业务情况表

表47

单位名称	注册资金（亿元）	年度发放贷款金额（亿元）	年度发放贷款笔数（笔）	贷款余额（亿元）	员工（人）
明诚小额贷款有限公司	2	0.09	4	0.81	6
工合小额贷款有限公司	1	0.77	33	14.55	5
华新小额贷款有限公司	1	14.93	1156	1.49	9
大众小额贷款有限公司	2	3.14	35	3.01	7

■上海青浦工合小额贷款股份有限公司　于2013年6月13日登记设立，8月8日开业。注册资本1亿元。由区内9家企业法人共同出资组建。经营范围为发放贷款及相关咨询活动。专职从业人员5人。2021年，发放贷款7705万元、33笔；累计发放贷款14.55亿元、1175笔。（周红美）

■上海青浦大众小额贷款股份有限公司　于2015年12月15日登记设立。注册资本2亿元。主发起人为大众交通（集团）股份有限公司。经营范围为发放贷款及相关的咨询活动。2021年，发放贷款3.14亿元、35笔；贷款余额3.01亿元。专职从业人员7人。（金　敏）

■上海圆真商业保理有限公司　于2018年8月1日登记设立。注册资本1亿元。经营范围为出口保理、国内保利、与商业保理相关的咨询服务以及计算机软件开发。依托圆通速递以及圆通集团综合信用优势，利用物流供应链上下游业务资源，提供商业保理融资服务。坚持风险控制，拓展上下游市场，提高资本收益。2021年，完成保理业务1450笔，放款金额53.43亿元。

（樊佳琦）

■上海汉得商业保理有限公司　于2015年5月19日登记设立。注册资本1亿元。经营范围为出口保理、国内保理、与商业保理相关的咨询服务以及信用风险管理平台开发。2021年，专注于公司保理融资业务，发展创新业务，服务企业100多家，放款金额2.74亿元。

（胡娅男）

■上海荣昶灵思商业保理有限公司　于2019年5月07日登记设立。注册资本5000万元。经营范围为出口保理、国内保理、与商业保理相关的咨询服务。依托上海荣泰健康科技股份有限公司综合信用优势，利用供应链上下游业务资源，提供商业保理融资服务。2021年，新增上游客户12家、下游客户5家。全年保理放款金额2.1亿元，保理资产余额突破4600万元。

（贾晓丽）

2021 年青浦区商业保理公司业务情况表

表 48

单位名称	注册资金（亿元）	放款金额（亿元）	单位名称	注册资金（亿元）	放款金额（亿元）
上海圆真商业保理有限公司	1	53.43	上海银阜商业保理股份有限公司	0.5	0.46
上海汉得商业保理有限公司	1	2.74	上海荣昶灵思商业保理有限公司	0.5	2.1
上海盛信商业保理股份有限公司	1	0.048			

■**上海融和电科融资租赁有限公司** 于2019年9月23日正式成立。注册资本65292.01万元。有员工152人。2021年，资产总额48.29亿元，其中融资租赁资产26.96亿元，资产负债率81.83%，合并风险资产倍数5.5倍，2021年6月，完成A轮融资，融资金额3.2亿元。全年利润总额1897.93万元，营业收入165631.84万元，比上年增长150.59%。 （潘晓琳）

■**上海宝通祥典当有限公司** 于2009年5月1日登记设立。注册资本3000万元。2017年2月。主要经营房产抵押、汽车质押、支票质押等业务。致力于为中小企业解决资金周转问题。2021年，资产总额3966万元；负债897万元，股权权益3069万元；典当总额3860万元、346笔；营业收入374万元，营业支出360万元；利润总额14万元。 （韩 俊）

■**上海亿路顺典当有限公司** 于2006年1月9日登记设立。注册资本2500万元。2011年11月，成立上海亿路顺典当有限公司徐泾分公司。2014年徐泾分公司从徐泾镇迁至城区盈港路。主要经营动产质押典当业务、财产权利质押典当业务、房地产抵押典当业务等，销售金银饰品、玉器、工艺礼品。2021年，主营业务收入614万元，利润总额89万元。在当金额2131万元。其中，民品451万元，占典当业务的21.2%；房产1680万元，占典当业务的78.8%。 （华英杰）

■**上海通速典当有限公司** 于2012年7月16日登记设立。注册资本2000万元。经营范围包括动产质押典当业务、财产权利质押典当业务、房地产抵押典当业务、鉴定评估、咨询服务等。2021年，资产总额2356.61万元，典当业务93笔，其中新当11笔、续当82笔；年末典当余额2163.54万元；净利润－66万元。 （朱凤仙）

2021 年青浦区典当公司业务情况表

表 49

单位名称	注册资金（万元）	典当业务（笔）	典当金额（万元）
上海兴银典当有限公司	1000	—	—
上海诺合典当有限公司	3000	—	2759
上海宝通祥典当有限公司	3000	346	3860
上海红塔星典当有限公司	2300	18	2137
上海亿路顺典当有限公司	2500	—	2131
上海通速典当有限公司	2000	93	2163
上海禾日典当有限公司	5000	91	12883
上海德欣典当有限公司	3000	17	24

MINYING JINGJI KAIFAQU

民营经济·开发区

◎ 编辑 赵 峰

综 述

2021 年,全区民营企业 146516 户(不含分支机构),比上年增长 4.00%;注册资本 7461.1812 亿元,比上年增长 5.26%。

企业行业分布情况。批发和零售业位列行业第一,49615 户,比上年增长 0.68%;租赁和商务服务业、科学研究和技术服务业位列第二、三位,分别为 38015 户、23699 户,分别比上年增长 3.07%、13.14%。

民营企业中注册资本在 500 万元以上的企业有 31098 户,注册资本亿元以上的有 925 户,最高的上海宁曦企业管理咨询合伙企业(有限合伙),注册资本 81.01 亿元。

全区农民专业合作社 1009 户,比上年增长 1.00%;注册资本 225795 万元,比上年增长 2.37%。 (胡开明)

2021 年青浦区注册资金前五名民营企业情况表

表 50

序号	公司名称	注册资金(万元)	街镇、园区	行业类别
1	上海宁曦企业管理咨询合伙企业(有限合伙)	810100	练塘镇	租赁和商务服务业(L)
2	上海乐进投资合伙企业(有限合伙)	742009	青发集团	租赁和商务服务业(L)
3	上海浦鸣企业管理中心(有限合伙)	644100	青浦工业园区	租赁和商务服务业(L)
4	上海恭之润实业发展有限公司	512635	重固镇	租赁和商务服务业(L)
5	上海檀英投资合伙企业(有限合伙)	500001	青发集团	租赁和商务服务业(L)

(胡开明)

2021 年青浦区民营企业情况表

表 51

行业分类	合计				其中:城镇			
	户数(户)	投资者人数(人)	雇工人数(人)	注册资本(出资金额)(万元)	户数(户)	投资者人数(人)	雇工人数(人)	注册资本(出资金额)(万元)
合计	146516	242840	1140068	74611812	73286	118344	550097	36277570
农、林、牧、渔业	122	198	885	42788	47	69	370	13390
采矿业	0	0	0	0	0	0	0	0
制造业	6628	11608	84388	2974858	2278	4107	28440	1316773
电力、燃气及水的生产和供应业	16	34	109	40936	8	11	40	8300
建筑业	12459	18518	95306	8273924	7102	10378	51980	4731827
批发和零售业	49615	76551	370528	13405525	22469	33636	163820	5371004
交通运输、仓储和邮政业	3348	5168	28636	1669420	1928	2790	15193	641435
住宿和餐饮业	531	926	4646	105326	327	441	2431	42132
信息传输、软件和信息技术服务业	4833	8429	35408	2052182	2495	4379	17690	1046489
金融业	57	183	538	281404	27	121	329	59966
房地产业	2374	4014	18769	3760612	1342	2190	9856	1526441
租赁和商务服务业	38015	69479	288515	29650338	20642	36161	155050	15352654
科学研究和技术服务业	23699	39925	178239	10920868	11962	19899	86335	5355033
水利、环境和公共设施管理业	472	795	3226	168772	258	416	1687	88221
居民服务和其他服务业	1427	2134	10855	270105	802	1147	6202	147043
教育	150	261	1324	30905	78	113	581	11760
卫生和社会工作	133	233	1222	79124	77	125	804	49652
文化、体育和娱乐业	2478	4024	16352	666075	1378	2209	8857	354510
其他	159	360	1122	218648	66	152	432	160940

(胡开明)

2021 年青浦区个体工商户情况统计表

表 52

行业代码	行业分类	机器编号	期末实有						其中:本期登记			本期注销(户)	
			合计			其中:城镇							
			户数(户)	从业人员(人)	资金数额(万元)	户数(户)	从业人员(人)	资金数额(万元)	户数(户)	从业人员(人)	资金数额(万元)	合计	其中:城镇
甲	乙	丙	1	2	3	4	5	6	7	8	9	10	11
合　计		1	30386	38304	155751	12293	16849	90141	3361	5508	35080	2806	1298
A	农、林、牧、渔业	2	117	155	611	46	54	307	0	0	0	2	1
B	采矿业	4	1	1	1	1	1	1	0	0	0	0	0
C	制造业	6	1206	1378	2982	656	692	1740	7	9	90	60	30
D	电力、热力、燃气及水生产和供应业	8	2	2	3	2	2	2	0	0	0	0	0
E	建筑业	9	38	70	1982	17	42	1907	1	1	9	3	1
F	批发和零售业	10	18638	21384	75238	7221	8694	41289	1402	1943	13326	1519	668
G	交通运输、仓储和邮政业	11	34	43	268	17	20	184	3	5	42	9	6
H	住宿和餐饮业	12	5944	9199	47559	2559	4523	28536	1211	2263	14331	779	409
I	信息传输、软件和信息技术服务业	13	25	26	81	10	11	20	19	19	67	1	0
J	金融业	14	1	1	3	0	0	0	0	0	0	0	0
K	房地产业	15	29	64	212	23	40	185	17	44	128	8	8
L	租赁和商务服务业	16	240	285	1103	126	143	593	74	75	266	18	10
M	科学研究和技术服务业	17	34	38	259	10	14	159	3	3	9	4	1
N	水利、环境和公共设施管理业	18	57	147	855	32	102	619	45	136	776	9	3
O	居民服务、修理和其他服务业	19	3897	5317	22607	1511	2398	13466	547	938	5247	380	154
P	教育	20	0	0	0	0	0	0	0	0	0	0	0
Q	卫生和社会工作	21	44	77	1073	19	40	633	9	29	401	0	0
R	文化、体育和娱乐业	22	79	117	916	43	73	500	23	43	389	14	7
	其他	23	0	0	0	0	0	0	0	0	0	0	0

（胡开明）

规模以上民营企业简介

■概况　全区规模以上民营企业有 874 家，产值 1618.8 亿元。有市级认定民营企业总部 37 家。4 月 15 日下午，市政府举行民营企业总部颁证仪式暨上海市民营企业总部服务中心揭牌仪式。青浦区民营企业总部代表上海康恒环境、上海熊猫机械集团、上海安诺其集团出席仪式。6 月 16 日，青浦区举行颁证仪式。区委统战部部长王凌宇，副区长倪向军为青浦区 25 家获市级认定的民营企业总部颁证。12 月，壹米滴答供应链集团有限公司、上海义达国际物流有限公司、极兔速递有限公司等 12 家企业获市民营企业总部认定。年末，全区有市级认定民营企业总部 37 家，数量在全市范围内排名第三。

16 家企业入选 2021 上海市百强企业名单。8 月 26 日，上海市企业联合会、上海市企业家协会，上海市经济团体联合会和解放日报联合主办的“2021 上海百强企业发布会”在中国金融信息中心会议厅召开。会上，主办方发布 2021 上海企业 100 强、2021 上海制造业企业 100 强等 8 份名单，青浦区有 16 家企业入选。其中，旭辉控股(集团)有限公司、圆通速递有限公司、中通快递股份有限公司、上海金发科技发展有限公司 4 家企业入选 2021 上海企业 100 强；上海金发科技发展有限公司、上海普利特复合材料股份有限公司、上海新朋实业股份有限公司、上海东隆羽绒制品有限公司、亚士创能科技(上海)股份有限公司、上海菱重增压器有限公司、上海熊猫机械(集团)有限公司、上海荣泰健康科技股份有限公司 8 家企业入选 2021 上海制造业企业 100 强；旭辉控股(集团)有限公司、圆通速递有限公司、中通快递股份有限公司 3 家入选 2021 上海服务业企业 100 强；上海金发科技发展有限公司、上海普利特复合材料股份有限公司、亚士创能科技(上海)股份有限公司、上海安诺其集团股份有限公司、上海巴安水务股份有限公司 5 家入选 2021 上海新兴产业企业 100 强；旭辉控股(集团)有限公司、圆通速递有限公司、中通快递股份有限公司、上海金发科技发展有限公司、上海全筑控股集团有限公司、上海普利特复合材料股份有限公司、上海新朋实业股份有限公司、上海东隆羽绒制品有限公司、亚士创能科技(上海)股份有限公司9家企业入选2021上海民营企业100强;上海金发科技发展有限公司、上海普利特复合材料股份有限公司、上海新朋实业股份有限公司、上海东隆羽绒制品有限公司、亚士创能科技(上海)股份有限公司、上海熊猫机械(集团)有限公司、上海荣泰健康科技股份有限公司、上海安诺其集团股份有限公司、上海科泰电源股份有限公司、上海巴安水务股份有限公司10家企业入选2021上海民营制造业企业100强;旭辉控股(集团)有限公司、圆通速递有限公司、中通快递股份有限公司、上海肯耐珂萨人力资源科技股份有限公司4家企业入选2021上海民营服务业企业100强;亚士创能科技(上海)股份有限公司、上海熊猫机械(集团)有限公司、旭辉控股(集团)有限公司3家企业入选2021上海百强成长企业50强。

(吴晓东　潘艺明)

■上海熊猫机械(集团)有限公司　成立于2000年,注册地址为青浦区盈港东路6355号。是集智慧供水设备、智能水泵、传感控制系统、软件开发设计、生产、销售为一体的高新技术企业集团。2021年,有员工2987人(总部733人),投资总额3.67亿元,注册资金20000万元。2021年,获工信部能效之星、上海市能效之星称号。(潘艺明)

■上海荣泰健康科技股份有限公司
成立于2002年,注册地址为青浦区朱枫公路1226号。2021年,投资总额30亿元,注册资金1.4亿元,员工1116人。主要产品有按摩椅、按摩小电器等。有先进的生产流水线,下辖企业11个。年末,销售额26亿元,利润2.5亿元。

(潘艺明)

■上海华培动力科技(集团)股份有限公司　成立于2006年,注册地址为青浦区崧秀路218号3幢。2021年,投资总额7.5亿元,注册资本2.59亿元。主要从事汽车排气系统核心零部件的生产和研发。公司持续投入研发经费,聚焦于工艺装备的系统性创新和新材料的开发。(潘艺明)

■上海家化联合股份有限公司　成立于1995年,注册地址为青浦区保定路527号。是国内化妆品行业首家上市企业(上海家化,600315),公司采取差异化的品牌经营战略,有"佰草集""六神""美加净""高夫""双妹""启初""玉泽"等中国著名品牌。2021年,注册67963.4461万元。主营业务为开发、生产和销售化妆品、化妆用品及饰品、卫生制品、口腔卫生用品等。是中国化妆品行业国家标准的参与制定企业。1999年,家化技术中心被认定为国家级企业技术中心,每年投入上亿元科研经费,有各项专利300余项。2021年,获得上海制造业企业100强、上海民营企业百强等称号。2021年,销售额35亿元,纳税3.1亿元。(潘艺明)

■上海金发科技发展有限公司　成立于2001年,注册地址为朱家角工业园区。2021年,注册资金3.7亿元,占地9.2公顷,员工677人,其中硕士以上学历人员98人。是一家专业从事先进高分子新材料研发、制造、销售和服务的高新技术企业。有授权有效发明专利1352项,36项产品被认定为上海市高新技术成果转化项目。引进集中供料系统、机械手、自动缝包码板系统等智能化装备。2021年,销售收入119亿元,净利润13亿元,纳税17000万元。

(潘艺明)

■亚士漆(上海)有限公司　成立于2001年,位于青浦区工业园区。2021年,注册资金20000万元。是亚士创能科技(上海)股份有限公司(亚士创能,603378)的全资子公司,主营业务为建筑涂料、建筑墙体保温装饰一体化材料、建筑节能保温材料、防水材料及其应用系统的研发、生产、销售及服务。集团有员工4980人。在上海市青浦区、安徽省滁州市、新疆维吾尔自治区乌鲁木齐市、陕西省西安市等地有现代化生产基地,获得国家高新技术企业、国家级绿色工厂、国家级工业企业知识产权运用试点企业等称号。2021年,集团营业收入48亿元。(潘艺明)

■上海创力集团股份有限公司　成立于2003年,注册地址为青浦区新康路889号。2021年,注册资本63656万元,有员工528人。是国内领先的以煤矿综合采掘机械设备为主的高端煤机装备供应商,主打产品包括采煤机32个系列138种机型、掘进装备18个系列36个品种等,为上市企业(创力集团,603012)。为全国煤炭机械工业优秀企业、中国煤炭工业协会AAA资信等级。2021年,销售收入13.58亿元。

(潘艺明)

开发区选介

■概况　经市规划资源局和市经信委批准和青浦区2035年总体规划,2019年青浦区规划确立"1个产业基地+4个产业社区"(产业基地即青浦工业园区,4个市级产业社区即华新、徐泾、练塘、朱家角104区块)的先进制造业布局,规划确立4个科创社区,包括2个104转型区块(金泽、商榻)和2个195区块(重固、民兴),产业导向以研发服务业为主。2021年,青浦区有8个市级规划工业区块,总规划面积62.05平方公里,形成青浦工业园区为龙头,七大工业区块(徐泾工业园区、华新工业园区、白鹤工业园区、朱家角工业园区、练塘工业园区、金泽工业园区和商榻工业园区)为支撑的先进制造业发展集群。8个市级规划工业区块区营业总收入4535.03亿元,规模以上工业总产值1543.87亿元、缴纳税收187亿元。全区有承担招商引资职能的经济小区38家。有各类特色产业园区33个,其中区级特色产业园区24个、市级特色产业园区7个、国家级产业基地2个。

(潘艺明)

■青浦工业园区　规划面积56.2平方公里,为国家公告开发区和上海市市级开发区,包括22.69平方公里产业基地(产业创新园区)和6.5平方公里青浦新城中央商务区。产业创新园区包含14.99平方公里的国家级张江高新区和1.58平方公里的国家级综合保税区。园区以电子信息、人工智能、高端装备及零部件、生物医药、新材料、氢能、快速消费品以及数字创意、数字贸易等为主导产业。典型企业包尤妮佳、杜尔涂装、括斯伦贝谢、西氏医药、英威达、当纳利、福维克、腾讯科技等,聚集一批以移动智地、数创壹谷、张江云立方为代表的特色产业园区。2021 年,园区企业实现营业收入 2216.69 亿元,规模以上工业企业总产值 1136.7 亿元,纳税 134.14 亿元。 (潘艺明)

■练塘工业园区 规划面积 2.99 平方公里,包含市级产业社区(1.82 平方公里),为松江国家级经开区分园。以高端智能装备、生物医药、新材料等为主导产业。典型企业包括永茂泰、震坤行、中韩杜科、蜀海食品、弘枫实业等。2021 年,园区企业实现营业收入 154.88 亿元,规模以上工业企业总产值 75.77 亿元,纳税 5.01 亿元。 (潘艺明)

■徐泾工业园区 规划面积 2.46 平方公里,包含市级产业社区(2.42 平方公里),属于上海西郊经济开发区,为市级开发区。处在由工业向生产性服务业转型的阶段。以数字经济、会展商贸、医疗器械等为主导产业。典型企业包括际研生物、德邦物流、壹米滴答等,聚集一批以麦迪睿、e 通世界、迪丰国际为代表的特色产业园区。2021 年,园区企业营业收入 422.43 亿元,规模以上工业总产值 45.65 亿元,税收 16.36 亿元。 (潘艺明)

■华新工业园区 规划面积 5.95 平方公里,属于上海西郊经济开发区,为市级开发区。以高端装备(汽车)、智慧物流、新材料、数字创意等为主导产业。典型企业包括中通快递、本特勒汽车系统等,聚集一批以华新高端制造、嘉壹智汇、皇宇皮革为代表的特色产业园区。2021 年,园区企业实现营业收入 1500.28 亿元,规模以上工业企业总产值 165.25 亿元,全年纳税 19.57 亿元。 (潘艺明)

■朱家角工业园区 规划面积 3.42 平方公里,包含市级产业社区(3.42 平方公里)。以新材料、生命健康(智慧医疗、健康产品和设备)、智能制造等为主导产业。典型企业包括金发科技、荣泰健康、永冠新材、佩纳等,聚集一批以中采服务贸易、华院华东互联网为代表的特色产业园区。2021 年,实现营业收入 149.29 亿元,规模以上工业企业总产值 85.75 亿元,全年纳税 5.84 亿元。 (潘艺明)

■白鹤工业园区 规划面积 3.55 平方公里,为战略留白区,正在推动战略留白空间释放。以高端装备(交通)和生命健康(健康产品和设备)、智慧物流等为主导产业。典型企业包括申昆、贤林、置灵实业(鹤旺智谷园)等。2021 年,实现营业收入 73.83 亿元,规模以上工业企业总产值 48.33 亿元,全年纳税 5.65 亿元。 (潘艺明)

■金泽工业园区 规划面积 0.86 平方公里,规划转型为科创社区。重点发展文化创意、旅游配套、康体疗养产业。典型企业包括自联工贸、瑞好环境科技等。2021 年,营业收入 3.20 亿元,规模以上工业企业总产值 3.20 亿元,全年纳税 0.13 亿元。 (潘艺明)

■商榻工业园区 规划面积 0.66 平方公里,规划转型为科创社区。依托淀山湖重要资源,重点发展与湖区经济相辅相成、融合发展的产业。典型企业包括东隆羽绒、一揽实业等。2021 年,营业收入 14.43 亿元,规模以上工业企业总产值 14.43 亿元,全年纳税 0.3 亿元。 (潘艺明)

2021 年青浦区特色产业园区情况表

表 53

园区类别	序号	园区名称	运营主体	特色产业	所属街镇园区	地址
国家级园区	1	中国北斗产业技术创新西虹桥基地(国家火炬特色产业基地、国家小型微型企业创业创新示范基地)	上海西虹桥导航产业发展有限公司	北斗导航、北斗 + 无人系统、北斗 + 空间信息服务	西虹桥商务区	高泾路 599 号,高光路 215 弄 99 号
	2	上海移动智地生产性服务业功能区(国家小型微型企业创业创新示范基地)	上海锐嘉科实业有限公司	移动互联网产业	青浦工业园区	沪青平公路 3938 弄
上海市级园区	1	上海 E 通世界生产性服务业功能区	上海一通世界投资管理有限公司	现代物流、电子商务、软件信息、智能制造研发	徐泾镇 华新镇	华徐公路 999 号,华徐公路 685 号,华隆路 1777 号
	2	上海移动智地生产性服务业功能区	上海锐嘉科实业有限公司	移动互联网产业、智能硬件、人工智能、物联网、大数据	青浦工业园区	沪青平公路 3938 弄
	3	上海嘉壹智汇生产性服务业功能区	上海嘉壹企业发展有限公司	智能制造研发、工业设计、电子商务、供应链管理	华新镇	华腾路 1218 号,嘉松中路 3909 弄
	4	国家会展中心(上海)生产性服务业功能区	国家会展中心(上海)有限责任公司	会展服务、高端制造总部、商务贸易	西虹桥商务区	盈港东路 158 号,诸光路 1988 号,涞港路 181 号,涞港路 77 号,盈港东路 168 号
	5	上海张江云立方生产性服务业功能区	上海紫软投资有限公司	生物科技、新材料、智能制造	青浦工业园区	北青公路 10688 弄

（续表）

园区类别	序号	园区名称	运营主体	特色产业	所属街镇园区	地址
上海市级园区	6	上海数创壹谷生产性服务业功能区	上海法诗图投资集团有限公司	时尚服饰、文化创意	青浦工业园区	崧泽大道6066号
	7	上海迪丰生产性服务业功能区	迪丰集团有限公司	时尚	徐泾镇	双联路168号，汇龙路99号，徐龙路88号
青浦区特色产业园区	1	中采服务贸易产业园	中采服务贸易产业园（上海）企业发展有限公司	服务贸易、大健康、文创	朱家角镇	康业路6号
	2	贤林智慧港	上海贤林投资有限公司	电子商务、创意设计和智能制造研发	白鹤镇	鹤鹏路328号，鹤鹏路355号
	3	8090电子商务特色产业园	上海熊松实业有限公司	电子商务	青浦工业园区	盈港东路6433号，天一路568号
	4	西虹桥同联创新产业园	同联（上海）实业发展有限公司	汽车、会展、跨境贸易、电子信息	西虹桥商务区	徐祥路38，徐祥路39号
	5	世界手工艺产业博览园	上海世界手工艺产业博览园管理有限公司	文化艺术、工艺美术创作设展览交易	徐泾镇	诸光路328号，诸光路288号，诸光路36号，诸光路66号
	6	华院华东互联网产业园	上海华鼎高科科技发展（集团）股份有限公司	文创和设计、信息技术咨询	朱家角镇	康泰路83号
	7	麦迪睿医械e港特色产业园	上海麦迪睿医疗科技集团有限公司	医疗器械	徐泾镇	华徐公路569号4幢
	8	红隅科创园	上海红孩儿电子商务有限公司	品牌总部、文化创意	青浦工业园区	崧泽大道6055号
	9	2025科创园	上海云轮大数据科技有限公司	电子信息科技研发总部	青浦工业园区	创达路333号
	10	上海智能针织产业园	上海中昊针织有限公司	智能针织产业链	徐泾镇	沪青平公路2400号
	11	凯利泰医疗产业园	上海凯利泰医疗器械有限公司	生物医药	青浦工业园区	天辰路508号
	12	小咖云·国际康养创新产业园	上海尚栖企业服务有限公司	国际康养创新产业	西虹桥商务区	诸光路1588弄568号
	13	集池宇科创园	上海集池宇实业有限公司	电子商务、研发与设计	青浦工业园区	崧复路777号
	14	椰岛科技创业园	上海椰岛企业发展有限公司	互联网+、电子商务	徐泾镇	双联路68号，双联路88号
	15	东方易云健康产业园	上海易云天资投资管理有限公司	健康产业	徐泾镇	徐祥路207号
	16	阿特麦文化创意产业园	上海裕科工业投资（集团）有限公司	电子商务、研发与设计	练塘镇	朱枫公路6186弄
	17	长三角金融产业园	长三角一体化示范区（上海）金融产业园经济发展有限公司	金融服务业	朱家角镇（青发集团）	沪青平公路6665号
	18	华新国际高端制造业园区	上海大豪企业投资（集团）有限公司	新能源汽车，新型汽车零部件，先进铸造业，展示和研发平台	华新镇	嘉松公路1835号，华志路1269号
	19	皇宇e+皮革产业园	上海皇宇科技发展有限公司	皮革护理、服装设计与电子商务	华新镇	华志路1566号
	20	冠瑞（上海）医疗科技产业园	瑞津（中国）生物科技有限公司	高端医疗器械、生物医药及配套产业、移动医疗和智能医疗	青浦工业园区	华青路1699号

（续表）

园区类别	序号	园区名称	运营主体	特色产业	所属街镇园区	地址
青浦区特色产业园区	21	沪升未来展览中心	上海沪升实业有限公司	智能制造、医疗器械设备制造	华新镇	嘉松中路799弄35号，嘉松中路799弄37号
	22	朱家角科创园	上海沈巷创业孵化器有限公司	创意设计	朱家角镇	酒龙路288号，酒龙路290号，酒龙路292号，胜利街239弄30号
	23	市西陆家角智慧园	上海虹泾投资管理集团有限公司	文化创意、智慧健康	徐泾镇	徐乐路333号
	24	虹桥奇点科创园	上海鸿林实业有限公司	数字经济（智能制造、智慧物流、数字商务、智慧医疗）	徐泾镇	华徐公路628号

（潘艺明）

2021年青浦区经济小区情况表

表54

序号	所属区域	经济小区名称	办公地址
1	赵巷	上海赵巷品牌企业发展有限公司	青浦区赵巷镇嘉松中路5399号吉盛伟邦家具村B8—4F
2		上海新城投资（集团）有限公司	青浦区沪青平公路3398号
3	徐泾	上海西郊经济技术开发总公司	青浦区崧泽大道2088号2楼
4		上海西郊徐泾经济发展有限公司	青浦区崧泽大道2088号3—4楼
5	华新	上海腾溪经济城综合开发有限公司	青浦区华新镇凤星路1588号
6		上海华民经济城开发有限公司	青浦区华新镇华腾路1288号
7	重固	上海城郊经济发展有限公司	青浦区华青南路485号15楼
8		上海福泉山经济发展有限公司	青浦区重固镇赵重公路2939号2楼
9		上海万事发经济发展有限公司	青浦区重固镇北青公路6878号
10	白鹤	上海腾富企业发展有限公司	青浦区白鹤镇外青松公路3560号1号楼北2楼
11		上海白鹤工业园区实业有限公司	青浦区白鹤镇外青松公路3560号1号楼三楼南
12	朱家角	上海朱家角经济发展有限公司	青浦区朱家角镇新溪路2号
13		上海益田实业有限公司	青浦区朱家角镇康业路388号
14	练塘	上海富民实业（集团）有限公司	青浦区练塘镇朱枫公路6188号
15		上海太阳岛经济发展有限公司	青浦区练塘镇练新路55号
16		上海富甲经济开发有限公司	青浦区大盈浦路1500弄15号楼3号（万达美华酒店）三楼
17	金泽	上海大观园经济城	青浦区金泽镇西岑水秀路318号
18		上海淀山湖经济城	青浦区金泽镇练西公路4815号
19		上海太浦河经济开发有限公司	青浦区金泽镇练西公路2850号
20	青浦工业园区	上海西部经济城有限公司	青浦区华青南路485号芊岱大厦17—18楼
21		上海青浦工业园区创业投资有限公司	青浦区青湖路1023号7层B区716室
22		上海青浦商城实业有限公司	青浦区清河湾路980号221室
23		上海雄风投资管理有限公司	青浦区崧泽大道10111号慎德大楼11楼
24		上海青浦工业园区经济发展有限公司	青浦区崧泽大道10111号10层
25		上海青佳经济发展有限公司	青浦区清河湾路1200号工商联大厦10楼
26		上海中纺科技城发展有限公司	青浦区清河湾路1130号1号楼3楼
27		上海青浦科技园发展有限公司	青浦区公园路348号欧洲街主楼7楼

（续表）

序号	所属区域	经济小区名称	办公地址
28	青浦新城	上海盛青经济发展有限公司	青浦区公园东路1289弄26号11楼
29		上海盈港企业管理服务有限公司	青浦区盈港路453号港隆大厦19楼
30		上海鹏城企业服务有限公司	青浦区盈清路188号1幢16层
31		上海湖区经济投资服务有限公司	青浦区公园东路1289弄26号（富绅商业中心）10楼
32	西虹桥	上海西虹桥创业服务有限公司	青浦区徐泾镇徐民路308弄9号楼4楼
33	青发集团	上海青浦农工商经济城投资管理有限公司	青浦区盈港路710号
34		上海蕴湖实业有限公司	青浦区城中北路105号
35		上海天佳企业发展有限公司	青浦区青湖路1023号8楼
36	文旅公司	上海宏亮经济发展有限公司	青浦区公园路99号201室
37		上海宏城企业发展有限公司	青浦区青湖路1023号8楼
38	现代农业园	上海绿色科技园区有限公司	青浦区五厍浜路148号

（潘艺明）

■上海湖区经济投资服务有限公司 成立于2010年11月，位于公园东路1289弄26号10层，注册资本200万元，主要从事招商引资及咨询服务等。隶属于上海青浦新城发展（集团）有限公司。2021年，税收14.64亿元；新增招商户数437户。（胡蝶飞）

■上海鹏城企业服务有限公司 成立于2019年11月，位于盈清路188号1幢1602室A区58室，注册资本500万元，主要从事招商引资及咨询服务等。隶属于上海青浦新城发展（集团）有限公司。2021年，税收46315.36万元；新增招商户数289户。（胡蝶飞）

■上海盛青经济发展有限公司 成立于2002年3月，位于公园东路1289弄26号11楼，注册资本300万元，主要从事招商引资及咨询服务等。隶属于上海青浦新城发展（集团）有限公司。2021年，税收84451万元；新增招商户数177户。（胡蝶飞）

■上海盈港企业管理服务有限公司 成立于2019年11月，位于盈港路453号1906室，注册资本500万元，主要从事招商引资及咨询服务等。隶属于上海青浦新城发展（集团）有限公司。2021年，税收57024.26万元；新增招商户数368户。（胡蝶飞）

■上海西部经济城有限公司 创立于1995年9月，是青浦工业园区成立最早的经济小区。位于华青南路485号芊岱大厦17—18楼，注册资本2000万元，主要从事注册型企业招商引资工作。2021年，完成税收14.41亿元，比上年增长30.74%，区级税收4.10亿元；新增落户企业715户，累计注册企业4169户。获得青浦区2021年度经济小区招商服务管理考核一等奖。（周丽仙）

■上海雄风投资管理有限公司 创立于2005年5月，位于崧泽大道10111号慎德大楼11楼。原隶属香花桥街道，2015并入青浦工业园区发展（集团）有限公司，为青浦工业园区香花桥招商服务中心。注册资本10万元。主要职能是为各地区的各类客户提供快速、高效的工商、税务注册登记服务。2021年，完成税收7.81亿元，比上年增长23.96%；区级税收完成1.79亿元；新增落户企业716户，累计注册企业3459户。

（周丽仙）

■上海青浦农工商经济城 由上海青浦农工商经济城投资管理有限公司负责管理，位于盈港路710号，创建于1997年11月。2006年9月，划归上海青浦投资有限公司。2013年10月，并入上海青浦发展（集团）有限公司。注册资本500万元，主要从事招商引资和咨询服务。2021年，税收16.72亿元，比上年增长51.18%；新增企业644户，累计注册企业10463户。有91家注册企业在中国基金协会备案（其中基金管理人63户，基金28户），2021年基金类企业税收10.51亿元，占农工商经济城全部税收的62.86%。（戢久珩）

■上海天佳企业发展有限公司 前身是上海天佳经济发展有限公司，创建于1995年5月，位于青浦区青湖路1023号8楼。2015年4月，由上海青浦发展（集团）有限公司托管。2020年1月起由上海青浦发展（集团）有限公司直管。注册资本500万元，主要从事招商引资和咨询服务。2021年，税收5.22亿元，新增企业825户，累计注册企业3300余户，连续五届被评为上海市文明单位。引入上海宇培文旅康养实业发展有限公司，认缴资本50000万元。注册在天佳开发区的上海新炬网络信息技术股份有限公司于2021年1月在上海证券交易所主板上市。（戢久珩）

ZONGHE JINGJI GUANLI

综合经济管理

◎ 编辑 赵 峰

综述 ／ 国有（集体）资产监督管理 ／ 固定资产投资管理

财政 ／ 税务 ／ 市场监督管理 ／ 物价管理

知识产权管理 ／ 审计工作 ／ 统计工作 ／ 海关

综 述

2021 年,青浦区坚持稳中求进工作总基调,持续巩固拓展疫情防控和经济社会发展成果,做好“六稳”“六保”工作。全区总体保持稳中加固、稳中有进、稳中向好的发展趋势,基本完成区五届人大七次会议确定的各项目标任务,实现“十四五”发展的良好开局。

区域协调发展。落实上海市 5 个新城(嘉定新城、松江新城、青浦新城、奉贤新城和南汇新城)建设战略。制定实施规划建设行动方案,完成总体城市设计方案。5 月 28 日,青浦新城城市推介大会在国家会展中心(上海)举行,总投资超1000 亿元的43 个重点项目正式签约。聚焦虹桥国际开放枢纽建设战略,青东联动发展持续深化。虹桥国际化中央商务区青浦片区高标准建设,集聚各类总部型企业 56 家。9 月 24 日,虹桥国际中央商务区“三个一批”(一批重大签约项目、一批功能性平台、一批重大工程开工)重大项目集中开工仪式举行,青浦分会场集中开工 5 个,主会场集中签约 10 个,虹桥国际会展产业园、e 通世界智慧物流园等 2 个功能性平台集中揭牌。第四届“进博会”服务保障任务完成,青浦交易分团连续四年签下全市首单。“进博会”溢出带动效应持续放大,9 个“6 + 365”平台实现税收 1. 6 亿元,绿地贸易港吸引 76 个国家(地区)的 180 多家客商入驻,交易规模超 500 亿元。落实长三角一体化发展国家战略,青西协同发展。长三角一体化示范区规划展示馆于 10 月 15 日启用。水乡客厅重点项目开工建设;成立水乡客厅开发建设指挥部,启动西岑科创中心建设。长三角投资公司总部、长三角新发展公司、水乡客厅开发公司落户青浦区,长三角可持续发展研究院揭牌成立。

全面深化改革。制定实施优化营商环境 4. 0 版。“放管服”(简政放权、放管结合、优化服务)改革持续深入,新设企业 2. 1 万户、比上年增长 14. 2%;“一窗通”服务专区为 11956 家企业提供开办服务。“一网通办”建设纵深推进,“两个免于提交”落地 96. 5%,新增“0 跑动”(在申请材料齐全、符合法定受理条件下,实现群众和企业在政府部门网上办事全过程零次到场)业务 100 项,全程网办率 80. 3%,位列全市第 6。落实综合窗口改革,实现区、街镇综合窗口全覆盖。深化“一件事一次办”改革,19 个“一件事”(对需到多个部门办理或多件相关的“一揽子事”,进行梳理整合、流程再造,形成窗口统一办理的“一件事”)上线并纳入综合窗口;“一业一证”(优化行业准入业务流程,将一个行业准入涉及的多张许可证整合为一张“行业综合许可证”)改革试点拓展至25 个行业,发放463 张综合许可证;5 月 31 日,启动长三角一体化示范区“跨省通办”综合窗口,“通办”事项数量居全国首位。国资国企改革推进,制定第一轮综合改革方案。青浦文旅公司成立运营。企业服务质量提升,优化“商务圆桌会”“组团式服务企业”等政企沟通长效机制。优化跨省企业服务,建立示范区企业登记服务站、知识产权综合政务服务中心。

经济韧性显著增强。落实稳增长工作专班、经济促进月度调度会、月报、问题协调等工作机制。高质量发展综合绩效评价排名(2020 年度)全市第 8 位,比上年提升 5 位。地区生产总值增长 6. 1%。区级一般公共预算收入完成 231. 1 亿元,比上年增长 10%。全社会固定资产投资首次突破 600 亿元大关,达到 625. 4 亿元;推进 360 个政府性投

2021 年青浦区国民经济和社会发展主要目标完成情况

表 55

序号	指标名称	全年目标	全年完成
1	地区生产总值(亿元)	增长 6. 5%	增长 6. 1%
2	区级一般公共预算收入(亿元)	增长 5%	增长 10%
3	规模以上工业总产值(亿元)	持平(1590 亿元)	增长 9. 4%
4	社会消费品零售总额(亿元)	增长 4%	增长 10. 6%
5	全社会固定资产投资(亿元)	500 亿元	625. 4 亿元
6	合同外资(亿美元)	8 亿美元	27. 9 亿美元
7	实到外资(亿美元)	6 亿美元	9. 5 亿美元
8	土地减量化(公顷)	立项 150 公顷	立项 106. 26 公顷
9	单位生产总值能耗下降率(%)	确保完成市下达目标	完成市下达目标
10	主要污染物排放量削减率(二氧化硫、氮氧化物、烟粉尘、VOCs)	确保完成市下达目标	完成市下达目标
11	新增就业岗位(个)	18000 个	22791 个
12	城镇登记失业人数(人)	控制在 4750 人以内(市下达为准)	完成市下达目标
13	城乡居民人均可支配收入增速(%)	高于全市平均水平	高于全市平均水平

资项目，开工121个、完工187个，完成投资190.8亿元。借助市外资项目集中签约仪式等活动，上实长三角、震坤行等约70个重大项目签约，总投资约1700亿元。开展招商考察活动80余次，引大引强引实230户，引进华为产业链企业20户。

产业结构持续优化。现代服务业继续发展，快递物流业实现业务收入1377.3亿元，比上年增长22.8%。会展业得到恢复，办展34个，展出面积460万平方米，新增会展企业34家。跨境电商持续增长，完成750万单，比上年增长56%。金融产业有序发展，长三角一体化示范区金融产业园入驻基金企业超过100家，基金管理规模1500亿元。消费规模持续扩大，举行第一届长三角一体化示范区“五五购物节”等重大促消费活动，社会消费品零售总额完成574.3亿元，比上年增长10.6%；消费能级提升，百联奥特莱斯、山姆超市等重点商贸企业销售继续增长，联美首位特色商圈开业。工业生产持续恢复，规模以上工业总产值1771.5亿元，比上年增长9.4%。推动集成电路、生物医药、人工智能三大产业发展，出台生物医药产业高质量发展三年行动方案，开工建设美的全球创新园区、大美时代视听大数据产业园等重大项目，云砺信息科技、安永金融科技等项目成功签约并落地。完成产业结构调整项目339个、132.27公顷；低效产业土地减量化验收210.31公顷。产业转型提质，新增区技改项目39个。推进“四个一批”产业项目，完成出让22个、开工31个、竣工18个、投产15个。产业扶持项目122个，拨付扶持资金6.2亿元。

“五型经济”增创发展。创新主体培育力度加大，新建院士专家工作站3家，累计44家；经认定备案的科技创新创业载体42家，其中国家级3家、市级10家、其他29家。促进科技成果转化，认定市高新技术成果转化项目35个。认定高新技术企业312家；推进11家企业申报市级企业技术中心认定，认定国家、市级“专精特新”企业分别达12家、248家。战略性新兴产业产值429.4亿元，比上年增长11.8%。青浦工业园区生命科学园入选市级特色产业园区；北斗产业园内集聚企业290家，实现营业收入53亿元；推进市西软件信息园内

11月1日，区委副书记、区长杨小菁（左）在区行政服务中心青浦区工程建设项目审批审查中心综合受理大厅“一网通办帮代办区”体验办理工程建设项目网上申报业务

（区建设管理委供稿）

精测半导体、慧石科技等项目；区级特色产业园区24家。新增唯赛勃、永茂泰、新炬网络、东芯、安能等5家上市企业，境内外上市企业累计30家。制订经济数字化转型三年行动方案，物流终端智能化升级、云上会展等数字化应用场景得到推广。

城市建设完善。优化综合交通网络，推进沪苏湖铁路练塘站、上海示范区线（沪苏嘉线）等重大项目前期工作；开工建设轨道交通2号线、13号线、17号线西延伸工程；崧泽高架西延伸主线高架贯通；推进外青松公路、新府路等道路建设。推进城市数字化转型，编制5G通信设施布局五年规划，新建5G基站1000个。全面推进“美丽家园”创建，完成100个“美丽家园”项目建设，完成223.02万平方米旧住房综合改造、51个老旧小区消防设施设备改造更新、122个住宅小区150万平方米雨污改造、279个住宅小区二次供水设施移交接管。全面推进“城中村”改造，推进5个在建项目，华新凤溪新建项目完成认定批复。启动6个、6.3万平方米的无卫生设施旧里房屋改造项目。推进征收补偿，签约基地39个，签约居民197户、企业59家，启动征收基地9个。

城市管理精细化。制订实施城市管理精细化工作提升三年行动计划。“一网统管”平台体系持续优化，完成区城运平台一期和11个街镇城运平台1.0版建设，完成可回收物管理、危化企业预警监测等5类三大治理场景建设，“一网统管”覆盖率55%。12345市民服务热线满意率73.5%。推进“美丽街区”建设，完成15个区域“美丽街区”创建，665处（块）户外广告和招牌整治，完成15.6公里架空线入地工程。完成33个重点地块公共安全综合整治，腾出土地2018.41亩，开展32个村居“零违建村居”验收。筑牢城市安全运行底线，持续推进安全生产专项整治三年行动，推进“6+1+N”安全综合整治（“6”即道路交通、消防、烟花爆竹、建设工程施工、地质灾害、人员密集型企业领域安全隐患排查治理专项行动；“1”即危险化学品领域安全隐患排查治理专项行动；“N”即特种设备、油气输送管道、供水、涉氨制冷、有限空间、金属冶炼、防洪工程设施、旅游、校园安全、社会福利机构安全等重点行业领域安全生产隐患排查治理专项行动），排查各类隐患58833处，整改55274处。

乡村振兴有成效。完成4个第三批市级乡村振兴示范村创建、启动2个第四批创建，成功创建市级美丽乡村示范村7个（完成公示）。农业产业发展，粮食生产持续稳定，农业生产总面积13733公顷。推进“绿色田园”高质量建

设,建成高标准农田 13453 公顷。绿色食品认证率 30%,“淀湖源味”品牌年销售额 6.78 亿元。加大农业招商引资力度,引进项目 13 个、流转面积 327.73 公顷。优化农村人居环境,完成 44 项重点工作、58 个“二合一”工程。推进“四好农村路”建设,完成农村公路大中修 8 项、总里程 18.8 公里,提档升级 28 项、总里程 50.7 公里,新创建市级“四好农村路”示范镇 1 个、“四好农村路”示范路 17 条。深化农村集体产权制度改革,区镇村三级“造血”运营项目 54 个、投资额 22.3 亿元。1003 户农民相对集中居住签约。农村低收入户危旧房改造 24 户。开展农民建房审批,审批 1586 户。实现农村生活困难农户家庭帮扶全覆盖,落实年度帮扶资金 323 万元。 (苑欢欢)

国有(集体)资产监督管理

■概况　2021 年,青浦区按照全国国有企业改革座谈会的要求,推进区属企业下属子公司深化改革,加强国有企业监管。编制 2021 年度区属企业财务收支预算。开展 2020 年度区属企业经营业绩考核,完成领导班子等人员 2020 年度薪酬兑现工作。优化 2021 年度区属企业经营业绩考核指标。

全区有区属企业 7 家,分别是上海青浦工业园区发展(集团)有限公司、上海青浦新城发展(集团)有限公司、上海西虹桥商务开发有限公司、上海青浦发展(集团)有限公司、上海青浦文旅发展(集团)有限公司、上海青浦现代农业园区发展有限公司和青浦区供销合作联合社。 (方薇佳)

2021 年青浦区区属企业情况表

表 56

序号	企业名称	主要行业	注册地址	注册资本(万元)	下属二级公司(个)
1	上海青浦工业园区发展(集团)有限公司	商务服务业,租赁业,批发业	青浦区漕盈路 2500 号	250000.00	14
2	上海青浦新城发展(集团)有限公司	房地产业	青浦区华青南路 777 号	197269.00	18
3	上海青浦发展(集团)有限公司	商务服务业,房地产业	青浦区公园路 99 号舜浦大厦 7 楼	327000.00	24
4	上海西虹桥商务开发有限公司	房地产业,土木工程建筑业	青浦区徐泾镇沪青平公路 1362 号	113006.13	5
5	上海青浦文旅发展(集团)有限公司	其他未列明服务业	青浦区公园路 99 号舜浦大厦 2 楼	10000.00	4
6	上海青浦现代农业园区发展有限公司	农业,食品制造业,批发业,水利管理业,房地产业	青浦区练塘镇蒸富路 100 号	1500.00	7
7	上海市青浦区供销合作联合社	房地产租赁经营	青浦区华科东路 216 号	3816.14	3
区属企业汇总				902591.27	75

(方薇佳)

■区属企业人力资源优化　将除上海青浦文旅发展(集团)有限公司以外的 6 家区属一级企业、54 家区管二级企业纳入优化范围。合理设置机构职责、规范优化岗位体系、科学核定人员编制,部门数量和中层职数明显减少。全区 60 家一二级区属企业下属部门由 367 个调整为 351 个,减少 18 个部门,增加 2 个部门,部门总数净减少 16 个。 (方薇佳)

■区属企业招聘　2021 年,根据《青浦区国有企业招聘工作实施意见》,结合年度人员退休及结构等情况,按照岗位急需、专业技术岗位优先的原则,开展区属企业人员招聘工作。年末,实际录用 124 人,其中直接录用 3 人、自主招聘 14、统一招聘 107 人。按学历划分,硕士学历 21 人、本科学历 102 人、大专学历 1 人;按技术职称划分,高级职称 1 人、中级职称 11 人、初级职称 4 人、无职称 108 人。 (方薇佳)

■区属企业公务用车制度改革　根据制订的《青浦区属国有企业公务用车制度改革实施方案》,推进区属国有企业公务用车制度改革,结合实际,保留区属国有企业集团公司(包含区供销社)及其下属子公司公务用车 38 辆。 (方薇佳)

■上海青浦文旅发展(集团)有限公司完成组建　于 2020 年 12 月 18 日正式注册成立,注册资本 4000 万元。主要承担整合青浦特色体育、文化和旅游资源,通过整合开发旅游资产,提升景区运营和商业能级,承接重大赛事,建设青浦 IP(独有知识产权)产业、招商文旅产业等推动青浦文旅体产业高质量发展。设立行政管理部、党群人事部、财务管理部、建设管理部、市场拓展部、产业项目部6个部门。2021年6月,接收上海宏亮经济发展有限公司、上海宏城企业发展有限公司、上海大观园旅游发展有限公司、上海青西投资发展有限公司4家子公司。持股青浦东方有线网络公司、上海大观园园林绿化工程有限公司。

年末,集团公司资产总额1.27亿元,负债总额1亿元,所有者权益2707万元,资产负债率78.75%。现金流入1.52亿元,现金流出1.24亿元。全口径税收10.06亿元;区级财力2.96亿元。宏亮经济发展公司、宏城企业发展公司新注册企业1158户,比上年增长67%。注册企业上海沪工焊接集团股份有限公司和上海郑明现代物流有限公司被认定为民营企业总部。经营收入方面,大观园主营业务收入967.81万元,全年接待游客约25万人次;青西郊野公园主营业务收入332.6万元,全年接待游客约60万人次。体育场地下停车库于10月1日运营,至年末,停放车辆50974车次,停车费收入48.643万元。

开展招商推介活动,汇编产业相关政策9大类300余条。加强与市属企业联动,对接市属企业新华报业集团,与其下属子公司新华发行集团达成建设新华文创科技园青浦分园的合作意向。6月21日与新华发行集团签订党建联建协议,以党建联建共促发展。9月28日,文旅集团(宏城)服务中心入驻新华发行集团新华中心,开展招商引资工作。（丁启涛）

9月28日,文旅集团(宏城)服务中心入驻新华发行集团新华中心揭牌仪式举行（区文旅公司供稿）

固定资产投资管理

■概况 2021年,青浦区政府投资计划年中调整后正式项目360个,总投资655亿元,年度资金201.7亿元。年末,开工项目121个,完工项目187个,正式项目累计完成投资190.8亿元,占年度资金的94.6%。（苑欢欢）

■工程建设项目审批制度改革 开展综合窗口受理人员培训指导,加强上海市工程建设项目审批制度改革宣传贯彻,优化窗口服务,提升整体审批效率。依托上海一网通办政务服务综合平台,全年受理办结固定资产投资项目1217件,网上办结率100%,行政许可事项承诺时限,由20个工作日缩减到4个工作日,压缩80%。提升一网通办改革效能。11月1日,工程建设项目审批整体事项入驻区审批审查中心建设领域综合窗口。通过上海市政务服务事项管理系统实时动态更新、维护上海一网通办平台部门事项中的办事指南,完成一网通办链接端口查漏补缺,营商环境得到优化。（苑欢欢）

■投资项目事中事后监管 修改完善企业投资项目事中事后监管工作规则。完成27个项目的现场核查,包括13个电力项目专项督导检查。开展项目概算内调整工作,对2020年竣工项目决算审计中发现的概算执行不规范问题,逐一指导、督促有关单位整改。对区审计局提出的2020年区政府性投资项目审计结果进行分析,分类提出处置建议。加强政府性投资项目进度管理,形成月度专报、季度通报。（苑欢欢）

■青浦新城公司完成全社会固定资产投资134.9亿元 青浦新城公司全年完成全社会固定资产投资134.9亿元,项目152个。其中,基础设施类20.59亿元、项目73个;房地产类81.2亿元、项目38个;服务业类33.11亿元、项目41个。年末,剔除专项应付款,公司资产总额229.35亿元,负债总额49.55亿元,所有者权益179.8亿元,资产负债率21.6%。公司管理房屋资产24.6万平方米,可出租面积约15.3万平方米,全年租金收入约6410万元。全年完成全口径税收34.38亿元(含压库1.72亿元),完成区级税收约11.89亿元(含压库0.38亿元)。

5月28日,由青浦新城公司承办的青浦新城城市推介大会举行。9月8日,青浦新城公司首个自主开发建设的商品房住宅项目——上善水樾线上选房开盘,当日全部售空。项目位于青浦区老毛河泾以南、城中北路以西。总用地面积15258平方米,总建筑面积17284.45平方米,总户数132户。10月15日,“五个新城”民生重大工程集中开工(启动)仪式青浦区环城水系治理工程(三期)分会场活动举行。12月28日,青浦新城公司与瑞安管理(上海)有限公司签订合作备忘录。双方同意围绕青浦新城城市更新实践区(江南新天地)前期规划研究、功能定位等方面展开战略合作,助力提升老城厢改造水平。12月28日,青浦新城公司与上海城投公路投资(集团)有限公司签订战略合作框架协议。双方结成全面战略合作伙伴关系。合作内容包括青浦新城91平方公里开发区域内政府性投资公路、市政等各项建设工

程的工程建设管理和工程咨询服务。（胡蝶飞）

■**青发集团代建项目487.48亿元** 青发集团代建项目269个，总投资487.482亿元。年度安排资金72.17亿元，实际财政安排到位63.62亿元，资金支付54.38亿元，执行率85.5%（结余9.24亿元主要为中央资金、市级资金、债券等不可统筹使用的资金）。财政到位资金中，区级资金17.48亿元，完成申请17.45亿元，执行率为99.83%。年末，市级重大项目崧泽高架主线高架完成98%，地面道路、桥梁完成91%。外青松公路北段新建工程完成68%。新府路新建工程完成35%。新谊河东段河道整治工程完成80%。2021年，培育4个百强企业和平台（正心谷、福寿园、礼尚信息、庄译平台）、3个创新创业人才团队（新炬网络、巨耕科技、厚沃科技）；落户长三角金融产业园的基金管理规模1500亿元，私募基金类税收超10亿元。全年青发集团（包括市西软件园）完成全口径税收36.98亿元，区级税收10.68亿元。7月，青发集团下属的经济小区上海宏亮经济发展有限公司和上海宏城企业发展有限公司划转至青浦文旅集团。（戢久珩）

财 政

■**概况** 2021年，全区一般公共预算收入231.1亿元，完成年初预算的104.8%，比上年增长10.0%，收入总量全市排名第七。全区一般公共预算支出355.0亿元，完成调整预算的95.0%。（吴轶群）

■**国家战略财政资金保障** 参与研究完善长三角一体化发展财税分享机制，通过构建跨省财税分享平台，聚焦“水乡客厅”开发建设，以点带面实现财税资源合理流动与配置优化。加强长三角一体化示范区先行启动区专项资金投入和使用管理，年内安排专项资金4.0亿元。继续开展第四届中国国际进口博览会资金安排和服务保障，全年安排“进博会”安全保障经费、核心区绿化景观工程、停车场及交通配套工程、区域水环境维护等资金3433万元。贯彻落实市委、市政府关于“五个新城”规划建设的战略布局，加大新城范围内各类产业扶持、人才引进培养、基础设施建设等财政资金支持力度。按照《市级土地出让收入新城发展专项支持资金管理办法》，结算2021年上半年新城发展专项支持资金5057万元。（吴轶群）

■**产业引导财政保障** 聚焦“三大两高一特色”主导产业，加大产业专项资金保障力度，全年投入6.9亿元，比上年增长16.6%。落实《关于完善区与镇、街道及区级公司财政倾斜政策的实施意见》《青浦区进一步支持经济小区健康发展若干措施（试行）》等财政倾斜政策，加大财政支持力度。激励引导提升产业能级和壮大财源。加大对招商引资方面作出突出贡献的经济小区的奖励力度。按月将各类扶持资金拨付至企业，全年支出45.6亿元，惠及企业5.5万笔次。（吴轶群）

■**落实减税降费政策** 落实增值税留抵退税等制度性减税政策，落实小微企业和个体工商户再减半征收企业所得税、小规模纳税人提高起征点、研发费用加计扣除、制造业中小微企业延缓缴纳2021年四季度税费等新一轮结构性减税降费举措，清理规范各类违规涉企收费，坚决落实助企纾困政策，激发市场主体活力。（吴轶群）

■**推进乡村振兴战略** 落实涉农资金统筹整合长效机制，研究制订《青浦区都市现代农业发展专项项目和资金管理办法》《青浦区农村人居环境优化工程实施方案》《青浦区农田基础管护工作意见和考核办法》等政策文件。发展都市现代绿色农业，保障美丽乡村和乡村振兴示范村创建，支持推进水利改革发展和农村综合帮扶。全年拨付资金29.3亿元。（吴轶群）

■**重点领域财政改革** 推进区与镇财政事权与支出责任改革，区政府办印发《青浦区医疗卫生领域区与镇财政事权和支出责任划分改革方案（试行）》，逐步形成权责清晰、依法规范、运转高效的财政事权和支出责任划分模式。推进财政预算管理一体化平台建设，规范区镇两级预算工作流程，动态反映各级预算安排和执行情况。推进政府性投资项目信息化管理，在各街镇、委办局、区级公司实现电子化管理全覆盖，提升政府性投资项目请款效率，加快预算执行进度。（吴轶群）

■**全面实施预算绩效管理** 印发《青浦区2021年全面实施预算绩效管理和财政监督工作要点》，全区预算主管部门和街镇全面使用预算绩效管理信息系统开展绩效评价，涉及2467个项目、248.9亿元预算资金。组织开展2022年重点项目预算绩效目标评审工作，核减资金2.4亿元，核减率27.5%。（吴轶群）

■**预算管理** 贯彻落实《国务院关于进一步深化预算管理制度改革的意见》，落实政府过“紧日子”要求，严格控制和压减一般性支出。2021年公用经费在2020年压减15%基础上继续压减10%。加大预算收入统筹力度，盘活各类存量资金，全年收回部门预算结转结余资金6.6亿元。管好用好地方政府债券，完成年度新增一般债券、新增专项债券、再融资债券26.4亿元的申报发行工作。（吴轶群）

■**政府采购** 加强政府采购云平台应用管理，提升政府采购管理工作水平。全区在政府采购云平台注册预算单位579家，交易5202笔，采购金额28.0亿元。制订《青浦区政府购买服务实施办法》及指导性目录，规范政府购买服务管理。9月，青浦区获2020—2021年度全国政府采购百强区称号。（吴轶群）

■**“批次贷”融资担保业务** 推出“政府+担保+银行”三方联动“批次贷”融资担保新模式，对符合产业导向且有融资需求的中小微企业、涉农经营主体给予不高于3.65%的优惠利率、保费全额补贴的政府性融资担保政策，发挥政府性融资担保增信和财政资金杠杆撬动作用。举办各类座谈会、政策宣讲会20余场次，印发业务宣传册3000余份，为近330家单位发放贷款18.0亿元。（吴轶群）

7 月 9 日，区财政局举办青浦区农业批次担保贷款政策宣传会

（区财政局供稿）

税　务

■概况　2021 年，区税务局坚持以精细税收服务、精确税务执法、精准税务监管、精诚税收共治为主线，依法组织税费收入、落实减税降费政策、深化税收征管改革、服务重大国家战略。2021 年，全区税收总收入 591.4 亿元，比上年增长 10.6%，其中，区级税收收入 195.6 亿元，比上年增长 10.0%。（郝玲阁）

2021 年青浦区税务局办税服务厅（点）情况表

表 57

名称	地址	电话	邮编
第一税务所办税服务厅	青浦区城中西路 68、88、100 号	59719427	201700
第三税务所房产交易办税服务厅	青浦区支家路 158 号	59711203	201700
第一税务所办税服务厅驻区行政服务中心延伸点	青浦区外青松公路 6189 号	69714360	201700

（郝玲阁）

■全市首张会展行业全面数字化的电子发票　组织中国国际进口博览局参与全面数字化电子发票试点，通过前期的测试联调、核定发票、现场保障等工作，于 12 月 1 日开出全市首张会展行业的全面数字化电子发票，实现发票全领域、全环节、全要素电子化。（郝玲阁）

■重点税源管理　落实 2021 年度重点税源选户工作，筛选出生产经营情况正常、财务核算制度健全、有一定发展潜力和税源基础的企业作为四级重点税源企业，认定青浦区四级重点税源企业 2185 户，比上年增加 67 户，其中总局级 286 户、市局级 331 户、区局级 696 户、税务所级 872 户。四季度，完成全部重点企业调查工作。年末，四级重点税源企业税收 345.4 亿元，占全区税收总收入的 58.4%。（郝玲阁）

■税收经济分析　推进跨部门联合分析试点工作，全年交换信息 30 余次、数据 7000 余条，完成分析报告 8 篇。《从税收视角看长三角生态绿色一体化发展示范区“五大经济”发展中的产业融合问题》分析报告获上海市委书记李强批示。（郝玲阁）

■优化营商环境　持续推广发票配送，发票领用线上办理率 81.54%，新办企

12 月 7 日，区税务局完成区首笔水土保持补偿费征收工作　（区税务局供稿）

6 月 16 日，青浦区、吴江区、嘉善县三地税法检九部门在吴江区，共同发布《长三角生态绿色一体化发展示范区税收司法精诚共治展望方案》（区税务局供稿）

业套餐式服务实现 100%“不见面”非接触式办理。推进纳税缴费便利化改革举措，推广使用税种综合申报 45646 户，纳税缴费“一件事”1670 户次，在房屋交易税收、跨省房产等方面推进数字人民币缴税业务试点。聚焦支持小微企业发展，推进“春雨润苗”专项行动，与区工商联联合建设服务渠道，和 11 家街镇商会、28 家商会企业建立直联机制，走访企业 253 户，召开座谈会、培训会 25 场，面对面帮助企业解决涉税疑难问题 53 件。落实税费政策措施精准推送机制，向纳税人精准推送政策 43 批次 918470 户次。优化 12366 税费咨询服务热线，受理纳税人咨询 185948 个。（郝玲阁）

■服务长三角一体化示范区建设　巩固示范区涉税事项跨区域通办成果。全年为纳税人异地办理涉税业务 14000 余笔，通过“长三角税课”宣传辅导 8065 人次。10 月 8 日，联合吴江、嘉善税务部门签署《关于建立智慧税务机制的合作备忘录》，12 月，完成城中西路 68 号示范区试点智慧办税服务厅改造。2021 年，区税务局涉税事项跨区域通办和共建智慧税务 2 项工作机制被长三角生态绿色一体化发展示范区执委会列入示范区制度创新成果，在全国长三角一体化示范区两周年建设工作现场会上得到国家发展改革委肯定。（郝玲阁）

■“进博会”税收服务保障　加强同中国进口博览会局、国家会展中心沟通联络，汇编《青浦区税务局双语服务手册（进博版 4.0）》，选派骨干十余人入驻国家会展中心，提供税费政策咨询辅导。为 44 户会展周边企业增加发票用量，为“进博会”相关企业定制优化政策服务清单。（郝玲阁）

■税收风险管理　加强项目落实，推进风险分类分级管理，全年通过金税三期系统应对风险企业 3645 户次，补征税款及滞纳金 13.04 亿元。加强精准监管，开展长三角一体化示范区“数据通”行动，23 户风险企业补缴税款及滞纳金 1.4 亿元。挖掘虚开增值税普通发票犯罪团伙线索，联合公安部门锁定证据，抓获犯罪团伙 21 人、捣毁犯罪窝点 4 处、涉案增值税普通发票 9225 份、涉案发票金额 7.04 亿元。（郝玲阁）

■税收征管改革　1 月 1 日，防空地下室易地建设费征收职责划转至税务部门，1 月 28 日完成划转后首笔缴费业务。7 月 1 日，完成全国国有土地使用权出让收入划转税务征收后的首笔申报，全年入库土地出让金收入 168.2 亿元。9 月 1 日完成水土保持补偿费征收职责划转工作。推进残疾人就业保障金征缴“一件事”改革，全年完成缴费金额 2.3 亿元。开展社会保险费缴费提醒，全年征收企业社会保险费 178.6 亿元，灵活就业人员社会保险费 11250.4 万元。加快电子发票推广应用，核定电子专票纳税人 5446 户，开具电子专票 36051 份。（郝玲阁）

■长三角一体化示范区税收法治一体化　4 月，牵头与吴江、嘉善税务局统一申报、发票类行政处罚裁量基准操作口径，推进长三角一体化示范区行政处罚标准化建设和常用事项“同事同罚”，全年落实“首违不罚”1258 件。6 月，青嘉吴三地税务、法院、检察院等九部门联合发布《长三角生态绿色一体化发展示范区税收司法精诚共治展望方案》，三地在司法案件涉税证据调查、司法执行和破产案件涉税事项 3 个方面逐步构建合作机制。10 月 27 日，青浦区税务

4 月，税收宣传月期间，区税务局干部在青浦实验小学开展“税法小课堂”活动（区税务局供稿）

局成立破产涉税事项团队，建立破产涉税事项合议机制，帮助企业解决破产处置中的涉税事务办理难题。（郝玲阁）

■税收政策落实　4月30日，完成出口退税管理系统整合工作，全年受理1189户出口企业退税申报，退税金额29.2亿元。加强增值税扣税凭证管理，防范税收风险，全年认定走逃失联企业400户、异常凭证14379份。97户次企业享受增量留抵退税政策，退还增量留抵10.0亿元。60户次企业享受先进制造业留抵退税政策，退还增量留抵金额5107.4万元。3户次企业享受重点物资生产企业留抵退税政策，累计退还增量留抵金额96.4万元。落实个人所得税和网格化责任，区个人所得税年度汇算纳税申报39.8万人，重点人群汇缴申报率、退税办结率100%。落实创新驱动型税收优惠，206户企业享受高新技术企业15%税率优惠，减免企业所得税13.4亿元，1220户企业享受研发费加计扣除政策86.8亿元。9月1日，《城市维护建设税法》《契税法》实施。10月为首个征期，涉及税率调整、税负变化的53779户企业，全部完成城市维护建设税申报缴纳。（郝玲阁）

■首届长三角一体化示范区税务系统优秀案例演示活动　12月14日下午，在青浦区举行“数据赋能长三角，提升风控新能级”区税务局风控优秀案例劳动竞赛暨首届长三角一体化示范区优秀案例演示活动，青浦区与吴江区、嘉善县三地税务局代表参加活动，分享三地风险管理成果。（郝玲阁）

2021年区税户登记情况表（一）

表58　　单位：户

行次	类别	注册类型	上年末户数（含非正常户）	本年末户数（含非正常户）	其中：共同登记户数（含非正常户）	增值税纳税人户数	
						合计	其中一般纳税人
1	合计		153031	159160	137493	146698	67541
2	内资企业	国有企业	80	80	74	61	41
3		集体企业	430	412	409	351	161
4		股份合作企业	41	40	39	37	28
5		联营企业	26	26	25	22	16
6		国有联营企业	3	3	3	3	3
7		集体联营企业	11	10	10	8	7
8		国有与集体联营企业	10	10	10	8	6
9		其他联营企业	2	3	2	3	0
10		有限责任公司	4211	5247	3883	4552	3055
11		国有独资公司	28	27	26	17	15
12		其他有限责任公司	4183	5220	3857	4535	3040
13		股份有限公司	190	206	186	173	146
14		私营企业	129426	133747	114989	123921	62371
15		私营独资企业	34042	33078	26530	31249	5371
16		私营合伙企业	3478	3748	2972	3412	559
17		私营有限责任公司	91792	96793	85375	89140	56345
18		私营股份有限公司	114	128	112	120	96
19		其他企业	777	802	737	571	258
20		小计	135181	140560	120342	129688	66076
21	港澳台商投资企业	合资经营企业（港或澳、台资）	114	112	100	99	87
22		合作经营企业（港或澳、台资）	35	32	32	29	29
23		港、澳、台商独资经营企业	514	561	487	508	403
24		港、澳、台商投资股份有限公司	11	13	12	12	9
25		小计	674	718	631	648	528

（续表）

行次	类别	注册类型	上年末户数（含非正常户）	本年末户数（含非正常户）	其中：共同登记户数（含非正常户）	增值税纳税人户数	
						合计	其中一般纳税人
26	外商投资企业	中外合资经营企业	226	208	202	194	163
27		中外合作经营企业	50	48	48	47	44
28		外资企业	783	824	729	740	622
29		外商投资股份有限公司	3	4	3	2	1
30		小计	1062	1084	982	983	830
31	外国企业		3	3	2	3	2
32	个体经营		15037	15656	14512	14338	72
33	其他		1074	1139	1024	1038	72

（郝玲阁）

2021 年青浦区税户登记情况表（二）

表 59　　　　单位：户

行次	类别	注册类型	本年末户数分行业												
			农林牧渔业	采矿业	制造业	电力燃气及水的生产和供应业	建筑业	交通运输仓储和邮政业	信息传输、计算机服务和软件业	批发和零售业	住宿和餐饮业	金融业	房地产业	租赁和商务服务业	其他行业
1		合计	831	1	10262	37	11287	3991	5205	66453	3461	115	2775	31660	23075
2	内资企业	国有企业	0	0	10	6	9	5	2	9	3	1	4	9	22
3		集体企业	11	0	128	6	25	4	2	107	9	2	14	43	61
4		股份合作企业	1	0	20	0	3	2	0	4	0	0	5	3	2
5		联营企业	1	0	5	0	0	2	0	5	2	0	4	3	4
6		国有联营企业	1	0	0	0	0	1	0	0	0	0	0	0	1
7		集体联营企业	0	0	3	0	0	1	0	0	1	0	3	1	1
8		国有与集体联营企业	0	0	2	0	0	0	0	5	1	0	0	1	1
9		其他联营企业	0	0	0	0	0	0	0	0	0	0	1	1	1
10		有限责任公司	15	1	268	15	310	268	238	1323	139	26	439	1150	1054
11		国有独资公司	0	0	0	4	1	1	2	5	1	1	3	8	1
12		其他有限责任公司	15	1	268	11	309	267	236	1318	138	25	436	1142	1053
13		股份有限公司	1	0	56	0	11	13	13	33	0	17	6	24	32
14		私营企业	129	0	8528	7	10892	3614	4870	53757	819	67	2206	29895	18961
15		私营独资企业	20	0	1572	1	2507	762	1426	9067	88	3	529	11545	5558
16		私营合伙企业	0	0	48	1	55	22	140	224	18	10	23	2807	400
17		私营有限责任公司	109	0	6875	5	8326	2823	3286	44448	711	53	1651	15529	12975
18		私营股份有限公司	0	0	33	0	4	7	18	18	2	1	3	14	28
19		其他企业	620	0	12	0	3	5	1	81	6	0	2	28	44
20		小计	778	1	9027	34	11253	3913	5126	55319	978	113	2680	31155	20180

（续表）

行次	类别	注册类型	本年末户数分行业												
			农林牧渔业	采矿业	制造业	电力燃气及水的生产和供应业	建筑业	交通运输仓储和邮政业	信息传输、计算机服务和软件业	批发和零售业	住宿和餐饮业	金融业	房地产业	租赁和商务服务业	其他行业
21	港澳台商投资企业	合资经营企业（港或澳、台资）	1	0	42	0	1	5	3	17	3	1	13	14	12
22		合作经营企业（港或澳、台资）	0	0	30	0	0	0	0	0	0	0	0	1	1
23		港、澳、台商独资经营企业	1	0	175	1	6	7	30	164	14	1	26	79	57
24		港、澳、台商投资股份有限公司	0	0	7	0	0	0	0	1	0	0	0	4	1
25		小计	2	0	254	1	7	12	33	182	17	2	39	98	71
26	外商投资企业	中外合资经营企业	1	0	106	1	2	3	6	33	3	0	9	25	19
27		中外合作经营企业	1	0	36	0	3	0	0	2	0	0	3	0	3
28		外资企业	1	0	384	0	6	22	16	190	11	0	23	111	60
29		外商投资股份有限公司	0	0	2	0	0	0	0	0	0	0	0	1	1
30		小计	3	0	528	1	11	25	22	225	14	0	35	137	83
31	外国企业		0	0	0	0	0	1	0	1	0	0	0	0	1
32	个体经营		25	0	453	1	12	38	18	10716	2450	0	9	123	1809
33	其他		23	0	0	0	4	2	6	10	2	0	12	147	931

（郝玲阁）

2021 年税收收入完成情况表

表 60

项目	2021 年（万元）	2020（万元）	增减额（万元）	增减（%）	占比（%）
税收合计	5913578	5348031	565548	10.6	100.0
其中：增值税	2453792	2502927	－49135	－2.0	41.5
消费税	34363	24617	9746	39.6	0.6
企业所得税（内资）	1067102	813497	253605	31.2	18.0
企业所得税（外资）	416797	308683	108114	35.0	7.0
个人所得税	849476	772682	76795	9.9	14.4
土地增值税	256311	220531	35780	16.2	4.3
耕地占用税	2850	1978	872	44.1	0.0
契税	259778	237683	22095	9.3	4.4
车辆购置税	255058	214369	40689	19.0	4.3
其他各税	318051	251064	66987	26.7	5.4
附：“增、消”两税	2488155	2527544	－39389	－1.6	42.1
三项所得税	2333375	1894861	438514	23.1	39.5
免抵调增增值税	114476	330733	－216257	－65.4	1.9

（续表）

项目	2021 年（万元）	2020（万元）	增减额（万元）	增减（%）	占比（%）
增值税留抵退税	-104575	-75515	-29061	38.5	—
中央级税收	2919852	2630814	289038	11.0	49.4
地方级税收	2993727	2717217	276510	10.2	50.6
其中：市级税收	1037644	938902	98741	10.5	17.5
区级税收	1956083	1778315	177768	10.0	33.1

（郝玲阁）

市场监督管理

■概况　2021 年，全区各类市场主体 185109 户。其中，私营企业 146516 户、外资企业 2001 户、内资企业 5197 户、农民专业合作社 1009 户、个体工商户 30386 户。全区有食品流通经营户 10511 家、食品生产企业 118 家、餐饮服务经营单位 6292 家、医疗器械经营企业 2772 家、药品零售企业 232 家、中小学托幼机构和企事业单位食堂 1356 家（含工地食堂）。新立案查处各类违法案件 1457 件、结案 1428 件，尚未结案 591 件；实际入库罚没款 2302.05 万元；移送司法机关追究刑事责任案件（含案件线索）8 件。（胡开明）

2021 年青浦区市场主体情况表

表 61

项目	新设（户）	比上年增长（%）	新设注册资本（万元）	比上年增长（%）	累计户数（户）	比上年增长（%）	注册资本（万元）	比上年增长（%）
市场主体合计	23619	7.30	12100000	21.50	185109	4.10	107908212	8.45
企业合计	20229	10.74	12060301	21.58	153714	4.56	107526666	8.46
其中：内资企业	986	26.57	5102866	63.12	5197	20.36	24260317	18.13
外商投资企业	194	34.72	1002914	-34.28	2001	10.55	1272726	12.22
私营企业	19049	9.83	6275453	9.06	146516	4.00	74611812	5.26
个体工商户	3361	-9.67	35080	1.22	30386	1.92	155751	8.05
农民专业合作社	29	20.83	4619	8.55	1009	1.00	225795	2.37

（胡开明）

■长三角一体化示范区市场监管一体化　推动示范区营商环境联建、监管执法联动、市场安全联管、质量基础联通、消费环境联创、党的建设联合。制发全国首张“跨区通办”营业执照的成功经验入选示范区成立两周年 73 项制度创新成果。3 月 29 日，长三角一体化市场监管三地综合执法区域协作第一次会议举行，青浦、吴江和嘉善三地市场监管综合执法大队共同签订三地综合执法区域协作协议。4 月，与吴江市场监管局、嘉善市场监管局共同发布《青吴嘉三地知识产权重点商标和地理标志保护名录（第二批）》。推动三地信用监管联动。6 月，首次实施长三角一体化示范区 2020 年度企业年报数据监测服务抽查。开展示范区机动车检测机构质量提升示范试点（上海程晟汽车综合性能检测有限公司）建设，继续深化沪苏浙皖三省一市联合开展的“满意消费长三角”行动。9 月 23 日，2021 年长三角机动车检验检测机构技能大赛在青浦汽车检测中心举行。活动由青浦、吴江和嘉善三地市场监管部门牵头，联合青浦区香花桥街道办事处、青浦区生态环境局主办。青浦、吴江和嘉善地区 24 家检验检测机构 72 名参赛人员参赛，7 家单位分别获一二三等奖和优秀组织奖。（胡开明）

■“进博会”保障任务　展前，为国家会展中心申报免予办理 CCC（China Compulsory Certification，中国强制性产品认证）便捷通道，办理免办证明 18 张，货值 3043.77 万元。加强进口冷链食品“第一存放点”监管，对进口冷链食品及相关环节开展核酸检测 2500 件，100% 阴性。确保 71 个用餐保障点（公共餐饮、食品销售以及餐车的供应单位），10 余万人次的用餐安全。对 10 家核心单位、388 台套设备开展保障性检验，多次复查，在展前完成隐患整改闭环。展会期间，每日对核心区域 424 台电梯开展全覆盖检查，巡查设备 3938 台次，发现并整改问题 77 个。2018—2021 年，连续 4 年实施国家会展中心区域食品经营单位、宾馆（酒店）企业、民营医疗机构等领域跨部门

9月29日下午，区市场监管局对8家“进博会”核心单位进行监督检查，图为工作人员在国家会展中心中央空调机房进行检查　（区市场监管局供稿）

联合双随机检查。综合巡检数百家参展商，保障展会现场秩序。　（胡开明）

■“进博会”营业证照3个“首发”　在区市场监管局“进博会”服务保障指挥部办公室继续设立企业登记服务区，提供注册许可、知识产权领域综合服务。展会期间，发放各类证照105张。为德国功能性面料组展商在青浦区西虹桥商务区新成立的会展服务公司颁发“进博会”参展商首日首证首照（营业执照和食品经营许可证）。为上海泗康生物科技有限公司颁发首张长三角一体化示范区医疗器械批发企业“一证多址”营业执照。为上海旭米数字广告有限公司颁发示范区数字广告产业园“首张数字广告行业企业营业执照”。3个证照“首发”得到中央电视台、新华社等媒体的报道。　（胡开明）

■优化市场准入环境　“一网通办”改革持续推进，免费公章刻制点增加至13家，实现街镇全覆盖。企业开办实现“一个环节、一天办结”，15550家企业开办实现“一窗发放”。食品生产、食品经营、酒类经营等许可事项“全程网办”，8325家企业全程网上办理许可事项业务。电子营业执照应用拓展到开业、变更、注销、年报公示等领域，覆盖企业全生命周期。市场监管领域“一业一证”适用范围扩大，颁发（便利店、药店）等行业综合许可证460张。“证照分离”改革深化，围绕“实行告知承诺、优化审批服务”分类推进，涉及食品（含食品添加剂）生产许可、药品零售企业许可、第三类医疗器械经营许可等多个事项，12656家企业办结相关业务。长三角生态绿色一体化发展示范区企业登记服务站、绿地贸易登记服务站、青浦工业园区企业登记服务站3个登记服务站受理企业37064家（包括开业、变更、注销），占全区总量的57.87%，“就近办”的服务效应惠及经济小区。　（胡开明）

■质量强区建设　完成《青浦区质量状况分析报告》（质量白皮书）和街镇质量工作满意度测评。组织实施3个批次69家组织及个人的80个项目（含品牌建设专项资金、第三届区长质量奖），拨付资金823万元。组织中国品牌日、全国质量月活动。开展青质云课堂线上线下质量培训课程11期。11月18日上午，区质量提升工作会议暨第三届区长质量奖颁奖仪式在区政府东裙楼会议室召开，会上宣布第三届区长质量奖获奖组织和个人的表彰决定，解读《青浦区质量提升三年行动计划（2021—2023年）》。　（胡开明）

■强化进口冷链食品闭环管控　查验进口冷链食品“第一存放点”11家46781车（箱），核酸检测样本345944件。组织开展个人防护、疫苗接种、废弃物处置、消毒剂使用等专项检查。妥善处置应急处置事件22件。加强食品生产经营企业疫情防控措施，落实相关要求。实现冷链食品从区内“第一存放点”出库到批发交易、生产加工、销售流通各环节全流程管控。　（胡开明）

■食品安全监管　围绕韭菜、豆芽、梭子蟹、淡水鱼等重点品种，在重要节假日，加强综合整治和重点监管。开展各类食品抽检5097批次，总体合格率98.61%。全年查办食品类案件656件，

5月20日，区市场监管局在徐泾集贸市场开展“5·20世界计量日”宣传活动　（区市场监管局供稿）

10 月 25 日，区市场监管局工业园区所监管人员到上海美莱信息技术有限公司开展“进博会”食品原料供应商检查工作（区市场监管局供稿）

罚没款 596 万元。开展餐饮质量安全提升行动、校园食品安全守护行动和网络餐饮服务等 20 余项专项治理，推进“互联网 + 明厨亮灶”智慧管理。推进农村集体聚餐固定场所规范化建设，办证率由 14% 提高到 97.14%。（胡开明）

■食品安全社会共治机制 建成 16 座分布于基层市场监管所、街镇社区、食品生产企业（元祖）和青少年校外活动营地（东方绿舟）的食品药品科普站。聚焦民生关注的“网红餐厅”，开展“食品安全你点我检”“餐饮安全你我同查”直播活动。持续推进食品安全百千万工程建设。（胡开明）

■药品、化妆品监管 开展中药生产、中药饮片、集采中选药品、药品经营等 9 项专项整治行动，立案查处 8 件。检查化妆品经营使用单位 900 家次，责令整改 69 户次，全部整改完成。评价化妆品不良反应报告 34 份。开展以“安全用妆，美丽有法”为主题的 2021 年化妆品安全科普宣传周系列活动。组织市民参观上海家化，宣传合理用妆知识、儿童化妆品的安全使用知识。（胡开明）

■医疗器械监管 通过双随机等多种形式，完成 137 家医疗器械生产企业的全覆盖检查，对 69 户提出整改意见。对 3167 家医疗器械经营企业开展分级分类监管，对检查发现的 5 家涉嫌违法线索开展立案调查。开展医疗器械生产经营年度自查、信用评定、无菌植入医疗器械等 13 项专项行动，规范经营行为。（胡开明）

■产品质量监管 对流通领域电动自行车及蓄电池、充电器开展质量监督抽查和执法检查，查处违法案件 20 件，已结案 12 起，结案部分共计罚没款 8.6 万元，8 起案件仍在办理中。实施“限塑”整治，开展超薄购物袋、薄膜、吸管等专项监督检查，查处违法案件 16 件。对消费品和生产资料两大类 13 小类 68 种产品开展质量监督抽查。发现涉嫌存在产品质量违法行为的企业 14 家（涉及电动车充电器及非医用口罩等 4 类产品），均由企业所在市场监管所完成质量不合格立案查处，并做好不合格产品整改、下架等闭环处理。强化监督抽查质量不合格产品的后处理，收到国家级、市级及外省市市场监督管理部门移送的各级监督抽查不合格产品的后处理 56 起，完成率 100%。（胡开明）

■消保委受理处理消费者投诉 11209 件 2021 年，区消保委受理处理消费者投诉 11209 件，比上年增长 102.66%，涉及消费金额 3910.08 万元，为消费者挽回经济损失 1420.46 万元。达成调解协议 8987 件，调解成功率 80.18%。

从投诉类别分析，商品类投诉 1828 件，占投诉总量的 16.31%，投诉量居前五位的依次是交通工具类 301 件、服装鞋帽类 285 件、家居用品类 257 件、家用电器 173 件、食品类 139 件；服务类投诉 9381 件，占投诉总量的 83.69%，投诉量居前五位的依次是快递服务 7443 件、交通运输服务 391 件、文化娱乐体育服务 275 件、教育培训服务 212 件、美容美发洗浴服务 167 件。

从投诉性质分析，售后服务 7135

7 月 19—23 日，“全国医疗器械安全宣传周”活动期间，区市场监督局在夏阳市场监管综合科普站开展特色科普宣传活动（区市场监管局供稿）

件、合同问题3192件、质量问题441件、其他187件、价格问题113件、安全59件、虚假宣传44、人格尊严27件、假冒问题6件、计量问题5件。（胡开明）

■零售药店疫情防控监测预警检查 实施网格联勤联动、全覆盖现场检查辖区内药店，检查药店516家次，责令整改68家次，立案查处1家次。重点检查药店入店顾客测温验码、“退烧止咳药”专人专区管理及实名登记购买、信息填报、从业人员个人防护、营业场所清洁消毒、高度疑似人员报告等情况；对新开药店加强疫情防控宣传指导，督促企业建立疫情防控工作程序，查验特殊管理药品监管系统安装使用情况。以前期区市场监管局查办的相关案件为例，督促药店及时采取相关管控措施，消除潜在风险，帮助药店清晰落实相关责任，引导消费者登录“随申办”小程序填报个人信息，通过特殊管理药品监管系统将购药信息关联上传。

（胡开明）

■企业信用监管 全年全区企业年报应报144642户，实际申报141669户，企业年报率97.94%，企业年报率连续8年名列全市第一。按照“全覆盖、常态化”的目标，推进市场监管领域联合“双随机、一公开”监管，取得全市“双随机、一公开”评估第三的优异成绩。落实信用修复机制，指导服务经营异常名录企业612户履行公示义务，将其移出经营异常名录。严重违法失信名单企业信用修复87户。强化食品、特种设备生产等重点领域信用监管。探索信用监管风险预警和信用风险分类监管，依托年报大数据监测预警系统，对全区处于年报申报期的年报企业批量监测，对年报问题企业精准预警，提示企业及时进行更正，避免企业失信，共监测服务年报问题企业10323户。（胡开明）

■消费维权 1月，区市场监管局成立青禾消费维权工作室。在投诉较多的市场监管所设立工作室，由工作经验丰富的市场监管干部担任调解员，联合万达贸、吾悦、奥特莱斯等商圈联络点的联络员开展消费投诉调解活动。9月，全区首个消费纠纷人民调解委员会——上海市青浦区消费纠纷人民调解委员会在青浦区市场监管局揭牌成立。将奥特莱斯、山姆超市等21家知名企业纳入ODR（在线矛盾纠纷多元化解平台）企业名单，落实主体责任。承办“12345”市民服务热线工单6962件，按时办结率100%，总体满意度超过93%。引入人大代表、政协委员参加消费者保护协会活动，增强消费维权志愿者力量。（胡开明）

■首张长三角一体化示范区“跨省通办”营业执照颁发 1月6日，通过“跨省通办”和“免费双向物流”相结合的方式，为物联亿达（上海）信息科技有限公司颁发首张长三角一体化示范区“跨省通办”营业执照，实现异地办事“零跑动”。根据《市场监管总局办公厅关于做好第一批“跨省通办”事项工作的通知》，自2020年12月31日起，外省市申请人无需到上海市，只需异地在线登录全国一体化政务服务平台、上海一网通办或上海市开办企业“一窗通”网上服务平台的“跨省通办”服务专区，即可为市场主体（包括内外资企业及分支机构、个体工商户、农民专业合作社等）办理在上海市设立、变更、注销等13项登记注册业务，范围覆盖各类市场主体的全生命周期。“跨省通办”服务融合“线上+线下”服务手段，创新“互联网+窗口”的服务模式，解决异地申请人“多地跑”“折返跑”的问题，构建从业务申请到领取执照的全过程“零跑动”闭环，为申请人异地办事提供新路径。全年“跨省通办”营业执照7家，其中设立1家、变更5家、注销1家。（胡开明）

■“3·15”宣传活动 3月15日，联合区消保委、区人民法院、商务委等部门举行大型咨询活动。各市场监管所在各自辖区开展设摊咨询活动，现场解答消费者的咨询，接受消费者的投诉举报，发放《新消费》《消费维权知识手册》等维权宣传资料。采用“线上+线下”方式，利用微信公众号、自媒体平台、抖音app、经营户微信群等线上方式向广大市民普及消费维权知识，重点宣传疫情防控相关的消费警示、科普知识、各类违规违法行为的识别等信息。通过“绿色青浦”app、微信公众号，组织“3·15”知识挑战赛，近2000名消费者参加活动。针对消费热点和难点问题，制作冷链食品选购、疫情防控、老年保健品系列消费警示小视频。（胡开明）

■长三角一体化示范区先行启动区“亲吾家”消费维权执法队伍 3月，青、吴、嘉共同成立长三角一体化示范区先行启动区“亲吾家”消费维权执法队伍。“3·15”期间围绕消费领域突出、难点问题，先行启动区内重点开展食品安全、物价等领域的联合专项执法行动10次。（胡开明）

■首次长三角一体化示范区企业公示信息联合“双随机”监测服务 4月，青浦、吴江、嘉善市场监管部门形成《长三

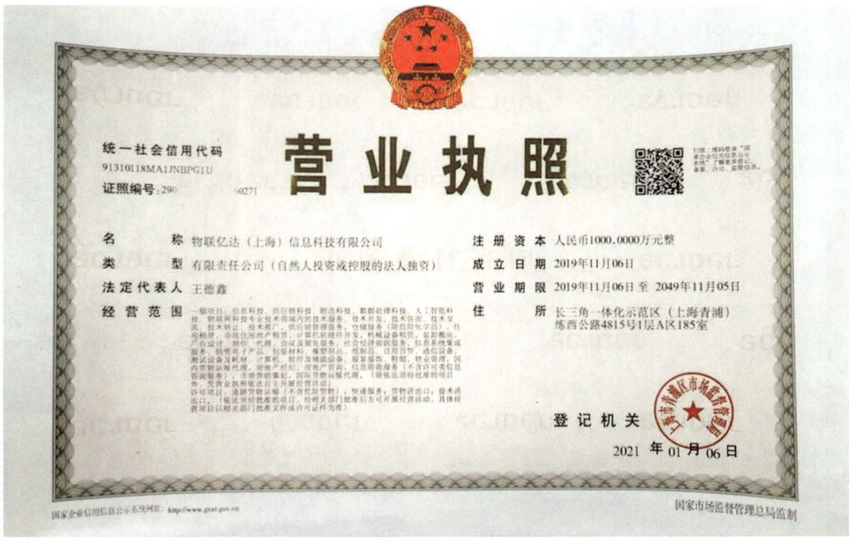

1月6日，青浦区颁发首张长三角一体化示范区“跨省通办”营业执照

（区市场监管局供稿）

3 月 15 日,"3·15"消费者权益日,区市场监管局徐泾所工作人员在虹桥食尚天地向群众发放宣传资料 (区市场监管局供稿)

角生态绿色一体化发展示范区 2020 年度企业年报数据监测服务抽查工作方案》。2021 年 6 月,长三角一体化发展示范区首次开展企业公示信息联合"双随机"监测服务。首次探索尝试通过"双随机+监测服务"的方式对年报企业进行年报质量监测服务。以随机摇号的方式,抽取三地 100 家检查对象,检查内容为企业 2020 年度年报内容是否真实、完整和企业是否公示了应当公示的即时信息。此次监测发现股东出资信息、股权转让信息、对外投资/对外担保信息和即时信息等问题 154 项,基本涵盖企业年报重要公示事项。三地市场监管部门对检查内容形成监管清单,初步建立信用监管协同联动格局。(胡开明)

■侵权假冒伪劣商品集中销毁行动 4 月 23 日,京、沪、鄂等 16 个省、自治区、直辖市联合开展"保护知识产权,打击侵权假冒"——侵权假冒伪劣商品统一销毁行动。青浦区集中销毁假冒伪劣建材、电子设备、服装鞋帽、防疫物资 2023 件(袋、箱)、16.43 吨,货值 133974.20 元。分设两个销毁现场,由上海巨浪环保有限公司对假冒伪劣建材作无害化销毁,由上海章盛废旧物资回收有限公司对其余假冒伪劣作碾压拆解普通销毁。(胡开明)

■"市监卫士带你看进博"现场直播间 11 月,在区市场监管局国家会展中心保障办公室内设立"市监卫士带你看进博"现场直播间,接入"上海之门进博眼第二季"直播。以全景化、立体式形式展现市场监管部门现场"进博会"服务保障工作,向公众进行专业生动的安全知识科普。围绕"进博会"热点和群众关心的馆内就餐保障、化妆品选购、电梯安全使用、药械与健康等问题,开展面向社会公众的风险警示和科普宣传直播。年内,联合区融媒体中心组织开展 2021 年一体化示范区电梯安全宣传及应急救援综合演练活动、"简"餐不"简"单及"首照"诞生记等 3 场直播,观看 15000 余人次。(胡开明)

物价管理

■概况 2021 年,区发展改革委完善价格监测规范化建设机制,加强收费标准规范管理,保持物价总体水平基本稳定。区市场监管局对全区价格动态和价格行为保持密切关注,规范涉及民生等重热点领域中的价格行为,维护正常市场价格秩序。(苑欢欢 胡开明)

■物价管理工作 每日监测 64 个品种的主副食品价格,每周监测农资价格,每月监测劳动力价格。开展"进博会"价格保障、区内住宿酒店价格监测工作。开展种植业成本调查,完成粳稻生产成本与收益调查、农民种植意向调查、农户存粮情况调查、农户农资购买情况调查和青菜成本调查等工作。强化民办教育收费管理,完成区内部分民

12 月 29 日,区市场监管局工作人员在桥梓湾商业广场眼镜店进行执法检查 (区市场监管局供稿)

办非营利中小学学历教育的学费、住宿费定调价工作。加强公立医疗机构停车收费管理，制定区内部分医院停车场收费标准。（苑欢欢）

■价格认定规范　为司法机关打击违法犯罪提供价格依据，受理并完成价格认定375件，比上年下降20.6%，涉案金额2605万元。（苑欢欢）

■蔬菜“保供稳价”　春节前夕，市蔬菜价格与上年相比处于高位，根据市府、市市场监管局部署，加强蔬菜稳价保供。2月1—26日，出动执法人员1039人次，检查商户1756户次，发放提醒告诫函490份。检查中未发现经营户有价格欺诈、哄抬物价的行为。（胡开明）

■“进博会”期间价格监管　10月起，重点对辖区内的酒店旅馆客房、国家会展中心周边停车场（库）进行监督检查，指导经营者做好明码标价、收费公示工作。对宾馆酒店、国家会展中心周边10公里范围内实行市场调节价的公共停车场（库）开展提醒告诫84户次，出动执法人员175人次，发放价格临时干预提醒告诫函379份。组织展馆内入驻餐饮企业签署价格承诺书。持续跟踪检查，依法查处违法行为。“进博会”期间未发生价格违法案件。（胡开明）

■规范非电网直供（转供电）价格行为　全覆盖排查转供电（指电网企业无法直接供电到终端用户，需由其他主体转供的行为）场所，确定辖区从事转供电活动的主体87户、终端用户10220家。举行清理规范转供电环节工作推进会。向转供电主体发放《转供电主体单位电价政策提醒告诫函》《2020年上海市阶段性电费优惠政策告知书》《关于阶段性降低本市企业用电成本支持企业复工复产复市的通知》等材料，督促转供电主体对照政策进行自查自纠。对23户企业因在电价中加收其他费用进行立案查处，年内办结案件8件，清退多收电费591万元，罚款入库148.54万元。（胡开明）

■开展涉企收费检查　根据《民政部、国家发展改革委、市场监管总局关于开展行业协会商会乱收费专项清理整治工作的通知》及市市场监管局《2021年“治理涉企收费，减轻企业负担”专项行动工作方案》等通知要求，部署开展行业协会商会、行政审批中介服务机构、货代企业、供水企业等4项涉企收费工作，检查相关单位21户。（胡开明）

7月26日，区市场监管局白鹤市场监管所执法人员在白鹤菜市场开展价格执法检查（区市场监管局供稿）

知识产权管理

■概况　2021年，区市场监管局贯彻实施国家知识产权战略，服务保障长三角一体化、“进博会”两大国家战略，加大保护力度，优化营商环境。全年，专利授权量9190件，比上年增长18.92%。其中，发明专利授权量647件，比上年增长38.25%。至年末，有效专利拥有量35647件，比上年增长24.88%，其中有效发明专利拥有量3671件，比上年增长17.06%。

全区商标申请量25264件，比上年增长2.35%；注册量20609件，比上年增长38.48%；商标有效注册量109405件，比上年增长19.98%。

2月8日，中国（上海）知识产权维权援助中心青浦移动智地工作站成立。各经济小区与区司法局合作，在全区街镇全部建立知识产权纠纷调解工作室。（胡开明）

■高价值发明专利培育　在区专利工作试点示范单位评定的专家评审参考评分标准中，增设“授权后维持10年以上”“PCT国际专利申请”“开展知识产权质押融资”“特色工作”等与高价值专利相关的指标项。全年PCT国际专利（一般指通过PCT途径申请的国际专利。PCT，即Patent Cooperation Treaty，专利合作条约）申请88件，比上年增长44.26%，增速位居全市第四。规范资助政策，区财政发放2021年度知识产权产业发展项目扶持资金1556.80万元、2457项次。

■强化知识产权运用　2021年，青浦区企业质押专利37件和商标50件，质押登记金额7776万元。区级财政资助2家企业质押融资贴息申请，合计11.93万元。支持知识产权保险，年内发放专利保险资助2.62万元，涉及专利38件。对参加专利保险的企业，按缴纳保险费用的50%予以资助，10月26日，确认在赵巷科技绿洲开展商标品牌创新创业基地（简称“双创”基地）建设，成为市8个“双创”基地之一。（胡开明）

■专利工作试点（示范）单位评选　2021年，有8家企业在线申报专利示范

4 月 23 日,区市场监管局开展侵权假冒伪劣商品集中销毁行动
（区市场监管局供稿）

单位,35 家企业在线申报专利试点单位。经初审、终审,于 2022 年 2 月,2021 年度区专利工作试点(示范)单位评选名单公示,其中示范单位 3 家、试点单位 10 家。2021 年度新认定的上海市专利工作示范企业 2 家、试点 4 家;验收(验收期 2 年)通过 2019 年度上海市专利工作示范企业 6 家、试点 4 家。中国北斗产业技术创新西虹桥基地被上海市知识产权局确定为 2021 年园区知识产权托管试点项目承担单位。
（胡开明）

■知识产权行政执法 落实《2021 年上海知识产权行政保护工作实施方案》,制订《2021 年青浦知识产权行政保护工作实施方案》,服务保障“进博会”,协助服务保障崇明“花博会”,开展流通领域销售地理标志产品及地理标志专用标志检查。年内,办结案件 56 起、罚没款 112.2 万元。“4·26”知识产权宣传周期间,区市场监管局、区生态环境局、香花桥街道联合开展“保护知识产权 打击侵权假冒”侵权假冒商品集中统一销毁活动,销毁 2023 件(袋、箱)、16.43 吨、商品货值 133974.20 元。（胡开明）

■长三角一体化示范区知识产权保护措施先行先试 青浦、吴江、嘉善三地知识产权部门实施工作例会制度,分别牵头《关于在长三角生态绿色一体化发展示范区强化知识产权保护推进先行先试的若干举措》相关工作任务。3 月,三地市场监管部门执法大队签订长三角一体化示范区执法区域协作协议。长三角一体化示范区知识产权综合政务服务中心由青浦牵头启动建设,服务中心建设被写入国家知识产权局、上海市人民政府《共建高水平改革开放知识产权强市合作会商议定书》。7 月 20 日,国家知识产权局上海青浦受理窗口在青浦区青松路 162 号一楼启用,推动商标注册便利化改革。至年末,办理业务 184 件次,区内、市内外区、外省市企业分别 86 件次、74 和 24 件次。
（胡开明）

审计工作

■概况 2021 年,区审计局完成审计(调查)项目 67 个,审计(调查)资金总额 1068.45 亿元,核减金额 9904.7 万元,促进财政增收节支 10044.72 万元,提出审计意见建议 429 条,移送纪检部门问题线索 2 项,推动各部门建章立制 10 项。区领导对审计报告、工作报告、结果报告、综合报告和审计专报等作出批示 20 次。组织对 7 个“进博会”项目、轨道交通 17 号线西延伸工程开展跟踪审计,完成保障性安居工程、青浦区省界断头路建设项目专项审计。2 个审计项目分别获得市审计机关第 24 次优秀审计项目评选一、三等奖。创建“审彩”系列党建品牌,“审彩驿站”党群服务站点为户外工作者提供便民服务,获全国总工会“最美工会户外劳动者服务站点”、市绿化市容行业工会“上海市十佳爱心接力站”称号。（陈 亭）

■配合开展上级审计部门任务 配合中央军委审计署上海审计中心对预备役部队开展财经管理审计,配合审计署南京特派办开展松江区税务局税收和非税收入征管及预算执行审计,配合审计署上海特派办到浙江省金华市参加困难群众救助补助审计。（陈 亭）

■财政审计和投资审计 落实厉行节约、过紧日子要求,完成 2020 年本级财政和 6 个部门预算执行审计,对全区 340 余个一、二级预算单位的政府采购、购买服务等 40 余个重要事项实施全覆盖审计,促进提升财政资金绩效。推进投资审计转型发展,提请区政府修订《青浦区政府性投资项目审计监督办法》,开展重大项目跟踪审计 1 个,完成盈港路五期工程、体育文化活动中心一期工程等竣工决算审计 45 个。
（陈 亭）

■经济责任审计 贯彻中共中央办公厅、国务院办公厅印发的《党政主要领导干部和国有企事业单位主要领导人员经济责任审计规定》要求,加强对领导干部任职期间的重大经济决策事项审计,完成 9 个单位 11 名领导干部经济责任审计,对 2 个镇领导干部开展独立型自然资源资产审计。印发预算执行、经济责任履行、政府投资项目建设管理等三类重点风险提示清单,主动将审计由“事后监督”跨前到“事前指导”。
（陈 亭）

■内审工作 服务村居“两委”换届工作,组织 11 个街镇内审机构同步开展村级财务管理情况专项审计调查,推动管好用好农村集体资金资产资源,依法保障基层群众合法权益。加强内审分类指导,对重点部门、重点领域加强现场指导,推动健全内审机构分片对接服

12月7日，审计人员实地查看村庄改造项目实施情况。图为对香花桥街道部分村内道路进行钻芯取样

（区审计局供稿）

务保障机制，印发《青浦区内部审计工作指导手册》，推动全区内审工作提质增效。（陈　亭）

■**审计公开**　在青浦区审计局门户网站公开2021年度青浦区重点审计项目计划、2020年度区本级预算执行审计工作报告、2020年度审计整改工作报告、区6个部门2020年度预算执行审计结果、2个专项审计调查结果和10个区重大实事项目竣工决算审计结果。（陈　亭）

■**审计联动**　3月，与区纪委签订《关于建立本区纪委监委机关与审计机关协作配合工作机制的实施意见》，加强线索移送和案件查处协作配合。年内，与区建管委、区生态环境局、区总工会等单位分别签订框架协议，建立会商、联动、通报和数据共享机制，构建审计监督和行业监管联动体系。（陈　亭）

统计工作

■**概况**　2021年，区统计局开展统计执法，完成85家企业的“双随机”执法检查，涉及工业、能源、服务业、劳动工资、商业、住宿餐饮业、建筑业、固定资产和房地产业。实行企业上报数据“一日一监测一汇总一分析”制度（每日监测、分析、汇总数据匹配情况），提高源头数据质量。参与国家统计局《产业链供应链自主可控的现状、问题和对策》重点课题，走访朱家角镇内资企业3家，完成调研问卷25份。注重经济分析，撰写统计专报72篇，涉及产业结构、经济运行态势供区政府及相关部门参考。联系苏州吴江、浙江嘉善建立月度数据共享机制，在统计月报中披露吴江、嘉善、苏州昆山地区生产总值、地方一般公共预算收入等主要指标。（施　雯）

■**常规统计**　完成2020年度“十三五”妇女儿童监测评估，整理、汇总数据，上报平台。完成年度常住人口评估及分街镇情况核定，配合区人口公共服务政策协调组、综合认定组、综合稽查组等工作小组及各相关单位，整理提供人口统计数据。编辑完成《统计快报》《统计月报》《2021年青浦区国民经济和社会发展公报》《2021统计手册》《青浦统计年鉴》。（施　雯）

■**常规调查**　开展CPI（消费者物价指数）调查网点维护工作。对全区36个实地型采价点的424个采价品种和1个网络采价点的59个采价品种，进行全面梳理和调整，重点聚焦采集数据的初始性和准确性。全区城乡住户一体化调查工作，有电子记账户345户，占全部调查户的98.6%，比上年提升3.7个百分点，全部实现手机APP记账，9个街镇电子记账率达到100%。（张　岚）

■**劳动力调查扩样**　印发《关于做好本区劳动力调查工作的实施方案》，启动劳动力调查全面扩样工作。扩样后全区有调查点36个村居，每月调查576户。（张　岚）

■**开展各类专项调查**　通过走访、问卷、微信、电话等方式先后开展30余项专题调研，包括节后就业形势和用工情况、生活性服务业（PMI）、保障性租赁住房、房产新政、市民住宅情况及交易意向（房价）、新设小微企业在疫情防控状态下的运行情况、本市减税降费政策落实情况、小微企业融资情况、受大宗商品影响产品价格变化情况、能耗双控及

12月9日，区统计局开展区人口变动调查的质量验收工作。图为工作人员到居民家庭调查　（区统计局供稿）

限产影响、两业融合、中小学近视情况、消费市场恢复情况、新冠病毒疫苗接种意愿、2021 年大学生就业、房产税改革意愿、“双减”背景下培训机构转型意愿、学生校外教育参与情况、学生作业减负等专题调研。配合区相关部门开展青浦区幸福社区群众满意度调查、居民粮油消费调查、不同类型企业开展营商环境系列调查。撰写调研报告《坚持推进“放管服”、用心做好“店小二”——青浦区优化营商环境调查报告系列之政务办理篇》。 （张 岚）

■第十二届统计开放日 9月23日，第十二届“统计开放日”在陈云纪念馆举行，由上海市统计局和国家统计局上海调查总队联合主办，青浦统计局和国家统计局青浦调查队承办。市统计局党组成员、副局长汤汇浩，国家统计局上海调查总队党组成员、副总队长孙德麟，市管二级巡视员徐英、陈云纪念馆党委副书记王震凤等参加活动。现场设立宣传点，向群众开展零距离统计宣传；走访莲湖村党建点开展统计宣传。 （施 雯）

■《青浦区第七次人口普查研究报告集》出版 12月，报告集出版，印刷1000册。是以2020年11月1日为时间节点开展的青浦区人口普查数据的开发成果。全书322页，共12个板块。区级层面1个板块，收录研究报告4篇，涉及青浦新城人口结构、来沪人员构成、长三角一体化两区一县第七次全国人口普查、2010—2020年青浦区人口变化及发展趋势预测等内容；街镇层面，11个板块，共收录研究报告16篇，涉及各街镇人口结构等内容。 （施 雯）

海 关

■概况 青浦海关有公园路、北青公路（青浦区保税区）和新府中路（西郊国际农产品交易中心）3个办公区。6月28日起，对一线进口冷链食品查检人员实施严格的“14+7+7”隔离制度。按照“逢掏必消、应消尽消”的原则实施预防性消毒。在全民国家安全教育日，联合苏州吴江海关、浙江嘉兴海关制订《长三角生态绿色一体化发展示范区2021年度外来有害生物联合监测方案和工作计划》。录制“生物安全把关成效”采访视频，在中央电视台播出。联合吴江海关、嘉兴海关开展《全球保税维修在加工贸易企业的实践与思考》和《海关助力构建长三角一体化示范区综保区双循环发展格局对策》等2个课题的研究。 （张 逸）

■中国国际进口博览会服务保障 助力虹桥国际开放枢纽建设，支持绿地全球商品贸易港在第二届“进博会”上实现“展品变商品”；在第三届“进博会”上叠加保税展示展销与跨境电商保税网购政策优势，开展跨境电商闪购业务；在第四届“进博会”上首次开展“保转展”和“展转跨”业务。自揭牌至2021年年末，绿地全球商品贸易港保税展示展销场所展示商品13276件，进口商品货值2616.9万元，销售商品6490件、2517万元，征收税款425万元。联合青浦区商务委、上海对外经贸大学开展《服务国家战略，承接“进博会”溢出效应》课题研究。 （张 逸）

■支持跨境电商发展 2021年，落实支持跨境电商发展各项措施，“上海海关跨境电商订购人身份验核”工作在青浦海关先期试运行。徐家汇绿地缤纷城成为复制推广“保税展示”+“跨境电商”模式的第二家门店。 （张 逸）

■AEO认证企业培育 实施AEO（Authorized Economic Operator，经认证的经营者）制度，为符合条件的企业提供中国和互认国海关的通关便利措施，确保供应链安全和贸易便利。2021年，青浦海关开展AEO信用培育企业8家，其中2家成为AEO认证企业。联系区科委和区经委，取得“专精特新”和战略新兴企业名单，形成14家战略新兴企业AEO认证帮扶名单。青浦区5家跨国公司地区总部中，1家升级为海关AEO高级认证企业；2家正在进行认证培育。 （张 逸）

■落实减税降费政策 2021年，国家先后出台集成电路和航材减免新政，青浦海关为相关企业开展减免税审批，全年审批单量增长500%，货值增长31.8%，减免税款增长142.1%。为集成电路AEO企业紫光宏茂微电子（上海）有限公司减免关税44.77万元。为航材企业法荷航空附件服务（上海）有限公司、上海宇畅航空科技有限公司共计减免税款42.1万元。落实总署对美加征排除政策，对符合条件的45家企业共减征税款7.4亿元。 （张 逸）

■“互联网+监管”创新 依托青浦区“互联网+监管”系统，与区市场监管部门互联互通、数据共享，建立相关监管对象名录库和执法人员名录库，开展联

6月30日，青浦海关到上海美蓓亚精密机电有限公司开展监管
（青浦海关供稿）

合执法，避免多头重复执法，降低企业配合成本。全年开展核查领域部门间联合抽查作业5起。发挥第三方机构的专业性、规范性在海关核查监管中的辅助作用，开展采信第三方出具报告制度试点作业2起。将检查平均时间由2—3天压缩至8小时内，减轻企业负担，降低企业行政成本。　（张　逸）

■服务加工贸易企业　通过工作微信群、“一人一企”工作专班等方式告知企业办事流程，简化相关手续，缩短办理时间，及时为企业处理疑难问题。实行加贸保证金“可收则免”，落实取消内销征税联系单、免征缓税利息、扩大集中内销申报周期等内销便利化举措。主动帮扶加工贸易企业，用好用足综保区、保税监管场所等优惠措施。运用智能监管手段，创新监管模式，实行数据自动比对，实现保税监管场所和加工贸易企业政策效益、监管效力的叠加作用。落实纸制品加工贸易新政策，对纸制品加工企业开展精准“一对一”帮扶。（张　逸）

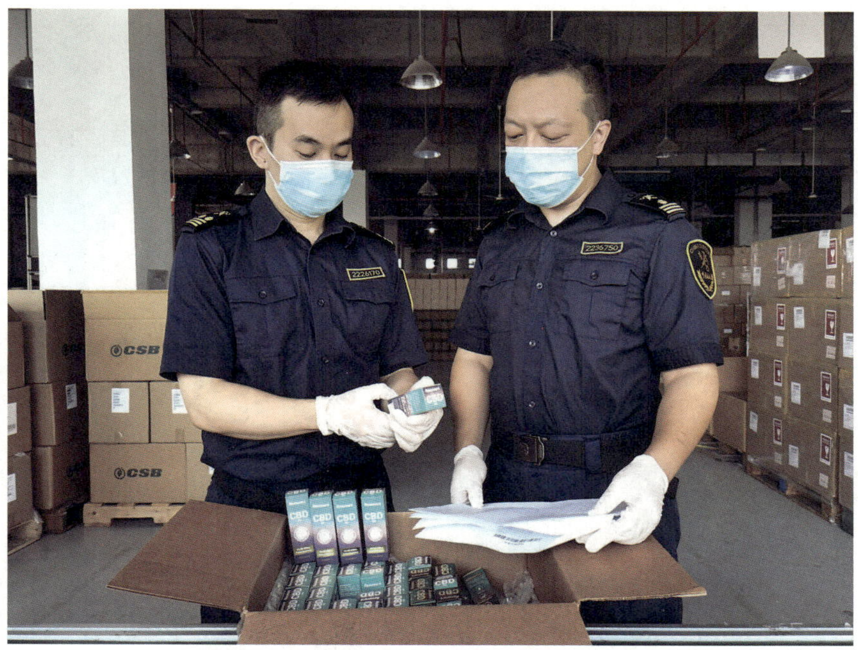

9月23日，青浦海关在跨境电商网购保税渠道查获含有禁止在化妆品中添加CBD（大麻二酚）成分的精油1065瓶　（青浦海关供稿）

■西郊国际农产品交易中心进口食品监管　与上海海关食品与微生物中心西郊分中心合作，为企业提供报关、查验、取样、检测的一站式办理便利。全年，青浦海关在西郊国际交易中心完成88.5万吨、34.8亿美元进口肉类产品的监管，分别比上年增长5.1%和9.8%。西郊国际农产品交易中心进出口冻品及乳制品等征收税收45.7亿元，比上年增长30.6%，占青浦海关征税总额的超6成。　（张　逸）

■启动知识产权海关保护机制　青浦海关应知识产权权利人速珂智能科技（上海）有限公司申请，启动知识产权海关保护机制，协调南京海关配合调查相关侵权行为。南京海关扣押疑似侵权货物4批、上海海关扣押1批。　（张　逸）

■主动披露制度　2021年，青浦海关引导企业主动向海关报告其违反海关监管规定的行为7起，并从轻、减轻或免于海关处罚。涉及青浦地区重点企业上海金发科技发展有限公司、赫美斯（上海）磨料有限公司、倍世水技术（上海）有限公司等，企业补税近70万元。通过主动披露政策，其中6家企业免于行政处罚，1家企业减轻行政处罚。　（张　逸）

环城水系公园之长岛公园（青浦新城公司供稿）

CHANGSANJIAO SHENGTAI LVSE YITIHUA FAZHAN SHIFANQU JIANSHE XINCHENG JIANSHE

长三角生态绿色一体化发展示范区建设 新城建设

◎ 编辑　王卫红

综　述

2021年，青浦区对标“上海大都市圈的门户城市、一体化示范区的中心城市、长三角城市群的枢纽城市”的新城发展定位和“一核聚能、两带辐射、三片示范、水环串联”的空间布局，稳步推进实施，大力宣传推介，青浦综合性节点城市目标拉开新一轮建设序幕，一座富有区域竞争力、全球吸引力和时代生命力的全新城市雏形正从蓝图慢慢落地变成现实。

长三角生态绿色一体化发展国家战略积极推进，示范区各项工作统筹得力，积极释放出创新发展新潜能。青浦区围绕“8+1+1”（“8指”规划管理、生态保护、土地管理、项目管理、要素流动、财税分享、公共服务、信用管理，两个“1”分别指体制机制创新和碳达峰碳中和）重点领域，协同推进78项制度创新，“跨省通办”综合受理服务惠及万家。坚持“制度创新+项目建设”双轮驱动，全力推进65个重大项目。水乡客厅和西岑科创中心谋定而动，华为研发中心8个组团全面开工。元荡路、盈淀路、复兴路等省界道路建成通车，元荡生态岸线建成网红打卡地。一大批优秀市场主体和优质要素资源参与示范区建设，长三角金融产业园集聚基金规模1500亿元。

青浦新城建设围绕《关于本市“十四五”加快推进新城规划建设工作的实施意见》《青浦新城“十四五”规划建设行动方案》《本市新城规划建设2021年度工作计划》等政策文件，按照“产城融合、功能完备、职住平衡、生态宜居、交通便利、治理高效”建设独立的综合性节点城市的要求和相关工作部署，对标“高颜值、最江南、创新核”，聚焦重点区域、重大项目，加快推进新城重点规划建设。完成“1+3”[“1”指“青浦新城中央商务区”；“3”指包括老城厢及艺术岛周边的“城市更新实践区（江南新天地）”、青浦大道以西高能级公共服务集聚的“未来新城样板区”、青浦工业园区产业基地内的“产业创新园区”]重点区域城市设计，加强城市推介。有43个重点项目签约，总投资超过1000亿元；环城水系治理三期等项目开工建设，上海青浦兰生复旦学校等重大项目竣工，全年共完成政府性投资项目17.68亿元。

（冯家恺　胡蝶飞　方　芳）

长三角生态绿色一体化发展示范区建设

■概况　2021年，是长三角一体化上升为国家战略三周年，也是长三角生态绿色一体化发展示范区建设两周年。一年来，示范区围绕“8+1+1”重点领域，新推出46项制度创新成果，深化落地2020年32项制度成果，并加快向全国推广。坚持“制度创新+项目建设”双轮驱动，全力推进65个重大项目。持续完善“机构法定、业界共治、市场运作”的新型跨域治理模式，凝聚了一大批优秀市场主体和优质要素资源参与示范区建设。随着国家战略的深入推进，制度红利持续释放，示范区高质量一体化发展的势头更为强劲。

（冯家恺）

■创新制度放大示范效应　通过“新增一批、深化一批、推广一批”制度创新成果，不断放大示范区“不破行政隶属、打

位于示范区金泽镇新池村的江南圩田样板区　　（区区域办供稿）

建设中的华为青浦研发中心鸟瞰　　（区区域办供稿）

破行政边界”的试验田效应。2021年，围绕“8+1+1”重点领域，新推出46项制度创新成果，深化落地2020年32项制度成果，并加快向全国推广：如在规划管理领域，共同研究出台先行启动区规划建设导则，形成跨省域空间规划一套标准；在生态环保领域，推动示范区生态环境标准规范统一，建立联合河（湖）长制，强化省际协作生态资源保护；在公共服务领域，做大做强政务服务一网通办、跨省通办，深化“一件事”改革，60多个高频事项实现跨区域办理。出台“青峰”系列人才政策，打造长三角人才港，制发全国首张跨区通办的营业执照、首张跨区域的海外人才居住证，实现住房公积金、医疗保险等无缝衔接。　（冯家恺）

长三角生态绿色一体化发展示范区制度创新成果（78项）情况表

表62

2020年长三角生态绿色一体化发展示范区一周年（32项）	
一、规划管理	1. 一体化示范区国土空间规划（2413平方公里的一张蓝图）
	2. 一体化示范区专项规划（水利、生态环境、综合交通、供排水、产业发展、文化旅游）
	3. 跨省域国土空间规划编制指导手册
二、生态保护	1. 生态环境标准、环境监测监控体系、环境监管执法“三统一”制度
	2. 一体化示范区重点跨界水体联保专项方案
	3. 跨界水体生态修复与岸线贯通工程一体化实施指导意见
三、土地管理	1. 一体化示范区存量土地盘活工作方案
四、项目管理	1. 统一的企业投资项目核准目录
	2. 统一的产业发展指导目录
	3. 统一的先行启动区产业准入标准
五、要素流动	1. 一体化示范区外国人工作许可证（A类）跨区域互认
	2. 一体化示范区海外人才居住证制度一体化机制
	3. 一体化示范区专业技术人才资格和继续教育学时互认
	4. 统一的企业登记条件、程序、方式等标准规范，统一的企业经营许可、资质互认制度
	5. 一体化示范区金融服务同城化体制机制
六、财税分享	1. 一体化示范区涉税事项跨区通办
	2. 长三角一体化电子税务局建设
	3. 一体化示范区先行启动区财政专项资金
七、公共服务	1. 一体化示范区公共服务共享共建机制
	2. 一体化示范区医疗保障同城化机制
	3. 一体化示范区职业教育一体化工作机制
	4. 一体化示范区旅游公共服务一体化机制
	5. 一体化示范区卫生监督三地联动执法机制
	6. 跨区域古镇群落联动发展机制
	7. 跨省域公交联运机制

（续表）

八、信用管理	1. 统一的公共信用数据归集标准
	2. 统一的公共信用报告制度
九、体制机制创新	1. 两省一市人大关于促进和保障一体化示范区建设若干问题的决定
	2. 一体化示范区理事会、执委会运行机制
	3. 两省一市共同支持一体化示范区高质量发展政策
	4. 一体化示范区大数据治理平台
	5. 一体化示范区开发者大会与示范区开发者联盟
2021 年长三角生态绿色一体化发展示范区两周年（46 项）	
一、规划管理	1. 一体化示范区先行启动区国土空间总体规划
	2. 一体化示范区先行启动区统一的规划建设导则
	3. 一体化示范区生态环境、水利、供排水（雨污水）、产业发展、文化旅游专项规划
	4. 水乡客厅规划设计一张图
	5. 一体化示范区先行启动区控制性详细规划联合编制审批运行机制
二、生态保护	1. 生态环境标准、监测、执法“三统一”实施机制
	2. 一体化示范区环评制度改革集成
	3. 一体化示范区“一河三湖”环境要素功能目标、污染防治机制及评估考核制度
	4. 跨界水体生态修复和功能提升工程一体化实施标准
	5. 一体化示范区重点跨界水体联保专项行动深化机制
三、土地管理	1. 一体化示范区建设用地机动指标统筹使用机制
	2. 一体化示范区不动产登记“跨省通办”工作机制
四、项目管理	1. 一体化示范区重大建设项目三年行动计划（2021—2023 年）
	2. 一体化示范区跨区域企业投资项目管理办法
	3. 一体化示范区投资项目在线审批监管平台
五、要素流动	1. 一体化示范区知识产权跨区域联保共治和管理服务一体化机制
	2. 一体化示范区数字人民币跨区域试点工作
	3. 一体化示范区“跨省通办”综合受理服务机制
	4. 一体化示范区人才发展“十四五”规划及实施
	5 一体化示范区标准管理办法
	6. 长三角科技创新券通用通兑试点
	7. 一体化示范区绿色金融发展实施方案
	8. 一体化示范区人才联合激励计划
	9. 一体化示范区职称联合评定机制
	10. 一体化示范区市场监管制度一体化集成创新
	11. 一体化示范区知识创新型总部集聚区建设方案
	12. 一体化示范区银行业金融机构同城化建设指引（试行）
	13. 一体化示范区专业技术人员职业资格互认实施细则
六、财税分享	1. 一体化示范区跨区域财税分享实施方案（试行）
	2. 一体化示范区智慧税务机制

（续表）

七、公共服务	1. 一体化示范区公共服务共建共享机制
	2. 一体化示范区以社保卡为载体的居民服务“一卡通”
	3. 一体化示范区医保公共服务便利共享工作机制
	4. 一体化示范区医疗机构检验检查报告互联互通互认工作机制
	5. 一体化示范区教师一体化培养机制
八、信用管理	1. 一体化示范区公共信用一体化建设
九、体制机制创新	1. 水乡客厅开发管理体制机制
	2. 一体化示范区统一的数字底座（智慧大脑）
	3. 两省一市人大联动执法检查机制
	4. 一体化示范区执委会干部管理模式创新
	5. 一体化示范区执委会党建工作机制
十、印发相关文件	1.《长三角生态绿色一体化发展示范区科技类社会组织直接登记操作指引》
	2.《关于上海市国资委受托监管长三角一体化示范区新发展建设有限公司的实施方案》
	3.《长三角生态绿色一体化发展示范区江南水乡古镇生态文化旅游圈三年（2021—2023）行动计划》
	4.《长三角生态绿色一体化发展示范区绿色保险实施意见》
	5.《长三角生态绿色一体化发展示范区联合办赛指引（试行）》

（区区域办）

■推进示范区“一厅三片”建设 5月，长三角生态绿色一体化发展示范区执行委员会制订《长三角生态绿色一体化发展示范区重大建设项目三年行动计划（2021—2023年）》。聚焦先行启动区整体规划建设，重点推进“一厅三片”（即水乡客厅和西岑科创中心、吴江高铁科创新城、嘉善祥符荡科创中心）建设。按照“生态绿色高质量发展的实践地、跨界融合创新引领的展示区、世界级水乡人居典范的引领区”愿景目标，全力推进水乡客厅建设。5月27日，组建由两省一市同比例出资、同股同权的长三角一体化示范区新发展建设有限公司，实现“一个主体管开发”；9月2日，成立水乡客厅开发建设指挥部，实现“一个平台管实施”；10月16日，水乡客厅蓝环示范段理水筑绿项目等8个项目正式开工启动。为推进开发建设，经三地相关部门统筹协调、共同努力，形成跨域统筹生产力布局的水乡客厅城市设计方案，实现“一张蓝图管全域”。

青浦西岑科创中心重点推进华为研发中心建设，加快打造创新社区；吴江高铁科创新城重点加快苏州南站高铁枢纽建设，探索实现城站一体；嘉善祥符荡创新中心重点聚焦创智水乡建设，建设形成特色创新中心。其中，西岑科创中心项目位于青浦区金泽镇示范区先行启动区内，规划面积约400公顷，分为东、西2个片区（东片区为华为研发中心），项目紧邻G50沪渝高速和轨道交通17号线（规划西延伸线西岑站），总投资规模约为600亿元，将构建集科技研发、商业服务和社区生活为一体的复合型产业创新区，努力打造成为世界级科创小镇典范、示范区人才价值高地和新江南绿色共享样板社区。

（冯家恺）

长三角生态绿色一体化发展示范区
2021年重点项目推进作战图青浦片区项目进展情况表

表63

序号	项目名称	建设内容及其节点安排	总投资匡算（万元）	项目进展情况（至年底）
1	★元荡岸线生态治理及岸线贯通工程（二期青浦段）	元荡1.9公里岸线贯通及生态治理（小汶港—示范段），该项目分为65米环境提升整治和15米水利基建两个子项目。于6月开工，9月基本完成	25600	1.96公里岸线堤防达标和生态修复已基本完成，共计完成土方整治13万立方米，新建堤防1.5公里，改建护岸1.9公里，新建防汛通道7400平方米，新建桥梁3座，水生态修复7.25万平方米，景观及绿化布置1.87万平方米，支河整治1.08公里。其余支河口水闸和湖区疏浚计划正在加快实施

（续表一）

序号	项目名称	建设内容及其节点安排	总投资匡算（万元）	项目进展情况（至年底）
2	★淀山湖岸线生态修复及岸线贯通工程（市级项目）	淀山湖岸线整治1.75公里，贯通防汛、景观道路1.2公里，退渔还湖（湿）约70.67公顷，淀山湖土方填筑约460万方，景观湿地绿化约50万平方米，改建口门建筑物1座，新建桥梁1座	83000	淀山湖堤防达标及岸线生态修复工程一期（联营养殖场—美帆基地）4.7公里已完成工可批复，正在招标。
3	朱家角特色小镇（古镇创5A）	朱家角游客中心等旅游配套设施	6000	“游客服务中心”装修工程已进入收尾工作，开始投入运营；继续对照任务清单，有序推进道路交通、环卫设施、景点、商业秩序等创5A重点项目；有序推进古镇景区美丽街区建设
4	复旦大学附属中山医院青浦新城医院（市级项目）	项目为三级甲等医院，占地约12公顷，设置床位1200张。拟打造成为智慧型亚洲医学中心。于10月15日举办开工仪式，计划2025年竣工	—	顺利建设中
5	长三角（上海）智慧互联网医院（2.0信息化建设）	建立基于长三角（上海）智慧互联网医院的新型分级诊疗模式。于1月开工，12月竣工	7000	2.0信息化建设项目已完成远程医疗协同平台升级、互联网医院平台升级，示范区互联互通互认建设；完成3家医院的电子票据建设（两家等财政验收）；完成一家医院的互联网医院资质申请及11家社区医院的互联网医院信息化局建设；完成中医院的互联网医院信息化建设。已与复旦大学附属中山医院、眼耳鼻喉医院、儿童医院、皮肤病医院、儿科医院、市中医医院等三甲医院对接，区内3家医院、12家社区和12家卫生室远程联合门诊连通。已完成区内远程门诊4787例
6	复旦大学附属妇产科医院青浦分院	项目占地面积约61148.2平方米，总建筑面积85991平方米，主要内容包括新建门急诊楼、行政楼、产科病房楼、妇科病房楼、妇幼保健所、科研教学用房和能源中心等其他配套附属用房，计划床位数500张。于2019年10开工，计划2022年4月竣工	86991.19	装修及安装工程完成85%；室外工程完成30%
7	★上海民办兰生复旦学校青浦分校	项目用地面积53581.15平方米，建筑面积79726.92平方米。新建幼儿园建筑、小学建筑、中学建筑、体育馆、专业教室、实验楼、宿舍楼及其他附属配套设施工程。于2019年9开工，2021年7月竣工	83889	已完成竣工验收
8	★华为研发中心	以建设世界范围内最为领先的科技研发园区为目标，努力打造“现代经典建筑博物馆”，优先装载华为终端芯片等业务；项目一期供地94.67公顷，二期供地64.2公顷。于2020年9开工，预计2024年竣工	1200000	华为一期、二期全部取得主体施工许可，目前地库施工
9	上海市西软件信息园	南区2条道路（规划三路、规划四路）开工建设，南区3条道路（佳迪路、佳旭路、佳高路）完成设计，南区3个项目出形象	218319.45	南区两条道路计划12月底取得施工许可证（项目已移交青发集团）；南区3条道路审价材料准备中；精测室内外装修施工中、创骋项目准备竣工验收、慧石项目地下室结构中
10	网易上海国际文创科技园	出让面积约15.33公顷。该项目将依托网易公司与上海优势资源，引进投资和重点培育孵化游戏、电子竞技、虚拟现实、动漫等公司优势产业；因地制宜发展网易严选等电商业务；集聚带动一批上下游相关产业链合作伙伴落地，未来形成20000名高端人才集聚，成为网易公司面向长三角、辐射全国各条线业务的产业园区。项目以商办大楼、电竞综合场馆、专家公寓为主，总建筑面积约58万平方米	500000	一期桩基施工中，二期土方开挖中

（续表二）

序号	项目名称	建设内容及其节点安排	总投资匡算（万元）	项目进展情况（至年底）
11	美的上海全球创新园区	出让面积158.95公顷，建筑面积200万平方米，主要用于科研、办公及配套设施，如研发办公楼、实验室、数据中心、会议室、高端展厅、食堂及附属设施等，为美的第二总部	616000	正在地下施工
12	精测半导体	总建筑面积125384.32平方米，其中：1号楼科研用房24667.55平方米，2号楼科研实验5471.84平方米，3号楼科研用房24798.45平方米，4号楼科研用房、宿舍14885.87平方米，5号楼科研用房12063.18平方米，另有垃圾房、地下车库配套设施43497.44平方米。于2019年10月开工，计划2022年6月竣工	120000	室内外装修施工中，已完成工程量的50%
13	优刻得数据中心	项目总用地面积27997平方米，总建筑面积54380.2平方米（其中地下建筑面积2215.5平方米），计容建筑面积50787.26平方米	54000	室外总体施工
14	上药杏灵科技产业创新	上海上药杏灵科技药业股份有限公司银杏酮酯、人工麝香产业创新升级示范项目	58000	已完工并投产
15	★轨道交通17号线西延伸（市级项目）	轨道交通17号线向西延伸至西岑。于2021年6月开工，计划2023年竣工	700000	于6月28日正式开工。已启动水系调整，西岑及拦路港试桩工作和临建工作均已经完成，西岑折返段桩基已完成45%
16	嘉青昆快速路（青浦段）	青浦段长约22公里，拟按城市快速路加地面辅道建设	1380000	方案研究中
17	江陵路—同周公路—锦淀公路—崧泽快速路（青浦段）	青浦段长约3.36公里，江苏省界至胜利路，在建高架延伸	150000	方案研究中
18	★浦港路东延（青浦段）	青浦段西起江苏上海省界，东至金商公路南延，长度2.6公里，其中省界—G318段长1.61公里，红线宽度40米；G318—金商公路南延段（镇区段）长0.99公里，红线宽度32米。对接吴江浦港路	64000	临时项目已完成，计划2022年开工建设，近期上报项建书
19	★金商公路南延—西塘大道（青浦段）	青浦段北起沪青平公路，南至金泽镇界，全长约7.5公里，规划道路红线宽度45米。对接嘉善县嘉善大道	259000	临时项目已完成，计划2022年开工建设，近期上报项建书
20	锦商公路—金商公路	全长约4.2公里	102216.67	专项规划公示结束，已报批
21	丁新公路北延—莲龚路（青浦段）	青浦段约3.5公里，练西公路至浙江省界，接丁新公路	60000	方案研究中
22	复兴路北延伸段新改建工程	全长约2.01公里，道路等级为城市主干路，红线宽度32米，建设规模为双向四车道。于2018年12月开工，2021年2月竣工	33700	已完工，于2月27日通车
23	外青松公路北段（白石公路—江苏省界）新改建工程	南起白石公路，北至江苏省界，对接昆山绿地大道。路线全长约3.36公里。昆山段路线长度约0.8公里。外青松公路道路等级为二级公路，设计速度60公里/小时，规划红线宽度为31—41米，全线采用双向6车道规模	171136	完成工程量80%
24	胜利路出省段（白石公路—香榭丽大道）新建工程	南起白石公路，北至沪苏省界对接昆山市香榭里大道，全长2公里，规划红线32米，建设规模为双向四快二慢车道，道路等级为二级公路（不含跨吴淞江大桥）	43463	青浦段已完工

（续表三）

序号	项目名称	建设内容及其节点安排	总投资匡算（万元）	项目进展情况（至年底）
25	5G 新一代信息基础设施共建共享	新建 1000 个 5G 基站。于 1 月开工，年底完工	—	已完工
26	★长三角可持续发展研究院	重点推进在示范区成立长三角可持续发展大学联盟建设，共建联合国环境规划署—同济大学环境与可持续发展学院、联合国环境规划署直属机构联合国绿色科创中心、污染控制与资源化研究国家重点实验室 3 个国际国内顶级研究机构。于 1 月开工，10 月竣工	—	已完工
27	协调推进新塘港河道综合整治项目	项目分为新塘港西洋淀段河道整治工程和新塘港西段河道整治工程（淀山湖—北浪西河）两个子项目，整治新塘港河道 6 公里，恢复西洋淀水面 76.67 公顷。于 2020 年 5 月开工，计划 2022 年完工	159364	至年底，总体形象进度 87%。西洋淀段河道整治工程进展 95%，新塘港西段河道整治工程进展 80%
28	生态廊道项目	青松生态走廊、拦路港沿线、沪渝高速沿线、吴淞江沿线周边苗木种植、配套道路、沟渠等建设	38321.78	青松生态走廊、拦路港沿线、沪渝高速沿线生态廊道、吴淞江沿线生态基本完工，累计造林约 626.67 公顷
29	金发科技全球汽车材料创新研发中心项目	项目用地面积 13.33 公顷，其中：金发科技全球汽车材料研发中心项目包括车间高分子材料实验室、塑料改性与加工国家工程实验室之合成改性研发平台、聚合物材料应用安全评价中心、中试车间，汽车用高新材料产业化基地项目包括高性能汽车发动机周边工程塑料生产基地、环境友好汽车材料研发及产业化生产基地、长纤增强材料综合应用生产基地	100000	一期建设工程规划许可证报批；二期图则更新，未出让
30	乡村振兴成片打造项目（重固镇章堰村、朱家角镇林家村、练塘镇徐练村）	推进朱家角沈太路片区、练塘朱枫片区、重固 S25 北部片区，集中集聚打造乡村振兴示范片区。于 2020 年 5 月开工，2021 年 6 月完工	21575	重固镇章堰村、朱家角镇林家村、练塘镇徐练村 2020 年度乡村振兴示范村已于 2021 年 7 月通过市级复核（重固镇徐姚村、朱家角镇张马村、练塘镇东庄村等 3 个 2019 年度乡村振兴示范村已于 2020 年通过市级复核）
31	G318—周湖线—吴江大道（青浦段）	改建一级省际断头路，约 300 米	5000	专项规划已上报
32	复旦大学创新学院	在青浦西岑地区选址 23.33 公顷建设复旦大学青浦校区，设置计算与人工智能创新学院、集成电路与微纳电子创新学院、信息与通信创新学院，与华为无缝衔接构建良好合作关系，形成产学研一体的创新学院	待定	进一步对接复旦大学，在青浦新城、长三角示范区范围开展复旦创新学院、人才公寓、基础教育学校、创新研发功能区等选址研究
33	青浦西岑科创中心	西岑科创中心将以华为研发中心为依托，围绕集成电路等相关产业，加快集聚华为中下游产业链，提升区域产业整体能级，打造成为全新的复合型产业社区，培育示范区东部的创新活力，设施齐全、环境优美、产城融合发展的特色中心，集中展示科技研发、智能城市、生态居住等项目，打造世界级科创小镇典范、示范区创新人才高地和新江南绿色共享社区	6000000	正在开展西岑科创中心城市设计深化工作，同步开展控规修编工作；正在启动动迁安置基地专项规划编制工作
34	水乡客厅临时展馆及建设指挥部项目（即示范区规划展示馆）	主要包括新建临时展馆 2000 平方米，指挥部办公楼改造装修、瞭望点改造，展陈布置等。临时展馆能够满足播放宣传片、展示水乡客厅城市设计模型和虚拟展示相关设施的展览功能。于 6 月开工，10 月竣工	6000	已完成竣工验收

（续表四）

序号	项目名称	建设内容及其节点安排	总投资匡算（万元）	项目进展情况（至年底）
35	水乡客厅江南圩田样板区	位于金泽镇新池村村域，约40公顷。项目建设内容主要包括生态湿地、生态田埂、生态沟渠、农田片林提升、智慧农业以及村庄环境提升等。于6月开工，10月竣工	6000	已完成竣工验收

说明：带★项目为示范区核心项目

（区区域办）

5月20日，西岑科创中心开发建设指挥部揭牌仪式举行　（区区域办供稿）

■西岑科创中心开发建设　5月20日，为推动西岑科创园区加快形成显示度，青浦区人民政府与长三角投资（上海）有限公司（简称“长三角投资公司”）签署西岑科创中心项目开发建设合作框架协议及备忘录，就西岑科创园区达成合作开发意向。同时，长三角投资公司与上海青浦新城发展有限公司签署合资协议，双方按照85∶15的比例，出资10亿元设立长三角西岑科创经济发展（上海）有限公司（简称“西岑公司”），拟作为西岑科创园区开发主体。是日，举行青浦区人民政府与长三角投资公司共同举行西岑科创中心开发建设指挥部揭牌及合资公司组建暨合作框架协议签约仪式。区委书记赵惠琴，区委副书记、区政府党组书记徐建，长三角投资（上海）有限公司党委书记、董事长池洪，长三角投资（上海）有限公司党委副书记、总裁桂恩亮，市发展改革委副主任、长三角一体化示范区执委会副主任张忠伟，区委常委、副区长姜爱锋，副区长顾骏等出席仪式。6月1日，区政府正式发文成立西岑科创中心开发建设指挥部（简称“指挥部”），指挥部办公室设在区域办，负责指挥部办公室的日常工作，至年底共召开4次工作会议。6月9日，西岑公司注册成立。　（冯家恺）

■长三角生态绿色一体化发展示范区规划展示馆落成开馆　长三角生态绿色一体化发展示范区规划展示馆由上海青浦新城发展（集团）有限公司代建，建筑面积约2000平方米，包含核心展陈、参观接待、现场会议、现代江南水庭、指挥部办公等功能，其中核心展陈部分由执委会委托上海风语筑文化科技股份有限公司策划布展。该馆总投资约6900万元，于6月30日开工，10月16日竣工开馆。

10月27日，中央政治局委员、上海市委书记李强一行实地调研长三角生态绿色一体化发展示范区建设情况，并参观了一体化示范区规划展示馆，详细听取一体化示范区制度创新成果和生态环保、互联互通、创新发展、公共服务等亮点项目以及一体化示范区重点规划汇报。市委常委、常务副市长陈寅，市委常委、市委秘书长诸葛宇杰，同济大学党委书记方守恩等参加调研。

（冯家恺）

■青浦区参与重大活动筹备工作　2021年示范区开发者大会、两周年现场会先后于9月23日、10月16日在江苏省苏州市吴江区召开，青浦区配合做好相关重大项目建设、考察点位安排、宣

10月16日，示范区规划展示馆竣工　（区区域办供稿）

9月23日，长三角生态绿色一体化发展示范区第二届开发者大会在江苏省苏州市吴江区举行。右图为青浦区区委书记徐建在会上作交流发言（区区域办供稿）

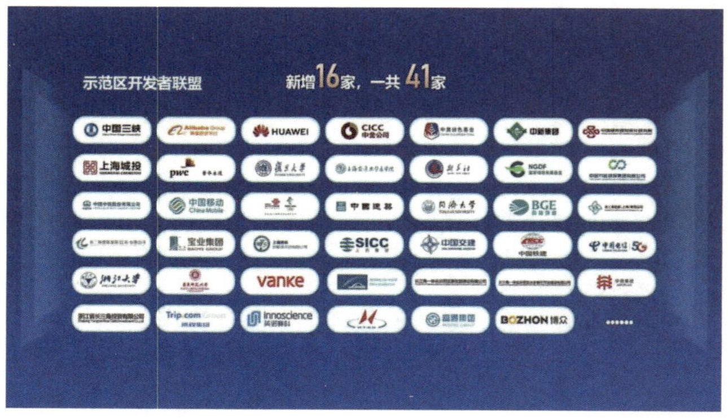

长三角生态绿色一体化发展示范区开发者联盟41家成员单位的企业标志（区区域办供稿）

传推广展示等前期筹备工作。主动对接行业龙头企业加入开发者联盟，全年新增吸纳16家成员，推动开发者联盟资源平台深度赋能。协助承办示范区制度创新成果观摩研讨班培训班等活动，面向全国29个省区市及3个计划单列市的重点毗邻区域复制推广示范区制度创新经验，组织开展青浦区现场观摩，展示高质量一体化的青浦形象。

长三角生态绿色一体化发展示范区第二届开发者大会。于9月23日在江苏省苏州市吴江区举行。41家成员单位共同发起《示范区绿色低碳发展倡议》。会上，一批突出跨域功能和一体化特征的重点合作项目签约揭牌。示范区执委会、“两区一县”（即青浦区、吴江区和嘉善县）政府及各类市场主体签订了9项合作协议。

长三角生态绿色一体化发展示范区两周年建设工作现场会。于10月16日在江苏省苏州市吴江区举行。会议学习贯彻习近平总书记关于推动长三角一体化发展和示范区建设的重要讲话精神，回顾总结示范区两年来的工作成果，谋划下一阶段更高水平推进示范区建设的思路举措。国家发展改革委主任兼推动长三角一体化发展领导小组副组长、办公室主任何立峰，江苏省委书记、省人大常委会主任娄勤俭等出席会议并讲话。现场会采取“主会场+分会场”的形式举行。青浦区区委书记徐建，区委副书记、代理区长杨小菁参加主会场会议。大会上，徐建代表青浦区作交流发言。区领导孙挺、金俊峰、倪向军、陈汇青、肖辉出席青浦分会场会议。

制度创新经验复制推广观摩研讨班。于3月15日在上海市委党校淀山湖校区开班（第一期）。该活动是由中央推动长三角一体化发展领导小组办公室安排，为期1周，长三角三省一市共有40多名学员参加。通过专题授课、实地调研、分组研讨、现场学习等多种形式，深入学习示范区在统一规划管理、联合生态保护、联合立法保障、统筹土地管理、统一项目管理、要素自由流动与财税分享、公共服务政策协同等方面的创新经验和成果，实地走访长三角智慧互联网医院等一批示范区重点项目，并对金融同城化、涉税事项跨省域通办等进行现场学习，形成学习报告。4月6日，长三角生态绿色一体化发展示范区第一批制度创新经验复制推广观摩研讨班（第二期）在上海市委党校淀山湖校区开班。第二期研讨班进一

10月16日，长三角生态绿色一体化发展示范区两周年建设工作现场会在江苏省苏州市吴江区举行（区区域办供稿）

3月15日，长三角生态绿色一体化发展示范区第一批制度创新经验复制推广观摩研讨班(第一期)在上海市委党校淀山湖校区正式开班　(区区域办供稿)

步面向全国学员举办，共有全国25个省、自治区、直辖市和3个计划单列市的40名学员参加。通过观摩学习示范区经验，加强地区互学互鉴，借鉴示范区可复制可推广经验推动全国区域协调发展。(冯家恺)

新城建设

■**概况**　2021年，青浦新城公司围绕《关于本市"十四五"加快推进新城规划建设工作的实施意见》《青浦新城"十四五"规划建设行动方案》《本市新城规划建设2021年度工作计划》等政策文件，按照"产城融合、功能完备、职住平衡、生态宜居、交通便利、治理高效"建设独立的综合性节点城市的要求和相关工作部署，对标"高颜值、最江南、创新核"，聚焦重点区域、重大项目，加快推进新城重点规划建设。完成青浦新城中央商务区、江南新天地城市设计。环城水系治理三期项目开工建设。上海青浦兰生复旦学校完成竣工验收。首个自主开发建设的商品房住宅项目上善水樾开盘售罄。全年完成政府性投资项目17.68亿元，完成地块出让7幅。(胡蝶飞)

■**规划编制**　开展新城项目前期研究及规划工作，完成青浦新城中央商务区、江南新天地城市设计，其中：中央商务区东至同三国道、南至盈港路、西至胜利路、北至崧泽大道，总面积约6.5平方公里，开发建筑体量约700万平方米，由青浦新城公司委托Sasaki Associates, Inc.(佐佐木设计事务所)耗时约一年完成设计；江南新天地东至青松路、南至城市开发边界、西至漕盈路、北至海盈路，总面积约3.2平方公里，规划范围建筑面积总量约为98.53万平方米，其中现状保留建筑量为50.33万平方米、规划新增建筑量为48.20万平方米，由青浦新城公司委托AECOM耗时约一年完成设计。推进、深化未来新城样板区城市设计，同步推进控规编制工作。确定外青松公路功能提升方案，研究青浦新城枢纽建设方案等。(胡蝶飞　方　芳)

■**推进重点项目建设**　10月，环城水系治理三期项目开工建设，建设地点为青浦新城内东大盈港路(盈港路—环城河)、环城河(全段)及淀浦河(城中南路—帕缇欧香商业地块)沿岸两侧区域，总投资36502.27万元。11月，上海青浦兰生复旦学校完成竣工验收，项目用地面积53581.15平方米，建筑面积79726.92平方米，总投资83889万元。复旦大学附属妇产科医院青浦分院、上达河城市中央公园(智慧湖公园)、盈浦街道城中村改造、华为人才公寓(朱家角镇)动迁安置基地、夏阳街道动迁安置房等项目在有序推进中。(胡蝶飞)

■**百余项政府投资性项目完成投资过半**　青浦新城公司全年实施政府性投资项目46项，计划投资18.99亿元，实际完成17.68亿元；代建项目55项，计划投资18.84亿元，实际完成14.76亿元。有序推进长三角生态绿色一体化发展示范区规划展示馆、朱家角游客服务中心、青浦区体育馆公共停车场等一批功能性项目建设；推进青浦大道(三分荡路—沪青平公路)、漕盈路南延伸及配套道路新建工程，汇金路(盈港东路—北青公路)、青安路(崧泽大道—盈港路)新改建工程，胜利路(上达河—青赵公路)、华青南路(崧泽大道—公园路)、青昆路(G50—沪青平公路)改建工程等市政道路建设。一批项目竣工并完成验收，其中五浦汇D地块动迁安置房7号楼、9号楼等2个项目获得2020年度上海市建设工程"白玉兰"奖。竣工项目包括：

11月，上海青浦兰生复旦学校竣工　(青浦新城公司供稿)

4 月,青浦区体育馆公共停车场新建工程完成竣工验收 (青浦新城公司供稿)

长三角生态绿色一体化发展示范区规划展示馆位于沪青平公路 9940 号,用地面积 11000 平方米,新建建筑面积 2000 平方米。项目由青浦新城公司建设,于 6 月开工,10 月竣工。

朱家角游客服务中心项目位于朱家角历史文化风貌区,东至 F4－02 地块、南至 F4－02 地块、西至珠湖路、北至课植园路。建设内容包括游客服务中心、停车场等配套设施,总用地面积约 8220 平方米,总建筑面积约 2140 平方米(其中地上 2 层)。项目的建成升级完善了朱家角古镇旅游公共服务配套功能,让游客享受到多元化的服务体验。项目由青浦新城公司建设,于 7 月开工,11 月竣工。

青浦区体育馆公共停车场新建工程位于浦仓路 563 号,东至浦仓路、南至体育场路、西至体育新村、北至沙埭浜路。项目用地面积 44222.9 平方米,总建筑面积 16594 平方米,其中地下 15408 方米、地上 1186 平方米。建设内容包括新建 1 座地下一层停车库、1 座 10 千伏开关站和用户站、2 座门球场以及门球场顶棚,改造地上广场和体育场。该停车场有停车位 698 个(其中机械停车位 628 个、新能源充电车位 70 个),有效缓解了青浦中心城区停车难问题。项目由青浦新城公司建设,于 2019 年 10 月开工,2021 年 3 月竣工。

华青路(公园东路—崧泽大道)改扩建工程位于青浦区中部,是一条南北走向的城市次干路,途经青浦中片区及青浦工业园区。道路全长约 2420 米,宽度从 24 米拓宽至 32 米,从四车道改成六车道,并对沿线的 6 条河道及其桥梁、桥涵和沿线雨水管道、非机动车道进行升级改建;新建防护栏杆、亲水平台、绿植盆栽等。项目通过对道路排水、电力、照明、交通安全设施、绿化等工程的改造扩建,进一步完善地区路网结构、美化人居环境,有效缓解了周边居民的出行问题。项目由青浦区道路运输管理事务中心建设,青浦新城公司代建,于 2019 年 6 月开工建设,2021 年 7 月竣工。

三分荡路(青浦大道—西大盈港一路)新建工程位于青浦新城西片区,西起青浦大道,东至西大盈港一路,全长约 1460 米,红线宽度为 36 米,总用地面积约 55465 平方米。建设内容有西大盈港桥、南蒋墩港桥及丁家港桥新建,其余包括雨污水管、河道驳岸、绿化照明等附属工程。项目建成后完善了西片区路网,增加了连接西片区与主城区的路径,并与淀山湖大道未来周边区域交通需求相适应。项目由青浦新城公司建设,于 2019 年 3 月开工,2021 年 1 月竣工。

港俞路(青赵公路—沪青平公路)北起青赵公路、南至沪青平公路,道路全长 1.72 公里,规划道路红线为 36 米,其中青赵公路至海盈路路段为拓宽改建,海盈路至沪青平公路路段为延伸新建。建设内容有淀浦河桥及漕港桥新建、港俞路桥改建。其他包括道路沥青、绿化照明、雨污水管道、给水管道、交通安全管理设施等附属配套设施。项目的实施贯通完善了城市交通路网,缓解了西片城区交通拥堵问题,有效实现区域交通分流。项目由青浦区公路管理所(青浦区市政管理所、青浦区公路管理大队)建设,青浦新城公司代建,于 2019 年 4 月开工,2021 年 12 月竣工。

海盈路(漕穗南路—城中西路)新建工程,道路全长 769 米,港俞路西侧红线宽度 36 米,东侧红线宽度 24 米。建设内容包括道路工程、桥梁工程、雨水工程、照明绿化、交通标志标线等附属工程。项目的建成后,方便市民快速进入环城水系休闲、散步,提升了该区域的环境质量;同时,缓解了淀山湖大道、城中西路的交通压力,方便市民出行。项目由青浦新城公司建设,于 2020 年 4 月开

12 月,港俞路至沪青平公路全面通车 (青浦新城公司供稿)

工,2021 年 1 月竣工。（胡蝶飞）

■**综合杆建设** 开展公园路架空线入地和合杆整治项目。涉及道路长约 1450 米,将原先 323 件杆件合杆后减至 93 件。（方 芳）

■**协同推进市级重大项目** 配合推进轨道交通 2 号线西延伸、13 号线西延伸、17 号线西延伸建设,配合推进示范区线——沪苏嘉城际铁路(上海段)前期工作,开展嘉青金松线研究,配合开展 G50、G318 改扩建前期工作。（方 芳）

■**土地出让与征收** 青浦新城公司全年完成地块出让 7 幅,土地出让面积约 17.8 公顷,土地出让金约 43.96 亿元。完成复旦大学附属中山医院青浦新城院区及青浦区公共卫生中心等地块储备工作,完成农(居)签约 10 户、企业签约 2 家。（胡蝶飞）

■**民心工程建设** 青浦新城公司全年完成 2019 年 3 个旧里(含卫生设施)改造项目(重固镇通波塘东街、西街,朱家角镇胜利街,练塘镇前进街、下塘街等),推进 2020 年 6 个旧里(含卫生设施)改造项目(白鹤镇鹤江路,朱家角镇东湖街、西湖街,朱家角镇东井街、西井街,练塘镇前进街、东风街、蒸兴路,练塘镇东风街,金泽镇上塘街、下塘街等);完成 2019 年 7 个雨污混接改造工程(赵巷镇、徐泾镇、华新镇、重固镇、白鹤镇、夏阳街道、盈浦街道),推进 2020 年 7 个雨污混接改造工程(赵巷镇、徐泾镇、华新镇、重固镇、白鹤镇、夏阳街道、盈浦街道)。（胡蝶飞）

■**房产开发建设** 青浦新城公司完成五浦汇 E 地块等安置房项目建设,推进清河湾三期、社会租赁房及赵巷镇、白鹤镇、朱家角镇、金泽镇、夏阳街道等一批安置房项目建设。公司首个自主开发建设的商品房住宅项目——诚中城项目东地块的上善水樾,于 2021 年 9 月 8 日开盘,当日售罄,实现销售收入 4.69 亿元。（胡蝶飞）

9 月 8 日开盘售罄的青浦新城公司自主开发建设商品房住宅项目——上善水樾（青浦新城公司供稿）

青西郊野公园一景（区融媒体中心供稿）

HUANJING SHUIWU

环境·水务

◎ 编辑 王卫红

综 述

2021 年,青浦区深入贯彻习近平生态文明建设思想,紧紧围绕贯彻"两山"理念,紧紧围绕长三角一体化发展和中国国际进口博览会两大国家战略,着力筑牢生态绿色基底,统筹做好疫情防控、经济社会发展和生态环境保护工作,扎实推进生态环境保护各项工作,坚决打赢污染防治攻坚战,全区生态环境质量明显改善。在全市率先开展"河长制",完成第二轮太湖流域、"苏四期"水环境治理任务,5 个国考断面(即国家地表水考核断面)、15 市考断面(即上海市地表水考核断面)水环境功能区达标率 90%,劣Ⅴ类水体全面消除,水质优良率(达到或高于Ⅲ类水质)70%。生态绿色载体不断丰富,创建"两山"实践创新基地,实施重点生态廊道建设三年行动、累计造林 758.13 公顷,陆域森林覆盖率 18.5%;人均公园绿地 10.3 平方米,绿化覆盖率 43.3%。深化土地全生命周期管理,重点建设用地安全利用率 100%,全区土壤环境风险稳定可控;地下水水质稳定在Ⅳ类,噪声环境总体保持良好。完善垃圾分类管理和综合治理体系建设,进一步提升市容环境品质和精细化管理水平,2021 年,全区空气质量指数 AQI 优良率为 89.3%,比上年上升 3.8 个百分点,$PM_{2.5}$ 为 30 微克每立方米,比上年下降 11.8%,达到有监测数据以来的最低值。

(王小娇　潘　烨　陈诗瑶　郑　鎏)

8 月 26 日,区人大常委会开展国家生态文明建设示范区创建情况主任会议集体调研　(区生态环境局供稿)

环境建设

■概况　2021 年,青浦区持续投入生态环境建设和保护,区域生态文明建设质效双升。生态环境保护投入资金 85.85 亿元,比上年减少 7.9%,占年度地区生产总值的 6.52%,其中:市、区财政拨款 64.01 亿元,占环保总投入的 74.55%;其他投资 21.85 亿元,占环保总投入的 25.45%。生态环境保护投资中,用于污染源防治 13.75 亿元,占总投入 16.02%;用于生态保护和建设 0.074 亿元,占总投入 0.86%;用于农村环境保护 34.75 亿元,占总投入 40.48%;用于城市环境基础设施建设 24.96 亿元,占总投入的 29.07%;用于生态环境管理能力建设 0.91 亿元,占总投入 1.1%。环保设施运转费 11.24 亿元,占总投入的 13.09%;其他投入 0.16 亿元,占总投入的 0.19%。　(王小娇)

位于淀山湖畔、连通上海和江苏两地的"彩虹桥"鸟瞰　(区生态环境局供稿)

■生态文明体系建设　完成青浦国家生态文明建设区实施方案中涉及生态制度、生态空间、生态环境、生态经济、生态生活、生态文化等六大方面的 66 个重点项目。10 月 14 日,青浦区被生态环境部命名为国家生态文明建设示范区。开展"绿水青山就是金山银山"实践创新基地建设,于 6 月完成《上海市青浦区"绿水青山就是金山银山"实践创新基地建设实施规划》大纲编写工作;3 月,启动开展青浦、吴江、嘉善三地联合创建"绿水青山就是金山银山"实践创新基地可行性评估工作。　(王小娇)

■大气污染防治　推进大气排放重点企业强制性清洁生产审核,完成 12 家企业验收,提升"节能降耗、减污增效"水平。推进新一轮工业挥发性有机物(VOCs)深化治理,全年共完成 VOCs 治理 148 家。实施大气治理精细化管理试点,编制完成 2021 年重污染天气应急减排清单。开展 2021 年空气质量改善专项攻坚,保障"进博会"期间环境空气质量。强化移动源污染防治监管,组织机动车环保检验机构全覆盖检查,加强企业内部用油的油品监管，全年共对12家单位开展油品专项执法检查，经检测油品超标2家，立案处罚2家。加强大气面源污染治理，加大餐饮油烟污染治理力度，制订《餐饮油烟排放专项执法检查工作计划》，打击违法行为；同时，通过在线监控和第三方巡查，及时发现并整改发现的问题，合力解决餐饮服务企业污染问题。强化扬尘综合治理，编制印发《青浦区扬尘污染专项整治工作实施方案》，严格按照《上海市扬尘在线监测数据执法应用规定》加强扬尘在线监测数据审核，每月通报扬尘在线监测数据超标、有效率以及初审情况，严格落实扬尘设备拆除、移机备案制度。（王小娇）

■**水污染防治** 加强饮用水源地环境安全保障。全年完成4次水源保护区卫星遥感监测，配合开展水源地区划调整工作。争取水源地生态补偿市级资金4.93亿元。加快落实示范区重点跨界水体联保方案，完成太浦河及支流沿岸2公里排污口排查工作，排查点位531个，归档形成"一口一档"。完成重点污染源达标评估工作，结合排污许可证核发和工业源全面达标计划成果，完成20%企业复核工作。10家涉一类污染物排放企业分质分道等重金属污染物治理整改工作全部完成，其中1家企业已完成含镍废水零排放工艺升级改造。加强城镇污水厂监管，全区10家城镇污水处理厂尾水基本达标排放。全面推进各项治水重点工作，完成苏四期水环境综合治理项目，持续推进太湖流域水环境综合治理；全面启动生态清洁小流域建设，重点是金泽镇西南圩区18条段21公里河道整治和徐泾镇国家展览中心及周边区域28条段、22公里村级河道整治，正分别在招投标和施工准备阶段。（王小娇）

■**土壤污染防治** 贯彻落实《土壤污染防治法》，完善土壤环境管理制度，强化建设用地和农用地污染风险管控。加强土壤污染源头预防。落实好农用地分类管理制度，巩固练塘镇1.87公顷严格管控类农用地整治成果。启动拟复垦为耕地地块土壤环境调查工作，确保全区耕地安全利用率100%。持续实施建设用地全生命周期管理，完成89幅出让地块土壤污染状况调查报告评审。持续实施建设用地土壤污染风险管控和修复名录制度。开展重点企业关闭后的土壤污染环境调查、风险管控和修复工作，已落实5家关闭企业土壤污染状况调查。全年重点建设用地安全利用率核算结果为100%。（王小娇）

环境治理与管理

■**概况** 2021年，青浦区围绕市委、市政府重点工作，着力改善生态环境质量，扎实推进生态环境治理各项任务，生态环境保护和治理能力现代化水平进一步提高。10月，青浦区成功创建为国家生态文明建设示范区。长三角一体化生态环境综合治理工作全面启动，生态环境督察问题整改工作成效明显。（王小娇）

■**长三角一体化示范区环境治理** 推进长三角生态绿色一体化发展示范区生态环境联防联控。开展生态环境"三统一"（即监测、监察、标准）制度深化落实工作，牵头建设先行启动区的大气环境监测评估体系。推进长三角一体化环评制度改革，深化规划环评与项目环评联动，进一步压缩审批时限和简化审批流程，实施环评审批正面清单制度，对8个行业13个类别豁免环评，对16个行业36个项目类别实行告知承诺审批。（王小娇）

■**优化营商环境** 深化环评审批制度改革。进一步扩大环境影响评价豁免范围。加强规划环评和建设项目环评联动，对青浦工业园区、朱家角工业园区实施环评优化措施。全年累计完成44个环评审批建设项目事中监管、104个环评审批和175个环评登记表备案项目事后监管，开展19个建设项目自主验收的抽查。开展环评审批"双减半"（即办理时限、提交材料的缩减），审批时限由法定60天压缩至5个工作日，提高"即办件"比例。开展"一业一证"审批流程再造。全面推广行政许可电子证照工作。推动长三角一体化重大项目实施。（王小娇）

■**排污许可发证登记** 全面推行"一证式"（指排污许可证）管理，累计核发排污许可证407张，登记管理3811家。对380家持证单位开展"三监联动"（即监测、监察、监管）证后监管。全面完成生态环境部排污许可"双百"考核，完成67家排污单位执行报告规范性审核；开展155张排污许可证质量评估年度自查。（王小娇）

■**生态环境执法** 深化双随机监管，持续更新污染源数据库，全年累计随机抽查企业545户次，立案查处6户。开展水环境领域、大气环境领域、固体废物、

7月13日，上海市青浦区环境监测站、浙江省嘉兴市嘉善生态环境监测站、江苏省苏州市吴江区环境监测站共同开展三地跨界区域河流重点区域水质联合监测

（区生态环境局供稿）

5 月 13 日，区人大常委会召开《中华人民共和国固体废物污染环境防治法》执法检查启动会 （区生态环境局供稿）

排污许可证、事中事后、码头环境、辐射监管多项专项执法行动。全年出动执法人员 1092 批共 4428 人次，检查企业 1869 户次；立案 79 件；作出行政处罚 38 件，处罚金额共 539.45 万元；消除各类环境安全隐患 250 个。重点开展为期 1 个月的在线监测专项整治工作，固定污染源监测体系建设逐步规范。（王小娇）

■环保督察整改 全力抓好中央、市级环保督察（回头看）整改任务和历次长江经济带警示片自查自纠整改（督察问题合计 39 项，完成整改 36 项，剩余 3 项按计划推进中）。推进全国人大常委会关于《中华人民共和国固体废物污染环境防治法》执法检查问题整改（共 8 个问题，均已完成整改）。拍摄区级警示片《青浦生态环境在行动》3 期。开展违法违规项目专项整治，完成码头环保专项整治。 （王小娇）

■环境宣教工作 创新生态环境宣传方式方法，设计环保文创产品，扩大环保品牌效应，依托政务公众号开设专栏广泛传播生态文明理念。加强队伍引领，区生态环境局、各街镇、青浦工业园区于 6 月组成绿色联盟护卫队开展环境宣传工作。区环保宣讲团全年累计开展线下宣讲活动 16 场，参与人数达 780 余人。深入推动全区 14 家环保设施向公众开放。完善生态环境领域政务公开机制，编制完成《青浦区生态环境局政务公开标准目录》，发布重大行政事项目录。依法做好政务信息公开工作，全年受理申请 5 件，全部办结。 （王小娇）

绿化林业建设

■概况 2021 年，青浦区绿化和市容管理局积极对接服务两大国家战略，着力推进生态空间建设和保护修复，不断提升市民对生态环境空间的满意度和城市生态功能的宜居度。3 月，局下属绿化管理科（林业管理科）、绿化管理所、市容环境管理中心分别获得上海市绿化和市容管理局颁发的 2021 年度上海绿化市容行业劳动立功竞赛先进集体称号。 （陈诗瑶）

■助力长三角生态绿色一体化发展示范区建设 配合开展元荡（二期）断带地块梳理，启动河湖岸线贯通工程；配合完成水乡客厅之江南圩田项目改造，整合林、水、田、庄四大生态意境，形成生物多样性示范样本；深化“蓝色珠链”片区以及商塌片区湿地生态修复研究；围绕示范区城乡环境、垃圾综合治理以及道路水域治理等方面，落实常态长效管控和青浦、嘉善、吴江区域联防联治属地责任。 （陈诗瑶）

■助力青浦新城建设 研究出台《青浦区绿化建设管理的若干指导意见》，以率先建设公园城市示范区为引领，开展新城公园绿地布局规划研究、环新城生态公园带专项研究和行道树专项规划研究，形成中期研究成果，并积极推进新塘港水系绿地项目、城市口袋公园等项目建设。 （陈诗瑶）

■绿化规划建设 坚持规划建绿，完成绿地 61.02 公顷（其中公园绿地 30.99 公顷）、城市绿道 15 公里、立体绿化 2.05 万平方米，全区绿地率 43.58%，人均公

6 月底，完成青浦城区 5 处城市绿化雕塑景观改造。图为位于公园路外青松公路西南侧转角的“吉祥如意”景观 （区绿化市容局供稿）

园绿地面积达到10.3平方米。改造提升青松绿地等4处街心花园和中心城区5处绿化雕塑；西大盈港一路林荫道被命名为市级林荫道。青浦城区正逐步形成道路绿化连线成片。 （陈诗瑶）

■群众绿化 深入开展义务植树宣传、“园艺大讲堂”和“市民绿化节”等活动，设点宣传4次，发放各类宣传资料、宣传品3000余份；企业和市民认养树木28株；指导市级花园单位评定预申报及全国绿化模范单位复审工作，青浦区教师进修学院获全民义务植树40周年十佳案例。积极推进社区园艺师的建设工作，全区8个镇、3个街道均设立社区园艺师制度，指导居住区、机关企事业单位规范绿化养护修剪。 （陈诗瑶）

■公园服务 围绕“不断提升公园品质，完善为民服务功能”的目标，落实综合性公园、古典公园和社区公园的巡查—通报—整改机制。全年新增3座城市公园，分别是如心公园、银杏园、香雪公园；至年底，全区有城市公园23座。指导新城公司开展青西郊野公园改造提升方案编制；丰富上海曲水园园艺文化活动，完成书画展布置24期、评弹演出7期15场、“青医咏真讲堂”、“长者数字生活随申学”智能手机使用培训活动等。 （陈诗瑶）

■林业建设 完成《青浦区“十四五”林业专项规划》编制，落实新增森林资源面积403公顷；完成青松生态走廊等7条（片）市级重点生态廊道建设扫尾工作，累计完成造林758公顷，基本建成多层次、成网络、功能复合的生态构架。至年底，全区林地总面积1.2万公顷，陆域森林覆盖率18.5%。 （潘　烨）

■林地管养 全面推行林长制，率先在全市出台《青浦区关于全面推行林长制的实施方案》，制订工作会议、检查督导、日常巡查、部门协作、信息报送、考核评价6个工作制度；加强林地精细化管理，继续推进市场化养护，强化第三方监管和考核，结合林地抚育工作配置基本功能要素，完成青西郊野公园周边开放式林地建设项目和4个乡村公园建设。 （潘　烨）

■“三防”体系建设 推进“三防”（即森林防火、防森林病虫害、防乱砍滥伐）体系建设，开展森林火灾风险普查，推进森林防火隔离网、道路等基础设施建设200公顷，新增智能监控1处，推进森林微型消防站配建；加强森林植物检疫管理，开展产地检疫82批次，工程复查复检99批次，开具植物检疫证书558份，组织木制品企业抽查4次；规范林政案件严管机制，严厉打击各类擅自迁移林木等破坏森林资源行为，处理林政案件8件。 （潘　烨）

■林业有害生物防控 制订《2021年青浦区美国白蛾防控工作方案》，布设美国白蛾诱捕器130个，诱捕成虫825头，发现幼虫危害87公顷，全年防治面积4455公顷；发布美国白蛾预警防治工作提示4期，病虫简讯10期，发放防治通知书9份。 （潘　烨）

■野生动物保护和湿地监管 加强野生动物疫源疫病日常监测、主动预警等工作，做好驯养繁殖单位、栖息地定期巡查；开展野生动物保护宣传11次，处理各类投诉救助155件，办理非法捕猎野生动物等违法案件8件，配合公安部门侦办案件9件。完成《上海市青浦区湿地保护规划》编制。 （潘　烨）

■林业行政审批 严格林地行政审批事项，加强事后监管，办理林地征占用行政审批事项45件，其中办理使用林地事项22件、临时使用林地事项14件、林木采伐事项6件、林木迁移事项3件。开展2018—2020年建设项目占用林地和迁移、采伐林木行政许可事项及批后监管回头看工作，并完成相关问题整改。 （潘　烨）

■林业产业和基础建设 加强2家安全优质信得过果园创建指导，推进经济果林绿色防控政策项目20公顷，开展林下羊肚菌复合经营示范项目3.33公顷；完成香花桥街道市级标准化林业站、白鹤镇国家标准化林业站验收，指导盈浦街道标准化林业站创建。 （潘　烨）

11月，青西郊野公园周边开放式林地建成 （区绿化市容局供稿）

市容环卫管理

■概况　2021 年，青浦区绿化和市容管理局按照“更整洁、更有序、更美观、更安全”的行业要求，完善垃圾分类管理和综合治理体系建设，抓好“美丽街区”建设等工作，提升市容环境品质和精细化管理水平，绣出青浦城市品质新容颜。根据上海市 2021 年上半年和下半年市容环境卫生状况社会公众满意度测评结果，青浦区的总体评价结果均在 80 分以上，处于蓝色良好区域，位列郊区第一名。（陈诗瑶）

10 月 16 日，“百年华诞开新局，护航进博再出发”——青浦区第八届“劳动最光荣”绿化市容行业职工技能竞赛活动启动仪式举行（区绿化市容局供稿）

■第四届“进博会”市容环境保障　深入推进 2021 年核心区景观提升项目，以“赏心悦目，低碳节能”为目标，实施国家会展中心周边主要景点布置、核心区花卉花景布置、诸光路沿路临时围挡退界改建和绿墙布置、景观灯光打造。深化一体化养护保洁实效，率先投入 24 辆纯电新能源环卫车辆开展作业，确保核心区道路环境保持“席地可坐”保洁实效。（陈诗瑶）

■“美丽街区”建设　根据《2018—2020 年青浦区“美丽街区”建设三年行动计划》部署，全区 15 个街区完成建设并通过市级验收。完成第二轮三年行动方案编制，形成 2021—2023 年“美丽街区”17 个项目清单和资金匡算。年内，选定夏阳、盈浦、香花桥 3 个街道作为“高品质美丽街区”建设区域。（陈诗瑶）

■市容环境顽症专项治理　加强市容环境治理，完成青浦 21 个薄弱区域点位整治。巩固责任区管理示范道路、自律组织等创建成果，加强对违规临时户外广告、橱窗张贴广告清除，持续改善街面环境。严格落实户外广告、户外招牌行政审批制度，全面开展违法户外广告、招牌及安全隐患整治。（陈诗瑶）

■夯实生活垃圾治理成果　巩固生活垃圾分类示范区、示范街镇创建成果。年内，村居、单位垃圾分类实效达 95%，生活垃圾回收利用率稳步提升。结合“幸福社区”建设，在 20 个试点村居推行社区垃圾分类“桶长制”和农户家庭垃圾“一户两桶”撤桶工作。巩固精品场所创建成果，优化完善硬件设施，狠抓长效管理措施落实，全年完成 30 个精品居住区、20 个精品村、30 个精品单位创建工作。（陈诗瑶）

经过第一轮“美丽街区”建设后达到“最高等级、最高品质”标准的国家会展中心周边环境（区绿化市容局供稿）

■完善垃圾收运处管理体系　按照上海市绿化和市容管理局《“两网融合”导则》建设标准，持续推进可回收物点站场建设，累计设置回收点 1715 个；设置可回收物中转站 8 座，集散场 1 座。加强可回收物全程收运体系监管，指导督促 3 家主体企业优化收运模式，实现村居四类型点位按时清运、可回收物容器日产日清。全年全区可回收主体企业日均收运量 242 吨。（陈诗瑶）

■环卫规范化建设　9 月，建成青西地区生活垃圾转运站并开始试运行。青浦城区 4 座公厕提标改造项目基本完工。区级智慧环卫平台项目全面启动。上海美都环卫服务有限公司环卫智能平台系统和设备安装基本完成，“进博会”周边 8 平方公里作业区域纳入实时监管；全年完成道路沿线果壳箱投放口改造 933 只，国家会展中心展馆公共部位 33 组智能垃圾投放箱全部设置到位。（陈诗瑶）

■养护保洁能级提升　拓展“席地可坐”高标准精细化保洁覆盖范围，全覆盖推进集镇地区道路作业，并完善考评机制，实施考核实效与作业经费拨付挂钩机制。巩固农村地区一体化养护保洁作业实效，落实岗位责任制和考核奖惩机制。深入推进20个市容环境示范村创建活动，加强重点指导和监管。

（陈诗瑶）

9月13日，区防汛指挥部召开台风“灿都”防御工作部署会议

（区水务局供稿）

水 务

■概况 2021年，区水务局完成投资近20亿元。全区各级河湖长巡河3.06万人次，水质优良率由66%提升至66.7%，河湖水面积增加26.33万平方米，莲湖村生态清洁小流域成功创建为国家级水土保持示范工程。完成36.79公里中小河道整治、18.70公里骨干河道整治、150万平方米小区雨污混接改造、1371户农村生活污水处理，新建6.50公里市政污水管道、1.90公里元荡生态岸线。全区污水处理率96.27%。成功防御“烟花”“灿都”等超强台风侵袭。3月26日，上海市河长制湖长制工作现场会在青浦区召开。青浦区水务局水资源科获评“全国工人先锋号”；青浦区水务局刘敏获评“全国水旱灾害防御工作先进个人”。（郑 鋆）

■防汛防台 5月底，完成区、镇两级防汛责任人更新，通过媒体平台公示，明确区防汛机构防汛职责。全年青浦区防汛指挥部召开6次专题会议，1次年度工作会议。开展“2+8”（“2”指两轮汛前大检查，“8”指公路市政排水设施、在建工地、地下空间、高空构筑物、田间设施、危房、物业小区、堤防泵闸等八类防汛专项检查）防汛大检查和隐患滚动排查，完成隐患排查整改138项。4月，参加长三角水域救援实战拉动演练。5月，开展重点领域专项科目演练。6月，组织开展新上任村居干部防汛专题培训、“一网统管”防汛防台灾情直报系统运用培训。9月，开展多部门协同配合的区域性防汛救灾应急演练。全年区、镇两级开展各类防汛演练20次。至年底，有区、镇两级防汛应急抢险队伍111支共3200余人；区、镇两级物资储备近3000万元，落实区级专业物资储备点6个、常规物资储备点9个，各街镇布设防汛物资储备点3—5个，并确保各储备点物资的维护和增补。（郑 鋆）

■安全监管 4月，完成安全生产、反恐、网络安全和防汛应急预案的修编，全年开展季度安全例会、季度安全检查4次，召开安全生产专题会议2次、专项检查13次。落实安全检查周报、月报制度，全年开展安全检查4984人次。10月，制订《青浦区水务局关于2021年青浦区进博会防汛保障预案》《青浦区水务局关于中国国际进口博览会安全生产大检查工作方案》。依托“安全月”“质量月”“消防宣传月”等开展安全生产宣传培训9次，消防、有限空间安全作业等演练5次。组织全系统职工观看《生命重于泰山——学习习近平总书记关于安全生产重要论述》电视专题片、安全生产警示片、有限空间作业宣教片等。发放《中华人民共和国安全生产法》《上海市安全生产条例》等宣传材料200册。

（郑 鋆）

6月30日，区水务局组织开展“落实安全责任，推动安全发展”——2021年青浦区水务行业有限空间作业安全培训暨演练

（区水务局供稿）

元荡岸线堤防达标和生态修复二期项目　（区水务局供稿）

■水务工程建设及其监管　5月26日，元荡岸线堤防达标和生态修复二期项目代表上海参加长三角重大项目"云开工"仪式开工，于9月底完成1.90公里元荡岸线堤防达标和生态修复。推进新谊河、新塘港河道整治等重大项目，新谊河工程形象进度完成91%，新塘港河道整治工程完成90%，北庄泵站、富阳港泵闸等工程完成30%，大莲湖泵闸、金泽塘南泵站工程、西塘江西泵闸、泖阳港泵站工程完工。全年在监项目159项，新受监52项，开具监督记录249份、整改单80份和停工令3份。全区通报问题项目36个，开展约谈12次，执法立案10件，罚款金额共计17.5万元。

（郑　鋆）

■河长制工作　9月底，完成青浦区14名区级、95名镇级、245名村级党政河湖长及12名沿河湖排污口企业河长名单更新。全年区级河长巡河55次，镇级河长巡河3624次，村级河长巡河26966次。建设村居河长工作站186座，实现村居（5条河道以上）全覆盖。5月14日，全市率先落实"河长＋警长＋检察长"联动机制，初步建立"河长前端事件发现、警长事中处置、检察长事后追责"治理闭环。完成长江经济带生态环境警示片、环保督察、中央资金监督检查等25项问题整改。开展黑臭水体整治"回头看"、新一轮雨污混接整治、码头防汛安全专项检查、餐饮活动违法排污综合整治、农村生活污水治理等5个专项行动。落实联合河湖长制，5月6日，牵头与江苏省苏州市吴江区、浙江省嘉兴市嘉善县印发示范区联合河长制55项任务清单，制订履职规范、联席会议、专项督查、年度考核等4项工作制度；全年联合编制《示范区水资源水生态报告》12期。3月22日，上海市青浦区金泽镇和江苏省吴江区汾湖高新区签署《雪落漾一体共治备忘录》，试点启动示范区首个跨界河湖一体化管养项目。制订示范区跨界河湖联合治理二期17个项目（2022—2023）清单。青浦区306个镇管及以上河湖水质优良率达到66.7%，新增河湖面积26.33万平方米，水面率达到18.71%。青浦区金泽镇莲湖村生态清洁小流域成功申创"全国水土保持示范工程"。

（郑　鋆）

■供水与节水管理　全区自来水供水总量1.65亿立方米，比上年增加4.43%；售水总量1.31亿立方米，比上年增长5.65%；全区日均供水量45.20万立方米，比上年增加4.72%。482个（其中新增17个）小区二次供水设施全面移交接管。GIS系统入库管网3018.78公里。改造供水旧管网20公里。完成17家企业水平衡测试备案和20台冷却塔测试工作，落实70项节水技改，投入资金2593.48万元，最高日节水量1653.90立方米。全年完成5家节水型企业、开展2所节水型学校创建及1所节水型学校复评、8个节水型小区和3个节水型机关（单位）创建。

（郑　鋆）

■排水管理　落实排水设施常态化养护，全年养护疏通管道4144公里，抽查主管4674条段、连管6224条段，抽查平均分87.81分；开展排水设施运营企业半年度考核2次。全区有城镇污水处理厂10座，总处理能力42.90万立方米/日，实际处理污水12620.06万立方米，日均处理34.57万立方米，与上年同期相比日均处理量增长2.8%，出水水质稳定达标；有污泥处理厂3座，总设计处理能力750吨/天（污泥干化焚烧厂设计处理能力300吨/天，巴安干化厂设计处理能力200吨/天，应急深脱项目设计处理能力250吨/天），实际总处理污泥94394.03吨，日均258.61吨。完善全区排水户数据库，运用2支

5月6日，青浦区河长办、吴江区河长办、嘉善县治水办联合签发示范区联合建设幸福河湖2021年度工作任务书　（区水务局供稿）

5 月 18 日,"水润物泽·爱党敬业"第一届长三角水利行业职业技能竞赛在青浦区举办（区水务局供稿）

专业队伍辅助排水户监管,核查排水户 2289 户次。（郑 鎏）

■**水利设施管理** 4 月 30 日,印发《关于进一步规范市、区两级河道专业巡查发现问题处置工作的通知》。5 月 27 日,上海市农村生活污水治理工作现场推进会在青浦召开。6 月 7 日,印发《2021 年青浦区农村生活污水处理站水质区级监督性监测工作方案》。11 月,完成朱泖河农村生活污水养护技术培训基地建设(全市首个)。全年组织开展河道清漂 2 轮、陆域保洁 2 轮、绿化养护 2 轮和水生植物专项整治 5 轮;联合上游江苏省昆山市和苏州市吴江区、浙江省嘉兴市嘉善县开展省界河湖水生植物联动打捞演练 2 轮。组织 328 名泵闸操作工进行相关工作培训。启用 148 座重点水闸在线监测系统。完成区级防汛物资储备及机电设备维修养护。（郑 鎏）

■**水务执法** 全年开展市区联手、区区联动等多种形式执法行动:与市执法总队联合开展深基坑、重点排水户、防汛安全、污泥处置等专项行动 12 次;与闵行区水务执法部门开展"进博会"区域河道巡查、汛期安全检查等水务执法保障 4 次;开展长三角一体化示范区省际边界联合执法 7 次,检查边界河湖 26 条,出动执法人员 70 人次;开展日常行政检查 262 次,出动执法人员 622 人次,立案查处 35 件,罚款 182.5 万元。（郑 鎏）

■**优化营商环境** 落实政务服务"双减半"工作,办理率提高至 75%。审批事项入驻青浦区审批审查中心,落实"一站式"服务。推进"一业一证"(指优化行业准入业务流程,将一个行业准入涉及的多张许可证整合为一张"行业综合许可证"),排水许可证办理纳入宾馆行业"一件事"。9 月 10 日,赵巷商业商务区及周边地块区域水资源论证评估通过审批(全市首个)。全年办结行政许可审批 1802 件,其中水利行政审批 168 件、供排水审批 1454 件、水土保持 180 件;河道蓝线划示 316 件,计 3178 张。参与行政协助 99 件,并联审批 104 件,出具招拍挂水务部门征询 38 件,管线工程征询意见 61 件。（郑 鎏）

11 月 8 日,区水务局开展"排水许可证"领导帮办、陪办服务活动（区水务局供稿）

■**市民热线服务** 全年受理各类工单 2085 件,退单 1015 件,接单 1070 件(其中市水务局热线工单 978 件、区热线工单 92 件。按行业分:供水 822 件、排水 95 件、水利 144 件、其他 9 件;按性质分:求助类 853 件、投诉类 151 件、咨询类 37 件、意见建议类 26 件、其他 3 件。全年受理区信访件 4 件,完成信访矛盾销项 5 件。开展热线工作专题培训会议 5 次。（郑 鎏）

■**社会宣传** 围绕长三角一体化、服务保障"进博会"、水环境治理、深化河长制湖长制等重点工作,开展"爱河护堤""节水宣传""水生态文明"等主题宣传活动 20 次,被国家级媒体(包括央广网和《文汇报》《中国水利报》等)、市级媒体(包括上观新闻、今日上海、周到上海、看看新闻和《新民晚报》等)报道共 40 次。组织青浦区水务局第八届职工运动会、"世界水日、中国水周"挑战答题、"青水悠悠·人水相依"人文水情照片征集等活动。"青浦水务"微信公众号推送信息 760 篇,关注人数 3240 人;"青浦河长"微信公众号推送信息 456

篇，关注人数1565人。青浦区水务局水资源管理科获"全国工人先锋号"荣誉、规划法制科获青浦区"三八"红旗集体。6家基层单位创建2019—2020年度上海市文明单位、12家基层单位创建2019—2020年度青浦区文明单位。青浦区蔡浜村河、胜泾河、小涞港、南大港、王仙泾、华杨河获评市级最美河道，元荡、朱家墩浜、南沈港、金泾港、官田泾获评市级最佳河道整治成果；青浦区水文勘测队志愿服务队、青浦区水利管理所"保护母亲河"志愿者服务队、青浦区排水行业志愿者服务队雨水中队、练塘镇"爱水护河"志愿服务队、安花白联合护河志愿者队伍获评市级最美护河志愿服务组织，15名水务志愿者获评市级最美护河志愿者。（郑 鋆）

■首个跨界河湖一体化管养试点顺利实施 3月22日，上海市青浦区金泽镇和江苏省苏州市吴江区汾湖高新区签署《雪落漾一体共治备忘录》。雪落漾北接元荡、淀山湖，南通流域骨干河道太浦河，处于青浦区金泽镇与苏州市吴江区汾湖高新区（黎里镇）交界处，位于长三角生态绿色一体化示范区先行启动区的核心位置，湖泊总面积约2.41平方公里，其中金泽镇境域内约1.2平方公里。青浦区金泽镇和苏州市吴江区汾湖高新区打破行政壁垒，以雪落漾整体水域及岸线8米范围内作为一个整体标的，采用一体化养护标准，实行一体化招标模式，共同招标选取一家专业公司进行整体水域管理养护，制定"四同原则"（即同一个交界河湖、同一个养护标准、同一个管养单位、同一把尺子监督考核），从根本上解决责任难厘清、河道养护标准不一等问题。一体化管养以来，雪落漾风貌显著提升，重要水质指标改善50%。（郑 鋆）

■全市率先探索"河长＋警长＋检察长"三长联动机制 5月14日，青浦区河长办联合公安青浦分局、区检察院联合印发《"河长＋警长＋检察长"三长联动工作机制》（青河长办〔2021〕9号），梳理建立联席会议、联动排查、联合巡河、联手打击、联组学习等5项工作机制。先后在徐泾新漕泾港突发水污染、朱家角淀浦河填埋建筑垃圾、赵巷淀浦河、油墩港偷排泥浆等重大事件处置中效果显著。全年组织开展联合整治行动10次，消除各类影响航道安全和河道问题隐患50处。（郑 鋆）

■元荡岸线堤防达标和生态修复二期项目顺利完工 5月26日，元荡岸线堤防达标和生态修复二期项目开工，建设范围自示范段向东延伸至小汶港水闸，全长1.9公里，总占地面积约0.31平方公里，9月底基本完工，实现元荡青浦段3.1公里岸线贯通。元荡位于沪苏省际边界，岸线全长23公里，其中江苏段（吴江）16.8公里，上海段（青浦）6.2公里，是示范区重要跨界水体之一，紧邻水乡客厅。2021年，该项目建设内容包括：新建堤防1514米，新、改建防汛道路2224米，开展湖区和湿地水生态修复14.62万平方米，新增绿化7.1万平方米，改造林地5.8万平方米，增设停车场、市民驿站等服务设施。项目实施后，元荡岸线风貌整体提升，建成功能复合、便民利民的休闲公园。（郑 鋆）

元荡岸线堤防达标和生态修复项目一期、二期俯瞰 （区水务局供稿）

CHENGXIANG JIANSHE YU GUANLI

城乡建设与管理

◎ 编辑 王卫红

综述 ／ 规划 ／ 土地管理 ／ 自然资源调查与确权
基础设施建设与管理 ／ 重大项目建设
城管执法 ／ 城市运行管理 ／ 应急管理 ／ 消防管理

综　述

2021 年，青浦区围绕紧紧“人民城市人民建、人民城市为人民”重要理念和治理能力现代化建设，着力提升城市软实力，城市治理能力实现新跨越。根据市委、市府关于新城发展的战略部署做好城市资源调查和空间布局，抓好土地储备、供应、减量等各环节，保障城乡规划实施所需土地资源供给，全年开展规划编制工作 46 项。编制《青浦区综合交通“十四五”规划》，结合长三角一体化发展和推进新城建设、青东联动发展等，谋划未来五年综合交通发展。启动上海示范区线选线方案，研究外青松公路复合廊道功能，配合进行沪苏湖铁路前期工作、练塘站方案设计等工作。全面推进区重大项目和实事工程前期审批、征收腾地、建设推进等工作，全年新列重大项目 84 项、结转重大项目 75 项，完成投资 249.52 亿元。编制《青浦区城市管理精细化“十四五”规划》，以提升人民城市治理水平为指向，切实履职、规范执法，全年开展八轮城管执法“雷霆”整治行动。推动“一网统管”流程再造，非警务类警情分流率位于全市前列；受理“12345”市民服务热线 58137 件，按时办结率 99.49%。成立区应急联动中心，完善安全生产责任体系和应急救援、防灾减灾救灾机制，火灾隐患排查整治、创新社会消防治理，着力防范化解重点风险，确保全区安全生产形势总体稳定受控，为区域经济社会发展创造了良好的安全生产环境。

（范露璐　方　芳　张　瑛　张丞辉　庄利娜　朱小伟　王祎曼）

规　划

■概况　2021 年，是青浦区全面推进落实“十四五”规划的开局之年，根据城乡建设发展的诉求，全年开展规划编制工作 46 项，其中总体规划 2 项、控详规划 24 项、专项规划 15 项、郊野单元(村庄)规划 5 项。

■新市镇总体规划编制　重点推进《白鹤镇国土空间总体规划（2019—2035 年）》的编制工作，于 11 月正式获得批准。配合长三角生态绿色一体化发展示范区执委会开展长三角一体化发展示范区先行启动区国土空间规划编制工作，至年底形成阶段性方案。

（范露璐）

■青浦新城相关规划编制　根据市委、市政府关于新城发展的战略部署，完成青浦新城总体城市设计，推进“一个中心、三个片区”的“1+3”重点区域的规划编制工作（含城市设计）。中央商务区、城市更新实践区完成城市设计。未来新城样板区正在深化城市设计。产业创新园区正在开展产业用地的研究梳理。

（范露璐）

■重大项目控详规划编制　对接虹桥开放枢纽、长三角一体化、新城建设发展等战略，做好规划编制工作。完成重固北青公路以南区域、重固城中村、赵巷商业商务区 QPS7-0102 单元控制性详细规划 C61、C62、D22、D23、D3 街坊增补图则和 C5 街坊局部调整、华新镇 QPS6-0102 单元（华新产业园）控制性详细规划 11、12、13 等街坊局部调整、香花桥街道 QPC1-0012 单元（青浦工业园区）控制性详细规划 D-03、D-04 街坊局部调整、香花桥街道 QPC1-0013 单元（青浦工业园区）控制性详细规划 F-12 街坊局部调整、青浦新城三甲医院、朱家角游客服务中心、《青浦区金泽镇西岑单元（QPS1-0401）控制性详细规划 05、09、14、15、16、17、39 街坊局部调整》（金泽西岑社区人才公寓、华为研发基地）等 18 个规划编制和调整工作。推进青浦区虹桥商务区徐泾北 QPP0-0101 单元控制性详细规划（北青公路以南、沈海高速以东、天山西路以北、虬港以西区域）、赵巷镇赵重公路东侧城中村、徐泾镇 QPS8-0101 单元控制性详细规划 A1c 街坊及 QPS8-0401 单元控制性详细规划 B-3 街坊、C-1 街坊、青浦工业园区淀山湖总部基地、练塘镇 QPS3-0101 单元 19 街坊局部调整及 31 街坊、朱家角泰安公寓六期等规划编制和调整工作。同时，配合长三角生态绿色一体化发展示范区执委会开展水乡客厅控规编制工作，并形成阶段性成果。

（范露璐）

■重大项目专项规划编制　完成金泽镇西岑水质净化厂专项规划；配合相关条线部门，完成青浦大道、秀横路、余乐路等专项规划编制；推进金商—锦商公路、长春江路、周湖线、久业路等专项规划编制工作，均形成草案成果。

（范露璐）

■郊野单元(村庄)规划编制　推进金泽镇、朱家角镇郊野单元村庄规划编制，推进赵巷、重固、华新等郊野单元村庄规划调整工作，均形成初步方案。

（范露璐）

9 月 16 日，市政府副秘书长王为人（前排左三）在区委副书记、代理区长杨小菁（前排左二），区委常委、副区长姜爱峰（前排右二）和市规划资源局副局长许健（前排左一）等陪同下调研青浦新城规划建设工作　（区规划资源局供稿）

土地管理

■概况　2021年，青浦区土地管理工作按照土地节约集约利用、提高土地综合效益总体要求，围绕规划资源管理，抓好土地储备、供应、减量等各环节，切实保障城乡规划实施所需的土地资源供给。（范露璐）

■土地收储　全区全年完成储备地块61幅，收储面积204公顷，使用新增建设用地指标123公顷。（范露璐）

■土地出让　全区全年完成土地出让41幅，出让面积107.21公顷，获得土地出让金288.41亿元，区级收入230.41亿元，入库区级收入161.73亿元。（范露璐）

■土地减量化　2021年，区政府挂图作战目标任务为立项220公顷，验收220公顷。实际完成立项107.19公顷，完成全年减量化立项目标的48.72%；实际验收214.19公顷，完成全年减量化验收目标的97.50%。（范露璐）

■房屋征收补偿　2021年，全区计划征收各类基地73个，涉及民居3072户、企业682户。至年底，实际征收各类基地42个，涉及民居198户、企业62户。（范露璐）

■土地使用费征收管理　对全区范围内拟征收土地使用费的外商投资企业进行清理核查，全年核减企业7家。上半年，向外商投资企业发出征缴土地使用费《告知单》25份，将应征面积、缴费金额以及逾期未缴的处罚规定等事项先行告知。下半年，正式开出《非税收入缴款书》22份。至年底，到账金额183.29万元。（范露璐）

■征地管理　按照市级重大项目办理征地的工作程序和规范，重点推进并完成华为人才单身公寓、中山医院青浦分院和轨道交通17号线西延伸段和沪苏湖铁路的征地包干前期工作。根据全年区级土地储备和出让计划，持续推进西虹桥区域、青浦新城、市西信息软件园、华为研发基地等市、区重大民生项目和产业项目的征地结案工作，确保地块按期供地出让及后续手续的办理。按旧法征地流程，线上共发布征收土地方案公告7个、征地补偿安置方案公告16个；按新法征地流程，共发布拟征地告知书208个、征地补偿安置方案公告84个、征收土地方案公告63个，征地结案项目共75个，合计征地面积170.08公顷，涉及征地补偿费用16355.16万元。（范露璐）

自然资源调查与确权

■概况　2021年，青浦区以服务群众为根本，深化改革、强化措施、落实责任，确保年度国土变更调查成果质量的提升、各项不动产登记工作的顺利开展，推出惠民便民新举措，持续优化各类登记流程手续。（范露璐）

■2020年度国土变更调查　1月中旬起，对国家和上海下发的线索图斑逐一开展实地调查和拍照举证；至4月中旬，全面完成全区3502个图斑的外业举证和内业处理建库工作，报自然资源部进行国家级检查。6月中下旬，收到国家级检查反馈意见后，落实专人对相关情况进行核实、整改，提高调查成果质量；9月中旬，对疑似耕地降级（原水田现调查为水浇地）的17个图斑进行举证复核，现状确为水浇地，变更调查无误。（范露璐）

■农村建房专题调查　2020年12月—2021年4月，完成全区102881个农村建房图斑的外业调查和质量自检（调查单位自行检查）、区检（区级层面检查），并经技术指导单位市地调院检查通过、报市规划资源局验收合格。（范露璐）

■不动产登记工作　2021年，深入推进全区不动产登记各项改革工作。不动产登记方面，发放不动产权证43314件，其中新建商品房权证21218件、存量房权证16777件、其他各类登记5319件。发放不动产登记证明42163件，其中预告登记9220件、抵押登记32943件。另外，办理注销登记12377件；协助法院办理司法查封1351件，解封814件；处理登记查询25316件。土地权属调查及土地成果管理方面，完成土地测绘成果786件，其中勘测定界项目337件、设施农用地收件168件、地籍变更203件、所有权征地变更78件。登记中心持续优化全区登记财产营商环境，不断推出新的惠民便民举措，多措并举助力房屋买卖转移登记“立等可取”改革落地。充分利用“一网通办”信息集成优势，实现“两个免于提交”。全力打通部门之间的信息壁垒，协税人员按“人随事转”原则划归至登记部门，实现登记缴税“合二为一”。扩充登记类别，将专窗服务扩展至企业间不动产转移登记，实现企业专区“一个环节”。提供“线上+线下”的个人房屋买卖过户集成服务，实现个人“一件事”。银行启用

8月29日，区规划资源局在青浦吾悦广场开展测绘法宣传暨国家版图意识宣传活动（区规划资源局供稿）

抵押双方与登记机构"不见面"、银行与登记机构"不见面"的模式，全程网上办理，实现"抵押不见面审批"。（范露璐）

基础设施建设与管理

■概况　2021年，青浦区实施省界断头路项目1个，为外青松公路北段；区管省道项目2个，为崧泽高架西延伸和山周公路。崧泽高架西延伸基本建成。加快推进新府路（华重路—崧泽大道）、青昆路（G50—沪青平公路）建设。继续创建"四好"农村路，推进农民集中居住工作，做好道路养护管理和修缮。开展村内道路桥梁改造、农村低收入户危旧房改造、地下空间监管、道路照明管理、架空线和飞线整治等工作。（方　芳）

■道路建设　至12月，外青松公路北段（白石公路—江苏省界）新建工程，长度3360米，完成总工程量68%。崧泽高架西延伸，全长18.06公里，已基本建成。新府路（华重路—崧泽大道）新建工程，全长约5200米，路基、桥梁施工共完成工程量的35%。青昆路（G50—沪青平公路）改建工程，全长1130米，架空线入地手续办理中，处于施工准备阶段。（方　芳）

■农民集中居住工作　9—11月，完成农民集中居住2021年1003户的签约工作，主要涉及3个街道5个镇，其中夏阳街道85户、盈浦街道192户、香花桥街道297户、赵巷镇100户、重固镇83户、华新镇84户、朱家角镇120户、金泽镇42户；同时，为相关街镇稳步推进已签约项目的腾房、拆旧、现房交付使用等后续工作做好服务。（方　芳）

■"四好"农村路建设　全年完成农村公路大中修8项18.79公里，提档升级项目34项59公里，其中列入上海市"民心工程"50.69公里，完工率100%。向市道运局申报练塘镇为2021年农村公路养护示范镇，新创市级示范路17条（珠溪路、庆丰村路、山湾路、课植园路、珠湖路、天淀路、紫莲路、天辰路、东圩路、蒸庄路、金田路、泖甸村路、泾花路、塘昆路、江平路、曙光路、中新支路），并通过市检查组验收。完成农村道路预防性养护8.79公里、路域环境整治60条。（方　芳）

■村内道路桥梁改造　全年完成村内道路改建55.76公里，村主路、支路沿线危桥改建100座。（方　芳）

■农村低收入户危旧房改造　完成2021年全区农村低收入户危旧房改造24户，其中7户翻建、17户修缮，主要涉及白鹤、重固、朱家角、练塘、金泽5个镇。（方　芳）

■道路大中修和排堵保畅工程建设　3月，完成2020年结转的盈港东路（徐盈路—华徐路）等5个大中修工程。8月起，2021年共8个道路大中修项目陆续开工，至年底基本完成；另有1个[外青松公路（安鹤路—G1503出入口）]采纳公安青浦分局交警支队建议延期。完成区管道路排堵保畅工程，通过压缩绿化带、渠化增设专用右转车道、增设借道左转车道等措施，加大交叉口通行能力，有效缓解城中西路五厍浜路、城中北路盈港路以及外青松公路盈港东路等交叉口交通拥堵情况。（方　芳）

■地下空间监管　对全区11个街镇地下空间开展工程基本信息核查，共核查工程600个。5月，由区建设管理委、应急管理局、消防救援支队、水务局、房管局等部门编制的《青浦区地下空间防汛防台专项应急预案》完成并印发。同时，组织开展防汛应急演练、联络员会议和业务培训等工作，全年开展地下空间安全使用宣传活动4次。（方　芳）

■道路照明管理　全年出动527车次、2355人次，共巡查辖区内道路照明灯356124盏，处理故障3796起，管辖设施的亮灯率均保持在99%以上。发出业务指令9份、责令整改通知书3份，处理撞杆案件50起。处理报修工单776起，均按时限快速处置。对青松路南段、酒龙路、先锋村等路段开展路灯加装工作，共加装路灯68基、桥梁灯带1100余米。完成对华徐公路、章练塘路等6条无路灯的道路开展路灯新建工作。（方　芳）

■架空线和飞线整治　实现全区已有道路（道路长度1203公里）架空线全覆盖巡查21次，共出动924车次、2772人次，巡查道路长度25263公里，已拔除无主架空线杆62根、清理飞线18处。维护管线长度87.6公里。（方　芳）

■码头管理　6月，根据前期排摸情况，对全区无证码头进行现场核查，与属地政府现场对接落实，要求属地政府落实主体责任，坚决取缔无证码头。建立码头综合监管长效机制，联合区生态环境局、应急局、水务局、城管执法局建立码头日常环保及安全监管工作机制，确保码头环保整治落到实处。年内，向38家码头企业发放《青浦区交通港航准予行政许可决定书》，向19家码头企业发放《中华人民共和国港口经营许可证》。（方　芳）

重大项目建设

■概况　2021年，各建设单位、代建单位、配合单位通力协作，区重大项目和实事工程前期审批、征收腾地、建设推进等工作全面推进。2021年，青浦区列为正式重点项目的有159项（其中市在青重大项目16项），储备项目5项；新列项目84项，结转项目75项。年内，计划开工88项，实际开工64项，开工率73%；计划竣工42项，实际竣工37项，竣工率88%；全年计划完成投资约295.08亿元，实际完成投资249.52亿元，完成率84.56%。

年内，计划竣工42项，实际竣工37项，具体为：中心城区架空线入地、山周公路（一标、三标段）、2020年青浦区居民住宅二次供水设施改造工程、2021年度村庄改造项目、重固镇章堰村乡村振兴示范村创建项目、金泽镇陈东村和雪米村粮田建设项目、上海民办兰生复旦学校青浦分校、漕平路淀浦河桥新建及朱家角漕平路自来水厂改造、2021年教育系统修缮项目、原华新中学大修项目、新建公交港湾式站台及配套设施工程、2021年农村公路提档升级项目、上海青浦新丹（崧华）110千伏输变电工程、上海青浦新泽（崧泽）—鹤民110千伏线路工程、上海青浦寺前（拓青）110千伏输变电、上海青浦阁游110千伏输

9 月，元荡生态岸线一景　　（区重大办供稿）

变电工程、华为研发基地配套道路、华青路（公园路—崧泽大道）改建及其道路照明设施新建工程（有路无灯道路新建路灯项目）、2021 年青浦区村内桥梁改造计划、青浦区 2019 年都市现代农业示范项目河道整治配套工程（练塘镇、金泽镇）、青浦区新通波塘河道综合整治工程、徐泾等镇 2019 年中小河道综合整治工程、白鹤镇 2019 年中小河道综合整治工程、重固镇 2020 年雨污混接改造工程、苏州河（华新段）支河口河道综合整治工程、白鹤镇 2019 年低洼圩区治理工程、青浦区 2019 年中小河道综合整治工程（赵巷、重固、香花桥）、2020 年香花桥街道小区雨污混接改造项目、元荡生态岸线贯通工程二期（沿湖 0—15 米）、元荡生态岸线贯通工程二期（沿湖 15—80 米）、西虹桥 BU 商办项目、博万兰韵项目、中通吉地块、百隆家具配饰（上海）有限公司智能化生产项目、上海漾沁环境科技有限公司新建项目、纳峰新能源科技（上海）有限公司新建厂房。

年内，计划开工 88 项，实际开工 64 项，具体为：沪苏湖铁路上海段、轨交 13 号线、华为上海研发基地（青浦）、网易上海国际文创科技园（青浦）、上海美的全球创新园区、西虹桥清水畅流项目、青东专项基金项目、金泽镇沙港村市级土地整治项目、元荡生态岸线贯通工程二期（沿湖 0—15 米）、元荡生态岸线贯通工程二期（沿湖 15—80 米）、申通快递智慧物流示范基地二期项目、夏阳 01－02 地块动迁房项目、绿地虹桥数智港、市西科技园项目、中国北斗产业技术创新西虹桥基地赵巷园区、上海启迪国际科技城、百隆家具配饰（上海）有限公司智能化生产项目、上海漾沁环境科技有限公司新建项目、优刻得（上海）数据科技有限公司新建项目、纳峰新能源科技（上海）有限公司新建厂房、上海众国永泓企业发展有限公司新建项目、上海华测导航技术股份有限公司产业园项目新建项目、上海虹桥中药饮片有限公司新建厂房、苏文电能科技发展上海（有限）公司新建项目、上海真兰仪表科技股份有限公司新建项目、上海金发科技发展有限公司项目、中心城区架空线入地、世外学校项目、徐泾南部九年一贯制学校、白鹤镇社区卫生服务中心项目、2021 年青浦地区供水旧管网改造工程、新建白鹤镇社区综合服务中心、2020 年青浦区居民住宅二次供水设施改造工程、2021 年度村庄改造项目、朱家角镇污水泵站扩容改造工程、金泽镇陈东村和雪米村粮田建设项目、中山医院安全隐患整治修缮项目、金泽镇商榻养护院、赵巷镇盈港东路南侧 07－07 地块动迁安置基地（一期）、青浦区公共卫生中心、青浦新城一站大型居住社区 58A－01A 小学、青浦新城一站大型居住社区 63A－01A 幼儿园、赵巷特色居住区 F3－12 地块社区服务中心新建工程、2021 年教育系统修缮项目、原华新中学大修项目、三水厂设备更新改造项目、新建公交港湾式站台及配套设施工程、2021 年农村公路提档升级项目、汇金路（盈港东路—北青公路）改建工程、青浦新城中一单元配套道路新建工程、青浦区新塘港路（港周路—青浦大道）新建工程、上海青浦毛家角（土建）110 千伏输变电工程、青东联动发展项目、秀泉路（崧淀二路—崧润路）道路新建工程、盈福路（漕盈路—淀湖路）新建工程、青浦大道（三分荡路—沪青平公路）新建工程、复兴路西侧规划四路（绿舟路—规划一路）新建工程、大盈浦路（青顺路—青浦大道）新建工程、胜利路（上达河—青赵公路）改建工程、青昆路（G50—沪青平公路）改建及其道路照明设施新建工程（有路无灯道路新建路灯项目）、2021 年青浦区村内桥梁改造计划。　　（张　瑛）

■2 项市级重大项目竣工　2021 年区域内有市级重大项目共 16 项，全年预计投资额 110.64 亿元，实际完成 99.34 亿元。其中，竣工或基本建成 2 项，分别为：

中心城区架空线入地项目。总投资 4470 万元，包括华新镇 2021 年度架空线入地及合杆整治工程、赵巷特色居住区业锦路架空线入地配套工程、赵巷特色居住区业煌路架空线入地配套工程、赵巷特色居住区置鼎路架空线入地配套工程、赵巷商业商务区佳悦路架空

7 月，山周公路（一标、三标段）项目竣工　（区重大办供稿）

线入地配套工程、郏店支三路架空线入地（环网站）工程。该项目于 7 月开工，12 月竣工。

山周公路项目（一标、三标段）。总投资 18.82 亿元，位于嘉松公路以西、外青松公路以东，涉及青浦工业园区、香花桥街道、重固镇、白鹤镇，南起 G318、北至鹤星公路，全长 11.6 公里。技术等级为二级公路，道路设计速度为 60 公里/小时，路面设计为双向“6 快 2 慢”（即 6 根快车道、2 根慢车道）。该项目于 2016 年 12 月开工，2021 年 7 月竣工。　（张　瑛）

■10 项社会民生类重大项目竣工

2021 年列为区社会民生重大项目共 43 项，全年预计投资额 19.45 亿元，实际完成 13.42 亿元。其中竣工或基本建成 10 项，分别为：

2020 年青浦区居民住宅二次供水设施改造工程。总投资 8679 万元，包括夏阳街道、盈浦街道、朱家角镇共 17 个居民小区的供水管网改造、泵房改造更新等工程，共改造泵房 25 座、各档供水管道 51461 米，更换水表 7656 套，惠及居民共 12552 户。该项目于 3 月开工，12 月竣工。

2021 年度村庄改造项目。总投资 7560 万元，对白鹤镇、练塘镇、朱家角镇、夏阳街道涉及改造村实施农村村庄基础设施、环境综合整治、公共服务设施等建设。该项目于 9 月开工，12 月竣工。

重固镇章堰村乡村振兴示范村创建项目。总投资 7021 万元，为外立面及屋面、围墙整治，仓库修缮，门窗风貌、庭院、绿化提升，道路桥梁改造，景观节点，花海项目，三线整理及附属工程等。该项目于 2020 年 11 月开工，2021 年 7 月竣工。

金泽镇陈东村和雪米村粮田建设项目。总投资 4397 万元，项目内容包括：建设粮田面积 243.6 公顷，建灌溉管道 19.23 公里、灌溉明渠 13.29 公里、排水明沟 17.30 公里，新建泵站 5 座、桥 2 座，翻建泵站 7 座，新建泥结碎石道路 16556 平方米、混凝土路面 17090.6 平方米等。该项目于 3 月开工，10 月竣工。

上海民办兰生复旦学校青浦分校。总投资 8.09 亿元，项目位于朱家角镇，东至港周路、南至朱家角路、西至淀园路、北至 D07－01 地块，总用地面积约 53581.15 平方米，总建筑面积约 79726.9 平方米，其中地上 69075.9 平方米、地下 10651 平方米。学校由幼儿园、小学、中学教学楼、实验楼、艺术楼、宿舍、体育馆、地下室及其他附属配套设施等组成。校舍以绿色建筑二星级为标准，建筑设计采用和地域气候条件、自然生态特征相适应的绿色生态技术，充分体现“乐活校园”的设计理念。该项目于 2019 年 8 月开工，2021 年 10 月竣工。

漕平路淀浦河桥新建及朱家角漕平路自来水厂改造。总投资 1.15 亿元，该项目北起珠湖路四民路交叉口，向南跨越淀浦河后至漕平路漕平支路交叉口以北约 70 米，全长约 237 米。淀浦河桥的开通将完善畅通镇区内部路网，加强古镇内部板块间的道路联系，大力缓解朱家角古镇放生桥人行交通压力，也为游客提供了休闲步行空间。南岸的老旧自来水厂改建为 4500 平方米的绿地公园，改造工程拆除了原厂内废弃污染设施等，在满足市民休闲需求之余尽可能减少对原有绿化的破坏。项目的实施促进了古镇旅游资源的进一步开发。该项目于 2018 年 12 月开工，2021 年 11 月基本建成。

2021 年教育系统修缮项目。总投资 8217 万元，包括暑期场地及变配电等修缮项目、暑期校舍大修项目、暑期校舍修缮项目。该项目于 7 月开工，8 月竣工。

原华新中学大修项目。总投资 950

11 月，新建竣工后的漕平路淀浦河桥及改造后的朱家角漕平路自来水厂
（区重大办供稿）

万元，该项目于7月开工，8月竣工。

新建公交港湾式站台及配套设施工程。总投资1535万元，包括改建12座港湾式站台，新建候车亭142座、更新10座。该项目于9月开工，12月竣工。

2021年农村公路提档升级项目。总投资1.84亿元，包括赵巷镇业前路提档升级工程、赵巷镇老千步泾路提档升级工程、华新镇华隆路(华徐公路—新府中路)路面整治工程、华新镇叙中路、叙北路路面整治工程、重固镇姚章路(姚奚路—秀横路)工程、重固镇章堰支路(南厍桥—徐山路)工程、白鹤镇鹤祥路(胜联路—鹤国路、潘家厍—程鹤路)路面维修及雨污水管道整修工程、白鹤镇杜村公路路面维修及雨污水管道整治工程。该项目于9月开工，12月竣工。 (张 瑛)

■8项基础设施类重大项目竣工 2021年列为区基础设施类重大项目共30项，全年预计投资额14亿元，实际完成9.27亿元。其中，竣工或基本建成8项，分别为：

上海青浦新丹(崧华)110千伏输变电工程。总投资1.42亿元，线缆长度16.8公里，变电容量100兆伏安。该项目于2018年11月开工，2021年12月竣工。

上海青浦新泽(崧泽)—鹤民110千伏线路工程。总投资9849万元，线缆长度24.57公里。该项目于2020年3月开工，2021年10月竣工。

上海青浦寺前(拓青)110千伏输变电工程。总投资7646万元，线缆长度0.87公里，变电容量100兆伏安。该项目于2018年11月开工，2021年5月竣工。

上海青浦阁游110千伏输变电工程。总投资1.24亿元，线缆长度17.04公里，变电容量100兆伏安。该项目于2020年5月开工，2021年12月竣工。

华为研发基地配套道路—西岑社区规划四路。总投资1.66亿元，该项目于2019年4月开工，2021年10月竣工。

华青路(公园路—崧泽大道)改建工程。总投资4.84亿元，项目南起公园路，北至崧泽大道，道路长2420米、宽32米；道路等级为城市次干路，采用双向四车道的断面布置，设计速度为40公里/小时。该项目于2019年6月开工，2021年7月竣工。

7月，华青路(公园路—崧泽大道)改建工程竣工 (区重大办供稿)

道路照明设施新建工程(有路无灯道路新建路灯项目)。总投资1049万元，涉及道路长度约8875米，包括对南淀浦河路(夏阳街道)、华徐公路(徐泾镇)、章练塘路(练塘镇)、绿湖路(朱家角镇)、老朱枫公路(练塘镇)、章练塘路(练塘镇)共6条道路进行照明设施改建，及道路恢复、绿化迁移复种等附属工程。该项目于9月开工，12月竣工。

2021年青浦区村内桥梁改造计划。总投资8121万元，项目对白鹤镇、朱家角镇、练塘镇、盈浦街道、夏阳街道、香花桥街道域内共计106座窄危桥进行改造，彻底解决交通安全隐患。该项目于9月开工，12月竣工。 (张 瑛)

■11项环境提升类重大项目竣工 2021年列为区环境提升类重大项目共24项，全年预计投资额12.86亿元，实际完成7.08亿元。其中，竣工或基本建成11项，分别为：

青浦区2019年都市现代农业示范项目河道整治配套工程(练塘镇、金泽镇)。总投资2.63亿元，整治范围涉及练塘镇、金泽镇共9个村74条段河道，总长度7.6公里。该项目于2020年1月开工，2021年12月竣工。

青浦区新通波塘河道综合整治工程。总投资2.78亿元，整治内容包括新通波塘河道13.5公里新建护岸、绿化及防汛通道等。该项目于2020年5月开工，2021年12月竣工。

徐泾等镇2019年中小河道综合整治工程。总投资2.39亿元，整治范围为华新镇、徐泾镇共36条段河道，整治长度37.88公里。该项目于2019年10月开工，2021年12月竣工。

白鹤镇2019年中小河道综合整治工程。总投资1.56亿元，整治范围为白鹤镇16条段河道，整治长度33.17公里。该项目于2019年10月开工，2021年12月竣工。

重固镇2020年雨污混接改造工程。总投资9500万元，包括福泉一区、福泉二区、康博佳苑等共14个住宅小区、1.5号街(赵重公路—路头)、陈华江路(重固镇大街—福滨路)等共9条道路以及章堰村、通波塘东西老街的雨污混接改造。该项目于2020年12月开工，2021年12月竣工。

苏州河(华新段)支河口河道综合整治工程。总投资6100万元，整治范围为区域内8条段苏州河支河，整治长度1.6公里，涉及华新镇。该项目于2019年10月开工，2021年12月竣工。

白鹤镇2019年低洼圩区治理工程。总投资8200万元，项目内容包括新建17座口门建筑物(2.50立方米/秒泵闸9座、1.25立方米/秒泵闸5座、涵闸3座)，新建防汛通道1434米、外河侧堤防683米。该项目于2019年10月开工，2021年12月竣工。

青浦区2019年中小河道综合整治工程(赵巷、重固、香花桥)。总投资6300万元，整治范围为赵巷镇、重固镇和香花桥街道域内共15条段河道，整治长度8.98公里。该项目于2019年10月开工，2021年12月竣工。

9 月，元荡生态岸线一景　　（区重大办供稿）

2020 年香花桥街道小区雨污混接改造项目。总投资 5000 万元，项目涉及友爱小区等 15 个小区的阳台及部分小区雨污水混接改造，合计 95.39 万平方米。该项目于 2020 年 10 月开工，2021 年 6 月竣工。

元荡生态岸线贯通工程二期（沿湖 0—15 米）。总投资 2.1 亿元，项目实施沿湖 15 米范围、小汶港闸管区及支河水闸建设。主要建设内容包括：新建堤防 1514 米、防汛道路 1514 米，改建防汛道路 310 米，新建改建护岸 1864 米，新建桥梁 3 座、水闸 3 座（雪二漾生产河闸、小汶港水闸、金泽塘水闸），水生态修复 2.82 万平方米，植造景观绿化 2.81 万平方米，湖区生态清淤 7.5 万立方米，支河整治 1085 米等。该项目于 6 月开工，9 月竣工。

元荡生态岸线贯通工程二期（沿湖 15—80 米）。总投资 4000 万元，项目包括 15—80 米范围新增绿化 4.3 万平方米，改造绿化 5.8 万平方米，新建贯通道路 400 米、园路 1600 米，鱼塘生态化改造 11.8 万平方米等。该项目于 6 月开工，9 月竣工。　（张　瑛）

■6 项产业、工业重大项目竣工　2021 年列为区产业、工业项目共 46 项，全年预计投资额 138.12 亿元，实际完成 120.41 亿元。其中，竣工或基本建成 6 项，分别为：

西虹桥 BU 商办项目。总投资 51.3 亿元，位于盈港东路 666 号，东至蟠秀路、南至盈港东路、西至向阳河、北至会鼎路（规划道路）；项目土地性质为商务办公用地，总用地面积 70857.4 平方米，总建筑面积 345654.36 平方米，包括 23 幢多层办公楼、3 幢 9 层高层办公楼、1 栋 9 层高层酒店、1 幢 4 层商场及 3 层商业街。该项目于 2018 年 5 月开工，2021 年 12 月竣工。

博万兰韵项目。总投资 26 亿元，位于上海虹桥国际商务区，坐拥虹桥商务核心位置，为地铁上盖文化综合体。该项目于 2016 年 10 月开工，2021 年 12 月竣工。

中通吉地块—华新工业园区 37－06、07 地块项目。总投资 3.9 亿元，项目东至芦蔡北路，西侧、南侧为空地，北至华志路。用地性质为工业用地，总用地面积为 63629.2 平方米，总建筑面积为 105528.86 平方米。该项目于 2020 年 3 月开工，2021 年 10 月竣工。

百隆家具配饰（上海）有限公司智能化生产项目。总投资 8 亿元，项目总用地面积 58266 平方米，总建筑面积 67284 平方米。该项目于 2019 年 12 月开工，2021 年 12 月竣工。

上海漾沁环境科技有限公司新建项目。总投资 54 亿元，总用地面积 34835.3 平方米，总建筑面积 219 2.63 平方米。项目为青浦区污泥干化焚烧项目，处理对象为青浦区污水处理厂压滤后污泥（含水率 80%）；设计处理总规模为 600 吨/日，分二期建设（近期处理规模 300 吨/日，远期处理规模增加到 600 吨/日）。该项目于 2019 年 12 月开工，2021 年 7 月竣工。

纳峰新能源科技（上海）有限公司新建厂房。总投资 5 亿元，项目总用地面积 29956 平方米，总建筑面积 66207 平方米。该项目于 2019 年 9 月开工，

7 月，青浦区污泥干化焚烧项目竣工　　（区重大办供稿）

2021 年 1 月竣工。（张　瑛）

城管执法

■概况　2021 年，青浦区城管执法局围绕“人民城市人民建、人民城市为人民”重要理念，立足城市管理行政综合执法的主责本业，以提升人民城市治理水平为指向，以打造人民群众高品质生活为目标，切实履职、规范执法，努力为实现青浦全面跨越式高质量发展目标贡献城管力量。（张丞辉）

5 月 13 日，青浦区举行 8 个镇、3 个街道综合行政执法队成立揭牌仪式
（区城管执法局供稿）

■推进综合执法改革　一是完善综合执法队伍体系建设。4 月，印发《关于调整本区城市管理行政执法机构编制事项的通知》；5 月，组织各街镇综合执法队举行集中揭牌仪式。与区编办沟通，修订区城管执法局、执法大队三定方案。与区委组织部联合拟定《关于进一步加强青浦区街镇综合执法队伍建设的实施意见》，健全完善队伍人才选育、轮岗交流等管理制度。二是保障行政执法职权顺利下放。办理以街镇名义集中行使执法权的城管执法证换证 189 张。围绕新版文书制作、办案系统运用、重大法制审核等进行针对性指导，规范执法程序，明确执法要求。协调区司法局和各街镇司法所进行座谈交流，为街镇重大法制审核工作顺利开展做好铺垫。三是继续开展示范化中队创建。根据市城管执法局新时代城市管理综合行政执法队伍关于办公场所、内务管理、队伍管理、业务工作、宣传服务、信息化建设和应用等方面规范化建设最新要求，组织 1 家示范化中队（香花桥）和 2 家规范化中队（朱家角、夏阳）对标落实复检工作。（张丞辉）

■依法行政　一是严格落实“三项制度”。严格落实行政执法公示制度、全过程记录制度、重大执法决定法制审核制度，年内累计公示行政处罚案件 3376 件，重大决定法制审核案件 368 起。全年利用青浦城管执法综合指挥平台抽查案件 1137 件，责令改正并通报相关案件 374 起。二是认真组织教育培训。制订年度教育培训方案，优化课程设置，提升教育培训的科学性和实效性。共组织开展全员培训等区级线下培训 14 项，参与人数 1091 人次；组织参与市局各类线下业务培训 6 项，参与人数 18 人次；组织开展在线业务培训 2 项，参与人数 608 人次。三是稳步推进执法办案。用好“每月一课”法治交流以及集中案卷评查，通过中队执法经验共享和案卷互评纠错，取长补短，实现执法能力共同提升。全年全系统共办理一般程序案件 3769 件，处罚金额 654.37 万元；简易程序案件 461 件，处罚金额 3.26 万元。（张丞辉）

11 月，参与第四届“进博会”保障工作的青浦城管“女子特勤队”合影
（区城管执法局供稿）

■开展八轮“雷霆”行动　统筹运用集中整治和常态管理两种方式，在保持日常执法整治力度不减的情况下，结合季节性、阶段性典型市容问题，以“雷霆”行动引领全区集中治理。年内，结合全国文明城区复检工作，在全区范围先后组织开展八轮“雷霆”专项整治行动，主要涉及建筑渣土运输、街面市容环境保障以及生活垃圾分类等多个方面。共出动 2837 人次，开展执法检查 1473 次，教育劝阻相对人 1081 人次，责令改正 555 起，立案查处各类案件 284 件，处罚金额 43.7 万元。（张丞辉）

■落实第四届“进博会”保障工作　备展期间，加强与西虹桥综治中心、“进博会”前线指挥部以及徐泾镇管理部门的沟通和联系，合力整治核心保障区域内的各类市容难题顽症。展会期间，统筹全区城管执法力量，从各街镇抽调 14 名队员积极融入“一网统管”“进博会”保障工作，进驻 3 个联勤联动工作站施

4月20日，上海市青浦、嘉定、宝山、金山、崇明五区城管执法局与江苏省苏州市、南通市及浙江省嘉兴市城管执法部门共同签署《沪苏浙省际毗邻区域城市管理综合行政执法共同管辖协作框架协议》（区城管执法局供稿）

行24小时轮班巡查管控。抽调局机关、机动中队人员组建“党员突击队”“青年突击队”“女子特勤队”3支队伍，加强核心区域路段巡查力度，排查市容多发问题，顺利完成城管执法保障任务。（张丞辉）

■**城管精品工作室创建** 以深化城市管理、社区工作管理为目标，以“人民城市人民建，人民城市为人民”为引领，以抓重点、破难点、显亮点为工作思路，启动新一批共11家“精品城管工作室”创建工作，打造具有影响力和长三角一体化发展示范性的城管品牌。通过精品工作室的不断创建与引领，实现社区治理方式由“运动式”“突击式”执法，逐渐过渡为长效化、经常化管理，对社区治理的规范性和长期性效果提供有效帮助。2021年，“12345”市民服务热线居民投诉比上年下降31.8%。（张丞辉）

■**社会面普法宣传** 按照各街镇企业分布及普法对象类型，合理核定上门普法的企业数量和工作要求，开展“进百家单位”普法宣传。共对211家企业进行普法宣传，举办专题讲座36场。同时，制订城管普法进学校专项活动方案，开展城管普法案例评选等活动，结合重要节日、专题宣传日等，组织民法典专题讲座、国家安全日普法宣传、固体废物、非机动车、宪法日宣传等专项普法，着力增强社会面法治文化的影响力、渗透力和感染力。（张丞辉）

■**推进长三角执法协作机制建设** 在已经构建的合作框架基础上，在长三角一体化示范区域内（即青浦、吴江、嘉善三地）先行对具有跨区域性、系统性、联动性强的执法事项进行执法协作，探索建立长三角区域一体化城管执法协作体制机制。会同上海市嘉定区、宝山区、金山区、崇明区和江苏省苏州市、南通市及浙江省嘉兴市城管部门，形成《上海、江苏、浙江加强毗邻区域城管执法领域联合执法工作的实施意见》，确定省际毗邻交界区域互相延伸500米的区域开展双向执法覆盖、实行共同管辖。主要针对乱张贴、无序设摊、露天焚烧秸秆等8种跨地域性、流动性的违法行为开展执法协作。（张丞辉）

城市运行管理

■**概况** 2021年，区城运中心围绕年度工作要点，有力推进城市运行“一网统管”建设，切实抓好“12345”市民服务热线办理，确保城市管理精细化工作有序、到位。城运平台全年共立案2682257件，结案率为99.67%；受理市民服务热线工单58137件，按时办结率99.49%。完成《青浦区城市管理精细化“十四五”规划》编制工作。获评青浦区先进基层党组织、青浦区区级机关先进基层党组织。（庄利娜）

■**“一网统管”工作** 积极构建全区“1+11+43+326”（“1”即区城运中心，“11”即11个街镇城运中心，“43”即街镇联勤联动工作站，“326”即街镇村居工作站）城运体系。完成区城运平台一期建设，接入14个部门20个系统、3.6万多路视频、2200多个物联感知、重点景区以及轨道交通站点人流等数据；整合15个部门共31个一级指标、233个二级指标数据；完成可回收物管理、危化企业预警监测等5个“三大治理”（即经济治理、社会治理、城市治理）应用场景建设；建成视频智能应用平台，开发十六类场景，部署150多个视频智能发现点位；全区11个街镇共完成12个智能化应用场景建设。（庄利娜）

■**市民服务热线办理工作** 强化多渠道热线诉求办理。加强网民呼声、非警务类110分流、舆论监督办理工作；加强不满意工单治理工作，共计治理616件工单。开展“我为群众办实事，热线服务在身边”主题实践活动，梳理问题38项，共涉及热线工单704件；解决12项（204件）、部分解决5项（128件）、形成工作机制6项（131件）、制订解决方案15项（241件）。（庄利娜）

■**城市管理精细化工作** 11月，完成《青浦区城市管理精细化“十四五”规划》，12月，完成《青浦区城市管理精细化工作提升行动计划（2021—2023）》起草工作。3月起，全面开展绿色社区创建工作，制订和下发《青浦区绿色社区创建行动实施方案》，汇总形成《绿色社区创建工作手册》；向市精细化办申报80家社区居委会作为绿色社区创建对象，其中选定3家居委会（徐泾镇仁恒西郊居委、夏阳街道南箐园居委、盈浦街道淀山浦居委）申报市级绿色社区示范单位，27家居委会为区级绿色社区示范单位。（庄利娜）

■**助力“幸福社区”“双减”和青浦新城建设工作** 赋能“幸福社区”试点村居，一线人员利用政务微信、单兵、视频会商系统，实现疑难问题上报和现场处置实时指挥。配合区教育局等单位开发“青浦区校外培训机构监管平台”，有效

11 月 5—10 日，区城运中心参与建设的“服务保障进博会一网统管指挥平台”在服务保障第四届“进博会”城市运行安全中发挥重要作用　　（区城运中心供稿）

压缩校外培训机构数量。推进赵巷镇和夏阳、盈浦、香花桥 3 个街道在青浦新城区域的 4 个联勤联动示范站建设。（庄利娜）

■做好第四届“进博会”服务保障工作　9 月，制订《青浦区服务保障第四届进博会重点区域城市运行“一网统管”工作方案》，构建“1 + 3 + 1 + 7”（即“1”个指挥平台、“3”个联勤联动工作站、“1”支机动队伍、“7”个村居工作站）；开发“进博会‘一网统管’平台”、智能巡屏车、“进博会”保障 APP 等智能化应用载体，提高智能化应用水平。第四届“进博会”期间，共发现处置案件 2073 件，其中智能发现问题 544 个，职能部门派员到一线参与“进博会”保障工作人数比上届减少 43%，达到“赋能减员”效果。（庄利娜）

应急管理

■概况　2021 年，青浦区应急管理工作紧紧围绕区委、区政府年度中心工作，不断完善安全生产责任体系和应急管理、防灾减灾救灾机制，扎实推进应急管理各项工作举措，着力防范化解重点风险，确保了全区安全生产形势总体稳定受控，为区域经济社会发展创造了良好的安全生产环境。

2021 年，全区共发生工矿商贸生产安全死亡事故 14 起，导致 14 人死亡，事故起数和死亡人数均与上年持平，事故造成直接经济损失约 2340.42 万元。依法对 29 家事故责任单位及 79 名事故责任人处罚，追究 3 人刑事责任，追究 2 人党纪、政务责任。严格危险化学品安全监管，组织开展“小化工”[即非法违法生产、储存化工产品（危险化学品）及使用化工产品（危险化学品）非法违法从事生产经营活动的小化工、小作坊、黑窝点]整治，排查相关企业 150 家、闲置养殖场等场所 22 处；推动落实重大危险源企业安全生产主体责任，对 2 家危险化学品重大危险源企业开展专项督导检查，整改安全隐患 31 项；开展硝化、氯化、氟化、重氮化和过氧化精细化工企业安全治理，督促指导 1 家涉及氯化工艺的企业完成自动化改造和精细化工反应评估；开展重点行业领域专家指导服务，对 31 家危化重点企业开展“体检式”专家指导检查，共发现并整改安全隐患 130 项。落实工贸企业安全监管，开展 20 家粉尘涉爆、30 家有限空间、15 家高温熔融金属作业企业专项整治；完成年度执法计划和挂图作战计划，完成执法检查 515 家次（含信访调查 48 件），查处生产安全事故隐患 371 项，开具责令限期整改指令书 121 份。2021 年度行政处罚案件共计立案 87 件，处罚款 1055.89 万元，警告 22 次。（朱小伟）

■理顺机制落实安全生产责任　充分发挥青浦区安全生产委员会（简称“区安委会”）在全区面上安全生产综合协调职能，进一步理顺安委会工作机制，梳理形成“四类清单”（即安全生产责任、权力、监管、任务清单），开展安全生产专项整治三年行动攻坚，结合区情实际开展“6 + 1 + N”（“6 + 1”指市级专项，即在建筑业开展“防高处坠落”“严控超龄用工”专项行动，在国有企业开展落实安全生产主体责任专项行动，开展“安全监管指导服务”“安全过程管控”“工贸行业重点专项治理”专项行动，持续推进消防专项三年行动；“N”指区新增项目，即电动自行车、冷库物流仓储、“进博会”、堆场等专项整治）安全专项整治，重点聚焦事故高发的领域，开展工程建设领域防高处坠落、堆场安全隐患、电动自行车充电、农民自建出租房用气安全等专项整治，加强风险隐患排查整治。累计排查各类隐患 63231 处，整改处 59931 处，整改率 94.07%；关闭取缔企业 107 家；共处罚金 1213.38 万元。排查住宅小区 1085 个、农村自建出租房 6.9 万余户，清退“三合一”违规住宿人员 1401 人；完成 532 个住宅小区消防车道标志标线施划，新增电动车集中充电装置 1240 处。（朱小伟）

■创新危险化学品安全风险监管模式　全面落实数据化治理、精细化管理要求，在全市各区中率先完成危险化学品安全生产风险监测预警系统建设并投入运行，9 月底前全部接入全区 32 家危险化学品生产、储存、工贸重大危险源企业相关监测监控数据，借助该系统的数据分析、应用，实现科学合理、及时有效的监测。依托专线采集企业重大危险源的在线监控监测数据，实现对危化品企业进行实时监控和风险控制，提升了区级危险化学品安全监管的信息化、网络化、智能化水平。（朱小伟）

■规范应急值班值守工作　加强对应急值守工作的检查，完善突发事件信息接报、处置、汇总、应用的全过程管理，提升突发事件信息报告实效。特别是“进博会”、法定节假日、雨雪冰冻等关键时间点，区政府总值班室及时下发工作提示，督促加强应急值守及突发事件应急处置。严格落实突发事件发生后“30 分钟内口头报、1 小时内书面报送”，突出首报意识，坚持“快报事实、慎报原因、求实为本、依法处置”原则，做好信息续报、终报工作。全年共视频调度 60 余次，800 兆电台点名 8760 余次，电话抽查 1300 余次，实地检查 20 余次，编发每日值班动态 365 篇、每周值班动态 54 篇、每周值班工作提示 54 篇、应急联动工作每月评估 12 篇。对上级部门交办的舆情信息及时快速核查，全年共向市政府总值班室报送值班信息 42 篇。（朱小伟）

■**加强综合减灾能力建设**　灾害防治方面：开展第一次全区自然灾害综合风险普查，至年底，青浦区灾普工作填报率全市第一、审核进度全市第二，有 4 个社区被评为上海市安全发展和综合减灾示范社区，其中朱家角镇 3 个社区被推荐创建全国综合减灾示范社区，青浦初等职业技术学校被评为 2021 年度上海市防震减灾科普示范学校。防汛方面：采用“应急 + 水务”双指挥机制，坚持“2 + 8”（即 2 次综合性检查、8 个类别专项检查）防汛检查模式，镇级层面每周滚动排查上报防汛类安全隐患问题，共计排查整改隐患 153 项。完成区、镇两级“1 + 6”（即 1 个总预案、6 个专项子预案）防汛防台预案修编，更新全区 791 名防汛干部责任网络，组建区、镇两级级抢险队伍 111 支共 3200 余人，新增抢险物资约 200 余万元。至年底，区、镇两级物资储备金约 3000 余万元。（朱小伟）

■**组建区应急管理局执法大队**　7 月，经区委机构编制委员会批准，成立上海市青浦区应急管理局执法大队。该单位为区应急管理局所属行政执法机构，机构规格为副处级，其职责为：承担辖区内有关危险化学品、矿山、工贸等行业领域安全生产监管，以及地质灾害、水旱灾害、森林火灾等有关应急抢险和灾害救助、综合减灾等方面的行政处罚、行政强制等日常执法工作及其他法定职责。（朱小伟）

■**举办防汛救灾应急演练**　9 月 24 日，由区政府主办、区应急管理局承办、金泽镇协办的 2021 年防汛救灾应急演练暨社会应急救援队伍授牌仪式在淀山湖畔举行。此次演练以青浦区受第六号台风“烟花”影响普降大暴雨并发生人员被困、船只沉没、城市内涝、树木倾倒等险情，市、区、街镇三级防汛部门启动防汛应急响应、紧急调集队伍装备物资开展救援行动为模拟实景。演练设置三大类 13 个科目，包括监测预警、孤岛救援、无人救生器救援、潜水救援、堤防抢险、电力抢修、积水抢排、受灾人员转移安置、防疫消杀等内容；采用桌面推演与实战演练相结合的方式，涵盖事故处置的监测、启动、处置、评估等各环节，全程配合流畅、流程完整、反应迅速、处置得力。该演练被纳入青浦区政府开放日活动。（朱小伟）

9 月 24 日，青浦区 2021 年防汛救灾应急演练暨社会应急救援队伍授牌仪式举行
（区应急管理局供稿）

■**构建应急救援协同机制**　与上海应急中建八局救援队青浦分队签订应急救援体系建设框架协议，中建八局充分发挥人力、物资、装备、技术资源等优势，根据区应急局指令，对区内突发事件作出迅速响应、及时处置。对青浦厚天水域救援队、青浦应急蓝天救援队、青浦应急海洋王照明救援队等 6 支社会救援队伍授牌，将其纳入全区社会救援力量统一建设管理。同时，审核通过 3 家民非救援组织。通过大力扶持社会救援力量建设，进一步健全全区应急救援体系，强化救援能力。（朱小伟）

■**做好第四届“进博会”安保工作**　固化延续前三届“进博会”应急管理经验做法，研究制定契合实际的应急管理专项工作保障方案。自 10 月 25 日起，抽调业务骨干进驻国家会展中心，与市应急局执法处联合编组，会同西虹桥社管中心、国家会展中心、陆家嘴物业、进驻企业方及专家团队，根据《国家会展中心搭建设施安全管理标准》，严格把关展台搭建；同时，根据 9 月 1 日起实施的新修订的《中华人民共和国安全生产法》，梳理形成会展行业展台搭建安全监管适用的 8 项执法事项，针对展台搭设过程中临时用电、动火、高处作业、特装搭建等危险性较大的环节，督促层层落实责任，严格执行各项操作规程，市、区两级执法人员重点对“特种作业人员未按照规定经专门的安全作业培训并取得相应资格上岗作业”“未采取措施消除事故隐患”“未对安全生产工作统一协调管理”等违法行为开展行政处罚。对进场搭建的 1003 个特装展台进行展台验收，累计对 10 家单位进行立案处罚，共处罚金 2.9 万元；警示约谈 23 起。（朱小伟）

■**安全生产内训师培训**　10 月 18 日、20 日，由区安委办牵头、区应急管理局承办的两期企业安全生产内训师培训先后开班，每期为期 10 天。此次培训对象涵盖全区重点行业、重点领域的高风险、大规模、人员密集企业以及各街镇和青浦工业园区的重点监管企业，受训人数 300 人次。采用集中授课、案例剖析、现场问题解答、交流研讨等方式，使受训人员掌握安全生产相关法律法

10月18日、20日，区应急管理局先后举办企业安全生产内训师培训班（区应急管理局供稿）

规、标准、政策和要求，熟悉当前安全生产管理理念、理论知识和工具方法，掌握培训课程开发和设计方法，熟练灵活地运用安全培训授课方法和技巧。

（朱小伟）

消防管理

■**概况** 2021年，区消防救援支队自觉对标“全灾种、大应急”的工作要求，不断锤炼队伍打赢能力，成功处置了“5·7”新丰公寓17号楼204室、“10·7”遛伊犬宠物主题乐园、“11·8”上海崇达生物有限公司、“12·3”上海特澜建材有限公司、“12·20”华新宝龙城别墅二期12号楼等火灾事故；突出问题导向，强化火灾隐患排查整治和消防宣传教育，滚动开展季节性火灾防控、厂房仓库大排查大整治、打通住宅小区生命通道等消防安全专项行动，完成第四届“进博会”消防安保任务，确保了全区火灾形势平稳可控。

全区全年共发生火灾933起，死亡5人，受伤5人，直接财产损失1181.1万元；火灾起数比上年上升45.6%，直接财产损失比上年上升43.1%。区消防救援支队共接处警3944起，出动车辆6560辆次，出动指战员47276人次，抢救被困人员171人，疏散被困人员106人，抢救财产价值3120.83万元。

（王祎曼）

■**优化消防执法服务** 推进“双随机、一公开”消防监督平台和“好/差评”执法评价系统的完善和应用，不断深化“放管服”改革，简化公众场所投入使用营业前消防安全检查流程，缩短消防安全检查办理时限；优化“一网通办”办理流程、二维码跟踪服务、“一业一证”办理、免费邮寄送达执法批文等12项便民措施；推动上海市消防技术服务管理系统2.0版上线，依托全新监管平台对全区消防技术服务项目进行清查，消除突出问题、治理行业乱象，规范执业行为；借助区科委政策技术扶持，立项研发消防VR系统、现场供电设备、视频分析平台等项目，实现消防工作向科技化转变。

（王祎曼）

■**创新社会消防治理** 承办全市为民办实事项目——“新增电动自行车充电设施和加装消防设施”现场推进会，以徐泾镇欣沁苑小区为试点，打造电动自行车集中充电场所建设样板，如期完成“为40处电动自行车集中充电场所加装消防设施”市政府消防实事项目；推动各街镇新建电动自行车集中充电场所235处，实施改造、加装消防设施的既有场所143处，新建集中充换电柜132个，推广安装智能电梯控制系统201套。配合市消防救援总队（以下简称“总队”）在华新镇顺丰产业园召开全市快递行业电动自行车消防安全综合治理现场会，试点推广顺丰集团电动自行车消防安全标准化管理。推动白鹤镇组建专职消防队，指导建立落实联勤联训、安全宣传、驻守执勤、辅助救援等工作机制，切实发挥专职队在第一到场、快速控火救人等方面的优势。

（王祎曼）

■**做好“进博会”消防安保工作** 第四届“进博会”前夕，选派2辆消防车、25名消防救援人员梯次进驻国家会展中心，落实滚动巡查和定点驻防工作，配合总队做好“进博会”警戒区内消防安保工作。疏导区内，执勤驻守上投放重兵，前置10个一级流动消防站、4个二级流动消防站、15辆执勤车、127名消防救援人员；此外，采取政府购买服务的形式，增设前置驻防点15个，落实人员120人、电动消防车15辆以及手抬消

10月25日，青浦区消防安保动员誓师活动举行（区消防救援支队供稿）

防泵等灭火器材400余件套，切实发挥前置驻防点灭早灭小灭初期的优势。隐患排查上，调派13名防火干部在疏导区内蹲点驻守，牵头疏导区内41个火灾防控网格开展滚动排查和错时检查。同时，发动疏导区内街镇、公安、村居、网格、第三方特保、平安志愿者等八类防控力量参与重点区域、重要沿线、重要点位的消防巡查和驻守工作，及时消除动态火灾隐患；发动全区347家重点单位、108家规模性企业单位在"进博会"期间实行单位领导24小时带班、重点部位实名制驻守等措施，切实做好火灾防范。（王祎曼）

■**火灾隐患排查整治** 区消防救援支队全年共检查单位3101家次，督改火灾隐患2536处，临时查封单位47家，责令"三停"（即停产停业、停止使用、停止施工）单位45家，罚款394.7万元。扎实推进消防安全整治三年行动，发动各街镇对厂房仓库、住宅小区、"三合一"（即住宿与生产、仓储、经营一种或一种以上使用功能违章混合设置）场所、农村自建出租房开展全面排查整治工作，累计排查厂房仓库6786家、"三合一"场所4315家、住宅小区532个、农村自建出租房3.3万余户，清退"三合一"违规住宿人员2087人，完成532个住宅小区消防车道标志标线施划。同时，会同区经委、商务委、应急局、建管委、房管局、民政局、文旅局、卫健委、教育局、民宗办等对21家大型商业综合体、9家加油加气站、19处建设施工工地、28家养老机构、20家娱乐场所、8处集中隔离点、12家中小学校、18家宗教活动场所、532个住宅小区等开展消防安全联合检查行动，并以《抄告函》形式将检查情况书面抄告至行业部门和属地街镇，持续净化全区消防安全环境。（王祎曼）

■**消防宣传教育** 通过购买第三方服务，对各委办局、街镇领导，村居委工作人员、重点单位负责人开展消防安全培训；与区委宣传部、区融媒体中心协同合作，在重固镇试点开通消防微广播，定期向社区进行广播，广泛营造农村社区消防"渗透式"宣传氛围，打通农村消防宣传"最后一公里"；联合辖区优质资源推出《红楼梦》主题古建筑消防安全宣传片、《开心小石头与消防》手偶剧等新媒体精品；结合"安全生产月""119消防宣传月"等重要节点，组织各街镇开展针对性集中宣传活动，协调各单位户外广告、楼宇视频、电子显示屏等广泛播出消防安全警示内容，共开展宣传30余场次，发放各类宣传资料12万余份，组织社区居民开展逃生演练150余次，约有12万余名市民接受宣传教育。（王祎曼）

■**提升灭火救援水平** 一是夯实灭火救援基础。组织支队全勤指挥部和基层队站开展调研熟悉2968余家次，组织高层、化工、大型综合体、大跨度厂库房实战拉动演练15次，召开战例分析、桌面推演战术研讨会7次，完善各类应急处置预案、计划卡1590余份；对接区委、区政府及相关职能部门，协调西虹桥、西岑、沈巷等3个消防站控规落地，完成同三消防站主体结构建设；新增市政消火栓440个。二是强化执勤备战训练。深入开展执勤岗位练兵活动，全年组织攻坚组培训2次，共80余人参加；开展业务骨干集中培训4次，共120余人参加；开展通信骨干轮训10次，共43人参加；开展基层主官轮训5次，共11人参加；举办队站业务技能会操6次，开展操法训练和测试性训练150余次。在总队夏季执勤岗位练兵实战技能比武竞赛中名列前茅，在区域典型灾害对象调研评比中获得二等奖；选派信通干部参加应急管理部消防救援局应急通信师资骨干培训班，获得全国团体总分第一名及个人成绩第一名的佳绩。三是升级专业队伍建设。加强支队地震、防化、水域三支专业救援队建设，开展随机拉动、集结响应、装备携行演练，组织地震救援队拉动3次、水域救援队拉动6次、防化专业队训练5次，完成总队48小时地震救援实战拉动考核；落实490万元专项经费用于采购水域、地震、防化等专业领域救援器材，落实100万元专项经费购置应急通信装备运输车，促进装备结构多元化发展。年内，取得舟艇驾驶证16人、救生员证22人次，45人参加总队侦检技术培训，12人取得AOPA无人机驾驶员执照。7月，支队组建22人抗洪抢险增援力量随总队赴河南省郑州市参与排涝任务。四是完成大型演练活动。4月26—28日，由应急管理部消防救援局、上海市自然灾害防治委员会主办，上海市应急管理局、消防救援总队与青浦区政府共同承办，组织开展长三角跨区域水域应急救援实战拉动演练，支队出动45人、6辆消防车、4艘舟艇，携带800余件套水域救援装备参与演练活动；11月18日，支队出动60人、6辆消防车，携带700余件套地震救援装备参与长三角地区应急救援地震拉动演练。通过实操演练，进一步提升了地震灾害事故救援能力和综合保障能力。（王祎曼）

10月22日，青浦区举行"119"消防宣传月活动启动仪式暨第四届"进博会"消防安保综合演练（区消防救援支队供稿）

GONGYONG SHIYE

公用事业

◎ 编辑 王卫红

综述 ／ 供电 ／ 供水 ／ 供气
公共交通 ／ 运输管理
邮政

综 述

2021 年，青浦区继续加强公用事业设施建设和改造，对标枢纽门户定位和高质量发展要求，进一步完善长三角一体化示范区和“进博会”两大国家战略服务配套，完善公共服务体系，持续提升城市核心功能。优化城乡公交线网，推进长三角地区公交对接落地，着力保障城市安全运行，继续为便捷市民出行和提高市民生活质量等做好服务。投入资金 8.88 亿元，按照“十四五”配电网规划推进电网建设；编制《长三角一体化示范区 2021 年电力行动计划》，完善长三角一体化示范区电网专项规划。竭力保障居民用水安全，继续推进居民住宅二次供水设施改造，惠及居民 18000 余户；全年供水总量 10501.61 万吨，出厂水水质四项综合合格率始终稳定在 99.9% 以上。开展燃气用户入户安检、液化气专项整治等，加快居民小区老旧燃气立管（引入管）改造，确保居民用气安全。优化调整公交线网，新辟线路 4 条，调整线路 14 条；配合国家绿色发展战略，配套纯电动公交车充电服务，新建 3 个公交充电站。持续开展水、陆交通执法，防治水路运输污染，做好交通应急处置和重大活动服务保障工作。全区有邮政投递线路 125 条，线路单程总长度 4677 公里。

（陈 娟 戢久珩 方 芳 屈嘉婧）

供 电

■概况 2021 年，青浦供电公司聚力新发展，建功新时代，顺利完成第四届“进博会”供电保障，深入推进长三角一体化发展电力先行，高标准完成各项目标任务。安全稳定、优质服务和电网建设等工作取得新突破，年度绩效考核位列国网上海市电力公司系统排名第三。全年发展总投入 8.88 亿元，其中固定资产投资 8.38 亿元（其中电网投资 6.80 亿元）。110 千伏线路新开工 7.57 公里、新开工容量 10 万千伏安；投产线路 42.24 公里、投产容量 20 万千伏安。完成售电量 73.73 亿千瓦时，比上年增长 14.65%；售电收入 52.99 亿元，比上年增长 19.05%；最高负荷 154.8 万千瓦，比上年增长 3.32%。全口径劳动生产率 420.86 万元/人·年。综合供电可靠率 99.99%，综合电压合格率 99.99%；线损率 3.59%，比上年下降 0.12 个百分点。各项指标总体可控，经营业绩保持稳健。公司连续 9 届获评上海市文明单位，公司党委获评市经信委先进基层党组织，营销第一党支部获评国网公司电网先锋党支部，徐爱蓉获评上海市优秀党务工作者，徐友刚获评上海市五一劳动奖章。 （陈 娟）

11 月 5 日，国家会展中心场馆内部值守人员开展展馆内外供电检查

（青浦供电公司供稿）

■安全生产工作 未发生各类人身、火灾、信息安全事件，累计安全天数 4383 天。开展安全生产专项整治三年行动，滚动修订“两个清单”（即问题隐患清单、制度措施清单）。有序推进春季安全大检查、安全双月活动、“五查五严”（即查思想认识、严明政治规矩，查制度体系、严肃制度执行，查安全管理、严细落实责任，查事故隐患、严抓安全防控，查法治建设、严格依法治企）等专项活动，发现并处理各类缺陷隐患 130 起。平稳应对年初冬季极寒和严峻供需矛盾，成功抵御夏季高温负荷创新高和双台风考验。组建抢修复电工作队参与支援河南郑州，顺利完成 39 个小区抢修复电任务。严格全覆盖安全准入，组织开展承包企业驻地检查。深化网络与信息安全，编制重大保电活动网络安全保障工作方案。完成第四届“进博会”保电工作，并获国际标准认证。

（陈 娟）

■推进实施长三角一体化示范区电网建设 组织编制《长三角一体化示范区 2021 年电力行动计划》，完善长三角一体化示范区电网专项规划。示范区列入国网公司首批能源互联网综合示范区，能源互联网示范区建设方案顺利通过国网公司总部评审；完成水乡客厅生态绿色一体化新型电力系统示范建设方案；建成长三角生态绿色一体化智慧能源云平台；通过电力大数据研究分析示范区、青浦新城经济发展，得到区政府高度评价。深化应用长三角一体化办电服务平台，总体规划三维一体绿色充电网络；升级长三角生态绿色电力主题展厅，充分展现示范区电力发展行动成效和能源互联网建设成效。印发 12 期《长三角电力先行工作动态月刊》。

（陈 娟）

■电网发展 主动沟通区发改委、规划资源局，启动青浦新城高标准电网规划建设研究。编制韧性电网综合示范方案。建成投运 110 千伏寺前、新丹、阁游、徐育（土建）变电站，推进 110 千伏新凤、毛家角、石西（土建）、佳旭（土建）变电站等工程建设。110 千伏阁游变电站首次实现上海地区全变电站级一键

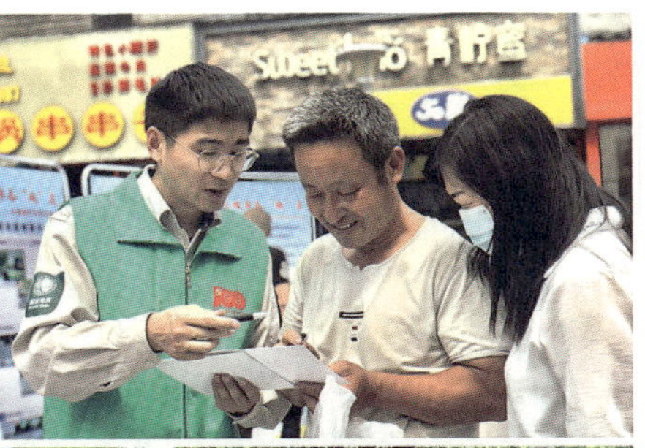

8 月 18 日，青浦城区公园路电力架空线入地工程开工　（青浦供电公司供稿）

顺控系统。主动服务沪苏湖铁路、华为研发基地等重点区域和重大工程建设。大力支持数字新基建建设，完成 21 条道路架空线入地工程的可研批复，16 条道路实施建设，其中竣工 8 条。

（陈　娟）

■服务品质持续提升　全面实施“FREE +”（以“Free - 免费，Rapid - 快捷，Easy - 便利，Excellent - 卓越”为核心理念的“Free”办电服务品牌）改革举措，持续优化电力营商环境。完成客户受电工程“三指定”（即对用户受电工程指定设计单位、施工单位和设备材料供应单位）问题专项治理自查。落实电费回收考核全面推广居民电子账单，新增电子账单 36.56 万户，网上国网新增注册 5.6 万户；积极落实国家相关要求，清理规范供电收费政策平稳落地，收到电力接入配套费用 3.59 亿元。积极推进既有多层住宅加装电梯实事项目。全力开展营销普查规范两年工作，扎实做好充电设施新建和运维。积极服务客户开展代理购电工作，完成高压客户代理购电合同签订 1845 份。科学制订有序用电方案，全力保障居民、公共服务和重要用户用电。加强重复诉求监控，每月开展重复诉求全面梳理和督察。

（陈　娟）

■用电经营管理　全年受理业务扩展申请 1.92 万户，新接电 2.42 万户。完成 2021 年 1—10 月电费结零，11—12 月欠费 77.62 万元，回收率 99.99%。处理窃电和超容违章用电 824 户，挽回及追补违约使用电费合计 733.72 万元。完成电能替代 2.17 亿千瓦时。台区线损合理率 94.37%，可监测率 99.94%。同期线损（同期是指供售同期，为指标名）“四分”（即分区管理线损指标、分压管理线损指标、分元件管理线损指标、分台区管理线损指标）综合监测达标率 98.04%。“十强市”线损指标排名国网“进步十佳”。配合完成上海公司任期经济责任审计和重大政策决策部署落实跟踪审计等。

（陈　娟）

■电力科技创新及其成果　以长三角一体化建设和“进博会”为契机，获批科技或“举手制”项目数量及经费达历史最高。在重点领域布局专利 34 项，首次实现科技成果转化和牵头立项团体标准。青浦供电公司双创基地升级为长三角“绿电”特色攻关基地，是上海公司首批特色攻关基地之一。完成上级公司重点项目研发和示范落地应用任务，其中：1 个项目入选 2022 年度国家电网公司高等级科技奖励成果培育名单；1 个创新成果获中电联 2021 年度电力科技创新奖管理成果一等奖，1 个创新成果获中电联 2021 年度电力职工技术创新三等奖；6 个创新成果在第三十三届上海市优秀发明选拔赛中喜获 1 金 1 银 4 铜；2 个创新成果分获上海市产业青年创新大赛银奖、优秀奖；2 个创新成果获上海市电力职工技术创新成果奖一、三等奖；1 个创新成果获国网华东分部青创赛金奖。

（陈　娟）

供　水

■概况　2021 年，上海青浦自来水公司共完成供水总量 10501.61 万吨，实收水费 20365.96 万元（含税），比上年增加 1527.40 万元；供水漏损率修正值 9.53%，比上年降低 0.43%；出厂水水质四项综合合格率则始终稳定在 99.9% 以上。公司营业所先后通过市供水行业和市水务海洋系统治水管海先锋示范服务点评选，党总支集体获评市供水行业和青发集团先进基层党组

织荣誉称号。（戢久珩）

■**内部管理** 根据《上海市自来水规范化管理考核办法(2021 版)》要求，公司下属青浦自来水厂和青浦第二水厂同时通过了市供水管理中心规范化管理考核暨电气安全专项检查，实现了供水保障能力的再次升级。智慧供水项目完成了 GIS 系统（区域供水管网地理信息系统）更新，共删除废弃管网数据 161.6 公里，新增管网数据 540 公里（含小区内部管网），整体数据比上年增加 25%，300 毫米口径以上管网连通性也达到 91.48% 以上。（戢久珩）

■**对外服务** 全年共接听用户来电 60647 通，完成各类应急抢修 29832 起，处理各条线用户工单 1657 件（含防汛工单 916 件、"12345"工单 91 件、网格工单 650 件），受理用户来电、来信、来访及上级部门信访件 5 件，整体及时率和处理率均达到 100%，满意率 95% 以上；受理"一网通办"平台接水项目 127 个（其中属于工程建设类项目的有 26 户、已建工程建设类项目的有 101 户），施工完成共 66 户，平均办结日期为 2 个工作日。（戢久珩）

■**项目建设** 居民住宅二次供水设施改造工程 2019 年和 2020 年项目已于年底前完成全部施工，共涉及居民 18000 余户；青浦第三水厂膜处理车间已完成设备更新改造；2021 年旧管网改造工程于 2021 年 12 月开工建设并有序推进中。（戢久珩）

■**宣传、教育、创优工作** 结合年度主题教育要求和建党 100 周年工作部署，公司党总支先后开展红色教育基地走访、文艺节目排演和"我为群众办实事"实践活动等；拍摄录制《青水之歌》《青橙服务》《供水卫士》和《建党百年同心行》等多部建党系列宣传视频；通过"三会一课"（即党员大会、支委会、党小组会和党课）、"学习强国"和外出参观等形式，有效推动党史学习教育入心入脑，营造庆祝中国共产党成立 100 周年浓厚氛围。（戢久珩）

供　气

■**概况** 2021 年，全区有天然气用户约 27.2 万户、液化气用户约 15.9 万户，共销售天然气约 2.21 亿立方米、液化气约 1.11 万吨。至年底，域内共有天然气国家末站 2 座、天然气上海首站 2 座、天然气区级门站 2 座、天然气压缩母站 1 座、压缩天然气汽车加气站 1 座、液化气储配站 1 座、燃气厂 1 座（罐内液化气已抽空），瓶装液化气供应站 14 座；天然气长输管线 8.9 公里，高压天然气管道 58.5 公里，中、低压天然气管道 2015 公里。（方　芳）

■**燃气管理** 全年共出动检查人员 465 人次，分批次检查液化气站点 72 座次、天然气加气站 4 座次、压缩天然气母站 2 座次、天然气门站 9 座次、储配站 4 座次。检查中发现部分瓶库钢瓶存放过密，未留出通道；瓶库内可燃气体泄漏报警仪未做防爆检测；站点内上岗人员参加复训有滞后，已参加复训未及时在证书过有效期前拿到证书情况；消防设施月度自查记录不齐全。对检查过程中存在问题的燃气企业要求限期整改。（方　芳）

■**液化气管理** 实施瓶装液化气全配送工作，全年累计为居民配送钢瓶约 58.13 万只、其他性质用户配送约 15.07 万只。（方　芳）

■**做好用户入户安检工作** 督促各燃气经营单位做好用户入户安检工作。全年开展液化气企业（5 家）入户安全检查督查 10 批次，出动检查人员 60 人次；开展天然气企业（2 家）入户安全检查督查 4 批次，出动检查人员 20 人次。（方　芳）

■**天然气管道改造建设** 加快居民小区老旧燃气立管（引入管）改造，全年共改造 30 个小区 3785 根，餐饮场所瓶装液化气改管道天然气 49 户。（方　芳）

公共交通

■**概况** 2021 年底，区内有公交运营企业 4 家，运营线路 131 条，全区所有行政村已实现"村村通"；有省际客运站 1 家；有公交枢纽场站、停保场共 21 个；有区域性出租汽车企业 1 家（青浦海博出租汽车有限公司），拥有运营车辆 220 辆；完成城区 22 条线路的电子站

左图为居民住宅二次供水改造泵房施工现场，右图为青浦第三水厂膜处理车间更换现场（青发集团供稿）

牌建设。（方　芳）

■**优化公交线网**　全年新辟线路4条，调整14条。长三角生态绿色一体化发展示范区内，已开通示范区6路（周庄汽车站—东方绿舟）、示范区7路（黎里旅游中心—朱家角游客集散中心）、示范区8路（朱家角轨交临时枢纽—周庄汽车站）。（方　芳）

■**绿色节能交通**　配合国家绿色发展战略，配套纯电动公交车充电服务，新建新城一站公交枢纽、朱家角汽车站和练塘汽车站等3个公交充电站，建成公交充电桩100根，新增和更新纯电动公交车85辆。（方　芳）

■**公交创先评优**　组织开展公交区级品牌线路以及行业优秀从业人员评选活动，评选出2020年度区级品牌线路10条、优秀从业人员50人。（方　芳）

2021年度青浦区区级公交品牌线路情况表

表64

序号	线路名称	所属公司	序号	线路名称	所属公司
1	青浦1路	上海青浦巴士公共交通有限公司	6	青浦6路	上海京申大众公共交通有限公司
2	青浦3路	上海青浦巴士公共交通有限公司	7	青浦26路	上海京申大众公共交通有限公司
3	青浦4路	上海青浦巴士公共交通有限公司	8	徐泾1路	上海京申大众公共交通有限公司
4	青浦11路	上海青浦巴士公共交通有限公司	9	青浦18路	上海众兴汽车旅游客运有限公司
5	青纪线	上海青浦巴士公共交通有限公司	10	青浦17路	上海太阳岛汽车出租服务有限公司

（区建设管理委）

■**安全检查**　抓好公交客运和货运安全生产专项督查，基本做到每月一次“四不两直”（即不发通知、不打招呼、不听汇报、不用陪同接待、直奔基层、直插现场”）安全检查；督促做好重点行业的事中监管和执法稽查工作。（方　芳）

运输管理

■**概况**　2021年，青浦区持续开展水、陆交通执法，做好交通运输行政管理工作。继续加强货运、汽修行业管理，维护货运、汽修行业稳定。开展水路运输污染防治工作，落实码头环保整治。做好交通应急处置和重大活动服务保障等工作。（方　芳）

■**货运、汽修行业管理**　贯彻落实《道路运输车辆动态监督管理办法》，加强货运、汽修行业管理，严把货运、汽修准入门槛。全年新增货运业户172户、货运车辆4949辆，注销货运业户70户、货运车辆3908辆，登记查验外省市260户危险品运输企业的984辆危险货物运输车辆，年审货运车辆12137辆。全年机动车维修备案219户，其中一类机动车维修业户5户、二类机动车维修业户100户、三类机动车维修业户87户、汽车快修25户、二类摩托车维修2户；“三检合一”（即货车年审、年检和尾气排放检验“三检合一”）综合性能检测站5户。（方　芳）

■**交通运输执法监管**　严厉打击水陆交通运输行业违法违规行为，全年开展日常执法检查4615次、专项执法检查150次，出动执法人员14789人次，出动执法车辆1554车次、巡逻艇3318艘次，巡航里程66531公里；检查道路运输企业585户次、运输车辆2333辆，港航企业1035户次、船舶2400艘次，立案993件。全面规范行政执法行为，全年处理行政处罚案件929件，责令改正108件，其中非法客运399件、道路旅客运输104件、危险货物运输30件、防污染36件，行政罚没款共计864.03万元。（方　芳）

■**水路运输监管**　加强对水上水下活动的监管，及时督促施工单位整改。检查水工项目104次，发现隐患14起，整改14起。推进长湖申线航道（上海段）整治等工程（2016年12月开工，2021年6月完工）；开展美丽航道建设，对78

12月22日，全市内河港口标准化建设现场观摩会在赵巷镇上海为谊建设工程有限公司码头召开（区建设管理委供稿）

块区内航道标志标牌进行更换，完成191座桥梁的现场排摸。开展码头和靠港船舶污染物分类处置工作，做好相关宣传并要求码头企业严格落实兜底责任；开展船舶和港口污染防治执法监管检查，出动6671人次，检查码头1201家。督促普货码头与船舶污染物接收企业签订协议。 （方 芳）

■**交通应急处置** 结合“安全生产月”活动，于6月9日开展“车辆防火、突发公共事件应急疏散”演练、6月16日开展下立交防汛应急演练、6月23日开展新能源客运车辆充电防火疏散演练、6月23日开展轨道交通17号线突发事件公交应急处置演练。“烟花”“灿都”两次台风期间，共出动抢险人员1922人次，处理树木倒伏556棵、积水路段166处，加固隔离护栏1910米。7月25日和26日，因台风“烟花”来袭，轨道交通17号线停运，为及时疏散乘客，制订应急公交接驳保障预案，紧急调动人员、车辆，全力保障全区道路设施及交通运输安全通畅；台风“烟花”期间，应急保障公交共运营410班次，运送7104人次。 （方 芳）

■**长三角交通运输联合执法** 区交通委执法大队联合市交通委执法总队，与江苏省吴江区、昆山市和浙江省嘉兴市嘉善县等多家交通执法部门先后举行7次水陆联合执法，充分发挥长三角水陆交通运输联合执法先锋队作用，深化联合执法机制。 （方 芳）

■**“进博会”交通保障** 10—11月，第四届“进博会”举办前期，大力整顿国家展览中心周边交通行业秩序。制订会展期间的交通保障专项勤务制度，确保公交、出租等重点行业秩序，严厉打击出租汽车拒载、绕道多收费等顽症。同时，配合水上公安，根据上级指令及时启动各级水上交通管控措施，实现对辖区码头企业和入沪船舶的有效管控。 （方 芳）

邮 政

■**概况** 2021年，中国邮政集团有限公司上海市青浦区分公司（以下简称邮政青浦分公司）下属有9个营业部、7个支局（下辖16个邮政网点、7个邮政所）。投递线路125条，线路单程总长度4677公里，其中：机动车投递线路3条，单程长137公里；电动车投递线路122条，单程长4540公里。转趟邮路4条，单程长236公里。设信箱（筒）151个、ATM机3台、CRS机32台、ITM智能柜员机18台、存折取款机1台。年末在册员工435人，其中其他用工371人。服务面积约668.54平方公里，服务人口约127.1万人。全年完成收入19708万元，其中代理金融业务收入7257万元、寄递业务收入7366万元、邮务类业务收入5084万元。用户综合满意度得分为88.5分。 （屈嘉婧）

2月20日，在318国道西岑公安检查站开展长三角联合执法专项整治
（区建设管理委供稿）

■**《辛丑年》特种生肖邮票首发** 中国邮政于1月5日发行《辛丑年》特种邮票1套2枚。图案名称分别为：奋发图强、牛年大吉，全套邮票面值2.40元。是日，青浦镇支局、朱家角支局提前部署，组织有序，安排值班人员维护秩序并为排队购买邮票的集邮迷提供茶水等暖心服务。 （屈嘉婧）

■**开展学雷锋志愿服务活动** 3月5日，是第五十八个“学雷锋纪念日”，也是第二十二个中国青年志愿者服务日。结合“3·5”学雷锋主题党日活动，邮政青浦分公司下属各党支部、团支部广泛开展各类学雷锋志愿服务活动。徐泾、赵巷、香花、华新、练塘、金泽支局组织党员、团员青年参加镇、街道主办的志愿服务大放送活动，与其他企业单位联合送服务进社区，为居民宣讲反金融诈骗知识、测量血压等。 （屈嘉婧）

■**开展“同心接力绣党旗，忆苦思甜寻初心”党建共建活动** 3月22日，邮政青浦分公司联合青浦烟草公司、移动青浦分公司、青浦海关、中国银行青浦支行4家单位共同开展“同心接力绣党旗，忆苦思甜寻初心”活动。活动现场，邮政青浦分公司与青浦烟草签订战略合作协议，携手探索转型发展、高质量发展之新路。借活动契机，邮政青浦分公司与青浦烟草、移动青浦分公司签订党建共建协议，加强党的建设。 （屈嘉婧）

■**协同推进惠农合作项目** 以5月15日“第九届青浦枇杷文化旅游节暨绿色农产品展示展销会”为契机，邮政青浦分公司、邮储银行青浦支行联合区农委，本着“优势互补、平等互信、着眼长远、协同发力、共同促进”的原则，共同签署战略合作协议，共促经济发展、服务社会民生。是日，邮政青浦分公司重磅推出以“共尝优果优品，共享健康生活”为主题的《第九届青浦枇杷文化旅游节纪念》纪念封2000枚及纪念戳。 （屈嘉婧）

10 月 20 日，乐爱路邮政所正式揭牌对外营业
（邮政青浦分公司供稿）

■新增 1 家邮政所 乐爱路邮政所于 10 月 20 日正式揭牌对外营业。该邮政所隶属徐泾邮政支局，主要面向徐泾北大型居住社区，服务人口约 3.6 万，主要提供邮政普遍服务。（屈嘉婧）

■服务保障第四届“进博会” 作为第四届“进博会”核心支持企业、指定寄递服务供应商，邮政青浦分公司全力做好各项服务保障工作，完成 36 万件证件寄递工作。首次在一楼中心商圈设立“中国国际进口博览会主题邮局”，主题邮局日戳于 11 月 5 日开业当天正式启用。首度引入长三角特色农产品、上海老字号特色产品、青浦本地农产品（薄稻米、练塘茭白）等特色农产品及无人机等当下热门设备，利用“进博会”平台扩大邮政分销品牌知名度。针对不同主题、不同对象，策划开展“一日一主题”系列活动，让更多人走近邮政、了解邮政。（屈嘉婧）

■举办党员领导干部能力提升培训暨党建联建主题党日活动 12 月 3 日，邮政青浦分公司举办“深入学习领会党的十九届六中全会精神，牢记初心使命跟党走”党员领导干部能力提升培训暨党建联建主题党日活动。全体党员领导干部、青年理论学习小组成员以及党建联建单位即青浦海关、中国人民解放军驻青某部、青浦烟草公司、中国银行青浦支行、移动青浦分公司的党组成员及部分党员代表共 90 余人参加活动。（屈嘉婧）

■助力第十二届上海青浦白鹤草莓文化节 12 月 28 日，邮政青浦分公司联合地方政企共同开启以“振兴‘莓’好乡村，‘鹤’彩幸福生活”为主题的 2021 年第十二届上海青浦白鹤草莓文化节。特为“草莓文化节”提供定制性邮政服务，“上海白鹤草莓文化节”纪念封、纪念戳也于当日正式首发。活动现场还专设“上海白鹤草莓文化节”主题邮筒，供参会来宾现场寄递。采用“线上下单＋同城配送”模式，方便百姓足不出户吃到新鲜草莓。（屈嘉婧）

11 月 5 日，中国国际进口博览会主题邮局服务现场
（邮政青浦分公司供稿）

12 月 28 日，邮政青浦分公司为第十二届上海白鹤草莓文化节推出草莓主题邮筒供参会来宾现场寄递
（邮政青浦分公司供稿）

朱家角古镇景区（区融媒体中心供稿）

ZHUFANG BAOZHANG HE FANGWU GUANLI

住房保障和房屋管理

◎ 编辑 王卫红

综述 ／ 住房保障 ／ 房屋管理 ／ 房地产开发

住宅物业管理 ／ 公租房建设及经营管理

综　述

2021 年是住房发展“十四五”规划的启动之年，区房管局坚持稳中求进的工作总基调，统筹抓好疫情防控和工作推进，紧紧围绕区政府挂图作战任务清单，较好地完成了年初既定的各项目标任务。年内，区属动迁安置房项目开工 1 个、面积 6.68 万平方米，竣工 4 个、面积 48.77 万平方米，完成动迁过渡安置 1050 户；落实保障房配建签约项目 3 个、面积 10018.77 平方米、共 153 套；完成 11 个住宅项目共 14 次、涉及面积 78.74 万平方米的新建住宅交付使用许可审批工作。人民群众的住房条件、生活环境得到进一步改善，获得感、幸福感得到进一步提升。（蒋春兰）

住房保障

■概况　2021 年，青浦区继续扎实推进“四位一体”住房保障体系建设，进一步解决城镇居民中、低收入家庭的住房困难。（蒋春兰）

■市大型居住社区　自 2008 年启动建设以来，至年底共新开工保障性住房 382.46 万平方米、51347 套，已全部交付使用。计划新建大居内配套项目 215 个，已开工 186 个，已竣工 179 个。2021 年度“三年行动计划”内配套目标任务共计 17 个，已完成 16 项，剩余 1 项未完成结转至 2022 年。（蒋春兰）

■廉租住房　租金补贴做到应保尽保。全年新增 36 户廉租住房租金配租家庭的租赁补贴。至年底，全区累计享受租金补贴家庭 504 户，共计发放租金补贴 850 万元；实物配租做到愿配尽配，累计完成廉租住房实物配租家庭 210 户，累计退出 2 户。（蒋春兰）

■共有产权保障房　上海市户籍第八批次签约 70 套，销售金额 6263.31 万元（其中：区属房源 39 套，销售金额 3536.53 万元）；第九批次审核登录 71 户。非上海市户籍第二批次签约 8 套，销售金额 720.5 万元；第三批次受理 8 户。全年累计 262 户购房家庭完成满 5 年上市转让事宜，金额 20733.61 万元。（蒋春兰）

■公共租赁住房　2021 年，市租赁办下达市场化租赁住房供应 1500 套、市场化床位供应 1853 张，市场化租赁住房认定人才公寓 546 套。至年底，青浦区完成市场化租赁住房供应 1669 套，完成率 111.27%；已完成市场化床位供应 1853 张，完成率 100%；市场化租赁住房已认定人才公寓 564 套，完成率 104.44%。（蒋春兰）

■区属动迁安置房　全年完成开工 1 个项目、6.68 万平方米，竣工 4 个项目、48.77 万平方米，安置动迁过渡户 1050 户。（蒋春兰）

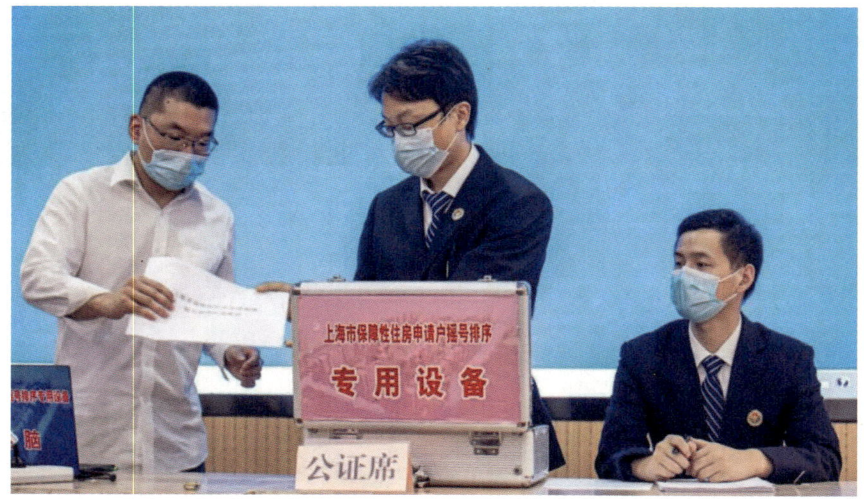

9 月 28 日，青浦区第九批（2021 年）共有产权保障住房选房活动现场
（区住房保障和房屋管理局供稿）

■保障房 5% 配建　规范实施配建房源筹措工作，全年落实配建签约项目 3 个、10018.77 平方米、153 套。（蒋春兰）

房屋管理

■概况　2021 年，青浦区启动实施新一轮“美丽家园”建设，深入实施“城中村”改造，在加快推进国有土地上房屋征收补偿、推进既有多层住宅加装电梯等方面持续加力，进一步服务好百姓安居，不断提升房屋管理水平。（蒋春兰）

■住宅小区“美丽家园”建设　2021 年是新一轮“美丽家园”建设的开局之年。青浦区围绕打造安居宜居高品质生活、推动物业服务高质量发展、推进住宅小区高效能治理等三方面内容开展工作，具体涉及 16 项任务共 18 个既有住宅小区电动自行车充电设施建设、17 个住宅小区物业服务费调价、11 个住宅小区维修资金续筹、40 台老旧电梯安全评估和 15 年以上老旧住宅电梯加装远程监测模块等工作，均顺利完成。（蒋春兰）

■旧住房综合改造　全区属非旧改地块房屋无卫生设施实施改造的共涉及 6 个街镇，全部属于保留保护里弄房屋，总使用面积为 98840 平方米，共计 2448 户。在完成上年启动的 3 个无卫生设施旧里房屋改造项目（面积 2.79 万平方米，涉及朱家角镇、练塘镇、重固镇，受益户数共 586 户）基础上，2021 年启动无卫生设施旧里房屋改造项目 6 个，改造面积 6.3 万平方米，涉及朱家角镇、练塘镇、金泽镇、白鹤镇，受益户数共 1002 户，年内全部完工。（蒋春兰）

■“城中村”改造　在不影响历史风貌保护的基础上，深入实施徐泾老集镇、徐泾蟠龙、徐泾罗家小区、盈浦、重固 5 个在建项目的“城中村”改造工作，5 个项目总占地面积 2678 亩，一级开发已投入 128 亿元。动迁居民 2100 户、企事业单位 115 户，除重固 1 家企业外，其余已动迁完毕；出让经营性土地 40 块，已出让 24 块。年内，华新项目已认定批复，在实施具体方案报批备案中；赵巷项目已上报有关电子材料，在等待认定批复中。（蒋春兰）

■国有土地上房屋征收管理 持续推动国有土地上房屋的依法征收工作，按照依法征收的流程及时间节点，持续推进海霸王、精元重工、上海海淇、上海佳齐、百岁行药业、华新翔实、华新野松等11个项目的依法征收工作，总用地面积299983.62平方米，征收涉及42幢房屋，计划征收面积108533.18平方米。（蒋春兰）

■既有多层住宅加装电梯 按照市加梯工作领导小组要求并参照《上海市既有多层住宅加装电梯前期调查与可行性评估技术导则（试行）》，完成全区既有多层住宅加装电梯前期调查与可行性评估，形成全区加装电梯规划；根据加装电梯相关政策指导意见，编制《青浦区既有多层住宅加装电梯工程实施方案》，制订《青浦区既有多层住宅加装电梯“综合窗口”办理手册》。至年底，全区11个街镇符合加装要求的共涉及319个小区共3616幢住宅、8809个门洞，其中适合加装电梯的门洞4547个。至年底，已启动意愿征询4521台，通过业主意愿征询数量146台，完工4台，施工4台，完成签约57台。（蒋春兰）

6月，盈浦街道青溪新村1号楼加装电梯工程完工

（区住房保障和房屋管理局供稿）

房地产开发

■概况 2021年，青浦区继续严格按照“房住不炒”的总基调，严格落实各类调控政策，加强对房地产市场监管，尤其是对新上市的住宅楼盘价格进行审核把关，稳控房价。（蒋春兰）

■房地产市场监管 认真贯彻落实房地产市场宏观调控的各项政策措施，加强对商品住房销售价格和变动幅度等的指导和审核。加强部门协调配合，主动跨前服务企业，协调解决企业在各环节面临的困难，引导企业尽快上市销售。全年发放预售许可证41份，现房销售备案证明23份。强化商品房预售资金监管，及时关注房地产开发企业运行情况，主动对接房地产开发企业及监管银行，明确责任和义务，确保银行账户专款专用，及时化解房地产市场风险。（蒋春兰）

■住宅产业化 稳步推进装配式住宅管理。根据市政府要求，总建筑面积10000平方米以上新建居住建筑应全部采用装配式建筑，以提升居住环境品质。全年共完成26个装配式住宅项目的认定，计172幢住宅，建筑面积91.12万平方米，比上年(84.51万平方米)增长7.8%。（蒋春兰）

■住宅质量处置 全面启动第三方房屋质量检测服务，在发生房屋质量问题难以界定等疑难杂症时，从单一的督促开发商落实维保责任转化为具有针对性的专业化行业服务指导，牵头相关主管部门、第三方检测单位共同介入，踏勘、排查现场；明确开发商的维修主体责任，责成其制定合理维修方案并通过第三方技术服务单位审核，明确维修节点；落实各相关职能部门台账梳理、日常巡查和监管责任，通力协作消除安全隐患。全年共有7个项目引入第三方咨询及检测服务。（蒋春兰）

■新建住宅交付 至年底，完成11个住宅项目共14次、涉及面积78.74万平方米的新建住宅交付使用许可审批工作，比上年增长3%。（蒋春兰）

■商品住宅交易 2021年，房地产市场运行总体平稳，全年新建市场化住宅上市7534套、76.8万平方米，比上年增长0.2%。新建市场化住宅成交11294套、123.4万平方米，比上年增长15.9%。市场化住宅成交均价49865元/平方米，比上年上涨3.5%。二手存量住宅成交12931套、127.1万平方米，成交面积比上年减少1.6%。二手存量住宅成交均价30311元/平方米，比上年上涨4.5%。（蒋春兰）

■限购审核 全年新建商品房限购审核15127件，非集中式查询1147件，综合查询8400件。（蒋春兰）

■测绘成果 至年底，成果审核总件数289件，建筑面积887.1万平方米。其中，系统房测算项目131个，面积188万平方米；系统房计算项目9个，面积67.2万平方米，商品房测算项目43个，面积359.3万平方米，商品房计算项目30个，面积188万平方米，户名变更项42个，面积85万平方米，私房项目34个，面积2609.06平方米。补楼盘数据146个，建筑物灭失项目52个。（蒋春兰）

■住房租赁服务 全年签订二手房网上合同4071件，租赁登记备案2273件。（蒋春兰）

■公建配套管理 合理安排城市基础设施配套项目。全年审核签订公建配套用房建设协议7份，涉及建设面积9640平方米；14个项目的公建用房完成交付验收并签署交付协议，共交付配套用房28036.68平方米；签订核定征收配套费16个项目，实际征收额4.17

亿元 （蒋春兰）

■**权属认定** 对建筑区划内依法属于全体业主共有的公共场所、公共设施和物业服务用房等一并申请登记，全年共认定22件；在开发企业预售和物业招投标之前，对物业用房和业委会用房进行落实，全年共确认22件。 （蒋春兰）

住宅物业管理

■**概况** 2021年，青浦区充分发挥行业管理作用，注重制度设计科学合理，管理体制切实有效，真正解决全区在物业行业监管、维修资金监管等工作中存在的实际问题。 （蒋春兰）

■**房屋违法使用整治** 加强居民小区管理，逐步消除“群租”现象，制订《青浦区关于开展住宅小区“群租”治理专项行动工作方案》；充分发挥街镇牵头处置作用，整合城管执法、房屋管理、公安、消防、市场监管等多部门联合执法，全区566户“群租”户全部整治完毕，完成整治清单“清零”。 （蒋春兰）

■**“车改居”整治** 按照《青浦区“车库改居”整治工作实施方案》要求，在3年内（2020—2022年）完成全区1971户“车库改居”顽疾整治。成立整治工作专班，各街镇通过第一阶段的摸清底数、上门宣传、劝告腾退工作，清退一批“车库改居”户。进入全面整治阶段后共整治227户。 （蒋春兰）

■**房屋行政监督** 依法做好行政复议、行政诉讼工作，全年完成行政复议6件、诉讼9件，分别涉及到房屋征收、市场监管、政府信息公开等。全年联合区城管执法局对房地产中介公司检查共45次。 （蒋春兰）

■**维修资金管理** 全区商品住宅项目专户上线总面积3695.41万平方米，项目总金额28.45亿元；全区上线开户的业主大会266个，业主大会账户总余额18.71亿元。全年全区归集维修资金合计1.72亿元，支取使用维修资金3470.6万元，公共收益入账7074.67万元。 （蒋春兰）

■**物业行业监管** 严格落实“五查制度”（即小区经理日查、物业服务企业双周查、属地街镇月查、区房管局每月抽查、市房管局抽查），加强行业日常工作动态管理，全年涉及记分物业服务企业1家，项目经理6人；委托第三方开展1年2次的物业服务满意度测评；做好街镇、城建中心、居委会、物业企业、业委会等各层面人员的培训工作，全年开展5批次共计约1078人参加；开展行业技能竞赛，通过培训和竞赛提高从业人员技能水平，青浦区有4名物业从业人员获得2021年度上海市物业管理行业职业技能竞赛奖项，其中：上海古北物业管理有限公司俞仲夏获智能楼宇管理员第二名，上海青房物业管理有限公司朱庆丰、上海古北物业管理有限公司吴君、上海新东湖物业管理有限公司张青获市物业行业技术能手。落实各项常态化检查工作，根据季节特点及日常管理需要将疫情防控检查、防汛防台、小区安全防范、消防安全、电瓶车充电桩管理、垃圾分类等各类检查纳入常态化管理；强化“创文”（即创建全国文明城区）“创卫”（即创建国家卫生城市）等各项创建工作，落实人员负责制，加强“创文”点位的监督检查以及相关街镇“创卫”工作指导。 （蒋春兰）

■**切实有效解决居民诉求** 进一步加强物业诉求平台建设，全年“962121”物业呼叫平台分中心受理维修、咨询、投诉案件8670件，区房屋应急维修中心受理房屋漏、堵、水电等应急维修问题12315件，全部完成报修指令，切实做到“民有所呼、我有所应”。 （蒋春兰）

9月17日，“迎进博、建新功、展风采”——助力青浦新城建设暨青浦区物业管理行业职业技能竞赛活动举行 （区住房保障和房屋管理局供稿）

公租房建设及经营管理

■**概况** 至2021年底，全区范围共有2905套公租房源纳入具备供应条件范围，房源主要分布在青浦新城区、徐泾国展中心周边、华新、赵巷、朱家角地区。已签约出租2246套，出租率77.3%。累计服务各类企事业单位突破600家。公司公租房业务（含区筹、公租房型人才公寓）收件审核2662件（其中新申请1943件、复核719件），市筹公租房收件审核84件。 （胡蝶飞）

■**公租房管理** 受上海青浦房屋管理有限公司委托，青浦区公共租赁住房运营有限公司负责全区范围内政府投资建设的公共租赁住房、廉租住房房源的筹措、供应和管理工作；配合区人才安居工作，落实公租房型人才公寓供应；负责区直管公房日常管养工作。至年底，该公司负责日常管养工作的直管公房有5772套，其中居住租赁房源5481套、非居住房源291套；全年受理直管公房系统业务（包括过户、地址变更、差价换房、换证）245户，开具产权证明3户，非居房源续租165户；全年每季度巡查房源约10000套次；全年完成应急维修44户、日常维修超4500单。 （胡蝶飞）

KEJI XINXIHUA

科技·信息化

◎ 编辑 吴言荻

综述 / 科技管理 / 科技创新 / 信息化建设
电信 / 移动通信 / 联合网络通信

综 述

2021 年,青浦区科技与信息化工作坚持以自主创新能力建设为中心,全面推动青浦科创“一带三中心”“长三角数字干线”(以数字经济为本源,依托 G50 主干廊道,与沿线城市构建形成紧密合作的创新链和产业链,共同推进生活数字化、治理数字化,协同打造一流新型基础设施的数字创新发展带)建设。全年高新技术产业实现总产值 1089.3 亿元,比上年增长 11.5%,占全区规模以上工业产值的 61.5%。软件和信息服务业累计营业收入 757.9 亿元;实现税收 40.2 亿元,比上年增长 8.9%。认定高新技术企业 312 家,年度技术交易额 116.4 亿元,比上年增长 44.2%。完成两化(信息化和工业化高层次深度结合)融合管理体系自评估企业 1979 家。23 家企业完成两化融合管理体系贯彻标准。 (张 峰)

科技管理

■概况 2021 年,青浦区继续大力实施科技型企业培育发展计划,积极培育民营科技企业、高新技术企业等科技型企业队伍。认定 312 家市高新技术企业,全区有效高新技术企业 851 家。认定登记技术交易合同 510 项,比上年增长 28.8%;成交金额 116.4 亿元,比上年增长 44.2%。推动张江高新区青浦园空间优化调整,4 家企业入选首批“张江之星”行动名单。新增在孵企业 227 家,累计孵化企业 2071 家。 (张 峰)

■深化区域创新体系建设 结合区域创新体系目标,编制修订《青浦区创新经济“十四五”规划》《张江高新区青浦园人才发展“十四五”规划》《青浦区推进人工智能产业发展方案》《青浦区科普事业“十四五”发展规划》《青浦区关于加快推进高新技术企业发展的实施办法(试行)》及现代服务业之软件信息扶持政策等。年内,完成张江高新区青浦园空间优化调整,4 家企业入选首批“张江之星”行动名单。 (张 峰)

■推动“科技 + 金融”融合 不断深化“3 + X”(小巨人信用贷、履约保险、微贷通和银行自有科技金融创新产品)科技信贷融资服务体系,拓宽初创科技型小微企业、成长期科技型中小企业、科技小巨人及培育企业融资需求。审批通过科技履约贷款企业 47 家,获授信额度 2.6 亿元。 (张 峰)

■承接推进外国专家服务工作 完善运行区外国人来华工作居留许可“单一窗口”,落实外国人来华工作许可“不见面”审批。办理《外国人工作许可证》数量 932 份,工作总量(含变更、注销、补办等)1124 份,其中“不见面”审批受益量 849 份。 (张 峰)

科技创新

■概况 年内,2 个项目分获 2020 年度国家科学技术发明一等奖、科技进步二等奖。8 个项目分获 2020 年度上海市科学技术奖一、二、三等奖。42 个项目认定为市高新技术成果转化项目,6 个项目获“2020 年上海市高新技术成果转化项目百佳”荣誉,6 个项目获市科技创新行动计划相关领域项目立项。7 项创新成果入选上海市“引智创新成果50 佳”。 (张 峰)

■强化长三角一体化科技创新协同发展 会同吴江区科协、嘉善县科协,开展科技创新合作交流,从党建优势互联、人才交流互动、活动联手互办、基地集成互享、资源共建互惠等方面搭建协同创新发展平台。成立长三角生态绿色一体化发展示范区科普基地联盟。联合举办第四届长三角国际创新挑战赛青吴嘉示范区专场赛。组织科技工作者参加“2021 年长三角科惠万家协同创新”系列活动;举办长三角生态绿色一体化发展示范区企业科协联盟年会。青浦、吴江、嘉善三地科协共同主办第三届“童心向党 科普起动来”家庭创新制作大赛,印发长三角生态绿色一体化发展示范区科普护照 8000 本,免费向三地市民发放,推动科技创新赋能疫情防控。 (张 峰)

■加快北斗导航产业发展 承接市科创中心建设重大战略专项,打造北斗导航研发与转化功能型平台。北斗西虹桥基地营业收入 54.7 亿元,比上年增长 40.1%,税收 2.1 亿元,比上年增长 42.1%。 (张 峰)

■“双创”建设不断深化 加快发展面向科技创新的专业化科技孵化器,集聚创新创业主体。举办 2021 年度“创业在上海”国际创新创业大赛青浦赛区比赛,组织开展“科技孵化大讲堂”系列活动等。年内,全区经认定备案的众创空间 42 家,其中国家级科技企业孵化器 3 家、市级科技企业孵化器 8 家。累计孵化科技企业 2071 家。 (张 峰)

信息化建设

■概况 2021 年,青浦区坚持完善数字化基础设施建设,加快推进 5G、WiFi、物联网等信息基础设施建设应用。加强政策扶持引导、优化产业集聚布局、推动全区软件信息服务业提质增效。全区软件和信息服务业营业收入 757.9 亿元;实现税收 40.2 亿元,比上年增长 8.9%。完成两化融合管理体系自评估企业 1979 家。23 家企业完成两化融合管理体系贯标。完成建设 1000 个 5G 基站。 (张 峰)

■夯实专项规划编制实施 发布《青浦区全面推进城市数字化转型工作方案》《青浦区全面推进城市数字化转型调研工作方案》。聚焦经济、生活、治理三大领域,编制《青浦区全面推进生活数字化转型三年行动方案(2022—2024 年)》《青浦区推进工业互联网创新发展行动计划(2021—2023 年)》《青浦区 2021 年城市数字化转型工作计划》《青浦区 5G 通信设施布局规划(2021 年—2025 年)》等规划计划。 (张 峰)

■推进全领域数字化转型 完成两化融合管理体系自评估企业 1979 家。23 家企业完成两化融合管理体系贯标。42 个项目获区软件和信息服务业项目立项。完成青浦区城市运行管理平台(一期)项目、青浦区进博保障服务平台建设,进一步提升“一网统管”管理水平。加快建设数字基础设施,推动千兆宽带、5G 等高速网络全覆盖。以资源共享、融合开放为原则完成建设1000个5G基站。完成市、区两级电子政务外网二次升级改造，建设自主可控的“基于自主创新技术下的青浦区综合办公统一政务平台”，实现全区政务及办公的安全统一综合管理。申领新版社保卡81.2万张、新版敬老卡9768张。（张 峰）

■**发展软件和信息服务业** 推进市西软件信息园等开发建设，围绕产业集群与基地创建、开办与项目认定资助、研发投入补贴等方面，加大对各专业领域的扶持力度，鼓励企业加大研发投入。2021年，全区软件和信息服务业营业收入757.9亿元；实现税收40.2亿元，比上年增长8.9%。（张 峰）

■**无线电管理工作** 探索无线电管理工作模式，利用门户网站、电视台、电梯广告及发放宣传册等形式，开展无线电知识进社区、进学校宣传活动，宣传有关无线电管理法律法规知识，普及无线电管理和频谱资源基本常识。联系市无线电监测站对高考考场进行电磁环境监测，在高考前夕对各考场听力考试的收听频率进行考前测试和收听指导。（张 峰）

电 信

■**概况** 2021年，中国电信股份有限公司上海青浦电信局（以下简称青浦局）坚守建设网络强国和数字中国、维护网信安全的初心使命，统筹推进市场经营拓展及通讯基础建设，以客户服务为中心，不断激发员工活力，持续保持市场份额稳定，超额完成全年经营和发展目标。市场收入份额达39.10%（2021年11月统计数据）。

2021年，青浦局深入贯彻上海公司“强基行动”指导思想，优化组织架构，夯实横向地面责任，深化纵向专业运营。调整市场经营板块，原市场服务处调整为市场服务部，并新增客户经营专班、商客专班、全渠道专班；划分数字化综合网格并设立14个支局，分别为：城厢商企支局、徐泾商企支局、华新商企支局、赵巷重固商企支局、白鹤商企支局、盈浦支局、夏阳支局、徐泾支局、华新支局、白鹤重固支局、赵巷支局、朱家角支局、金泽支局、练塘支局。（叶文峰）

■**行业深耕助力区域发展** 在教育领域，推进基于大数据、云计算等信息技术的未来学校智慧教育模式，通过信息技术与教育教学的融合创新，利用大数据分析和人工智能推动师生个性化发展，做好学生德智体美劳全方位数据的学习评价，为学校建设教学服务平台和校务管理平台，为落地执行“三全两高一大”（即教学应用覆盖全体教师、学习应用覆盖全体适龄学生、数字校园建设覆盖全体学校，信息化应用水平和师生信息素养普遍提高，建成“互联网+教育”大平台）的教育信息化2.0目标提供支撑。在医疗领域，以长三角智慧医院二期建设为契机，把握住长三角浙江、江苏、上海三地医疗数据互联互通互认的脉络，探索建设卫健系统医疗行业云+医疗组网专线+5G专网。行业云的建设以区政务云为蓝本，复制政务云的政务外网区+互联网区模式，打造医疗行业云。以行业云为底座，与青浦医疗区域影像云进行网络层面打通，规划行业云逐步承接各类青浦医疗信息化应用。街镇城运方面，围绕社会热点问题及街镇治理重点充分挖掘场景。（叶文峰）

■**关注服务品质强化支撑能力** 依托“三全”（即全员、全过程、全方位）客户服务体系，建立健全责任体系，树立标杆，弘扬先进，营造良好氛围，增强服务品质，常态化开展渠道投诉服务分析机制。聚焦投诉集中问题，关注发展趋势，数字化分析，细化评价体系颗粒度，加强服务意识教育，倾听服务原声，深入挖掘影响客户感知问题，建立周报机制，每周调听相关投诉原声，并组织认真分析，涉及的问题及时推进解决形成闭环。推进移动网络质量提升、宽带网络质量提升、营业触点服务提升、营维触点服务提升、投诉处理效能提升、做强纵向支撑、做实支局支撑、内部协同提升八项关键任务单。（叶文峰）

■**主动作为助力两大战略** 履行国有企业政治责任，开展扶贫攻坚、提速降费、携号转网等工作。以推进区域信息化能力提升为使命，持续推动长三角一体化示范区“新基建”；在为期20天的第四届“进博会”保障中，网络、服务、综合保障小组协同配合，落实疫情防控责任，保障期间累计出动保障人员934人次，完成各项保障任务。（叶文峰）

■**夯实基础建设实现节能减排** 聚焦覆盖补盲，改善移动网络品质，不断夯实精品网络优势，固网、移动网络持续优化，完成全部13个清单网格开工建

11月，青浦电信局服务保障第四届“进博会”工作人员合影
（上海青浦电信局供稿）

设。开展地下车库覆盖攻坚补盲，累计收到4G/5G室分需求76项：全年开工建设49项，入网43项；建设5G室分18项。深化降本增效资源效能提升工作，压降电费，光资源PON（即无源光纤网络的英文缩写）口盘活381个，退铜增收900余万元。通过机房合理规划、合理退网，拆除9个机房，房租节约16.76万元/年，电费节约18.95万元/年。清查跑冒滴漏电表88个，整治局站12个。预计节约年化资金12万元。

（叶文峰）

■安全生产工作常抓不懈 年内，扎实开展安全履职考核，中层干部安全责任书签订率100%。组织开展各项安全检查12次，安全演练4次，涉及200余人次；组织线上培训及安全考试，做到全员覆盖。进一步加强外包维护、工程的现场检查和管理，强化各项安全制度的落实，总结安全生产的经验教训。

（叶文峰）

4月26日，中国移动通信集团上海有限公司与陈云纪念馆共同举行“中国移动红色文化教育基地”签约揭牌仪式（青浦移动供稿）

移动通信

■概况 2021年，上海移动青浦分公司（以下简称青浦移动）新开设淀山湖大道营业厅，总数16家，覆盖青浦区主要街镇，有员工210人。全年营业收入7.58亿元（其中集团信息化收入9741万元），客户总数99.8万户（其中5G客户数19.9万户）。

9月，分公司四大网格——朱金练网格、香盈夏网格、华徐网格、赵重白网格——完成网格化2.0转型，进一步强化倒三角支撑力度，完善跟踪考核机制，提升团队协作能力，加强客户看管力度，全面落实CHBN（家庭市场、个人市场、政企市场、新兴市场）融合发展。

清怡志愿者服务队响应政府号召，在青浦城区主干道路开展交通文明志愿服务52人次；参加区民心工程“爱心暑托班活动”，打造“青年讲师团”，输送5G知识、防电信诈骗知识进校园，累计服务1000余人次。（高慧婷）

■推进网络建设 推进5G的2.5G宏站、700M宏站和室分站点建设 实现区域室外5G信号全覆盖，至年底，同比增设1072个5G站点。推进乡村新基建建设，实现184个行政村的5G网络及光交网络全面覆盖，乡村宽带覆盖7.83万户。响应上海市政府实事项目工程，为457户家庭升级百兆宽带，获上海市经信委“为困难家庭免费升级百兆宽带”实事项目表现突出团队。

（高慧婷）

■数字化发展 助力青浦区“幸福云”智慧社区全景应用系统，完成幸福社区试点建设，集成社区治理数据、整合管理场景资源，实现预防、监管、处置、反馈的全流程、全方位和全时段的监管。通过人工智能AI自主发现和业务流程双循环驱动，将人、房、事、物统一成以人为核心的综合数据仓库，形成线上超级社区中心。在基层网格推崇“幸福合伙人”服务，将防电信诈骗宣传、适老服务、宽带义诊等便民服务带入社区，累计服务5000余人次。（高慧婷）

第四届“进博会”期间，参加保障工作青浦移动员工合影（青浦移动供稿）

■全力护航进博 完成展馆中心圆盘700M站点建设开通，完成“进博会”重点线路需求站点1个，利用5G站点设备，完成周边6个站点3D—MIMO技术4G网络的反向开通，网络运行质量平稳；开通互联网专线，提供5G+AR宣传册应用，通过微信扫一扫功能识别国展宣传单页,在手机屏幕端展示 AR 展厅内容;设立现场投诉及疑难业务处理专席,开辟绿色通道,为现场服务人员进行专题培训。协助场馆开展"线上国家展",提供客流大数据信息化服务,实现客流预警、平台统一管理,网络保障组实行 A、B 班组制。 (高慧婷)

联通网络通信

■概况 2021 年,上海联通青浦分公司(以下简称青浦联通)扎实推动国企改革三年行动、科技创新、5G 发展、遏制电信网络诈骗犯罪等重大决策部署落地执行。助力乡村振兴和疫情防控战,全面深化数字化转型,做好第四届"进博会"服务保障工作。年内,获评"全国工人先锋号"称号。年内,有营业厅 23 家,覆盖青浦区主要街镇,共有员工 199 人。 (杨 焜)

■网络建设 围绕"匠心网络新基建",深化网络共建共享。加大社会化合作网络覆盖,加速千兆网络布局,继续加快 5G 网络建设。持续加大社会化合作和国标小区建设,补齐覆盖短板,支撑家庭业务规模突破。至年底,青浦整体小区覆盖率由年初 68% 提升至 89%。秉承"三同步"(即同步规划、同步建设、同步运行)原则,对已开通验收站点实现对电信的 100% 共享,全年共计改造上联点机房电源 13 个,新建 POP 点机房 3 个,新增传输设备 8 套,扩容千兆板卡 42 块,万兆板卡 26 块,新建光缆段 106 余条,为 5G 的开通保驾护航,完成新建 5G 宏站 73 个(累计 962 个)。 (杨 焜)

■提升服务能力 树立"以用户为中心"的服务理念。组建 9 个五星客户专属服务经理团队,为客户提供"一对一"24 小时专属服务,完成高星级服务经理的满意度修复;在上门服务中主动推介沃家智慧组网服务提供家庭组网服务及解决方案。 (杨 焜)

■抓好安全生产 与各级人员签订安全生产责任书并制订年度安全工作计划。细化各职能部门、合作单位安全工作职责,明确安全工作任务安排等,通过细化安全生产月活动方案、组织消防培训演练等方式强化安全意识。 (杨 焜)

■护航"进博会" 7 月,成立"进博会"安全保障小组,对"进博会"周边营业网点和机房基站开展精细化安全大检查。完成会展主用线路,开幕式、分论坛视频会议的直播,以及线上国家展的保障工作。开发"青浦区服务保障进博会一网通管指挥平台"项目,首次将 5G + AI(人工智能)结合一网统管用于实战,并被实际应用于"进博会"指挥保障工作。 (杨 焜)

上海大观园（区融媒体金泽镇分中心供稿）

JIAOYU

教 育

◎ 编辑 吴言荻

综　述

2021 年，青浦教育实施重点工作“挂图作战”，做优硬件资源、做强师资队伍、做精教育管理，全面推进依法治教，统筹做好校园疫情防控与学生疫苗接种工作，全力做好“双减”工作，稳妥推进招考改革，完成年度各项目标任务。

2021 年，青浦区现有公办教育单位 138 个，其中幼儿园 56 所、早教（托育）指导中心 1 个、小学 29 所、初中 16 所、九年一贯制学校 5 所、高中 6 所、特殊学校 2 所、中职校 2 所、少年业余体育学校 1 所、成人教育院校 13 所、校外教育单位 2 个、其他教育单位 5 个；共有民办学校 44 所，其中九年一贯制学校 3 所、十二年一贯制学校 3 所、民办二级幼儿园 13 所、民办三级幼儿园 25 所。全区在校学生 95432 人，其中高中学生 6237 人、初中学生 18662 人、小学生 37700 人、在园幼儿 29008 人、在托幼儿 780 人、中职学生 3348 人、特殊教育 477 人。全区在编教职工 8456 人，其中专任教师 7143 人、正高级职称教师 19 人、副高级职称教师 1033 人、中级职称教师 4108 人。　（夏春花　曹佳凤）

教育改革与管理

■概况　2021 年，青浦教育制订《青浦区教育改革和发展“十四五”规划》，开展全区教育设施布局以及青浦新城教育资源布局专项规划研究。研究制定《青浦区推进紧密型学区和集团创建方案》《“十四五”期间青浦区紧密型学区和集团布局规划》等区域性工作文件，深化教育评价改革落实青浦区深化新时代教育评价改革六大专项行动 60 项任务清单和 8 项负面清单，启动新一轮教育综合改革，推进 11 个紧密型学区和集团建设，梳理总结五年来区域第一轮教育综合改革基本经验形成工作汇编（2015 年—2020 年），完成 2019 年立项的 37 个学校综改项目评审。开展长三角一体化等跨区域合作交流，举办首届长三角生态绿色研学教育论坛，实施示范区教师联培联训项目，开展云南、新疆等地对口支援，14 名教师对口帮扶教育教学，4 人次骨干教师前往当地讲学交流，60 余名当地骨干教师在青培训，2 名教师获“云南省脱贫攻坚先进个人”。

坚持人才强教增强教育发展动能。制订《2021 年青浦区师德师风建设实施计划》，开设“勤廉大讲堂”，表彰 2018—2019 学年师德师风建设优秀项目，开展“对话教育初心 · 筑牢育人之魂”青浦区百位老教师寻访活动，开展青浦区庆祝第三十七个教师节教师座谈会。持续推进教育人才“引进、培养、稳定、流动”四大工程，选树顾慧玲全国脱贫攻坚先进个人等一批先进典型，选育长三角地区班主任基本功大赛一等奖龚赛华等一批优秀教师，完成 51 名校级领导岗位干部调整，完成第三批“教育管理人才”105 名后备人选遴选培养计划，构建一支由 102 名 30 岁以下优秀青年教师组成的后备梯队，招录 273 名新教师。实施 2021 见习教师规培联训项目，开展幼儿园 2—5 年青年教师能力提升专项培训，组织 2021 年度“优青班”“国培”“双名基地”培训，完成 67 个“种子计划”团队项目的中期评估，完成 17 个“拔尖计划”团队中期交流和阶段性成果展示，完成第六届名优教师培养工程考核评价、经验遴选和成果汇编工作。　（夏春花）

■落实“双减”工作推进会　8 月 31 日，区落实“双减”工作推进会暨培训市场综合治理工作联席会召开。会议指出，进一步减轻义务教育阶段学生作业负担和校外培训负担，是落实立德树人根本任务的重大举措、解决群众关切的民生工程、深化教育领域综合改革的重要举措；要抓牢阶段性任务，准确把握政策，精准排摸底数，细化工作预案，坚持从严治理，全面规范校外培训行为；要强化学校教育主阵地作用，进一步做优校内教育，大力提高教育教学质量，不断提升作业管理水平和课后服务水平。会议成立青浦区落实“双减”工作专班暨培训市场综合治理工作联席会议，并审议《青浦区进一步减轻义务教育阶段学生作业负担和校外培训负担阶段性推进方案》《青浦区全面规范校外培训机构专项检查方案》等。　（曹佳凤）

■区委教育工作领导小组会议召开　3 月 16 日，区委教育工作领导小组召开会议，深入学习《上海市深化新时代教育评价改革实施方案》《中共中央关于全面加强新时代少先队工作的意见》，审议《青浦教育改革和发展“十四五”规划》、区委教育工作领导小组 2020 年工作总结和 2021 年工作要点、教育综合督政有关意见的整改报告等方案。会议强调，要紧紧聚焦教育改革发展关键重点，推动“十四五”开局起步取得良好成效；要切实以新时代“一城两翼”战略布局为契机，着力办好家门口的每一所学校；以教育评价改革为抓手，不断激发教育高质量发展内生动力；以完善教育治理体系为关键，着力营造更加安全、健康、和谐的教育环境。　（曹佳凤）

■区教育系统党政干部专题学习班举行　8 月 25—26 日，区教育系统党政干部专题学习班暨党政干部会议在青浦区实验中学举行。会议指出，全区教育系统政治思想建设、全面从严治党、基层党建工作进一步加强，落实立德树人根本任务、干部人才队伍、教育治理能力得到持续优化，面对新形势新任务，仍需不断增强干事创业的紧迫感和责任感。会议邀请市级专家就“提高党组织建设质量”“中小学全员导师制背景下的学生发展”“新《未成年人保护法》中学校保护重点条款解读”作专题辅导报告。　（曹佳凤）

■2021 年春季开学典礼举行　2 月 22 日，全区中小学生喜迎开学第一天，“童心向党，奋斗有我，争做新时代‘上善’好少年”开学典礼暨庆祝中国共产党成立 100 周年主题教育活动启动仪式在青浦区东方中学举行，全区 65 所中小学、中职校同步举行同一主题的开学典礼。区教育工作党委发布《青浦区中小学生庆祝中国共产党成立 100 周年主题教育活动方案》，活动以“讴歌党—讴歌新时代—共筑中国梦”为主题，用音频、视频、征文、演讲、艺术品创作等形式，组织开展读一本红色经典、讲一个

2 月 22 日,"童心向党,奋斗有我,争做新时代'上善'好少年"青浦区 2021 年春季开学典礼暨庆祝中国共产党成立 100 周年主题教育活动启动仪式举行

（区教育局供稿）

红色故事、唱一首红色歌曲、看一部红色电影、访一次红色基地、做一名红色传人等活动。（曹佳凤）

■"青苗菁师"教育储备人才培养启动仪式举行 3 月 31 日,"凝心聚力铸师魂,青浦教育育新人"2021 年青浦区"青苗菁师"教育储备人才培养启动仪式在区教师进修学院附属小学举行。仪式上介绍 2021 年青浦区"青苗菁师"储备人才招聘情况并对 2021 年青浦区"青苗菁师"教育储备人才培养方案作解读。（曹佳凤）

■庆祝建党 100 周年活动 6 月 10 日,由中共上海市教育卫生工作委员会、中共上海市青浦区委员会指导,上海市普教系统党建研究会、中共上海市青浦区教育工作委员会主办的"贯彻新发展理念,推进党建高质量发展"——上海市普教系统庆祝建党 100 周年工作研讨会在青浦区崧泽学校举行。论坛聚焦提升中小学党建工作高质量发展,宣读《关于表彰上海市普教系统党的建设研究会 2020 年度党建研究优秀成果的决定》,并举行《上海市普教系统庆祝建党 100 周年百篇优秀文集》《上海市普教系统庆祝建党 100 周年百个优秀案例》首发、授书仪式。7 月 5 日,"风雨百年路 奋进新时代"青浦区教育系统庆祝中国共产党成立 100 周年主题集会暨艺术党课分享会举行。集会上,教育系统"两优一先"及"规范好支部""示范好支部"获表彰;"光荣在党 50 年"老党员代表、原青浦县教育局党委书记王庆瀛为教育系统 2021 年新党员领誓。（曹佳凤）

■庆祝第三十七个教师节活动 9 月 9 日,"赓续百年初心,担当育人使命"青浦区庆祝第三十七个教师节座谈会在崧文小学召开。市优秀校园长、市园丁奖获得者代表,市中青年课堂教学评选、"青教赛"一等奖获得者代表,优秀班主任、支教教师、思政教师、退休教师等教师代表参加座谈并围绕教育工作实践开展交流。会议指出,全区广大教师认真贯彻党的教育方针,辛勤耕耘、任劳任怨,以崇高的师德、博学的知识和博爱的胸怀,教育感染着一批又一批青浦学子,开拓出了一条青浦教育迈向高质量发展之路,为提高全民素质、培养创新人才、促进经济社会发展做出了贡献。（曹佳凤）

■4 所公办新校(园)舍正式启用 8 月,思源小学、橙黄橘绿幼儿园、之华幼儿园、以及白鹤第二幼儿园 4 所新校(园)舍正式启用。思源小学位于松子浦路 60 号,占地面积 24081 平方米,办学规模为 30 个班级。橙黄橘绿幼儿园位于观云路 250 号,占地面积 6624.3 平方米,办学规模为 13 个班级。之华幼儿园位于华新镇凤坚塘路 215 号,占地面积 5921.7 平方米,办学规模为 15 个班级。白鹤第二幼儿园位于白鹤镇白虬江路 280 弄 25 号,占地面积 7062 平方米,办学规模为 15 个班级。（曹佳凤）

基础教育

■概况 2021 年,青浦教育坚持改革创新促进各类教育协调发展。学前教育:

7 月 5 日,"风雨百年路 奋进新时代"青浦区教育系统庆祝中国共产党成立100周年主题集会暨艺术党课分享会举行

（区教育局供稿）

制订《青浦区托育服务三年行动计划(2021—2023年)》《青浦区普惠性民办幼儿园(托育园)认定及管理工作实施细则(试行)》,完成35家园所的等级复验,2所幼儿园通过市一级,托班增至51个,实现全区11个街镇普惠性托育点全覆盖。义务教育:制订《青浦区落实中小学“五项管理”工作方案》(五项管理:作业、睡眠、手机、读物、体质管理),健全课后服务保障体系和管理机制,实现全区义务教育阶段学校课后服务“愿留尽留”,开展“强课堂、强作业、强教研、强底部”提质行动,继续做好公办初中强校工程,做好中招改革落地工作。高中教育:组建市实验性示范性高中引领的中小学集团,推进青浦一中等特色普通高中创建,构建复旦附中青浦分校国际教育体验中心课程框架,推进普通高中新课程新教材实施工作。特殊教育:完成《2018—2020特殊教育三年行动计划》各项行动任务,全区残疾幼儿入园率90.7%,义务教育阶段入学率100%,强化自闭症、脑瘫、听力语言康复训练基地建设,学前特教点实现各街镇全覆盖。民办教育:保障青苹果、金凤凰、太阳花3所民办园顺利迁址,组织开展协和、平和、行知、佳艺4场民办园展示活动;实现校外培训机构的智慧管理,上线运行信息管理平台,针对培训机构“营转非”工作开展走访,义务教育阶段学科类培训机构压减率91.35%。 (夏春花)

■区中考改革推进专题会议召开 3月4日,“聚焦中考改革关键点,找准课堂改进突破口”——青浦区2021年中考改革推进专题会议在区教师进修学院举行。会议指出,中考改革是国家深化招生考试制度、推进评价改革达成育人方式变革的一项重要工作,改革注重学生全面发展,以考试招生引导综合能力培养,推动义务教育优质均衡发展;各校要借力中考改革,打通教育教学中的堵点,为学校发展赋能,扎扎实实提升办学水平;学校在工作推进中,要进一步研究中考改革内容,转化角色,从管理型转向服务型支持型,让中考改革工作平稳落地。会议解读了中考改革综合测试实施意见、中考改革考试要求与安排,并介绍理化实验室建设和保障情况。 (曹佳凤)

■市教委托幼处调研青浦区学前教育发展情况 4月27日,上海市教委托幼处处长孙鸿一行到青浦区进行学前教育工作调研。孙鸿一行实地走访区早教中心(托育中心)和思源幼儿园,观看公益科学育儿指导活动和全日制托班生活活动,并进行座谈交流。孙鸿对青浦区学前教育工作给予充分肯定并指出,0—6岁“善育工程”作为市政府民心工程,是贯彻落实习近平总书记考察上海关于解决“老小旧远”问题重要指示要求,希望青浦区教育局进一步提高家长对公益免费科学育儿指导资源的知晓度,进一步加强科学育儿指导内容的个性化和精准化,因地制宜发挥积极性,提供更多优质的学前教育资源,让更多幼儿家庭受益。 (曹佳凤)

■区特殊教育三年行动计划实施情况终期评估 4月29日,上海市教委就《上海市特殊教育三年行动计划(2018—2020)》实施情况对青浦区特殊教育工作进行终期评估调研。市教委专家评估组在区特教指导中心听取区域特教工作组合汇报,查阅相关工作资料。市教委基础教育处特教工作负责人魏倩主持会议,专家评估组组长陈东珍介绍了此次评估目的、专家评估组成员组成及评估的流程和形式。区教育局有关负责人以《从接纳走向融合:让特殊教育学生公平享受优质教育》为题进行了总结汇报。青浦区辅读学校和区特教指导中心负责人分别以《扬适性教育之帆,筑融入社会之基》《点亮微光 润泽生命》为题,就特殊教育国家课程校本化实施、重残儿童送教上门等工作做了补充汇报。随后,专家评估组就完善体系、医教结合、课程建设、支持保障、区域特色等方面分批访谈区教育局相关职能部门负责人及学校校园长和教师代表,查阅相关工作资料,全面了解区域特殊教育三年工作实施情况。市教委专家评估组评估结果为A级。 (曹佳凤)

9月23日,“‘实验’改革:深耕课程育人渠道,培育学生核心素养”——2021年青浦区课程教学季系列活动开幕式举行 (区教育局供稿)

■2021年青浦区课程教学季开幕式举行 9月23日,“‘实验’改革:深耕课程育人渠道,培育学生核心素养——2021年青浦区课程教学季开幕式暨学校课程领导力行动研究项目推进会在区实验中学举行。第十届国家督学、中国教育学会副会长、上海市教育学会会长尹后庆参加开幕式。尹后庆以《更高质量追求下的课程改革》为题,从中国基础教育课程改革再次启程的主要特点及从上海的两期课改走向国家的“双新”2个方面作专题报告。课程教学季系列活动历时4个月,分为区级主题研讨与展示专场、学段研讨与展示专场、学科研讨与展示专场、学校研讨与展示专场。活动期间,涉及各学段学校52所,区级学科公开课100节。 (曹佳凤)

■区小学教学管理研讨活动　11月3日,以"优化作业设计,加强作业管理,减负提质增效"为主题的区小学基于绿色指标改进的教学管理研讨活动在区思源小学举办。区教育局、区教师进修学院、各小学相关负责人参加活动。活动指出,要提升作业管理理念,充分认识作业育人价值;要提升作业管理能级,切实保障减负提质增效;要提升团队合作能力,系统构建校本化作业体系。会上,上海市教委教研室张新宇博士作《单元作业设计:关键问题与操作建议》讲座;实验小学、蒸淀小学、思源小学分别以《精细作业管理,提升作业品质》《以绿标为导向,优化作业管理,提高作业效能》《优化作业管理从规范中起步》为题交流;区研修中心就学科作业的优化设计与实施进行交流。

（曹佳凤）

■义务教育课后服务工作　课后服务工作作为"双减"工作和"五项管理"的重要举措,区教育局以"学校用心、教师贴心、学生开心、家长放心"为工作目标,进一步加强统筹规划,健全保障体系和管理机制,切实提升校内课后服务水平。全区课后服务已经达到愿留尽留全覆盖,公民办全覆盖,工作日全覆盖。参与课后服务的学生55906人,参与课后服务的教师5288人。（曹佳凤）

职业教育

■概况　2021年青浦职业教育坚持"集团化办专业"工作思路,围绕"产教融合校企合作",大力开展高素质技能型人才培养。制订《长三角生态绿色一体化发展示范区职业教育一体化平台建设方案》,筹建职业教育产教融合旅游服务类专业协作组。修订《关于进一步促进青浦区中等职业学校校企合作基地建设的实施意见》,打造15个"教育部—市—区"三级开放式公共实训基地(中心),建成70个区校两级校企合作基地。创新实施"现代学徒制"和"企业新型学徒制"新型培训模式。紧密对接华为、网易等区域产业资源,全面启动区新型高职院校建设,完成示范区中高职衔接教育跨省招生工作。年内,上海工商信息学校《数控电火花线切割加工》课程获"教育部课程思政示范课程",该课程建设团队被评为教育部课程思政教学名师和团队。　（曹佳凤）

■2021年职业教育活动周　5月24日,长三角生态绿色一体化发展示范区职业教育活动周启动仪式在江苏吴江举行。职教活动周以"技能,让生活更美好"为主题,由长三角生态绿色一体化发展示范区执委会指导,江苏吴江、上海青浦、浙江嘉善三地教育局及政府相关部门共同主办。仪式上,介绍青浦职教活动周相关情况,并举行最美职教教师、最优小工匠、最美职教毕业生、最佳校企合作企业颁奖仪式。（曹佳凤）

■中高职贯通飞机机电设备维修专业教学标准建设启动会　5月25日,上海市"飞机机电设备维修专业"中高职贯通专业教学标准开发项目启动会议举行。上海市教委教研室、上海民航职业技术学院、民航行业专家、工商信息学校相关领导以及标准开发小组的核心成员等参加会议。会议介绍《标准》开发项目的实施计划,从团队组建、课程调研、课程结构内容分析、教学条件分析等方面介绍前期筹备工作情况。

（曹佳凤）

成人教育

■概况　2021年,青浦区持续深化"学习型社会"建设,推动终身教育内涵发展。推进学习型城区建设监测工作,打造全民终身学习理念,承办上海市"红色修身,文明实践"人文行走市民修身系列活动、青浦区"红色印记・薪火相传"市民分享会。举办区第十七届全民终身学习活动周,相关信息被发布在教育部全民终身学习活动周官网。深化学校内涵发展,香花桥成校通过2021年上海市街镇社区(老年)学校优质校建设评估。推进课程建设,重视教师专业发展,优秀微课在金色课堂连续展播7周。把家庭教育融入社区教育,构建覆盖城乡的家庭教育指导服务体系。开展老年社会教育8272人次、群众性老年教育(含居村)73963人次,搭建线上线下一体化学习平台,加强老年教育信息化建设,开展"随申办"老年学习报名试点。　（夏春花）

■成人教育系列活动　6月22日,以"红色修身,文明实践"为主题的2021上海市民终身学习人文修身主题活动暨"红色印记・薪火相传"市民分享会在陈云纪念馆举行。活动由长三角一体化示范区执委、上海市教育委员会、上海市精神文明建设委员会办公室作为指导单位;市民终身学习人文行走工作办公室、秘书处,青浦区精神文明建设委员会办公室、青浦区教育局、吴江区教育局、嘉善县教育局主办。分享会向三地教育局职成教科赠送人文行走大礼包,并通过视频见证三地市民代表进行人文行走火炬接力。启动仪式后,与会嘉宾前往陈云纪念馆展厅进行人文行走活动。10月22日,"谱终身学习新篇　展幸福社区新局"——青浦区第十七届全民终身学习活动周开幕式正式启幕。开幕式公布首批"幸福社区领诵员"名单。　（曹佳凤）

科艺体卫劳教育及其他

■概况　2021年,青浦教育坚持"五育并举"(德智体美劳全面发展)落实立德树人根本任务。推进思政课一体化建设,组织"五育融合:一体化立德新常态"等系列教育活动,打造"上善学子追光记"主题教育品牌,开展"听00后讲党史"等特色实践项目;深化"上善思政大讲堂",工商信息学校被命名为教育部"全国职业院校课程思政研究中心",成立"青浦区班主任工作室联盟"。开展青浦区小学提升课程领导力现场展示研讨活动,实施"强课堂、强作业、强教研、强底部"提质行动,开展小研究员的课题培育活动,开设青少年科技创新班,车模赛项获市模型节团体第二名,"未来工程师"赛项获市团体第四名。保证学生每天校园体育活动1小时,完善"健康知识+基本运动技能+专项运动技能"学校体育教学模式,建立学生体质健康档案,建立学生视力状况监测机制。举办第十一届青浦区学生艺术节各类艺术展演活动,组织各类区艺术单项比赛、区中小学生艺术展演活动。研制《青浦区关于全面加强新时代中小学劳动教育的实施办法》,成立"青浦区中小幼劳动教育协作联盟”，开展全区首个“学生劳动教育宣传周”主题活动，实验中学等10所学校获评“上海市中小学（中职校）劳动教育特色校”。

坚持依法治教优化教育治理体系。落实校园疫情防控措施，做好师生员工返校管理，落实教育系统集会类活动申报审批工作，持续做好师生员工新冠疫苗的接种工作。强化校园安全治理和未成年人保护，推送11个涉及“未保法、民法典、预防未成年人犯罪”的法治讲座，开展“平安校园，法治护航”的宣传主题活动，组织“学宪法，讲宪法”系列宪法宣传学习活动，实施“开学第一课”电梯安全教育活动，与区民政部门交接未保办工作；学校更换超55周岁保安人员，配备专职保安和器械，完成65所学校校舍应急修缮、57所学校消防整改。规范教育经费使用管理，全年教育经费394566.16万元，进一步调整优化结构提高教育经费使用效益。研制《青浦区基础教育“十四五”基本建设规划》，完成青浦复旦兰生学校开班招生，完成73所学校“确权补证”。制订区域教育信息化“十四五”发展规划，开展沪滇远程同步课堂教学试点工作，开展中小学教师信息技术应用能力提升工程2.0培训工作。完成责任督学换届聘任工作，开展学校办学水平综合督导评估工作，开展“构建视力友好型校园环境”主题性督导，开展“双减”“五项管理”“贯彻落实党的教育方针”专项督查。（夏春花）

■区中小学劳动教育工作推进会 5月14日，2021年青浦区中小学劳动教育工作推进会暨“学生劳动教育宣传周”主题活动在区实验中学举行。会议指出，加强劳动教育是建立现代教育治理体系的重要途径、是构建德智体美劳全面培养的教育体系的重要内容、是培养时代新人的重要载体；要通过用好校内外劳动实践场所资源，加强馆校和社校合作，加强对学校、学生的评价，进一步推进中小学劳动教育工作。会议同时举行“青浦区中小幼劳动教育协作联盟”签约仪式，并印发《青浦区关于全面加强新时代中小学劳动教育法》。（曹佳凤）

■区第三届责任督学换届聘任大会召开 10月28日，区教育督导委员会副主任、区教育局部分领导，区人民政府教育督导室全体专职督学及区第二届、第三届责任督学参加会议。会议指出，第三届责任督学要注重全面督导，关心学校管理团队发展，切实推进学校工作规范发展。会上，宣读青浦区第三届责任督学聘任名单，颁发责任督学颁发聘任书。区人民政府教育督导室负责人总结区第二届责任督学挂牌督导工作，介绍区第三届责任督学选聘情况，并解读责任督学工作职责。（曹佳凤）

■沪滇远程同步课堂教学试点工作现场调研 11月2日，市教委沪滇远程同步课堂教学试点工作推进情况现场调研在青浦区御澜湾学校举行。市教委专家、区教育局相关负责人以及区首批4所试点学校（御澜湾学校、瀚文小学、崧文小学、毓秀学校）项目负责人和执教教师代表出席。市教委专家组肯定青浦区沪滇远程同步课堂教学推进工作取得的成效，同时建议各试点学校从“充分了解同步课堂与平时课堂的不同”“构建共同备课模式”“明确双师分工的职责”“完善环境设备配置”等方面寻求问题的突破。（曹佳凤）

■第十一届学生艺术节闭幕式 11月18日，“点燃艺术梦想，唱响时代旋律”青浦区第十一届学生艺术节闭幕式在区科技文化活动中心举行。活动由区教育工作党委、区教育局主办，区青少年活动中心承办。闭幕式上，区艺术教育特色学校校长、区艺术社团指导教师、区艺术教育先进个人代表上台领奖接受表彰。历时8个月的艺术节共开展活动20余项、线上参与人次20000余人、线下参与人次2000余人。（曹佳凤）

■开展德育工作系列活动 11月29日，主题为“五育融合：一体化立德新常态”的青浦区“上善”立德专项行动推进会暨德育综合改革现场展示活动在青浦区沈巷小学举行。会议特邀华师大基础教育改革与发展研究所所长李政涛教授作主题为《五育融合推动基础教育高质量发展》的专题报告。上海市中小学骨干教师德育实训基地主持人张蔚芹主持以“在融合实践中实现全面发展”为主题的沙龙。11月29日，长三角地区中小学德育创新论坛交接仪式在青浦区崧泽学校举行。市教委德育处、奉贤区教育局、奉贤区教育学院、青浦区教育局、青浦区教师进修学院有关领导参加此次活动。长三角地区中小学德育联盟秘书处秘书长、奉贤区教育局副局长周英介绍长三角德育联盟工作开展情况。交接仪式宣告2022年长三角地区中小学德育创新论坛由青浦区承办。（曹佳凤）

WENHUA MEITI

文化·媒体

◎ 编辑 吴言荻

综述 / 文化产业和市场管理 / 文化艺术
图书馆事业 / 文博事业
新媒体 / 广播影视 / 《青浦报》

综　述

2021年,青浦区将青浦特有的江南文化、红色文化、海派文化资源转化为城市发展资本。推进朱家角古镇参与江南水乡古镇联合申遗、青西三镇创建国家级文化生态保护示范区等一系列重点项目创建工作。结合家门口好去处评选,深化环城水系文化植入,完善15分钟文化生活圈。做好知道书院名人馆运营,以"江南文化"为主题举办文化讲学、论坛。全面提升"文化青浦云"平台在线服务深度、广度和效能。深化三地阅读联盟、藏品联展、展演巡演等交流。推进"非遗在社区"工程,做好优秀传统文化宣传推广,办好"文化和自然遗产日"系列活动。做好传承发展中的特色运用,以崧泽、福泉山、青龙镇三大遗址为核心,推动上海古文化走廊建设,体现"三十里水路看六千年历史"。持续举办长三角国际民歌节;结合庆祝中国共产党成立100周年,策划"共走红色路·同游长三角"红色文化巡礼系列活动;强化区域合作,策划红色旅游、乡村旅游联动活动,打造长三角生态绿色一体化发展示范区文旅合作新模式。做好"进博会"服务保障工作,深化行业文明创建,推动文旅行业健康发展。

2021年,上海青浦文旅发展(集团)有限公司坚持文化和产业竞争力并举,按照文旅功能提升等相关要求,推进青浦文旅产业经济和社会效益的双提升,为青浦实现全面高质量发展、唱响上海文化品牌、长三角江南文化示范区建设提供有力的精神动力和文化支撑。

2021年,青浦区融媒体中心紧扣"一条主线"、做到"两个坚持"、推进"三大融合",着力提升新闻舆论引领力、传播力、影响力,开创媒体融合发展新局面,为服务国家战略、开启全面现代化新征程提供有力舆论支持。中心推进"1+11+X"(1个中心+11个街镇分中心+各区级单位分中心)融媒体集群工作框架,按照《青浦区融媒体中心建设的实施方案》,修订下发街镇分中心考核办法。年内,建设西虹桥党群服务中心融媒驿站、长三角一体化金融产业园融媒驿站、青浦新城融媒驿站;挂牌建立青浦区房管局分中心等9家分中心,建立工作微信群组,发布有关文件、政策、宣传口径,策划主题宣传。评定青浦区2021—2023年度"首席新闻传媒人才"10名、"名优新闻传媒人才"17名。

（陆佳欢　丁启涛　何　敏）

文化产业和市场管理

■概况　2021年,青浦区聚力抓项目、促动力,文旅产业发展提质增速。开展文创资金推荐申报,共19个文创项目获得总扶持资金3928万元(其中市级扶持资金1964万元,区级扶持资金1964万元),预计带动社会投资总额1.26亿元。编制完善系列规划计划,科学编制《青浦区文化事业和产业发展"十四五"规划》并以青浦区人民政府名义发文向社会公开。推动文旅数字化转型,完成区文旅信息服务平台一期项目及智慧旅游展示厅设施设备服务项目建设。突出特色优势,打造文创园区特色品牌,指导区内企业参加市级文创产业园、示范楼宇、示范空间考核评估。培育发展儿童零售、育乐、体验、文创和旅游等多种新业态模式加强旅游品牌建设。推动金泽镇莲湖村入选第三批全国乡村旅游重点村,打造集农业休闲、文旅创意一体融合的田园综合体。同年,聚力严执法、筑防线,规范市场监管秩序。根据2021年A级旅游景区复核工作安排,对标复核重点内容,强调景区常态化防疫和预约工作,指导2家4A级景区做好复评准备工作。推进"一网通办"改革,大力助推文旅行业营商环境再升级。加强"一件事"的宣传引导和窗口业务支撑,提升"一件事"的实施效果和办件数量。对照"两个集中"工作要求,推进12项依申请行政权力事项进驻政务服务中心。至年底,受理139件(3件受理中),网上办结136件,网上办结率100%。

（陆佳欢）

■打造文创园区特色品牌　指导区内企业参加市级文创产业园、示范楼宇、示范空间考核评估,在原有5家市级文创园区、1家市级文创示范空间和1家市级文创示范楼宇通过复评的基础上,麦迪睿医械e港和e通世界园区被新认定为2021—2022年度市级文创产业园,朱里雅集被新认定为2021—2022年度市级文创示范空间。培育推动文创园区优质发展,以赵巷镇元祖梦世界为代表,培育发展儿童零售、育乐、体验、文创和旅游等多种新业态模式;以练塘镇阿特麦文化创意产业园为代表,培育打造"手工艺文化体验+主题旅游+创意互动+农业经济+文化旅游"为特色的文化特色产业园和美丽乡村实践基地。

（陆佳欢）

■加强旅游品牌建设　推动金泽镇莲湖村入选第三批全国乡村旅游重点村,打造集农业休闲、文旅创意一体融合的田园综合体。鼓励支持蔡伯伯生态农庄等创建为全国三星级休闲农业与乡村旅游星级企业(园区),太阳岛国际俱乐部创建为四星体育旅游休闲基地,阿特麦文化创意产业园创建为市工业旅游景点服务质量达标单位。

（陆佳欢）

■A级景区等级复核　根据2021年A级旅游景区复核工作安排,对标复核重点内容,指导2家4A级景区做好复评准备工作,迎接市级复评工作组。邀请市社科院和市旅游协会景区分会有关专家对区内3家3A景区开展复核。年内,全区5家A级景区完成验收。

（陆佳欢）

■开展平安景区创建　制订实施方案、细化责任清单,推进景区综合治理措施全面落实;同步推进景区预约管理服务优化,扩大预约制度覆盖面。年内,共有8家景区参与平安景区创建,其中3家授予平安示范景区,5家授予平安景区。（陆佳欢）

■开展文化市场专项行动　落实推进"卫星锅"整治,组织制定《青浦区卫星地面接收设备整治方案》,排摸非法"卫星锅"1517个,通过自拆、助拆已全部拆除实现清零。加大无证经营场所的取缔力度,巩固无证歌舞娱乐场所整治成果,联合属地街镇加强区域7家音乐茶座变通KTV的监管、取缔无证网吧2

家。落实“扫黄打非”工作，深入推进“护苗2021”“净网2021”“秋风2021”等专项行动，共查处出版物案件5件、印刷案件15件、版权案件1件，收缴各类物品329件。（陆佳欢）

文化艺术

■**概况** 2021年，青浦区以庆祝中国共产党成立100周年为主线，在服务群众、打造品牌、创新机制和传播文脉等方面取得新进展。至年底，共开展“我为群众办实事”项目活动145次，群众参与32160人次。开展市民艺术节、市民合唱大赛、“放歌淀山湖”青年歌唱大赛等活动。开展“党旗飘飘·红心向党”庆祝建党100周年——2021青浦区群众文艺原创作品展评展演活动，遴选出8个优秀作品参加2021年上海市群文新人新作展评展演活动，并获优秀新人新作奖。举办“那一抹明亮的红”——传红脉、颂英雄长三角红色故事赛事创作征集大赛、故事创作讲演大赛。打造特色文化品牌，如“喜迎建党百年·传承红色经典”——青浦区优秀文艺团队桥梓湾商圈展演活动；2021年青浦区文化科技卫生“三下乡”启动仪式暨“学党史、听党话、跟党走”主题宣传教育活动；“百年奋进初心路·抢拼实善新征程”青浦区庆祝中国共产党成立100周年文艺演出；“献礼百年·党在我心中——庆祝建党100周年桥梓湾广场天天演活动；“童心向党·舞动梦想”2021年青浦区少儿舞蹈大赛；“传承红色记忆·唱响百年传奇”2021青浦区放歌淀山湖青年歌唱大赛等。

全面开展公共文化资源配送。全年配送区级文艺演出272场、艺术教育159场；市级文艺演出91场、艺术教育128场，至年底，累计受众10.5万人次。农村公益电影放映6905场，受众28.2万人次。6—10月，“电影不老、精神永存”老电影展映在各街镇放映48场。全区公共图书基层服务点100%全覆盖，配送图书13790册。6月，为每个基层服务点暨行政村农家书屋配送《百年大党正年轻》《这就是中国：走向世界的中国力量》《光荣之城：上海红色纪念地100》及“四史”学习等书籍35册，为江南村、和睦村增配经典红色专柜图书650册。11月，开展公共图书基层服务点专题配送，配送少儿读物、医疗健康、科学技术等书籍6239册图书。“文化e站”栏目上线各类节目149个，“线上少儿手工直播”点击量11472次，参与活动12748人次。线下演出线上同步直播5次，线上观赏节目11万人次。年内，完成全区329个村居“一村一居一活动”项目，“实事工程——便民服务”文艺配送333场、公益电影放映6350场，超额完成6300场年度指标。10月1—8日，邀请上海勤苑沪剧团、上海紫华沪剧团、上海长宁沪剧团和青浦、嘉兴、吴江等地区选送的共7个戏曲艺术团队进行剧目集中展演。（陆佳欢）

■**2021上海（青浦）市民文化节系列活动** 3月28日，2021上海（青浦）市民文化节在主会场青浦博物馆的“新城环湖发现之旅”正式启动，还在区内分会场设置“喜迎建党百年·传承红色经典”——青浦区优秀文艺团队桥梓湾商圈展演、“党旗飘飘·红心向党”庆祝中国共产党成立100周年——2021青浦区群众文艺原创作品展评展演、“红色记忆，光辉历程”——中国共产党成立100周年发展纪实展、“阅读润童心·朗诵伴成长”亲子语言艺术讲座、“生活美，时代红”社区红色故事汇“文化服务日”青浦专场等文化活动。4月24日，“唱支山歌给党听”2021年上海市民文化节市民合唱大赛青浦区复赛在青浦文化剧场举行。5月20—21日，青浦区推选的5支合唱团队进入上海市百强合唱团，代表青浦在保利上海城市剧院参加2021年上海市民文化节市民合唱大赛决赛，华新镇七彩梦合唱团（老年组）荣获“百支优秀市民合唱团五星团队”；赵巷镇崧韵合唱团（成人组）、朱家角镇春晖合唱团（成人组）、夏阳街道“七月”合唱团（老年组）以及盈浦街道季风合唱团（老年组）荣获“百支优秀市民合唱团三星团队”。5月3日，2021年上海市民文化节中外家庭戏剧大赛总决赛暨颁奖典礼在中国福利会儿童艺术剧院马兰花剧场举行，由盈浦街道社区文化活动中心选送的缪拙言家庭《逃家小兔》和赵巷镇社区文化活动中心选送的王添宜家庭《别打扰我吃饭》最终获得“百个戏剧之家”称号，其中缪拙言家庭《逃家小兔》获本届中外家庭戏剧大赛最具创意奖，青浦区文化馆获最佳组织奖。

10月30日，2021青浦区“放歌淀山湖”青年歌唱大赛决赛在文化剧场举行。盈浦街道社区文化活动中心获优秀组织奖。年内，组织参加2021上海市民文化节市民舞蹈大赛，重固镇“泉之律”广场舞队、白鹤镇鹤韵舞蹈队、华新镇夕阳红健身队获优秀舞蹈团称号。（陆佳欢）

■**举办上海青浦淀山湖文化艺术节暨旅游购物节** 9月15日—10月17日，2021年上海青浦淀山湖文化艺术节暨旅游购物节举行，包括红色旅游、乡村振兴、青浦新城建设、文旅商农联动、长三角一体化等相关主题活动。包含从上海之源到上海之门——青浦建城500年档案史料展、“传承红色记忆·唱响百年传奇”放歌淀山湖青年歌唱大赛、典瑞流芳——夏瑞芳诞辰150周年纪念展、“青天绿水·浦江溯源”研学旅行产品发布、百联奥特莱斯金秋大麦季、2021上海练塘茭白节暨古镇旅游购物文化节、寻梦源第一届菊花节、朱家角江南水乡音乐节、“建筑可阅读·走进大观园”直播探访等相关活动。（陆佳欢）

■**“献礼百年·党在我心中”——庆祝中国共产党成立100周年桥梓湾广场天天演活动** 10月8—15日，以“献礼百年·党在我心中”为主题的青浦群文活动知名品牌“市民大舞台”天天演活动在桥梓湾广场举行。该品牌活动自开办起已累计活动场次166场，受惠群众达170000人次。（陆佳欢）

■**“田山歌”非遗实景演出活动** 5月1日，国家级非遗名录“青浦田山歌”实景剧《乡音归来》首演在青西郊野公园内莲湖村举办，全区51名劳模代表观看演出。实景剧《乡音归来》非遗实景演出在原生态环境的基础上中融入戏剧化的内容，叙述劳动者春播、夏管、秋收的田野故事。《乡音归来》全年演出共计8场，活动共吸引800余人参与，同

5 月 1 日，国家级非遗名录“青浦田山歌”实景剧《乡音归来》在青西郊野公园首演　（区文旅公司供稿）

时衍生各类农业文化类文创产品。（丁启涛）

■**定制化研学活动**　10 月 23 日，文旅公司联合兰生复旦学校组织“回归自然，感受郊野”和“走进大观园，解读《红楼梦》”2 场定制化研学活动，吸引近 1200 名学生参加，同步推广“狮狮如意”文创产品。（丁启涛）

图书馆事业

■**概况**　2021 年，青浦区图书馆推进总分馆制建设，向社会公开征集阅读推广内容供给项目，为分馆及基层服务点提供“菜单式”阅读活动配送服务。从 9 月起，通过主题推荐、菜单定制的方式向各街镇分馆、基层服务点和创新服务点供给阅读活动 134 场。二期扩容后的新馆舍正式投入使用，阅读区域进行重新布局，重点扩充少儿阅览及活动区域，扩容后馆舍面积达 16000 平方米，阅览座位数 1608 个，新增 RFID 智能管理系统，实现自助借还书功能。同时读者餐厅投入使用。

全年新增图书藏量 45657 册；新办读者证 10700 张，累计有效证 64000 张；接待读者 29.8 万人次，日均接待量 817 人次；借还图书 71 万册，日均借还图书量近 2000 册；总服务台解答读者各类咨询 2000 余次；举办各类读书活动 124 场，参与人数 7.4 万人次；全年累计为 32 家馆外服务点服务 4 次，提供图书 749 册；微博粉丝 1.5 万人，发布信息 197 篇；微信订阅号 35490 人关注，发布信息 209 篇；图书馆网站访问量 31323 人次。（陆佳欢）

■**举办“清阅朴读”全民阅读季**　4—7 月，区图书馆、各镇街道图书馆依托品牌项目，推出讲座、展览、科普体验、演讲诵读等系列读书活动。活动期间，区图书馆联合长三角一体化阅读联盟各成员单位重点开展“阅美·图书馆”长三角一体化阅读联盟青浦赛区摄影作品征集、“抢拼实善迈征程　同心奋斗跟党走”青浦区庆祝中国共产党成立 100 周年主题诗歌朗诵展演、“党的光辉照我心”长三角一体化阅读联盟诗文朗诵会五地巡演及长三角一体化阅读联盟少儿阅读推广人大赛等。全民阅读季共开展各类线上线下活动 222 场次，受众达 8 万人次。（陆佳欢）

■**深化打造“青溪讲坛”品牌**　开展青浦地方文化、江南文化、中华传统经典文化等主题系列精品讲座，讲坛全年开展讲座 28 场次，有“寻访红色足迹”亲子行走阅读系列讲座、“百年风华·国之重器”科普系列讲座和“青溪讲坛·云读党史”线上系列讲座 5 场，线下讲座 23 场，含进学校 2 场，进社区 1 场，进农村 1 场，全年参与讲座人数为 18082 人。11 月 23 日，“博阅和韵·青溪经典之夜——民乐与诗词雅颂”沉浸式阅读体验活动在青溪园知道书院举行。（陆佳欢）

■**开展“小鸡 Book”爱·智慧阅读成长计划**　少儿馆每月开展 2 期面向 2—6 岁的婴幼儿“爱·童心”绘本故事会活动。3—6 月，青浦图书馆与青浦区实验小学青湖校区继续开启 2021 年“爱·智慧”阅读探究课程，共开展 12 次。内容包括国内外儿童文学大奖及代表作

4 月 22 日，“清阅朴读”全民阅读季暨“阅美·图书馆”长三角一体化阅读联盟摄影征集启动仪式在青浦区图书馆举行　（区文化旅游局供稿）

品导读。（陆佳欢）

文博事业

■概况 2021年，区文化和旅游局深入挖掘文博和非遗资源，探索文化遗产，活化利用渠道，推进文旅融合。围绕上海旅游节“建筑可阅读”活动主题，结合“双减”之后区内文博类研学产品研发，在上海淀山湖文化艺术节暨旅游购物节期间策划推出“建筑可阅读·青浦新发现”主题活动。进一步挖掘朱家角、练塘、金泽三镇文旅资源，结合文物建筑、非遗项目以及古镇文旅活动加大青西三镇宣传力度。围绕“百年百大考古发现”推出系列宣传，11月27日，通过上海人民广播《周末来打卡—走读上海》节目多平台直播，推出崧泽文化主题打卡宣传及衍生报道，直播观看人数达到7.6万人次。组织非遗项目参加第二届江南国潮节。制订《青浦区不可移动文物三年修缮计划(2021—2023)》。文物修缮工作全面开展，全年累计开展14项文物保护工程，竣工验收6处，投入修缮资金1807.46万，实施保护项目3个，总投入355.51万元。年内，崧泽遗址入选“百年百大考古发现”，青龙镇遗址作为上海唯一一处入选遗址被国家文物局公布为“十四五”时期150处大遗址之一。开展朱家角西漾淀遗址、王昶家族墓、陆伯琨家族墓文物埋藏区勘探；配合上海博物馆、白鹤镇实施青龙镇遗址考古勘探工作，勘探面积近9平方公里，计划发掘面积约800平方米；配合上海博物馆对福泉山遗址北侧等区域进行发掘，计划发掘面积约600平方米。推进上海古文化走廊规划研究，落实“青龙镇、福泉山遗址保护”挂图作战项目。启动国家级文化生态保护区规划纲要编制。推进《挖掘江南古镇文化底蕴和时代价值》课题研究。开展红色资源传承弘扬和保护利用调研，陈云故居、东乡革命烈士陵园等9处革命史迹被公布为2021年上海市第一批、第二批革命文物名录。

全年举办展览9个：“卉声卉色——丁融画展”“奇士艺风——青浦一百零六岁铁禅画展”“致敬先贤——陈大健青浦名人国画展”“远古回声——半坡遗址和半坡文化展”（与半坡遗址博物馆合办）“为新中国奋斗——宋庆龄事迹展”“荣光铭记——青浦革命和建设百年图典”“典瑞流芳——夏瑞芳诞辰150周年纪念展”“圣贤之道——阳明的故事展”（与绍兴博物馆合办）、“瑞祥古鉴——夏国权铜镜收藏展”。实施展览“走出去”战略，加强长三角地区馆际交流，与嘉善、吴江博物馆共同策划“海上花开——长三角海上画派联展”，推送馆藏扇面与上海鲁迅纪念馆联办“清风徐来——江南文化扇面展”。（陆佳欢）

1月15日，“筑梦乡村·幸福小康”——金泽镇美丽乡村东西村村晚举行（区文化旅游局供稿）

■举办2021年“文化和自然遗产日”活动 6月12日，2021年青浦区文化和自然遗产日主题活动在练塘镇东庄村举行。活动现场举行7批共计19项区级非物质文化遗产名录项目授牌仪式。练塘和朱家角的两个歌队在现场唱响原生态田山歌。（陆佳欢）

■4家工作室入选第一批上海市非遗传承人社区传承工作室 阿婆茶传承团体保护传承工作室、何磊船拳保护传承工作室、杨晓峰田山歌保护传承工作室和杨勤峰练塘糕团保护传承工作室入选第一批上海市非遗传承人社区传承工作室。社区工作室已与各社区文化活动中心签约。（陆佳欢）

■崧泽古文化遗址荣登“百年百大考古发现” 10月18日，在“第三届中国考古学大会”开幕式上，上海青浦崧泽遗址被公布为“百年百大考古发现”之一，为上海市唯一入选的古人类活动遗址。（陆佳欢）

新媒体

■概况 2021年，青浦区融媒体中心坚持“围绕中心、服务大局”宣传理念，聚焦“党史学习教育”“青浦两会”“青浦新城发展战略”“长三角一体化发展示范区建设”“服务保障进博会”“疫情防控”等重点工作，推广“绿色青浦”微信公众号、微博、短视频等平台。根据各街镇和处级单位微信工作号的关注数、报送数、录用数、阅读数、点赞数、评论数，形成《“绿色青浦”政务新媒体传播影响力专报》，至年底，共编发12期。（何　敏）

■增强传播力影响力 年内，“绿色青浦”客户端发布信息5412条，其中短视频433条，累计播放1.4亿次，点赞252万次；“绿色青浦”微信公众号发布微信5304条，粉丝数35万人，涨粉近20万人，增幅146%，“青浦区这些机构可以做核酸检测”单条阅读量超11.5万次；“绿色青浦”微博发布微博18632条，粉丝数12万人;"绿色青浦"视频号、抖音、快手粉丝数均突破30万人,"庆祝建党100周年 青浦5处绿雕'换装'亮相"在快手平台播放量达5471万次,点赞152.8万次,评论217条。(何 敏)

■丰富宣传方式 "绿色青浦"客户端、微信、微博开设"党史学习教育"专栏,推送报道1834条,阅读量142万次;发布"青浦新城""长三角生态绿色一体化发展示范区"等相关视频60条,阅读量1062万次;发布"进博会"主题新闻、短视频613条,阅读量1200万次。推出"瞰,不一样的青浦新城"系列航拍报道17期,阅读量12万次;联合区人才办、区科委科协,推出"科创在青浦"系列报道5期,阅读量13万次;联合区市场监督管理局,推出"首席质量官话质量"系列专题短视频6期,阅读量10万次。"绿色青浦"客户端新增6项新功能,包括主题页面改版、开设二级融媒号、app跨区互通、断点续传、消息搜索、会员积分线下兑换功能。(何 敏)

■直播新技术 年内,完成直播58场次。"上海之门进博眼第二季"护航篇、企业风采篇、探馆篇11场,观看人数10万人次;"'直击烟花'慢直播",观看人数30万人次;联合中山医院青浦分院推出"健康医加益"系列名医健康科普直播活动14场,观看人数25万人次;联合区供销社、现代农业园区开展示范区老字号产品展销直播、蓝莓采摘季直播活动等。(何 敏)

广播影视

■概况 2021年,广播影视宣传工作坚持正确舆论导向,弘扬主旋律,传播正能量,不断丰富和发展报道形式和方法,全面提升正面宣传效果。全年,电视直播时长5499小时,广播播出时长5394小时,《青浦新闻》共播出313期,《青广新闻》共播出313期。完成4K+5G全媒体转播车的验收并投入使用,提升"进博会""党代会""幸福社区"等重要会议及活动的转播制作水平。(何 敏)

■影视制作 播发电视新闻2970条,其中自采新闻2594条,特约记者539条,摘播新闻30余条。重点内容有:"党史学习教育""潮涌长三角·奋进示范区""奋斗百年路·启航新征程""新时代青浦幸福社区""青浦新城高质量建设""人大代表说""喜迎党代会 建设新青浦""护航进博会"等。市级媒体发稿近500余篇(包括上海电视台、上海发布、东方卫视、看看新闻网客户端等),中央电视台发稿5篇,多篇稿件被新华社、人民日报等录用或转载,获上海广播电视奖2项。内容播出方面,围绕建党百年主题,购置《跨越时空的回信》《共同的红色记忆》《人民的选择》《新时代先锋》等纪录片,《鸡毛信》《月牙儿》等动画片。年内,通过外购加编辑等方式,共播出电视剧37部1630集,纪录片11部780集,动画片21部804集。(何 敏)

■广播节目 年内,推出《乐活青浦》《青听健康》2档自办节目,《历史传奇》《孔子学堂》《音乐不了情》《长篇连播》4档外购节目。向上海东广交通广播等平台发稿420余条,被东广交通广播录用80条。播音主持人员参与"融主播看两会政协开幕式""春节新闻坊直播""新时代奋斗奖表彰会""青浦新城推介大会"等近百场各类会议和活动。参加上海广播电视台联合全国50家电视台制作的"理想照耀中国——庆祝建党百年系列联合融媒直播"。推出"幸福青浦——街镇实景访谈"系列节目11期;"百年大党·腾飞在青浦"企业家系列访谈15期。(何 敏)

■主题活动 年内,开展"奋斗百年路·启航新征程"新闻宣传作品征集评选活动,征集媒体融合类作品35部、媒体创意类作品9部、电视新闻类作品8部、宣传视频类作品77部,共计129部。举办"上善好少年·爱党爱家乡"首届青少年主持人大赛,设小学组、中学组。举行"区融联动庆百年"党史学习教育挑战答题活动,专栏发布党史学习教育报道2718条。(何 敏)

《青浦报》

■概况 2021年,《青浦报》围绕庆祝中国共产党成立100周年、党史学习教育、疫情防控、服务两大国家战略、乡村振兴等宣传重点,编发各类稿件,完成全年刊发任务,全年新增订阅份数652份;按照扩大扩容扩展要求,完成《青浦报》整体改版升级工作,新增新闻评论等专栏;7月起,与《上海日报》合作,推出英语月报,每月1期。(何 敏)

■主题宣传 《青浦报》全年编发104期、484个版面(包含各个专版),内容涵盖要闻、综合新闻、经济新闻、社会社区、民生新闻、科教卫新闻等。先后开设《谋划十四五》《走向我们的小康生活》《实施乡村振兴战略》《抓发展·惠民生》《潮涌长三角·奋进示范区》《青浦力量扶贫印记》《创建全国文明城区》《奋斗百年路·启航新征程——学党史·悟思想·办实事·开新局》《我为群众办实事》《学习贯彻十九届六中全会精神·落实区第六次党代会部署要求——奋进新征程·展现新担当》《防控疫情》《加快推进疫苗接种工作》《新时代青浦幸福社区》《进博会倒计时》《政法队伍先进典型》等专栏,其中《奋斗百年路·启航新征程——学党史·悟思想·办实事·开新局》专栏发布信息187篇;《潮涌长三角·奋进示范区》专栏发布信息82篇;《进博会倒计时》专栏发布信息17篇;《防控疫情》专栏发布信息73篇;《实施乡村振兴战略》专栏发布信息48篇。(何 敏)

WEISHENG TIYU

卫生·体育

◎ **编辑 吴言荻**

综述 ／ 医政管理 ／ 疾病预防和控制
卫生监督与执法 ／ 职业安全健康监督管理 ／ 基层卫生服务
爱国卫生和健康促进工作 ／ 家庭发展和老龄工作
群众体育 ／ 青少年体育 ／ 体育产业

综　述

2021 年，青浦区卫生健康委继续从严从实做好新冠疫情常态化防控各项工作，服务保障全区统筹疫情防控和经济社会发展大局，全面完成各项重点工作。年内，全区共有各级各类卫生机构 437 所，卫生技术人员 7010 人。全区各级各类卫生机构门急诊人次数 614.60 万人次，比上年上升 17.29%；出院病人数为 61570 人，比上年上升 15.22%；手术人次数为 45097 人次，比上年上升 21.23%；床位使用率为 77.24%，比上年上升 1.69 个百分点。青浦地区户籍人口期望寿命 84.98 岁，婴儿死亡率 1.26‰，孕产妇死亡率为 0。

2021 年，青浦区体育局立足高位、着眼全局，突出重点、突破难点，大力推进全民健身、竞技体育、体育产业协调有序发展。年内，编制完成《青浦区体育改革发展"十四五"规划》《青浦区全民健身实施计划（2021—2025）》《青浦区体育健身设施补短板五年行动计划（2021—2025 年）》。区培养输送的 3 名运动员参加第三十二届东京奥运会，夺得青浦历史上首枚奥运金牌。8 名运动员参加第十四届全运会取得 3 金 2 银，群众性广播操 1 银和龙舟 1 个第四、2 个第六，3 人获得"全国群众体育先进个人"，3 家单位获"全国群众体育先进集体"。　（田青华　蔡丽萍）

医政管理

■**概况**　持续加快推进医药卫生体制改革，推进公立医院高质量发展。加强医疗服务监管，全面提升医疗服务能级。开展数字健康城区建设，深化"便捷就医服务"应用场景建设，推进示范区医疗机构检验检查报告互联互通互认。持续优化医疗资源布局，复旦大学附属中山医院青浦分院成功创建复旦大学附属医院，该院胸痛中心正式通过中国胸痛中心联盟、中国胸痛中心执行委员会、中国心血管健康联盟、中国医师协会胸痛专业委员会联合认证，复旦大学附属中山医院青浦新城院区项目已奠基，复旦大学附属妇产科医院青浦分院完成室外总体施工，上海市儿童医院长三角一体化示范区医学中心完成签约。社会办医统筹推进，德达医院、冬雷脑科医院形成专科优势。统筹推进院前急救工作，提升社会化急救响应水平。持续对全区 16 家公立医疗机构开展督导巡查，重点检查各医疗机构和医务人员不准将医疗卫生人员个人收入与药品和医学检查收入挂钩、不准开单提成、不准违规收费、不准违规接受社会捐赠资助、不准参与推销活动和违规发布医疗广告、不准为商业目的统方、不准违规私自采购使用医药产品、不准收受回扣、不准收受患者"红包"等。扎实推进扫黑除恶专项斗争，形成长效工作机制。　（田青华）

10 月 23 日，第四届"进博会"医疗卫生防疫保障誓师动员仪式在国家会展中心举行　（区卫健委供稿）

■**推进公立医院高质量发展**　推进以复旦大学附属中山医院青浦分院为牵头单位、朱家角人民医院和 12 家社区卫生服务中心为主体的紧密型医联体建设，做实做细市中医医院西部医联体（区中医医院），重点推进市中医医院与示范区"区域中医医联体"合作。推进儿科、妇产科等专科医联体建设。推动医院开展预约诊疗、远程医疗、临床路径管理工作。全面提升服务满意度，制定《青浦区卫生健康委医疗机构公众满意度测评实施方案》，测评范围扩大至全区 16 家公立医疗机构。扩大医疗服务监督员队伍，邀请部分退休职工参与督导，每月开展两次明察暗访，督促各单位落实问题整改，全年开展督查 230 余次，反馈意见 400 余条。　（田青华）

■**推进数字健康城区建设**　长三角（上海）智慧互联网医院实现线上一体化在线问诊、在线处方、药品配送、在线预约挂号、电子票据等便民服务，已有中山医院、五官科医院、儿童医院、皮肤病医院、儿科医院、市中医院入驻平台，975 名医师完成注册，完成互联网多学科联合会诊、远程门诊、远程查房、线上复诊、线上健康咨询等 3 万余例次，其中远程门诊 5076 例次。云药房完成 775 种药品录入和议价工作。同时向下辐射至基层医疗机构及智慧健康驿站，提供专家"面对面"问诊咨询、上级医院转诊的绿色通道等服务。"依托长三角（上海）智慧互联网医院打造新型分级诊疗模式"获得第四届"上海医改十大创新举措"。　（田青华）

■**推进示范区医疗机构检验检查报告互联互通互认**　制订《长三角生态绿色一体化发展示范区医疗机构间医学影像检查资料和医学检验结果互联互通互认工作实施方案》。年内，完成"互联互通互认"38.82 万人次、人次互认率 90.91%，完成互认检验项目 990.31 万项次、互认率 82.03%，互认检查项目 16.24 万项次、互认率 82.32%。　（田青华）

■**统筹推进院前急救**　在重点场所安装 AED（自动体外除颤器），借助 APP 进行网格化管理，建立长效运行维护机制，在学校、村卫生室、幸福社区、环城水系公园、地铁站等重点场所安装完成300台AED，组织4000人参加急救技能培训。按既定目标推进三地院前急救协同工作，联合开展应急演练、技能竞赛等活动，获2021长三角一体化示范区卫生应急技能竞赛团体三等奖。完成第四届进博会医疗保障工作，派出34人参与核心区、维稳点、核酸采样等保障。 （田青华）

■**推进扫黑除恶专项斗争** 年内，共收到基层单位上报线索15条，其中8条涉及非法行医，7条涉及医托，其中医托线索已上报区扫黑办。未收到区扫黑办移交核查线索，未查到黑恶势力参与。针对无证行医、代孕进行专项整治，共监督检查无证行医风险点402户次，查实25户次，开展打击非法代孕系列宣传活动，未查实代孕事件。 （田青华）

■**中医科教管理** 通过全国基层中医药工作先进单位期满复核。推进第四轮学科建设和人才培养，组织和验收各类科研课题项目。支持市级医学重点专科等建设。发挥金泽、华新两家社区卫生服务中心教学基地作为上海健康医学院附属社区卫生服务中心的作用。加强中医医联体建设和中医合作发展。推进复旦大学中西医结合研究院与青浦区中医医院合作。加强示范区“区域中医医联体”和西部医联体平台合作。落实徐泾、金泽两家中医药特色示范社区卫生服务中心建设，于8月通过验收。推广中医药适宜技术，扩大中医药服务领域，完善社区卫生中医药服务网络建设。 （田青华）

疾病预防和控制

■**概况** 加强新冠疫情常态化防控。完善公共卫生体系建设，强化疾病预防控制体系建设，推进慢性传染病防治示范社区建设。巩固国家慢性病综合防控示范区建设成果，加强高血压、糖尿病等综合防治服务体系建设。强化严重精神障碍患者日常管理。落实重大公共卫生项目。做好学校传染病、公共卫生突发事件管理及学校疾病预防控制督导。加强妇幼保健服务管理。推动社会心理健康服务体系建设试点。 （田青华）

■**切实落实新冠疫情常态化防控** 坚持“外防输入、内防反弹”总策略和“动态清零”总方针，紧盯“入城口、落脚点、流动中、就业岗、学校门、监测哨”等关键点，层层压实疫情防控“属地、部门、单位、个人”四方责任，坚持常态化精准防控和局部应急处置有机结合，加强疫情防控全链条闭环管理。加强疫情监测排查，发现、落实信息报告、现场流调、人员排查和隔离管控等措施，防范出现规模性输入和聚集性疫情发生。严格做好预检分诊和发热门诊哨点监测，加强院感防控，切实应检尽检。落实大规模核酸检测预案和医疗机构封闭预案的各项措施，对入境和国内中、高风险地区来青人员，加强流调排查，落实闭环管理，做好高危人群定期核酸检测。做好流调排查和集中隔离。至年底，全区设有7个集中医学观察点、1个大型集中隔离点，全年累计集中隔离77055人。规范开展可疑病例筛查、诊治和处置。累计确诊境外输入性确诊病例143例，处置本土突发新冠疫情1例。强化对各类场所疫情防控督导检查，全年监督检查集中隔离点62户次，各级各类医疗机构997户次，疫苗接种点42户次，病原微生物实验室195户次。加强核酸检测能力建设。 （田青华）

■**推进新冠病毒疫苗接种** 强化集中接种点科学管理，推进新冠疫苗接种。年内，累计完成18周岁及以上人群接种1142068人、2561388剂次，全程接种率93.02%，加强针完成率37.62%。完成3—17周岁人群接种79163人、141872剂次，全程接种覆盖率59.84%。 （田青华）

■**强化公共卫生体系建设** 加快推动疾病预防控制体系现代化建设。区疾控中心检测能力参数提高到533项，核酸检测设备4台，快检设备2台，日检测能力5000人份。提升疾控中心岗位编制、职称比例。提升薪酬待遇，加大对公共卫生人才引培力度。实施公共卫生人才培养和学科建设计划。全面实施第五轮公共卫生三年行动计划。落实《青浦区加强公共卫生体系建设三年行动计划（2020—2022年）》，明确14项重点项目，公共卫生中心项目开工建设，区公共卫生病原检测实验室达标建设完成验收，医疗机构发热门诊、发热哨点诊室标准化建设基本完成，朱家角人民医院方舱CT（方舱电子计算机断层扫描）和方舱PCR（方舱基因扩增实验室）实验室投入使用。推进社会心理健康服务体系建设试点工作。提升慢性传染病综合防治水平，优化慢病全程综合健康管理，做好国家心血管疾病高危筛查和综合干预及国家慢性病综合防控示范区建设动态管理。加强救助救治，做好精神卫生服务管理。加强脑卒中体系建设，全面推广糖尿病积分制管理。 （田青华）

8月4日，青浦区第四批支援上海海关核酸采样队完成任务合影留念
（区卫健委供稿）

■**强化严重精神障碍患者日常服务管理** 坚持“区—街道(镇)—村居”三级管理和“卫生—政法—公安—街道(镇)”四方联动工作模式,落实“专科+团队”式综合风险评估和分级分类服务管理,定期开展质控督导,坚持季度督导。加强严重精神障碍患者救助救治保障,落实户籍在册严重精神障碍患者的门诊免费服药(包括长效针剂治疗)及住院贫困病人部分费用减免二项惠民政策,推进严重精神障碍患者长效药物治疗。 (田青华)

■**加强妇女儿童服务管理** 全面开展全覆盖孕情监测。深入推进妊娠风险预警评估体系精细化管理。对重点孕妇采取分级分类管理。加强产科质量管理。召开全区产科管理工作专题会议,每年组织两次产科质量督查、开展危重孕产妇抢救演练,每季度开展危重孕产妇抢救及围产儿死亡评审。做好儿童保健服务,监测0—6岁儿童个体生长发育情况,对高危儿童进行生长发育监测和疾病干预,进一步推进0—6岁儿童眼及视力保健工作,为户籍和常住儿童建立视力健康电子档案,进行眼保健指导、眼病筛查和视力检查。做好新生儿疾病筛查和出生缺陷管理。开展危重新生儿转运和死亡评审。加强托幼机构指导管理,重点做好托幼机构防病和安全指导工作,开展0—3岁儿童托育机构卫生评价工作。继续推进儿童早期发展基地建设工作。 (田青华)

卫生监督与执法

■**概况** 年内,有卫生监督员60名,社区卫生服务中心监督协管员48人,辖区内卫生监督服务相对人6910户。完成许可项目46768件,开展监督检查7465户次,行政处罚案件405件,罚款金额总计180.93万元,没收违法所得1.07万元。受理投诉举报356件,发布各类媒体新闻信息189件。 (田青华)

■**健全完善长效化综合监管机制** 年内,在打击非法行医、打击代孕、医学美容专项、打击欺诈骗保专项、药品医疗器械专项等条线与公安、市场监管局、医保局、网信办等加强部门联动。依法对区市场监管局抄告的6家医疗机构进行行政处罚,不良行为记分共计16分。区医保局、区卫健委针对医保基金使用问题联合约谈医生2人。 (田青华)

■**推进政务服务改革工作** 完善审批服务架构,坚持集成式三级审批管理模式。落实“放管服”,深入推进“证照分离”改革试点;全面落实“一网通办”改革工作。动态维护151个行政服务办事情形,123个行政审批事项全部纳入“一网通办”平台,行政许可网办率提升至92.63%;落实“双减半”工作,“减时间”平均为92.10%,即办情形119个,即办率达到78.81%,“减跑动”次数减少为0.02;落实公共服务项目,完成公共服务事项优化57项;落实创新试点工作,落实“一件事”“一业一证”等改革事项,走通做实10项主办项和12件协办项,探索“化繁为简一次办”“AI助力智能办”“不限时地自助办”“视频协助远程办”“精准高效掌上办”等新型办理服务模式;开展委领导陪办活动;积极推进“扫码就医”“电子就医凭证”“医疗付费”“长三角示范区检查检验结果互通”“长三角示范区出身一件事互联互通”和“互联网智慧医院”等重点项目的建设和应用。 (田青华)

■**推进法治政府及执法队伍规范化建设** 规范落实重大行政决策程序法治审查和信用管理,依法对《青浦区卫生健康发展“十四五”规划》开展法制审核。对21件重大行政处罚案件进行法制审核,落实信用修复审核5件。委托专业律师事务所专职律师担任法律顾问,申请公职律师1人,依法开展法治审核。行政诉讼二审案件1件,分管领导积极出庭应诉,经二审法院审理后上诉人主动撤诉。全面落实“三项制度”(行政执法公示制度、行政执法全过程记录制度、重大执法决定法制审核制度),公示执法信息181条。推进落实“双随机、一公开”等工作形式,完成抽查任务836户。推进“智慧卫监”一期信息系统建设。开展集中培训和学习交流,合计57次,参加人数84人次。开展文书稽查196件。 (田青华)

■**推进长三角一体化示范区综合卫生监督一体化共建共融** 与浙江嘉善县卫生监督所联合开展无证消毒产品案件调查工作。举办“青吴嘉”卫生监督综合执法能力提升研修班,加强监督执法队伍建设。开展涉水产品生产企业、职业卫生联合执法专项行动。扩大科研课题成果,研发长三角一体化示范区放射工作人员在线培训系统,实现疫情常态化下的放射人员线上自主课程学习和考试考核。跨区域专项整治、案件通报、案件协查、联合办案和对口交流制度不断持续推进。 (田青华)

■**落实医疗服务秩序和质量监督** 推进小型医疗机构医废集中收运,区生态环境局完成第三方收集运送单位招标并开展收运。落实“一支队伍进医院”,检查结果与抽查对象的信用、风险程度等挂钩,并及时向社会公示。组织机构开展自查自纠,加强与市、区临床各条线质控的联系和沟通,对临床用血、护理院、第三方医学检验机构等进行专项监管。制订《医疗美容领域专项监督工作方案》,组织开展现场检查。加强麻醉药品和第一类精神药品监管。持续加强打击非法行医(代孕)工作,检查无证行医风险点380户次,立案24件,罚款100.2万元,没收违法所得0.36万元,收缴药品71箱、医疗器械280件,通过行刑衔接机制司法移送7件。落实互联网违法信息监控。 (田青华)

■**全面落实食品安全风险监测与评估** 开展食品污染及有害因素监测,涉及微生物及其致病因子监测7大类7小类食品323件1574项次(包括20件生食蔬菜扩大采样),完成率100%。化学污染物及有害因素监测2大类3小类食品73件193项次,完成率100%,结果均符合食品安全国家标准。强化食源性疾病监测,覆盖至全区15家医疗机构。改进和完善现有的食源性疾病(包括食物中毒)事件的报告体系,为食源性疾病(包括食物中毒)预防控制提供依据。加强食品安全宣传。参与食品安全事故应急演练及“进博会”食品安全及进口冷链食品疫情防控应急演练和食品安全风险监测督导巡查。根据疫情防控“天天有采样、周周有重点、月月全覆盖”的食品及环境采样监测工作要求,对全区120个固定监测点全覆盖监测1846场次,共采集检测46293件

样品，新冠病毒检测结果均为阴性。处置17起进口冷链食品新冠病毒核酸阳性事件。（田青华）

■开展卫生健康法治宣传　制订年度法治宣传清单，组织开展《上海市医疗卫生人员权益保障办法》《上海市公共卫生应急管理条例》培训。结合宪法宣传周、饮水卫生宣传周、职业病防治法宣传周、食品安全宣传周、打击非法行医、非法代孕专项等活动，对管理相对人开展各类培训48次，共计3459人次参加。在青浦人民广播电台《青听健康》栏目以"医食住行"为主线，开展卫生监督宣传日(周)活动。（田青华）

职业安全健康监督管理

■概况　加强职业安全健康安全管理，对工作场所内产生或存在的职业性有害因素及其健康损害进行识别、评估、预测和控制，预防和保护劳动者免受职业性有害因素所致的健康损害。持续推进区内职业健康服务能力建设，不断提升企业职工身心健康服务水平。（田青华）

■加强职业安全健康监管　年内，存在职业病危害因素用人单位通过"一网通办"申报系统进行初次申报共1495户，总申报2179户次。开展用人单位日常监督检查和"双随机"抽检，委托第三方机构对56户用人单位的工作场所职业病危害因素进行现场检测，查处职业健康相关投诉44件。开展放射监测及现状调查27户，工作场所职业病危害因素主动监测90户次，完成1例覆膜间皮瘤和3例白血病病例职业史随访，开展复档企业2429家、新建档企业21家、督导企业990家。开展职业病病例随访149例(尘肺病102例)，新发职业病病例15例，疑似病例10例。报告农药中毒病例40例，无死亡病例。本年度未报告急性职业中毒突发事件。报告非职业性一氧化碳中毒20例，无死亡病例。开展4576名患者尘肺病筛查试点工作，开展114家单位365名放射工作人员个人剂量监测，覆盖率和监测率100%，完成27家医疗单位，30个机房，746个位置的放射工作场所防护监测，未发现超标现象，均符合国家标准要求。（田青华）

■职业安全健康培训　开展"职业健康知识大讲堂"培训和《职业病防治法》宣传周活动，工业园区400余户企业600多位企业负责人及职业健康管理人员通过线上、线下同步参会，并考核取得《上海市用人单位职业健康培训合格书》。做好3个尘肺病康复点运行管理。开展职业健康达人评选工作，7人获市级"职业健康达人"，14人评为区级"职业健康达人"，区卫健委被评为优秀组织单位。（田青华）

基层卫生服务

■概况　推进村卫生室功能改造升级，优化卫生医疗服务水平；推进智慧健康驿站建设，扩大健康服务网络。常住人口、重点人群签约率稳步提升，逐步扩大签约覆盖面。提升签约居民电子健康档案质量，推广"家庭医生助理"试点工作。筹建示范性社区康复中心，提升社区康复服务水平。深化功能社区建设，加强社区卫生健康资源整合。探索智慧家庭病床服务，提升家庭医生服务能级。年内，申报华新镇社区卫生服务中心作为青浦区首家示范性社区康复中心建设单位，并通过市级专家组现场验收。年内，在10个街镇12家社区中心内建设智慧健康驿站并投入使用。（田青华）

■做实家庭医生签约服务　年内，全区常住人口签约40.03万人，签约率31.48%，重点人群签约为17.13万人，签约率为86.94%，开具延伸处方79172张，涉及金额2279.28万元。构建家庭医生签约服务质控管理机制，逐步推进"互联网+"家庭医生签约服务。以"1+1+1"(1名社区卫生服务机构的家庭医生+1家区级医疗机构+1家市级医疗机构)签约居民健康档案为切入点，梳理并完善健康档案管理，提升家庭医生签约服务规范性。在2020年盈浦街道社区卫生服务中心试点的基础上，增加华新镇社区卫生服务中心和朱家角镇社区卫生服务中心作为试点单位，推广开展"家庭医生助理"试点工作。（田青华）

■推进卫生室(站)标准化建设　结合幸福社区及乡村振兴示范村建设，健全镇村一体化管理，遴选出4个街镇的村卫生室进行提标升级改造，分别是赵巷镇中步村、重固镇章堰村、朱家角镇林家村、练塘镇徐练村，已对外开诊。同时，根据居民卫生医疗需求和街镇实际，新建夏阳街道宜达站和朱家角镇联实站2家社区卫生服务站。下发施行《关于完善青浦区"3+2"定向培养乡村医生队伍建设的补充规定》。（田青华）

■深化功能社区建设　创立试点香花桥街道、徐泾镇、华新镇、重固镇、白鹤镇、盈浦街道共6个健康服务点，服务商圈对应为青浦工业园区，徐泾德邦、e通世界区域，华新工业园区，青浦工业园区重固区域，赵屯工业园区，青浦万达茂、吾悦、满天星广场。以附近的村卫生室或社区卫生站为基础，为产业工人集中、周边医疗设施缺乏的园区、楼宇、商圈等职工聚集区域的在职职工，提供定期咨询、定期巡诊、定期讲座、健康指导等基本服务。（田青华）

■探索智慧家庭病床服务　以长三角(上海)智慧互联网医院建设为契机，充分发挥家庭医生作用，推动智慧家床服务项目建设，建立区内家床管理系统，病人通过穿戴设备，家医实时掌握管理数据，针对一些疑难杂症可申请远程专家会诊等。目前家床管理系统已全部升级完成，智慧床垫已发放到位，完成人员培训，已开展试点服务。（田青华）

爱国卫生和健康促进工作

■概况　深入推进健康青浦建设。贯彻落实《健康青浦2030规划纲要》《健康青浦行动(2020—2030年)》文件要求。通过全国健康促进区验收。高质量完成各类健康场所建设，完成首批18家健康村镇试点建设工作。推进各类无烟单位创建。制订《关于成立健康青浦行动专项行动组的通知》，成立18个专项行动组。制订《青浦区关于深入开展爱国卫生运动的实施意见》，全区11个街镇均设有爱卫会，专职人员24人，兼职人员19人；全区24家医疗卫生机构均发文成立健康促进委员会。开展爱国卫生工作,加强环境卫生整治、病媒生物防制、血防联防等,广泛开展科普宣传,推行市民健康公约。落实国家卫生区及徐泾、华新卫生镇迎复审工作。 (田青华)

■**通过全国健康促进区建设验收** 全国健康促进区建设纳入区政府年度重点工作和挂图作战任务。召开区爱卫会(健促委)全体扩大会议,落实责任清单和工作清单。做好组织管理、梳理健康政策、建设健康场所、营造健康文化、打造健康环境、培育健康人群等工作,7月通过国家验收。 (田青华)

■**做好国家卫生区(镇)迎复审** 做好国家卫生区迎复审工作,查问题促整改,加强长效常态化管理,先后开展医疗单位、农贸市场和居住小区等6次专项督导,问题及时整改率97.82%,平均满意率93.95%,在市级考核和全国暗访中青浦区成绩年度排名全国第一。对徐泾、华新两镇加强分类指导,抓好过程管理,完成国家卫生镇迎复审。 (田青华)

■**深入开展爱国卫生运动** 全面推进城乡环境卫生整洁行动和季节性爱国卫生运动,持续开展爱国卫生月主题活动、卫生防病、每周四爱国卫生义务劳动制度、乡村振兴农村人居环境整治、村庄清洁行动等活动。组织条线专业人员、市民志愿者等,对农贸市场、背街小巷等重点场所和区域开展卫生清整。加强病媒防制,做好疫情防控预防性消毒,充实区镇两级病媒生物应急处置队伍,强化应急技能培训。结合国家卫生区镇迎复审、病媒生物防制达标村居的创建等工作,确保辖区内病媒生物密度控制水平达到国家C级标准。开展第四届"进博会"病媒生物防制及应急保障。完善螺情监测体系,做好浙沪四县(市、区)值班区工作。4月中旬,举办长三角三地查螺技能培训和螺情监测技能竞赛活动。 (田青华)

■**加大科普教育** 发挥各类媒体作用,在电视台进行健康知识和防疫知识宣传推广,在青浦报开设健康促进区专栏,在青浦106.7电台开设"青听健康"节目。制作"小任教你防新冠""上海市民健康公约青浦篇""卫健小苗说苗苗"等宣传片,开展公筷公勺推广使用宣传活动,并获市级健康科普优秀作品。年内,开展市、区级健康大讲堂(线上线下)24次,向405806户家庭发放市级健康知识读本和健康支持工具。 (田青华)

■**开展市级健康村镇试点建设** 多次组织专业部门、各街镇对18个试点村镇开展督查,邀请市级专家多次现场指导、及时整改,于9月通过市级督评。2个点位案例在健康上海行动专栏上刊登,4个点位案例入选上海健康村镇案例。 (田青华)

■**控烟宣传** 开展控烟知识竞赛、控烟主题漫画征集、"名医面对面"进校园、"迎进博、护健康"等控烟系列活动。每季度开展执法宣传周活动。年内,开展联合集中执法4次,处罚吸烟违规场所67处,处罚个人违规行为19起,共计罚款16万余元,拆除隐含烟草公司赞助广告的吸烟点3处。复旦大学控烟干预项目渗透到健康场所创建,区内开设首家中医戒烟门诊。年内,新创无烟党政机关18家、无烟医疗卫生机构5家、无烟学校6家。 (田青华)

家庭发展和老龄工作

■**概况** 推进健康家庭建设。加强孕期科普宣传和科学育儿指导。开展计划生育特殊家庭扶助关怀,落实特殊对象就医绿色通道。做好人口监测和人口形势分析、计划生育药具管理服务、计生协工作等。召开老龄委全体扩大会议,制订并下发《2021年青浦区老龄工作要点》。编制老龄事业发展十四五规划。协调推进老年健康周、敬老月等系列活动,举办"实施积极应对人口老龄化国家战略,乐享智慧老年生活"老年节主题宣传活动,开展全国及青浦区敬老爱老助老先进单位和个人申报及评选,协调做好为老健康服务视频宣传资料报送、老年普法活动、老龄信息报送等。 (田青华)

■**全面落实奖励扶助关怀政策** 依法落实计划生育家庭奖励扶助政策。全年向28904人发放农村计划生育家庭奖励扶助金5969.72万元;向11663人次计划生育特别扶助对象发放特别扶助金2668.93万元;向7278名独生子女父母发放年老退休时一次性计划生育奖励费3674.53万元。开展计划生育特殊家庭扶助关怀,为全区2977位计划生育特殊家庭购买"关爱计生特殊家庭保险"。提供计划生育特殊家庭援助服务,全年提供电话关怀2807次,信息、法律、医疗咨询等111次,辅助就医服务7人次。关注计划生育特殊家庭身心健康,为全区1528位60周岁以上对象开展体检服务,为390人提供心理健康检查服务。推进落实计划生育特殊家庭联系人制度、家庭医生签约服务、就医绿色通道

10月22日,"孝亲敬老·上善青浦"青浦区庆祝全国第十二个"敬老日"、上海市第三十四个"敬老日"活动暨第五届老年人运动会闭幕式在青浦区文化馆剧场举行 (区卫健委供稿)

"三个全覆盖"。在香花桥街道和重固镇开展计生特殊家庭居家探访和代理服务试点项目。（田青华）

■深入推进健康家庭建设 年内，开展面向家庭的"生育指导、家庭保健、科学育儿、养老照护、家庭文化"宣传指导服务。举办"实施健康家庭行动，助力健康上海建设"2021年青浦区"5·15国际家庭日"主题宣传服务活动。发布"家·关怀"微心愿，帮助计生特殊家庭圆梦，为控烟志愿者代表、"示范健康家庭"代表颁发证书，开展亲子定向打卡活动。与区民政局、区妇联等部门联合开展"情定淀山湖，缘起新水系"结婚登记颁证活动。推进0—3岁家庭线上优生优育公益讲座，做好"上海科学育儿指导——育之有道APP"公益实事项目推广工作。全区16家医疗机构设有母婴设施。（田青华）

■推进老年健康发展 举办青浦区第五届老人运动会。开展老年人智能手机培训，协调组织开展敬老月系列活动，协调开展走访慰问老年人、敬老日为老咨询服务、重阳节庆祝、重阳圆梦微心愿等活动。组织老年人参与2021年上海老年大学"乐学大讲堂"线上讲座，学习、普及新冠肺炎疫情相关知识。推进"提升健康素养，乐享银龄生活"老年健康周、银龄法宝老年普法进社区等活动。在赵巷镇巷佳居委会、夏阳街道塘郁村完成老年友好型社区创建。（田青华）

■开展老年健康服务 年内，60岁以上老年人家庭医生签约率达到99.46%。辖区内65岁及以上常住居民数146966人，接受健康体检人数88485人，65岁以上老年人健康管理率为60.21%。贯彻落实医养结合相关工作，组织辖区内10家医养结合机构开展两次自查活动，对8家医养结合机构进行一次抽查并开展现场督导。创建完成20家老年友善医疗机构工作，全区16家公办医疗机构实现全覆盖。（田青华）

群众体育

■概况 2021年，区群众体育工作以市民需求为导向，以增强市民体质、提高市民健康水平为目标，不断满足人民群众日益增长的体育健身需求，年内组织开展各级各类群众体育赛事活动387项次16万余人次参与。（蔡丽萍）

■广泛开展赛事活动 以上海城市业余联赛为主线，组织汽车定向、舞龙舞狮、花样跳绳、高智尔球、帆板等8项市级总决赛。举办区第五届老年人运动会及三打一、田野定向等48项区级赛事。（蔡丽萍）

■获得青浦奥运首金 7月28日，由青浦培养输送的赛艇运动员张灵搭档陈云霞、吕扬、崔晓桐以6分05秒13的成绩，获得第三十二届夏季奥林匹克运动会女子赛艇四人双桨项目冠军，为青浦奥运夺得首枚金牌。（蔡丽萍）

■深化"一区一品"和"一镇一品" 举办区龙舟公开赛、盈浦街道龙舟赛、青浦高级中学龙舟赛，组建区级龙舟精英队伍；开展华新跳绳、重固健身操、白鹤门球、朱家角武术、金泽篮球、夏阳羽毛球、盈浦龙舟等赛事。（蔡丽萍）

■区域交流持续扩大 立足环淀山湖体育联盟，举办长三角跳绳锦标赛、长三角10公里路跑巡回赛、上海市第三届帆板大师赛暨第二届青少年帆船邀请赛等赛事，参加长三角围棋团体（昆山）邀请赛等赛事。（蔡丽萍）

■开展健身指导 区健促中心累计接待健身咨询4500人次、体质监测14198人次、服务咨询2200人次、沙龙讲座88场次1208人次、大讲堂2期120余人次参与。开展太极拳、电子竞技等技能培训8期560人次参与，开展健身指导"四进"活动40期惠及8000余人次。（蔡丽萍）

■发展健身组织 发挥体育总会枢纽作用，指导成立6家体育俱乐部，全区各类体育社会组织总数达到95家（体育协会23家、体育俱乐部72家），规范并指导40个体育社会组织举办足球、乒乓球、高智尔球、门球、游泳等项目的各级各类赛事98项。举办社会体育指导员培训班12期489人次参与，5人参加国家级培训，3人获"魔都最美社会体育指导员"称号。（蔡丽萍）

■推进体育设施建设 新建、改建7条健身步道、5片市民球场、80处益智类健身苑点，新增体育场地面积12050平方米。开展体育设施"补短板"工作，摸清可用面积、形成空间目录、量化五年建设任务。依托美丽乡村建设，推进涉农村居"四个一"（行政村建设有1条健身步道，1片健身球场，1处健身苑点，1间综合活动室）标准化建设，年内完成13家创建任务。协助卫健委完成青浦智慧健康驿站12家。（蔡丽萍）

■强化设施监管服务 对全区1130处社区健身设施开展2次抽查，对全区游泳场所进行188次监督检查和2次联合执法、2轮专项检查。做好单用途预

10月16日，"朱家角杯"上海市第十一届舞龙舞狮锦标赛举行（区体育局供稿）

付卡管理工作，对22家健身机构开展协同监管平台业务实操培训，24家单位纳入体育消费券消费平台，接处“12345”投诉130件涉事金额约150万元。各场所全年累计开放4700余小时，累计接待健身群众52万余人次，其中免费接待30万余人次。（蔡丽萍）

青少年体育

■概况 2021年，青浦区努力深化体教结合工作，进一步完善业余训练布局，全面提升业余训练的质量和管理水平。组织青少年参加市级以上各类赛事，共获得82金64银79铜，年度参赛达2023人次。（蔡丽萍）

■深化体教融合 全区现有业余训练项目28个，在训运动员人数7000余名，青少年注册运动员1649人，“一条龙”布训项目17个涉及43所学校，首批“一条龙”项目5个涉及3所高中21所中学25所小学。（蔡丽萍）

■组织备战参赛 以备战第十七届市运会为目标，强化日常训练、周末训练、寒暑集训、科研督训、备战参赛等工作。输送一线4人、二线12人，审批等级运动员17人、向市局申报一级运动员11人。（蔡丽萍）

■开展公益培训 组织足篮排、乒羽网、棒球、武术、帆船、帆板等15个项目公益培训，10000余人次受益。开展足球、篮球、棋类、羽毛球、棒球、武术、网球等7项青少年体育赛事、爱心暑托班、冬夏令营、“庆六一”少儿开放日等活动。开展“奔跑吧少年”系列活动、体育活动季启动仪式等10余项体育项目体验活动。（蔡丽萍）

■引导社会参与 通过政府购买服务等方式，引进市级青少年体育俱乐部入驻青浦。加强区内各类青少年体育俱乐部的建设与合作。实施社会办训扶持和人才引培激励政策，鼓励马术、帆船、网球、武术散打、击剑等社会办训。（蔡丽萍）

■体校转型发展 通过调查研究、分析比较，协调区教育部门推动区少体校转型发展，少体校纳入实验教育集团并以“体育班”名义实行文化教学、体育训练“两条腿”走路，并完成第一期招生工作，学生文化课、项目训练。（蔡丽萍）

■督训有序开展 组织田径、游泳、击剑等17个项目的年度督训，委托名优专家，开展备战第十七届市运会项目的全面督训，保障各项目的训练时间和强度，加强训练动态管理。（蔡丽萍）

体育产业

■概况 2021年，青浦区不断优化体育产业发展环境，完善现代服务业体育扶持政策、提高扶持资金总量，7个项目单位予以政策扶持。承办“复兴之路·薪火驿传”百公里接力赛青浦赛段比赛。（蔡丽萍）

■优化产业环境 调整优化产业扶持政策，对洛象体育、锐客电竞等7个项目单位予以总计542.556万元的扶持。根据市局统一部署做好全区体育产业统计工作，组织宣传国家体育旅游示范基地申报工作。持续抓好体彩销售管理，累计销售体育彩票超过2.7亿元，销量位列全市第6名，完成率为137%，参加市“体彩之星”第八届体彩销售员技能大赛荣获团体一等奖。（蔡丽萍）

■扩大体育影响 承办“复兴之路·薪火驿传”百公里接力赛青浦赛段比赛，以辐射长三角的大型体育赛事迎接建党100周年。举办2021诺卡拉17级亚洲锦标赛暨东京奥运会资格赛，国家集训队获得奥运会帆船项目参赛入场券并代表中国参加东京奥运会。举办“百帆迎客，桨下江南”水上马拉松比赛。（蔡丽萍）

5月1日，“百帆迎客，桨下江南”水上马拉松比赛举行（区体育局供稿）

RENLI ZIYUAN SHEHUI BAOZHANG

人力资源·社会保障

◎ 编辑 吴言荻

综述 / 劳动就业 / 人力资源管理
社会保险 / 医疗保险

综 述

2021 年，青浦区实施就业优先政策，着眼就业大局，克服疫情等诸多不利因素影响，通过加大企业就业服务力度、深化重点群体就业帮扶、积极落实就业创业政策、持续做好沪滇就业扶贫等方式，实现各项目标任务有序推进。至年底，城镇登记失业人员控制数 4376 人，始终控制在市下达指标 4950 人内；年内，全区户籍新增就业人数（稳定就业 3 个月以上）完成 32059 人，完成指标的 160.3%；完成新增就业岗位 22791 个，完成指标的 126.6%，其中农村富余劳动力新增就业岗位 5959 个，完成指标的 119.2%；帮扶引领成功创业完成 606 人，完成指标的 121%，其中青年大学生创业人数 478 人，完成指标的 159.3%；帮助长期失业青年就业创业 256 人，完成指标的 108.9%；收集发布就业岗位信息 95742 个，完成指标的 191.5%；开展各类招聘活动 258 场，完成指标的 258%；开展就业创业政策宣传 190 场，完成指标的 143.9%。创业见习完成 113 人，完成指标的 113%；职业见习完成 439 个，完成指标的 146.3%。全区职业技能培训 35568 人次（含以工代训补贴），其中补贴性职业技能培训 33076 人，完成全年工作目标 25000 人的 132.3%；开展企业职工线上培训 14558 人；对接 90 家企业开展企业职工集中培训服务 4618 人；开展企业新型学徒制项目企业 19 家，学徒制培养 1139 人，完成全年工作目标 500 人的 227.8%，新型学徒制培养完成率全市第一。城乡居保挂图作战目标为贫困人员参保率达到 90% 以上。至年底，区贫困人员参保对象 2541 人，已参保 2466 人，参保率 97%。

2021 年，全区职工基本医疗保险覆盖参保人 52.89 万人，城乡居民基本医疗保险覆盖参保人 11.77 万人。全区现有定点机构 182 家，其中医疗机构 47 家、定点零售药店 71 家、定点长护险机构 64 家。共计支付医疗保险基金 27.05 亿元，其中支付定点医疗机构 21.41 亿元，定点零售药店 1.36 亿元，零星报销 1278.65 万元，综合减负 3722.77 万元，生育保险 2.06 亿元，长护险 1.72 亿元。（姚芳芳　谢雨凡）

劳动就业

■概况　2021 年，青浦区加强就业服务，多途径做好重点群体就业工作。年内，通过多方式技能培训，进一步提高职工的职业技能，通过制订下发区级和谐劳动关系创建活动方案，宣传劳动保障法律法规，维护劳动关系稳定。

（姚芳芳）

12 月 28 日，青浦区第六届创业大赛颁奖典礼暨“百创乡村”创业助力乡村振兴交流会举办（区人社局供稿）

■提升就业创业质量　制订出台《关于进一步促进青浦区高校毕业生就业创业的通知》《关于做好青浦区被征地人员就业和社会保险缴费补贴工作的通知》。抓好就业援助月、春风行动、高校毕业季等关键节点，发挥好“一网两号两平台”［一网：长三角（青浦）国际人才港网；两号：青浦人社、青浦人才公众号；两平台：上海公共招聘平台、长三角青浦国际人才港小程序］公共服务载体作用，开展岗位推送、专场招聘、直播带岗等多种形式就业服务。年内，新增就业岗位 22791 个，开展各类招聘活动 258 场，收集发布就业岗位信息 95742 个。申报顺丰网约配送员技能培训项目成为全国新就业形态技能提升和就业促进第二批试点项目，年内完成重点培训企业新型学徒制 1139 人。以开展青浦区第六届创业大赛为抓手，指导推进创业者公共实训分基地建设。年内帮助成功创业 606 人。

（姚芳芳）

■构建双赢劳动关系　建立劳动关系矛盾预警机制，动态掌握企业经营变动、税收、社保、水电煤欠缴、12345 热线和信访等信息，排查隐患，迅速应对处置。贯彻落实《保障农民工工资支付条例》，推进工程建设领域工资支付保障制度全覆盖。增设韵达工作站，巩固快递物流行业劳动争议调解委员会工作成果。推进落实“和谐同行”能力提升三年行动计划，至年底，全区共有市和谐劳动关系达标企业 648 家，对 2020 年 96 家新创达标企业开展“和谐风”主题宣传。（姚芳芳）

■提升简政放权效能　深化行政审批制度改革，政务服务事项（除公共服务事项）缩减时间 91.92%，跑动次数全部为零。优化公共服务数据。加强对事中事后工作平台的运用力度，有序完成 185 项公共数据归集工作，归集合规率 100%。打造劳动保障维权“一口受理服务”大厅，开启“一台二室三窗”（一台：引导分流台；二室：联调中心调解室、群访接待室；三窗：信访咨询窗口、

受理窗口、法援窗口)服务新模式。（姚芳芳）

人力资源管理

■概况　2021年,进一步加强事业单位人事管理工作,严格做好人员招录、加强人员培训工作。持续深化事业单位绩效工资改革,持续推进事业单位人事管理平台数字化建设,做好区社工薪酬调整。严格组织实施年度招聘工作,全年共招录事业单位工作人员206人。抓好人才安居工程政策落实,优化人才服务方式,做好人才政策的受理兑现。年内,青浦区"三支一扶"大学生志愿者招募岗位50人,实际录用45人。（姚芳芳）

■人才驱动推进创新发展　推进青峰人才及海外人才政策落地,颁发长三角首张和嘉善县首张跨区域"上海市海外人才居住证"。重点推广年度浦江人才计划申报、"留·在上海"全球留学人才及项目交流大会等活动,联合嘉善、吴江开展智汇长三角一体化示范区校园引才活动。大力推进留创园项目落实,9月,获市局授牌成立"上海青浦(长三角)留学人员创业园";11月,启动项目孵化基地选址和运维招投标,后续出台扶持留学人员创新创业激励政策。完成2021年事业单位第一批招聘公示148人,第二批招聘公示59人。组织区机关事业单位工作人员疗休养1159人次,科级及以下工作人员健康体检18646人次。（姚芳芳）

社会保险

■概况　2021年,青浦区继续加大城乡居民养老保险参保续缴力度,稳步调整相关保障待遇。调整年度全区征地养老人员、未参保城镇老年人、未参保自理口粮户老年人、原乡镇企业中原居民户口退休(职)人员2021年养老待遇,调整后征地养老人员养老金平均增加154.02元/月,增加后的平均标准为2389.16元/月;原乡镇企业中原居民户口退休(职)人员养老金平均增加161.9元/月,增加后的平均标准为2708元/月;未参保城镇老年人和未参保自理口粮户老年人养老补贴标准由原来的每人每月1070元调整为每人每月1170元。同时在2022年春节前及时发放一次性节日补贴。年内,规定2020年12月31日前发生工伤且伤残一级至四级工伤人员的伤残津贴在原享受标准的基础上调整,其中,致残一级增加421元/月、致残二级增加386元/月、致残三级增加365元/月、致残四级增加336元/月;调整后的伤残津贴最低标准为:致残一级8292元/月、致残二级7737元/月、致残三级7268元/月、致残四级6804元/月。生活护理费调整情况为:生活完全不能自理增加379元/月、生活大部分不能自理增加304元/月、生活部分不能自理增加228元/月;调整后的生活护理费标准为:生活完全不能自理5169元/月、生活大部分不能自理4136元/月、生活部分不能自理3102元/月。（姚芳芳）

■提升社会保障水平　持续推进无账户人员参保,重点引导贫困人员多缴长缴,年内新增无账户人员纳保220人,完成既定目标116.4%。研究调整全区征地养老人员、未参保城镇老年人、未参保自理口粮户老年人、原乡镇企业中原居民户口退休(职)人员2021年养老待遇,发放一次性节日补贴423.75万元。高质效办结28个历史遗留项目,为老批文项目涉及的被征地人员落实社会保障待遇。完成市级重大项目苏申内港线一期结案及沪苏湖铁路前期报部手续。全面实行劳动能力鉴定一门式服务,实现医检、面检进"一扇门"办"一件事"。组织经办机构开展22类自查项目5227条数据排查。（姚芳芳）

医疗保险

■概况　2021年,青浦区医保局统筹推进医保经办服务、医保一体化、基金监管等各项医保工作。年内,30项医保业务纳入"一网通办"平台预约办理,4项医保业务纳入网上直接办理,实现直接调取电子证照和数据凭证办理事项20项。做好职工医保与生育保险合并实施工作。联合卫健委、民政局等部门开展定点护理服务机构信用分级管理,推进长护险试点工作规范有序发展。至年底,全区享受待遇人数共1.34万人,失能率为7.06%。强化医疗救助托底保障,全年全区医疗费用救助13244人次,支付金额1779.87万元;参加城乡居民医保参保资助300.08万元,惠及困难群众4280人。全年开展各类宣传活动16场次,参与群众3000余人次。（谢雨凡）

■推进医保一体化建设　全面服从服务长三角区域一体化国家战略,深耕厚植医保一体化制度创新试验田,率先实现示范区内就医结算免备案、医保服务事项相统一、"医保电子凭证一码通"、门特慢病直接结算、"互联网医院"异地在线结算和跨省医保基金联审互查。（谢雨凡）

■保障医保基金安全　推进打击欺诈骗保专项整治行动,开展2021年青浦区医保基金监管集中宣传月活动,对定点机构开展全覆盖检查。根据辖区实际情况,重点开展康复理疗领域专项治理和长护险居家服务真实性专项治理,对39家医疗机构,42家长护险居家护理机构开展检查,追回违规费用183.20万元,暂停2家违规护理服务机构医保结算6个月,对2家定点医疗机构处以警告,对2家定点医疗机构处以罚款,对发现的1起涉嫌欺诈骗保案件线索移送区公安机关进一步调查处理。开展"清零行动"(针对2018—2020年医疗保障基金监管存量问题的检查)和自查自纠工作,共追款175.27万元。（谢雨凡）

国家会展中心（上海）（区融媒体中心供稿）

MINZHENG
民 政

◎ 编辑 吴言荻

综述 / 社会福利 / 社会救助与慈善事业
基层政权与社区建设 / 社会组织管理
婚姻与收养 / 养老事业 / 殡葬管理与服务

综　述

2021 年,区民政局深入贯彻落实习近平总书记关于"民政工作关系民生、连着民心,是社会建设的兜底性、基础性工作"重要指示精神,围绕"全人口、全区域"民政工作要求,抓实"一网、一园、一云、一圈、一品、一田"民心工程,推动民政服务在传统对象的基础上进行拓展、民政服务供给兼顾城区、农村等不同的发展空间。（张　新）

社会福利

■概况　2021 年,全区共计发放困难残疾人生活补贴、重度残疾人护理补贴 14.81 万人次,累计发放补贴资金 3938.18 万元,其中困难残疾人生活补贴 4.48 万人次,累计补贴资金 1871.01 万元;重度残疾人护理补贴 10.33 万人次,累计补贴资金 2067.17 万元。年内,共审核 37 家企业社保补贴申请,发放 67.52 万元市级社保补贴,发放 313.13 万元区级社保补贴,惠及残疾职工 670 人。至年底,实现康复辅具社区租赁全区 11 个街镇全覆盖,涉及租赁产品共 52 种。青浦区确定为国家康复辅助器具产业综合创新试点地区。

年内,全面落实"为 300 名义务教育阶段家庭监护缺失或不当的儿童提供支持服务""为民办实事"项目。全年为全区 40 名儿童开展专业支持服务,累计开展上门走访、心理辅导等服务超 620 次,服务总时长超 770 小时。推进集中养育孤儿成年后回归社会安置工作,全年全区累计完成孤儿成年后回归社会安置 16 人。（张　新）

■毕威泰克全球康养总部开业典礼暨战略发展合作签约仪式　12 月 30 日,毕威泰克全球康养总部开业典礼暨战略发展合作签约仪式在西虹桥商务区举行。青浦区将主动融入长三角数字干线,促进康复辅助器具产业与软件信息、人工智能、生物医药、北斗定位等数字产业"同频共振",将试点工作纳入"幸福社区""15 分钟生活圈"等概念同步推进,落地"1+11"康复辅助器具社区场景应用,计划建设 1 个区级康复辅助器具展示馆,升级 11 个街镇体验点。（张　新）

社会救助与慈善事业

■概况　2021 年,区民政局抓实社会救助,开展低保专项治理巩固提升行动及互"保"无忧专项行动,在全区设立"社区救助顾问"服务点。至年底,全区建档立卡在享受的低保对象 2406 户,实际覆盖人数 3851 人。其中,农村低保 664 户 972 人;城镇低保 1742 户 2879 人。在享受的重残无业对象 4409 人,其中农村重残无业对象 2910 人、城镇重残无业对象 1499 人。在享受的特困人员 90 人。在享受的支内回沪人员 3586 人。年内,城乡低保、重残无业、特困供养、支内回沪、临时救助等现有类别救助资金均通过"民政资金内控监管平台"进行区级统发,至年底,通过该平台累计平稳发放各类民政救助资金 1.37 亿元。12 月,青浦区慈善"爱心窗口"正式营业。（张　新）

■低保专项治理巩固提升行动　全面梳理 2018—2020 年低保专项治理中发现的问题及整改落实情况,保障困难群众基本权益;开展社会救助兜底保障"回头看"工作,防止脱保漏保问题;全面排查疫情防控等相关救助政策落实情况,将因病因灾因疫情等导致基本生活出现严重困难的群众及时纳入社会救助兜底保障范围;规范救助资金发放。通过动态复核,年内共有效清退 254 户 482 人,其中因就业、收入或财产超标、未参加定期复审、吸毒或犯罪强制关押等原因,清退 249 户 477 人,因对象主观不配合定期复审而被清退的对象有 5 户 5 人。年内,根据此次专项行动工作要求,对 1—12 月内曾提交申请但未审批通过的家庭及动态管理中退出的低保家庭进行排查,对确有困难的 5 户 7 人及时纳入低保救助。（张　新）

■社区救助顾问　年内,推进线上加线下"双轮驱动"救助服务新模式。在街镇社区事务受理服务中心、分中心及居村委设立"社区救助顾问"服务点。全年设立 348 个点位,包括 20 个街镇点位及 328 个村居点位。依托"22137799 民政为民服务热线"开展线上咨询。（张　新）

12 月 30 日,毕威泰克全球康养总部开业典礼暨战略发展合作签约仪式在青浦西虹桥商务区举行（区民政局供稿）

基层政权与社区建设

■概况　2021 年,开展社区新基建工作,同时深化"阳光村务工程"建设。全区 9 个计划实施新基建项目稳步推进,其中徐泾镇尚泰路社区欣沁苑小区加装电动车感应器阻止电动车进电梯;徐泾镇尚鸿路社区自行车充电设施建设的同时做好配套消防设施建设;夏阳街道章浜社区居委会通过打通社区 6 面"堵心墙"拓宽社区道路。（张　新）

■深化"阳光村务工程"建设　进一步推进民主监督,全面推行村(居)务公开制度。落实"阳光村务工程"长效管理机制,落实街镇每月自查、相关部门季度抽查要求,对分类不合理、材料不齐全、形式不规范等问题及时落实整改。在朱家角张马村试点财务票据上传工作机制。开展区级农村社区建设试点示范村建设。 (张 新)

■"社区云"市级应用场景试点 依托"社区云"开展实有人口信息采集管理工作;3—6月,依托"社区云"开展村居换届选举工作;6月起,依托"社区云"开展疫苗接种、人居环境管理、社区服务、志愿者服务等工作。 (张 新)

社会组织管理

■概况 2021年,深化登记管理及培育工作,加大监督管理,创新推动公益慈善工作。年内,启动社会组织2020年度年检工作,开展19场次年检填报培训会,全区应参检的175家社会团体及728家民办非企业单位的负责人及业务联系人参加培训。经检查审定,社会团体年检结论合格128家、基本合格23家、不合格10家、未参加年检单位14家;民办非企业单位年检结论合格466家、基本合格114家、不合格46家、未参加年检单位104家。总计下发整改通知书311份。 (张 新)

■孵化园培育 本年度新入驻孵化园社会组织12家,招募就业见习14人,其中2人见习期满后留用签订劳动合同。开展创业能力培训公益专场活动3次,150人次参与。与上海政法学院政府管理学院签订专业实践基地共建协议书,每月开展创业能力公益培训活动专场。 (张 新)

■打击整治非法社会组织专项行动 劝散区内"国家金牌导游工作室""中和海会书院"2家非法社会组织。开展"僵尸型"社会组织整治,上报3家连续两年无故不参加年检,且不开展活动的单位,并于年底前注销。 (张 新)

婚姻与收养

■概况 2021年,青浦婚姻登记管理中心探索数字化管理模式,加强婚姻中介机构专项整治,联合区市场监督管理局制订《关于开展2021年度本区婚姻介绍机构专项整治行动的实施方案》。年内,共接待婚姻(收养)登记当事人15800人,比去年增加10%。其中办理结婚登记2887对、离婚申请1537对、离婚登记938对、补发婚姻登记证1029对,颁发收养登记证2例。 (张 新)

■补领婚姻登记证"一件事" 7月,青浦区婚姻登记管理中心增设婚姻登记档案查询窗口。8月,启用婚姻登记自助服务终端一体机,利用数据共享平台互通的方式为补证当事人当场查询婚姻登记档案材料,凭档案材料和证件证明等即可直接至婚姻登记窗口办理补领手续。 (张 新)

养老事业

■概况 2021年,落实市政府为民办实事项目、"民心工程"及区级重点挂图作战任务。年内,开展"老伙伴计划",全区有0.12万名低龄老年志愿者为0.6万名高龄独居老年人提供日常关爱服务。至年底,全区共有护理型床位4063张,其中认知障碍照护床位410多张。老年认知障碍友好社区建设试点已覆盖2个街镇。 (张 新)

■养老服务微基建 至年底,全区养老床位8376张,认知障碍照护床位410张,全年新增养老床位98张,改造认知障碍照护床位98张,建成社区综合为老服务中心17家,建成老年助餐服务场所53家。完成129户居家环境适老化改造。累计为65552人(次)老年人提供长者智能技术运用能力提升服务。在农村地区建成910多家有生活照料、精神慰藉、互助服务功能的示范睦邻点。至年底,建成367处养老顾问点,实现街镇全覆盖,居村委覆盖率达到80%。全区共471名养老顾问员,累计提供0.15万人(次)服务。 (张 新)

殡葬管理与服务

■殡葬管理 2021年,开展乱葬乱埋专项清理活动,专项整治区殡葬业价格秩序、公益性安葬设施建设经营问题,在全区联合区发展改革委、公安青浦分局等部门开展专项整治行动,全面排摸整改,打造"孝情驿站"殡葬文化品牌。年内,殡仪馆共火化遗体5269具;上门服务279户;守灵服务469户;遗体外运47具;骨灰寄存828户、取出809户;落实惠民殡葬和帮困济丧291户,减免殡葬服务金额66.40万元。 (张 新)

元荡生态岸线（区融媒体中心供稿）

ZHEN JIEDAO

镇·街道

◎ **编辑 陈松青**

综述 ／ 赵巷镇 ／ 徐泾镇 ／ 华新镇
重固镇 ／ 白鹤镇 ／ 朱家角镇 ／ 练塘镇 ／金泽镇
夏阳街道 ／ 盈浦街道 ／ 香花桥街道

综 述

2021 年，青浦区有赵巷、徐泾、华新、重固、白鹤、朱家角、练塘、金泽 8 个镇和夏阳、盈浦、香花桥 3 个街道。辖 184 个村民委员会和 157 个居民委员会。11 个街镇交通便捷、基础设施完备，生产保持基本稳定，经济保持健康发展。年内，赵巷镇积极融入青东联动发展，统筹推进城镇建设，完成 9 条道路“美丽街区”改造和 27 个小区“美丽家园”改造；发展软件信息上下游产业，市西软件信息园核心区落户赵巷；长三角投资赵巷园区全面施工建设，长三角投资公司总部落户；完善推进乡村振兴战略规划；成功创建上海市生活垃圾分类示范镇。徐泾镇聚焦建设“会展首位镇”功能定位，承接“进博”溢出效应提升产业能级，确立会展商贸、数字经济、医疗器械三大产业集群，加快推进新型总部项目；徐泾北大型社区综合配套设施、远大健康城等市级、区级重大项目推进；提升城市治理水平和治理能力。华新镇确定“枢纽核、虹桥里、幸福城”发展意向，统筹疫情防控与经济社会发展，北部镇区全力推进“三个美丽”与幸福社区建设，持续提升城乡品质；凤溪社区“城中村”改造项目正式取得市政府批复，开启南部镇区改造；推进产业高能级、空间高颜值、生活高品质、治理高效能四位一体枢纽强镇建设。重固镇围绕“精致小镇”建设目标，坚持“新型城镇化和乡村振兴双轮驱动”，依托幸福社区建设，提升公共服务能级；依托微管家等社会治理平台，创新基层治理方式；推进“幸福城、数字港和乡创谷”三大片区建设，打造精致人文的新型城镇化示范镇。白鹤镇加快产业转型升级步伐，加强项目引进，与青发集团（市西软件园）签署战略合作框架协议，镇企联动推动产业融合发展；完成 19 个行政村村庄改造工程，实施 15 个行政村农村人居环境优化和区级美丽乡村同创“二合一工程”；成立海丝源农业发展公司，做大做强农业项目；“白鹤草莓”通过国家农产品地理标志认证；与市农科院、高校等科研院所合作培育绿色农业品牌。朱家角镇持续优化营商环境，统筹推进城乡建设，提升人居环境，助力幸福社区建设；全力创建 AAAAA 级旅游风景区，推进“一轴四区”建设，增设沈巷文体活动中心，提升百姓生活幸福感。练塘镇持续推进乡村振兴战略实施，徐练村乡村振兴示范村建设通过市级复核，泾花村获 2021 年度上海市美丽乡村示范村称号；推进幸福社区建设，构建“线上＋线下”相结合的社区中心运行模式。金泽镇紧密推进长三角生态绿色一体化发展示范区建设；持续开展市级乡村振兴示范村建设，岑卜村列入上海市第四批乡村振兴示范村建设计划；不断夯实基层治理，创建东西村首批区级幸福社区示范点。夏阳街道聚焦“北厅南院、三生共融”发展目标，组建青东区域管理团队，完成青东农场区域、东江公司整体移交手续；启动党建引领乡村振兴暨农业合作社党建联盟基地，推进产业发展，放大新城建设辐射范围；开发应用“智·夏阳”、幸福云平台，创新社会治理打造基层共治共享新模式。盈浦街道扎实推进新城建设与老城更新，加强“三美丽”建设，加快城市更新；推进民心实事，改善精细管理；深化“一网统管”工作，建成 3 个联勤联动工作站；推进市域社会治理现代化试点工作，加强法治政府建设；加强文明创建，社区文化活动中心获评第九届全国服务农民、服务基层文化建设先进集体。香花桥街道围绕“善治香花、人民城市”奋斗主题，民生实事工程落地，社会治理体系不断健全；完成“党群服务矩阵云”平台构建；探索美丽乡村建设新模式；制订“美丽街区”整治工程方案；推进幸福社区试点建设；完成城市运行管理中心和城市建设管理事务中心揭牌；强化规划引领，深化推进城市建设。

（何　磊　金樱樱　李伟虹　杨　佳　陈　琦　鲍德英　钱怡琼　俞薇薇　张婷婷　凌佳晨　董银银）

赵巷镇

■**概况**　位于青浦境域东部，东与徐泾镇毗邻，西与夏阳、香花桥街道接壤，南与松江区泗泾、佘山镇交界，北与重固、华新镇相依。水陆交通便捷，基础设施完善。G50 沪渝高速、轨道交通 17 号线、沪青平公路（318 国道）、盈港东路、崧泽大道横跨东西；嘉松中路、赵重公路、佘北公路北段、崧华南路贯穿南北；油墩港、淀浦河、新通波塘等河流纵横交错。总面积 40.47 平方公里。

历史人文资源丰富，有崧泽和刘夏两处古文化遗址。崧泽古文化遗址位于域内崧泽村，为新石器时代遗址，有 6000 多年历史。崧泽遗址博物馆于 2014 年对外开放。刘夏古文化遗址位于方夏村，为新石器时代晚期古遗址，被列为市级文物保护单位。

下辖方夏、和睦、沈泾塘、崧泽、中步、金汇、南崧、垂姚 8 个村民委员会和金葫芦、金葫芦第二、北崧、赵巷、新镇（涉农村）、巷佳、崧鑫、崧涵、崧澜、佳福东、华沁、华秀、佳昱、龙联、秀景、佳辉、佳煌、龙御、德康、和瑞、逸泰、逸秀、御融 23 个居民委员会。2021 年，全镇户籍人口 13143 户、36094 人；来沪登记人口 104018 人。全年工业总产值 32.11 亿元，农业总产值 0.35 亿元；全口径税收收入 29.30 亿元，比上年增长 20.6%；社会消费品零售总额 135.10 亿元，比上年增长 19.4%；全社会固定资产投资 70.15 亿元，比上年增长 20.2%。

赵巷镇人民政府驻地：赵巷镇赵兴路 90 号。（何　磊）

■**提升发展质量**　年内，围绕青东各镇协同建设国际中央商务区和高水平开放枢纽的联动发展目标，融入长三角一体化发展，以市西软件信息园建设为重点，拓展新产业、新业态，发展软件信息上下游产业。网易国际文创科技园、北斗赵巷园区等项目落地、开工。山姆会员超市、宝龙广场、元祖梦世界、豪车汇、凯悦酒店、阿缇客酒店青浦区首家店面建成开业。上海吉盛伟邦绿地国际家具村市场经营管理有限公司整体转型为绿地虹桥数智港。众采进口日用消费品采供对接平台作为中国国际进口博览会市级“6＋365”展示交易服务平台举行第四届“进博会”意向采购签约仪式。借助青东五镇联动发展平台，完成住宅、社会事业资源等各类发展资源梳理，完成经营性用地、公益性用地、农村宅基地和集体建设用地梳理。

■**推进基础建设**　完成 318 国道、赵华路、佳康路等 9 条道路“美丽街区”改造和27个小区6.61万平方米“美丽家园”改造，动迁安置房（一期）开工，便民服务中心新建工程、雨污分流改造等项目有序推进。完善农村公路管养体制，探索建立30条农村公路路长制，做好166.79公里市政雨污水管网等养护工作，规范111个地下空间管理。仁泽养护院、体育公园等项目建成并投入使用。

■**乡村振兴** 编制《赵巷镇郊野单元（镇级村庄布局）规划》，完善和推进“1+4”（“1”指赵巷镇全域，“4”指和睦村、方夏村、崧泽村、中步村4个保留村）乡村振兴战略规划。4个保留村创建为3个市级美丽乡村和1个区级美丽乡村，其中和睦村创建为第三批市级乡村振兴示范村。与红豆集团有限公司、陕西西凤酒厂集团有限公司签署乡村振兴合作框架协议，提升特色农业和乡村文化品牌价值，促进农民增收。建设生态公益林，完成公益林20.13公顷，完成廊道种植61.07公顷，森林覆盖率20.56%。完成农民相对集中居住311户。（何 磊）

1月27日，赵巷镇与红豆集团有限公司签约“乡村振兴战略合作项目”
（赵巷镇供稿）

■**社会事业与民生保障** 新冠病毒疫苗接种14余万人，全镇应种人数覆盖率94.44%。成功创建上海市生活垃圾分类示范镇，完成12个小区、4个村、18个单位的精品场所创建。开展爱国卫生运动，完成集镇和农村地区公厕维修改造。严格执行“双减”行动，成功引入协和双语学校，完成招生1800人。加强医疗服务体系建设，完成社区卫生服务中心迁建投用，和睦村、方夏村标准化卫生室建成，120急救赵巷分站、AED急救设备布局10个点位。推广全民健身运动，龙舟、乒乓、门球等运动在全国、市级比赛中屡次获奖。推进城乡居保、城镇医保、新版社保卡换卡、征收安置及规范长护险管理等惠民事项。受理劳资纠纷案件699件，涉及劳动者720人，成功调解575件。提升为老服务能级，仁泽养护院、崧华养护院、崧漪和秀泽综合为老服务中心、秀泉和青湖日间照料站建成运营。（何 磊）

■**城市精细化管理** 在全区率先试行赵巷镇新城一站大居社区委员会“一网统管”，推动全镇域“一网统管”，划分城运网格9个，建设联勤联动站4个。“一网统管”拓展至16类智能场景运用，探索垃圾分类等个性化应用。通过城运平台实现“110”非警务的线上分流，分流非警务案件7939起，占总警情23.3%，有效分流率86.6%。“12345”市民服务热线平台共受理热线工单20887件，按时办结率100%，市民满意率85.5%。强化安全应急管理，累计排查隐患12511处，整改12305处，整改率98%，完成16个区级重点整治点位综合整治。（何 磊）

■**平安建设** 市域社会治理现代化试点有序开展，完成创新案例19个。强化社会治安防控体系建设，推动智慧公安、智慧商圈、智慧乡村等数字化智能应用，建成智慧安防小区89个、视频监控点位约3000个、防高抛探头约300个。扫黑除恶专项斗争深入推进，上级移送的44条线索全部办结。推广“国家反诈中心APP”安装使用，加强电信网络诈骗防范。建成信访代理工作站31座，化解2件历时10年的信访积案，全镇五年信访总量1833批2606人次，2021年比2017年信访批次下降52%，人次下降54%。完成全镇22个村居综治中心建设。建立运行人口管理“十六类场景全发现”（十六类指门窗严实、垃圾增多、水电异常、可疑物品、访客异常、聚众集会、行为异常、草木异常、弥漫异味、纠纷争吵、宗教邪教、涉黑涉乱、加工作坊、传销诈骗、群租群居、行医售药）机制。（何 磊）

■**环保整治** 围绕打赢“蓝天、碧水、净土”三大污染攻坚战，清理整治环保违法违规建设项目275个，全覆盖完成75家企业排污许可证登记和发证工作，申报通过国家生态文明建设示范镇验收。完成两轮中央生态环保督察、一轮市生态环保督察的13项信访问题4项重点督察问题整改及点位日常复核工作，推进市环保督察“回头看”以及“长江经济带”警示片《青浦生态环境在行动》16项重点问题整改落实工作。深化长效管理，引入环保管家，保持生态环境监督高压态势，强化96家排污企业日常巡查。全面推行河长制，成功创建上海市首批河长制标准化街镇。完成8条黑臭水体和68条劣V类水体的消黑除劣工作。2021年，全镇优于Ⅲ类水质河段由2017年43.6%上升至87.5%。（何 磊）

■**土地整治管理** 完成市西软件信息园南区、网易、北斗等15项重点项目基地征收腾地工作，签约农户、企业569家，完成乡村振兴、生态公益林、河道整治、低洼圩区整治等35个农林水项目的前期地上物征收补偿。解决芦沈路西侧水产小区危房隐患，完成84户居民签约。助推绿地吉盛伟邦转型，完成商铺签约256家。推进公共安全整治、

9月24日，青年企业家走进赵巷“我为青年办实事”活动举行 （赵巷镇供稿）

生态环境综合整治及人居环境整治工作。25个村居完成人居环境先进示范居村创建工作。人居环境持续改善，累计清理1597.2平方米立面污迹；清除小粪缸及废弃罐114只；清理“违规户外设施”183块、“乱设摊”218处；清理杂地222000平方米。全镇148条河道12处其他河湖全部消除劣V类。公共安全整治累计完成7处镇级重点整治区域，累计腾退企业28家，规范企业15家，拆除各类违建1955平方米。完成1处区级重点区域整治，腾退企业1家、规范21家，消除安全隐患76处，查处违法违规事项42件。累计整治各类违法建筑262处81937.46平方米。

（何　磊）

■**乡村振兴战略合作项目签约**　1月27日，赵巷镇人民政府与江苏红豆国际发展有限公司“乡村振兴战略合作项目”签约仪式举行。项目位于和睦村，计3.38平方公里。项目从历史文化内涵、城市功能定位、生态环境等方面入手打造“新业态、新风貌、新风尚、新方法、新模式”示范乡村，推动乡村产业的转型和升级，整体突出“和睦水街”乡村商业、农旅产业，以“红豆国际科创园”为重点，打造服务市西信息软件园、漕河泾赵巷园、国家会展中心的创业平台及休闲购物旅游度假中心。（何　磊）

■**上海漕河泾赵巷科技绿洲A区交付**　8月，交付使用。上海漕河泾赵巷科技绿洲A区位于佳迪路—佳杰路，规划建设用地约3.4万平方米，建有7幢6至12层不等办公楼宇，引入智能化云服务体系，约1万平方米公共配套空间，配有孵化器、党群活动中心、会议中心、员工餐厅、健身中心、书吧等。上海漕河泾赵巷科技绿洲位于赵巷镇、轨道交通17号线嘉松中路站两侧，规划建设用地约32.8万平方米，总建筑面积约100万平方米。项目以新一代高端智慧产城社区为发展方向，重点打造软件信息、人工智能、大数据、生命健康、新材料等多元化产业结构。

（何　磊）

■**青年企业家走进赵巷活动**　9月24日，赵巷镇团委联合青浦区青年企业家创业者协会（简称区青创协）、赵巷科技绿洲等单位开展以“青企筑梦共奋进·巷往未来谱新篇”为主题的青年企业家走进赵巷暨“朝阳青听——我为青年办实事”活动。区青创协在街镇地区首个实践基地——青创协赵巷科技绿洲实践基地揭牌。区青创协与上海新城投资（集团）有限公司和上海赵巷品牌企业发展有限公司达成合作意向，签署《青创协与赵巷两大经济小区联建协议》。（何　磊）

■**上海熙菱信息技术有限公司迁址赵巷镇**　9月，迁址赵巷镇。公司注册资金10172万元，系上市公司新疆熙菱信息技术股份有限公司全资控股子公司。上海熙菱信息技术有限公司是第一届至第四届中国国际进口博览会的安保主要服务商，提供视频图像大数据应用平台全面服务。该公司在第二届中国国际进口博览会推出“安保驾驶舱”可视化实战体系，围绕“视综+数综应用体系”的视频图像大数据综合应用平台为进博会提供基于多维感知融合的“人防+技防+数防”技术。（何　磊）

9月，上海熙菱信息技术有限公司迁址赵巷镇 （赵巷镇供稿）

■**西郊锦庐小区疫情防控** 11月25日，上海市新增3例新冠肺炎本土确诊病，其中1病例为赵巷镇业文路189弄西郊锦庐小区居民。西郊锦庐小区列为中风险地区，63栋楼249梯807户2123人闭环管理。是日，赵巷镇在西郊锦庐小区物业办公场所成立防疫应急指挥部。指挥部下设综合协调、现场指挥、应急维稳、医疗保障、后勤保障、宣传报道、组织保障7个工作组。成立临时党支部，设内部管理和外围管控2个党小组、2个党员先锋岗。抽调村居、镇有关部门党员干部、志愿者364人组建应急保障队伍支援小区。封闭管理期间总计开展人员排摸、宣传问候、楼道看护、快递运送、垃圾收运、采样组织、健康医疗、其他服务等13.41万人次，发放告知书、感谢信、温馨提示等1629份。12月9日零时，西郊锦庐小区由中风险地区调整为低风险地区，历时14天。 （何 磊）

11月25日，赵巷镇业文路189弄西郊锦庐列为中风险地区实行闭环管理

（赵巷镇供稿）

2021年赵巷镇经济与社会发展基本情况表

表65

项目	计量单位	数值	比上年增长(%)	备注
工业总产值	万元	321153	-3.5	—
农业总产值	万元	3547.3	-8.4	—
税收收入(税务口径)	万元	293037.1	20.1	—
区级税收收入	万元	101505.21	14.5	—
镇结算财力收入(剔除教育统筹)	万元	107333.5	23.6	—
合同外资	万美元	4654.7	-67.1	—
外方到位金额	万美元	4064.5	-61.6	—
新增内资企业注册资金	万元	—	—	—
内资到位金额	万元	—	—	—
固定资产投资总额(在地)	万元	701455	20.2	—
社会消费品零售总额	亿元	135.1	19.4	—
主要农副产品产量				
粮食	吨	1926.31	-13	—
油菜籽	吨	0	0	—
生猪出栏数	头	0	0	—
家禽	万羽	0.08	60	—
鲜蛋	吨	0	0	—
淡水产品	吨	0	0	—
蔬菜	吨	0	-100	—

（续表）

项目	计量单位	数值	比上年增长(%)	备注
教育事业				
其中:成校(职校)	所	1	—	
高中	所	—	—	—
初中	所	1	—	—
小学	所	1	—	—
幼儿园	所	1	—	—
在校生(含幼儿园)	人	3218	0.03	—
教职工	人	325	-0.01	—
教育事业财政支出	万元	—	—	—
文化事业				
图书馆(室)	个	2	0	—
文化馆(室)	个	2	0	—
影剧院(场)	个	1	0	—
文化事业财政支出	万元	195.34	-23.2	—
医疗、卫生、体育事业				
卫生院(所)	所	1	0	—
卫生室	所	9	-10.1	—
总床位	张	73	-3.9	—
医技人员	人	123	0.8	—
体育场馆	座	3	0	—
健身苑(点)	个	68	4.6	—

（何　磊）

徐泾镇

■概况　徐泾镇地处318国道东端第一镇，是上海市青浦区的东大门。与虹桥综合交通枢纽直线距离1.2公里，与人民广场直线距离17公里。境域坐拥航空、高铁、高速立体交通资源。高速铁路有沪宁高铁、沪杭高铁、京沪高铁；轨道交通有2号线、17号线；高速高架公路有G15沈海高速、G50沪渝高速、崧泽高架、嘉闵高架、建虹高架。全镇面积38.55平方公里。

辖区内蟠龙古镇历史悠久，有古单孔石拱桥香花桥、程家祠堂和普门教寺遗迹。1993年徐泾镇成立全区首个国家经济开发区——西郊经济技术开发区。国家会展中心于2014年试运营首展。2018年11月，首届中国国际进口博览会在国家会展中心举行。至2021年，已连续举办4届。镇内有上海国家会计学院、上海核建科创园、中国北斗产业技术创新西虹桥基地、中国神华华东总部等学院和产业基地。

美丽乡村金云村村貌　　（徐泾镇供稿）

下辖光联、民主、联民、前明、金云、二联、金联、连庵、陆家角9个村民委员会和徐泾、宅东、蟠龙、京华、龙阳、徐安第一、徐安第二、徐安第三、徐安第四、卫家角第一、卫家角第二、卫家角第三、高泾、玉兰清苑、尚泰路、尚鸿路、尚茂路、仁恒西郊18个居民委员会。2021年,全镇户籍人口17174户、46632人;来沪登记人口160769人。全年工业总产值67.61亿元,农业总产值0.32亿元;全口径税收收入65.60亿元,比上年增加36.4%;社会消费品零售总额58.7亿元,比上年增长8.8%;全社会固定资产投资97.4亿元,比上年增长12.3%。

镇政府机关所在地:徐泾镇盈港东路1800号。（金樱樱）

■**基础设施建设** 推进"美丽街区""美丽家园""美丽乡村"建设,围绕"15分钟社区"生活圈目标,推进基础项目建设,徐泾北大型社区综合配套设施、远大健康城等市级、区级重大项目和虹泾、名岑、灿辉、正荣御天、万科天空之城等产业、商业配套项目建设推进。（金樱樱）

■**产业能级提升** 产业集聚效应显现,会展商贸、数字经济、医疗器械三大产业集群初步确立,推进104区块转型打造虹桥徐泾数字经济园。21家总部型企业落地,山鹰国际、永利带业等一批新型总部项目加快推进。全镇36栋楼宇总面积达153万平方米,税收总值超13亿元,培育上海麦迪睿医疗科技集团有限公司、E通世界、同联(上海)实业发展有限公司、上海虹泾投资管理集团有限公司4栋亿元楼。启动联采项目,举办首届中国国际公共采购论坛和2021年联合国采购大会,加快构建一站式特色会展商贸模式。（金樱樱）

■**城市精准化管理** 探索从"三网融合"到"一网统管"的实践融合,打造"三级平台、五级应用"架构,"进博会"期间深化12类智能化应用场景、网格人机交互巡查和"103060"时限处置机制,智能化场景和视频巡查发现案件占比提升至80%,该模式获评"上海城市治理最佳案例奖"。成立徐泾镇城运中心平台,理顺城市运行管理边界,加快平台系统应用,发挥联勤联动功能,实现城市日常管理。统筹推进公共安全、农村人居环境和生态环境"三大整治"行动,30个村居通过"人居环境先进村居"验收。启动全镇域一体化养护保洁精细化作业,覆盖全镇道路、绿化、河道591.97万平方米。（金樱樱）

■**社会治理创新** 完成全镇92个小区、22栋单位楼宇、3个宗教场所、1个自然村落、1家医院的智慧安防建设及4085户农村租赁房小技防建设,结合"天眼"项目计划和"雪亮工程"建设,实现辖区智能安防布控全覆盖,实现从"传统人工"向"智慧集成"转变。推进市域社会现代化治理试点工作。推广"房管家联盟"社区管理模式,严格做好出租房的闭环式管理。完成31家村民自治平台规范化建设,推进"一站两中心"提质增效,增强村居干部下楼开放式集中办公实效。创新社会治理体系,完善"社区云"智慧系统,加快"幸福社区"布局建设。（金樱樱）

■**社会事业发展** 编制学区化办学三年行动计划,贯彻"双减"工作要求,关闭3所纳民小学、14个看护点。健全公共服务功能,远大健康城于年内进驻。巩固国家卫生镇创建成果,整区域开展垃圾分类工作。注重非遗文化传承,加快蟠龙天地建设。实行社区"限时封闭管理"和"红黄蓝三色证"管理制度,组织发动1500多名财政供养人员、1000多名在职党员和1200多名社会志愿者支援基层,参与社区新冠肺炎疫情防控。严格贯彻"应种尽种"要求,完成全镇域疫苗接种29.64万剂次,完成率81.13%。（金樱樱）

■**庆祝中国共产党成立100周年系列活动** 3月30日,"开启新征程奋进新时代"徐泾镇庆祝中国共产党成立100周年系列活动启动仪式暨第十三届"四叶草"文化艺术开幕式在徐泾镇文体中心举行。艺术节开幕式演出以"众志成城""精彩乐章""乘风破浪"三大篇章展开,汇集灯光秀,鼓舞、沪剧、京剧、独角戏、杂技、歌伴舞等多种表演元素。本次活动分为镇级17项、基层77项。

徐泾镇庆祝中国共产党成立100周年活动之沪剧演出《玉兰之恋》（徐泾镇供稿）

7 月 29 日，徐泾镇养护院开业　　（徐泾镇供稿）

其中有党史学习教育、先进典型宣传、“四个一百”（党员先锋、革命故事、主题演讲、经典原话）系列活动，重点为“奋斗百年路开启新泾彩”系列群众性主题宣传教育活动。　　（金樱樱）

■徐泾镇养护院开业　7 月 29 日，位于乐强路 56 号的徐泾镇养护院开业。养护院占地 3 万平方米，总建筑面积 2.5 万平方米，房间设有三人房和六人房，养老及认知中心床位 341 张，护理床位 511 张，共计床位 852 张，该项目由盈康护理集团负责运营。　　（金樱樱）

2021 年徐泾镇经济与社会发展基本情况表

表 66

项目	计量单位	数值	比上年增长（%）	备注
工业总产值	万元	676124	-4.7	—
农业总产值	万元	3208.9	-35.3	—
税收收入（税务口径）	万元	656000	36.4	—
区级税收收入	万元	223400	33.5	—
镇结算财力收入（剔除教育统筹）	万元	193600	16.3	—
合同外资	万美元	58435	355.2	—
外方到位金额	万美元	14375	87.8	—
新增内资企业注册资金	万元	—	—	—
内资到位金额	万元	—	—	
固定资产投资总额（在地）	万元	974427	12.3	
社会消费品零售总额	亿元	587013	8.8	
主要农副产品产量				
粮食	吨	538.4	-3.2	—
油菜籽	吨	—	—	—
生猪出栏数	头	—	—	—
家禽	万羽	—	—	—
鲜蛋	吨	—	—	—
淡水产品	吨	68	-5.6	—
蔬菜	吨	9249	-20.5	—
教育事业				
其中：成校（职校）	所	1	—	—
高中	所	—	—	—
初中	所	1	—	—
小学	所	3	—	—
幼儿园	所	6	—	—
在校生（含幼儿园）	人	7664	—	—
教职工	人	986	—	—

（续表）

项目	计量单位	数值	比上年增长(%)	备注
教育事业财政支出	万元	—	—	—
文化事业				
图书馆(室)	个	1	—	—
文化馆(室)	个	1	—	—
影剧院(场)	个	—	—	—
文化事业财政支出	万元	—	—	—
医疗、卫生、体育事业				
卫生院(所)	所	2	—	—
卫生室	所	13	—	—
总床位	张	99	—	—
医技人员	人	280	—	—
体育场馆	座	4	—	—
健身苑(点)	个	26	—	—

（全樱樱）

华新镇

■概况　华新镇位于青浦境域东北部，东与闵行区接壤，西与重固、白鹤镇交界，南与徐泾、赵巷镇相邻，北与嘉定区相望。华新镇水陆交通便捷，基础设施完善，距虹桥国际机场15公里、浦东国际机场38公里；距轨道交通2号线徐泾东站约12公里，与轨道交通17号线嘉松中路站临近。沪宁高速公路、北青公路、纪鹤公路横跨全镇东西；嘉松公路、徐华公路、嘉金高速公路贯穿南北，分别与318国道、312国道连接，与G1503上海绕城高速相通。镇域内建有G2京沪高速公路、S26沪常高速公路上下匝道口，有市区公交车与华新相通。境内新通坡塘纵贯全镇，内河航运四通八达。全镇总面积47.6平方公里。

华新镇被国家六部委列为全国重点镇，被市政府列为上海市郊22个中心镇之一，是全国城镇建设先进镇、小城镇建设示范镇、国家级卫生镇、全国文明镇、全国亿万农民健身活动先进镇、上海市科普示范镇、上海市文明示范标志区域。华新镇具有光荣的革命斗争历史，青浦区最大的烈士墓地——东乡革命烈士陵园坐落于镇内火星村。

下辖徐谢、火星、周浜、嵩山、北新、朱长、淮海、新木桥、叙中、陆象、坚强、华益、凌家、白马塘、新谊、马阳、杨家庄、秀龙、叙南19个村民委员会和华新、凤溪、华腾、春江、星尚湾、悦欣、华府、宝龙、新丰、瑞和锦庭、金瑞苑、西郊半岛12个居民委员会及华悦、悦澜2个居民委员会筹备组。2021年，全镇户籍人口12864户、48435人；来沪登记人口176556人。全年工业总产值215.37亿元，农业总产值0.70亿元；全口径税收收入62.45亿元，比上年增长4.6%；社会消费品零售总额63.27亿元，比上年增长11.0%；全社会固定资产投资41.19亿元，比上年减少35.0%。

华新镇人民政府驻地：华新镇华新街318号。　（李伟虹）

■城镇规划建设　围绕“南北平衡、城乡统筹”的总体思路，推进“一城、三园、三轴”（“一城”即由原华新镇和原凤溪社区、大型居住社区组成的组合城镇；“三园”分别指制造物流园、商贸商务园和现代服务业集聚园；“三轴”是支撑华新镇空间架构的三条功能轴，分别为嘉松路产业功能轴、新凤路生活服务轴和新府路商贸服务）建设，空间布局逐步优化，环境面貌持续提升。推进建立“1+3+3”镇域规划体系（1个城镇总体规划，镇区单元、产业区单元和凤溪社区单元等3个控详规划，综合交通、产业发展、郊野单元等3个专业规划）。9月2日，凤溪社区“城中村”改造取得市政府批复，启动合作伙伴招选工作。完成第一轮1.54平方公里“美丽街区”创建，改造市政道路14条，完成新凤路道路改造，新建5.66万平方米华隆公园。

5月24日，华新镇动迁安置房二期“华腾佳苑”开始摇号选房　（华新镇供稿）

5月19—22日,华新镇七彩梦合唱队获评2021年上海市民文化节市民合唱大赛百支优秀市民合唱团(老年组)五星团队　(华新镇供稿)

动迁安置房二期竣工分房,累计安置动迁农户397户,交付安置房901套;三期于2020年开工建设,计划于2023年上半年竣工交付使用。　(李伟虹)

■国家物流枢纽建设　年内,会同区职能部门推行国家物流枢纽管理制度试点创新,研究出台土地、财税等相关政策。投入近3亿元改造国家物流枢纽核心区华腾路、华南路、新协路三条主干道路。推动中通智慧产业园、圆通航空物流装备产业园等项目。培育极兔速递有限公司、上海安能聚创供应链管理有限公司、上汽安吉物流股份有限公司等企业壮大发展动能,汇聚枢纽经济发展动力。　(李伟虹)

■安全综合整治　年内,开展"1+5+8"安全综合整治、"五违四擅""厂改冷库""护航建党百年,安全隐患'清零'"等专项行动,收缴液化气钢瓶566个,制止电瓶车搬离上楼480辆,拆除各类新增违法建筑76处1530平方米。　(李伟虹)

■社会治理创新　深化落实"一网统管",合理配置"一网统管"格局,建立联勤联动工作站、工业园区企业安全指导中心和城市运行管理分中心,提高各类案件的处置效率。"12345"热线平台办结工单5111余件,结案率100%。推进幸福社区建设,杨家庄村和叙中村完成首批幸福社区试点建设。　(李伟虹)

■文化艺术中心项目启动　下半年,华新镇文化艺术中心项目开工建设,至年底完成一层框架,计划于2022年底竣工。该项目东至华新中学体育场、西至新府中路、南至华新中学、北至华富街。项目用地面积4894.3平方米,建筑面积2487平方米,为1幢地上3层主体建筑(包含报告厅、排演厅、公共服务空间、车库等)及消防水泵房、变电所、门卫等配套建筑。项目总投资2203.48万元,资金来源为镇自筹。　(李伟虹)

■之华幼儿园投用　9月,之华幼儿园开园。该园位于华新镇凤坚塘路215号。占地面积5501平方米,户外场地面积为2400平方米,绿化面积为1000平方米。开设5个班级,其中1个托班,4个小班。园内设南溪种植园、生活体验馆、绘本阅读室、科学探究室、建构天地、艺术创作室等活动专用教室。该园教职工26人。其中,在编教师14人,教师本科率100%;非在编员工12人。　(李伟虹)

■华新合唱团队获五星团队称号　5月19—22日,以"永远跟党走·颂歌献给党"为主题的2021年上海市民文化节市民合唱大赛决赛在保利上海城市剧院举行。华新镇七彩梦合唱队被评为百支优秀市民合唱团(老年组)五星团队。大赛由上海市民文化节指导委员会指导,闵行区人民政府、上海广播电视台主办,闵行区文化和旅游局、上海市群众艺术馆、上海音乐家协会共同承办,来自全市16个区及市总工会、老龄委、残联等系统单位90支近5500人合唱团队,按学生组、成人组、老年组进行4天6场比赛。　(李伟虹)

■华新镇代表队获全国运动会群众展演广播体操农村乡镇组亚军　8月27日,第十四届全国运动会群众展演广播体操决赛在西安曲江国际会展中心举行。华新镇广播操队代表上海参赛,获得广播体操决赛三人赛农村乡镇组亚军,并荣获最佳人气奖。本届全国运动会首次将广播体操纳入群众赛事活动。为确保疫情防控,广播体操项目评审工作首次采用线上展演、线下评审,设置网络投票评选最佳人气奖环节。　(李伟虹)

■第十二届快乐村民才艺擂台赛　9月26—31日,"庆百年荣光·踏全新征程"华新镇第十二届快乐村民才艺擂台赛初赛暨"红心向党展芳菲·文化惠民庆百年"主题活动在华新镇凤溪公园举行。初赛共分5个晚上进行,设有唱支山歌给党听、百花齐放共争鸣、舞动风采耀华新3个板块,31个村居参加比赛。10月15日,决赛在凤溪公园举行,杨家庄村获擂台赛冠军。　(李伟虹)

9月26—31日,华新镇第十二届快乐村民才艺擂台赛在华新镇凤溪公园举行　(华新镇供稿)

2021年华新镇经济与社会发展基本情况表

表67

项目	计量单位	数值	比上年增长(%)	备注
工业总产值	万元	2153653	11.7	—
农业总产值	万元	6966	8.5	—
税收收入(税务口径)	万元	624547	4.7	—
区级税收收入	万元	166869	16.8	—
镇结算财力收入	万元	116808	35.8	剔除教育统筹
合同外资	万美元	11194	193.7	—
外方到位金额	万美元	548	-91.1	—
新增内资企业注册资金	万元	—	—	—
内资到位金额	万元	—	—	—
固定资产投资总额(在地)	万元	411946	-35	—
社会消费品零售总额	亿元	63.27	11	—
主要农副产品产量				
粮食	吨	3402.8	2.8	—
油菜籽	吨	—	—	—
生猪出栏数	头	—	—	—
家禽	万羽	—	—	—
鲜蛋	吨	—	—	—
淡水产品	吨	—	—	—
蔬菜	吨	18703	107.9	—
教育事业				
其中:成校(职校)	所	1	—	—
高中	所	—	—	—
初中	所	2	—	—
小学	所	3	—	—
幼儿园	所	7	—	—
在校生(含幼儿园)	人	9825	—	—
教职工	人	1009	—	—
教育事业财政支出	万元	188.59	—	—
文化事业				
图书馆(室)	个	1	—	—
文化馆(室)	个	32	—	1个文体中心,31个村居综合文化活动室
影剧院(场)	个	0	—	—
文化事业财政支出	万元	225.3	—	—
医疗、卫生、体育事业				
卫生院(所)	所	1	—	1个中心2个分中心
卫生室	所	19	—	—

（续表）

项目	计量单位	数值	比上年增长(%)	备注
总床位	张	70	—	—
医技人员	人	168	3.7	—
体育场馆	座	17	—	
健身苑(点)	个	67	—	

（李伟虹）

重固镇

■概况　位于青浦城东北，东临华新镇，西连香花桥街道、青浦工业园区，南接赵巷镇，北靠白鹤镇，处于G1503上海绕城高速公路、苏虹公路交通大动脉的交汇处。东距上海虹桥国际机场、浦东国际机场分别为15公里、40公里，南靠318国道，北近312国道和A11沪宁高速公路，同三国道贯穿南北，苏虹公路横卧东西。位于境内的油墩港，南通黄浦江，北连苏州河，可供300吨级船舶通航。镇域面积30.21平方公里，年末耕地面积1513.09公顷。境内有被称为“上海历史年表”的福泉山古文化遗址，完整保留距今6000—7000年历史的各个时期文化叠压遗存，于2001年6月被国务院命名为国家重点文物保护单位。2009年，被列为上海市爱国主义教育基地。2010年，成为国家AAA级旅游景区。2013年，被认定为全国150处大遗址之一，也是上海市唯一一处国家级大遗址。

下辖郏店、毛家角、中新、回龙、新丰、章堰、新联、徐姚、福泉山9个村民委员会和福泉、泉山、福定、泉华4个居民委员会，以及泉祥、福兆2个居民委员会筹备组。2021年，全镇户籍人口7377户、21883人；来沪登记人口56279人。全年工业总产值8.38亿元，农业总产值0.93亿元；全口径税收收入27.66亿元，比上年减少7.0%；社会消费品零售总额18.6亿元，比上年增长15.7%；全社会固定资产投资15.4亿元，比上年增长45.3%。

重固镇人民政府驻地：重固镇福泉山路628号。　（杨　佳）

■经济发展　明确南部科创社区“创新数字港”、中部城乡融合“精致幸福城”和北部乡村振兴“魔都乡创谷”三大片区发展定位，确立推动新型城镇化与乡村振兴双轮驱动的发展方向。空间腾挪基本完成，章堰村、崧泽高架、山周公路等重大项目动迁、搬迁任务全面完成。产业转型加快推进，平台经济做大做强，城郊翔农危化、万事发医疗器械、龙洲生物科技三大平台累计引进企业289户，完成税收45868.71万元。出台经济小区高质量发展若干意见、村级招商考核激励机制、招商单位员工绩效考核实施意见、“创新数字港”产业招商推进机制、专业平台招商资源共享利益分享机制等。更新制作《上海市青浦区重固镇招商手册》，开展2020年度重固镇纳税明星、优秀企业等纳税百强企业的联系走访活动。有序推进申通快递上海青浦项目二期、德邦物流股份有限公司总部等“四个一批”项目重大项目及上海大宝化工制品有限公司改扩建、上海燕龙基再生资源利用有限公司技改等重点项目建设。累计协助17家企业申报“民营企业总部认定”“科技企业认定”等38项专项扶持资金项目。举办落户企业财务管理人员培训班2次、镇落户企业高质量发展专题培训暨“金融零距离助力中小微”重固专场专题培训班1次，300余人参加培训。第四届中国国际进口博览会举办期间，镇主要领导带队赴会现场开展招商洽谈，组织镇经济发展办公室、经济小区等招商人员84人进馆接洽参展企业，出席辖区内企业采购签约活动2场，签约采购额4560万美元。　（杨　佳）

■提升功能品质　完成集镇区域14个住宅小区和9条市政道路雨污混接改造工作。完成1条道路专项维修，完成1主干道路大中修项目，启动5条道路提档升级，改造总里程7公里。深化“四查机制”（自查、普查、抽查、督查）巩固“三大整治”成果，抽查35280户，处置整改率98.4%。打通河长制湖长制“最后一公里”，建立村居河长制工作站九村全覆盖，落实问、巡、盯、管、督、改“六管齐下”治水措施，建立全民参与长效治水机制。水环境质量明显提升，各级考核断面Ⅲ类水占比58%，林长制试点方案初步形成。开展“垃圾分类、绿色账户”宣传、培训等各类活动100余次，积分兑换活动90余场，参与48000余人次。环境卫生市容满意度测评位列全市郊区街镇第6名，垃圾分类位列全市测评第5名。推进智慧“路长制”“林长制”工作，全镇居住区统一推行桶长制管理。　（杨　佳）

■社会事业和民生保障　成功创建上海市首批健康镇，徐姚村成功创建上海市首批健康村。“双减”工作取得成效。公共卫生服务水平持续提高，家庭医生服务签约率位居全区前列。群众文化活动精彩纷呈，承办上海市社区健身操大赛等重大赛事。提升就业保障水平，开展就业创业政策宣传活动16场，面试会7场；加强与周边地区企业协调，挖掘适合岗位；全面开展线上线下招聘活动，新增就业662人，完成全年目标任务550人的120.3%，失业人数控制在158人。推进城乡居民最低生活保障等工作。2021年发放各类救助金906.89万元，一次性困难补助金459.85万元，惠及各类大病、重病、天灾人祸等自负万元以上有特殊困难的家庭2123人次。提升就业保障水平，开展就业创业政策宣传活动16场，面试会7场。推进多层住宅加装电梯工作，完成2个居民小区共2部电梯的签约工作。　（杨　佳）

■深化社区治理模式　落实社会面常态化疫情防控工作各项举措。深化社

11 月 9 日，“精致小镇 · 乡 hua 未来”——“五彩泉”之乡村振兴大讲堂在重固镇新丰村举行（重固镇供稿）

会治理，持续开展村居民组长“五星”（星级）考评及出租屋“四责、三色”管理，确定“绿色房屋”25510 间、“黄色房屋”327 间、“红色房屋”31 间。发挥重固镇城市管理精细化“微管家”公众参与社会治理激励平台作用，完善城市运行管理和应急处置体系。镇应急联动中心投入运行。利用智慧平台提效，北部 5 村接入物联感知应用场景“独居老人智能守护”95 户。建立健全绿色社区创建督查、“主动协调、约请推进”和线上交流等工作机制，福定和泉华社区完成绿色社区试点创建工作。强化社会面防控，研究制定信访主要矛盾销项攻坚实施计划，化解信访矛盾问题。推进和规范基层红白理事会、道德评议会等评议机制建设，结合村规民约设立善行榜、义举榜等平台。2021 年评选“最美家庭”14 户、“最美媳妇”10 人、“最美妯娌”18 人、“文明家庭”20 户。（杨　佳）

■深化乡村振兴　章堰村成功创建第三批市级乡村振兴示范村，章堰村古村落核心区引入国别馆、幸福人才发展中心、中版书房等产业项目。新丰村获批第四批乡村振兴示范村，已启动建设。完成五村联动策划实施方案制订和形象 Logo 设计，围绕打造展示田园风光“风景线”，集聚乡创产业和围绕村民需求，构建“一村一个平台”“一村一批产业”“一村一群创客”新格局。“三条线”（指重固镇聚焦人居环境打造一条展示田园风光的风景线，聚焦产业兴旺打造一条集聚乡创产业的经济线，聚焦幸福指数打造一条满足乡民需求的幸福线）建设项目办理前期手续。通过共创委员会、上海重徐商业管理有限公司、村企结对等产业平台和机制，引进企业 120 多家。推动“新云尚”造血平台参与徐姚村乡村振兴产业项目整体开发建设。5 月 20 日，举办以“‘初心泉涌’五村汇，‘精致田园’促振兴”为主题的“五村党建联盟”成立仪式暨“书记客厅”主题论坛。11 月 9 日，举办“精致小镇 · 乡 hua 未来”——“五彩泉”之乡村振兴大讲堂。（杨　佳）

■幸福社区建设　研究制订《重固镇幸福社区建设三年行动计划》，明确 2021—2023 年内全镇幸福社区建设全覆盖工作目标，成立镇幸福社区建设推进办公室协调推进全镇幸福社区项目，下设前期策划组、综合推进组、项目建设组和党群服务组 4 个工作组分别负责幸福社区项目方案设计、现场施工、综合协调、运营指导等环节工作。根据“村点状分布、居委片区分布”要求，2021—2023 年计划建设幸福社区 12 个。其中，点状幸福社区 10 个，片区共享幸福社区 2 个。2021 年，章堰村、泉祥居委会（筹）列入全区首批 20 个幸福社区示范试点村居并完成建设。新丰村、中新村、回龙村和福兆社区 4 个幸福社区项目基本完工。（杨　佳）

■青浦区首家镇级民兵训练基地、应急联动中心挂牌成立　3 月 22 日，重固镇民兵训练基地、应急联动中心挂牌成立。中心占地 2180 平方米，建筑面积 910 平方米，设办公区、训练区、生活保障区、展示区、物资仓储区五大功能区域。外观风貌上，白墙灰瓦和人字形房顶、窗棂式外挡围墙的设计体现江南水乡建筑风格。应急联动中心内设总值班室 1 间；营连部、退役军人服务站、民防工作室等办公室 6 间；值班宿舍 3 间；应急备勤宿舍 2 间；物资仓库 6 间；还设有资料室、多功能室、休息室、青年民兵之家等。应急联动中心设立由镇长任总指挥的应急联动中心指挥部，下设主任、专职副主任各 1 名和若干名工作人员，实行“日、周、月”定期工作例会

章堰社区中心 · 党群服务站外景（重固镇供稿）

重固镇民兵训练基地、应急联动中心外景　（重固镇供稿）

制度和 24 小时应急值班等制度，配备应急指挥车辆和应急防汛车。　（杨　佳）

■部署科创社区“创新数字港”建设工作　3 月 22 日，重固镇推进科创社区“创新数字港”建设动员部署大会召开。重固科创社区作为青浦新城“1 + 3 + X”（“1”指 1 个主体园区，即青浦工业园区；“3”指 3 个协同园区，即西岑科创中心、上海市西软件信息园、中国北斗产业技术创新西虹桥基地；“X”指 X 个联动园区，即朱家角产业社区、徐泾产业社区、华新产业社区、练塘产业社区以及重固科创社区、白鹤工业园区等）开展建设的“X”联动园区之一，“创新数字港”控详规于 2 月份获批，定位划分“数字供应链产业园”“数字医疗产业园”“数字创新产业园”“数字智慧社区”。2021 年度计划收储地块共 14 幅，已纳入区级土地收储计划。其中，商业用地年度计划收储 2 幅，1 块地幅已完成收储；研发用地年度计划收储 12 幅，6 块地幅已完成收储。2021 年度计划出让地块 8 幅，完成 2 幅商业用地、2 幅住宅用地出让。完成科创社区成片开发方案编制及审批工作。　（杨　佳）

■2021 上海城市空间艺术季青浦重固章堰展开幕　10 月 9 日，2021 上海城市空间艺术季青浦章堰展在重固镇章堰村开幕。展览以“合！我们的金章堰！”为题，以主题展结合沉浸式游线的形式重点展示章堰村社区作为上海乡村社区生活圈示范样本之一取得的阶段性成果及乡村振兴经验，聚焦规划引领下的宜居、宜业、宜游、宜养、宜学乡村社区生活圈营造。该展至 11 月 30 日撤展，为期 2 个月。共举办 4 场相关活动，吸引社会各界 25 家企事业单位及个人约 1500 人现场参观，10.6 万人次在线观看直播视频。　（杨　佳）

■举行“精致重固”新闻发布会　11 月 1 日，“新青浦 · 新生活”青浦区街镇系列新闻发布会——“精致重固”新闻发布会在重固镇章堰村举行。发布会上，镇党政领导分别围绕“精致重固”的总体定位和发展方向、“创新数字港、精致幸福城、魔都乡创谷”三大片区的建设内容、优化营商环境的举措、社会治理的创新方法、幸福社区建设等方面进行介绍和解答。新华社、中国网、东方网、新民晚报、文汇报等 14 家中央及市区级主流媒体参加发布会并实地走访，了解重固推进新型城镇化和乡村振兴双轮驱动取得成效和“十四五”期间重固镇发展目标和定位。　（杨　佳）

10 月 9 日，2021 上海城市空间艺术季青浦章堰展开幕仪式举行　（重固镇供稿）

2021 年重固镇经济与社会发展基本情况表

表 68

项目	计量单位	数值	比上年增长(%)	备注
工业总产值	万元	83762	24.3	—
农业总产值	万元	9268.8	17.2	—
税收收入(税务口径)	万元	276591	-7	—

（续表）

项目	计量单位	数值	比上年增长(%)	备注
区级税收收入	万元	78179	-1	—
镇结算财力收入(剔除教育统筹)	万元	80746.35	2.7	—
合同外资	万美元	3348.3	163.9	—
外方到位金额	万美元	815.9	-86	—
新增内资企业注册资金	万元	—	—	—
内资到位金额	万元	—	—	—
固定资产投资总额	万元	154291	45.3	—
社会消费品零售总额	亿元	18.6	15.7	—
主要农副产品产量				
粮食	吨	6161.6	0.02	包含玉米
油菜籽	吨	0	0	—
生猪出栏数	头	0	0	—
家禽	万羽	0.46	4500	—
鲜蛋	吨	0	0	—
淡水产品	吨	0	0	—
蔬菜	吨	29121.3	27.2	—
教育事业				
其中:成校(职校)	所	1	0	—
高中	所	0	0	—
初中	所	1	0	—
小学	所	1	0	—
幼儿园	所	2	0	公办1所　民办1所
在校生(含幼儿园)	人	3663	-1.2	—
教职工	人	420	-1.2	含编外人员130人
教育事业财政支出	万元	211.65	13.4	剔除教育统筹
文化事业				
图书馆(室)	个	1	0	—
文化馆(室)	个	0	0	—
影剧院(场)	个	1	0	—
文化事业财政支出	万元	848.74	-25.7	—
医疗、卫生、体育事业				
卫生院(所)	所	1	0	—
卫生室	所	10	0	—
总床位	张	25	0	—
医技人员	人	77	4.1	—
体育场馆	座	1	100	—
健身苑(点)	个	46	12.2	—

（杨　佳）

白鹤镇

4 月 28 日，白鹤镇响新村健康服务点为居民提供健康咨询服务（白鹤镇供稿）

■概况　地处青浦境域北部与江苏省交界之处。东与华新镇、重固镇毗邻，西与江苏省昆山市石浦镇、花桥镇交界，南与香花桥街道相接，北与嘉定区安亭镇接壤。距上海虹桥枢纽 17 公里，北靠 312 国道和 G42 沪蓉高速公路，南临苏虹公路和 318 国道。越境而过的南北向道路有 G1503 上海绕城高速公路、外青松公路、新胜路和青赵公路，东西向的有 S26 沪常高速公路、纪鹤公路、白石路。水运有大盈江、油墩港和吴淞江。总面积 58.74 平方公里，其中耕地面积 2627.30 公顷。

历史悠久，文化底蕴深厚，物产丰富，民风淳朴。有青龙寺、青龙塔及塘湾桥等名胜古迹，青龙镇遗址入选 2016 年全国十大考古新发现。白鹤镇是中国民间艺术之乡、中国草莓之乡和上海非物质文化（沪剧）传承基地。有白鹤草莓文化节。

下辖朱浦、金项、王泾、新江、白鹤、沈联、鹤联、青龙、塘湾、胜新、杜村、赵屯、江南、南巷、太平、红旗、曙光、梅桥、响新、五里、万狮 21 个村民委员会和白鹤第一、第二、赵屯、新江、白虬江 5 个居民委员会。2021 年，全镇户籍人口 15185 户、47663 人；来沪登记人口 60509 人。全年工业总产值 119.10 亿元，农业总产值 5.1 亿元；全口径税收收入 14.83 亿元，比上年增长 16.3%；社会消费品零售总额 19.58 亿元，比上年增长 13.9 %；全社会固定资产投资 24.44 亿元，比上年增长 0.2%。

白鹤镇人民政府驻地：外青松公路 2723 弄 69 号。（陈　琦）

■幸福社区建设　成立镇社会治理工作领导小组，制定白鹤镇幸福社区建设全覆盖三年行动计划。在胜新村和白鹤第二居委会开展试点。胜新村发展“特色农业”、强化“招商引资”，与青岛金禾天润农业科技有限公司、上海多利农业发展有限公司合作建设“幸福集市”，集合白鹤特色农产品和品牌产品，形成电商平台。白鹤第二居委会加强社区“放心物业”管理，构建居民区党组织统筹领导、业委会开展居民自治、职能部门加强监管的综合治理格局；建造“幸福小食堂”满足老年人助餐需求；引入“幸福合伙人”提供老年人康养服务；针对外来群体托幼需求，开办亲子乐园。下半年，结合南巷村、杜村村、红旗村、太平村、曙光村、王泾村、朱浦村等 7 个市级、区级美丽乡村示范村创建工作，推进幸福社区建设。（陈　琦）

9 月 24 日　白鹤镇沪剧演员在上海淮剧团筱文艳演艺厅参加“党在我心中——长三角三省一市小戏作品评比展演”活动（白鹤镇供稿）

■白鹤镇首家健康服务点揭牌　4 月 28 日，白鹤镇总工会和白鹤镇社区卫生服务中心共建的白鹤镇首家健康服务点在响新村卫生室揭牌，全镇企业职工可就近享受疾病预防、健康自检目评、健康教育、健康指导等服务。每周三下午提供健康咨询服务，每个月开展 1 次企业健康访视，每 2 个月开展 1 次健康讲座。该健康服务点是 2021 年上海市为民办实事项目，按照“两固三定”（即固定场所、固定社区卫生服务中心、定期咨询、定期访视、定期讲座）标准进行规范创建。（陈　琦）

■沪剧小戏《一张米票》获奖　9 月 24 日，白鹤镇社区文化活动中心排演的沪剧小戏《一张米票》参加上海市戏剧家协会、江苏省戏剧家协会、浙江省戏剧家协会、安徽省戏剧家协会和上海戏曲艺术中心共同主办的第五届上海（浦兴）淮音艺术节“党在我心中——庆祝中国共产党建党 100 周年长三角地区主题小戏评比展演”活动，获得优秀剧

第八届全国道德模范提名奖获奖者衣爱娟(右)与养母合影　　(白鹤镇供稿)

目奖,白鹤镇演员吴雪娣获优秀表演奖。　　(陈　琦)

■“幸福白鹤”新闻发布会举行　10月19日,“新青浦·新生活”青浦区街镇系列新闻发布会——“幸福白鹤”新闻发布会在白鹤镇胜新村举行。镇党政领导介绍白鹤镇基本情况和总体定位,解读白鹤未来五年的发展目标和任务,就草莓产业、幸福社区、青龙文化、民生实事项目、特色农业等多个热点话题进行解答。央视各大媒体、上海主流媒体等十多家媒体记者参与发布会并进行实地采访。　　(陈　琦)

■白鹤门球队参加中冠赛上海赛区选拔赛获佳绩　10月23日,“嘉定·江桥杯”门球总决赛暨中国门球冠军赛在嘉定区江桥镇高潮门球场举行。白鹤镇门球队作为代表青浦区参赛的八支球队之一参赛,在88支队伍中获得第四名的佳绩,取得2021年中国门球冠军赛总决赛参赛资格　。　　(陈　琦)

■赵江路堆场整治工作　2020年12月,位于赵江路693号,占地面积8.5公顷,用于处置吴淞江整治、市级重大市政工程动迁、198工业用地减量化、公共安全整治、河道“三清”等建筑垃圾的堆场,因区建筑垃圾再生利用中心投入使用、白鹤镇建筑垃圾产生规模总量减少等因素,停止建筑垃圾进入堆放。2021年9月15日,制订赵江路堆场专项整治、社会面稳定控制、宣传舆论等工作方案。全镇各职能部门分工合作,镇党政班子成员每日到现场督办,推进国家固废督查涉及问题整改。10月中旬完成赵江路堆场存量垃圾消纳和场地清退。　　(陈　琦)

■衣爱娟获第八届全国道德模范提名奖　6月,白鹤镇向区文明办推荐村民衣爱娟提名全国道德模范。11月5日,中央精神文明建设指导委员会发布《关于表彰第八届全国道德模范的决定》,衣爱娟获得第八届全国道德模范提名奖,在人民大会堂受到中共中央总书记、国家主席、中央军委主席习近平接见并合影留念。衣爱娟几十年如一日悉心照料自己的婆婆、养母和生母,以实际行动诠释孝老爱老中华传统美德,在其言传身教下全村形成孝老爱亲良好风尚。　　(陈　琦)

■上海首支镇级专职消防队成立　11月19日,上海首支镇级专职消防队——白鹤镇专职消防队成立挂牌仪式举行。上海市消防救援总队队长李伟民,区委副书记、代理区长杨小菁,市消防总队工程师谈迅等出席成立仪式并揭牌,参观专职消防队库室、装备静态展示、救援码头及城运中心指挥大厅,观摩消防专业技能展示和水上救援演练。　　(陈　琦)

■第十二届上海青浦白鹤草莓文化节　12月28日,以“振兴‘莓’好乡村·‘鹤’彩幸福生活”为主题的第十二届草莓文化节启动仪式在白鹤镇胜新村举行。开幕式播放专题片展示了白鹤引进、种植、推广草莓历史,介绍白鹤草莓产业未来发展规划,为白鹤草莓全国金奖获得者颁奖,发布“遇见‘莓’好乡村”主题旅游线路等。活动上发布“白鹤草莓”品牌价值,据中国品牌建设促进会专家评审、技术机构测算,“白鹤草莓”品牌价值约为2.38亿元。市农业

12月28日,白鹤镇与云南省德宏州芒市在第十二届草莓文化节启动仪式上签订战略合作框架协议　　(白鹤镇供稿)

科学院党委书记、院长蔡友铭，区委副书记张权权，新民晚报社副总编杜旻等参加启动仪式。（陈　琦）

■草莓产业发展战略合作　12月28日，白鹤镇、云南省德宏州芒市在第十二届草莓文化节启动仪式上签订"缤纷产业·共谋振兴"战略合作框架协议，"白鹤草莓芒市实验基地"揭牌。通过战略合作，白鹤镇将草莓核心技术、品牌、人才输入芒市，并派驻专技干部挂职实践，带领芒市农户开展试种，同时引进芒市的特色农产品试点种养，调优白鹤农产品结构。"白鹤草莓芒市实验基地"以产业互帮互助模式携手推进两地乡村振兴。"光明随心订""邮乐小店"和味农生活消费扶贫馆等农产品线上销售渠道开启。（陈　琦）

2021年白鹤镇经济与社会发展基本情况表

表69

项目	计量单位	数值	比上年增长(%)	备注
工业总产值	万元	1190907	7.9	—
农业总产值	万元	51000	24.1	—
税收收入(税务口径)	万元	148256.6	17	—
区级税收收入	万元	45894.65	9.9	—
镇结算财力收入(剔除教育统筹)	万元	64782.56	-8.7	—
合同外资	万美元	449.4	121.5	—
外方到位金额	万美元	25	-96	—
新增内资企业注册资金	万元	—	—	—
内资到位金额	万元	—	—	—
固定资产投资总额(在地)	万元	244440	0.2	—
社会消费品零售总额	亿元	19.58	13.9	—
主要农副产品产量				
粮食	吨	7468.9	-4.6	—
油菜籽	吨	—	—	—
生猪出栏数	头	—	—	—
家禽	万羽	0.25	8.7	—
鲜蛋	吨	—	—	—
淡水产品	吨	50	4.2	—
蔬菜	吨	96292	7.3	—
教育事业				
其中:成校(职校)	所	1	—	—
高中	所	0	—	—
初中	所	1	—	—
小学	所	2	—	—
幼儿园	所	8	—	—
在校生(含幼儿园)	人	5038	—	—
教职工	人	606	—	—
教育事业财政支出	万元	101.94	-32.3	—
文化事业				
图书馆(室)	个	1	—	—
文化馆(室)	个	28	—	—
影剧院(场)	个	0	—	—
文化事业财政支出	万元	113.04	-8.3	—

（续表）

项目	计量单位	数值	比上年增长（%）	备注
医疗、卫生、体育事业				
卫生院（所）	所	2	0	—
卫生室	所	21	0	—
总床位	张	50	0	—
医技人员	人	139	1.5	—
体育场馆	座	21	—	—
健身苑（点）	个	86	24.3	—

（陈　琦）

朱家角镇

■概况　位于淀山湖畔，东与盈浦街道、夏阳街道接壤；西依淀山湖，与金泽镇相连；南与练塘镇和松江小昆山镇、佘山镇交界；北与江苏省昆山市淀山湖镇毗邻。交通便利，处于上海市与江苏省交界处，是上海通往江苏、浙江的重要通道。东西向有318国道、G50沪渝高速公路、沈砖公路，南北向有珠溪路、朱枫公路、复兴路，依傍G15沈海高速，南接G60沪昆高速公路，北通G2沪京高速公路。水路有拦路港、淀浦河、华田泾、朱泖河、西大盈港，其中拦路港为3级航道，可通行1000吨船只，直通黄浦江，并与太湖水系相通。全境总面积136.85平方公里（含水域），其中耕地面积3766公顷。

朱家角镇历史悠久，明万历年间正式建镇。1991年，被列为上海市四大文化名镇之一。2004年，古镇旅游区成为国家AAAA级景区。2006年，先后获得全国小城镇建设示范镇、全国环境优美镇和国家卫生镇等称号。2007年，获得中国历史文化名镇称号。2008年，获得国家园林城镇、国际花园城市等称号。2012年，获得全国文明村镇称号。2015年，再次获得国家卫生镇称号。2016年，入选首批（127个）中国特色小镇，获得全国百佳最美志愿服务社区称号；张马村获“中国特色村”称号。2018年，朱家角镇再获“全国文明镇”称号。2019年，张马村成为国家AAAA级景区。2020年，朱家角镇获得上海市垃圾分类示范镇称号，通过国家卫生镇复审。旅游资源丰富。有上海水上运动场、市青少年校外活动基地——东方绿舟、上海太阳岛国际俱乐部。古镇区北大街是上海市郊保存最完整的明清建筑第一街。有朱家角水乡音乐节、夜生活节。2021年，古镇景区全年接待游客259万人次，接待中外来宾125批次1422人次。

下辖周荡、横江、盛家埭、张家圩、新旺、新华、万隆、小江、周家港、沙家埭、薛间、山湾、庆丰、淀峰、创建、山海桥、淀山湖一村、水产、安庄、先锋、沈巷、张马、李庄、建新、王金、林家、新胜、张巷28个村民委员会和东井街、北大街、大新街、胜利街、东湖街、西湖新村、大淀湖、东大门、沈巷、泰安第一、泰安第二、淀湖、珠湖、珠溪、泖阳15个居民委员会及陈家汇、浦泰、滨湖3个居民委员会筹备组。2021年，全镇户籍人口22394户、62946人；来沪登记人口52892人。全年工业总产值92.83亿元，农业总产值2.34亿元；全口径税收收入27.42亿元，比上年增长15.6%；社会消费品零售总额29.21亿元，比上年增长0.7%；全社会固定资产投资35.68亿元，比上年减少28.4%。

朱家角镇人民政府驻地：朱家角镇沙家埭路18号。（鲍德英）

■优化营商环境　在建、在推产业项目18个，新开工3个（敏归定制厂房项目、华大科技园项目、中采二期），12家企业完成产业结构调整，完成调整面积73312.6平方米。完成高新技术企业认定22家，其中重新认定企业11家、新认定企业11家。推荐51个企业服务项目，累计申请补贴资金1948.6万元；扶持上海荣泰健康科技股份有限公司、中采（上海）电子商务有限公司等9家企业申报区级服务业专项资金198万元；扶持上海固点汽车科技有限公司、上海欣业汽车内饰件有限公司申报青浦区技术改造项目，申请补贴135万元；协助上海佩纳沙士吉打机械有限公司、上海询诺通信科技有限公司申报青浦区科技小巨人工程补贴75万元。

（鲍德英）

■城乡建设　启动沈巷社区控详规编制（控详规编制指规划主管部门根据城市、镇总体规划的要求，用以控制建设用地性质、使用强度和空间环境的规划），推进朱家角镇卫生服务中心、泰安公寓六期控规调整工作；完成珠溪路幼儿园图则更新。推进重大项目建设进度，完成2021年农村低收入危旧房改造、朱家角镇派出所迁建，周家港东路农村公路提档升级，沈砖公路延伸段朱天路南段大中维修4个项目，朱家角镇污水泵站扩容改造工程、提质增效项目，沈巷派出所迁建项目，朱家角工业园区整体风貌提升工程均在办理施工招标手续。完成新建朱家角游客服务中心、朱家角游客服务中心周边环境整治工程。（鲍德英）

■社会事业　开展就业培训指导，推广线上线下招聘服务，举办招聘活动7场，提供岗位823个，达成就业意向349人次。开展帮扶帮困工作，对因病致贫、城乡低保家庭、特困人员等发放救助金170余万元。加大养老服务供给，落实“民心工程”和实事项目，新建朱家角镇综合为老服务中心浦泰路分中心和沈巷分中心，新增张马和沈巷社区两家助餐点，改建3家村居日照和老年活动室。普及公共服务，实现资源共享，打造“话角里—客堂间”睦邻点185家，建成村居心理咨询室24个。（鲍德英）

6 月 26 日，朱家角镇林家村社区中心启用　　（朱家角镇供稿）

■**青浦首个“负压集装箱式”核酸检测舱启用**　2 月 9 日，青浦首个“负压集装箱式”核酸检测舱在长三角（上海）智慧互联网医院投入使用。检测舱外观为一个标准集装箱大小，内设有试剂准备室、样本处理室和核酸检测室 3 个独立区间，支持随送随检，每日可检测 600 份样本。紧急情况可扩容至最高每天可检测 2000 份样本。该检测舱具可移动的能力，支持集装箱式卡车、货轮、铁路等各种运输方式，能满足社区、口岸、机场等一线防疫阵地的应急检测要求。（鲍德英）

■**重点区域建设**　2 月 19 日，由长三角一体化示范区执委会、青吴嘉两区一县、示范区开发者联盟者共同举办的示范区建设重大项目对接会在朱家角镇召开。朱家角镇“十四五”规划期间，重点推进“一轴四区”即轨道交通 17 号线发展轴、新市镇片区、特色小镇片区、产业片区和沈太路片区五大区域十余项重大建设项目。长三角智慧互联网医院、兰生复旦学校青浦分校、复旦大学附属妇产科医院（红房子医院）等重大项目有序推进。（鲍德英）

■**上海首家“驻村驿站”揭牌**　2 月 25 日，“驻村指导员工作驿站”揭牌仪式在朱家角镇周家港村举行。该驿站是上海市首个驻村指导员工作驿站，用于展示驻村指导员工作风采、观摩驻村成效、交流驻村指导经验，探讨驻村指导党建经验和人才机制在乡村振兴中可持续作用。2019 年以来，该村驻村指导员通过直播带货、配送蔬果套餐、“田头直通车”、慈善超市等方式，助力农产品销售约 20 万斤，销售额超 150 万元；引入服务基地、研学基地、贸易企业等项目 14 个；修缮改建公共设施 59 处；签订结对帮扶协议 11 份。（鲍德英）

■**林家村社区中心启用**　6 月 26 日，林家村举办林家村社区中心（林家荟）启动仪式。林家村社区中心是朱家角镇幸福社区建设试点项目，融合党的建设、宣传文化、综合服务、平安管理、经济发展、农村建设、矛盾调处等 7 项职能，建有党建宣传、社区服务、群众自治、运行管理的工作平台，为村民群众感受城市温度、享受品质生活的共享公共空间。（鲍德英）

■**沈巷社区文化活动中心揭牌**　7 月 1 日，朱家角镇沈巷社区文化活动中心揭牌仪式举行。活动中心建筑面积 4573.07 平方米，占地面积约 5000 平方米，主体结构分为主楼和辅楼。主楼有三层，一层设有文化书场（戏曲沙龙）、乒乓球室、桌球室、公共大厅展示厅等，二层设图书阅览室、美术书法手工艺室、音乐室、舞蹈（瑜伽）房、健身房等，三层设多功能厅（电影放映、戏曲演出、会议会务）、百姓舞池等。辅楼设游泳馆、羽毛球馆。室外设有健身步道、健身广场、健身苑点等文体设施。（鲍德英）

■**儿童医院分院落户朱家角**　7 月 24 日，上海市儿童医院长三角示范区医学中心项目正式签约。选址地块位于朱家角镇珠溪路东侧，淀山湖大道南侧，规划用地面积 5.2 万平方米，总建筑面积 11.54 万平方米。项目建成后，将成为上海儿童医院未来的住院区，以辐射和带动长三角示范区儿童医疗服务水平提升为核心，汇集儿童医院重点学科，打造面向长三角区域的儿童危重症协同救治中心、出生缺陷临床研究中心、儿童早期发展康复中心和感染性疾病诊治中心。（鲍德英）

■**国家 AAAAA 级旅游景区创建工作**　11 月，朱家角古镇旅游景区通过国家 AAAAA 级旅游景区景观质量评审，列入国家 AAAAA 级旅游景区创建名单。

11 月，朱家角古镇游客中心建成　　（朱家角镇供稿）

古镇结合游客中心项目完成生态停车场建设；完成古镇部分通景道路沿线的梅花、绿化、洁化工作；完成3.08平方千米标识系统建设；完成古镇景区内15个公共厕所扩建提升；完成古镇核心区夜游区域灯光工程；完成主要街区的风貌提升，商业环境和古建筑、景观和生态环境初具特色性和文化性。

（鲍德英）

■首张“一照多址”营业执照落户朱家角 11月6日，上海泗康生物科技有限公司作为参展商取得第四届中国国际进口博览会首张医疗器械类“一照多址”营业执照，这也是朱家角镇企业首张医疗器械类“一照多址”营业执照。上海泗康生物科技有限公司是注册在朱家角益田经济开发区的一家以生物医药和医疗器械类为主的企业。与传统申请分支机构设立登记相比，减少申报材料和环节，节省企业的时间和成本，利于企业扩大经营规模。

（鲍德英）

11月6日，首张“一照多址”营业执照落户朱家角　（朱家角镇供稿）

■“灵韵朱家角”发布会 11月19日，“新青浦·新生活”青浦区街镇系列新闻发布会——“灵韵朱家角”新闻发布会在朱家角镇古镇景区举行。镇党委书记向媒体记者介绍朱家角镇基本情况和总体定位，解读朱家角镇未来五年发展目标和主要任务。央视各大媒体、上海市级主流媒体等十多家媒体记者参加发布会。

（鲍德英）

2021年朱家角镇经济与社会发展基本情况表

表70

项目	计量单位	数值	比上年增长（%）	备注
工业总产值	万元	928258	14.5	—
农业总产值	万元	23436	-13.8	—
税收收入（税务口径）	万元	274264	15.6	—
区级税收收入	万元	86914	-5.1	—
镇结算财力收入（剔除教育统筹）	万元	—	—	—
合同外资	万美元	6054	502.9	—
外方到位金额	万美元	285	-78.5	—
新增内资企业注册资金	万元	356777	-20.8	—
内资到位金额	万元	292072	0.7	—
固定资产投资总额（属地）	万元	356777	-28.4	—
社会消费品零售总额	亿元	29.21	0.7	—
主要农副产品产量				
粮食	吨	11876	9.4	—
油菜籽	吨	—	—	—
生猪出栏数	头	—	—	—
家禽	万羽	2.3	540.3	—
鲜蛋	吨	—	—	—

（续表）

项目	计量单位	数值	比上年增长（%）	备注
淡水产品	吨	2480	6.4	—
蔬菜	吨	47641	23.4	—
教育事业				
其中：成校（职校）	所	3	—	其中1所为辅读学校
高中	所	2	—	—
初中	所	2	—	—
小学	所	2	—	—
幼儿园	所	7	—	—
在校生（含幼儿园）	人	7463	2	—
教职工	人	920	4.6	—
教育事业财政支出	万元	21	16.0	—
文化事业				
图书馆（室）	个	1	0	—
文化馆（室）	个	1	0	—
影剧院（场）	个	1	0	—
文化事业财政支出	万元	1707.21	24.7	—
医疗、卫生、体育事业				
卫生院（所）	所	1	0	—
卫生室	所	22	0	—
总床位	张	20	0	—
医技人员	人	121	-0.8	—
体育场馆	座	1	100	试运行
健身苑（点）	个	81	1.2	—

（鲍德英）

练塘镇

■概况　练塘镇地处上海市西南沪、浙交界地区。镇东与松江区石湖荡镇毗邻，东南与松江区新浜镇接壤，东北与朱家角镇张马村国家旅游景区隔泖河相望；西与浙江嘉善县丁栅镇毗邻，西北与金泽镇境域相接；南与金山区枫泾镇毗邻；北与朱家角镇境域相连。属太湖流域黄浦江水系，主要航道有红旗塘、大蒸港、俞汇塘、太浦河、拦路港、泖河等，其中红旗塘、大蒸塘、俞汇塘是杭嘉湖平原水系汇入黄浦江的骨干河道，太浦河是太湖洪水东泄入黄浦江的主要通道，拦路港、泖河西连淀山湖、东接黄浦江。区域总面积93.89平方公里，其中耕地面积3530.67公顷、水面积1857公顷。

历史悠久、民风淳朴，是老一辈无产阶级革命家陈云同志的家乡。"绿色、红色、古色"为练塘镇独有的特色、亮点。"红色"体现革命传统文化的主旋律，主要代表是陈云纪念馆，有"国家一级博物馆""全国爱国主义教育示范基地""国家AAAA级旅游景区"和"全国重点红色旅游景区"称号。"绿色"表现为田多、林多、水多，空气清新，是盛产稻米、茭白的江南水乡，"练塘牌"茭白为"国家地理标志保护产品"，1200公顷涵养生态林是上海市郊最大的人造森林。"古色"表现为古镇历史遗存和文化底蕴丰富，练塘历史风貌区规划范围总面积为57.5公顷，其中核心保护范围面积约为16.5公顷，四大历史建筑集聚区（陈云故居、上塘街、下塘街、李华港）总面积超10万平方米，集中反映上海郊区商业街市、河市结合的传统江南城镇风貌特点。练塘镇先后被评为"中国历史文化名镇""全国环境优美乡镇""国家生态镇""国家AAAA级旅游景区""中国最美村镇"。有练塘茭白节。

下辖练东、泾珠、北埭、金前、泖甸、太北、叶港、朱庄、东泖、东田、联农、双菱、泾花、东淇、长河、大新、东厍、张联、徐练、浦南、蒸浦、东庄、蒸夏、芦潼、星浜25个村民委员会和蒸淀、小蒸、湾塘、下塘、三里塘5个居民委员会。2021年,全镇户籍人口21764户、54030人;来沪登记人口23645人。全年工业总产值83.31亿元,农业总产值6.46亿元;全口径税收收入26.03亿元,比上年增长7.2%;社会消费品零售总额13.34亿元,比上年增长4.2%;全社会固定资产投资6.17亿元,比上年减少17.0%。

练塘镇人民政府驻地:练塘镇章练塘路900号。（钱怡琼）

■乡村振兴 徐练村乡村振兴示范村建设通过市级复核。泾花村获2021年度上海市美丽乡村示范村称号,全镇累计创建市级美丽乡村示范村7个。推进浦南村区级美丽乡村创建,全镇累计创建区级美丽乡村示范村11个。推进朱枫公路片区示范村区域联动建设,打造新时代江南田园示范区。推进村庄改造工作,符合条件的村全部完成改造,累计户数18199户。实施第一批7个村农村人居环境优化工程,启动第二批6个村前期编制方案。（钱怡琼）

■沪苏湖铁路练塘段项目建设 沪苏湖铁路(练塘段)横穿练塘镇9个行政村(叶港村、东田村、联农村、北埭村、张联村、徐练村、蒸浦村、芦潼村、东庄村),全长10.94公里,面积28.07万平方米,红线地表面积24.20万平方米。涉及产权单位47家,已完成腾地工作。高铁站头方案调整完毕,放样完成,已进场评估。红线边界内12户动迁居民已全部完成征收安置。

3月8日,上海永茂泰汽车科技股份有限公司首次公开发行A股上市仪式举行（练塘镇供稿）

■幸福社区建设 6月,东庄村、徐练村作为全区首批试点单位建成并投入使用。构建“线上+线下”相结合的社区中心运行模式,“线上”突出科技赋能,推动社区智能化应用。依托“幸福云”平台建设,将“一网通办”、智慧健康驿站、社区事务视频远程帮办、“一元购”自助售卖机等智能服务融入社区,从根本上着力布局社区治理的数字化转型,助力打造智慧社区;“线下”优化空间布局,按照“集成办公、规范管理、综合服务、寓教于乐”的思路,打造融党建群建、政务服务、老人助餐、日间照料、医疗保健、文化休闲、亲子活动等为一体的“一站式”“集成化”社区服务综合体。培育和打造东庄村“幸福六汇”(即常乡汇、群文汇、悦智汇、创客汇、惠民汇、和谐汇)、徐练村“幸福六聚”(即红色聚力、文化聚心、人才聚优、智能聚合、服务聚惠、平安聚乐)特色品牌。下半年启动泾花村幸福社区建设工作。（钱怡琼）

■上海永茂泰汽车科技股份有限公司上市 3月8日,上海永茂泰汽车科技股份有限公司在上海证券交易所公开发行股票上市,股票代码605208,股票名称永茂泰。该公司于2002年成立于青浦练塘,初步形成以“铸造铝合金+汽车零部件”为主业、上下游一体化发展的业务格局,产品广泛应用于汽车发动机、变速箱、车身结构件和通讯基站等领域。（钱怡琼）

■庆祝中国共产党成立100周年大会 6月30日,练塘镇举行“百年荣光·砥砺传承”——庆祝中国共产党成立100周年暨“两优一先”表彰大会。大会回顾党的光辉历程,缅怀党的丰功伟绩,表彰近年来在全镇经济社会发展中作出突出贡献的优秀共产党员、优秀党务工作者和先进基层党组织。（钱怡琼）

6月30日,“百年荣光·砥砺传承”——练塘镇庆祝中国共产党成立100周年暨“两优一先”表彰大会举行（练塘镇供稿）

8 月 24 日，练塘镇与云南省德宏州梁河县囊宋阿昌族乡签署携手振兴结对协议　（练塘镇供稿）

9 月 17 日，2021 长三角网络安全海报设计展在练塘镇可·美术馆举行　（练塘镇供稿）

■签署携手振兴结对协议　8 月 24 日，练塘镇与云南省德宏州梁河县囊宋阿昌族乡签署携手振兴结对协议。协议内容主要为助力帮扶地区巩固拓展脱贫攻坚成果，推进乡村振兴。签约仪式前，梁河县党政代表团一行至练塘镇东庄村考察学习交流乡村振兴工作。　（钱怡琼）

■2021 长三角网络安全海报设计展　9 月 17 日，2021 长三角网络安全海报设计展在练塘镇可·美术馆举行。此次活动是 2021 年国家网络安全宣传周上海地区特色项目和长三角一体化示范区网安周重要活动，面向长三角部分高校艺术设计学院学生征集网络安全海报，109 幅作品入围。海报内容涵盖网络技术安全、金融网络安全、个人信息保护等多个方面。　（钱怡琼）

■第十三届练塘茭白节　9 月 30 日，中国农民丰收节活动之 2021 上海练塘茭白节暨古镇旅游文化节在练塘镇举行。活动以"'茭'美练塘，幸福中国"为主题，以茭白为媒，展示练塘文化底蕴、绿色生态环境、农产品特色以及独具特色的乡风民俗。活动历时 5 天，主会场设在金前村可·美术馆，4 个分会场分别设在古镇老街和美丽乡村东庄村、徐练村、太北村。此次茭白节由开幕式、红色足迹徒步行、徐练十二美景、田间茭白采摘体验、茭白主题馆、茭享大舞台、儿童乐园、生活好集市等主题构成。接待游客 2.8 万余人次，实现销售额近 350 万元。　（钱怡琼）

2021 年练塘镇经济与社会发展基本情况表

表 71

项目	计量单位	数值	比上年增长(%)	备注
工业总产值	万元	833093	1.7	—
农业总产值	万元	64642	8.9	—
税收收入(税务口径)	万元	260275	7.2	—
区级税收收入	万元	80676	5.5	—
镇结算财力收入(剔除教育统筹)	万元	—	—	—
合同外资	万美元	23443	64.1	—
外方到位金额	万美元	20621	228.6	—
新增内资企业注册资金	万元	—	—	—

（续表）

项目	计量单位	数值	比上年增长(%)	备注
内资到位金额	万元	—	—	—
固定资产投资总额	万元	67483	-17	—
社会消费品零售总额	亿元	13.34	4.2	—
主要农副产品产量				
粮食	吨	11252	7	—
油菜籽	吨	—	—	—
生猪出栏数	头	—	—	—
家禽	万羽	—	—	—
鲜蛋	吨	—	—	—
淡水产品	吨	3180	0.5	—
蔬菜	吨	14522	-4.3	—
教育事业				
其中:成校(职校)	所	1	—	—
高中	所	0	—	—
初中	所	1	—	—
小学	所	3	—	—
幼儿园	所	3	—	—
在校生(含幼儿园)	人	2419	—	—
教职工	人	330	—	—
教育事业财政支出	万元	8502.7	-0.5	—
文化事业				
图书馆(室)	个	1	—	—
文化馆(室)	个	0	—	—
影剧院(场)	个	1	—	—
文化事业财政支出	万元	309.04	-29.5	—
医疗、卫生、体育事业				
卫生院(所)	所	1	—	—
卫生室	所	41	-4.7	—
总床位	张	85	—	—
医技人员	人	131	4.8	—
体育场馆	座	—	—	—
健身苑(点)	个	98	4.3	—

（钱怡琼）

金泽镇

■概况 位于青浦境域西南,地处苏、浙、沪三地交界处,东与朱家角镇接壤,东南与练塘镇相接,西南与浙江省嘉善县丁栅镇、大舜镇毗邻,西北与江苏省苏州市莘塔镇、昆山市周庄镇和锦溪镇交界。水陆交通便捷,是苏、浙、沪的重要交通枢纽。318 国道和 G50 沪渝高速公路贯穿全镇。国家级主航道太浦河、急水港是通往苏、浙、皖等省的重要航道、黄浦江的黄金水道。全镇总面积108.49 平方公里,其中耕地面积 2526.67 公顷、水域面积 27.98 平方公里。

拥有上海最大的淡水湖——淀山湖。有国家 AAAA 级旅游景点——上海大观园。有源远流长的庙桥文化,承载“桥桥有庙,庙庙通桥”独特文化景观,共有 7 座古桥,有“江南第一桥乡”称号,被誉为“古桥梁博物馆”。延续千年的一年两次的金泽庙会(农历三月廿八和九月初九),衍生出民俗、饮食、演艺等地方文化。有市级非物质文化遗

金泽镇江南圩田农业现代化示范区　（金泽镇供稿）

产“宣卷”“商榻阿婆茶”“田山歌”，有“打莲湘”等民间文化活动。

下辖新港、莲湖、爱国、东天、龚都、任屯、田山庄、钱盛、淀湖、岑卜、西岑、三塘、育田、河祝、徐李、新池、金泽、东西、杨湾、建国、金姚、蔡浜、东星、淀西、王港、双祥、沙港、南新、雪米、陈东 30 个村民委员会和西岑、莲盛、金溪、金杨、商榻 5 个居民委员会。2021 年，全镇户籍人口 23665 户、62000 人；来沪登记人口 16002 人。全年工业总产值 70.59 亿元，农业总产值 4.38 亿元；全口径税收收入 32.41 亿元，比上年增长 14.7%；社会消费品零售总额 13.08 亿元，比上年增长 4.9%；全社会固定资产投资 5.94 亿元，比上年减少 46.1%。

金泽镇人民政府驻地：金泽镇金中路 5 号。　（俞薇薇）

■**规划建设**　西岑科创中心开启建设，华为项目正式开工。江南圩田农业现代化示范区项目全面完工。同济大学长三角可持续发展研究院顺利落地。复旦大学第五学院完成选址。西岑动迁安置基地完成进度 85%。安置基地配套道路等工程有序推进。岑卜路新改建工程项目完成进度 75%。西岑科创中心水质净化厂项目按计划推进。商榻综合为老服务中心启用。全面完成西岑社区港悦路北侧地块（华为单身公寓）、轨道交通 17 号线西延伸项目（金泽段）、沪苏湖铁路（金泽段）、环元荡生态景观岸线贯通工程（二期）等项目征收补偿工作。成功创建上海市“四好农村路”示范镇。开启古镇、古桥亮化工程。实施背街小巷改造、“旧里改造”等项目。编制完成西岑社区城中村改造初步方案。　（俞薇薇）

■**社会治理**　全面推进“一站两中心”建设，实现村居全覆盖。坚持和发展新时代“枫桥经验”，持续完善“家门口”信访服务体系，信访批次、人次稳步下降。完善“1 + 3 + N”（“1”指智能一张网，“ + 3”即首先融入 110 非警情业务处置、综合治理、市场监管等内容。“ + N”根据管理需求逐步增加）网格化系统，推进“一网统管”工作，加快城运平台建设。推广“社区云”应用，打造新型智慧社区，辖区内住宅小区实现智慧安防全覆盖。依托“一标三实”（标准地址、实有人口、实有房屋和实有单位）采集管理轻应用系统和“租管家”大数据管理平台，实现精准化人口数据管理。开展全镇房屋外墙安全隐患专项排查、“车库改居”整治。引入第三方物业公司，提升物业管理水平。探索建立长三角一体化示范区毗邻镇联防联巡联处机制。　（俞薇薇）

■**乡村振兴**　持续开展市级乡村振兴示范村建设，岑卜村列入上海市第四批乡村振兴示范村建设计划。成功创建美丽乡村示范村市级 1 个，区级 2 个。全面开启 10 个村人居环境优化工程。推进镇级集体经济组织产权制度改革，完成 10 家一级公司股权调整，全面完成土地补偿费专项清理工作。实施“村帐镇管”，规范村级财务收支管理。进一步规范农村土地承包经营权流转管理，薄弱村综合帮扶项目运行平稳，9 个经济合作社实现分红。完成 30 家经济合作社清产核资。持续推进村居土地流转费、个人借款及房屋土地租赁费欠费追缴工作，有效追缴率 94%。　（俞薇薇）

■**3·28“文化服务日”活动**　3 月 28 日，金泽镇开展“同庆百年盛典·共享

3 月 28 日，金泽镇开展“同庆百年盛典·共享品质生活”——金泽镇 3·28“文化服务日”暨桥乡书场开演活动　（金泽镇供稿）

品质生活”——金泽镇3·28“文化服务日”暨桥乡书场开演活动。文化服务日共有红色传承、书场开演、文化体验、影视观赏4项活动。红色传承活动以阅读经典故事、茶艺展示、经典诵读等方式加强革命传统教育；书场开演活动通过评弹艺术推广一批展示地方特色的文艺精品；文化体验活动以烙画、剪纸、柳编、翻花、泥塑、阿婆茶等展示、弘扬非遗文化和江南传统文化；影视观赏活动集中播放红色影视作品。

（俞薇薇）

金泽镇东西村幸福社区示范点　　（金泽镇供稿）

■东西村创建首批区级幸福社区示范点　6月，东西村社区中心项目竣工。该中心占地面积4600平方米，建筑面积1850平方米。作为村级为民服务窗口，东西村社区中心融合党群服务站和新时代文明实践站的功能，提供党群服务、主题教育、一网通办自助服务、村民议事、矛盾调解、日间照料、康复管理、健康咨询、社区卫生服务、心理咨询、老年活动、手工活动、便民理发、体育健身、书法教学等文化活动场所。

（俞薇薇）

■中国共产党青浦区金泽镇第四次代表大会　9月28日，中国共产党青浦区金泽镇第四次代表大会开幕。9月29日，大会第二次全体会议审议并通过大会选举办法，通过大会总监票人、监票人名单，宣布大会计票人名单，宣布“两委”委员当选人名单和出席中共青浦区第六次代表大会代表当选人名单，报告代表提案情况，通过“两委”工作报告决议。会议审议并通过中国共产党青浦区金泽镇第三届委员会工作报告、中国共产党青浦区金泽镇第三届纪律检查委员工作报告、党费收缴、使用和管理情况报告。

（俞薇薇）

■“典范金泽”新闻发布会　10月28日，“新青浦·新生活”青浦区街镇系列新闻发布会第六场——“典范金泽”新闻发布会在金泽镇东西村社区中心举行，来自央媒、沪上主流媒体的记者齐聚发布会现场，围绕金泽镇未来发展规划及相关热点话题进行现场采访。金泽镇党委书记、镇长等出席发布会并答记者问。

（俞薇薇）

9月28日，金泽镇召开中国共产党青浦区金泽镇第四次代表大会
（金泽镇供稿）

■区镇人大代表换届选举工作　11月16日，金泽镇开展人大代表换届选举。本次选举金泽镇共设11个区代表选区、39个镇代表选区，106个投票站。金泽镇共计51397名选民履行宪法赋予的民主权利，选出26名区人大代表及89名镇人大代表。

（俞薇薇）

■金泽镇第五届人民代表大会第一次会议　12月23日，金泽镇第五届人民代表大会第一次会议开幕。12月24日，大会采用无记名投票方式等额选举镇人大主席和镇人民政府镇长；差额选举镇人大副主席和镇人民政府副镇长。朱卫东全票当选镇人民代表大会主席，王金荣全票当选镇人民代表大会副主席。孙茂全票当选镇人民政府镇长，陆慧明、吕剑、谭伟、陈许萍全票当选镇人民政府副镇长。会议期间，与会代表举手表决通过《政府工作报告》《2021年财政预算执行情况和2022年财政预算报告》《人大主席团工作报告》的决议。

（俞薇薇）

2021 年金泽镇经济与社会发展基本情况表

表 72

项目	计量单位	数值	比上年增长(%)	备注
工业总产值	万元	705860	-1.4	—
农业总产值	万元	43787	5.7	—
税收收入(税务口径)	万元	324068	14.7	—
区级税收收入	万元	96595	12.2	—
镇结算财力收入(剔除教育统筹)	万元	136116	20.8	—
合同外资	万美元	48188	376.1	—
外方到位金额	万美元	14725	-65	—
新增内资企业注册资金	万元	48188	376.1	—
内资到位金额	万元	14725	-65	—
固定资产投资总额(在地)	万元	59418	-46.1	—
社会消费品零售总额	亿元	130789	4.9	—
主要农副产品产量				
粮食	吨	14549	-0.1	—
油菜籽	吨	—	—	—
生猪出栏数	头	—	—	—
家禽	万羽	0.12	—	—
鲜蛋	吨	—	—	—
淡水产品	吨	7134	-1.5	—
蔬菜	吨	14438	1	—
教育事业				
其中:成校(职校)	所	1	—	—
高中	所	—	—	—
初中	所	1	—	—
小学	所	3	—	—
幼儿园	所	3	—	—
在校生(含幼儿园)	人	1193	—	—
教职工	人	358	—	—
教育事业财政支出	万元	6703.55	—	—
文化事业				
图书馆(室)	个	3	—	—
文化馆(室)	个	3	—	—
影剧院(场)	个	1	—	—
文化事业财政支出	万元	367.5	-23	—
医疗、卫生、体育事业				
卫生院(所)	所	1	—	1家总部,2家分中心

（续表）

项目	计量单位	数值	比上年增长(%)	备注
卫生室	所	39	—	—
总床位	张	90	—	—
医技人员	人	163	1.2	—
体育场馆	座	1	—	—
健身苑(点)	个	99	3.1	—

（俞薇薇）

夏阳街道

■概况 位于青浦境域中部。东接赵巷镇、香花桥街道，西连朱家角镇、盈浦街道，南邻松江区佘山镇、天马山镇，北依香花桥街道。G50 沪渝高速、318 国道横贯东西，G1503 上海绕城高速、外青松公路纵贯南北，境内河港纵横交错，主要航道有淀浦河、西大盈港和油墩港，皆为六级以上航道，北连苏州河，南接黄浦江。辖区总面积 35.71 平方公里，耕地面积 584.68 公顷。

为青浦区人民政府所在地，是全区政治、经济、文化和教育的中心。有青浦博物馆、区科技活动中心、区广电大楼、区信息大楼、青浦图书馆、青浦体育场、中山医院青浦分院等；上海工商信息学校、青浦高级中学、青浦第一中学、青浦区实验中学(东校区)、青浦区实验小学青湖校区、青浦实验幼儿园等 24 所学校；有万寿塔等名胜古迹和天主教堂、基督教堂等宗教文化场所，有环城水系公园、上海人文公园——福寿园公墓、知道书院等。

下辖城南、太来、金家、塘郁、塔湾、新阳、王仙、枫泾 8 个村民委员会和东盛、东方、章浜、青城、祥龙、界泾港、新青浦、桂花园、华骥苑、青湖、夏阳湖、千步泾、佳乐苑、仓桥、宜达、青平、青松、青华、青乐、青安、青园、青泽、南箐园、青科 24 个居民委员会。2021 年，街道户籍人口 22107 户、54263 人；来沪登记人口 46982 人。

夏阳街道办事处驻地：青浦区外青松公路 6300 号。（张婷婷）

■改善人居环境 全街道 32 个人居环境先进村居通过验收。塘昆路及柘泽塘桥提档升级项目通过验收。实施南太路、南王仙泾路提档升级，完成南太路路面工程，基本完成南王仙泾道路基层及桥梁下部结构施工。成功创建河长制标准化街镇，在全市率先试点林长制，完成林地抚育 62.41 万平方米，街道森林覆盖率 26.26%。

（张婷婷）

■推进产业发展 1 月 22 日，夏阳街道商会党支部成立揭牌仪式暨民营企业家座谈会举行，商会"红色企航"党建品牌项目正式启动。6 月 21 日，夏阳街道乡村产业协会成立大会举行，会议通过《上海市青浦区夏阳街道乡村产业协会章程》及相关管理制度和选举办法，选举产生协会第一届会长、副会长和秘书长。7 月 6 日，夏阳街道党建引领乡村振兴暨农业合作社党建联盟基地启动仪式举行。（张婷婷）

■建设幸福社区 4 月 16 日，夏阳街道新城高质量建设推进大会举行。会上进行新城建设、服务经济发展、幸福社区及党的建设四项重点工作签约；推进幸福社区建设，特设 6 + 1(把 23 个相邻的居委会分成 6 片 +1 个单独的居委会)片区综合体，构建"街道—片区—村居"三级阵地，发挥"策源—枢纽—平台"功能；围绕居民需求打造 15 分钟幸福圈(即基本生活类服务都在小区周围步行 15 分钟区域)，实现"需求—资源—项目"精准对接。12 月 24 日，夏阳街道第三届社区代表大会第一次会议举行。会议回顾 2019—2021 年在促进城乡融合、增进民生福祉、提升城市软实力等重点工作上取得的成效，部署 2022—2024 年工作任务，136 名正式代表和 16 名列席代表出席会议。

（张婷婷）

7 月 6 日，夏阳街道农业合作社党建联盟基地启动仪式举行

（夏阳街道供稿）

12 月 24 日，夏阳街道第三届社区代表大会第一次会议举行 （夏阳街道供稿）

12 月 31 日，宜达社区卫生服务站投入使用 （夏阳街道供稿）

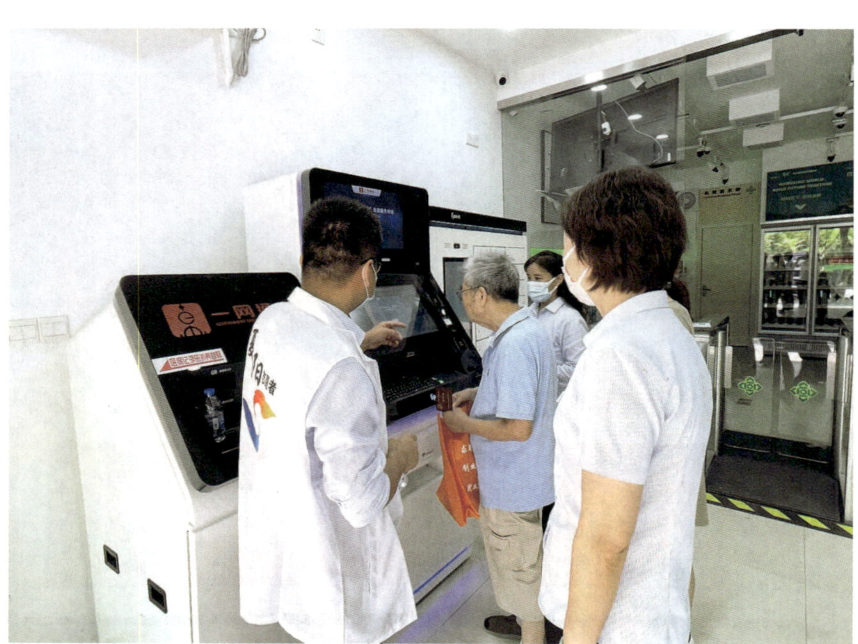
夏阳街道首家“一网通办”24 小时自助服务站在东方社区上线 （夏阳街道供稿）

■城市精细化管理 签订青东农场区域、东江公司整体移交手续，组建青东区域管理团队。章浜居委会、塘郁居委会试点幸福云场景应用，配套安装智能化设备，包括高空抛物摄像头、烟感报警装置、智慧门禁系统、智慧道闸系统、智能垃圾箱房，同步建立数字焕新社区平台，实现社区安全主动防御。完成 5 个小区美丽家园初步改造方案，完成 7 个电梯签约工作，同步推进雨污混接改造工程。 （张婷婷）

■增设医疗服务机构 12 月 31 日，宜达社区卫生服务站投入使用。服务站位于青浦区盈港东路 8000 弄 259 号宜达新居南门，使用面积约 270 平方米，现有医务人员 9 人。在原有全科诊疗、预防保健、家庭病床服务的基础上，增加家庭医生工作室和中医诊室，推广家庭医生签约服务和中医适宜服务。 （张婷婷）

■“一网通办”服务站上线 夏阳街道首家“一网通办”24 小时自助服务站在东方社区上线。服务站位于东方社区幸福驿站旁。自助服务终端业务覆盖公安、医保、人社等条线，涵盖“离线码”申领、挂失、补打，新版社保卡开通，办理就医记录册的申领、更换、补发等热门事项，支持随申码扫码预约办理政务服务。配有自助服务终端、智能文件柜等设备，用于居民办理业务材料流转。社区“网格”就业援员现场指导居民操作“一网通办”自助服务终端。 （张婷婷）

■开发制作“智·夏阳”智能场景 11 月，开发应用夏阳街道城市运行管理平台——“智·夏阳”。平台主要包括 GIS 地图、基本概况、管理要素、重点监控、智能发现、分析研判、协同处置 7 大功能板块。通过线上与线下相结合，运用大数据、物联感知、视频结构化分析等技术手段，实现问题自动发现或自动预警，对城市管理相关领域的问题隐患进行全天候实时监测、全时段预警跟踪、全流程快速处置，实现智能化、扁平化的闭环管理。共有 36 路视频监控点位正在建设中，用于监测“温暖家”核酸检测点现场人流量及人员排队间隔间距的情况。平台使用以来共处置案件数3584件。其中,车辆乱停放场景案件数2704件(机动车乱停放案件数1679件,非机动车乱停放案件数1025件);垃圾满溢案件数共34件;路面暴露垃圾案件数共591件;消防通道占用(地磁)案件数共255件。 (张婷婷)

2021年夏阳街道经济与社会发展基本情况表

表73

项目	计量单位	数值	比上年增长(%)	备注
农业总产值	万元	6813	-26.3	—
财政收入	万元	43373.77	-45.3	—
其中:街道财政收入	万元	43373.77	-45.3	—
财政支出	万元	43391.81	-46.2	—
利用外资金额	万美元	—	—	—
外资到位金额	万美元	—	—	—
固定资产投资额	万元	174910	88.7	—
社会消费品零售总额	万元	539389	4.6	—
主要农副产品产量				
粮食	吨	2522	2.9	—
油菜籽	吨	—	—	—
生猪出栏数	头	—	—	—
家禽	万羽	0.96	33.3	—
鲜蛋	吨	0.5	100	—
淡水产品	吨	88	-28.5	—
蔬菜	吨	12350	2.2	—
文化事业				
图书馆(室)	座	32	—	—
文化馆(室)	座	32	—	—
影剧院(场)	座	1	—	—
医疗、卫生、体育事业				
社区服务中心(所)	所	1	—	—
卫生室	所	8	—	—
总床位	张	0	—	—
医技人员	人	152	6.3	—
体育场馆	座	1	—	—
健身苑(点)	个	95	1.1	—

(张婷婷)

盈浦街道

■概况　位于青浦境域中部,原青浦镇城厢地区。东与夏阳街道接壤,西与朱家角镇和江苏昆山市淀山湖镇交界,南至淀浦河,北与香花桥街道相连。交通便捷,临近的318国道、G50沪渝高速公路和苏虹公路与市区及周边省市连接,轨道交通17号线及东、西大盈港和淀浦河贯穿境内;区域内的盈港路、公园路、城中路和漕盈路、城中南路、青安路构成了三纵三横的主要交通网络;西大盈港双桥,既是交通要道,又是区域标志性建筑。辖区总面积16.36平方公里,其中耕地面积208.62公顷。

是青浦城区商业、服务业、行政机关的聚集地。历史悠久,文化底蕴深厚。有始建于明万历元年(1573)的城隍庙和建于乾隆十年(1745)的曲水园,有被列为历史风貌保护区的北门街,有福泉街、县前街、聚星街等老街。有百联桥梓湾购物广场、吾悦广场、北极星广场、怀盛生活广场、世纪联华和青浦

12 月 8 日,盈中幸福社区中心启动仪式暨加装电梯开工仪式举行
（盈浦街道供稿）

百联购物中心等集休闲、购物、餐饮、娱乐为一体的大型商城,万达茂、东渡蛙城等文旅商综合体及复旦附中青浦分校紧邻青浦城区。

下辖贺桥、天恩桥、南横、俞家埭、南库 5 个村民委员会和庆华、庆新、城北、龙威、复兴、解放、三元河、西部花苑、尚美、万寿、盈港、盈中、盈联、上达、民乐、民佳、绿舟、浩泽、民欣、华浦、怡澜、双桥、东渡、赵屯浦、崧子浦、贺桥、淀山浦、漕盈、新塘浦 29 个居民委员会。有大小居住区 161 个、各类学校 25 所。2021 年,街道户籍人口 20390 户、48640;来沪登记人口 40980 人。

盈浦街道办事处驻地:青浦区环城东路 128 号。（凌佳晨）

■新城建设与老城更新 聚焦中央商务区重点区域,加快盈秀路基地征收补偿。推进青安路西侧 12 地块剩余农户及相关企业依法征收工作。做好五浦汇期房安置工作,涉及 17 个基地,选房率超过 96%。聚焦城市更新实践区重点区域,开展大西门等街区调查摸底试点等工作。协调推进城西三队毛地出让地块动迁补偿。推进青赵路、老朱青路等新开基地动迁以及南门街、小西门、青安路 13 号地块等历史存量基地攻坚。聚焦环城水系三期建设,开展关联区域征收、整治、管理等工作,有序推进北门街、新泾路及 10 多家企事业单位协商签约。配合开展胜利路等工程征收及整治工作。（凌佳晨）

■“三美丽”建设 推进“美丽家园”建设,结合环城水系三期,开展周边老旧小区调查摸底及方案设计。结合苏州河环境综合整治四期工程雨污混接改造,完成诚中城公寓、新锦港花园、南沁园雨污水管翻建改造整治。推进“美丽街区”建设,申报修建淀湖路等 12 条道路。推进“美丽乡村”建设,推进农民相对集中居住工作,实施农村人居环境优化工程,开展违法用地、“大棚房”等综合整治,完成农机服务仓库建设。（凌佳晨）

■实事项目和民生保障 推进幸福社区建设,建成盈中、新塘浦社区中心,加快复兴、盘龙浦社区中心建设。完成新设青溪片区社区党群服务中心功能体系建设方案设计。盈浦养护院进入地上结构施工阶段,推进综合为老服务中心建设,盈中社区幸福餐厅建成待启用。城北社区首批 3 部加装电梯完工并投入使用,完成加装电梯门洞意愿征询 1298 个,新建 4 部、签约 6 部。新增就业岗位 2044 个,新增就业人数 2775 人,帮扶引领创业 63 人。成功调解劳资纠纷 175 件。加大困难群体基本生活保障,累计发放各类帮困金 960 万余元,惠及群众 9000 余人。建立完善低保金审核管理机制。加强长护险审核评估、服务监督。做好残疾人康复、就业、帮困等民生保障。落实家医保障方案,优化 4 家“微家医”工作室诊疗服务。（凌佳晨）

■社区治理 12 月 22 日,召开盈浦街道第六届社区代表大会第一次会议,梳理落实代表提出的 16 条意见建议。成立平和浦、盘龙浦居委会筹建组。探索物业分类管理,聚焦老旧小区停车难、电瓶车充电难等突出问题,提升物业服务水平,动迁小区物业费收缴率从不足 20% 提升到 80% 左右。加强社区治理队伍建设,开展新一届村居“两委”班子成员培训,开展“书记有约”活动 10 次,对千余名居民楼组长、村民小组长、业委会成员开展全覆盖培训。（凌佳晨）

■改善精细管理 深化“一网统管”工作,划分 3 个责任区,建成 3 个联勤联动工作站,择优选聘 3 名书记担任站

12 月 22 日,盈浦街道第六届社区代表大会第一次会议在社区文化活动中心召开
（盈浦街道供稿）

长,社区民警、城管、市场监管等执法部门人员入驻,网格监督员、综治协管员、人口协管员3支队伍下沉居村。警情有效控降,110警情比2020年下降27%。优化12345市民服务热线工单处理制度及流程,协调解决停车管理、物业维修、噪音扰民等问题。(凌佳晨)

■深化市域治理 完成第四届中国国际进口博览会等安全保障任务,加强重点人员、重点区域管控,确保社会面安全稳定。推进扫黑除恶专项斗争。推进市域社会治理现代化试点工作,3家基层党组织创建青浦区"党建引领市域社会治理示范点"。强化矛盾纠纷源头预防和多元化解,初信初访化解率80.4%。(凌佳晨)

■提升法治水平 进一步加强街道综合行政执法工作,完善相关配套机制,开展重大案件法制审核63个。落实街镇行政负责人参与行政诉讼庭审制度,行政诉讼案件负责人出庭率100%。推进法律顾问制度,街道和33个村居均配备法律顾问。开展"法律六进"(即法律进机关、进乡村、进社区、进学校、进企业、进单位)宣传活动67场。加强基层公共法律服务平台建设,建成盈中、新塘浦"法理堂"。(凌佳晨)

■加强安全管理 完成佳丽花园消防水管漏水等3个公共安全重点点位综合整治。开展生产经营单位安全隐患检查7243户、整改问题1516件。加大整治"飞线"力度,推进社区电瓶车充电和消防设施安装,强化电瓶车经营商铺安全措施。协调拆除天恩桥危桥。做好防汛防台工作,有效抗击"烟花""灿都"台风。开展城镇房屋安全、高空坠物、卫星锅、店招店牌隐患、群租等问题专项整治行动,开展盈秀路地块公共安全整治。(凌佳晨)

5月30日,天恩桥村"兴农杯"龙舟比赛举行 (盈浦街道供稿)

■文明创建 抓好全国文明城区迎复审工作,组织市民巡访团等开展督促整改。发挥新时代文明实践分中心及各站点作用,开展各类志愿服务360余场。社区文化活动中心获评第九届全国服务农民、服务基层文化建设先进集体。开展"我们的节日"、社区龙舟赛、"盈浦故事"宣讲等特色活动。做好第四轮国家卫生区复审,通过全面宣传动员、实施点位包干、加强巡查整治、开展志愿服务、强化氛围营造等,全面净化环境。推进全国健康促进区创建,健身苑点新建3处、更新6处。巩固提升市垃圾分类示范街镇创建成果,推进11个垃圾分类精品居村和精品单位创建。(凌佳晨)

■生态治理 推进"三大整治"和绿色社区创建,累计拆除存量违建36处2180平方米,成功创建2家绿色社区。开展沿街违建设施整治拆除,解决聚星街钢架、三元河菜场和海盈路周边门店雨污混接等突出问题。创建河湖长示范街镇,完成32个居村河长工作站建设。(凌佳晨)

■优化营商环境 坚持党建引领商贸体发展,优化班子成员联系走访商贸体制度。开展"五五购物节"活动,协调解决商贸体承租企业撤离、培训机构倒闭等引发的群访维稳问题。与新城公司完成经济小区委托划转改革,引进14家企业落户。深化放管服改革,落实惠企支持政策,加强社区事务受理服务中心"一网通办"服务窗口建设,提升办事服务满意度。(凌佳晨)

2021年盈浦街道经济与社会发展基本情况表

表74

项目	计量单位	数值	比上年增长(%)	备注
工业总产值(规模以上)	万元	—	—	—
农副业总产值 农业总产值	万元	1126.7	14.1	—
财政收入	万元	—	—	—
其中:街道财政收入	万元	—	—	—

（续表）

项目	计量单位	数值	比上年增长(%)	备注
财政支出	万元	36285.7	-54.4	—
利用外资金额	万美元	—	—	—
外资到位金额	万美元	—	—	—
固定资产投资总额	万元	—	—	—
社会消费品零售总额	万元	663400	6.4	—
主要农副产品产量				
粮食	吨	1066.7	0.5	—
油菜籽	吨	—	—	—
生猪出栏数活猪	头	—	—	—
家禽肉禽	万羽	0.08	-20	—
鲜蛋禽蛋	吨	0.14	-6.7	—
淡水产品	吨	13.28	-11.5	—
蔬菜(不包括食用菌)	吨	2200	16.7	—
教育事业				
其中:成校(职校)	所	1	—	—
高中	所	1	—	—
初中	所	6	—	—
小学	所	6	20	—
幼儿园	所	13	8.3	—
在校生(含幼儿)	人	—	—	—
教职工	人	—	—	—
教育事业财政支出	万元	—	—	—
文化事业				
图书馆(室)	个	33	—	—
文化馆(室)	个	32	—	—
影剧院(场)	所	4	—	—
文化事业财政支出	万元	—	—	—
医疗、卫生、体育事业				
卫生院(所)	所	1	—	—
卫生室	所	2	—	—
总床位	张	—	—	—
医技人员	人	134	2.3	—
体育场馆	座	—	—	—
健身苑(点)	个	97	1	—

（凌佳晨）

香花桥街道

■概况 香花桥街道行政区域东至重固镇、赵巷镇，南至盈浦街道、夏阳街道、赵巷镇，西至白鹤镇、盈浦街道，北至白鹤镇。区域位置优越，交通便捷。南连318国道和G50沪渝高速公路；北接S26沪常高速公路。南北向的G1503上海绕城高速公路与街道相连，与上述高速公路形成环网。辖区面积62.18平方公里，其中耕地总面积1434.6公顷。

下辖杨元、袁家、七汇、陈桥、盈中、石西、胜利、天一、新姚、新桥、向阳、郏一、朝阳、曹泾、金星、泾阳、大联、金米、爱星、东方、东斜、燕南22个村民委员会，青山、大盈、香花桥、金巷、民惠、都汇华庭、民惠二居、桃源埔、清河湾、友爱、民惠三居、玫瑰湾、玉兰花园13个居民委员会。2021年，街道户籍人口12527户、36980人；来沪登记人口84037人。

街道办事处所在地：青浦区新桥路786号。（董银银）

■民生实事 完成2台既有多层住宅加装电梯签约任务；完成126户“美丽庭院”（在农宅庭院内及周边打造小菜园、小果园和小花园即“小三园”）创建；完成农村杆线序化83公里；完成大盈社区、大联村2家社区助餐服务场所建设；完成就医平均等待时间小于半小时任务，建立检查检验互联互通互认医生工作站，建立青山健康点，完成云诊室建设，完善香花桥街道社区卫生服务中心中医科、中医康复科；完成902名一线职工疗休养任务；举办爱心暑托班3个；成立邻家妈妈品牌，监护、关爱困境儿童，完成8名困难儿童对接，制定一人一方案的关爱帮扶计划；帮助33名青浦户籍长期失业青年实现就业创业；支持培养100名企业新型学徒；完成1个健康服务点、2条健身步道和3处益智健身苑点建设；完成农民集中居住签约农户497户。（董银银）

■社会治理 持续推进安全生产专项整治三年行动，常态化开展生产安全、消防安全和重点领域排查整治行动，坚持每周三领导带队走访检查。年内开展企业安全检查1522家次，整改隐患201项；排查沿街商铺1846家次，查处并劝退“三合一”场所115家次，清退居住人员142人次；开展1500平方米以上企业厂房仓库安全排查17家，形成问题清单并督促整改。完成庆祝中国共产党成立100周年大会、第四届中国国际进口博览会、区第六次党代会等重大会议活动期间社会稳定工作，年内信访总量为561批次1201人次，比上年下降15.6%，人数下降14.2%；110报警类接报数2859起，比上年下降28.72%，其中盗窃类、诈骗类、扰乱公共秩序类、交通安全类案件比上年均有下降，刑案立案比上年下降40.96%；完成“市级金牌街道劳动人事争议调解中心”软硬件建设，受理各类劳资纠纷1395起。完善环保问题发现和处置机制，按照“普通企业一月一查、重点企业半月一查”工作原则，强化企业环保巡查工作，年内开展巡查836次。完成2021年防汛防台应急预案修编，制定地下空间、住宅小区、危旧房屋、田间窝棚管理预案，落实“1+5+8”安全综合整治日常排查和汛期重点点位检查300余次，完成隐患整改19处，拆除高空广告牌8块，组织地下空间应急演练1次，广泛开展防灾、避险、急救等主题宣传。（董银银）

■推进社区党群服务中心体系功能建设 构建“党群服务矩阵云”平台。推动与街道青年中心、家中心、政协委员联络站、人大代表之家、户外职工驿站等机构同楼办公。各类服务阵地实现从“场地相加”“人员叠加”到“工作相通”“功能相融”转变，建立“党群服务矩阵云”平台并将服务机构纳入党群服务中心功能融合平台，设计悬挂统一标识“香花桥·党群服务中心分中心”匾牌，公示“党员示范岗”，发布服务项目清单。整合“1+1+3”（即1个党群服务中心体系功能建设领导小组，1个领导小组办公室，内设党群服务部、宣传教育部、服务保障部3个部门）工作队伍，负责党群服务中心、分中心服务项目统筹运行。整合汇总街道政务、党群服务等项目，形成“1+N+X”服务清单（“1”即社区党群服务中心主阵地；“N”即提供党群服务的部门和单位；“X”即“党群服务矩阵云”平台推出的服务项目）。累计推出各类党群服务事项246项，按照当场办理、转告受理、代行受理、告知路径等类别进行归类服务。（董银银）

■乡村振兴 启动曹泾、燕南等5个建制保留村和新姚、金米两个撤并型村美丽乡村建设人居环境提升项目。探索美丽乡村建设新模式，推动曹泾村7组组团式翻建试点。年内整治人居环境877处、19处群租点位，拆除各类违建104处24833.05平方米。开展雷霆专项整治6次、跨门、乱设摊整治15次。开展街面环境分级分类执法管控，检查商户4000余次。启动生活垃圾4个精品小区、3个精品村、4个精品单位、3个农村市容环境综合管理示范村创建。以装配式建筑形式完成大盈集镇1座道班房新建及香花桥集镇向阳河公厕建设。落实河湖长制，配合市、区及街道二级河长督查机制，完成整改单80份。通过“八查两访”（查排口、泵站、混接、企业、水质、河床、养护、河长，访问市民和河长），梳理青山港、史杜浜基本情况和存在问题，编制一河一方案。（董银银）

■道路建设 完成崧盈路（盈港东路—沪青平公路）工程可行性研究编制、专家论证、工程可行性研究审批、设计招标。完成2018—2020年“美丽街区”区级验收，制定2021年街道“美丽街区”整治工程初步方案。完成玉兰花园和桃源埔居委会幸福社区试点建设，项目总投资金额194.59万元。完成交通信号灯及路灯建设项目采购意向公示，项目总投资985.73万元。完成天辰路（外青松公路—漕盈路）农村公路大中修综合整治工程。推进新团路农村公路道路大中修整治工程。完成燕南村、金米村、金巷社区居委会等7个村居11座危桥改造项目招投标工作。（董银银）

■街道“两中心”揭牌 3月16日，街道城市运行管理中心和城市建设管理事务中心于揭牌。城市运行管理中心为原城管网格化综合管理中心更名，主要职能调整为负责落实城市运行“一网统管”要求，推进城市治理各领域信息数据整合运用，协调处置各类城市综合管理问题；负责受理、处置“12345”

3 月 16 日，香花桥街道城市运行管理中心和城市建设管理事务中心揭牌
（香花桥街道供稿）

市民服务热线工单。负责网格设置，网格内事部件的巡查、立案、派单、督办、核查和结案工作，协助处理应急突发事件相关事务工作；承担安全生产、消防安全、交通安全、市场监管等相关日常巡查。城市建设管理事务中心为原房屋管理所更名，主要职能调整为宣传贯彻好房屋管理相关政策法规，承担好物业行政管理，房屋租赁、使用和修缮等事务，开展好房屋管理动态巡查和数据统计，协助好住房保障、违法违规行为的调查，并做好相关信访处置、突发事件应急处置等事务性工作。
（董银银）

■**“善治香花桥”新闻发布会** 11 月 1 日，“新青浦·新生活”青浦区街镇系列新闻发布会——“善治香花桥”新闻发布会在铂尔曼酒店举行。发布会围绕香花桥街道未来规划、幸福社区建设、弘扬传统文化、壮大村级集体经济、加强党建引领、加强精细化管理等多个热点话题，全方位、多角度展现新城联系服务长三角城市群的北部枢纽和西部门户和“幸福青浦、善治香花”的品质形象。新华社、中国网、东方网、新民晚报、文汇报等 14 家中央及市区级主流媒体参加发布会，并实地走访玉兰花园社区中心、日立电梯人才公寓等对幸福社区和人才社区建设等进行专访。
（董银银）

■**街道首部加装电梯签约** 11 月 22 日，民惠佳苑三区 321 号加装电梯签约仪式举行，为街道首部加装电梯签约。小区居委会前期开展小 4 个楼道居民意愿征询工作，完善细化电梯加装方案，明确出资比例。6 个楼道的居民全部同意，完成 2 台电梯加装协议的签约。
（董银银）

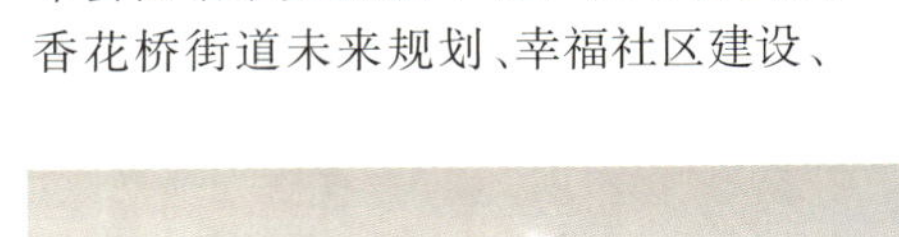

11 月 22 日，民惠佳苑三区 321 号加装电梯签约仪式举行 （香花桥街道供稿）

2021 年香花桥街道经济与社会发展基本情况表

表 75

项目	计量单位	数值	比上年增长(%)	备注
工业总产值	万元	11366823	9.6	—
农业总产值	万元	9134.3	37.3	—
税收收入(税务口径)	万元	—	—	—
区级税收收入	万元	—	—	—
镇结算财力收入(剔除教育统筹)	万元	—	—	—
合同外资	万美元	—	—	—
外方到位金额	万美元	—	—	—

（续表）

项目	计量单位	数值	比上年增长(%)	备注
新增内资企业注册资金	万元	—	—	—
内资到位金额	万元	—	—	—
固定资产投资总额(在地)	万元	45053	—	—
社会消费品零售总额	亿元	67.32	6	—
主要农副产品产量				
粮食	吨	6510.5	3.9	—
油菜籽	吨	—	—	—
生猪出栏数	头	—	—	—
家禽	万羽	1.6	125.4	—
鲜蛋	吨	14.7	100	—
淡水产品	吨	175	75	—
蔬菜	吨	14538.1	9.8	—
教育事业				
其中:成校(职校)	所	1	—	—
高中	所	—	—	—
初中	所	2	—	—
小学	所	2	—	—
幼儿园	所	11	—	—
在校生(含幼儿园)	人	5503	-0.2	—
教职工	人	715	5.6	—
教育事业财政支出	万元			—
文化事业				
图书馆(室)	个	1	—	—
文化馆(室)	个	—	—	—
影剧院(场)	个	—	—	—
文化事业财政支出	万元	92.9	49.8	—
医疗、卫生、体育事业				
卫生院(所)	所	1	—	—
卫生室	所	15	—	—
总床位	张	20	—	—
医技人员	人	142	7.5	—
体育场馆	座	—	—	—
健身苑(点)	个	60	5.3	—

（董银银）

世界航标遗产——泖塔（区融媒体中心供稿）”

RONGYUBANG

荣誉榜

◎ 编辑 吴言荻 李晓静

国家级先进集体

获奖单位(项目)	奖项名称	颁奖单位及时间
青浦区人民政府	第五批国家生态文明建设示范区	生态环境部,2021 年 10 月
上海联通青浦区分公司	全国工人先锋号	中华全国总工会,2021 年 5 月
青浦区水务局水资源管理科	全国工人先锋号	中华全国总工会,2021 年 4 月
青浦区疾病预防控制中心免疫规划科	2019—2020 年度全国巾帼文明岗	中华全国妇女联合会,2021 年 3 月
青浦区法律援助中心	全国维护妇女儿童权益先进集体	中华全国妇女联合会,2021 年 12 月
青浦区赵巷镇巷佳社区	2021 年全国示范性老年友好型社区	国家卫生健康委员会、全国老龄办,2021 年 8 月
青浦区夏阳街道塘郁村	2021 年全国示范性老年友好型社区	国家卫生健康委员会、全国老龄办,2021 年 8 月
青浦区重固镇文化体育服务中心	2017—2020 年度全国群众体育先进单位	国家体育总局,2021 年 9 月
青浦区华新镇文化体育服务中心	2017—2020 年度全国群众体育先进单位	国家体育总局,2021 年 9 月

国家级先进个人

获奖个人者(所在单位)	奖项名称	颁奖单位及时间
孙刚(上海金发科技发展有限公司)	全国优秀共产党员	中共中央,2021 年 6 月
顾慧玲(青浦区徐泾第二小学)	全国脱贫攻坚先进个人	中共中央、国务院,2021 年 2 月
关立平(申通快递有限公司)	2021 年全国五一劳动奖章	中华全国总工会,2021 年 4 月
陈秋燕(青浦区重固镇章堰村)	全国妇联系统劳动模范	人力资源和社会保障部、中华全国妇女联合会,2021 年 12 月
潘锋(青浦区就业促进中心)	全国人力资源社会保障系统优质服务先进个人	人力资源和社会保障部,2021 年 12 月
张学军(青浦区赵巷镇方夏村)	全国残疾人工作先进个人	国务院残疾人工作委员会,2021 年 7 月
黄国平(中共青浦区委政法委员会)	2017—2020 年度平安中国建设先进个人	平安中国建设协调小组、人力资源和社会保障部,2021 年 12 月
夏昊(青浦区司法警察大队)	全国法院人民司法警察先进个人	最高人民法院,2021 年 10 月
王志良(青浦区司法局)	2016—2020 年全国普法工作先进个人	中共中央宣传部、司法部、全国普及法律常识办公室,2021 年 12 月
钟建军(青浦区朱家角镇社区文化活动中心)	全国群众体育先进个人	国家体育总局,2021 年 9 月
许新忠(青浦区体育局)	全国群众体育先进个人	国家体育总局,2021 年 9 月

市级先进集体

获奖单位（项目）	奖项名称	颁奖单位及时间
青发集团党委	上海市先进基层党组织	中共上海市委员会，2021 年 7 月
青浦工业园区企业管理服务有限公司党支部	上海市先进基层党组织	中共上海市委员会，2021 年 7 月
中共上海市青浦区重固镇徐姚村总支部委员会	上海市先进基层党组织	中共上海市委员会，2021 年 7 月
青浦区盈浦街道绿舟居民区支部委员会	上海市先进基层党组织	中共上海市委员会，2021 年 7 月
青浦工业园区企业管理服务有限公司党支部	上海市先进基层党组织	中共上海市委员会，2021 年 7 月
上海市青浦区公共租赁住房运营有限公司	2020 年度上海市重点工程实事立功竞赛先进集体	上海市重点工程实事立功竞赛领导小组，2021 年 1 月
上海盛青房地产发展有限公司	2020 年度上海市重点工程实事立功竞赛先进集体	上海市重点工程实事立功竞赛领导小组，2021 年 1 月
上海众兴汽车旅游客运有限公司“老兵车队”班组	上海市工人先锋号	上海市总工会、上海市人力资源和社会保障局，2021 年 9 月
青浦区就业促进中心来沪人员（境外）就业管理科	上海市工人先锋号	上海市总工会，2021 年 10 月
上海华测导航技术股份有限公司	上海市五一劳动奖状	上海市总工会、上海市人力资源和社会保障局，2021 年 9 月
青浦区规划资源局	上海市五一劳动奖状	上海市总工会、上海市人力资源和社会保障局，2021 年 9 月
国家税务总局上海市青浦区税务局服务国家战略青年项目组	上海市青年五四奖章集体	共青团上海市委员会、上海市人力资源和社会保障局，2021 年 4 月
青浦区人才服务中心	上海市青年五四奖章集体	共青团上海市委员会、上海市人力资源和社会保障局，2021 年 4 月
青浦区邮政分公司团委	上海市青年五四奖章集体	共青团上海市委员会、上海市人力资源和社会保障局，2021 年 4 月
青浦区夏阳街道社区党群服务中心	2019—2020 年度上海市三八红旗集体	上海市妇女联合会、上海市人力资源和社会保障局，2021 年 6 月
青浦区妇女联合会	2019—2020 年度上海市三八红旗集体	上海市妇女联合会、上海市人力资源和社会保障局，2021 年 6 月
青浦区审计局	2019—2020 年度上海市三八红旗集体	上海市妇女联合会、上海市人力资源和社会保障局，2021 年 6 月
青浦区人民检察院未成年人检察办案组	2019—2020 年度上海市三八红旗集体	上海市妇女联合会、上海市人力资源和社会保障局，2021 年 6 月
青浦区重固镇社区事务受理服务中心	2019—2020 年度上海市三八红旗集体	上海市妇女联合会、上海市人力资源和社会保障局，2021 年 6 月
中国邮政集团有限公司上海市青浦区分公司徐泾支局徐泾营业所	2019—2020 年度上海市三八红旗集体	上海市妇女联合会、上海市人力资源和社会保障局，2021 年 6 月

获奖单位(项目)	奖项名称	颁奖单位及时间
青浦区白鹤镇红十字会	2015—2019年度上海市红十字工作先进集体	上海市红十字会、上海市人力资源和社会保障局,2021年10月
复旦大学附属中山医院青浦分院红十字会	2015—2019年度上海市红十字工作先进集体	上海市红十字会、上海市人力资源和社会保障局,2021年10月
青浦区工商联	2021年上海市统一战线(工作)先进集体	上海市统一战线工作部、上海市人力资源和社会保障局,2021年10月
青浦区安全生产监察大队	2016—2020年度上海市应急管理先进工作集体	上海市应急管理局,上海市人力资源和社会保障局,2021年11月

市级先进个人

获奖个人者(所在单位)	奖项名称	颁奖单位及时间
沈引新(青浦区练塘镇徐练村)	上海市优秀党务工作者	中共上海市委员会,2021年7月
谢莉(青浦区白鹤镇人民政府)	上海市优秀党务工作者	中共上海市委员会,2021年7月
沈杰(青浦区水务局)	上海市优秀党务工作者	中共上海市委员会,2021年7月
项继萍(青浦区赵巷镇城运中心)	上海市优秀党务工作者	中共上海市委员会,2021年7月
朱奇(青浦区绿化和市容管理局)	上海市优秀党务工作者	中共上海市委员会,2021年7月
徐秀清(青浦区佳佳幼儿园)	上海市优秀党务工作者	中共上海市委员会,2021年7月
孙刚(上海金发科技发展有限公司)	上海市优秀共产党员	中共上海市委员会,2021年7月
田爱萍(上海美都环卫服务有限公司)	上海市优秀共产党员	中共上海市委员会,2021年7月
徐冬梅[西虹桥(进口博览会)人民法庭]	上海市优秀共产党员	中共上海市委员会,2021年7月
黄延军(青浦区就业促进中心)	2017—2020年度上海市助力脱贫攻坚先进个人	中共上海市委员会、上海市人民政府,2021年5月
陆隽琦(上海盛青房地产发展有限公司)	2020年度上海市重点工程实事立功竞赛优秀建设者	上海市重点工程实事立功竞赛领导小组,2021年1月
胡晨(青浦区商务委员会)	2020年度上海市重点工程实事立功竞赛优秀建设者	上海市重点工程实事立功竞赛领导小组,2021年1月
缪宇(青浦区水务局)	2020年度上海市重点工程实事立功竞赛优秀建设者	上海市重点工程实事立功竞赛领导小组,2021年1月
潘慧敏(青浦区商务委员会)	上海市五一劳动奖章	上海市总工会,2021年9月
徐鹏(青浦区消防救援支队)	上海市五一劳动奖章	上海市总工会,2021年9月
徐友刚(青浦供电公司)	上海市五一劳动奖章	上海市总工会,2021年9月
张沛尧(上海华测导航技术股份有限公司)	2020年度上海市青年五四奖章	共青团上海市委员会、上海市人力资源和社会保障局,2021年4月
蒋超(青浦区练塘镇浦南村)	2020年度上海市青年五四奖章	共青团上海市委员会、上海市人力资源和社会保障局,2021年4月
王维维(青浦区水务局)	2020年度上海市青年五四奖章	共青团上海市委员会、上海市人力资源和社会保障局,2021年4月
瞿丽燕(上海市公安局青浦分局)	2019—2020年度上海市三八红旗手	上海市妇女联合会、上海市人力资源和社会保障局,2021年6月

获奖个人者（所在单位）	奖项名称	颁奖单位及时间
李海英（青浦区徐泾镇尚泰路居民区）	2019—2020年度上海市三八红旗手	上海市妇女联合会、上海市人力资源和社会保障局，2021年6月
汤善姐（上海先福蔬果专业合作社）	2019—2020年度上海市三八红旗手	上海市妇女联合会、上海市人力资源和社会保障局，2021年6月
范亚娜（青浦区市场监督管理局）	2019—2020年度上海市三八红旗手	上海市妇女联合会、上海市人力资源和社会保障局，2021年6月
刘美红（青浦区盈浦街道）	2019—2020年度上海市三八红旗手	上海市妇女联合会、上海市人力资源和社会保障局，2021年6月
沈丹华（青浦区民政局）	2019—2020年度上海市三八红旗手	上海市妇女联合会、上海市人力资源和社会保障局，2021年6月
陈硃书、孙盈（青浦区人大常委会）	第31届（2021年度）上海人大新闻奖三等奖	上海市人大常委会办公厅，2021年12月
顾舜丽、严欣慰（青浦区融媒体中心）	上海新闻奖三等奖	中共上海市委宣传部、上海市新闻工作者协会，2021年6月
赵琳（青浦区应急管理局）	2016—2020年度上海市应急管理工作先进个人	上海市应急管理局，上海市人力资源和社会保障局；2021年11月
杨叶青（青浦区民防办公室）	2016—2020年度上海市应急管理工作先进个人	上海市应急管理局、上海市人力资源和社会保障局，2021年11月
何兰（青浦区华新镇人民政府）	2015—2019年度上海市红十字工作先进个人	上海市红十字会、上海人力资源和社会保障局，2021年10月
平忆帆（青浦区白鹤镇社区卫生服务中心）	2015—2019年度上海市红十字工作先进个人	上海市红十字会、上海人力资源和社会保障局，2021年10月
卜引芳（青浦区重固镇人民政府）	2015—2019年度上海市红十字工作先进个人	上海市红十字会、上海人力资源和社会保障局，2021年10月
蒋兰芹（青浦区夏阳街道办事处）	2015—2019年度上海市红十字工作先进个人	上海市红十字会、上海人力资源和社会保障局，2021年10月
杨柳（青浦区红十字会）	2015—2019年度上海市红十字工作先进个人	上海市红十字会、上海人力资源和社会保障局，2021年10月
杨金海（上海大观园园林绿化工程有限公司）	上海市技术能手	上海市人力资源和社会保障局，2021年11月

淀山湖（区融媒体中心供稿）

ZHONGYAO WENJIAN MULU

重要文件目录

◎ 编辑 胡浩川

中共上海市青浦区委员会文件目录

青委〔2021〕1 号	中共青浦区委关于设立青浦区 2021 年村居“两委”换届工作领导小组等事宜的通知
青委〔2021〕4 号	关于调整中共青浦区委党的建设工作领导小组的通知
青委〔2021〕17 号	中共青浦区委关于中国共产党成立 100 周年庆祝活动的通知
青委〔2021〕22 号	中共青浦区委关于贯彻《中国共产党政法工作条例》的实施办法
青委〔2021〕25 号	中共青浦区委　青浦区人民政府印发《2021 年青浦区加强招商引资和产业项目推进实施方案》的通知
青委〔2021〕32 号	中共青浦区委关于成立青浦区政法队伍教育整顿工作领导小组的通知
青委〔2021〕34 号	中共青浦区委　青浦区人民政府关于成立青浦区推进虹桥国际开放枢纽建设领导小组的通知
青委〔2021〕35 号	中共青浦区委关于设立党史学习教育领导小组的通知
青委〔2021〕42 号	中共青浦区委　青浦区人民政府关于设立青浦区城市数字化转型工作领导小组的通知
青委〔2021〕56 号	关于设立青浦区行政复议体制改革领导小组的通知
青委〔2021〕62 号	关于设立青浦区换届工作领导小组的通知
青委〔2021〕63 号	关于设立青浦区直属企事业单位党委换届工作领导小组的通知
青委〔2021〕64 号	关于做好 2021 年镇领导班子换届工作的通知
青委〔2021〕65 号	关于做好 2021 年区属公司党委换届工作的通知
青委〔2021〕91 号	中共青浦区委　青浦区人民政府关于命名表彰 2019—2020 年度青浦区文明单位、文明校园的决定
青委〔2021〕95 号	中共青浦区委　青浦区人民政府关于全面推进乡村振兴加快农业农村现代化的实施意见
青委〔2021〕98 号	中共青浦区委　青浦区人民政府印发《关于我区加快推进社会治理现代化开创平安建设新局面的实施方案》的通知
青委〔2021〕105 号	中共青浦区委关于命名表彰青浦区优秀共产党员、青浦区优秀党务工作者和青浦区先进基层党组织的决定
青委〔2021〕106 号	中共青浦区委 青浦区人民政府关于调整青西协同发展领导小组的通知
青委〔2021〕107 号	中共青浦区委 青浦区人民政府关于成立青浦新城规划建设领导小组的通知
青委〔2021〕108 号	中共青浦区委 青浦区人民政府关于调整青东联动发展领导小组办公室及有关专项工作组牵头领导、组成单位的通知
青委〔2021〕137 号	中共青浦区委转发《中共青浦区人大常委会党组关于做好本区区、镇两级人民代表大会换届选举工作的意见》的通知
青委〔2021〕207 号	中共青浦区委　青浦区人民政府关于印发《青浦区加快推进虹桥国际开放枢纽建设行方案》的通知
青委〔2021〕208 号	关于调整青浦区服务保障中国进口博览会前线指挥部组织架构及运行机制的通知
青委〔2021〕210 号	中共青浦区委批转《中共青浦区委组织部、中共青浦区委统战部关于做好 2021 年青浦区政协换届人事安排工作的意见》的通知
青委〔2021〕211 号	关于做好中共青浦区第六次代表大会代表选举工作的通知
青委〔2021〕212 号	关于成立中共青浦区第六次代表大会筹备工作领导小组及工作小组的通知
青委〔2021〕254 号	关于公布各镇党委书记、副书记、委员和纪委书记的通知
青委〔2021〕305 号	中共青浦区委批转《中共青浦区人大常委会党组关于召开青浦区第六届人民代表大会第一次会议的请示》的通知
青委〔2021〕310 号	关于中国共产党上海市青浦区第六次代表大会选举中共青浦区第六届委员会委员、候补委员和区委六届一次全会选举区委常委、书记、副书记结果的通知
青委〔2021〕311 号	关于中国共产党上海市青浦区第六次代表大会选举中共青浦区第六届纪律检查委员会和区纪委六届一次全会选举区纪委常委、书记、副书记结果的通知
青委〔2021〕328 号	关于调整青浦区人才工作领导小组等的通知
青委发〔2021〕1 号	中共青浦区委印发《中共青浦区委常委会 2021 年工作要点》的通知
青委发〔2021〕3 号	中共青浦区委关于大力弘扬“抢拼实善”新时代青浦奋斗精神，全面提升城市软实力和核心竞争力，加快把青浦建设成为社会主义现代化国际大都市的枢纽门户的意见
青委发〔2021〕9 号	中共青浦区委关于印发中共青浦区委书记、副书记、常委分工的通知

中共上海市青浦区委员会办公室文件目录

青委办〔2021〕1 号 中共青浦区委办公室 青浦区人民政府办公室关于印发《青浦区 2021 年村居“两委”换届工作方案》的通知
青委办〔2021〕3 号 中共青浦区委办公室 青浦区人民政府办公室印发《青浦区关于完善街镇管理体制整合街镇管理服务资源的实施方案》的通知
青委办〔2021〕4 号 中共青浦区委办公室 青浦区人民政府办公室关于成立青浦区市域社会治理现代化试点工作领导小组的通知
青委办〔2021〕5 号 中共青浦区委办公室印发《2021 年青浦区加强和创新社会治理推进新时代幸福社区建设工作要点》的通知
青委办〔2021〕6 号 中共青浦区委办公室印发《中共青浦区委党的建设工作领导小组 2021 年工作要点》的通知
青委办〔2021〕7 号 中共青浦区委办公室　青浦区人民政府办公室转发《青浦区关于长江经济带生态环境警示片披露问题自查自纠整改方案》的通知
青委办〔2021〕9 号 中共青浦区委办公室关于印发《青浦区党史学习教育实施方案》的通知
青委办〔2021〕10 号 中共青浦区委办公室关于印发《〈中共青浦区委常委会 2021 年工作要点〉责任分工方案》的通知
青委办〔2021〕11 号 中共青浦区委办公室关于印发《2021 年度区委重点工作目标任务》的通知
青委办〔2021〕13 号 中共青浦区委办公室关于印发《中共青浦区委全面深化改革委员会 2021 年工作要点》的通知
青委办〔2021〕15 号 中共青浦区委办公室　青浦区人民政府办公室印发《青浦区 2021 年优化营商环境工作要点》的通知
青委办〔2021〕16 号 中共青浦区委办公室关于评选表彰青浦区优秀共产党员、青浦区优秀党务工作者、青浦区先进基层党组织的通知
青委办〔2021〕17 号 中共青浦区委办公室关于印发《青浦区庆祝中国共产党成立 100 周年组织开展“抢拼实善迈征程同心奋斗跟党走”群众性主题宣传教育活动的实施方案》的通知
青委办〔2021〕21 号 中共青浦区委办公室关于印发《青浦区深入开展党史、新中国史、改革开放史、社会主义发展史宣传教育实施方案》的通知
青委办〔2021〕23 号 中共青浦区委办公室　青浦区人民政府办公室关于印发《青浦区全面推进城市数字化转型工作方案》《青浦区全面推进城市数字化转型调研工作方案》的通知
青委办〔2021〕25 号 中共青浦区委办公室印发《关于认真学习贯彻〈习近平总书记在庆祝中国共产党成立 100 周年大会上的讲话〉的实施方案》的通知
青委办〔2021〕27 号 中共青浦区委办公室　青浦区人民政府办公室关于印发《青浦区人才发展“十四五”规划》的通知
青委办〔2021〕30 号 中共青浦区委办公室　青浦区人民政府办公室印发《青浦区关于全面推行林长制的实施方案》的通知
青委办〔2021〕33 号 中共青浦区委办公室关于印发《青浦区领导基层联系点制度》的通知
青委办〔2021〕34 号 中共青浦区委办公室　青浦区人民政府办公室关于印发《青浦区行政复议体制改革实施方案》的通知

上海市青浦区人民代表大会常务委员会文件目录

青会〔2021〕1 号 关于青浦区第五届人民代表大会第七次会议情况的报告
青会〔2021〕2 号 青浦区人大常委会 2021 年度工作要点
青会〔2021〕5 号 关于表彰在“凝心聚力促发展，担当作为再出发”区人大代表履职实践活动中履职优秀代表的决定
青会〔2021〕8 号 青浦区人民代表大会常务委员会关于接受余旭峰等同志辞去职务请求的决定
青会〔2021〕9 号 青浦区人民代表大会常务委员会关于徐建同志为青浦区人民政府代理区长的决定
青会〔2021〕11 号 青浦区人民代表大会常务委员会关于接受余旭峰同志辞去青浦区第五届人民代表大会代表职务请求的决定
青会〔2021〕12 号 青浦区人民代表大会常务委员会关于实施政府民生实事项目人大代表票决制的决定

重要文件目录

青会〔2021〕15 号　青浦区人民代表大会常务委员会关于接受郑永生辞去职务请求的决定
青会〔2021〕16 号　青浦区人民代表大会常务委员会关于刘晶同志为青浦区人民检察院代理检察长的决定
青会〔2021〕19 号　青浦区人民代表大会常务委员会关于接受郑永生同志辞去青浦区第五届人民代表大会代表职务请求的决定
青会〔2021〕20 号　上海市青浦区人民代表大会常务委员会关于补选徐建为上海市第十五届人民代表大会代表的报告
青会〔2021〕21 号　青浦区人民代表大会常务委员会关于批准《青浦区 2020 年区本级决算》的决议
青会〔2021〕22 号　青浦区人民代表大会常务委员会关于批准青浦区 2021 年地方政府债务限额的决议
青会〔2021〕23 号　青浦区人民代表大会常务委员会关于设立青浦区选举委员会的决定
青会〔2021〕24 号　青浦区人民代表大会常务委员会关于本区区、镇两级人民代表大会换届选举时间和新一届区人民代表大会代表名额分配及镇人民代表大会代表名额的决定
青会〔2021〕25 号　青浦区人民代表大会常务委员会关于各镇选举委员会组成人员的任命决定
青会〔2021〕33 号　青浦区人民代表大会常务委员会关于接受徐建同志辞去职务请求的决定
青会〔2021〕34 号　青浦区人民代表大会常务委员会关于杨小菁同志为青浦区人民政府代理区长的决定
青会〔2021〕35 号　青浦区人民代表大会常务委员会关于调整各镇选举委员会组成人员的决定
青会〔2021〕38 号　青浦区人民代表大会常务委员会关于本区开展第八个五年法治宣传教育的决议
青会〔2021〕43 号　青浦区人民代表大会常务委员会关于接受王翔同志辞去职务请求的决定
青会〔2021〕44 号　青浦区人民代表大会常务委员会关于接受姜爱锋等同志辞去职务请求的决定
青会〔2021〕45 号　青浦区人民代表大会常务委员会关于叶靖同志为青浦区监察委员会代理主任的决定
青会〔2021〕46 号　青浦区人民代表大会常务委员会关于接受朱明福等 40 位同志辞去青浦区区、镇选举委员会职务请求的决定
青会〔2021〕47 号　青浦区人民代表大会常务委员会关于召开青浦区第六届人民代表大会第一次会议的决定
青会〔2021〕48 号　青浦区人民代表大会常务委员会关于批准青浦区 2021 年区本级预算调整方案的决议
青会〔2021〕49 号　上海市青浦区人民代表大会常务委员会关于上海市第十五届人民代表大会代表补选结果的报告

上海市青浦区人民代表大会常务委员会办公室文件目录

青会办〔2021〕1 号　关于 2021 年度区人大常委会组成人员分组联系走访区人大代表活动安排的通知
青会办〔2021〕2 号　关于印发《2021 年度青浦区人大常委会机关工作目标任务一览表》的通知
青会办〔2021〕3 号　关于听取区人大常委会任命的“一府两院”工作人员履职情况的函
青会办〔2021〕4 号　印发《关于加强和规范人大代表联系人民群众平台建设的指导意见》的通知
青会办〔2021〕5 号　关于印发《区人大常委会关于检查本区实施〈中华人民共和国退役军人保障法〉情况的工作方案》的通知
青会办〔2021〕6 号　关于印发《青浦区人民代表大会常务委员会关于检查本区实施〈上海市优化营商环境条例〉情况的工作方案》的通知
青会办〔2021〕7 号　关于印发《区人大常委会党组及机关党史学习教育实施方案》的通知
青会办〔2021〕9 号　关于印发《区人大常委会关于开展本区实施〈中华人民共和国固体废物污染环境防治法〉情况执法检查的工作方案》的通知
青会办〔2021〕15 号　关于印发《青浦区人民代表大会常务委员会关于对常委会会议审议意见办理落实情况开展满意度测评的办法》的通知
青会办〔2021〕16 号　关于印发《青浦区人民代表大会议事规则》等 7 项制度的通知
青会办〔2021〕18 号　关于印发《青浦区人民代表大会常务委员会关于保障人大代表执行代表职务的办法》等制度的通知
青会办〔2021〕19 号　关于印发《青浦区人民代表大会常务委员会关于听取任命的“一府两院”工作人员报告履职情况的办法》和《青浦区人民代表大会常务委员会关于组建代表专业小组和开展活动的办法》的通知
青会办〔2021〕20 号　关于转送《区人大代表评议区政府上半年工作有关意见建议》的函
青会办〔2021〕21 号　关于印发《青浦区人民代表大会常务委员会机关信访工作若干规定》的通知
青会办〔2021〕22 号　关于印发《青浦区人民代表大会常务委员会关于区人民代表大会闭会期间常务委员会及其组成人员联系代表的办法》的通知

青会办〔2021〕23 号　关于印发《青浦区人大常委会关于实施民生实事项目人大代表票决制的试行办法》的通知

青会办〔2021〕24 号　青浦区人大常委会办公室、吴江区人大常委会办公室、嘉善县人大常委会办公室关于印发《长三角生态绿色一体化发展示范区流动人口选民资格认定便利化操作办法》的通知

上海市青浦区人民政府文件目录

青府发〔2021〕1 号　关于授予上海德殷投资控股有限公司等企业“2020 年度上海市青浦区百强优秀企业”“2020 年度上海市青浦区优秀平台企业”荣誉称号的通知

青府发〔2021〕2 号　关于授予日立电梯（上海）有限公司等企业“青浦区制造业十强”“青浦区服务业十强”荣誉称号的通知

青府发〔2021〕4 号　关于《上海市水污染防治行动计划实施方案》本区 2020 年度实施情况的报告

青府发〔2021〕16 号　关于印发《青浦区重大行政决策程序规定》及《青浦区重大行政决策事项目录管理办法》等五个配套文件的通知

青府发〔2021〕19 号　上海市青浦区人民政府　复旦大学　关于复旦大学青浦校区选址情况的报告

青府发〔2021〕31 号　关于 2020 年度节能降碳目标完成和措施落实情况的自查报告

青府发〔2021〕39 号　关于“十三五”期间市级重点生态廊道建设完成情况的总结报告

青府发〔2021〕47 号　关于印发《青浦区卫生健康发展“十四五”规划》的通知

青府发〔2021〕52 号　关于印发《青浦区水系统治理“十四五”规划》的通知

青府发〔2021〕65 号　关于印发《青浦区应急管理“十四五”规划》的通知

青府发〔2021〕66 号　关于表彰第三届青浦区区长质量奖获奖组织和个人的决定

青府发〔2021〕68 号　关于印发《青浦区基本公共服务“十四五”规划》的通知

青府发〔2021〕69 号　关于印发《青浦区现代服务业发展“十四五”规划》的通知

青府发〔2021〕71 号　关于印发《青浦区金融业发展“十四五”规划》的通知

青府发〔2021〕75 号　关于印发《青浦区乡村振兴“十四五”规划》的通知

青府发〔2021〕78 号　关于印发《青浦区先进制造业发展“十四五”规划》的通知

青府发〔2021〕81 号　关于印发《青浦区生态环境保护“十四五”规划》的通知

青府发〔2021〕82 号　关于印发《青浦工业园区发展建设“十四五”规划》的通知

青府发〔2021〕83 号　关于深入推进爱国卫生运动的实施意见

上海市青浦区人民政府办公室文件目录

青府办发〔2021〕4 号　关于印发 2021 年区政府挂图作战重点工作任务清单的通知

青府办发〔2021〕5 号　关于公布第七批青浦区非物质文化遗产代表性项目名录的通知

青府办发〔2021〕7 号　关于印发 2021 年青浦区经济和社会发展指导性计划目标及分解任务的通知

青府办发〔2021〕10 号　关于转发区卫生健康委等四部门制订的《青浦区加强公共卫生体系建设三年行动计划（2020—2022 年）》的通知

青府办发〔2021〕12 号　关于印发 2021 年度青浦区人民政府重大行政决策事项目录的通知

青府办发〔2021〕13 号　转发区住房保障房屋管理局关于《2021 年度青浦区既有多层住宅加装电梯工程实施方案》的通知

青府办发〔2021〕14 号　关于印发《2021 年青浦区深化“放管服”改革工作要点》的通知

青府办发〔2021〕15 号　关于印发《青浦区改革完善医疗卫生行业综合监管制度实施方案》的通知

青府办发〔2021〕19 号　转发区农业农村委关于《青浦区农村人居环境优化工程实施方案》的通知

青府办发〔2021〕23 号　转发区住房保障房屋管理局关于《青浦区大型居住社区新一轮基地市政公建配套设施建设三年行动计划（2021—2023 年）》的通知

青府办发〔2021〕27 号　关于印发《2021 年青浦区全面深化“一网通办”改革、打造“青浦好办”服务品牌工作要点》的通知

青府办发〔2021〕29 号　转发区发展改革委制订的《关于发扬“抢拼实善”新时代青浦奋斗精神进一步促进经济增长的工作方案》的通知

青府办发〔2021〕31 号	关于印发《青浦区医疗卫生领域区与镇财政事权和支出责任划分方案（试行）》的通知
青府办发〔2021〕32 号	关于印发《青浦区深化农村公路管理养护体制改革实施细则》的通知
青府办发〔2021〕33 号	关于印发《青浦区体育健身设施补短板五年行动计划（2021—2025 年）》的通知
青府办发〔2021〕40 号	关于印发《青浦区气象服务保障“十四五”规划》的通知
青府办发〔2021〕43 号	关于印发《青浦区特色产业园区建设三年行动方案（2021—2023 年）》的通知
青府办发〔2021〕46 号	关于印发《青浦区住房发展“十四五”规划》的通知
青府办发〔2021〕47 号	关于转发区经委制订的《青浦区“十四五”期间促进先进制造业高质量发展的行动方案》的通知
青府办发〔2021〕48 号	关于印发《青浦区城市管理精细化“十四五”规划》的通知
青府办发〔2021〕49 号	关于印发《青浦区生态空间建设和环境优化“十四五”规划》的通知
青府办发〔2021〕51 号	关于印发《青浦区 2021—2023 年生态环境保护和建设三年行动计划》的通知
青府办发〔2021〕53 号	关于印发《青浦区体育改革发展“十四五”规划》的通知
青府办发〔2021〕54 号	关于印发《上海市青浦区全民健身实施计划（2021—2025 年）》的通知
青府办发〔2021〕56 号	关于印发《青浦区民政事业发展“十四五”规划》的通知
青府办发〔2021〕57 号	关于印发《青浦区就业和社会保障“十四五”规划》的通知
青府办发〔2021〕59 号	关于印发《青浦区妇女儿童发展“十四五”规划》的通知
青府办发〔2021〕60 号	关于印发《青浦区青少年发展“十四五”规划》的通知
青府办发〔2021〕61 号	关于印发《青浦区老龄事业发展“十四五”规划》的通知
青府办发〔2021〕62 号	关于印发《青浦区残疾人事业发展“十四五”规划》的通知
青府办发〔2021〕63 号	关于印发《青浦区战略性新兴产业、先导产业、平台经济发展“十四五”规划》的通知
青府办发〔2021〕64 号	关于印发《青浦区资源节约和循环经济发展“十四五”规划》的通知
青府办发〔2021〕66 号	关于印发《青浦区消防事业发展“十四五”规划》的通知

政协上海市青浦区委员会文件目录

青协〔2021〕1 号	关于表彰 2020 年度优秀提案和反映社情民意信息工作先进集体、先进个人的决定
青协〔2021〕3 号	关于印发《青浦区政协 2021 年工作要点》的通知
青协〔2021〕4 号	关于印发《青浦区政协 2021 年协商计划》的通知
青协〔2021〕5 号	中国人民政治协商会议上海市青浦区委员会主席会议工作规则
青协〔2021〕6 号	关于印发《政协上海市青浦区委员会各专门委员会工作职责》的通知
青协〔2021〕7 号	关于加快建设“长三角数字干线”打造创新核示范城区的建议案
青协〔2021〕9 号	关于表彰 2021 年度优秀提案和反映社情民意信息工作先进集体、先进个人的决定

政协上海市青浦区委员会办公室文件目录

青协办〔2021〕1 号	关于政协委员在五届五次会议上讨论《区政府工作报告》所提意见建议情况的函
青协办〔2021〕2 号	关于召开“携手前行 共创辉煌”青浦区各界人士庆祝中国共产党成立 100 周年座谈会的请示
青协办〔2021〕3 号	关于政协委员讨论《区政府关于上半年工作情况和下半年重点工作安排的报告》所提意见建议的函
青协办〔2021〕7 号	关于“加强和创新社会治理，推进新时代幸福社区建设”的专项监督报告

TONGJI ZILIAO

统计资料

◎ 编辑　胡浩川

2021 年青浦区经济社会主要指标情况表

表 76

指标	单位	2021 年	2020 年
(一)地区生产总值	亿元	1317.25	1194.01
第一产业	亿元	8.70	7.97
第二产业	亿元	455.14	421.62
# 工 业	亿元	433.90	401.06
第三产业	亿元	853.41	764.42
# 批发和零售业	亿元	123.50	108.67
交通运输、仓储和邮政业	亿元	177.57	134.57
金融业	亿元	54.83	49.67
房地产业	亿元	141.17	124.57
(二)财政、金融			
一般公共预算收入	亿元	648.25	583.09
# 地方一般公共预算收入	亿元	231.10	210.10
一般公共预算支出	亿元	353.97	336.76
# 教育	亿元	32.34	31.12
科学技术	亿元	6.51	4.76
卫生健康	亿元	18.84	15.89
农林水	亿元	37.52	34.73

2021 年青浦区经济发展情况表

表 77

指标	数值	比 1980 年	比 1990 年	比 2000 年
		增长倍数	增长倍数	增长倍数
地区生产总值	1317.25 亿元	483.8 倍	95.9 倍	9.5 倍
一般公共预算收入	6482508 万元	852.3 倍	261.6 倍	26.6 倍
工业总产值(现行价)	20000109 万元	556 倍	66.1 倍	4.6 倍
农业总产值(现行价)	219632 万元	11.7 倍	2.3 倍	
社会消费品零售总额	5743417 万元	401.7 倍	119.3 倍	11.2 倍
年末人均储蓄存款	215392 元	4917.9 倍	200.2 倍	15.9 倍

2021年青浦区相关行业一天的产值、产出量等情况表

表78

地区生产总值	36089	万元
农业总产值	602	万元
规模工业总产值	49143	万元
一般公共预算收入	17760	万元
社会消费品零售总额	15735	万元
外贸出口创汇	11854	万元
全社会固定资产投资额	17135	万元
全社会用电量	2095	万千瓦时
自来水供水量	45	万吨
门急诊人次	15711	人次
出生人口	7	人
死亡人口	11	人
结婚人数	8	对

2021年青浦区行政区划面积情况表

表79

镇(街道)	区域面积（平方公里）	居委会数（个）	居民小组（个）	村委会数（个）	村民小组（个）
全区	668.49	157	3816	184	2506
赵巷镇	40.44	22	312	8	156
徐泾镇	38.73	18	306	9	145
华新镇	47.41	12	279	19	228
重固镇	30.21	6	56	9	139
白鹤镇	58.74	5	83	21	323
朱家角镇	136.85	18	452	28	284
练塘镇	93.89	5	59	25	408
金泽镇	108.42	5	53	30	424
夏阳街道	35.93	24	855	8	77
盈浦街道	15.59	24	1177	5	57
香花桥街道	62.30	13	184	22	265

2021 年年末青浦区户籍总户数、总人口情况表

表 80 单位：户、人

镇(街道)	年末总户数	年末总人口	男	女	18 岁以下	18—34 岁	35—60 岁	60 岁以上	非农业人口	年平均人口	平均每户人口
总计	188594	516083	254510	261573	62066	78174	207014	168829	397391	509616	2.74
赵巷镇	13143	36094	17948	18146	5210	5698	14341	10845	31408	34724	2.75
徐泾镇	17174	48862	24292	24570	7640	8657	18691	13874	48304	46445	2.85
华新镇	12864	41231	20366	20865	4960	5821	16660	13790	33428	40664	3.21
重固镇	7377	21883	10891	10992	2381	2998	8963	7541	13404	21535	2.97
白鹤镇	15185	47663	23201	24462	4031	5954	19524	18154	25953	47495	3.14
朱家角镇	22394	62946	30915	32031	5681	8897	26166	22202	47049	62342	2.81
练塘镇	21764	54030	26567	27463	4160	7635	22713	19522	33119	54178	2.48
金泽镇	23669	62000	30379	31621	4704	8690	26771	21835	37587	62137	2.62
夏阳街道	22107	54263	26898	27365	10695	10151	19829	13588	49012	53808	2.45
盈浦街道	20390	48640	24354	24286	9565	8063	17558	13454	47565	48004	2.39
香花桥街道	12527	38471	18699	19772	3039	5610	15798	14024	30562	38286	3.07

2021 年青浦区户籍人口变动情况表

表 81 单位：人

镇(街道)	出生人口	男	女	死亡人口	男	女	迁入人口	迁出人口	移入人口	移出人口	出生率(‰)	死亡率(‰)	自然增长率(‰)
总计	2605	1326	1279	4133	2213	1920	7958	549	14664	7610	5.11	8.11	-3.00
赵巷镇	274	140	134	265	152	113	1037	8	2499	797	7.89	7.63	0.26
徐泾镇	420	213	207	324	171	153	2128	48	4105	1446	9.04	6.98	2.07
华新镇	204	105	99	342	178	164	774	5	983	480	5.02	8.41	-3.39
重固镇	123	58	65	182	86	96	524	2	539	306	5.71	8.45	-2.74
白鹤镇	186	107	79	439	223	216	555	1	580	544	3.92	9.24	-5.33
朱家角镇	256	120	136	551	313	238	480	3	1536	510	4.11	8.84	-4.73
练塘镇	203	98	105	489	259	230	145	2	87	239	3.75	9.03	-5.28
金泽镇	257	124	133	571	315	256	118	4	112	185	4.14	9.19	-5.05
夏阳街道	301	150	151	305	177	128	1168	462	1692	1484	5.59	5.67	-0.07
盈浦街道	280	158	122	311	169	142	582	8	1919	1189	5.83	6.48	-0.65
香花桥街道	101	53	48	354	170	184	447	6	612	430	2.64	9.25	-6.61

2021 年青浦区地区生产总值(GDP)情况表

表 82

单位:亿元

指标	2021 年	增长(%)
青浦区生产总值	1317.25	6.1
按产业分		
第一产业	8.70	3.7
第二产业	455.14	6.2
第三产业	853.41	6.1
按行业分		
农林牧渔业	9.37	3.0
工业	433.90	6.6
建筑业	23.70	-1.5
批发和零售业	123.50	8.2
交通运输、仓储和邮政业	177.57	19.8
住宿和餐饮业	12.12	15.1
金融业	54.83	6.7
房地产业	141.17	13.0
其他服务业	341.09	-3.1
信息传输、软件和信息技术服务业	155.46	-12.1
租赁和商务服务业	34.12	2.2
科学研究和技术服务业	13.23	4.4
居民服务、修理和其他服务业	17.29	11.6
文化、体育和娱乐业	4.13	22.4
水利、环境和公共设施管理业	10.07	2.7
教育	44.22	5.8
卫生和社会工作	27.05	8.0
公共管理、社会保障和社会组织	35.52	4.5
三次产业比重	0.7:34.5:64.8	

2021 年青浦区全社会固定资产投资完成情况表

表 83

单位:个、万元

指标	本年投资项目数(个)	投资完成额	
		2021 年	2020 年
总计	798	6254110	5985511
一、建设项目分类			
基本建设	428	1742392	1703265
更新改造	159	483697	489351
房地产开发建设项目	200	3979573	3735432
其他固定资产投资	14	48448	57463

（续表）

指标	本年投资项目数(个)	投资完成额	
		2021 年	2020 年
二、建设项目产业分类			
第一产业	16	46950	421
第二产业	287	665602	658935
# 工业	287	665602	658935
第三产业	495	5541558	5326155
# 批零和住餐业	3	50973	16745
交通运输、仓储和邮政业	17	310054	309300
房地产业	197	3979573	3735432
三、建设项目性质分类			
新建	332	1376208	5181444
扩建	93	353929	249218
改建、技改	159	483697	489351
单纯购置设备	14	48448	57463
其　他	3	12255	8035

2021 年青浦区社会消费品零售总额情况表

表 84　　单位：万元

指标	2021 年	所占比重(%)
社会消费品零售总额	5743417	
一、按商品用途分		
吃的商品	1510944	26.3
穿的商品	1028255	17.9
用的商品	2864039	49.8
烧的商品	340178	6.0
二、按经济类型分		
有限责任公司	932351	16.2
股份有限公司	494775	8.6
私营企业	3954387	68.8
港澳台商投资	121782	2.1
外商投资	221376	3.8
其他	18746	0.3
三、按企业标准分		
限额以上企业零售额	3150524	54.8
限额以下法人零售额	1224924	21.3
个体户零售额	1367969	23.8

2021 年青浦区限额以上住宿餐饮业基本情况表

表 85

指标	单位	2021 年	2020 年
一、经营状况			
单位数	户	121	106
客房数	间	9110	9427
床位数	张	13809	15407
营业额	万元	203260	141629
客房收入	万元	69885	44553
餐费收入	万元	122157	91215
商品销售额	万元	1572	967
其他营业收入	万元	9646	4893
二、财务状况			
营业收入	万元	199758	140832
营业成本	万元	114653	75339
税金及附加	万元	2513	1104
营业利润	万元	-23216	-28556
利润总额	万元	-12464	-26485
销售费用	万元	43106	35554
管理费用	万元	58109	54249
财务费用	万元	5737	4209
流动资产合计	万元	205249	163677
固定资产原价	万元	293014	183713
资产总计	万元	501227	306424
负债合计	万元	483326	318591
所有者权益合计	万元	18656	-12038
三、年末拥有餐位数	个	27378	25380
年末餐饮营业面积	平方米	177820	147506

2021 年青浦区 A 级旅游景点、旅行社接待情况表

表 86

指标	单位	2021 年	2020 年	增长(%)
A 级景点个数	个	9	9	0
A 级景点接待游客	万人次	559.0	171.0	226.9
A 级景点旅游收入	亿元	6.5	1.2	441.7
旅行社组织接待人次	万人次	64.4	5.8	1010.3
旅行社营业收入	亿元	7.6	8.7	-12.6

2021 年青浦区星级宾馆基本情况表

表 87

指标	单位	合计	五星级	四星级	三星级
宾馆数	个	11	1	2	8
客房数	间	1765	189	617	959
营业收入	万元	20256	2765	5218	12274
接待人数	万人	20.51	2.24	8.83	9.43
客房平均出租率	%	40.2	31.7	40.4	42.1

2021 年青浦区居民人均收支情况表

表 88

指标	单位	2021 年	2020 年
人均可支配收入	元	58688	53744
工资性收入	元	38630	35182
经营净收入	元	986	828
财产净收入	元	7673	7277
转移净收入	元	11399	10457
人均生活消费支出	元	41136	31404
食品烟酒	元	13076	10374
衣着	元	2164	1539
居住	元	10083	8376
生活用品及服务	元	2137	1553
交通通信	元	5929	4434
教育文化娱乐	元	2994	2194
医疗保健	元	3526	2286
其他用品及服务	元	1227	647

SUOYIN
索 引

◎ 编辑 赵 峰

索 引

说 明

(1)本索引分条目索引、表格索引、串文图片索引和串文照片索引4个部分。

(2)条目索引采用主题分析索引方法,按主题词汉语拼音字母顺序排列。索引名称后的数字表示内容所在的页码,数字后面的a、b、c表示每页中栏别排序,其中:页面上有两列的,左为a,右为b;页面上有三列的,左为a,中为b,右为c。

(3)在主题分析索引下,为便于读者检索,在青浦的党政机关、企事业单位和在青浦发生的事件名称前的“上海”“青浦”字样,除易产生歧义者外一般予以省略;内容有交叉的,将重复出现。

(4)表格索引、串文图片索引和串文照片索引按页码顺序排列。

条目索引

A

B

C

D

索 引

E

F

G

H

索 引

J

K

L

索 引

M

N

索 引

R

S

索 引

T

W

索　引

Z

索 引

表格索引

图片索引

照片索引

索 引

索　引